DIETER LÜHRMANN

THEOLOGISCHE EXEGESE IM HORIZONT VON TEXT UND GESCHICHTE

GESAMMELTE AUFSÄTZE

Hrg. v. EGBERT SCHLARB
in Zusammenarbeit mit ANDREAS LINDEMANN

MARBURGER THEOLOGISCHE STUDIEN

120

begründet von

Hans Graß und Werner Georg Kümmel

herausgegeben von

Friedhelm Hartenstein und Michael Moxter

DIETER LÜHRMANN

THEOLOGISCHE EXEGESE IM HORIZONT VON TEXT UND GESCHICHTE

GESAMMELTE AUFSÄTZE

Hrg. v. Egbert Schlarb
in Zusammenarbeit mit Andreas Lindemann

EVANGELISCHE VERLAGSANSTALT
Leipzig 2014

Bibliografische Information der Deutschen Bibliothek

Die Deutsche Bibliothek verzeichnet diese Publikation in der Deutschen Nationalbibliografie; detaillierte bibliografische Daten sind im Internet über http://dnb.ddb.de abrufbar.

ISBN 978-3-374-03925-8

Printed in Germany

INHALTSVERZEICHNIS

ZUM GELEIT

Es ist ein gutes Zeichen akademischer Nachhaltigkeit, dass der Herausgeber Dr. Egbert Schlarb ein Jahr nach dem Tod des Marburger Neutestamentlers Prof. Dr. Dieter Lührmann diesen Sammelband mit ausgewählten Aufsätzen des Verstorbenen herausgibt. Die Arbeiten Dieter Lührmanns waren vor allem darin der Marburger Tradition einer theologisch-hermeneutischen Exegese verpflichtet, dass sie immer von der fruchtbaren Spannung zwischen genauer philologischer, narratologischer und religionsgeschichtlicher Textbeschreibung einerseits und der Frage nach dem theologischen Ertrag für die Gegenwart andererseits geleitet waren. Exemplarisch belegt dies etwa sein vorzüglicher Kommentar zum Markusevangelium (HNT 3, 1987), der in seiner behutsamen Wahrnehmung der Bedeutung der „Welt" des Textes für damalige wie für heutige Leserinnen und Leser immer noch vorbildlich ist: *„Aber die Leser werden ohnehin nicht das, was Jesus im Evangelium sagt, tut und leidet, relativiert haben auf ein ‚damals' und ‚dort', interessant bloß als Erinnerung, sondern sie werden sich selber angesprochen gefühlt haben; für sie bedeutete das ‚Evangelium', verkündigt ‚allen Völkern'."* (11).

Lührmanns Arbeiten bestechen durch große Klarheit der Darstellung, die man heute schon klassisch nennen kann. Der weite theologische Horizont seiner Auslegungen steht ihrer guten Zugänglichkeit nicht im Wege – was auch die Marburger Theologiestudierenden zu schätzen wussten, die ihm einst, als er einen Ruf an die Universität Zürich erhalten hatte, mit einem Fackelzug ihre Verehrung entgegenbrachten.

Auch die „Marburger Theologischen Studien" haben ihm viel zu verdanken. Von Band 19 bis 99 hat er diese Reihe zusammen mit Wilfried Härle betreut und den wichtigen Dialog zwischen Exegese und Systematischer Theologie ganz praktisch gepflegt. Die jetzigen Herausgeber sind ihm dafür zu großem Dank verpflichtet und haben deshalb die Entstehung des vorliegenden Bandes gerne unterstützt. Möge er dem bleibenden Gedenken an einen theologischen Lehrer und Ausleger des Neuen Testaments dienen und neue Leserinnen und Leser an eine relevante Interpretation biblischer Texte heranführen, die vom Leitgedanken der „Liebe als Kriterium der Freiheit" (so Wolfgang Harnisch in seinem Nachruf, vgl. Gal 5,13ff) getragen war.

München/Hamburg, 9. Mai 2014 Friedhelm Hartenstein/Michael Moxter

VORWORT

„Von der Welt als der Schöpfung Gottes zu sprechen, heißt dann nicht Rechtfertigung Gottes gegen die Argumente, die die Erfahrung der Welt in Natur und Geschichte gegen Gott zu liefern scheint, sondern ist im Bekenntnis ausgesprochene Hoffnung, die den Tod nicht zu verschweigen braucht."

Der vorliegende Aufsatzband – er gedenkt der Wiederkehr des Todestages am 6.2.2013 und des 75. Geburtstages am 13.3.2014 – versammelt wichtige, in den unterschiedlichen fachtheologischen Publikationsorganen verstreut veröffentlichte Diskussions- und Forschungsbeiträge Dieter Lührmanns über einen Zeitraum von gut 30 Jahren. Die im obigen Zitat aus dem Beitrag zu Gal 2,9 formulierte Problemstellung zieht sich wie ein roter Faden durch viele seiner Veröffentlichungen. Es ist eine zutiefst systematisch-theologische Fragestellung, die ihn aber gerade als neutestamentlichen Exegeten umgetrieben hat in seinen Beschäftigungen mit den vielfältigen Texten des Neuen Testaments und der damaligen Zeitgeschichte sowie der neueren Theologie- und Forschungsgeschichte. Betrieben hat er nie eine bloß historisch-philologisch-kritische Fachexegese, sondern insistierend gefragt nach dem weiteren Zusammenhang von Welterfahrung und Bekennen im Horizont von Text und Geschichte und heutiger Zeit. Die Texte des Neuen Testamentes und seiner damaligen Umwelt sollten nicht allein in ihrem eigenen Zeithorizont verbleiben, sondern sie waren und sind beispielhafte Antwortversuche auf solche Grundfragen wie: Was ist Glaube? Was ist Gerechtigkeit? Wer ist Jesus von Nazareth? Welche Konsequenzen hat die „Freiheit in Christus"? und deren Transfer ins Heute.

Die Zusammenstellung aus Veröffentlichungen zwischen 1972 und 2001 möchte daher Ergebnisse wie Anstöße des exegetisch-theologischen Arbeitens Dieter Lührmanns bündeln und so auch ein literarisch-wissenschaftliches Portrait des Marburger Neutestamentlers in memoriam zeichnen helfen.

Die ausgewählten vier Themenbereiche: Markusevangelium und Logienquelle, Paulus, Zeit und Umwelt des Neuen Testamentes sowie systematisch-theologische Fragestellungen zeigen zum einen die Bandbreite der Forschungsinteressen und die Ansätze zu den teilweise dann auch von ihm monografisch gebündelten Ergebnissen. Andererseits – zumal im Rückblick – erscheinen etliche Thematiken und Fragestellung mittlerweile viel weiter vorangetrieben, was aber durchaus auch seinen Anhalt hat an Dieter Lührmanns Gespür für noch nicht vollständig gelöste oder bearbeitete Themen des Faches oder für angeblich abseitige Themen … die dann plötzlich eine Flut von Neuveröffentlichungen anderer anregten. Daher sind etliche der hier versammelten Aufsätze mittlerweile Teil der neutestamentliche Forschungsgeschichte selbst, nicht zuletzt Dank seines scharfen Blicks in die Tiefe und Breite einer Fragestellung, seiner klaren und aktuellen Problemkenntnis und seiner scharfen Analyse der jeweiligen Diskussionslagen. Und er hat seinen

Teil dazu beigetragen, dass das Fragen und Entdecken und Neuformulieren – auch durch seinen kleinen Schüler/-innenkreis – vorangetrieben wurde.

Dieter Lührmanns Arbeiten wurden auch international sehr geschätzt – eine kleine Resonanz konnte er etwa durch die ihn sehr überraschende Festgabe aus dem Freundes- und Schüler/-innenkreis 1999 zu seinem 60. Geburtstag erfahren. Diese erschien ihm damals zwar zu früh, doch im Rückblick erwies es sich angesichts der schweren Erkrankung als der einzig mögliche Zeitpunkt, ihm die Achtung und Freundschaft vieler Menschen auf diese Weise nahezubringen. Dass er bis kurz vor seinem Tod „auf dem Laufenden" war, belegen die von ihm noch bis ins Jahr 2012 verfassten Rezensionen sowie zwei leider unvollendet gebliebene Aufsatzmanuskripte zu einem kirchen- und kunsthistorischen Thema seiner Heimatstadt Hude und zu seinem theologischen Lehrer Günther Bornkamm, die möglicherweise an anderer Stelle publiziert werden können.

Bei der Auswahl der Texte war die Überlegung leitend, dass mit dem 2004 veröffentlichten Band „Die apokryph gewordenen Evangelien. Studien zu neuen Texten und zu neuen Fragen" eines der langjährigen Schwerpunktgebiete Dieter Lührmanns seinerseits zu einem gewissen Abschluss gebracht worden war. Daher finden sich aus diesem Themenkomplex, der ihn bereits seit seiner Betheler Zeit beschäftigte, keine Aufsätze in diesem Sammelband.

Herzlich zu danken für die Verwirklichung dieses Bandes ist in vielerlei Richtungen: Zunächst dem langjährigen Betheler Fachkollegen Dieter Lührmanns und engen Freund, Prof. Dr. Andreas Lindemann, der nicht nur bei der Zusammenstellung und Auswahl der Beiträge mit Rat und Tat dabei war; den (neuen) Herausgebern der Marburger Theologischen Studien, Prof. Dr. Friedhelm Hartenstein (München) und Prof. Dr. Michael Moxter (Hamburg), für die schnelle positive Resonanz auf dies Vorhaben in memoriam des ehemaligen Mitherausgebers dieser Reihe sowie dem Theologischen Arbeitskreis Pfullingen e.V. für freundliches Entgegenkommen bei den Druckkosten. Dazu haben ebenfalls beigetragen die beiden Landeskirchen, denen Dieter Lührmann u. a. als Prüfer in den theologischen Examina verbunden war, der Ev. Kirche von Kurhessen-Waldeck und der Ev. Kirche in Hessen und Nassau. Und ganz besonders Renate Lührmann, die mir freundschaftlich-unkompliziert den Zugang zum infrage kommenden Nachlass Ihres Mannes gewährt und das Vorhaben von vorneherein sehr begrüßt hat. Ihr und der Familie ist daher auch dieser Band gewidmet.

Zum Schluss zwei kleine redaktionelle Anmerkungen: Offensichtliche Fehler in den Originalen wurden stillschweigend berichtigt (teilweise von D. Lührmann schon in seinen Handexemplaren); interne Seitenverweise in den Fußnoten sind in [ ] bezogen auf die Seitenzählung des Originals.

Rauischholzhausen, 13.3.2014 Egbert Schlarb

I. MARKUSEVANGELIUM UND LOGIENQUELLE

LIEBET EURE FEINDE! (LK 6,27–36/MT 5,39–48)

I.

Mit keinem anderen Satz wird die Bergpredigt, die Verkündigung Jesu, ja Christentum identifiziert wie mit „Liebet eure Feinde!“ Hier überhaupt zu fragen, ob dieser Satz auf den historischen Jesus zurückgehe, scheint töricht. Am Ende wird es denn auch dabei bleiben, daß er mit der größten Sicherheit, die Exegese zu behaupten fähig ist, Jesus selbst zugehört. Der Weg dahin ist deshalb freilich nicht sinnlos, sondern kann ein Stück urchristlicher Überlieferungsgeschichte erhellen und kann Anlaß sein, unsere Kriterien, mit denen wir ein solches Ergebnis begründen, zu durchleuchten.[1]

Der Satz begegnet in der matthäischen Bergpredigt Mt 5,44 in der sechsten und letzten Antithese als Gegensatz zu dem alttestamentlichen Liebesgebot Lev 19,18 und einer nicht aus dem Alten Testament zu belegenden Einschränkung dieses Liebesgebots auf den Nächsten als den Freund, während man den Feind nicht zu lieben braucht, ihn gar zu hassen aufgefordert wird.[2] Dieser Auslegung gegenüber erweitert Jesus nach Mt das Liebesgebot ausdrücklich auf den Feind.

Wie immer man das Problem der Antithesen[3] beurteilt – m. E. geht die Form der Antithese nicht auf Jesus selbst zurück –, so besteht in der neueren Forschung ein weitgehender Konsensus, daß jedenfalls bei dieser [413] sechsten wie der dritten und fünften die Antithesenform sekundär ist.[4] Das Gebot der Feindesliebe wird also erst nachträglich in einen ausdrücklichen Gegensatz zum Alten Testament gebracht. Damit haben wir bereits ein erstes, negatives Teilergebnis in der Hand.

Die Begründung liegt darin, daß hier für den Wortlaut wie weitgehend auch für den Kontext eine Parallele in Lk 6,27ff zu finden ist, die *nicht* die ja spezifisch matthäische

[1] Für dieses Referat im Rahmen der Seminargruppe „Der historische Jesus“ beim Kongreß der Studiorum Novi Testamenti Societas 1972 in Claremont/USA war mir die Aufgabe gestellt, an einem Text der Bergpredigt die Rückfrage nach dem historischen Jesus unter besonderer Berücksichtigung der Methodik zu stellen. Daher erklärt sich, daß ich trotz der schmalen Textbasis in diesem Zusammenhang so ausdrücklich auf exegetische und theologische Probleme der Frage nach dem historischen bzw. irdischen Jesus eingegangen bin.

[2] Vgl. zur Interpretation von Mt 5,43 O. Linton, St. Matthew 5,43, StTh 18 (1964), 66–79; J. Jeremias, Neutestamentliche Theologie I, 1971, 206 mit Anm. 44. Die Formulierung ist deutlich überspitzt; vgl. auch unten Teil V.

[3] Vgl. dazu neuerdings E. Lohse, „Ich aber sage euch“, in: Der Ruf Jesu und die Antwort der Gemeinde, FS J. Jeremias, 1970, 189–203.

[4] Üblich ist die Differenzierung zwischen der 1., 2. und 4. Antithese als ursprünglichen und der 3., 5. und 6. als sekundär so geformten: z. B. R. Bultmann, Die Geschichte der synoptischen Tradition, FRLANT 29, [3]1957, 144; E. Klostermann, Das Matthäusevangelium HNT 4, [4]1971, 42; E. Käsemann, Exegetische Versuche und Besinnungen I, 1960, 206. H. T. Wrege, Die Überlieferungsgeschichte der Bergpredigt, WUNT 9, 1968, 58, hält nur die erste und zweite für ursprünglich. Eher könnte ich M. J. Suggs, Wisdom, Christology, and Law in Matthew's Gospel, 1970, 109–115 zustimmen, der alle Antithesen als matthäisch erklärt.

Antithesenform aufweist.[5] Zwischen Lk 6,27, der ersten Anführung des Satzes, und 6,35, seiner Wiederholung, steht bei Lk einmal Material, das auch Mt in ähnlicher Form im Zusammenhang des Gebots der Feindesliebe bietet (Lk 6,32f.35b/Mt 5,44–47), weiter die „Goldene Regel" (Lk 6,31), die bei Mt auch in der Bergpredigt, aber erst in 7,12 begegnet, und schließlich Material, mit dem Mt die voraufgehende fünfte Antithese angereichert hat (Lk 6,29f/Mt 5,39b–42). Was bei Lk *ein* Text ist, gerahmt durch das Gebot der Feindesliebe (6,27.35), entfällt bei Mt auf *zwei* in sich geschlossene Einheiten – die beiden letzten Antithesen –, deren Form auf die Redaktion des Mt zurückgeht, und den Einzelspruch 7,12.

Bultmann, Dupont u. a.[6] nehmen an, daß die einzelnen Stücke erst in der lukanischen Redaktion zusammengestellt worden seien, während sich bei Mt das Nebeneinander zeige, wie es in Q bestanden habe. Doch diese Ansicht ist mit Schürmann zu bezweifeln.[7] Lk 6,27–35 ist Teil der Feldrede, also des Teils des Lukasevangeliums, der mit wenigen, zumal [414] leicht erklärbaren Ausnahmen in der Bergpredigt eine Parallele hat, und zwar durchgehend auch in der Reihenfolge der einzelnen Stücke. Die Verse sind, sieht man von den nur bei Lk begegnenden Weherufen ab,[8] das erste Stück nach den Seligpreisungen, ebenso wie die Bergpredigt erst ab 5,39b wieder der lukanischen Feldrede parallel geht:

Lk 6,20	Mt 5,3	
6,21a	5,6	Seligpreisungen
6,21b	5,4	Lk 6,20–23/Mt 5,3–12
6,22f	5,11f	
6,24–26		Weherufe Lk 6,24–26
6,27f	5,44	
6,29f	5,39b–42	
6,31	7,12	Die Feindesliebe
6,32f	5,46f	Lk 6,27–35/Mt 5,39b–47
6,34	–	
6,35	5,44f	
6,36	5,48	
6,37a	7,1	

[5] Für die in der vorigen Anm. genannte Differenzierung werden zwei Argumente genannt: a) Die 3., 5. und 6. haben Vorlagen in Q – aber wir wissen nicht, ob auch für die anderen Vorlagen da waren und wie sie aussahen; b) in der 1., 2. und 4. geht es um Überbietung der alttestamentlichen Forderung, in der 3., 5. und 6. um ihre Aufhebung – aber die Gebote der 1. und 2. können ja auch gar nicht aufgehoben werden, und bei der 3. geht es bei Mt (diff. Lk und Mk) ja gerade um eine Einschränkung, nicht um eine Aufhebung der Scheidungsmöglichkeiten.

[6] Bultmann, Syn. Trad., 100; J. Dupont, Les Béatitudes I, ^{2}1958, 191.

[7] H. Schürmann, Das Lukasevangelium I, HThK 3,1, 1969, 345–347.357; ähnlich schon T. W. Manson, The Sayings of Jesus, (1937) repr. 1964, 50, der aber für die Mt-Fassung eine Vorlage in M annimmt (161). P. Pokorný, Der Kern der Bergpredigt, 1969, 24f, setzt den Lk-Text ohne 6,31 für Q voraus.

[8] Die Weherufe wollen neuerdings wieder zu Q rechnen Schürmann, Lk 339f; H. Frankemölle, Die Makarismen (Mt 5,1–12; Lk 6,20–23), BZ NF 15 (1971), 52–75, 64. Die sprachlichen Berührungen zwischen den Weherufen und der Mt-Fassung der Makarismen weisen aber wohl eher auf den Q-Text der Makarismen hin, während der L-Text an diesen Stellen dann sekundär wäre.

6,37b.38a	(12,36f?)	Das Richten
6,38b	7,2b	Lk 6,36–42/Mt 5,48; 7,1–5
6,39	15,14	
6,40	10,24f	
6,41f	7,3–5	
6,43	7,18	
6,44	7,16	Die Früchte
6,45	12,35.34b	Lk 6,43–45/Mt 7,15–20
6,46	7,21	Hören und Tun
6,47–49	7,24–27	Lk 6,46–49/Mt 7,21–27

In beiden Fassungen ist nun ein Zusammenhang mit den Seligpreisungen nachweisbar. Mt und Lk differieren in Mt 5,11 und Lk 6,22 in der Schilderung der Situation der Jünger; nur Mt verwendet dabei das [415] Verbum διώκειν,[9] nur Lk μισεῖν, und diese Differenz findet sich auch in Mt 5,44 und Lk 6,27. Bei beiden Evangelisten besteht also eine Korrespondenz zwischen der Formulierung der letzten Seligpreisung und des Gebots der Feindesliebe,[10] was vor allem für Mt überraschend ist angesichts des größeren Abstands zwischen beiden Texten. Aber gerade bei Mt lassen sich noch weitere Bezüge zwischen den Seligpreisungen und dem ihnen in Q folgenden Zusammenhang aufzeigen. Die 7. Seligpreisung entspricht in ihrer zweiten Zeile der Verheißung Mt 5,45/Lk 6,35c; die εἰρηνοποιοί der ersten Zeile sind die, die das Gebot der Feindesliebe befolgen, ἔχθρα ist der Gegensatz zu εἰρήνη.[11] Bei der 5. Seligpreisung (Mt 5,7) fällt der Bezug zu Lk 6,36 – gegenüber Mt 5,48 wohl die ursprünglichere Q-Fassung – auf:[12] ἐλεήμων und οἰκτίρμων bilden vor allem in den alttestamentlichen Psalmen ein Hendiadyoin.

Diese beiden Seligpreisungen aber stellen in der Reihe bei Mt ein besonderes Problem dar; für sie ist nicht wie für 5,5.8 und für die Umgestaltung der aus Q übernommenen Seligpreisungen 5,3.4 der Einfluß alttestamentlicher Sprache so deutlich nachweisbar,[13] andererseits sind aber auch nicht direkte redaktionelle Eingriffe wie in 5,6.10 zu vermuten. In der Erweiterung der Seligpreisungen, die ich mit Strecker in der zu Mt hinführenden Weiterüberlieferung von Q ansetzen möchte,[14] dienen 5,7.9 zu einer engeren Verzahnung zwischen den Seligpreisungen und dem ihnen folgenden Text über das Gebot der Feindesliebe; erst Mt reißt die Stücke dann auseinander – um so auffälliger, daß sich gerade bei ihm diese Zusammengehörigkeit noch deutlich aufweisen läßt.

[9] Ebenso auch in 5,10 und 5,12.

[10] Vgl. auch Schürmann, Lk, 346.

[11] Auch Frankemölle, a.a.O., 72, und Schürmann, Lk, 336 Anm. 83; 354 Anm. 82; 356f sehen die Beziehung zu der zweiten Zeile von Mt 5,9; doch will Schürmann in der ersten Zeile einen Anklang an καλῶς ποιεῖν Lk 6,27 oder ἀγαθοποιεῖν Lk 6,33.35 finden.

[12] Vgl. Schürmann, Lk, 336 Anm. 83; 357.

[13] Speziell Jes 61 spielt offenbar für die matthäischen Seligpreisungen eine große Rolle (aber wohl nicht schon für Q; gegen Schürmann, Lk, 327 und Frankemölle, a.a.O., 59f).

[14] Vgl. G. Strecker, Die Makarismen der Bergpredigt, NTS 17 (1970/71), 255–275. N. Walter, Die Bearbeitung der Seligpreisungen durch Matthäus, Studia Evangelica IV, TU 102, 1968, 246–258, rechnet ebensowenig mit solchen Zwischenstufen wie Frankemölle, a.a.O., 73f.

Einmal auf dieser Spur, wird man nicht übersehen können, daß zwar erst Lk in 6,35 ausdrücklich die Lohnverheißung aus Mt 5,12/Lk 6,23 wiederholt, daß aber auch in Mt 5,46 = Q (diff. Lk 6,32) das Stichwort μισθός begegnet. [416]

Kann man also eine enge Verbindung zwischen den Seligpreisungen und dem ihnen folgenden Stück nachweisen, dann ist es schlecht denkbar, daß die Bergpredigt und Feldrede gemeinsame Vorlage in Q nach den Seligpreisungen der Mt-Reihenfolge entsprechend mit den Sprüchen Mt 5,39b–42/Lk 6,29f begonnen haben sollte. Vielmehr bietet der Einsatz mit dem Gebot der Feindesliebe, wie er bei Lk erhalten ist, einen sinnvollen Beginn, dem Lk 6,36 Q (diff. Mt 5,48) als Überleitung zum zweiten Teil, den Sprüchen über das Richten, korrespondiert. Umgekehrt sind bei Mt Gründe für eine Umstellung der Reihenfolge erkennbar: einmal die Umformung des Materials in Antithesen, zum anderen die Glättung des komplizierten Aufbaus, der sich bei Lk findet. Es ist also mit großer Wahrscheinlichkeit anzunehmen, daß Lk im ganzen die Reihenfolge der Q-Vorlage besser bewahrt als Mt, was sich ja auch an anderen Texten beobachten lässt.[15]

Das Gebot der Feindesliebe ist bei beiden Evangelisten wörtlich identisch überliefert (Lk 6,27b/Mt 5,44b; vgl. Lk 6,35a). Bei Lk folgen *drei* ihm parallele Sätze, während sich bei Mt nur *einer* findet, der mit Lk 6,28b im Imperativ προσεύχεσθε und in ὑμᾶς übereinstimmt. Lk 6,27c καλῶς ποεῖτε τοῖς μισοῦσιν ὑμᾶς läßt sich fast vollständig aus der letzten Seligpreisung (Lk 6,22) und dem ihr entsprechenden Weheruf (Lk 6,26) zusammenstellen – auch dies ein Zeichen für die oben bemerkte Verzahnung. Für Lk 6,28a εὐλογεῖτε τοὺς καταρωμένους ὑμᾶς zeigt Röm 12,14 (εὐλογεῖτε τοὺς διώκοντας, εὐλογεῖτε καὶ μὴ καταρᾶσθε), daß Paulus diese Zeile als freien Spruch kannte. Die Beurteilung der Differenz zwischen διωκόντων (Mt 5,44b) und ἐπηρεαζόντων (Lk 6,28b) hängt zunächst davon ab, ob διώκειν in Mt 5,11 auf Q oder – wahrscheinlicher[16] – auf die matthäische Q-Überlieferung zurückgeht. Andererseits ist aber ἐπηρεάζειν ein so seltenes Wort, daß zu fragen ist, ob nicht das μισεῖν von Lk 6,27c entsprechend Lk 6,22 in Q hierher gehört.[17]

Ausgangspunkt des Q-Textes ist also die im synonymen Parallelismus [417] membrorum zweigliedrige Aufforderung zur Feindesliebe und zum Gebet für Widersacher.[18] Ein solcher oder ähnlicher Text findet sich in der frühchristlichen Literatur an keiner Stelle unabhängig von den Formulierungen, in denen er bei Mt und Lk überliefert worden ist;[19]

15 Vgl. nur V. Taylor, The Original Order of Q, in: New Testament Essays. Studies in Memory of T. W. Manson, 1959, 246–269, Zusammenfassung 266f; A. P. Polag, Der Umfang der Logienquelle (Diss. lic. theol. Trier), 1966 (Masch.), 123. Für die Ursprünglichkeit der Mt-Reihenfolge war in Deutschland vor allem A. Harnack, Sprüche und Reden Jesu, 1907, 127, eingetreten.

16 Vgl. W. Trilling, Das wahre Israel, Studien z. Alten u. NT 10, ³1964, 80; D. R. A. Hare, The Theme of Jewish Persecution of Christians in the Gospel According to St. Matthew, SNTS.MS 6, 1967, 114f; Dupont, a.a.O., 155 Anm. 1; Schürmann, Lk, 333 Anm. 50; O. H. Steck, Israel und das gewaltsame Geschick der Propheten, WMANT 23, 1967, 20–26.

17 Im NT nur noch 1Petr 3,16.

18 Vgl. H. Braun, Spätjüdisch-häretischer und frühchristlicher Radikalismus II, BHTh 24,2, 1957, 57 Anm. 1; Wrege, a.a.O., 83 (der freilich nicht mit Q rechnet); die viergliedrige Lk-Fassung halten für ursprünglicher: Bultmann, Syn. Trad., 83; Dupont, a.a.O., 155 Anm. 1.

19 Das ist das Ergebnis bei H. Köster, Synoptische Überlieferung bei den apostolischen Vätern, TU 65, 1957, der gerade ein Interesse an von den Evangelien unabhängiger Jesusüberlieferung hat; vgl. auch B. Layton, The Sources, Date, and Transmission of Didache 1.3b–2.1, HThR 61 (1968), 343–383. Die wich-

wir sind also allein auf diese Texte angewiesen bei der Frage nach ihrer Vorgeschichte.[20] Die Eingangswendung in Lk 6,27 ἀλλὰ ὑμῖν λέγω τοῖς ἀκούουσιν, die durchweg als lukanisch angesehen wird,[21] könnte wegen der korrespondierenden Wendungen in Lk 6,47. 49/Mt 7,24.26 am Ende der Rede durchaus zum Q-Text gehören.[22] So wäre der Anklang an die Formulierung der Antithese Mt 5,44 a nicht ganz zufällig.

War Lk 6,27f/Mt 5,44 in der zweiten Person *pluralis* formuliert, so wird in Lk 6,29f/ Mt 5,38–42 die zweite Person *singularis* angeredet. Dieser Wechsel weist darauf hin, daß zwei ursprünglich selbständige Einheiten miteinander verbunden worden sind.[23] Diese Verbindung lag aus den oben genannten Gründen wahrscheinlich schon in Q vor; Mt hat dann einen glatteren Text geschaffen, indem er diese Verse in die fünfte Antithese vorausnahm. [418]

Lk 6,29/Mt 5,39b.40 ist ein Doppelspruch, der dazu ermahnt, sich erlittener Gewalttätigkeit zu fügen. In Lk 6,30/Mt 5,42 folgt ein thematisch anderer zweiter Doppelspruch, der – wie Mt 5,42 und die unabhängige Überlieferung ThEv 95[24] zeigen – ursprünglich vom Verhalten gegenüber Betteln und Borgen redete, den aber Lk durch die Wiederholung von ἀπὸ τοῦ αἴροντος seiner Fassung von 6,29 angeglichen hat. Damit ist die inhaltliche Spannung zwischen Lk 6,29 und 30 abgemildert. Daß Lk aber in Q das Logion 6,30 in der Fassung vorgefunden hat, die sich Mt 5,42 findet, scheint sicher, weil er in 6,34 und 6,35 a ebenfalls vom Borgen redet.

Die Mt-Fassung 5,39b–42 ist formal durchkomponiert. Sie besteht ebenfalls aus zwei Doppelsprüchen, von denen der erste und dritte mit ὅστις, der zweite und vierte mit τῷ plus Partizip eingeleitet werden, wobei hier beidemal das Partizip von θέλειν begegnet. 5,42 ist dabei als *ein* Spruch verstanden, nicht mehr als Doppelspruch. Hinzu kommt ohne Lk-Parallele 5,41. Der Vers geht wohl nicht auf Q zurück, weil Gründe für eine Auslassung durch Lk nicht erkennbar wären. Da erst durch die Hereinnahme von 5,41 das Viererschema bei Mt möglich wird, ist vielleicht die grammatische Struktur in Lk 6,29f ursprünglicher. Doch ließe sich auch denken, daß erst Lk alle Sätze in die gleiche Partizipialkonstruktion gebracht hat.

tigsten Stellen sind abgedruckt bei K. Aland, Synopsis quattuor evangeliorum, 1964, 84f = 106; weiteres Material vor allem bei W. Bauer, Das Gebot der Feindesliebe und die alten Christen, 1917, in: Aufsätze und kleine Schriften, 1967, 235–252.

[20] Unergiebig ist deshalb der Vergleich mit der späteren Überlieferung bei Wrege, a.a.O., 83–85.

[21] Vgl. Bultmann, Syn. Trad., 95 und 100; Dupont, a.a.O., 189f.

[22] Ähnliche Übergangswendungen lassen sich häufig in Q nachweisen, sowohl in der 1. Pers. (Lk 7,28/ Mt 11,11; Lk 10,12/Mt 10,15 vgl. 11,24) als auch in der 3. Pers. (Lk 7, 24/Mt 11,7; Lk 10,2/Mt 9,37; Lk 10,21/Mt 11,25; Lk 13,20/Mt 13,33; Lk 14,15/Mt 22,1). Schürmann (Lk, 345 Anm. 19) begründet die Zugehörigkeit mit dem Verweis auf Lk 6,18a (nicht 6,17b [Fehler in der Abteilung der Synopse von Huck-Lietzmann!]; dazu ebd., 319.323), doch ist dieser Vers wohl redaktionelle Bearbeitung von Mk 3,8. Auffällig ist auch, wie stark sich ποιεῖν samt Derivaten durch die ganze Rede hindurchzieht. – Die Übergangswendung Lk 6,39 dient bei Lk zur Einführung bei Mt nicht in der Bergpredigt begegnenden Materials; sie geht daher wohl auf die lukanische Redaktion zurück (gegen Schürmann, Lk, 369–371).

[23] Vgl. Manson, a.a.O., 51 u. a.

[24] „Wenn ihr Geld habt, leiht nicht auf Zins, sondern gebt [sie pl.] dem, von dem ihr sie (pl.) nicht (zurück)erhalten werdet." (übers. von W. Till, in: A. Guillaumont, H.-Ch. Puech, G. Quispel, W. Till, U. Yassah Abd al Masih, Evangelium nach Thomas, 1959.)

Die Nennung der *rechten* Backe bei Mt wird vielfach als ursprünglicher angesehen,[25] da der Schlag auf die rechte Backe, mit dem Hand*rücken* durchgeführt, in Palästina als besonders schimpflich gegolten habe. Doch ließe sich auch denken, daß eine Klimax gerade dadurch angedeutet wäre, daß ein Schlag auf die rechte Backe mit der normalerweise schwächeren linken Hand verabreicht wird, dem dann erst der volle Schlag mit der rechten Hand folgen würde.

In Lk 6,29b ist an einen Raubüberfall gedacht, in Mt 5,40 hingegen an einen Prozeß: Die Forderung nach dem Untergewand soll man mit der Übergabe auch des Mantels beantworten. Ob diese Situation bei Mt auf ursprünglicheres palästinisches Milieu deutet,[26] ist wie bei Lk 6,29a/Mt 5,39b nicht sicher. Wie die Q-Fassung inhaltlich ausgesehen hat, läßt sich also für Lk 6,29/Mt 5,39b.40 nicht mehr ausmachen. [419]

Mit Lk 6,31 tritt wieder der Wechsel zu der nun in der Feldrede bis 6,38 durchgehaltenen zweiten Person *pluralis* ein. Die „Goldene Regel", stilistisch bei Lk gegenüber der Mt-Fassung glatter,[27] also wohl bei Lk gegenüber Q geglättet, kann nicht erst bei Mt (7,12: οὗτος γάρ ἐστιν ὁ νόμος καὶ οἱ προφῆται wie 22,40), sondern schon im Judentum das Liebesgebot Lev 19,18 interpretieren und ersetzen. Sie ist nach Dihles Nachweis erstmals in der griechischen Vulgärethik formuliert worden; von dort kam sie in das griechisch wie in das aramäisch sprechende Judentum.[28] Bei Mt steht sie ohne eigentlichen engeren Zusammenhang in 7,12, bereitet aber offenbar als Wiederaufnahme des Themas von 5,17–48 den Schluß der Bergpredigt 7,13ff vor, in dem vor der ἀνομία gewarnt wird. Sie hat also bei Mt einen als redaktionell erklärbaren Platz.

Bei Lk gibt die „Goldene Regel" die Zäsur zwischen 6,29f und 6,32ff an, steht damit auch in der Mitte zwischen den beiden Fassungen des Gebots der *Feindes*liebe 6,27f und 6,35. Nach den zu passivem Dulden auffordernden Mahnungen folgt hier die Mahnung zu aktivem Tun, inhaltlich das Gebot der Feindesliebe. Da sich für eine Umstellung bei Mt Gründe in der matthäischen Redaktion aufzeigen lassen, ist anzunehmen, daß die Stellung bei Lk der Stellung in Q entspricht.[29] Weil bei Mt und Lk der Vers im Zusammenhang der Bergpredigt bzw. Feldrede begegnet, wird man ihn auch in Q in diesem Zusammenhang lokalisieren können und braucht deshalb nicht auf eine Zuordnung zur Lk-Reihenfolge zu verzichten.

Es folgen in Lk 6,32–34 drei Fragen, die jeweils mit dem Hinweis auf das Verhalten der Sünder beantwortet werden. Den beiden ersten entsprechen Mt 5,46f, wobei sich

25 Vgl. Jeremias, Theologie, 229; Wrege, a.a.O., 76; die Belege bei Billerbeck I, 342f; dagegen Schürmann, Lk, 347 Anm. 33.

26 So Wrege, a.a.O., 77; dagegen z. B. Bultmann, Syn. Trad., 100. Liegt in κριθῆναι ein Bezug auf Mt 7,1–5/Lk 6,36–42?

27 Vgl. Wrege, a.a.O., 132 Anm. 1. – Die Bezeichnung „Goldene Regel" läßt sich offenbar erst seit dem 16. Jh. nachweisen (A. Dihle, Die Goldene Regel, 1962, 8 Anm. 1).

28 Vgl. die in der vorigen Anm. genannte Studie von Dihle. Aus dem bei Billerbeck I, 459f gesammelten Material dürfte die wichtigste Stelle Targum Jerusch I Lev 19,18 sein, wo die Goldene Regel interpretierend neben das Liebesgebot tritt. Vgl. ferner die bekannte Geschichte von Schammai und Hillel Schab 31a sowie Aristeas 207 und Tob 4,15.

29 Vgl. Schürmann, Lk, 350f; gegen Bultmann, Syn. Trad., 100. Zu Dihles Interpretation vgl. unten Anm. 91.

trotz aller Differenzen deutliche Gemeinsamkeiten erkennen lassen. Das bei Mt in den hier als Gegenfragen formulierten Antworten begegnende Paar „Zöllner und Heiden" findet sich auch in Mt 18,17, einem Text, der sich als Weiterbildung eines Q-Textes in der matthäischen Gemeinde erweisen lässt.[30] Περισσόν in Mt 5,47 [420] deutet auf matthäische Redaktion;[31] „Bruder" ist ein natürlich keiner besonderen Schicht zuzuordnendes Wort, immerhin begegnet es im matthäischen Kontext 5,22–24, aber auch im Q-Kontext Lk 6,41f/Mt 7,3–5.

Die Lk-Fassung mit ihrem stereotypen ὑμῖν χάρις ἐστιν; und dem ebenso stereotypen Hinweis auf das Tun der Sünder wirkt gegenüber Mt 5,46f gestraffter. Da das Stichwort μισθός (Mt 5,46) auch in Lk 6,35 begegnet, Lk andererseits eine Vorliebe für das Wort χάρις zu besitzen scheint,[32] läßt sich für Q eventuell die zweimalige Frage τινὰ μισθὸν ἔχετε vermuten. Lk hätte sie ersetzt, um in 6,35 eine wörtliche Wiederholung aus Lk 6,23/Mt 5,12 formulieren zu können. Mt könnte bei der zweiten Frage in die für seine Theologie ja korrespondierende Formulierung τί περισσὸν ποιεῖτε; geändert haben (vgl. Mt 5,20 und 6,2.5.16). Falls „Zöllner und Heiden" entsprechend Mt 18,17 auf die Überlieferung zwischen Q und Mt zurückzuführen ist, wäre für Q „Sünder" vorauszusetzen.[33] Eine weitere Annäherung an die ursprüngliche Q-Fassung dürfte bei Lk 6,32f/Mt 5,46f nicht zu erreichen sein.

Die dritte Frage Lk 6,34 greift offensichtlich Mt 5,42 Q (diff. Lk 6,30) auf; das Verbum δανείζειν bzw. δανείζεσθαι begegnet im ganzen Neuen Testament nur hier in diesem engen Kontext. Lk 6,34 setzt also die Zusammenstellung von Lk 6,27f (vgl. 6,32) und 6,29f voraus; doch braucht das kein Hinweis auf eine solche Verknüpfung schon in Q zu sein, da 6,30 wohl erst von Lk geändert worden und dann 6,34 ebenfalls eine Anfügung des Lk ist.[34]

Die Wiederholung des Gebots der Feindesliebe in Lk 6,35a korrespondiert den *drei* Fragen Lk 6,32–34. Mindestens das dritte Glied geht also wie 6,34 (und die Änderung in 6,30) auf die lukanische Redaktion zurück. Aber auch das zweite Glied ist – Vermeidung einer wörtlichen Wiederholung von 6,27! – wohl auf Lk zurückzuführen, was evident wäre, sofern sich Mt 5,47a als ursprünglicher gegenüber Lk 6,33a erweisen ließe.[35] Für Lk 6,35b wurde oben bereits lukanische Redaktion vermutet. [421]

Damit fällt aber keineswegs der ganze Vers Lk 6,35 für Q aus. Mt 5,44f zeigen vielmehr, daß wie in Lk 6,35 (diff. 6,27f) in Q zum Gebot der Feindesliebe die Verheißung

[30] Vgl. D. Lührmann, Die Redaktion der Logienquelle, WMANT 33, 1969, 111–114.

[31] Vgl. bes. Mt 5,20.37; 13,12; 25,29.

[32] Vgl. dazu H. Conzelmann, ThWNT IX, 382f.

[33] Für lukanisch hält freilich „Sünder" Dupont, a.a.O., 193.

[34] Schürmanns Logik (354) für den gegenteiligen Schluß ist mir nicht einsichtig. Die *zwei* Fragen setzen für Q voraus: Bultmann, Syn. Trad., 83; Dupont, a.a.O., 155. Wrege, a.a.O., 89–91 hält beide Fassungen für Übersetzungs- bzw. Überlieferungsvarianten, da er in Lk 6,35 keine redaktionelle Umbildung von 6,27f, sondern eine Analogiebildung in der Tradition sieht.

[35] Vgl. zu ἀγαθοποιεῖν bei Lk: W. C. van Unnik, Die Motivierung der Feindesliebe in Lukas VI 32–35, NT 8 (1966), 284–300, 288–295, der (289) mit guten Gründen hierin eine Veränderung durch Lukas sieht; vgl. auch Dupont, a.a.O., 192 mit Anm. 4.

der Gottessohnschaft gehörte.[36] Und die Verbindung von Mt 5,44f und 46f zeigt weiter, daß wie in Lk 6,32f(34).35 in Q auch die zwei Fragen zum Gebot dazugehörten (diff. Lk 6,27f). Dabei läßt sich eine Umstellung der Q-Reihenfolge durch Mt gegenüber der dann bei Lk erhaltenen durch die Antithesenform erklären, in der das Gebot *voran*stehen muß.

Lk hätte also lediglich, um eine wörtliche Wiederholung von 6,27f zu vermeiden, hier nach seiner Fassung von 6,32–34 umformuliert und 6,35b eingefügt. Eine Erklärung für die Hereinnahme des „Borgens“ in diesen Zusammenhang läßt sich vielleicht auch darin finden, daß in Sir 4,10[37] die Verheißung der Gottessohnschaft gerade der Mildtätigkeit im finanziellen Bereich gilt.[38] Die Gottesprädikationen sind bei beiden Evangelisten als redaktionell verdächtig, so daß ein Rückschluß auf die Q-Formulierung hier nicht möglich ist.[39] Der abschließende ὅτι-Satz wirkt bei Lk theologisch abstrakter und leitet mit χρηστός wohl zu dem synonymen οἰκτίρμων in 6,36 über. Daß sich bei Lk wie bei Mt πονηρούς findet, könnte ein Anklang an die wohl für Q vorauszusetzende[40] bildhaftere Fassung Mt 5,45 sein.

Lk 6,36 endlich ist bei Lk die Überleitung zu 6,37ff, während Mt 5,48 als Abschlußwendung zu 5,20–48 fungiert,[41] also einer erst von Mt geschaffenen Einheit, weshalb Lk 6,36 vermutlich der Q-Fassung entspricht.

In Lk 6,27–36 ließen sich also fünf Abschnitte ausmachen:

1) die gegenüber der zweigliedrigen in Mt 5,44 sekundäre viergliedrige Forderung der Feindesliebe 6,27f; [422]

2) die beiden Doppelsprüche über das Verhalten gegenüber Gewalttätigkeit und gegenüber Bettel und Borgen 6,29f, in denen Lk 6,30 an 6,29 angeglichen hat, während Mt den Vers 5,41 eingefügt hat;

3) die „Goldene Regel“ 6,1, die in diesem Zusammenhang ihren Platz in Q hatte;

4) die drei Fragen und Antworten, denen die Wiederholung des Gebots der Feindesliebe korrespondiert, und die zum Gebot gehörende Verheißung der Gottessohnschaft mit anschließender Begründung 6,32–35; hier ist die Parallele Mt 5,44f.46f im ganzen – außer in der Reihenfolge und einzelnen Formulierungen – als ursprünglicher anzusehen;

5) die Übergangswendung 6,36, die gegenüber der Abschlußwendung Mt 5,48 wohl ursprünglicher ist.

1) und 4) gehören deutlich zusammen; identisch ist in beiden Evangelien die Reihenfolge 2), 4), 5). Bei Mt ist zu berücksichtigen, daß er mit 5,17–48 den ihm aus Q vorge-

36 Lk 6,35a.c ist damit die eigentliche Parallele zu Mt 5,44f (so mit Recht Wrege, a.a.O., 86); es ist aber keine Konkurrenzüberlieferung zu Lk 6,27f/Mt 5,44 (so ders., 85), da die Unterschiede auf bewußte Veränderung gegenüber Lk 27f/Mt 5,44 zurückgehen.

37 Sir 4,10: καὶ ἔσῃ ὡς υἱὸς ὑψίστου, der hebräische Text: ואל יקראך בן.

38 Die Verheißung Sir 4,10cd gilt nicht allein für 4,10ab, sondern für den ganzen Zusammenhang 4,1–10!

39 Ὕψιστος bei Lk: 1,32.35.76; Apg 7,48; 16,17; sonst im NT: Mk 5,7/Lk 8,28 (Gen 14,18 in Hebr 7,1); für die matthäische Formulierung vgl. Mt 5,16; 6,1.9; 7,11; 18,14. Für „Vater“ als ursprünglichen Q-Wortlaut spricht eventuell die Beziehung zu Lk 6,36/Mt 5,48.

40 Vgl. Bultmann, Syn. Trad., 83.

41 Vgl. Bultmann, Syn. Trad., 83.100; Dupont, a.a.O., 151–154, dort auch der Aufweis redaktioneller Bearbeitung in Mt 5,48 (vor allem τέλειος); vgl. dazu auch U. Luck, Die Vollkommenheitsforderung der Bergpredigt, ThEx 150, 1968, bes. 29ff.

gebenen Stoff, der ungefähr der lukanischen Feldrede entspricht, unter das Thema des Gesetzes und der Gerechtigkeit stellt, das dieser vorgegebene Stoff explizit nicht enthält. Von daher läßt sich verstehen, daß er das Gebot der Feindesliebe ans *Ende* der Antithesenreihe stellt und die „Goldene Regel" an den *Schluß* der Bergpredigt (7,12).

Daraus ergibt sich, daß jedenfalls für 2)–5) die lukanische Reihenfolge auch für Q anzunehmen ist. Für die Stellung von 1) ist noch einmal zu wiederholen, daß nach den Seligpreisungen in Q mit Lk 6,29f/Mt 5,39b–42 das neue Thema nur recht schwach markiert wäre, was für die Annahme spricht, daß schon in Q das Gebot der Feindesliebe vorausgestellt war. Man wird ja doch, wenn man ernsthaft mit Q rechnet, in dieser zweiten Quelle nicht nur einen Steinbruch für die beiden Evangelisten Lk und Mt sehen dürfen, aus dem sie nach Belieben Versatzstücke in das Markusevangelium einfügen konnten. Vielmehr weisen allein die inneren sprachlichen Bezüge zwischen den Seligpreisungen und diesem ihnen unmittelbar folgenden Text schon auf eine nicht belanglose Zusammengehörigkeit beider Texte hin.[42] [423]

II.

Der Text steht in der Logienquelle im Zusammenhang der Rede, die matthäischer Bergpredigt und lukanischer Feldrede zugrunde liegt. Diese Rede ist eine in sich geschlossene größere Einheit, beginnend mit den Seligpreisungen und mit einem Rückblick auf „diese meine Worte" schließend. Sie ist wohl schon in der vor der Redaktion von Q liegenden Überlieferung so zusammengestellt und dann in Q mit weiteren Stücken vereinigt worden, wobei sich über eine längere Strecke die ursprüngliche Q-Reihenfolge noch verfolgen läßt bis hin zu einem Abschluß in dem Jubelruf Lk 10,21f/Mt 11,25–27.[43]

Für die Redaktion von Q spielt bei der Aufnahme der Rede der Gegensatz Jesu und seiner Nachfolger zu den „Menschen" ebenso eine Rolle wie der Hinweis auf das Gericht im Schlußgleichnis Lk 6,47–49/Mt 7,24–27.[44] Zu beachten ist auch die Anfügung

42 Die oben genannten Aufsätze zur matthäischen Redaktion der Seligpreisungen sind insofern typisch, als hier Q nur als Überlieferungsstufe *eines* Textes verstanden wird, ohne daß man den Q–Kontext des Stückes berücksichtigt, der hier doch mit großer Sicherheit rekonstruierbar ist. Zu dem Buch von Wrege, der den Nachweis führen will, daß es Q nie gegeben habe, vgl. meine Rezension in ThLZ 95 (1970), 199f. Bei allen guten Beobachtungen handelt es sich eigentlich nicht um eine „Überlieferungsgeschichte der *Bergpredigt*", sondern der *einzelnen* Stücke der Bergpredigt. Wrege geht nirgends auf die doch auffällige gemeinsame Grundstruktur von Bergpredigt und Feldrede ein, vgl. meine Tabelle oben S. [414f].

43 Vgl. Redaktion, 53–68.

44 Redaktion, 55f. – Ich habe im Anschluß an Bultmanns Terminologie zwischen „Sammlung" und „Redaktion" unterschieden und dabei „Redaktion" sehr eng gefaßt (19). Mir scheint eine solche vorsichtige Verwendung des Begriffs weiterhin nötig, will man ein Kriterium haben, zwischen bewußter Gestaltung und einfacher Übernahme eines Stoffes zu unterscheiden. Natürlich sind die übernommenen Inhalte nicht einfach belanglos, die Frage nach dem *Interesse* der Redaktion an ihrem Material geht aber nicht in der Alternative Identifikation oder Distanzierung auf; schon gar nicht habe ich eine „Annullierung" der Tradition durch die Redaktion behauptet. Was mich interessierte, war die Frage nach der *Funktion* des Materials. Soweit eine Replik auf die Bemerkungen von P. Hoffmann, Studien zur Theologie der Logienquelle, NTA NF 8, 1972, 3 und 101 Anm. 80, die gerade angesichts der anderen Auseinandersetzungen mit meinen Thesen bei Hoffmann verzerrend wirken. Meine diesbezügliche Kritik an der ursprünglichen Fassung von

von Lk 7,1–10/Mt 8,5–13 mit der auffälligen Korrespondenz der Rede des Hauptmanns zum Schluß der Q-Rede.[45] [424]

Sowohl in der letzten Seligpreisung Lk 6,22/Mt 5,11 als auch am Schluß der Rede (Lk 6,46f/Mt 7,21.24) ist – in der Q voraufliegenden Überlieferung – die Beziehung zu dem verkündigenden Jesus hergestellt. Jesus ist als der Menschensohn (Lk 6,22 = Q diff. Mt 5, 11) der, der das *Gericht* halten wird, in dem sich der Gegensatz zwischen ihm und seiner Gemeinde einerseits und den Menschen andererseits als endgültiger herausstellen wird. Dieser Gegensatz wird in Q zum beherrschenden Thema, wobei nun „die Menschen" nicht mehr Israel allein sind, sondern alle, die sich der im Namen Jesu geschehenden Weiterverkündigung seiner Botschaft verweigern. Am Schluß der Rede wird die sich zum κύριος *bekennende*[46] Gemeinde verpflichtet auf das, was Jesus gesagt hat, was sowohl Q in einer neuen christologischen Reflexion (Lk 10,21f/Mt 11,25–27)[47] als auch Mt (28,18–20)[48] aufnehmen.

Die beiden explizit christologischen Stellen der Rede gehen also von einer christologischen Konzeption aus, nach der sich an der Stellungnahme zu dem, was Jesus gesagt hat, Heil und Unheil entscheidet. Deutlich bei Mt (28,18–20), aber wohl auch schon in Q (Lk 10,21f/Mt 11,25–27) wird „Ostern" als die In-Kraft-Setzung von Jesu *Verkündigung* interpretiert, also nicht als das Diskontinuität gegenüber dem irdischen Jesus setzende Datum. Der *Inhalt* von Jesu Verkündigung erhält damit soteriologische Bedeutung, und das Interesse der Sammler dieser Verkündigung ist – schon vor Q – als soteriologisches Interesse zu bestimmen.

Auffällig ist nun, daß dieses Interesse an *Jesu* Verkündigung fehlt in den Parallelen zu dieser Rede in 1Kor 4, auf die J. M. Robinson aufmerksam gemacht hat.[49] Nirgends findet sich hier ein Hinweis darauf, daß *Jesus*worte aufgenommen wären. Positiv gesprochen haben diese Sprüche dort einen anderen christologischen Kontext, nämlich den des Ke-

Hoffmanns Arbeit (Redaktion, 8) ist durch die Druckfassung weitgehend überholt (Ausnahme: a.a.O., 50–79 die Interpretation von Mt 11,11f par); sie wäre aber auch gegen A. P. Polag, Die Christologie der Logienquelle (Diss. Trier), 1968 (Masch.), (vgl. ders., Zu den Stufen der Christologie in Q [Studia Evangelica IV], TU 102, 1968, 72–74) einzuwenden. Auf das Buch von Hoffmann, insbesondere seine Interpretation der Botenrede (235–331) und – mit Einschränkungen in der Frage der Menschensohnchristologie – von Lk 10,21f par (102–142), kann ich nur nachdrücklich hinweisen. – Vgl. jetzt auch M. Devisch, Le document Q, source de Matthieu. Problématique actuelle L'Evangile selon Matthieu, hg. v. M. Didier, 1972, 71–97.

45 Vgl. Redaktion, 58. Hinzuweisen ist auch auf die Beziehung zwischen dem Weheruf über Kapernaum Lk 10,15/Mt 11,23 und dieser Geschichte vom Hauptmann, dessen Glaube ausdrücklich Israel gegenübergestellt wird!

46 Gegen Bultmann, Syn. Trad., 135.163 (ähnlich Braun, Radikalismus II, 16f.32 Anm. 6), der hier „Jesu geschichtliches Selbstbewußtsein" sieht.

47 Vgl. dazu Hoffmann, Studien, 102–142.

48 Vgl. dazu Trilling, Israel, 21–51; G. Bornkamm, Der Auferstandene und der Irdische, in: Zeit und Geschichte, FS R. Bultmann, 1964, 171–191 = Bornkamm, G. Barth, H. J. Held, Überlieferung und Auslegung im Matthäusevangelium, WMANT 1, ^{4}1964, 289–310.

49 In seinem Aufsatz „Kerygma und Geschichte im Neuen Testament", jetzt in: Köster-J. M. Robinson, Entwicklungslinien durch die Welt des frühen Christentums, 1971, 41f, aufgenommen von Schürmann, Lk, 386.

rygmas im Tode Christi eröffneten Heils; das Ergehen des Christen entspricht dem *Geschick* Jesu, ist nicht Übernahme seiner *Verkündigung*. [425]

Robinson schließt aus diesem Befund, daß Paulus sich hier wie im ganzen 1Kor mit einer Gegenposition auseinandersetze, die die soteriologische Bedeutung der *Worte* Jesu im Rahmen einer Weisheitstheologie behaupte. Aber Paulus sagt ja im 1Kor nicht, daß auch er Jesusworte anführen könne, sondern offenbar ist er es, der sie in die Argumentation einbringt. Er kannte Jesusüberlieferung, nur hat sie im Rahmen der christologischen Konzeption *seiner* Tradition keine soteriologische Bedeutung, dient hier vielmehr zur Bestimmung der Geschichtlichkeit des χριστός, von dem das Kerygma redet, oder wird (1Kor 4) dieser christologischen Konzeption eingeordnet.

H. Köster hat auf einen merkwürdigen Zusammenhang zwischen der Tradition von Bergpredigt und Feldrede und dem im Thomasevangelium gesammelten Gut hingewiesen.[50] Deutlich wird daraus, daß die Menschensohnchristologie der Q voraufgehenden Überlieferung nur *eine* Konzeption ist, neben der andere gestanden haben, die in anderer Weise die Heilsbedeutung der Jesusworte aussagten. Für die Q-Überlieferung ist eine Reapokalyptisierung der Verkündigung Jesu zu beobachten, der auch die weisheitlichen Schichten in Q untergeordnet werden, wobei diese selbst und die hinter dem Thomasevangelium erkennbare Überlieferungsgeschichte hindeuten auf einen gegenüber Q anderen Typ solcher Weiterverkündigung der Verkündigung Jesu im frühen Christentum.[51]

III.

Die in Lk 6,27–36 par vereinigten ursprünglich selbständigen Stücke sollen nun für sich betrachtet werden:

a) Das Gebot der Feindesliebe. Hier ist die zweigliedrige Form bei Mt als ursprünglicher anzusehen. Zu dem Gebot gehören die Verheißung der Gottessohnschaft, die bei Mt auf die gegenüber Q sekundäre siebte Seligpreisung eingewirkt hat, und die anschließende Begründung. Weiter gehören zu dem Gebot die für Q anzunehmenden zwei Fragen und Antworten. Auffällig ist nun aber, daß sie weder in der Mt- noch in der Lk-Fassung den beiden Gliedern des Gebots Mt 5,44 par entsprechen – erst Lk formuliert ja Lk 6,35a auf Lk 6,32–34 hin! Als ursprünglich [426] selbständige Einheit sind sie nicht denkbar, sondern wohl nie ohne den Zusammenhang mit dem Gebot der Feindesliebe überliefert worden. Das läßt den Schluß zu, daß sie zu einer Fassung des Gebots hinzutraten, die nur die erste Zeile „Liebet eure Feinde!" enthielt. Die zweite Zeile des Gebots spiegelt ja auch die Thematik der sekundären letzten Seligpreisung, so daß das Verhältnis von Lk 6,22f par zu 6,20b.21 par vergleichbar ist dem Verhältnis zwischen den beiden Zeilen des Gebots Mt 5,44 par.

50 Ebd., 167–171.

51 Vgl. Redaktion, 93–100. – Gegen die Behauptung der *Nah*erwartung in Q (so Hoffmann, Studien, 34–49) auch Polag, Christologie, 153: „Für die Tradenten kann eine starke Gerichtserwartung angenommen werden, die allerdings nur wenig apok(alyptisch) beeinflußt und nicht von einer Naherwartung getragen war."

Das Gebot klingt deutlich an das Gebot der Nächstenliebe Lev 19,18 an, dem es ja auch bei Mt ausdrücklich gegenübergestellt wird. Man braucht gar nicht die Qumran- oder andere Texte zu bemühen, um seine Adressaten herauszufinden.[52] Worum es geht, ist die Radikalisierung dieses Gebots: Der Bereich der „Nächsten" wird endlos erweitert bis zum „Feind".[53] Das Gebot der Nächstenliebe läßt in dieser Auslegung keine Diskussion über seine Anwendung mehr zu (vgl. Lk 10,29).

Dem Gebot ist eine Verheißung angeschlossen, die zugleich begründenden Charakter hat: ein Verhalten entsprechend diesem Gebot entspricht dem Verhalten Gottes, der nicht nur für die Guten und Gerechten da ist. Die Gottessohnschaft wird hier nicht aus der Gottessohnschaft Jesu hergeleitet wie bei Paulus, sondern ist wie in der weisheitlichen Tradition (vgl. Sir 4,10; Weish 2,18; 5,5) die Verheißung für den „Gerechten", den, der nach Gottes Willen lebt.[54] Sie wird denen zugesprochen, die ihre Feinde lieben, wobei auch bei Lk mit dem Futur ἔσεθε sicher nicht auf eine erst *futurische* Erfüllung abgehoben werden soll.[55]

Gegenüber dem Gebot und seiner Verheißung wirken die Fragen wegen der mit ihnen verbundenen Antworten als sekundäre Paraphrase.[56] Die Radikalisierung des Gebots der Nächstenliebe verwehrt ja doch wohl gerade auch die *Qualifizierung* der „anderen" als „Zöllner und Heiden" (Mt 5,46f) bzw. „Sünder" (Lk 6,32–34). Wenn der „Nächste" sogar der „Feind" sein kann, dann ist auch solches *Reden* nicht mehr möglich. Die Antworten setzen vielmehr eine Gemeinschaft voraus, die sich abhebt gegenüber „anderen", während das Gebot mit seinem Hinweis auf Gottes Zuwendung zu *allen* Menschen ein solche Abgrenzung nicht zuläßt. [427]

Als älteste Schicht läßt sich also das eingliedrige Gebot mit seiner Verheißung erkennen, sekundär sind ihm zunächst die Fragen und Antworten zugewachsen und dann die zweite Zeile des Gebots, die inhaltlich der letzten Seligpreisung verwandt ist.

b) Die „Goldene Regel". Bei diesem isolierten Spruch ist eine Vorgeschichte natürlich nicht zu erheben. Aus den oben genannten jüdischen Belegen ist zu entnehmen, daß die „Goldene Regel" vermutlich im Judentum weit bekannt war,[57] so daß man annehmen kann, daß hier wirklich ein *gängiger* Satz aufgenommen wird. In welcher Schicht das geschehen ist, ist aus dem Spruch selbst nicht erkennbar.

c) Die Sprüche vom Verhalten gegenüber Gewalttätigkeit und gegenüber Betteln und Borgen. Die Analyse hatte ergeben, daß hier zwei ursprünglich selbständige Doppelsprüche mit unterschiedlicher Thematik verbunden worden sind. Hinzu tritt bei Mt noch ein dritter Einzelspruch (Mt 5,41). Daraus läßt sich nur entnehmen, daß Lk 6,29/Mt 5,39b. 40 und Lk 6,30/Mt 5,42 sowie eventuell Mt 5,41 vor ihrer Zusammenfügung isoliert existiert haben. Das Verbot einer Wiedervergeltung ist im Judentum ebenso zu belegen wie

52 Vgl. die Lit. bei H. Braun, Qumran und das Neue Testament I, 1966, 17f.

53 Vgl. Braun, Radikalismus II, 71.

54 Vgl. dazu E. Schweizer, ThWNT VIII, 355.392–394.

55 Gegen Schweizer, a.a.O., 393.

56 Das Folgende gilt strenggenommen nur für die Antworten – aber können sie den dann vielleicht ursprünglichen Fragen erst sekundär zugewachsen sein?

57 Vgl. oben Anm. 28.

das Gebot, finanziell Bedrängten beizustehen.[58] Die Aufhebung der talio, die die fünfte Antithese bei Mt formuliert, arbeitet also mit einer bereits jüdischen Tradition.

IV.

Nach diesem Versuch einer Rekonstruktion der Überlieferungsgeschichte von Mt 5,38–48 und Lk 6,27–36 bleibt jetzt die Frage, ob die für die eben untersuchten Einheiten herausgearbeitete älteste Schicht identifiziert werden kann als die ipsissima vox Jesu. Zugleich wird damit gefragt, ob bzw. wieweit sich die Kriterien als sinnvoll erweisen, auf die sich die heutige neutestamentliche Wissenschaft weitgehend geeinigt hat. Wir befinden uns hier ja in einem Zirkel, da die Kriterien sich nur aus Beobachtungen an Texten gewinnen lassen und uns nicht unabhängig von Texten zur Verfügung stehen, andererseits die so gewonnenen Kriterien zur Einordnung von Texten dienen.[59] [428]

Am Beginn der neuen Frage nach dem historischen Jesus stand 1954 in E. Käsemanns Aufsatz auch die weithin akzeptierte Regel: „Einigermaßen sicheren Boden haben wir nur in einem einzigen Fall unter den Füßen, wenn nämlich Tradition aus irgendwelchen Gründen weder aus dem Judentum abgeleitet noch der Urchristenheit zugeschrieben werden kann, speziell dann, wenn die Judenchristenheit ihr überkommenes Gut als zu kühn gemildert oder umgebogen hat."[60]

H. Braun führt gerade Mt 5,44 als Beispiel für das erste Kriterium dieser Regel an.[61] Nun ist hier in der Tat eine Radikalisierung vollzogen, die über andere zeitgenössische Interpretationen des alttestamentlichen Liebesgebots hinausgeht. Doch liegt wirklich ein solcher qualitativer Unterschied vor, daß man es als „unableitbar" bezeichnen könnte, ohne die jüdische Überlieferung zu verzeichnen? Schon der in jüdischen Texten zu belegende Verzicht auf Wiedervergeltung[62] liegt nicht so weit davon entfernt, und in den Reden und Taten Levis in den Schlußkapiteln von „Joseph und Aseneth" (22–29) zeigt sich doch wohl etwas wie „Feindesliebe". Das Kriterium trifft nicht zu für die dem Gebot angeschlossene Verheißung der Gottessohnschaft und die ihr folgende Begründung, in denen deutlich jüdische Traditionen aufgenommen werden. Es trifft auch nicht zu für die im Judentum weit verbreitete „Goldene Regel" und die Sprüche vom Verhalten gegenüber Gewalttätigkeit[63] und gegenüber Betteln und Borgen.

[58] Vgl. nur das μὴ κακὸν ἀντὶ κακοῦ in Joseph und Aseneth (ed. P. Battifol, 1889/90), 75,1; 83,1.14; 84,6. 22f und den bereits genannten Text Sir 4,1–10.

[59] Eine Zusammenstellung der Kriterien findet sich jetzt bei D. G. A. Calvert, An Examination of the Criteria for Distinguishing the Authentic Words of Jesus, NTS 18 (1971/72), 209–219.

[60] E. Käsemann, Das Problem des historischen Jesus, ZThK 51 (1954), 125–153 = Exegetische Versuche und Besinnungen I, 1960, 187–214, 205; vgl. H. Braun, Jesus, 1969, 34–37; H. Conzelmann, Art. „Jesus Christus", RGG^3 III, 619–653, 623. N. Perrin nennt dies in einer im Deutschen nicht wiederzugebenden Formulierung „criterion of dissimilarity" (Rediscovering the Teaching of Jesus, 1967, 39).

[61] Braun, Jesus, 36.

[62] Vgl. oben Anm. 58.

[63] H. Braun begründet seine Rückführung von Mt 5,39b–41 par nicht vom Inhalt der Sprüche her, sondern mit ihrer „konkreten und andringlichen Form" (Radikalismus II, 92 Anm. 1) und verläßt damit den Bereich dieser Kriterien; ähnlich Bultmann, Syn. Trad., 110.

Das zweite Kriterium macht, gerade mit Käsemanns Nachsatz, die Zugehörigkeit der Fragen zum ursprünglichen Gebot zweifelhaft. In diesen Fragen zeigt sich eine Gemeinschaft, die sich abhebt gegenüber „anderen". Bei der „Goldenen Regel" und den Sprüchen läßt sich von diesem Kriterium her nichts sagen, da sich nicht *positiv* nachweisen läßt, daß sie *nur* aus der Situation der Gemeinde heraus verständlich wären.

J. Jeremias hat als weiteres Kriterium den semitischen Sprach- und Denkhorizont eines Logions hinzugefügt.[64] Nun liegt das Gebot der [429] Feindesliebe uns in griechischer Sprache vor, und sein Wortlaut bietet in sich keinen Anhaltspunkt dafür, daß es sich um einen aus einer anderen Sprache übersetzten Text handelte. Doch ist die griechische Übersetzung des alttestamentlichen Liebesgebots, an die sich die Formulierung des Gebots der Feindesliebe anschließt, Beweis dafür, daß der Satz aus dem Aramäischen *übersetzt* sein kann. Von diesem Kriterium her ist also eine Rückführung auf Jesus nicht ausgeschlossen. Ebenso wäre dies Kriterium auch für die „Goldene Regel" und die Sprüche anwendbar. Mt 5,39b.40 setzen vielleicht palästinische Verhältnisse voraus. Falls das nicht eine sekundäre Rückführung der Tradition durch Mt ist,[65] sondern die gegenüber Lk ursprünglichere Q-Fassung wiedergibt, würde es allein nicht für eine Zuordnung der Sprüche zu Jesus reichen, da Aramäisch ja auch die Sprache einer Schicht der Gemeindeüberlieferung war.

Auffälligerweise begegnet das Gebot der Feindesliebe nur in einer einzigen Traditionsschicht der frühchristlichen Überlieferung, und auch in keinem der hier mit ihm verbundenen Stücke ist inhaltlich etwas gesagt, was sich *unmittelbar* mit anderen Stücken anderer Traditionsschichten zusammenfügt. Die üblichen Kriterien erweisen sich also von der Kontrolle am Text her als wenig hilfreich. Sie ermöglichen nur *negative* Urteile, wenn sich mit ihrer Hilfe nachweisen läßt, daß ein Stück in der Überlieferung der Worte Jesu hinzugekommen sein muß, geben aber – jedenfalls bei den hier untersuchten Texten – nicht einmal als Minimalkriterien *positive* Maßstäbe für das, was Jesus gesagt hat.[66] Dazu nun einige Überlegungen, die freilich mehr Fragen stellen als Antworten geben.

1. Die überlieferungsgeschichtliche Analyse, die zur Freilegung der ältesten Schicht führte, bediente sich der uns heute zur Verfügung ste- [430] henden exegetischen Methoden.[67] Sie vereinigte dabei mit Literarkritik und Formgeschichte zwei vom leitenden Interesse her völlig verschiedene Fragestellungen. Die klassische Literarkritik, der wir die Zwei-Quellen-Theorie verdanken, suchte nach den Quellen, die am getreuesten die Er-

[64] Jeremias, Theologie, 13f; vgl. aber schon R. Bultmann, Jesus, ^{3}1951, 15.

[65] Daß grundsätzlich mit einer solchen gerechnet werden kann, beweist Mt 19,9 im Vergleich zu Mk 10,11 f.

[66] Demgegenüber Bultmanns Beurteilung: auf Jesus zurückgehend Mt 5,39b–41 par und 5,44–48 par (Syn. Trad., 110: „Alle diese Worte, die freilich z. T. schon nicht mehr eigentlichen Logien-Charakter tragen, enthalten etwas Charakteristisches, Neues, was über Volksweisheit und Volksfrömmigkeit hinausgeht und doch ebensowenig spezifisch schriftgelehrt-rabbinisch oder jüdisch-apokalyptisch ist. Also wenn irgendwo, so muß hier das Charakteristische der Verkündigung Jesu zu finden sein."); dabei schränkt Bultmann für Mt 5,46f par ein (92); unecht sind Mt 5,42 par (107: „In der alttestamentlichen Spruchweisheit würde das Wort als völlig organisch empfunden werden: zwischen den Worten von der Wiedervergeltung und der Feindesliebe steht es wenig am Platz") und Mt 7,12 par. Ähnlich Braun, Radikalismus II, 91 Anm. 2 für Mt 5,44–47(48) par und 92 Anm. 1 für Mt 5,39b–41 (vgl. oben Anm. 63) und Perrin, a.a.O., 146–149.

[67] Vgl. meine „Fragestellung" und „Zusammenfassung": Redaktion, 11–23 und 100–104.

eignisse schildern, von denen sie berichten. Die Formgeschichte hingegen fragte nach der Gemeinde, die berichtet, ohne daß es von der formgeschichtlichen Fragestellung her die Möglichkeit gibt, den Hergang des berichteten Ereignisses nachzuzeichnen. Wo Bultmann – anders als Dibelius – in seiner „Geschichte der synoptischen Tradition" nun doch nach der Authentizität der Logien fragt, kann er sich denn auch nicht mehr formgeschichtlicher Kriterien bedienen. Er begründet seine Urteile vielmehr durch religionsgeschichtlichen Vergleich, und denselben Weg beschreiben auch Käsemanns beide Kriterien.[68] Macht man aber ernst mit der Feststellung, daß nicht nur Jesus selbst, sondern das ganze Urchristentum Teil des Judentums waren und sich als solcher auch selbst verstanden, dann werden die religionsgeschichtlichen Voraussetzungen für diesen Vergleich zweifelhaft. Jesu Ende am Kreuz zeigt freilich, daß seine Verkündigung im *Widerspruch* stand zur Theologie seiner Zeit, und deshalb ist sicher ein Gutteil dessen, was Jesus *war*, zu erfassen in dem, was er an Besonderem gegenüber dem Judentum lehrte. Und die Traditionsbildung des frühen Christentums ist die Neuaufnahme seiner Verkündigung, weil von der Ostererfahrung her neue Bedingungen gegeben waren, so daß auch hier das Unterschiedliche Merkmal sein kann.

2. Aber mit diesen Kriterien ist es eigentlich nur möglich, besondere *Inhalte* zu isolieren.[69] Das entspricht dem Interesse der alten religions- [431] geschichtlichen Schule, deren methodische Voraussetzungen hier unausgesprochen übernommen werden. Diese Kriterien wurden von der Formgeschichte nicht ersetzt, weil nun das Interesse sich nicht mehr auf Jesus, sondern auf die Gemeinde richtete. Schwieriger ist es, von diesen Kriterien her konkrete *Texte* als ursprünglich zu isolieren, und Bultmann, Bornkamm und Braun betonen denn auch ausdrücklich, daß sie für ihre Darstellungen der Verkündigung Jesu sich auf die „älteste Schicht" stützen,[70] ohne sich im einzelnen genau nach den Kriterien zu richten. Es läßt sich denn auch nachweisen, daß sie faktisch mit Material arbeiten, das sie andernorts als sekundär bezeichnet haben.[71] Der Grund dafür liegt offen-

[68] So ausdrücklich Jeremias, Theologie, 14: „religionsvergleichende Methode"; dort auch Kritik am „Prinzip der Originalität". Bei Bultmann ist auffällig der *sprachliche* Unterschied dieser Passagen zu der sonstigen formgeschichtlichen Terminologie. Er benutzt hier die für die religionsgeschichtliche Schule insgesamt typische psychologische (vor Freud!) Sprache: Stimmung, charakteristisch, empfinden, individuell, Frömmigkeit usw. (ein Nachklang noch bei Braun in dem Zitat oben Anm. 63). Käsemanns Systematisierung der von Bultmann angewandten Kriterien benutzt bis auf „zu kühn" eine andere Sprachebene.

[69] Typisch die Formulierungen von Braun, Jesus, 35f, nach einer kurzen Erörterung der Spruch*formen*: „Es gilt zu beobachten: teilt solch ein Jesuswort den *Inhalt* mit dem umgebenden Judentum, das heißt, ist es untypisch für Jesus, oder hebt sein *Inhalt* sich von dem umgebenden Judentum ab, ist es typisch für Jesus? … Ist solch ein *Inhalt* dem Gesamtdenken, der Aussagemöglichkeit Jesu zuzutrauen, entspricht solch ein *Inhalt* dem Gesamtbild, das man sich von dem geschichtlichen Jesus zu machen hat? … Denn Jesus scheint auch sonst jüdische *Inhalte* bis zu einem gewissen Grade zu teilen." (Hervorhebungen von mir)

[70] Bultmann, Jesus, 15f; G. Bornkamm, Jesus von Nazareth, [6]1963, 7; Braun, Jesus, 36f. Vgl. G. Streckers Kritik in: Die historische und theologische Problematik der Jesusfrage, EvTh 29 (1969), 453–476, 466: „denn daß die für die älteste Tradition herangezogenen Überlieferungen in der Tat eine einheitliche Traditionsschicht darstellen, bleibt ein Postulat." Das bezieht sich natürlich auf den Inhalt – aber wäre Einheitlichkeit des Inhalts nicht gerade ein Prinzip normierender *Überlieferung*, so daß „Uneinheitlichkeit" Kennzeichen der Echtheit sein könnte?

[71] Vgl. etwa den Beginn des Abschnitts über das Liebesgebot bei Bornkamm, Jesus, 101, wo der Hinweis auf seinen Aufsatz in Anm. 17 dem Leser nicht sagt, daß die wiedergegebene Geschichte als solche unhistorisch ist; vgl. Perrins diesbezügliche Kritik an Bultmanns Jesus-Buch, a.a.O., 43f.

bar in dem Wunsch, eine abstrakte Darstellung von *Lehrinhalten* zu vermeiden und konkrete Texte anzuführen.

3. Nicht zufällig richtet sich das Interesse am historischen Jesus für die neuere Forschung vor allem auf das, was Jesus *gesagt* hat,[72] da wir bei der Frage nach dem, was er *getan* hat, ja immer nur auf die Berichtenden stoßen können, ein Tatbestand, der notabene für *alle* historischen Zusammenhänge gilt.[73] Bei der Logienüberlieferung liegen die Verhältnisse aber anders. Hier ist das Überlieferungsmedium Sprache (mündlich wie schriftlich) identisch mit dem Medium des Überlieferten,[74] so daß die Überlieferung hier ihren Ausgangspunkt in Jesus selbst haben [432] *kann*. Die Formgeschichte hat nun bei der Logienüberlieferung aufgewiesen, daß am Anfang der Überlieferungsgeschichte kleine Einheiten stehen, nicht größere Reden – ein Ergebnis, das sich ja auch an unseren Texten bestätigt hat. Erst in der Überlieferung sind diese kleinen Einheiten erweitert worden oder mit anderen Stücken zu neuen größeren Einheiten zusammengewachsen. Hat damit die Jesu Worte überliefernde Gemeinde zugleich etwas Charakteristisches von Jesus weitergegeben? Vermutlich nicht, denn ein solches Lehren wäre kaum vorstellbar. Auch hier ist also ein Rückschluß vom Bericht auf das Berichtete nicht möglich. Wir haben offenbar geformte „Spitzensätze" vor uns, deren Kontext im Reden Jesu nicht mitüberliefert ist. Wo solche Worte in einem Kontext erscheinen, etwa in den Apophthegmata, ist dieser erst sekundär hinzugekommen, so sehr die hier angegebenen *Typen* der Situationen dem Lehren Jesu entsprechen mögen.

4. Die Frage nach einem „Kontext" der Worte Jesu kann also nicht als Frage nach der historischen Situation gestellt werden, sondern nur abstrakter als Frage nach dem traditionsgeschichtlichen Zusammenhang. Das Gebot der Feindesliebe begegnet uns in Q verbunden mit der Verheißung der Gottessohnschaft, und diese Verbindung wird schon bestanden haben, bevor die sekundären Fragen angeschlossen wurden. Aufgenommen wird damit das weisheitliche Theologumenon der Gottessohnschaft des Gerechten. Die Radikalisierung des Gebots der Feindesliebe setzt nun aber nicht einfach die Maßstäbe für den „Gerechten" höher, sondern gibt neue Maßstäbe für „Gerechtigkeit". Ein „Feind" muß ja doch in den Augen dessen, der ihn als „Feind" erlebt, der sein, der Unrecht hat und Unrecht tut, sonst wäre er nicht „Feind". Die eigene Gerechtigkeit wird damit in Frage gestellt und der Verzicht auf das eigene Rechthaben als Gottes Wille gefordert. Zu der Verheißung gehört eine Begründung, die in der wohl ursprünglicheren Mt-Fassung an die jedermann zugängliche Erfahrung appelliert. Freilich ist diese Erfahrung an sich nicht zum Lobe Gottes, sondern *resignierend* formuliert;[75] in ihrer Funktion als Begrün-

[72] Vgl. die kurze Behandlung der vita Jesu, bei Bultmann gar unter „Der zeitgeschichtliche Rahmen des Auftretens Jesu" (Jesus, 19–26), bei Braun (Jesus, 38–52), bei Bornkamm (Jesus, 48–57).

[73] Dem entspricht auf der Seite des Fragenden, daß seine Frage auch die Antwort mitbestimmt. Insofern gilt A. Schweitzers Destruktion der Leben-Jesu-Forschung methodisch nicht allein für diese spezielle Fragestellung und kann vor allem nicht dazu helfen, *theologisch* die Berechtigung der Rückfrage nach dem historischen Jesus zu bestreiten.

[74] Erst in der neuesten Zeit gibt es mit dem Film ein Medium, das direkt ein *Ereignis* übermitteln kann – bis dahin waren Bilder ja auch „Bericht".

[75] Anders die Formulierung Lk 6,35, die einen theologischen Lehrsatz ausspricht; noch die Belege bei Billerbeck I, 374–377 zeigen, wie diese Frage als *theologisches* Problem diskutiert worden ist, gerade unter der

dung kehrt sie sich aber überraschend gegen den, der ihr zustimmt. Der *Zweifel* an Gottes Gerechtigkeit wird aufgenommen, jedoch nicht wie in der dualistischen Weisheit mit dem Hinweis auf die postmortale ausgleichende Gerechtigkeit nie- [433] dergeschlagen.[76] Er begründet vielmehr Gebot und Verheißung mit der Souveränität Gottes und fordert, nicht an Gottes, sondern an der eigenen Gerechtigkeit zu zweifeln. Läßt sich eine solche Struktur des Redens als charakteristisch für die Verkündigung Jesu erweisen, oder sollte diese Auseinandersetzung erst in der Gemeinde als Konsequenz seiner Verkündigung erkannt worden sein?

5. Ähnlich stellt sich das Problem der Sprüche, die dem ersten Kriterium nicht genügen, weil sich Parallelen aus der jüdischen Literatur finden lassen. Bultmann gesteht zwar ausdrücklich zu, daß vielleicht „Jesus gelegentlich einen von ihnen gebraucht oder geprägt hat", fügt aber gleich hinzu: „so hätte (die Gemeinde) damit nichts Charakteristisches von ihm bewahrt"[77]. Das bezieht sich natürlich auf den *Inhalt* solcher Sprüche; aber wäre es nicht vielleicht gerade charakteristisch, *in welcher Weise* Jesus sie aufgegriffen hätte, um damit an Bekanntes zu appellieren?[78] Die in solchen Sprüchen formulierte Erfahrung wäre als Zitat gebraucht, um den Hörer zur Zustimmung zu veranlassen, bis ihn die Zustimmung auf einmal selber überführt. Liegt etwas Verwandtes nicht auch in den Gleichnissen, die mit „Wer unter euch ...?" beginnen und den Hörer auf einen Weg locken, den er selbst nicht gehen will? Bei diesen Sprüchen besteht freilich die Schwierigkeit, daß sie uns zumeist isoliert überliefert sind, so daß ein Rückschluß auf ihre ursprüngliche konkrete *Funktion* nicht möglich ist.[79] Und fragen wir nach den *Inhalten* solcher Sprüche, dann ist es offenbar nicht weniger charakteristisch, an *welche* Traditionen des Judentums Jesus anknüpft.

6. Die Rückfrage nach dem historischen Jesus, seinem Wirken und Lehren, konnte für die neutestamentliche Forschung auch exegetisch als falsch, da fehlgeleiteter historischer Neugier entspringend, angesehen werden,[80] solange man die Frage nach der Soteriologie allein mit dem in der paulinischen Tradition sich findenden Kerygma von der Heilsbe- [434] deutung des *Todes* Jesu verband. Von daher bleibt die Existenz der synoptischen Tradition ein Rätsel, das von der Formgeschichte mit dem Hinweis auf „katechetische", d. h. gegenüber den eigentlichen „kerygmatischen" zweitrangige Interessen nur notdürftig gelöst wurde. Die Jesu *Worte* und *Taten* überliefernde Gemeinde sah aber offenbar gerade darin das Heil, das er gebracht hatte. Es gab also Schichten im frühen Christen-

Frage der Gerechtigkeit Gottes wie des Gerechten! – Den Begriff „formulierte Erfahrung" übernehme ich von Walter, a.a.O., 251.

[76] Auch die Seligpreisungen der Rede sind nicht einfach „apokalyptische Makarismen" – so richtig dies als formgeschichtliche Bestimmung ist, vgl. K. Koch, Was ist Formgeschichte?, 1964, 9. Im Munde Jesu sind sie *Zusage* der βασιλεία, nicht *Hinweis* auf sie.

[77] Syn. Trad., 108.

[78] Diese Frage wird eigentlich nur bei den Gleichnissen als Frage nach typischen Formen diskutiert, vgl. etwa H. Conzelmann, RGG^3, III, 623.

[79] Vgl. etwa den Spruch vom Offenbarwerden des Verborgenen in den je verschiedenen Kontexten Mk 4,22; Mt 8,17; Lk 12,2/Mt 10,26; ThEv 5 und 6.

[80] Dafür kann man sich freilich nicht auf Bultmann berufen; vgl. seinen Brief an K. Barth vom 10.12.1926 (Karl Barth – Rudolf Bultmann, Briefwechsel 1922–1966, hg. v. B. Jaspert, 1971, 63–65) über sein Jesus-Buch, in dem er sogar von einem „theolog. Anliegen" sprechen kann.

tum, die eine direkte Kontinuität zwischen dem verkündigenden Jesus und ihrer eigenen Verkündigung behaupteten, ohne daß Ostern für sie *Dis*kontinuität bedeutete.[81] Der Ansatz der Überlieferung lag für sie in Jesus selbst, nicht in einer als Diskontinuität gedeuteten Ostererfahrung wie in den Schichten, deren Überlieferungsträger Paulus wurde.[82] Sie nahmen aus *soteriologischem* Interesse die *Verkündigung* Jesu auf. Das hat nun auch direkte methodische Konsequenzen. Wenn sich mit der Weiterüberlieferung der Worte Jesu primäre, kerygmatische Interessen verbanden, kann die Gemeinde nicht die Stelle in der Überlieferungsgeschichte sein, an der *das* Überlieferungsgut hereingekommen sein muß, das im Sinne der alten Kriterien nicht „charakteristisch" für Jesus ist.[83] Deutlich werden sich ihre Spuren vielmehr an den Stellen zeigen, wo *eine auf Jesus sich berufende Gemeinschaft* als eigene Größe erkennbar wird, aus den hier behandelten Texten Lk 6,22f par; 6,28b par;[84] 6,32f par; 6,46f par. Die Beweislast liegt damit nicht [435] mehr einseitig bei dem, der Herkunft von Jesus postuliert, sondern eher bei dem, der eine sekundäre Einfügung durch die überliefernde Gemeinde annimmt.[85] Freilich haben wir einen Zugang zu dem, was Jesus gesagt hat, nur über die überliefernde Gemeinde, doch gilt das grundsätzlich auch für unsere Kenntnis z. B. von Paulus: Erste Sammler und Abschreiber über Generationen hinweg haben uns seine Texte vermittelt. Nur sehen wir hier das Problem der Überlieferung nicht so deutlich, weil der scheinbar unmittelbar zugängliche Text des griechischen Neuen Testaments uns darüber hinwegtäuscht. Paulus ist zwar durch seine „Schriftlichkeit" stärker geschützt als die mündliche Verkündigung Jesu, grundsätzlich aber ist der Überlieferungsweg kein anderer.

7. Die exegetische Rückfrage nach dem historischen Jesus ist also einerseits optimistischer anzugehen als bisher üblich, andererseits aber auch nicht mehr belanglos, sondern

[81] Beide Traditionsstränge stoßen erst im *zweiten* Jahrhundert im Rahmen der Auseinandersetzung zwischen der sich als Orthodoxie durchsetzenden Kirche und der von ihr als Häresie ausgeschiedenen christlichen Gnosis wirklich zusammen. Hier beruft sich die Orthodoxie auf die Jesustradition gegenüber der Paulustradition der Gnostiker (vgl. H. v. Campenhausen, Die Entstehung der christlichen Bibel, 1968). Zu Robinsons und Kösters Thesen über die Verwendung von Jesusworten bei den Häretikern des 1Kor (so auch H. W. Kuhn, Der irdische Jesus bei Paulus, ZThK 67 (1970), 295–320, bes. 308–318), vgl. Redaktion, 91f.

[82] Vgl. dazu Kösters Aufsätze in dem oben Anm. 49 genannten Band. Die Frage nach Kontinuität und Diskontinuität muß also gerade als überlieferungsgeschichtliche Frage neu gestellt werden (Redaktion, 96 Anm. 5) und wird dann auch als theologische Frage neue Aspekte gewinnen, etwa gegenüber Streckers Ausführungen in dem Anm. 70 genannten Aufsatz 471. Vgl. auch P. Fiedler-L. Oberlinner, Jesus von Nazareth. Ein Literaturbericht, Bibel und Leben 13 (1972), 52–74, bes. 52–58.

[83] Möglich ist freilich eine Wiederholung der *Struktur* der Verkündigung Jesu, die dann ebenso auf derartiges Material zurückgreift, was mir in den Fragen und Antworten vorzuliegen scheint.

[84] Gegen Braun, Radikalismus II, 103 Anm. 1: „Aber an dem echten Jesuswort Mt 5,44b ... zeigt sich wieder, daß bereits Jesus selber mit Komplikationen für diejenigen gerechnet hat, welche hinter ihm hergehen ..." Für Lk 6,22 gesteht Braun Bildung ex eventu zu, ebenso für Mk 13,13a und Mt 10,22a (107 Anm. 4).

[85] Damit relativiere ich bewußt den weithin anerkannten Grundsatz, den Perrin formuliert: „the nature of the synoptic tradition is such that the burden of proof will be upon the claim to authenticity" (a.a.O., 39). Wer die von Jesus ausgehende Überlieferung darstellen will – und nur so scheint mir eine Ablösung der religionsvergleichenden Methode möglich –, muß so verfahren, da anders die überliefernde Gemeinde nur verzerrt als wieder in gewohnte Bahnen zurückkehrende in den Blick kommt. Ähnlich übrigens auch Bultmann in seiner Rezension von L. Köhler, Das formgeschichtliche Problem des NT, in ThLZ 52 (1927), 578–580, worauf mich E. Stegemann hingewiesen hat.

notwendig. Gerade das Interesse an der überliefernden Gemeinde wirft die Frage nach dem Verhältnis zwischen deren Überlieferung und Jesus als dem Ausgangspunkt der Überlieferung auf. Die *theologische* Frage darf nicht länger einseitig nur am Modell der paulinischen Theologie und der in ihr faßbaren Überlieferungsschicht diskutiert werden.[86] Dafür sind freilich noch weitere exegetische Vorarbeiten nötig, für die ich einige Stichworte nennen möchte:

a) Die „älteste Schicht" verschiedener Überlieferungsströme im Urchristentum kann an konkreten Texten auf Differenzen und Gemeinsamkeiten untersucht werden.

b) Offenbar entsprechen den verschiedenen christologischen Konzeptionen im Urchristentum auch sehr verschiedene Gruppen von Überlieferungsträgern; von welchen Konzeptionen her kommt es zu „Gemeinde" als einer Tradition ermöglichenden Größe, und wie werden in ihnen andere Konzeptionen *mit*überliefert?[87] [436]

c) Der Übergang von Jesu Verkündigung in die Verkündigung von Jesus ist mindestens in der Logienüberlieferung nicht mehr so eindeutig mit „Ostern" zu bestimmen. Wenn eine Kontinuität der Überlieferung über Jesu Tod hinweg besteht, liegt der Ausgangspunkt auch der *Überlieferung* vor Ostern. Zeigt die implizite Christologie der Logien – Gott wird nicht nur verkündigt, sondern Gott wird *gebracht* – die *Wirkung* des vorösterlichen Jesus auf die, die seine Verkündigung aufnahmen? Der Weg zur Psychologie Jesu ist nicht möglich, wohl aber läßt sich an der frühesten Überlieferung etwas davon erkennen, wie die Hörer auf Jesus reagiert haben.[88]

d) Vergleichbare Phänomene finden sich vermutlich weniger in der Lehrüberlieferung der späteren Rabbinenschulen, wohl aber müßte die über Jahrhunderte gehende Überlieferungsgeschichte der alttestamentlichen Prophetenbücher verglichen werden,[89] wo doch auch das Prophetenwort bewahrt wird, weil es von Heil und Unheil nicht nur redet, sondern Heil und Unheil selbst *bringt*. Lassen sich vielleicht in Weisheit und Apokalyptik trotz des durchweg pseudonymen Stils verwandte Phänomene erkennen?

e) Wo liegt der Ertrag der Begegnung von – abgekürzt gesprochen – Jesus- und Paulustradition im *zweiten* Jahrhundert mit ihren Konsequenzen für die Ausbildung der altkirchlichen Christologie? Gerade deren Erkenntnisse sind ja weitgehend an der Spannung zwischen den hier erstmals zusammen*stoßenden* konkurrierenden Überlieferungen gewonnen.

[86] Das gilt freilich auch gegenüber Robinsons in Anm. 49 genanntem Aufsatz.

[87] Für a) und b) ist auf das Verfahren Kösters in seinem Aufsatz „Grundtypen und Kriterien frühchristlicher Glaubensbekenntnisse" (ebd., 191–215) zu verweisen. Zur Frage der Bedingungen von Überlieferung vgl. auch D. Lührmann, Erwägungen zur Geschichte des Urchristentums, EvTh 32 (1972), 452–467.

[88] Hier liegt die *Berechtigung* der Fragestellung von H. Riesenfeld, The Gospel Tradition and its Beginnings (Studia Evangelica 1, TU 73), 1959, 43–65, und B. Gerhardsson, Memory and Manuscript, ASNU 22, 1961; Tradition and Transmission in Early Christianity (CN 20), 1964, so wenig ich ihren Ergebnissen zustimmen kann. Ähnlich auch H. Schürmann, Die vorösterlichen Anfänge der Logientradition, in: Der historische Jesus und der kerygmatische Christus, hg. v. H. Ristow u. K. Matthiae, 1960, 342–370. Polag (Christologie, 174) hält es für „wahrscheinlich, daß das Material in Q (mindestens soweit es von der Hauptgruppierung erfaßt wurde) aus dem Bereich der Augenzeugen stammt und entweder vorösterlich geformt oder aus früher Rückerinnerung geschöpft ist".

[89] Vgl. z. B. Jörg Jeremias, Die Deutung der Gerichtsworte Michas in der Exilszeit, ZAW 83 (1971), 330–354.

V.

Von diesen Überlegungen her sei nun in Umkehrung des im ersten Teil eingeschlagenen Wegs eine Darstellung der Überlieferungsgeschichte des Wortes von der Feindesliebe versucht. [437]

Jesus hat in ihm das alttestamentliche Gebot der Nächstenliebe radikalisiert: Dieses Gebot läßt nun keine Grenzen mehr zu. Die Verheißung der *Gottessohnschaft* des Gerechten, die *diesem* Wort angefügt ist, sprengt die Maßstäbe der Gerechtigkeit: Gott selbst kennt keine Grenzen. Gedeckt ist das Wort durch Jesu eigenes Verhalten der Zuwendung zu denen, die für die Frommen „Sünder" waren. Seinem Verhalten wie seinem Gebot entspricht die Verkündigung der nahen Gottesherrschaft, die die Krisis der bestehenden Ordnungen und der eigenen sich auf Gott berufenden Gerechtigkeit bedeutet.[90]

Die *Gemeinde* paraphrasiert das Gebot und hat dabei offenbar Jesu Widerspruch gegen eine Eingrenzung der Nächstenliebe zu wiederholen, da sie das Reden von den „Sündern" wiederholt. Sie fügt als Konkretisierung das Gebet für die Widersacher an, in dem mit der Begründung des ursprünglichen Gebots ernst gemacht wird.

In der *Logienquelle* begegnet es dann angereichert um weitere Konkretisierungen und die die formulierte Erfahrung aufnehmende „Goldene Regel", die sich freilich nun gegen den wendet, der ihr zustimmt: Sie steht gerade für das Gebot der *Feindes*liebe.[91] Das Gebot ist hier zusammengebracht mit den Seligpreisungen und sichert dabei deren Verständnis ab, weil es gerade dem um die eschatologische Umkehrung der Ordnungen Wissenden die Distanz zu dieser Welt nicht gestattet. Zugleich bedeutet es eine eindeutige Stellungnahme im Namen Jesu für „Frieden" in der Krise, die Palästina wie den ganzen Nahen Osten in den Jahren vor dem Jüdischen Krieg erschütterte.[92]

Bei *Lukas* sind zwischen die Seligpreisungen und das Gebot die Weherufe getreten. Damit verschärft sich die Forderung noch, weil Liebe zu denen geboten wird, die unter dem eschatologischen Fluch stehen. Hinzu kommen bei Lukas zwei weitere Konkretisierungen des Gebots sowie vielleicht die Verifizierung des Gebots in Jesu eigenem Verhalten in der textkritisch nicht sicheren Bitte Lk 23,34.

Bei *Matthäus* wird das Gebot als Gegensatz zum alttestamentlichen Liebesgebot und ihm beigefügter Einschränkung aufgenommen. In gewisser Weise ist hier also die ursprüngliche Situation Jesu wiedergegeben, [438] ebenso wie in der Thematisierung der „Gerechtigkeit" durch 5,17ff. Doch scheint nun in der neuen Situation der sich vom Ju-

[90] Vgl. Perrins Auslegung von Mt 5,44–48 (a.a.O., 148f) mit dem Begriff challenge, deutsch „Herausforderung"

[91] Deshalb kann ich Dihles Interpretation (a.a.O., 113) nicht zustimmen, daß die „Goldene Regel" bei Lk und dementsprechend in Q indikativisch, nicht imperativisch zu übersetzen sei.

[92] Vgl. Hoffmanns sehr erwägenswerte Bemerkungen zur zeitgeschichtlichen Einordnung von Q (a.a. O., 324–326 u. ö.), die auch gelten, wenn man Q nicht im eigentlichen Palästina lokalisiert, da nach Josephus' Darstellung von diesen Bewegungen gerade auch die nördlich angrenzenden Gebiete erfaßt waren.

dentum trennenden Kirche der antijüdische Vorwurf des odium humani generis aufgegriffen.[93] Damit stellt sich aber das Gebot auch gegen die matthäische Interpretation.

In der *Alten Kirche* schließlich wird es zitiert gegen denselben Vorwurf, der sich nun auch gegen die Christen richtet. Die Apologeten können darauf verweisen, daß ihre eigene Überlieferung diesen Vorwurf widerlegt; damit verpflichten sie aber auch die Kirche erneut auf das, was Jesus gesagt hat.[94] In dieser Überlieferungsgeschichte – und die ließe sich gerade bei diesem Wort weiter beschreiben durch die Kirchengeschichte hindurch – wird deutlich, wie das Gebot Jesu jeweils neue Bedeutung gewinnt in der jeweils neuen Situation, in die hinein es überliefert wird. Aber gerade als Wort Jesu entzieht es sich der jeweils erreichten Aktualisierung; es bleibt frei und geht nicht in seiner Interpretation auf, soviel auch seine Überlieferungsgeschichte zu seinem Verständnis beigetragen hat. Jede Gemeinschaft, und auch die sich in Jesu Namen versammelnde Gemeinde, wird von diesem Wort getroffen – sein eschatologischer Horizont liegt nicht in einer exegetisch zu erhebenden Zuordnung zur βασιλεία-Verkündigung Jesu, sondern in seiner Macht gegenüber aller Aktualisierung.

[93] Vgl. C. Burchard, Das doppelte Liebesgebot in der frühen christlichen Überlieferung, in: Der Ruf Jesu und die Antwort der Gemeinde, FS J. Jeremias, 1970, 39–62, 59 Anm. 89 unter Hinweis auf Tacitus, hist. V, 5.

[94] Vgl. in Bauers oben Anm. 19 genanntem Aufsatz die Frage nach der Deckung des Anspruchs durch die Praxis der Kirche.

BIOGRAPHIE DES GERECHTEN ALS EVANGELIUM

VORSTELLUNGEN ZU EINEM MARKUS-KOMMENTAR

Wohl kaum jemand, der über das Markusevangelium arbeitet – und die Literatur dazu ist gerade in den letzten Jahren unüberschaubar geworden[1] – wird es unterlassen, die beiden Charakterisierungen dieses Evangeliums als „Passionsgeschichte mit verlängerter Einleitung" (M. Kähler[2]) und als „Buch der geheimen Epiphanien" (M. Dibelius[3]) zu zitieren, um dann nachzuweisen, daß die eigene Interpretation erst eigentlich das erbringt, was mit diesen Begriffen gemeint sein kann. Wirksam, wenn auch weniger griffig formuliert, ist auch Bultmanns Bestimmung des Markusevangeliums als „Vereinigung des hellenistischen Kerygmas von Christus, dessen wesentlicher Inhalt der Christusmythos ist, wie wir ihn aus Paulus kennen (bes. Phil 2,6ff; Röm 3,24), mit der Tradition über die Geschichte Jesu"[4]. Sei es, daß man wie J. Schreiber[5] darin den direkten Handlungsablauf des Markusevangeliums vorgezeichnet sieht, sei es, daß man diese These in der Richtung weiterführt, daß Mk eine theologia crucis – wie immer es um deren Verhältnis zu Paulus steht – einsetze, um eine *Theios-Aner*-Christologie seiner Tradition [26] zu korrigieren:[6] Jesus nicht als der Wundermann, der Übermenschliches vollbringt, sondern als der Menschensohn, der den Weg ans Kreuz geht – die Wundergeschichten nur als Teil jener verlängerten Einleitung, die Betonung nun auf „geheim", nicht mehr auf „Epiphanie".

Mk erscheint dann in jedem Falle als der erste Theologe, der die Jesustradition durch die Komposition des Evangeliums christologisch dem Kerygma unterstellt, so daß der eigentliche Sinn des Evangeliums nicht in ihm selbst zu suchen ist, sondern in einer vorgegebenen, ihm zugrunde liegenden Struktur. Nun sind aber Verbindungen zu dem, was

1 Folglich kann die Markus-Literatur in diesem Aufsatz bei weitem nicht vollständig berücksichtigt werden. Ich versuche, meine eigene Interpretation vorzulegen. Der kundige Leser wird über die expliziten Nennungen hinaus erkennen, womit ich mich auseinandergesetzt habe und was ich übersehen habe. Der Aufsatz ist entstanden im Zusammenhang erster Arbeiten zu einem Markus-Kommentar für die Reihe „Handbuch zum Neuen Testament".

2 Beim ursprünglichen Wortlaut sind die vorsichtige Formulierung und die Stellung in einer Anmerkung zu beachten: „Etwas herausfordernd könnte man sie (2. Aufl. 1896: „die Evangelien") Passionsgeschichten mit ausführlicher Einleitung nennen", Der sogenannte historische Jesus und der geschichtliche, biblische Christus, Neudruck der 1. Aufl. 1892, ThB 2, ^{2}1966, 59f, Anm. 1.

3 Der ursprüngliche Wortlaut: „So ward Markus als ein Buch der geheimen Epiphanien geschrieben", Die Formgeschichte des Evangeliums, ^{3}1959, 232, vgl. 297; für Dibelius offenbar gleichbedeutend: „mythisches Buch" ebd., 278f.

4 Die Geschichte der synoptischen Tradition, FRLANT 29, ^{3}1957, 372f.

5 Die Christologie des Markusevangeliums, ZThK 58 (1961), 154-183; Theologie des Vertrauens. Eine redaktionsgeschichtliche Untersuchung des Markusevangeliums, 1967.

6 Diese nicht in der Interpretation des Markusevangeliums, sondern des 2. Korintherbriefs gewonnene These von D. Georgi (Die Gegner des Paulus im 2. Korintherbrief, WMANT 11, 1964, 218) ist auf erstaunliche Resonanz gestoßen; vgl. vor allem T. J. Weeden, The Heresy that Necessitated Mark's Gospel, ZNW 59 (1968), 145–158, und ders., Mark – Traditions in Conflict (1971).

Paulus als Kerygma aufnimmt und in seiner Theologie entfaltet, merkwürdig selten im Markusevangelium: Zu nennen sind hier eigentlich nur Mk 10,45 („... sein Leben zu geben als Lösegeld zugunsten vieler") und das Kelchwort der Abendmahlsparadosis Mk 14,22–25 („mein Blut des Bundes, das ausgegossen ist für viele") als Stellen, an denen expressis verbis die Heilsbedeutung Jesu in seinem *Tode* liegt, während das für das paulinische Kerygma konstitutive Motiv „für uns", „für unsere Sünden" gerade in den drei Leidensweissagungen Mk 8,31; 9,31; 10,33f und der Darstellung der Kreuzigung selber fehlt.

Auf der anderen Seite geben weder die von Paulus bereits übernommene Bekenntnistradition 1Kor 15,3b–5, die sich beschränken kann auf Tod, Begräbnis, Auferweckung und Erscheinung, um das ganze Heilsgeschehen anzugeben, noch der ebenfalls vorpaulinische Hymnus Phil 2,6–11, der Jesus als aus der Präexistenz kommenden[7] und aufgrund seines Gehorsams zum Herrn über die Welt inthronisierten Sohn beschreibt, das Modell für die Darstellung des Weges Jesu bei Mk her. Im ersteren Falle wären die Kapitel 1 bis 13 dann tatsächlich nur noch „Einleitung", die *über*lang geraten wäre, im zweiten Falle wären gerade die für den Hymnus entscheidenden Partien der Inkarnation und der Erhöhung zum κύριος nicht erzählt.

Auf dem Wege eines direkten Bezuges zwischen Mk und Paulus bzw. der jeweils von ihnen aufgenommenen Tradition läßt sich also eine Bestimmung des Markusevangeliums als ganzes nicht gewinnen. Ziel dieses Aufsatzes ist es, mit der Charakterisierung dieses Evangeliums als „Biographie des Gerechten" einen neuen Ansatz vorzuschlagen, der zugleich als ein Stück „biblischer Theologie" gedacht ist, nicht zuletzt dadurch, daß er von der Arbeit alttestamentlicher Prophetenforschung zu profitieren sucht. [27]

I.

Jesus muß in seinem ganzen Auftreten, seiner Verkündigung wie seinen Taten, auf seine Zeitgenossen wie ein Prophet gewirkt haben.[8] Wir kennen aus zeitgenössischen Darstellungen eine Reihe derartiger Prophetengestalten, nicht zuletzt Johannes den Täufer, mit dem ja nach den Evangelien die Anfänge Jesu zusammenhingen. Das bekannte Dogma der prophetenlosen Zeit im Judentum,[9] des Endes der Prophetie mit der Kanonisierung der Schriftpropheten, verrät sich demgegenüber als ein Versuch, das legitime Reden im Namen Gottes auf das Amt des Priesters einzuschränken und keine „wilde", nicht durch ein Amt legitimierte Rede im Namen Gottes mehr zuzulassen. Jesu Reden vom Reich Gottes in Gleichnissen, in der Form apokalyptischer Worte, seine Zeichenhandlungen, ja auch seine Wundertaten – für all das bot sich unter den möglichen Kategorien am ehesten die des Propheten an, vor der des Priesters und auch vor der des

[7] Vgl. etwa die Vorschaltung des Prologs im Johannesevangelium, wodurch der „Anfang des Evangeliums" bis in die Schöpfung vorverlegt wird.

[8] Die Arbeit von F. Schnider, Jesus der Prophet, OBO 2, 1973, ist trotz aller guten Analysen zu sehr am *Titel* „Prophet" orientiert.

[9] Vgl. Sach 13,2–6; 1Makk 4,46; 9,27; 14,41; vgl. R. Meyer, ThWNT VI, 813–820.

königlichen Messias. So ist der Eindruck, den die Leute Mk 6,14f und 8,28 äußern, wohl durchaus zutreffende Wiedergabe: der wiedererstandene Täufer, Elia, einer der Propheten.

Daß nach Meinung des Mk diese Kategorie nicht ausreicht, Jesus zu erfassen, zeigt die Fortsetzung von 8,27f mit dem Messiasbekenntnis des Petrus (8,29), der Belehrung Jesu über die Notwendigkeit des Leidens und Auferstehens des Menschensohns (8,31) und der Verklärung mit ihrer 1,11 wiederholenden Proklamation Jesu als Sohn Gottes (9,7): Jesu Wirkung als Prophet wird christologisch reflektiert. Dennoch: Auch wenn eine eigentliche Berufung Jesu nach Art alttestamentlicher Prophetenberufungen fehlt, auch wenn er seine Reden nicht mit der prophetischen Botenformel „so spricht der Herr" einleitet, sind doch in den beiden frühesten Zusammenfassungen der Jesusüberlieferung, der Logienquelle und dem Markusevangelium, prophetische Elemente nicht zu übersehen. In Q wird denn auch Jesu Tod ausdrücklich in die Kontinuität des Schicksals der Propheten gestellt, und die ihm Nachfolgenden stehen dann ebenso in dieser Kontinuität. Sie werden von Jesus ausgesandt, das zu verkündigen, was er verkündigt hat; für sie werden Jesu Worte zu Worten des Herrn.[10]

Bei Mk wird offenbar gleich von Anfang an Jesu Weg von prophetischen Traditionen her gedeutet. Erinnert schon der erste Vers: ἀρχὴ τοῦ [28] εὐαγγελίου Ἰησοῦ χριστοῦ, am ehesten an Hos 1,2a LXX: ἀρχὴ λόγου κυρίου ἐν Ωσηε,[11] so ist der ganze Prolog bis einschließlich 1,15 durchzogen von Verbindungen zum Jesajabuch, vor allem zu Deuterojesaja, aber eine solche Aufteilung war ja Mk nicht bewußt. Das beginnt mit der ausdrücklichen Zitierung von Jes 40,3 in 1,3, die in 1,2 durch eine Anrede an Jesus (nach Ex 23,20 verbunden mit Mal 3,1) eingeleitet wird:

> Siehe, ich sende meinen Boten vor *dir* her,
> der *deinen* Weg bereiten soll.

Johannes ist dann diese Gestalt eines in der Wüste Rufenden nach Jes 40,3.

Die Beziehungen zu (Deutero-)Jesaja sind nicht durch den Hinweis auf ein (bloßes) Schema von Weissagung und Erfüllung zu relativieren, sie prägen vielmehr die Darstellung als ganze und geben den Deutehorizont für das, was dargestellt wird. Ohne daß dieser Begriff fällt, wird zunächst Johannes der Täufer als Prophet dargestellt, der das prophetische Thema der Umkehr (μετάνοια) aufnimmt, nun verbunden mit einer einmaligen Taufe, der sich kleidet und ernährt wie ein Prophet,[12] der den Kommenden ankündigt. Es kommt in 1,9 zunächst Jesus aus Galiläa zu Johannes, und Jesus kommt dann nach dem Ende des Täufers nach Galiläa (1,14), verkündigt (vgl. 1,4) wie der Täufer die Umkehr (1,15, vgl. 1,4).

[10] Vgl. zu Q vor allem O. H. Steck, Israel und das gewaltsame Geschick der Propheten, WMANT 23, 1967, 280–289, und P. Hoffmann, Studien zur Theologie der Logienquelle, NTA NF 8, 1972, 158–190.

[11] Vgl. R. Pesch, Das Markusevangelium 1. Teil, HThK 2.1, 1976, 75.

[12] Vgl. Sach 13,4; 2Kön 1,8 (Elia); gegen P. Vielhauer, Tracht und Speise Johannes des Täufers, in: Aufsätze zum Neuen Testament, ThB 31, 1961, 47–55, der darin nur Züge des Beduinen sieht.

Zuvor jedoch sieht Jesus *nach* seiner Taufe[13] die Himmel gespalten (Jes 63,19) und den Geist herabkommen (vgl. Jes 42,1b) und hört eine Stimme aus den Wolken, die ihn in den Worten von Jes 42,1a anredet: „Du bist mein geliebter Sohn, an dir habe ich Wohlgefallen" (1,10f). Sein Auftreten dann in 1,14f ist das des εὐαγγελιζόμενος von Jes 52,7, der verkündigt: „Dein Gott ist König".[14]

Die Identifikation der Himmelsstimme in 1,11 mit Jes 42,1a wird zumeist abgelehnt.[15] Der hebräische Text von Jes 42,1a lautet: „Siehe: mein *Knecht,* [29] den ich halte, mein Erwählter, an dem ich Gefallen habe."[16] Die LXX interpretiert diese Stelle auf das Volk:

Ιακωβ ὁ παῖς μου ἀντιλήψομαι αὐτοῦ,
Ισραηλ ὁ ἐκλεκτός μου, προσεδέξατο αὐτὸν ἡ ψυχή μου.

Eine dem hebräischen Text nähere Übersetzung findet sich Mt 12,18:

ἰδοὺ ὁ παῖς μου ὃν ᾑρέτισα,
ὁ ἀγαπητός μου ὃν εὐδόκησεν ἡ ψυχή μου.

Mk 1,11 unterscheidet sich von Jes 42,1a HT und Mt 12,18 darin, daß der Satz von der dritten in die zweite Person gestellt ist, vor allem aber darin, daß anstelle von *'æbæd*/παῖς hier υἱός steht. Beides zusammen findet sich Ps 2,7: υἱός μου εἶ σύ, ἐγὼ σήμερον γεγέννηκά σε (so dann auch die Stimme in Lk 3,22 nach D it und Kirchenvätern). Diese Nähe der Formulierung hat dazu geführt, Ps 2,7 als die Grundstelle anzusehen, mit der sich dann Anklänge an Jes 42,1 verbänden.[17] Die Differenz zwischen beiden Zuweisungen ist von erheblicher Tragweite für die Interpretation nicht nur dieses Verses, sondern der Christologie des Markusevangeliums im ganzen, da der Titel Sohn Gottes ja an jeweils entscheidenden Stellen wieder begegnet.

Zur Begründung der hier vertretenen Zuweisung zu Jes 42,1 ist zunächst darauf hinzuweisen, daß die gesamte Formulierung hier und erst recht in 9,7 mehr mit Jes 42,1 als mit Ps 2,7 gemeinsam hat, weiter darauf, daß die Wortfolge von Mk 1,11 und Ps 2,7 verschieden ist, denn in Ps 2,7 wird auf die Frage: „Was ist der König?", hier hingegen umgekehrt auf die Frage: „Wer ist Sohn Gottes?" geantwortet, und schließlich ist darauf hinzuweisen, daß die Ersetzung von *'æbæd*/παῖς durch υἱός schon in einer vorneutestamentlichen Auslegung von Jes 42,1, Sap 2,13.18, nachweisbar ist (εἰ γάρ ἐστιν ὁ δίκαιος υἱὸς θεοῦ, ἀντιλήμψεται αὐτοῦ).[18] Man braucht also nicht erst eine aramäische Grundlage für die Taufperikope zu postulieren, die *'æbdî* nach Jes 42,1 enthalten hätte, was dann mit υἱός μου übersetzt worden wäre,[19] sondern findet schon in einem griechischsprachigen Text das Nebeneinander von παῖς und υἱός, noch dazu unter Bezug auf dieselbe Grundstelle Jes 42,1. Zu fragen wäre dann aber auch, ob nicht schon die LXX selber in dieser Richtung interpretiert hat, wenn sie in den Gottesknechtsliedern *'æbæd* nicht wie sonst mit δοῦλος, sondern mit παῖς wiedergibt, was ja sowohl „Knecht, Sklave" als auch „Kind" heißen kann. [30]

Wir erhalten also für den Prolog als ganzen einen relativ geschlossenen Interpretationszusammenhang, der Johannes den Täufer und Jesus in die Kontinuität des bei (Deutero-)Jesaja Angekündigten stellt. Man kann erwarten, daß ein Evangelist am Anfang seines Evangeliums Hinweise darauf gibt, wie er verstanden wissen will, was er das Evangelium hindurch erzählt. So werden Prophetenmotive weiter das Evangelium hin-

13 Zu beachten ist, daß die Taufe bei Mk in 1,9 nur kurz referiert ist, während 1,10f (redaktionell mit καὶ εὐθύς angeschlossen) ausführlich darstellen, was *nach* der Taufe geschieht.

14 Auch der Targum hat Jes 52,7 das Substantiv, folgt also „der allgemeinen Tendenz des Spätjudentums, verbale Aussagen über Gott, wie sie im AT gebräuchlich sind, zu vermeiden und an ihrer Stelle Abstraktbildungen zu verwenden" (K. G. Kuhn, ThWNT I, 570).

15 Dafür aber jetzt auch Pesch, a.a.O. (Anm. 11), 92.

16 Übersetzung von C. Westermann, Das Buch Jesaja Kap. 40–66, ATD 19, ²1970, 77.

17 Vgl. vor allem P. Vielhauer, Erwägungen zur Christologie des Markusevangeliums, in: Aufsätze zum Neuen Testament, ThB 31, 1965, 199–214: „Die Basis des Satzes ist Ps 2,7, obwohl kein direktes Zitat vorliegt; ob die beiden Näherbestimmungen Anspielungen auf Jes 42,1; 44,2 sein sollen, ist ebenso unsicher wie für das Verständnis belanglos" (206).

18 Vgl. dazu noch einmal unten S. [31] und S. [38f].

19 Gegen die Analyse von F. Hahn, Christologische Hoheitstitel, FRLANT 83, 1963, 340–346.

durch begegnen: die Wundergeschichten, wie sie im Alten Testament schon von Elia und Elisa erzählt werden,[20] die „Zeichen"[21] in der Passionsgeschichte, wenn die Jünger tatsächlich den Esel finden, wie Jesus es gesagt hat (11,1–6), die ähnliche Findung des Raums für das letzte gemeinsame Mahl 14,13–16, die Verleugnung des Petrus, wie Jesus sie vorhergesagt hat (14,30.66–72) – das Ganze überspannt von der Ankündigung der Passion in 8,31; 9,31 und 10,33f,[22] die genau dem entspricht, was dann passiert. Und doch ist Jesus von Anfang an „mehr als ein Prophet", wie es in der Q-Überlieferung von Johannes dem Täufer heißt (Lk 7,26/Mt 11,9).

II.

Dieses „mehr" zeigt sich in der Christologie des Markusevangeliums. P. Vielhauer hat mit Recht die Bedeutung des Titels *Sohn Gottes* herausgearbeitet,[23] der in 1,11 am Anfang des Evangeliums erscheint, dann in 9,7 in der Verklärungsgeschichte und schließlich in 15,39 als Bekenntnis des heidnischen Hauptmanns unter dem Kreuz. Vielhauer sieht in dieser Abfolge ein Schema, das letztlich auf ein altägyptisches Thronbesteigungsritual zurückzuführen sei: Adoption bzw. Apotheose (1,11), Präsentation (9,7), Inthronisation (15,39). 1,11 interpretiert er daher folgendermaßen: „Jesus wird bei der Taufe durch Johannes von Gott als König der eschatologischen Heilszeit eingesetzt."[24] Die beiden übrigen Stellen dagegen, an denen Jesus als „Sohn Gottes" angeredet wird (3,11; 5,7), gehören seiner Meinung nach als Bekenntnisse von Dämonen in einen anderen Zusammenhang; hier sei Jesus als *theios aner* nach der Art hellenistischer Wundertäter angeredet.

Ist das letztere fraglich, da dieser Titel in solchen Zusammenhängen gerade nicht nachweisbar ist,[25] so ist auch 1,11 nach der oben gegebenen [31] Einordnung nicht von der Königstradition (Ps 2,7), sondern von der Prophetentradition (Jes 42,1) her zu interpretieren. „Sohn Gottes" meint nicht den eschatologischen König, sondern Jesus als den exemplarisch leidenden Gerechten, was besonders deutlich wird beim Bekenntnis des Hauptmanns 15,39 („als aber der Hauptmann sah, daß er *so* gestorben war ..."), wenn man die Stelle mit Sap 2,17 vergleicht: „Wir wollen sehen, ob seine Worte wahr sind, erproben, was seinen Abgang betrifft."[26]

Die Hauptschwierigkeit für die Deutung des Titels „Sohn Gottes" auf den Messias als den endzeitlichen König liegt darin, daß ein solcher Gebrauch erstaunlicherweise im Judentum nicht nachweisbar ist, auch in den Zusammenhängen nicht, die die spezielle Erwartung eines davidischen Messias aussprechen, wo also eine Verwendung von Ps 2,7 nahe gelegen hätte. 2Sam 7,14 wird zwar in 4Qflor 1,10–12 zitiert, in der

20 Es soll damit gar nicht bestritten werden, daß die Wundergeschichten bei Mk vieles mit zeitgenössischen hellenistischen Wundergeschichten gemeinsam haben. In dieser Weise konnten aber gerade auch von Propheten erzählte Wunder verstanden werden (Josephus!).

21 Vgl. F. Stolz, Zeichen und Wunder. Die prophetische Legitimation und ihre Geschichte, ZThK 69 (1972), 125–144.

22 Diese Voraussagen werden bis 10,33f immer exakter.

23 In seinem in Anm. 17 genannten Aufsatz.

24 Ebd., 206.

25 Vgl. P. Wülfing v. Martitz, ThWNT VIII, 339f.

26 Vgl. die Umformung von Mk 15,39 in Lk 23,47: „In der Tat: dieser Mensch ist ein *Gerechter* gewesen".

Auslegung jedoch (soweit sie erhalten ist) wird aber gerade der Sohnestitel nicht auf den „Sproß Davids" angewendet.[27] Äth. Hen. 105,2 fehlt in der für diese Stelle erhaltenen griechischen Überlieferung des Buches. Im 4. Esrabuch ist für filius παῖς/ *'æbæd* anzunehmen.[28] Im Neuen Testament wird Ps 2,7 erst relativ spät in Apg 13,33 und Hebr 1,5 ausdrücklich zitiert.

Im Alten Testament werden als „Söhne Gottes" außer dem Jerusalemer König bezeichnet: Engel (Gen 6,2.4 u. ö.), das Volk als ganzes (Hos 11,1) und wohl auch schon einzelne Gerechte aus diesem Volk („das Geschlecht deiner Söhne" Ps 73,15[29]). Im Judentum wird diese Linie der Individualisierung der Gottessohnschaft vom Volk auf den einzelnen fortgesetzt, wobei nun wohl auch die beiden anderen Linien mit hereinspielen: Der Gerechte wird nach seinem Tode unter die Gottessöhne aufgenommen (Sap 5,5), der Gerechte, der Weise ist zugleich König (Sap 6,20; 4Makk 2,23); nicht zufällig verbindet sich mit dem König Salomo pseudepigraphe Weisheitsüberlieferung. Am wichtigsten für unseren Zusammenhang ist der schon genannte Zusammenhang Sap 2,12–20: Der Gerechte nennt Gott seinen Vater (2,16), er selbst ist Gottes Sohn (2,18). Hier nämlich klingen deutliche Motive aus Dtrjesaja an (ἀντιλήμψεται 2,18, vgl. Jes 42,1 LXX), und hier stehen ja auch παῖς θεοῦ (2,13) und υἱὸς θεοῦ (2,18) nebeneinander.[30]

Die Christologie des Markusevangeliums läßt sich aber nicht von dem einen [32] Titel „Sohn Gottes" her bestimmen, sondern liegt in der Verbindung der drei Titel, die 14,61f im „Geständnis" Jesu auf engstem Raum zusammen stehen:

> Erneut fragte ihn der Hohepriester und sagte zu ihm: „Bist du *der Gesalbte, der Sohn des Hochgelobten*?"[31] Da sagte Jesus: „Ich bin es, und ihr werdet *den Menschensohn* sehen zur Rechten der Kraft sitzen und mit den Wolken des Himmels kommen."

Diese drei Titel geben nun aber auch das Grundgerüst für den wichtigen christologischen Mittelabschnitt 8,27–9,9[32] ab, der wegen unseres Ausgangspunktes in 8,27 auch die Antwort auf die Frage nach dem „mehr" zu geben verspricht: der Gesalbte (8,29), der Menschensohn (8,31.38; 9,9), der Sohn Gottes (9,7).

Auffällig ist an der Verwendung des Titels *„der Gesalbte"*[33], wie selten χριστός bei Mk begegnet: 1,1 in der Überschrift εὐαγγέλιον Ἰησοῦ χριστοῦ, 15,32 als höhnische Anrede für den Gekreuzigten, hier erklärt durch die in der Passionsgeschichte durchgehende Bezeichnung „König Israels"[34], 12,35 in der Bestreitung der Davidsohnschaft des Messias[35] 13,21 in der Warnung vor Leuten, die ankündigen, daß der Messias da sei – und das alles, obwohl 9,41 ganz knapp von den Christen als solchen reden kann, die zu dem Gesalbten gehören (ὅτι χριστοῦ ἐστε).

Der Befund zeigt, daß (ὁ) χριστός noch wirklich als Titel, nicht als Eigenname zu verstehen ist. Mk braucht ihn seinen Lesern auch nicht zu erklären, setzt bei ihnen vielmehr

[27] 4Q243 spricht nicht von einem Messias; vgl. J. A. Fitzmyer, NTS 20 (1973/74), 393.

[28] Vgl. E. Lohse, ThWNT VIII, 362; auch eine Rückführung auf ἐκλεκτός (so S. Gero, ZNW 66 [1975], 264–267) würde auf denselben Zusammenhang mit Jes 42,1 führen.

[29] Auf diese Stelle hat mich mein Kollege Fritz Stolz hingewiesen.

[30] Vgl. L. Ruppert, Jesus als der leidende Gerechte? SBS 59, 1972, 23f.

[31] Hier wird durch εὐλογητός der Gottesname vermieden – der Hohepriester wie Jesus selber in seiner Antwort 14,62 hüten sich vor der βλασφημία, die in 14,64 Jesus zum Vorwurf gemacht wird (vgl. Lev 24,16 LXX: ὀνομάζων δὲ ὄνομα κυρίου θανάτῳ θανατούσθω gegenüber HT: *noqeb šem*). Mk zeigt also, daß der Urteilsspruch in 14,64 zu Unrecht erfolgt. Abzusehen ist dabei von der *historischen* Frage eines Prozesses vor dem Synhedrium, die J. Blinzler, Der Prozeß Jesu, ⁴1969, 149–162, allein im Blick hat.

[32] Vgl. dazu vor allem M. Horstmann, Studien zur markinischen Christologie, NTA NF 6, ²1969.

[33] Ich verwende die Übersetzung „der Gesalbte", da auch Mk die Übersetzung ὁ χριστός, nirgends aber das hebräisch/aramäische Wort „Messias" verwendet, wie es Johannes in 1,41; 4,25 tut.

[34] „König der Juden": 15,2.9.12.18.26.

[35] Aus der Zitierung von Ps 110,1 in 12,36 stammt das „sitzend zur Rechten" in 14,62. Der Titel „Davidsohn" begegnet bei Mk nur 10,47f als Anrede des blinden Bartimäus in Jericho.

die Assoziationen an den König der Endzeit aus dem Geschlechte Davids voraus,[36] auch wenn gerade dies in 12,35 von Jesus bestritten wird. Im frühen Christentum ist er eine der Kategorien, [33] in die man das fassen konnte, was Jesus war, und zwar in sehr verschiedenen Traditionssträngen, die sonst wenig gemein haben. Für Mk jedoch ist er, wie der Ablauf von 8,27ff zeigt, zwar nicht falsch, wohl aber der Interpretation bedürftig.[37] In 14,61f ergeben erst alle drei Titel zusammen die richtige Christologie.

Während sich für Paulus bzw. die Tradition, die Paulus aufnimmt, die Aussagen über Tod und Auferweckung Jesu gerade mit dem Titel χριστός verbinden,[38] behält Mk diese dem *Menschensohntitel* vor: 8,31; 9,9.12.31; 10,33.45; 14,21.41.

Die Frage nach der Herkunft dieses Titels gehört zu den nach wie vor schwierigsten Problemen der neutestamentlichen Exegese.[39] Vorläufig möchte ich für das Markusevangelium am ehesten bei Dan 7,13 einsetzen, wo eine himmlische Gestalt „*wie ein* Menschensohn" dem Treiben der irdischen, tierischen Reiche ein Ende macht und selber die Herrschaft übernimmt.[40] In der Deutung der Vision heißt es Dan 7,18.27, daß diese Gestalt „wie ein Menschensohn" die „Heiligsten des Höchsten" sind, womit entweder die Engel oder die Gerechten gemeint sein können. Für letzteres spricht die Verheißung der Gerechten, daß sie Gericht halten werden über die Übeltäter und die Herrschaft übernehmen. Aus dieser Gestalt „*wie ein* Menschensohn" wird dann in den Bilderreden des äthiopisch erhaltenen Henochbuches und in 4Esr 13 die eschatologische Gestalt des Menschensohnes.

Merkwürdig ist nun, daß Jesus in den Evangelien von dem Menschensohn immer wie von einem anderen spricht, obwohl für die Evangelisten wie für ihre Leser dieser Menschensohn natürlich niemand anders als Jesus selber ist, was dann auch dazu führt, daß gelegentlich Menschensohn-Worte in die Ich-Form übertragen werden.[41] Q und Mk ist dabei gemeinsam, daß dieser Menschensohn einmal Jesus als der am Ende kommende ist, zum andern Jesus als der, der bereits gekommen ist, was bei Mk aber nur zweimal gleich zu Beginn seines Evangeliums begegnet (2,10.28).[42] Die Mehrzahl der Menschensohn- [34] Worte bei Mk jedoch sind – und das hat keine Parallele in Q – Aussagen über Jesus als den leidenden und auferstehenden, die auf seine Passion weisen. Dieser ins Leiden gehende Menschensohn ist aber kein anderer als der, der am Ende kommen wird (13,26; 14,62; 8,38, an allen drei Stellen mit deutlichen Anspielungen auf Dan 7,13), und als solcher hat er auch bereits als irdischer die Vollmacht zur Sündenvergebung (2,10)

36 Vgl. zur Vorgeschichte dieses Titels jetzt F. Hesse, M. de Jonge, A. S. van der Woude, ThWNT IX, 483–518.

37 Vgl. E. Stegemann, Das Markusevangelium als Ruf in die Nachfolge, Diss. theol. Heidelberg (masch.) 1974, 241.

38 Vgl. W. Kramer, Christos Kyrios Gottessohn, AThANT 44, 1963, 15–60.

39 Vgl. die sehr divergierenden Positionen etwa von H. E. Tödt, Der Menschensohn in der synoptischen Überlieferung, ²1963; H. R. Balz, Methodische Probleme der neutestamentlichen Christologie, WMANT 25, 1967, 48–112; C. Colpe, ThWNT VIII, 403–481.

40 Vgl. dazu M. Noth, „Die Heiligen des Höchsten", in: Gesammelte Studien zum Alten Testament, ThB 6, 1957, 274–290; O. Plöger, Das Buch Daniel, KAT 18, 1965, 101–119.

41 Vgl. Lk 12,8/Mt 10,32.

42 Vgl. 10,45: „Der Menschensohn ist nicht gekommen, …"; dies Wort ist aber wegen seiner zweiten Hälfte hier unter die Leidensaussagen gerechnet.

wie die Vollmacht über den Sabbat (2,28). Es fehlen bei Mk die Motive der Niedrigkeit des Menschensohns, wie sie sich in Q finden.[43]

Gerade die Verbindung von 8,38 mit seinem Kontext zeigt, daß der, der als „Sohn Gottes" der exemplarisch leidende Gerechte ist, zugleich der ist, der am Ende kommen wird, und am Verhalten ihm und seinen Worten gegenüber entscheidet sich das Bestehen im Gericht. Hier liegt nun auch das verbindende Glied für die Christologie des Mk: Die eschatologische Funktion des Messias und des Menschensohns zeigt, daß Jesus nicht nur einer der „Söhne Gottes" ist, denen die Verheißung gilt, daß sie am Ende der Tage Recht bekommen werden,[44] sondern er ist *der* Sohn Gottes; darin aber ist traditionsgeschichtlich die Relation zwischen dem Verhalten dem Gerechten gegenüber und dem Ergehen im Gericht schon enthalten,[45] die es ja beim Messias und beim Menschensohn als erst am Ende kommenden Gestalten in dieser Weise nicht geben kann. Auf der anderen Seite gibt der Weg Jesu als der Weg des Gerechten erst Sinn von seinem Ende her, und deshalb verweist das „Messiasgeheimnis" auf dieses Ende (9,9).

Die Frage, welchen Titel Jesus für sich selbst verwendet hat, kann demgegenüber zurücktreten. Der Befund im Markusevangelium wie in Q gebietet Skepsis gegenüber der Annahme einer Verwendung des Messiastitels, aber auch des Sohnestitels. Am wahrscheinlichsten ist m. E. in bezug auf den Menschensohntitel wohl doch, daß Jesus das Kommen des Menschensohns am Ende der Tage erwartet hat, ohne sich selbst mit ihm zu identifizieren. Diese Identifikation hat dann die Gemeinde vollzogen. Für Mk gehören alle drei Titel zu seiner Tradition, da sie in vorgegebenen Überlieferungsstücken verankert sind, auch wenn Mk dann danach sie auch redaktionell eingeführt haben mag. Er verstärkt also Tendenzen seiner Tradition.

Die Christologie des Mk ergibt sich also weder aus den einzelnen Titeln noch gar aus der religionsgeschichtlichen Vorgeschichte der einzelnen Titel,[46] son- [35] dern aus dem von Mk intendierten Zusammenhang zwischen allen dreien: Jesus ist in der Tat, wie er vor dem Synhedrium „gesteht",

der Gesalbte (14,61, vgl. 8,29),

der Sohn Gottes (14,61, vgl. 1,11; 9,7),

der Menschensohn, der am Ende kommen wird (14,62, vgl. 8,38; 13,26),

weil er als der leidende Menschensohn (8,31) hier vor dem Synhedrium steht, weshalb das nicht noch einmal gesagt zu werden braucht. Er ist der exemplarisch leidende Gerechte,[47] der von Gott Recht bekommt, und darin liegt sein „mehr" gegenüber einem Propheten, wobei dieses „mehr", wie wir sehen werden, nicht eine Alternative bedeutet,

[43] Vgl. dazu Hoffmann, a.a.O. (Anm. 10), 142–158.

[44] Auffälligerweise wird bei Mk anders als in Q (vgl. Lk 22,28–30/Mt 19,28) auch nicht den Zwölf oder den sonst Nachfolgenden diese Richterfunktion zugesprochen. Überhaupt ist die Angabe der Funktion der Zwölf in 3,14 sehr verhalten – sie sind ja auch nicht (vgl. 1Kor 15,5) Zeugen der Auferstehung (16,1–8).

[45] Vgl. Sap 5,1–23.

[46] So wichtig es ist, die Vorgeschichte der einzelnen Titel je für sich zu erarbeiten, so gibt es aber doch auch in dieser Vorgeschichte bereits Kontakte zwischen den einzelnen Traditionslinien; sie kommen nicht erst im Neuen Testament zusammen.

[47] Zu betonen ist, daß es um eine Aussage über die Christologie des Mk geht, nicht um das Selbstverständnis des historischen Jesus, um die Engführungen der Diskussion um J. Jeremias' Thesen in seinem Teil des Artikels παῖς θεοῦ ThWNT V, 676–713 zu vermeiden.

sondern die Prophetentraditionen, von denen im ersten Teil die Rede war, in sich aufnimmt.[48]

III.

Diese Christologie wird nicht entwickelt in der Gestalt von Bekenntnisformeln oder Liedern, also nicht als bekennende Aussage über ihn, sondern als Erzählung von ihm auf der historischen Ebene des „damals", so sehr auch jeweils die Gemeinde „heute" mit angesprochen ist. Erzählt wird in einem Nacheinander einzelner Ereignisse, gelegentlich summarisch zusammengefaßt, ein einziges Mal nur wird recht unvermutet der Leser selbst angeredet: „Wer dies liest, der merke auf!" (13,14);[49] es fehlen auch Sätze, in denen der Autor Aussagen über den Zweck seines Evangeliums macht, wie es sie in anderen Evangelien durchaus gibt (vgl. Lk 1,1–4; Joh 20,30f). Es geht im Markusevangelium zunächst um Jesus damals in Galiläa und Jerusalem, um Jünger, die ihn damals begleiteten, um Kranke, die damals geheilt wurden, um Pharisäer, Schriftgelehrte und Hohepriester, die ihm damals entgegentraten;[50] der Evangelist ist gelegentlich genötigt, durch den Abstand [36] von diesem „damals" bedingte Informationsdefizite seiner Leser auszugleichen (vgl. 7,3f).

Nun hat die Formgeschichte nachgewiesen, daß der historisierende Rahmen zum größten Teil auf die Redaktion des Evangelisten zurückgeht, der erst mit Hilfe sehr einfacher Übergangswendungen wie „und dann", „und sofort", „als er aber" oder mit Hilfe sehr einfacher szenischer Angaben wie „im Haus", „am See" Zusammenhänge herstellt, ohne daß man sich in den allermeisten Fällen nicht auch eine ganz andere Reihenfolge der Perikopen denken könnte.[51] Sachlich notwendig ist natürlich die Stellung der Passionsgeschichte am Ende des Evangeliums, alles andere aber ist im Grunde beliebig und folgt im wesentlichen thematischen Gesichtspunkten. So kommt es zu einer Häufung von Konfliktszenen in 2,1–3,6 mit dem Jerusalemer Gegenstück 11,27–12,40, zu einer Häufung von Wundergeschichten in dem Komplex 4,35–8,26; die Reich-Gottes-Verkündigung ist von Mk exemplarisch in dem Gleichniskapitel 4,1–34 dargestellt, 8,27–

[48] Weitere Titel: Davidsohn, vgl. dazu oben Anm. 35; κύριος ist durchgehend Gott selber, vgl. 12,29; 13,20, wohl auch 1,3 im Zitat, Jesus als κύριος 5,19f; 7,28; 11,3; singulär ist ὁ ἅγιος τοῦ θεοῦ 1,24; häufig wird Jesus als διδάσκαλος angeredet, offenbar als Übersetzung von ῥάββι (9,5; 11,21; 14,45) bzw. ῥαββουνί (10,51).

[49] Mt bezieht dies in 24,15f offenbar auf den Leser des Buches Daniel.

[50] Dabei fehlen die Pharisäer in der Passionsgeschichte, wo nur Hohepriester und Schriftgelehrte (und Älteste) als Gegner erscheinen (14,1.43.53; 15,1.31, vgl. 8,31; 10,33); sie gehören nicht zum Synhedrium, obwohl Mk in 12,13 Pharisäer in Jerusalem auftreten läßt. In Galiläa sind dagegen sowohl Pharisäer als auch Schriftgelehrte seine Gegner. In 3,22 werden ausdrücklich „Schriftgelehrte aus Jerusalem" erwähnt — will Mk zeigen, daß durch den geheilten Aussätzigen, der sich in Erfüllung von Lev 13f dem Priester zeigen soll, erste Nachricht von Jesus nach Jerusalem gelangt ist?

[51] Vgl. K. L. Schmidt, Der Rahmen der Geschichte Jesu, 1919, Nachdruck 1964; Bultmann, a.a.O. (Anm. 4), 362–366.

10,52 stehen unter dem Thema der Nachfolge, 13,1–37 handeln von der Zukunft der Gemeinde.[52]

Das Markusevangelium kann daher nicht zur Rekonstruktion des Ablaufs des Lebens Jesu benutzt werden, wie die Leben-Jesu-Forschung des 19. Jh.s glaubte. Und dennoch meine ich, daß „Biographie" der nächstliegende Begriff ist, das zu fassen, was Mk in seinem Evangelium bietet: in einer chronologischen Reihenfolge geordnet ein Ablauf des Lebens Jesu von seinem ersten Auftreten bis zu seinem Tod und seinem Begräbnis – eine merkwürdige Biographie freilich: eines Gestorbenen, der lebt (16,1–8).

Den Begriff „Biographie" in der Evangelienforschung zu verwenden, ist verpönt, „denn (die Evangelien) verraten weder ein Interesse an der Persönlichkeit Jesu, seiner Herkunft, Bildung, Entwicklung und seinem menschlichen Charakter, noch tritt die Individualität des darstellenden Autors hervor"[53]. In der Tat erfüllen die Evangelien und mit ihnen auch das Markusevangelium nicht die hier genannten Ansprüche an eine „Biographie" im modernen Sinne, eine „wissenschaftliche"[54] Biographie, für die gerade das [37] Besondere der Einzelpersönlichkeit gegenüber ihren Zeitgenossen und vor allem die *Entwicklung* der Persönlichkeit wichtig waren. Das Ende der in diesem Sinne die Evangelien biographisch interpretierenden Leben-Jesu-Forschung ist weniger A. Schweitzers dafür oft, aber zu Unrecht reklamierte Arbeit, denn Schweitzer selbst gibt ja am Schluß seines Buches durchaus eine Art Biographie Jesu, sondern Harnacks knappe Disputationsthese „vita Jesu scribi nequit". An die Stelle einer Beschreibung der Persönlichkeit Jesu und ihrer Entwicklung tritt ein „Charakterbild" Jesu, mit dem Harnack dann in seinem „Wesen des Christentums" durchaus auch arbeitet.[55]

Die Formgeschichte lieferte also nur die methodische Begründung für eine schon vorher erkannte Problemstellung, zog daraus aber nun nicht wie Harnack die Folgerung der Bescheidung auf das Mögliche, sondern radikalisierte die Konsequenzen: Christentum wird nicht mehr in der Persönlichkeit Jesu, sondern im Kerygma begründet, Biographie und Theologie geraten zu Alternativen: „Da die literarische Aufgabe der Evangelisten aber nicht eine wissenschaftlich-biographische war, sondern darin bestand, dem ‚Kerygma einer bestimmten Lage und Aufgabe' Gestalt zu geben, so muß im folgenden auch der theologische Charakter der Evangelien zur Sprache kommen."[56]

Wenn gegenüber solchen Widerständen doch der Begriff „Biographie" zur entscheidenden Deutungskategorie gemacht werden soll, kann das nicht in Rückkehr zur Leben-Jesu-Forschung des 19. Jh.s geschehen. Vielmehr möchte ich anknüpfen an neue in der alttestamentlichen Prophetenforschung gegebene Hinweise auf das Markusevangelium und diese weiterführen. So hat K. Baltzer in seinem Buch über „Die Biographie der Pro-

52 Einen Überblick über die verschiedenen Gliederungsversuche gibt jetzt F. G. Lang, Kompositionsanalyse des Markusevangeliums, ZThK 74 (1977), 1–24, vor seinem eigenen, mich freilich nicht überzeugenden Versuch (1f).

53 So eine typische Äußerung zum Problem von G. Bornkamm, RGG³ II, 750.

54 Vgl. Bultmann, a.a.O. (Anm. 4), 362, das vollständige Zitat folgt gleich im Text.

55 Vgl. vor allem R. Slenczka, Geschichtlichkeit und Personsein Jesu Christi (1967), und meine Aufnahme seiner Beobachtungen in dem Aufsatz: Die Frage nach Kriterien für ursprüngliche Jesusworte – eine Problemskizze, in: Jésus aux origines de la Christologie, hg. J. Dupont, BETL 40, 1975, 59–72.

56 Bultmann, a.a.O. (Anm. 4), 362 unter Verweis auf J. Schniewind, ThR NF 2 (1930), 151–158.

pheten" (1975) das Markusevangelium in den Zusammenhang dieser von ihm beschriebenen Gattung der „Idealbiographie" gestellt.[57] Wichtig für diesen Begriff von „Biographie" ist im Unterschied zum modernen, aber auch zum hellenistischen Begriff gerade nicht das Individuelle der Einzelpersönlichkeit, sondern das Typische, weshalb der *namenlose* „Gottesknecht" Deuterojesajas Beispiel solcher Biographie sein kann.[58]

Die These Baltzers ist aber zumindest für unseren Zusammenhang noch zu modifizieren. Wir sahen schon zu Mk 1,11, wie dort Jes 42,1 vermittelt ist [38] durch Sap 2,12–20, die Gestalt des Propheten zur Gestalt des Gerechten geworden ist. „Biographie des Gerechten" sind aber auch schon jene ägyptischen Texte, zu denen Baltzer eine Beziehung herstellt,[59] so daß sich „Biographie der Propheten" nur als eine Spezialform jener allgemeineren Gattung herausstellen würde, in die dann die „Biographie" des Gottesknechtes in Sap 2,12–20 wieder überführt wird.

Der typischste Zug dieser Prophetenbiographie jedoch, das Leiden des Propheten durch seine Botschaft und auch an seiner Botschaft, ist freilich von jenen Texten her nicht zu erklären. Nun hat aber A. H. Gunneweg für die Konfessionen Jeremias gezeigt, wie der Prophet hier in größter Nähe zu Klagepsalmen des Einzelnen dargestellt wird als der „exemplarisch leidende" Gerechte.[60] Dem entspricht bei Mk der große Einfluß vor allem von Ps 22 auf die Passionsgeschichte, auf den auch Gunneweg verweist.[61] Gegenüber der üblichen apologetischen Deutung dieses Phänomens – durch den Bezug auf das Alte Testament solle nur die „Anstößigkeit" des Kreuzestodes Jesu überwunden werden[62] – haben C. Peddinghaus und H. Gese gezeigt, wie stark die Klagepsalmen zum positiven Deutungshorizont für das Schicksal Jesu werden.[63]

Ihre Fortsetzung finden solche Prophetentraditionen dann, wie schon mehrfach erwähnt, in einem Text wie Sap 2,12–20, in dem Motive vor allem der Gottesknechtslieder anklingen:

12 Laßt uns aber dem Gerechten nachstellen, denn er ist uns lästig
und widersetzt sich unseren Werken
und sagt uns Gesetzesübertretungen nach
und schreibt uns Übertretungen der Zucht zu.
13 Er behauptet von sich, Erkenntnis Gottes zu besitzen,
und nennt sich selbst *Knecht* des Herrn.
14 Er ist uns zum Vorwurf für unsere Vorstellungen geworden,
lästig ist er uns, wenn man ihn sieht,
15 denn unähnlich den anderen ist sein Leben,
und fremdartig sind seine Wege. [39]

57 Ebd., 184–189.

58 Dazu Baltzer, ebd., 171–177, vgl. ders., Zur formgeschichtlichen Bestimmung der Texte vom Gottes-Knecht im Deuterojesaja-Buch, in: Probleme biblischer Theologie, FS G. von Rad, 1971, 27–43.

59 Baltzer, ebd., 134–169; vgl. zu den ägyptischen Texten H. H. Schmid, Wesen und Geschichte der Weisheit (1969), 54–56.

60 Konfession oder Interpretation im Jeremiabuch, ZThK 67 (1970), 395–416, in kritischer Aufnahme von H. Graf Reventlow, Liturgie und prophetisches Ich bei Jeremia, 1963.

61 Ebd., 415.

62 Vgl. Dibelius, a.a.O. (Anm. 3), 184f.

63 C. Peddinghaus, Die Entstehung der Leidensgeschichte, Diss. theol. Heidelberg (masch. 1966); H. Gese, Psalm 22 und das Neue Testament, ZThK 65 (1968), 1–22; vgl. auch H. H. Schmid, „Mein Gott, mein Gott, warum hast du mich verlassen?", WuD 11 (1971), 119–140.

16 Als falsch gelten wir ihm,
und er hält sich fern von unseren Wegen wie von Verunreinigungen.
Er preist das Ende der Gerechten
und prahlt mit Gott als seinem *Vater*.
17 Wir wollen sehen, ob seine Worte wahr sind,
erproben, wie sein Abgang ist.
18 Wenn nämlich der Gerechte *Gottes Sohn* ist, wird er ihm helfen
und ihn aus der Hand der Widersacher retten.
19 Mit Gewalttätigkeit und Mißhandlung wollen wir ihn prüfen,
damit wir seine Demut erkennen
und seine Langmut kennen lernen.
20 Zu schändlichem Tode wollen wir ihn verurteilen,
nach seinen Worten wird er ja Schutz finden.

Liest sich das nicht wie die Geschichte Jesu aus der Sicht seiner Gegner, nicht nur derjenigen, die ihn noch am Kreuz verspotten (15,29–32), sondern auch derjenigen, die ihm von Anfang seines Weges an nachstellen (3,6!)? Sie wissen das Richtige von Jesus, nur ziehen sie daraus nicht die Konsequenzen, die Jesus ihnen in seiner Umkehrpredigt (1,15) zumutet (vgl. 4,12).[64]

Ich meine also, daß die weitgehend akzeptierte These, daß Mk der Schöpfer der Gattung Evangelium ist, dahingehend modifiziert werden kann, daß Mk die ihm zur Verfügung stehende Jesusüberlieferung zu einer „Biographie des Gerechten" gestaltet hat. Damit ist keine neue *Gattungs*bestimmung des Evangeliums versucht, wohl aber nach dem traditionsgeschichtlichen Ermöglichungsgrund der Gattung Evangelium gefragt.[65] Darin kommen dann auch die in den beiden ersten Teilen des Aufsatzes gemachten Beobachtungen zur Geltung, einmal des Eindrucks eines Propheten, den Jesus auf seine Zeitgenossen machte, zum anderen der diese Wirkung reflektierenden Christologie. Solche Christologie ist denn auch durchaus als Umsetzung dessen zu begreifen, daß Jesus selber offenbar die Gerechtigkeit Gottes in seiner Verkündigung wie in seinem Wirken neu vermittelte (vgl. Jes 42,1b).[66] [40]

Εὐαγγέλιον geht an allen Stellen im Markusevangelium auf die Redaktion zurück (1,1.14f; 8,35; 10,29; 13,10; 14,9).[67] Das Verbum εὐαγγελίζομαι fehlt, zu εὐαγγέλιον gehört κηρύσσειν (1,14; 13,10; 14,9). Im Neuen Testament begegnet das Substantiv sonst fast nur bei Paulus und den in seiner Tradition stehenden Schriften und ist dort mit einem ziemlich genau eingrenzbaren Inhalt verbunden: Tod und Auferweckung Jesu als Gottes

64 Vgl. den Aufruf zum μετανοεῖν in 1,15 und das synonyme ἐπιστρέφειν im Zitat von Jes 6,9f in 4,12.

65 Gegenüber dem teilweise ja sogar namenlosen Gerechten der Tradition treten nun gerade die stärker „biographischen" Elemente hervor: Orts- und Zeitangaben, namentlich genannte Personen im Umkreis Jesu.

66 Für mich selber stehen diese Thesen im Zusammenhang mit Überlegungen zum historischen Jesus wie zur frühchristlichen Christologie; vgl. Der Verweis auf die Erfahrung und die Frage nach der Gerechtigkeit, in: Jesus Christus in Historie und Theologie (FS H. Conzelmann 1975), 185–196; Christologie und Rechtfertigung, in: Rechtfertigung (FS E. Käsemann 1976), 351–363; vgl. auch U. Luck, Gerechtigkeit in der Welt – Gerechtigkeit Gottes, WuD 12 (1973), 71–89, bes. 88f.

67 Vgl. W. Marxsen, Der Evangelist Markus, FRLANT 67 (1956), 77–101; G. Strecker, Literarkritische Überlegungen zum εὐαγγέλιον-Begriff im Markusevangelium, in: Neues Testament und Geschichte (FS O. Cullmann 1972), 91–104; ders., Das Evangelium Jesu Christi, in: Jesus Christus in Historie und Theologie (FS H. Conzelmann 1975), 503–548.

Heilstat.[68] Das zeigt 1Kor 15,1ff, wo Paulus die von ihm bereits als Traditionsgut übernommene und dann an die Korinther weitergegebene christologische Formel 3b–5 εὐαγγέλιον nennt; dieser Inhalt ist aber auch dort mitzudenken, wo Paulus kurz vom εὐαγγέλιον τοῦ χριστοῦ spricht, da χριστός auch bei Paulus noch nicht Eigenname ist, sondern Kurzformel für den z. B. in 1Kor 15,3b–5 genannten Inhalt. Dieser ist schließlich auch dort mitzudenken, wo Paulus εὐαγγέλιον absolut gebraucht oder den Urheber dieser Heilstat in der Verbindung εὐαγγέλιον τοῦ θεοῦ nennt. Daß dabei eine gewisse Bandbreite der Formulierung möglich ist, zeigt die andere Inhaltsangabe Röm 1,3f, die ebenfalls der Tradition entnommen ist; aber auch hier wird der Inhalt konzentriert auf die Heilsbedeutung von Tod und Auferweckung Jesu.

Kommt man von diesem paulinischen Sprachgebrauch her zum Markusevangelium, dann liegt es nahe, mit Bultmann u. a. hierin die Grundstruktur auch des Markusevangeliums zu sehen[69] und dementsprechend auch die markinischen εὐαγγέλιον-Stellen zu interpretieren. Gegen eine solche traditionsgeschichtliche Einordnung des Markusevangeliums spricht aber über die bereits oben genannten Gründe hinaus, daß der Inhalt des εὐαγγέλιον in 1,15 anders gefaßt ist als bei Paulus und gerade dieser Inhalt dann in 1,15b wie in 8,35; 10,29 zur verpflichtenden Norm gemacht wird. Εὐαγγέλιον ist bei Mk nichts, was vor dem Evangelium oder außerhalb seiner eine eigenständige Größe wäre im Sinne der inhaltlichen christologischen Fassung bei Paulus; εὐαγγέλιον ist für Mk die Verkündigung Jesu, seine Worte, die [41] gerade als Verkündigung Jesu nun zur Verkündigung *von* Jesus (1,1) werden. Ihr Inhalt ist in 1,15 angegeben, und dieser Inhalt ist dann an allen weiteren Stellen einzusetzen, wo es nur knapp heißt, daß Jesus verkündigte, das Wort sagte usw.,[70] bis in 4,1–34 und nur hier diese Verkündigung exemplarisch dargestellt wird.[71] Die christologische Füllung des εὐαγγέλιον geschieht also anders als in der paulinischen Tradition nicht über die Heilsbedeutung des Todes und der Auferweckung Jesu, sondern das Markusevangelium ist es: εὐαγγέλιον, Verkündigung von Jesus, als Verkündigung des εὐαγγέλιον τοῦ θεοῦ (1,14) durch Jesus.

68 Vgl. Kramer, a.a.O. (Anm. 38), 46–51.

69 S. o. S. [25f]. Auch P. Stuhlmacher, Das paulinische Evangelium I, FRLANT 95, 1968, bleibt mit seiner Interpretation m. E. in der Struktur der Bultmannschen Deutung, wenn er Mk 1,14f lediglich auf die hellenistisch-christliche Missionssprache zurückführt, die hier ‚zur Rahmung palästinischen Aussagenmaterials und Jesusguts herangezogen“ werde (238). Präzisieren lassen sich die traditionsgeschichtlichen Zuweisungen, wie Stuhlmacher sie im ganzen vornimmt, nur auf der Basis der Inhaltsangabe des εὐαγγέλιον τοῦ θεοῦ in 1,15.

70 1,21.39; 2,2.13. 1,14f gehört noch zum Prolog und ist nicht eine erste Szene, wie die pauschalen Zeit- und Ortsangaben zeigen (gegen die Abgrenzungen des Prologs bei 1,13 oder gar 1,11).

71 Die Gleichnisrede in 4,1–34 wird von Mk ausdrücklich als Ausschnitt aus Jesu Lehre bezeichnet (4,1f). Erst hier fällt wieder das Stichwort βασιλεία τοῦ θεοῦ aus 1,15 (3,24 begegnet βασιλεία nur in einem Bildwort neben einem Haus, ohne daß es durch die Einleitungsfrage auf das Reich Gottes bezogen würde). Dieser Zusammenhang ist für die Auslegung von 4,1–34 zu beachten, 1,14f und 4,1–34 interpretieren sich gegenseitig. Mk übernimmt die Deutung des ersten Gleichnisses auf den λόγος, die er offenbar dann auch auf die folgenden Gleichnisse angewendet wissen will (4,13–20).

Gegenüber der Herleitung von εὐαγγέλιον aus dem hellenistischen Herrscherkult[72] ist – wie schon oben angedeutet – die Beziehung auf die Verkündigung des Freudenboten (εὐαγγελιζόμενος) nach Jes 52,7 zu sehen, wie dort ist „diese Botschaft vom Eintreffen des Ereignisses ... in Schilderung umgesetzt: Das Eintreffen der Botschaft wird geschildert"[73] – die Verkündigung der Nähe des Reiches Gottes ist selber Nähe des Reiches Gottes im Wort Jesu. „Theologisch erscheint das Substantiv im Sinne von befreiender Heilsbotschaft überhaupt, von Engelsbotschaften, von Offenbarungspredigt und, wiederum nahezu technisch, von prophetischer Heils- und Unheilsbotschaft."[74] Dieses letzte Begriffspaar der Bestimmung Stuhlmachers für das Wort *b^e'sorā* ist besonders wichtig, da zumal populäre Übersetzungen von εὐαγγέλιον mit „gute Nachricht" oder „frohe Botschaft" einseitig aus der Etymologie des griechischen Wortes gewonnen sind und den Gerichtscharakter auch des neutestamentlichen εὐαγγέλιον verkennen.

1,15 ist die redaktionelle Formulierung des Inhalts des εὐαγγέλιον für Mk, die sich literarkritisch nicht auf eine Vorlage zurückführen läßt, wohl [42] aber traditionsgeschichtlich gesehen frühchristliche Missionssprache aufnimmt. Sie besteht aus zweimal zwei Zeilen, die jeweils in synonymem parallelismus membrorum einander zugeordnet sind:

Voll ist die Zeit,
und nahe ist das Reich Gottes.
Kehrt um,
und glaubt an das Evangelium.

Die ersten beiden Zeilen machen eine Heilsaussage in der Zeitform des Perfekts, sprechen also von der „Fortdauer oder Nachwirkung des durch den Verbalinhalt bezeichneten abgeschlossenen Vorgangs in der Gegenwart des Sprechenden"[75]. Das zweite Zeilenpaar folgert in zwei parallelen imp. praes. Konsequenzen aus dem im ersten beschriebenen Zustand. Überraschend ist an diesen ersten beiden konstatierenden Sätzen, daß im Perfekt gesagt ist, was man im Futur oder allenfalls im Präsens erwarten würde. Die Nähe des Reiches Gottes ist Inhalt der Verkündigung Jesu, des εὐαγγέλιον, und damit wird das εὐαγγέλιον selber, werden Jesu Worte zur Nähe der Herrschaft Gottes, wie die Auslegung des Sämannsgleichnisses 4,14–20 zeigt.

Bei Deuterojesaja geschah die Proklamation der Herrschaft Gottes in der Situation des Exils, also angesichts von Erfahrungen, die das Gegenteil von dem nahelegten, was der εὐαγγελιζόμενος Jes 52,7 verkündigte. Aus exilischer Zeit stammen wohl auch die sog. „Thronbesteigungspsalmen" mit ihrem Ruf „Jahwe herrscht als König" (Ps 47,8f; 93,1; 96,10; 97,1; 99,1, vgl. noch Zeph 3,14–20).[76] Was unter Gottes Herrschaft hier zu verstehen ist, zeigen die parallel verwendeten Wörter: seine Hilfe, seine Herrlichkeit, sein Recht, seine Gerechtigkeit; es geht um die Herstellung der von Gott gewollten Ordnung

[72] So zuletzt Strecker, a.a.O. (Anm. 67 FS Conzelmann): „Der primäre traditionsgeschichtliche Urgrund des neutestamentlichen εὐαγγέλιον dürfte daher im Umkreis der hellenistischen Herrscherverehrung zu suchen sein" (511f).

[73] Westermann, a.a.O. (Anm. 16), 202.

[74] Stuhlmacher, a.a.O. (Anm. 69), 152.

[75] E. Schwyzer, Griechische Grammatik II, ³1966, 263.

[76] Vgl. C. Westermann, Das Loben Gottes in den Psalmen, 1968, 110–115.

der Welt. Je länger je mehr mußte dies aber im Judentum in die Eschatologie verlegt werden, konnte nicht mehr gegenwärtige Erfahrung sein: Gottes Gerechtigkeit werde sich erst am Ende der Tage offenbaren. Dem korrespondiert die eigene Unterstellung unter das Gesetz, das Dokument der Gerechtigkeit Gottes: „das Joch der Himmelsherrschaft auf sich nehmen“[77].

Eschatologisch ist βασιλεία τοῦ θεοῦ auch in 1,15 zu verstehen, nur daß die bereits erreichte Nähe ihres Kommens wieder proklamiert wird wie einst bei Deuterojesaja, denn – so ja der Parallelsatz – „die Zeit ist voll“. Die Konsequenzen dieser Nähe sind μετανοεῖν und πιστεύειν, wie sonst in urchristlicher Literatur „Bekehrung“ als Hinwendung zu dem Neuen,[78] hier [43] dem εὐαγγέλιον. Dieses εὐαγγέλιον, dem man sich zuwenden soll, ist aber kein anderes als das εὐαγγέλιον, das Jesus verkündigt (1,14); diese Bindung macht ihn als Verkündiger des εὐαγγέλιον selber zum Bestandteil des εὐαγγέλιον (vgl. 8,35), *seine* Worte sind das εὐαγγέλιον (vgl. 8,38).

Der „Anfang des Evangeliums von Jesus Christus“ (1,1) schließt also 1,14f mit ein. In diesem Anfang ist das ganze Evangelium, das nun dargestellt wird, bereits enthalten. Angesprochen sind auf der historischen Ebene die Leute von Galiläa, angesprochen fühlen sich aber wohl auch die Hörer und Leser des Markusevangeliums, denen der Heilsruf 1,15a gilt, und die nun das Perfekt als Rückbezug auf das Wirken Jesu damals verstehen, die zugleich in 1,15b aufgefordert werden, sich *diesem* εὐαγγέλιον anzuschließen, dessen Inhalt die Nähe des Reiches Gottes in Jesu Wort ist, das die Verkündigung Jesu als Verkündigung von Jesus aufnimmt.

Mk stellt das Evangelium also als „Biographie des Gerechten“ dar. Er beschreibt einen Weg Jesu in einem historisch sicher nicht authentischen, wohl aber, wie die Formgeschichte gezeigt hat, typisierenden Nacheinander als den typischen Weg des Gerechten, der von seiner Vorstellung als Gerechter durch die Himmelsstimme nach der Taufe (eine Berufung wird ebensowenig erzählt wie beim Gottesknecht Deuterojesajas oder in den Konfessionen Jeremias) bis zu seinem Tod und dem leeren Grab geht.

Was ist die Funktion einer solchen Biographie? Zunächst einmal kann man sagen, daß Lebensbeschreibungen – beabsichtigt oder nicht – Identifikationsmöglichkeiten aufzeigen – der Leser identifiziert sich mit dem „Helden“ der Geschichte. Diese allgemeine Aussage mag im Blick auf ein Evangelium überraschen, sind wir es doch aus unserem Umgang mit den Evangelien in Predigt und Unterricht gewohnt, in die Rolle der Hilfesuchenden und der (versagenden) Jünger verwiesen zu werden, oder gar der Gegner Jesu. In der exegetischen Literatur setzt sich das fort, wenn man meint, aus Aussagen über die Jünger im Evangelium *direkte* Schlüsse auf die Gemeinde des Mk ziehen zu können, die historische Ebene der Jünger damals also einfach als Projektion der Gemeinde des Mk deutet.[79] Der Aufruf, sich mit Jesus zu identifizieren, und zwar dem Je-

[77] Vgl. K. G. Kuhn, ThWNT I, 571.

[78] Vgl. Apg 20, 21; Hebr 6,1; 1Thess 1,8f.

[79] Typisch z. B. K. G. Reploh, Markus – Lehrer der Gemeinde, SBM 9, 1969, 228: „Der entscheidende Grund für das Interesse an den Jüngern Jesu liegt nicht darin, daß der Evangelist ein Bild von dem Verhältnis der Jünger zum irdischen Jesus vermitteln wollte. Eine solche Absicht spielt höchstens eine untergeordnete Rolle. Vielmehr wird an der Art der Zeichnung des Jüngerverhaltens sichtbar, daß der Evange-

sus, wie er vom Evangelisten als der exemplarisch leidende Gerechte dargestellt wird, ist nun aber das durchgehende Motiv des [44] ganzen Evangeliums, thematisiert vor allem in dem großen Komplex über die Nachfolge 8,27–10,52,[80] aber auch etwa in 13,5–37.[81]

Dieses Motiv ist nun nicht so zu interpretieren, daß Jesus nur als nacheifernswertes (moralisches) Vorbild dargestellt würde, sondern dem Leser ist angeboten, seine eigenen Erfahrungen in Jesus wiederzufinden und seine eigene Geschichte zu bergen in die Geschichte Jesu als die typische Geschichte des Gerechten, um über solche Identifizierung eigene Identität zu gewinnen. Aufgezeigt wird Gottes Gerechtigkeit als Sieg über die Frevler am Beispiel Jesu, das auf den ersten Blick diese seine Gerechtigkeit gerade in Frage stellen kann, und darin findet der Leser sich wieder: „Wer nämlich sich selbst verliert um meinetwillen und um des Evangeliums willen, der wird sich selbst zurückgewinnen" (8,35); die eigene Identität liegt in der Identifizierung mit Jesus als dem exemplarisch leidenden Gerechten, der Gottes Recht bringt, Gottes Recht tut und von Gott ins Reckt gesetzt wird.

IV.

Solche Darstellung Jesu und die dabei explizierte Christologie sind offenbar Reflexion dessen, wie Jesus selbst gewirkt hat, und nicht bloßer Reflex einer bestimmten theologiegeschichtlichen Situation. Es zeigt sich nämlich eine gewisse Kontinuität zwischen der Gerechtigkeit, die Jesus verkündigte, und seiner Darstellung als des von Gott anerkannten Gerechten, zwischen seiner Verkündigung der Nähe der βασιλεία τοῦ θεοῦ und der Verlegung dieser Nähe in sein Wort. Aktualisiert aber werden diese in der Jesusüberlieferung bereits enthaltenen Motive nun in einer ganz bestimmten Situation, die am deutlichsten in der Rede 13,5–37 zu erkennen ist. Es geht in dieser Rede um nicht weniger als um die Frage, ob das Wort Jesu durch die Geschichte der Gemeinde überholt werden kann, oder ob – und das meint Mk – Jesu Wort sich bewährt gerade angesichts dieser Geschichte.[82]

13,5–37 bilden die längste Rede Jesu in einem Stück, nicht unterbrochen durch Szenenangaben oder die üblichen Überleitungswendungen wie καὶ [45] ἔλεγεν αὐτοῖς, sie wirkt daher wie aus einem Guß. Auch wenn also derartige literarkritische Kriterien fehlen, ist

list primär nicht die Jünger Jesu, sondern die Jünger seiner Zeit, die Gemeinde, vor sich sieht. Der Evangelist will damit unmittelbar die Gemeinde seiner Zeit ansprechen."

[80] Vgl. 15,21, wo der zufällig des Weges kommende Simon in die Nachfolge tritt (vgl. 8,34), die die Jünger versäumt haben.

[81] Das in 13,9.13 vorausgesagte Schicksal der Gemeinde entspricht dem Schicksal Jesu, und dieser Bezug wird vom markinischen Jesus selber ausdrücklich hergestellt (ἕνεκεν ἐμοῦ, διὰ τὸ ὄνομά μου).

[82] Aus der Literatur zu dieser Rede nenne ich besonders: W. Marxsen, a.a.O. (Anm. 67), 101–140; H. Conzelmann, Geschichte und Eschatologie nach Mc 13, in: Theologie als Schriftauslegung, BEvTh 65, 1974, 62–73; L. Hartmann, Prophecy Interpreted, Coniect. Bibl. NT series 1, 1966; J. Lambrecht, Die Redaktion der Markus Apokalypse, AnBibl 28, 1967; R. Pesch, Naherwartungen, 1968.

doch anzunehmen, daß Mk auch hier wie sonst in seinem Evangelium ältere Tradition übernommen hat,[83] nur ist sie hier offenbar stärker als sonst durchkomponiert worden.

Ausgangspunkt der Rede ist eine einem Apophthegma ähnliche kleine Szene, die auf Jesu Wort über den Tempel hinzielt, das definitiven Charakter hat, unterstrichen noch durch die betonte Verneinung mit οὐ μή, die im Relativsatz noch einmal wiederholt wird: „Kein Stein wird auf dem anderen gelassen werden, der nicht völlig herausgelöst wird" (οὐ μὴ ἀφεθῇ λίθος ἐπὶ λίθον ὃς οὐ μὴ καταλυθῇ).

Das *Tempelwort* ist hier in 13,2 ein konstatierender unpersönlich formulierter Satz im Unterschied zu 14,58, wo ein angebliches Wort Jesu in der Ich-Form als belastende Zeugenaussage gegen ihn angeführt wird: „*Ich* werde diesen mit Händen gemachten Tempel zerstören und binnen drei Tagen einen anderen nicht mit Händen gemachten bauen."[84] Dieser Textform steht nahe Joh 2,19: „Brecht diesen Tempel ab, und in drei Tagen baue *ich* ihn wieder auf", wo freilich nicht gesagt wird, daß Jesus den Tempel selber zerstören will. Johannes deutet in 2,21 diesen Satz auf den „Tempel seines Leibes" und terminiert in 2,22 das Verstehen dieses Wortes erst auf die Zeit nach der Auferstehung Jesu.[85] Bei Lk (ebenso Joh) fehlt das Tempelwort im Prozeß Jesu; es erscheint aber Apg 6,14 als Belastungszeugnis gegen Stephanus, daß dieser gesagt habe, Jesus werde den Tempel und das Gesetz Moses zerstören, hier nun ohne die zweite Hälfte des Wiederaufbaus nach drei Tagen. Lk 19,41–44 dagegen findet sich im Munde Jesu eine Ansage der Zerstörung Jerusalems, die Mk 13,2/Lk 21,6 aufnimmt und deutlich auf die Einschließung und Zerstörung Jerusalems durch die Römer zurückblickt (vgl. auch Lk 21,20.24 gegenüber Mk 13,14). Tut das nicht aber auch schon Mk 13,2? Man wird dagegen nicht einwenden können, daß der Tempel in Wirklichkeit ja durch Brand zerstört worden sei[86] (Josephus, ant. iud. [46] 6,250–270 in ausdrücklicher Parallelisierung mit der Zerstörung des ersten Tempels), denn dem Brand folgte eine Schleifung der Reste (bell. iud. 7,1–3); „dem Zustand, der sich Ende des Jahres 70 darbot, entspricht die Beschreibung in Mc 13,2 durchaus"[87]. Eine Vorhersage der Zerstörung des Tempels braucht freilich als solche kein vaticinium ex eventu zu sein (vgl. nur Jer 7,14), zumal dieses Ende sich schon lange vorher abzeichnete;[88] die weitere Rede – vor allem 13,14 – wird jedoch zeigen, daß für die Leser des Markusevangeliums die Zerstörung wohl doch schon Vergangenheit, wenn auch vielleicht unmittelbar zurückliegende, ist.

Angesichts der komplizierten Überlieferungsgeschichte des Tempelwortes ist es kaum möglich, eine ursprüngliche Form zu rekonstruieren.[89] Jedenfalls erscheint die Ich-Form von 14,58 besser verankert in der Jesusüberlieferung als die unpersönlich gehaltene Form von 13,2, wird aber dort gerade als *falsches* Zeugnis bezeichnet. Das bedeutet auf der literarischen Ebene zunächst einmal, daß der Leser in 14,58 überprüfen kann, *warum* dieses Zeugnis falsch ist – er kann ja in 13,2 nachlesen, was Jesus „wirklich" gesagt hat. Warum

[83] Die verbreitete These eines jüdischen apokalyptischen Flugblattes als Grundlage von Mk 13 (vgl. dazu G. Hölscher, Der Ursprung der Apokalypse Mrk 13, ThBl 12 (1933), 193–202, aufgenommen z. B. bei Bultmann, a.a.O. [Anm. 4], 129, modifiziert bei Pesch, a.a.O. [Anm. 82]) hängt m. E. aber an der Suche nach einem historischen Fixpunkt für die Gefahr der Aufstellung eines Kaiserbildes im Jerusalemer Tempel unter Caligula im Jahre 40 n. Chr., die aber für die Interpretation von 13,14 (s. dazu unten S. [49]) m. E. nicht nötig ist, auch wenn „Parolen" *christlicher* Gegner sich ebenso herausarbeiten lassen wie eine Reihe von Nachfolgelogien.

[84] Vgl. 15,29. Mt 26,61 ist eine durch δύναμαι leicht abgeschwächte, von Mk 14,58 abhängige Fassung, vgl. Mt 27,40.

[85] Vgl. noch die offenbar auf das Haus des Leibes interpretierende Fassung ThEv 71: „Ich werde dieses Haus zerstören, und niemand wird es aufbauen".

[86] So W. G. Kümmel, Verheißung und Erfüllung, AThANT 6, [8]1956, 93.

[87] N. Walter, Tempelzerstörung und synoptische Apokalypse, ZNW 57 (1966), 38–49, hier 42.

[88] Vgl. auch das Herrenwort in Q Lk 13,35/Mt 23,38, nach dem der Tempel veröden wird; vgl. dazu Josephus bell. iud. 6,299: der Auszug der Schekina aus dem Tempel.

[89] Vgl. etwa L. Gaston, No Stone an Another, SupplNT 23, 1970, 72; J. Dupont, Il n'en sera pas laissé pierre sur pierre (Marc 13,2; Luc 19,44), Bib 52 (1971), 301–320.

aber dann überhaupt dieses Dementi in 14,58, das ja wie eine Doppelung von 14,56 wirkt und wo auch nicht klar ist, inwiefern denn die Zeugen nicht übereinstimmten? Geht es hier vielleicht um eine innerchristliche Auseinandersetzung darüber, was Jesus gesagt hat, und also um die Frage, ob Jesus selber etwas mit der Zerstörung des Tempels zu tun hat?

Im typischen Wechsel aus der Öffentlichkeit in den kleinen Kreis der Jünger, hier der vier zuerst berufenen (vgl. 1,16–20),[90] geht es um die Interpretation dieses Jesuswortes, also doch wohl auf der redaktionellen Ebene um die authentische Interpretation für die Gemeinde des Mk. Anlaß der ausführlichen Rede ist eine Doppelfrage der Jünger 13,4: „Wann wird das sein?", „Und was ist das Zeichen, wenn dieses alles vollendet werden wird?". Ist zunächst die Zuordnung beider Fragen noch „in der Schwebe" gehalten, so ergibt sich die Trennung beider Fragen aus der Rede selber:[91] Der erste Teil (13,5–23) bezieht sich auf die Tempelzerstörung (13,14!), der zweite Teil auf die Vollendung der Welt, die erst *nach* den Ereignissen um die Tempel- [47] zerstörung eintreten wird (13,24–27). Ταῦτα συντελεῖσται πάντα (13,4) nimmt dabei Dan 12,7 LXX auf: συντελεσθήσεται πάντα ταῦτα.[92] Unterschieden wird in 13,4 also zwischen der Zeit der großen Trübsal und der Vollendung der Welt danach (13,24!). Beide Zeiten sind zwar aufeinander bezogen, aber – und da liegt die Betonung – eben nicht ein und dieselbe Zeit; die Gemeinde des Mk steht offenbar zwischen beiden Zeiten.

Der Abschnitt 13,5–23 erweist sich durch die inclusio 5b.6–21f als Sinneinheit.[93] Gegliedert ist diese durch das zweifache βλέπετε (5,9), das in 23 noch einmal aufgenommen wird. Die beiden sich dadurch ergebenden Unterabschnitte 5–8 und 9–22 sind jeweils durch ὅταν δέ (7,14) noch einmal untergliedert. Der dreifache Aufruf βλέπετε zeigt an, daß das Ziel schon dieses Teils der Rede nicht nur Voraussage kommender Ereignisse ist, sondern Mahnung zum richtigen Verhalten angesichts dieser Ereignisse. Die am Anfang wie am Ende stehende Warnung vor Verführern weist darauf hin, daß gerade dieses Verhalten strittig ist; was Mk leisten will, ist im Streit mit den von ihm so qualifizierten Verführern eine Interpretation der Ereignisse vom Wort Jesu her.

Jesus sagt also das Kommen von Verführern voraus, die in seinem Namen auftreten, indem sie sagen, sie seien Jesus selber (ἐγώ εἰμι). „In meinem Namen" erinnert an Propheten wie Pseudopropheten im Alten Testament (vgl. Jer 11,21; 14,14f; Sach 13,3ff u. ö.), die „im Namen des Herrn" kommen, wie Jesus selbst bei seinem Einzug in Jerusalem begrüßt worden ist (11,10). Unbestimmt bleibt zunächst ihre Verkündigung; daß sie sagen: ἐγώ εἰμι, zeigt nur, daß sie mit dem Anspruch auftreten, Jesu Wort zu sagen.[94] Was Jesus gesagt hat und wer Jesus ist, weshalb sie also Verführer sind, erfährt der Leser aber aus dem Evangelium, nicht von ihnen, und kommen wird Jesus nicht schon in der Zeit der „Trübsal", sondern erst danach. Im Namen Jesu aufzutreten ist nur legitimiert, wer

[90] Drei von ihnen werden 14,33 mit Jesus wieder am Ölberg in Gethsemane sein, wie sie schon mit ihm auf dem Berg der Verklärung waren (9,2).
[91] Vgl. Conzelmann, a.a.O. (Anm. 82), 64f.67.
[92] Vgl. Lambrecht, a.a.O. (Anm. 82), 87.
[93] Vgl. vor allem Pesch, a.a.O. (Anm. 82), 77–82.
[94] Gegen Pesch, ebd., 110f, der dies ἐγώ εἰμι als „Offenbarungsformel" versteht.

das Wort Jesu übernimmt; der Leser wird rückverwiesen auf Jesus, den Sohn Gottes als den exemplarisch leidenden Gerechten, auf den zu hören ist (9,7), und vorverwiesen auf Jesus als den kommenden Menschensohn. Seine Worte allein sind legitime Interpretation der Gegenwart, auch noch der Gegenwart der Gemeinde des Mk (13,23).[95] [48]

Beschrieben wird die Situation eines Krieges (13,7f), die Verfolgung der Gemeinde durch jüdische wie heidnische Instanzen (13,9–13), das alles sehr allgemein, ohne daß ein unverwechselbarer Bezug auf die Situation des Jüdischen Krieges 66–70 n. Chr. sich nahelegt. Steht die Gemeinde aber tatsächlich in dieser bestimmten Situation, was aus 13,14 zu schließen ist, dann kann sie natürlich diese ihre Situation in diesen Worten sehr genau beschrieben finden und den Trost für diese Situation ebenso hören wie die Mahnung zum Durchhalten. Die Gegenwart ist jedoch nicht nur Zeit der Trübsal und der Abwesenheit des Menschensohns, sondern ist Zeit der Nähe des Reiches Gottes im Evangelium (13,10), das verkündigt werden muß, Evangelium dabei auch hier Jesu Wort als Wort von Jesus.

Der erste große Abschnitt der Rede endet mit einer erneuten Warnung vor den Verführern (13,21f). Hier nun wird auch ihre Verkündigung genauer angegeben: „Siehe hier ist der Messias, siehe dort“ – das verheißene Kommen des Messias mit diesen Ereignissen in Verbindung zu bringen, ist nach Meinung des Mk falsche Lehre. Der Messias ist der Menschensohn Jesus (8,29.31; 14,61f), dessen Wort Mk im Evangelium überliefert; rückverwiesen wird der Leser erneut auf den Sprecher aller dieser Worte (13,23!) und *damit* auf die Christologie.

Der Bericht des Josephus über die Eroberung Jerusalems durch die Römer (bell. iud. 6,285–315) läßt nun noch erkennen, welche hochgespannten eschatologischen Erwartungen sich mit dem Kampf um Jerusalem und den Tempel auf seiten der Juden verbunden haben, wenn auch Josephus aus der Perspektive der Sieger schreibt. Konnte es dann nicht auch sein, wenn es in der Überlieferung von Jesus jenes Tempelwort in der Ich-Form gab, daß auch von christlicher Seite sich eschatologische Erwartungen mit diesen Ereignissen verbanden? War die Zerstörung des Tempels nicht vielleicht *sein* Werk?

Dagegen wendet sich dann Mk, wenn er das Ende der Welt mit dem Kommen des Menschensohns ausdrücklich von dieser Zeit der „Trübsal“ absetzt (13,24–27); erst ab hier ist für die Gemeinde des Mk wirklich von der Zukunft die Rede. Erst hier wird nun aber auch eine Stelle aus dem Buch Daniel ohne Korrektur übernommen: Der Menschensohn kommt in den Wolken, hier wie in 14,62 (vgl. 8,38) im Anschluß an Dan 7,13 formuliert. Vorher hingegen waren zwar bereits Schlüsseltexte aus diesem Buch verwendet worden, aber immer mit bedeutsamen Veränderungen:[96]

13,7 δεῖ γενέσθαι – Dan 2,28. Das, was „geschehen muß“, ist bei Daniel das, was am *Ende* geschehen wird; nach Mk aber ist dies gerade *nicht* das Ende. [49]

[95] Die Rede ist so sehr im ganzen Evangelium verankert, daß mir diese These von Pesch, a.a.O. (Anm. 82), 70–73, wiederholt in seinem Kommentar, a.a.O. (Anm. 11), 37, sie sei ein späterer Einschub des Evangelisten aus aktuellem Anlaß, nicht einleuchten kann. Unter dieser Voraussetzung müßte die Rede dann streng aus sich selber heraus interpretiert werden; vgl. auch unten Anm. 101.

[96] Auf die Rolle der Schlüsselstellen aus Daniel hat in anderer Weise Hartmann, a.a.O. (Anm. 82), hingewiesen.

13,14 τὸ βδέλυγμα τῆς ἐρημώσεως – Dan 9,27; 11,31; 12,11. Die Aufrichtung des „Greuels der Verwüstung", bei Daniel entsprechend 1Makk 1,54.59 ein zweiter auf den Brandopferaltar aufgesetzter Altar,[97] gehört für Daniel unter die Endereignisse; nach Mk ist die Verwüstung der Stadt und des Tempels durch das römische Heer gerade *nicht* Endgeschehen.

13,19 θλῖψις, οἵα οὐ γέγονεν τοιαύτη ἀπ' ἀρχῆς ... ἕως τοῦ νῦν – Dan 12,1. Die Zeit der „Trübsal" ist für Daniel die Endzeit selber, nach der es *keine Zeit* mehr gibt; für Mk dagegen gibt es eine Zeit danach: „und nicht mehr sein wird"[98]. Vom Buch Daniel her wäre es also möglich gewesen, die Zeit des Jüdischen Krieges als Endzeit zu qualifizieren; daß Jesus nach Mk gerade eine solche Wertung bestreitet, wird seinen Grund haben in der „im Namen Jesu" ergehenden Verkündigung der Verführer, die das Kommen des Menschensohns unter Berufung auf Jesus selber mit diesen Ereignissen in Verbindung bringen wollten.[99]

Es folgen schließlich Mahnungen zur richtigen Einstellung auf diese von Jesus vorausgesagte Zukunft, die in 13,37 ausdrücklich verallgemeinert werden: Sie gelten nicht nur den vier Jüngern damals, sondern „allen" und damit auch denen, die das alles miterlebt haben, und das brauchen nicht nur Leute in Judäa oder Galiläa gewesen zu sein, da dieser Krieg nicht bloß lokale Bedeutung hatte, sondern wie so mancher Krieg in dieser Region weite Wellen schlug.[100]

Grundmotiv der Rede ist die Unüberholbarkeit der Worte Jesu, unüberholbar durch die Geschichte der Gemeinde, die mit diesen seinen Worten lebt. Deutlicher als anderswo zeigt sich hier etwas von ihrer Situation, und deutlicher als anderswo zeigt sich hier auch die Auseinandersetzung mit anderen Deutungen der Gegenwart vom Wort Jesu her, konkret die Abwehr von – nach Meinung des Mk – Verführern und Pseudopropheten, deren Parolen hinter den Aussagen des Mk zu vermuten sind.[101] Gemeinsam ist Mk und [50] seinen Gegnern die Aktualisierung apokalyptischer Tradition, vor allem darin sichtbar, daß das Buch Daniel zum Deutehorizont für die Gegenwart wird.

Mk setzt dabei seine Christologie und seine Fassung des Evangeliums als Wort Jesu gegen eine an den Kriegsereignissen entzündete Naherwartung, ohne doch selbst die Naherwartung aufzugeben. Fraglich wird dann aber die geläufige Charakterisierung von

[97] Vgl. dazu E. Bickermann, Der Gott der Makkabäer, 1937, 80.

[98] Vgl. auch 4,17: θλῖψις ἢ διωγμὸς διὰ τὸν λόγον, ohne Bezug auf Daniel.

[99] Dies ist dann auch eine Gegenthese zu Marxsens, a.a.O. (Anm. 82), vertretener These, Mk selber deute das Geschehen apokalyptisch und erwarte in seinem Zusammenhang die unmittelbar bevorstehende Parusie. Auch in 14,58 und 14,62 stehen übrigens das Tempelwort und die Aussage über das Kommen des Menschensohns dicht beieinander, doch gerade so, daß *kein* Zusammenhang zwischen beiden hergestellt wird, im Gegenteil: das eine ist falsche Aussage, das andere „authentisches" Bekenntnis Jesu. Kontrastiert werden in 15,29–32 und 15,39 Verhöhnung und Bekenntnis.

[100] Die hier vertretene Interpretation hängt also m. E. nicht an einer bestimmten geographischen Lokalisierung des Evangeliums.

[101] Vgl. oben Anm. 95 gegen Pesch. Auffällig sind gerade die vielen Bezüge zwischen dieser Rede und den Kapiteln 1 bis 12 einerseits, der Passionsgeschichte andererseits. Es geht um Aktualisierung der Überlieferung, nicht um eine grundsätzlich neue Situation, die nicht im Wort Jesu vorgesehen gewesen wäre. Mit dieser Skizzierung der Situation des Markusevangeliums wende ich mich zugleich gegen die eingangs erwähnte Beschreibung der Frontstellung gegen eine *Theios-Aner*-Christologie.

Mk 13 und seinen Parallelen als „synoptische Apokalypse". Vom Ende reden nur 13,24–27 und die folgenden Mahnungen, während die Zeit vorher weitgehend entapokalyptisiert wird. Es wird auch kein vollständiger Geschichtsablauf bis zum Ende hin geboten, sondern eine bestimmte apokalyptische Deutung dieses Ablaufs gerade bestritten. Als formgeschichtliche Kategorie für Mk 13 bietet sich vom Inhalt und von der Stellung am Ende des Evangeliums her eher „Testament" an.[102]

Auch in dieser Rede ist Jesus der Sohn Gottes (vgl. 13,32), auf den zu hören ist (9,7), als der in die Passion gehende Menschensohn der, der am Ende kommen wird (13,26), und als solcher der echte „Gesalbte" gegenüber den Pseudomessiassen und Pseudopropheten (13,22). Sein Wort als Wort der Nähe des Reiches Gottes (1,14f) ist unüberholbar durch die Geschichte (13,23.31).

102 Vgl. die Abschiedsreden in Joh 13–17 aus Anlaß des letzten Mahls, die ebenso das Schicksal der Gemeinde nach dem Weggang Jesu zum Inhalt haben, oder die Rede Jesu in Lk 22,24–38.

MARKUS 14,55–64

CHRISTOLOGIE UND ZERSTÖRUNG DES TEMPELS IM MARKUSEVANGELIUM*

Die Interpretation von Mk 14,55–64 „Jesus vor dem Synhedrium" ist dadurch erschwert, daß sich historische, überlieferungsgeschichtliche, traditionsgeschichtliche und redaktionsgeschichtliche Probleme überlagern, vor allem aber immer historische Probleme ins Spiel kommen, die die Diskussion zwischen Juden und Christen bis heute belasten.[1] Es scheint unvermeidlich, daß die exegetische Argumentation von einer Fragestellung zur anderen springt. Ich nehme mir deshalb vor, den Text zunächst strikt und einseitig nur im Zusammenhang des Markusevangeliums zu interpretieren, und stelle mich an den Ort eines Lesers, der das Evangelium von seinem ersten Vers an aufmerksam gelesen hat, also dem Text nicht als isolierter Perikope begegnet; ich stelle mich damit an den Ort eines Lesers, der als christlicher Leser nicht neutral ist, sondern positiv eingestellt gegenüber dem, was ihm hier von Jesus erzählt wird, und der beim Lesen Partei ergreift für diesen Jesus gegen dessen Gegner;[2] und ich nehme an, daß ein solcher Leser aus einer gewissen Kenntnis des Alten Testaments heraus Sprachwendungen vielleicht nicht direkt als Anspielungen auf alttestamentliche Texte identifizieren kann, wohl aber durch solche Sprache eine bestimmte Stimmung im Text vermittelt bekommt. Ein solches Lesen ist zunächst unabhängig von literarkritischen und historischen Fragen; gleich wie man diese beurteilt, bleibt doch beim Leser der Eindruck *dieses* Textes, der so und nicht anders *formuliert,* wovon er erzählt, auf welchen Vorlagen er auch basieren mag.

Die Redaktionsgeschichte, der ich damit folge, arbeitet üblicherweise diachronisch, indem sie in Kooperation mit der Literarkritik nach dem Verhältnis von Tradition und Redaktion fragt. Sie steht dabei unter Voraussetzung der Zwei-Quellen-Theorie bei Mt und Lk auf relativ verläßlichem Boden. Erheblich schwieriger ist redaktionsgeschichtliche Arbeit am Markusevangelium, und so ist es nicht verwunderlich, zu wie unterschiedlichen Ergebnissen die mannigfachen Versuche kommen, unseren Text redaktionsgeschichtlich zu interpretieren. Weiterhin geht die Redaktionsgeschichte üblicherweise vom *Autor* des Textes aus und dem Verhältnis zwischen der [458] ihm vorliegenden Überlieferung und dem von ihm geschriebenen Text. Was wir vor uns haben, ist aber der *Text,* nicht seine Vorgeschichte, auch wenn dieser Text selber durch mancherlei Indizien auf

* Referat beim 35. General Meeting der SNTS in Toronto am 27. August 1980.

[1] Vgl. dazu D. Catchpole, The Trial of Jesus, StPB 18, Leiden 1971.

[2] Das meint nicht, daß ein „Einverständnis mit dem Text" die Voraussetzung zum Verstehen ist, sondern folgert aus der Beobachtung, daß der Evangelist für christliche Leser geschrieben hat, ob sie nun mit seiner Darstellung im einzelnen einverstanden waren oder nicht. Das Markusevangelium ist weder ein neutraler Bericht über vergangene Ereignisse noch eine Missionsschrift, die erstmals für diesen Jesus werben soll.

eine Vorgeschichte hinweisen kann, so auch an dieser Stelle.[3] Wir sind *Leser* des *Textes* und können nicht dem Autor über die Schulter guckend Vorlage und Text miteinander vergleichen.

Als Leser werden wir im Markusevangelium einmal direkt angeredet: „Wer dies liest, der merke auf!" (13,14), auch wenn Mk dabei natürlich an andere Leser dachte als an uns heute. Indirekt ist die Relation Autor/Leser aber auch überall dort zu erkennen, wo der Autor meint, Informationen geben zu müssen (z. B. 7,3f oder 2,18a), die er bei seinen Lesern nicht unmittelbar voraussetzen kann, und dort, wo er den Leser an Bekanntes erinnert (z. B. 3,19: ὃς καὶ παρέδωκεν αὐτόν, bei der Einführung des Judas Iskarioth). Fraglich ist mir hingegen, ob man wie N. Perrin ὄψεσθε in 14,62 (vgl. εἰδῆτε in 2,10) als „an aside by the Evangelist to his readers" interpretieren kann;[4] sicherlich wird der Leser sich hier mitangesprochen fühlen, gemeint sind aber auf der Erzählebene zunächst Jesu Richter.

1. Mk 14,55–64 im Kontext des Markusevangeliums

Liest man so das Markusevangelium als fortlaufenden Text, dann fallen die Vor- und Rückverweise auf unseren Abschnitt auf. Wer bis 14,53 vorgedrungen ist, ist auf alles vorbereitet, was nun folgen wird, auch wenn man als Leser vielleicht wünschen mag, es hätte doch anders kommen mögen. Jesus ist verhaftet worden unter Mithilfe des Judas Iskarioth, eines der Zwölf (14,10; 21,42–6); schon 3,19 hatte den Leser daran erinnert. Bereits in Galiläa hatten seine Gegner, Pharisäer und Herodianer, beschlossen, ihn zu vernichten (3,6), und diese „Pharisäer und Herodianer" tauchen dann auch in Jerusalem bedrohlich wieder auf (12,13). In Jerusalem verdichtet sich die Gefahr: 11,18 sind Hohepriester und Schriftgelehrte, 11,27 und 12,12 Hohepriester, Schriftgelehrte und Älteste nun seine Gegner, die ihn töten wollen (14,1.10f.43).[5]

Aber auch das weiß der Leser: Jesus selbst geht nicht ahnungslos nach Jerusalem. Dreimal hat er angekündigt, daß er sterben werde, zuletzt 10,33f am präzisesten: „Siehe, wir gehen hinauf nach Jerusalem, und der Menschensohn wird den Hohepriestern und Schriftgelehrten ausgeliefert werden, und sie werden ihn zum Tode verurteilen." Das geschieht in 14,64b. Daß Jesus nicht ahnungslos ist, zeigen zuletzt die Geschichte von der

[3] Vgl. E. Güttgemanns, Offene Fragen zur Formgeschichte des Evangeliums, BEvTh 54, München 1971, 228f: „So interessant historisch die Rekonstruktion hypothetischer Vorstadien auch sein mag, vordringlicher zum Verständnis der Evangelien-Form ist die funktionale Strukturanalyse der vorfindlichen ‚literarischen Gestalt'." (unter Hinweis auf J. Schreiber, Die Markuspassion, Hamburg 1969, vgl. hier bes. 53–58). Wenn Güttgemanns daraus aber den Schluß zieht: „Wir sollten uns darum mit der innermarkinischen Strukturanalyse (also der ‚literarischen' Ebene) begnügen," kann ich dem nicht folgen. Die literarkritische Frage nach der Vorgeschichte eines Textes folgt ja schon aus der schlichten Frage: „Woher weiß der Erzähler eigentlich das, was er da erzählt?", da weder Mk noch die anderen Evangelisten (abgesehen von Joh 21,24) sich als Augenzeugen des von ihnen Berichteten ausgeben.

[4] The High Priest's Question and Jesus' Answer (Mark 14:61–62), in: W. H. Kelber (Hrsg.), The Passion in Mark, Philadelphia 1976, 80–95, hier 92.

[5] Schon in Galiläa waren „Schriftgelehrte aus Jerusalem" aufgetaucht (3,22; 7,1). Die Hauptgegner dort, die Pharisäer, begegnen in Jerusalem nur noch in 12,13.

Salbung 14,3–9, die Aussage über den Menschen, der ihn ausliefern werde (14,21),[6] der Schluß der Abendmahlsworte (14,25) und vor allem die Gethsemane-Perikope 14,32–42. Fürchten muß der Leser aber auch, daß Petrus tatsächlich in dieser Nacht Jesus dreimal verleugnen wird, wie Jesus es vorausgesagt hatte, auch wenn Petrus das noch so sehr von [459] sich gewiesen hatte (14,30f). So läßt 14,54 ebenfalls nichts Gutes ahnen.

Unsere Perikope ist also vom Evangelisten überaus sorgfältig vorbereitet worden. Es geschieht hier nichts Überraschendes, worauf der Leser nicht gefaßt sein muß. Jesus bleibt aber auch hier wie das ganze Evangelium hindurch die bestimmende Zentralfigur und ist als der Leidende der eigentlich Handelnde. Namenlos bleibt hingegen der Hohepriester;[7] ebenso erscheinen als Typen und nicht als individuelle Personen die Mitglieder des Synhedriums und die vielen falschen Belastungszeugen. Ohne Näherbestimmung bleibt schließlich auch das „Haus des Hohenpriesters", in dessen Hof die neben Jesus einzige Person mit Namen und individuellen Zügen, Petrus, zurückbleibt.[8]

Die Konstellation ist deutlich genug: hier Jesus als Angeklagter, dort seine Gegner als Richter, die ihn auf jeden Fall ums Leben bringen wollen, im Hintergrund Petrus, der notfalls mit Jesus sterben wollte (14,31), dem aber, wie zu befürchten ist, die Nachfolge in den Tod nicht gelingen wird. Der Prozeß, den man Jesus nun macht, ist von Anfang an als unfair beschrieben,[9] denn das Urteil steht bereits fest, bevor man überhaupt begonnen hat: Tod (14,55). Verletzt werden die elementarsten Anforderungen gleich welcher Rechtsordnung: Die Richter sind voreingenommen, es fehlt jegliches stichhaltiges Beweismaterial. Solches findet sich nicht; die Zeugen lügen, was nicht nur im Dekalog verboten ist,[10] und diese Lügen stimmen nicht einmal überein (14,56).

Das gilt auch für die Zeugen, die angeblich Jesus wörtlich zitieren (14,57–9): „Wir haben ihn sagen hören: ‚Ich werde diesen mit Händen gemachten Tempel zerstören und binnen drei Tagen einen anderen nicht mit Händen gemachten aufbauen'." Daß diese Zeugenaussage falsch ist, weiß der Leser, denn Jesus hat sich zwar wiederholt im Tempel und auch über den Tempel geäußert, nie aber hat er das gesagt, was hier zitiert wird. Mk

[6] Judas wird bei Mk an dieser Stelle nicht eigens identifiziert wie in Mt 26,25 und Joh 13,26.

[7] Mt 26,57 und Joh 11,49; 18,13f: Kaiphas. Bei Mk ist es „der Hohepriester" schlechthin. Ein literarkritischer Schluß auf das Alter der hier vorliegenden Tradition verkennt diese Typisierung; gegen R. Pesch, Das Markusevangelium, HThK 2.2, Freiburg 1977, 21: „Die vorm(ar)k(inische) Passionsgeschichte spricht vom amtierenden Hohenpriester (…) ohne Namensnennung. Dieser Sachverhalt, welcher der Voraussetzung lokaler Kenntnisse bei den Hörern der Passionsgeschichte entspricht, legt den Schluß (nahezu zwingend) nahe, daß Kajafas als Hoherpriester noch amtierte, als die vormk Passionsgeschichte zunächst gebildet und erzählt wurde." Das von Pesch zur Erläuterung gegebene Beispiel sticht nicht; ich kann auch erzählen, daß ich „beim Bundespräsidenten" war, ohne daß es darauf ankommt, wer das Amt zu der Zeit gerade innehatte.

[8] Vgl. dazu auch E. Auerbach, Mimesis, Bern ²1959, 43–52.

[9] Vgl. D. E. Nineham, Saint Mark, PNTC, London 1963, 398: „a complete perversion of justice"; M. de Jonge, The Use of χριστός in the Passion Narratives, in: J. Dupont (Hrsg.), Jésus aux origines de la christologie, BEThL 40, Leuven 1975, 169–192, hier 174: „For Mark Jesus is subjected to a completely unfair trial."

[10] Ex 20,16; Dtn 5,20 LXX: οὐ ψευδομαρτυρήσεις κατὰ τοῦ πλησίον σου μαρτυρίαν ψευδῆ, Mk 10,19: μὴ ψευδομαρτυρήσῃς.

ist überaus sorgfältig, wenn er Jesus-Zitate wiederaufnimmt.[11] Am nächsten kommen 14,58 noch 13,2 und 11,17. Dort jedoch droht Jesus weder an, daß *er* (betontes ἐγώ in 14,58) den Tempel zerstören werde, noch findet sich in Verbindung damit oder anderswo der Gegensatz von „mit Händen gemacht" und „nicht mit Händen gemacht".[12] Von einer Dreitagesfrist freilich hatte Jesus gesprochen, jedoch in ganz anderem Zusammenhang: „nach drei Tagen" werde der Menschensohn auferstehen (8,31; 9,31; 10,34).[13] Also: Rundum alles Lüge, und nicht einmal die Lügen decken sich. Der Prozeß müßte eigentlich niedergeschlagen werden.

Nun tritt der Hohepriester auf und will Jesus selber dazu hören (14,60). Der schweigt; wozu auch sollte er etwas sagen, zu evident sind ja die Fakten (14,61a). Der Hohepriester wechselt darauf das Thema[14] und stellt eine zweite Frage, die – wie der Leser weiß – Jesus nur mit „ja" beantworten kann: „Bist du der Gesalbte, der Sohn des Gelobten?" Daß Jesus ὁ χριστός [460] ist, ist in 1,1 selbstverständliche Voraussetzung des Evangeliums wie in 9,41 die, die ihm nachfolgen, als zu Christus Gehörende bezeichnet werden: ὅτι χριστοῦ ἐστε. Vor allem aber kommt das Bekenntnis des Petrus von 8,29 in Erinnerung: „Du bist der Gesalbte",[15] jenes Petrus, der nun draußen im Hof sich wärmt. Daß Jesus „Sohn des Gelobten", Gottes nämlich, ist, weiß der Leser ebenfalls, weil nicht nur Dämonen dies erkannt haben (3,11; 5,7), sondern eine Himmelsstimme dies nach der Taufe (1,11) und noch einmal auf dem Berg der Verklärung versichert hat (9,7).[16]

Jesus bejaht denn auch die Frage des Hohenpriesters mit ἐγώ εἰμι[17] und fügt den dritten christologischen Titel hinzu, den der Leser erwartet, den des Menschensohns (14,62). Die Formulierung nimmt einmal wie 12,36 Ps 110,1 auf, zum andern wie 8,38 und 13,26 Dan 7,13.[18] Vom Leiden, Sterben und Auferstehen des Menschensohns braucht an dieser Stelle nicht gesprochen zu werden, weil Jesus ja jetzt der Leidende ist, der sterben und auferstehen wird.

[11] Es gibt eine ganze Reihe von Stellen, an denen aufgenommen wird, was Jesus gesagt hat: vgl. 16,7 mit 14,28; 14,72 mit 14,30; 12,32f mit 12,29f; 9,10 mit 9,9; 7,18.20 mit 7,15; vgl. auch 14,16; 11,21; 8,19. Offenbar bewußt ungenau sind hingegen 15,29 im Verhältnis zu 14,58 und 15,35f im Verhältnis zu 15,34.

[12] Sekundär fügen D, W, it in 13,2 hinzu: καὶ διὰ τριῶν ἡμερῶν ἄλλος ἀναστήσεται ἄνευ χειρῶν.

[13] Freilich differiert die Formulierung: μετὰ τρεῖς ἡμέρας in 8,31; 9,31; 10,34 gegenüber 14,58 διὰ τριῶν ἡμερῶν.

[14] Es handelt sich um einen Themen*wechsel*, denn weder ergibt sich die Frage des Hohepriesters aus einem dem – als unrichtig entlarvten! – Tempelwort impliziten „messianischen Anspruch", so z. B. Pesch, a.a.O. (Anm. 7), 436, noch gar aus einem vorgegebenen „messianischen Szenarium", so F. Drexinger, Ein „messianisches Szenarium" als Gemeingut des Judentums in nachherodianischer Zeit?, Kairos 17 (1975), 249–78. Vgl. dazu Teil II dieses Aufsatzes.

[15] א, L, W, die Ferrar-Gruppe sowie lateinische, syrische und sahidische Handschriften gleichen das Petrus-Bekenntnis wie Mt 16,16 durch Hinzufügung von „Sohn Gottes" o. ä. an Mk 14,61 an.

[16] Vgl. für das Nebeneinander von „Gesalbter" und „Sohn Gottes" Mk 1,1, sofern υἱοῦ (τοῦ) θεοῦ dort ursprünglich ist.

[17] Das ἐγώ εἰμι meint hier die Zustimmung zur Frage des Hohepriesters (vgl. V. Howard, Das Ego Jesu in den synoptischen Evangelien, MThSt 14, Marburg 1975, 146) und ist nicht Offenbarungsformel wie im Johannesevangelium (so G. Bertram, Die Leidensgeschichte Jesu und der Christuskult, FRLANT 32, Göttingen 1922, 58; Perrin, a.a.O. (Anm. 4), 82f).

[18] Die Verbindung von Ps 110,1 und Dan 7,13 geht m. E. auf die Redaktion zurück und nicht auf christologische Tradition; gegen N. Perrin, Mark xiv. 62: The End Product of a Christian Pesher Tradition?, NTS 12 (1965/66), 150–155, hier 151.

Die Reaktion des Hohepriesters auf dieses „Geständnis“ Jesu ist eine große Geste:[19] Er zerreißt seine Kleider und überspielt die Peinlichkeit, daß sich keine Belastungszeugen finden lassen, mit der Behauptung, man benötige solche ja gar nicht mehr, weil Jesu Antwort für ein Todesurteil ausreiche, denn dabei handele es sich um „Lästerung“. Ob βλασφημία nun allgemein „Lästerung“ heißt wie in 7,22 oder speziell „Gotteslästerung“ („Blasphemie“)[20] – der Leser kann einen solchen Vorwurf keineswegs akzeptieren, hier nicht und schon 2,7 nicht (vgl. 3,28f!), wo dies bereits einmal von Gegnern behauptet worden war. Und geht es bei βλασφημία um mißbräuchliche Benutzung des Gottesnamens (Sanh. VII 5), dann hat wie der Hohepriester auch Jesus den nicht in den Mund genommen: Der Hohepriester benutzte zur Umschreibung „der Gelobte“, Jesus „die Kraft“.[21] Aus Jesu Antwort βλασφημία herauszulesen und ihm daraus einen Strick zu drehen, zeigt dem Leser nur noch einmal, wie unfair dieser Prozeß ist;[22] das Todesurteil, das ja von vornherein feststand, wird nun ohne Schuldnachweis gesprochen, und Jesus wird geschlagen und verspottet, auch das weiter auf dieser Linie.

Unterlegt sind dieser Erzählung wie der Passionsgeschichte als ganzer Anklänge an alttestamentliche Texte, die Jesu Schicksal als das typische Schicksal des leidenden Gerechten charakterisieren:[23] Falsche Zeugen treten gegen ihn auf (vgl. Ps 27,12; 35,11; 109,2ff), er aber schweigt zu ihren Anschuldigungen (Ps 38,14–8; 39,10); seine Feinde trachten ihm nach dem Leben (Ps 54,5; 38,13; 63,10; 70,3; 86,14), sie verfahren mit ihm wie sie es immer mit dem tun, der Gottes Sohn ist: „Mit Gewalttätigkeit und Mißhandlung wollen wir ihn prüfen, damit wir seine Demut erkennen und seine Langmut kennenlernen. Zu schändlichem Tode wollen wir ihn verurteilen, nach seinen Worten wird er ja Schutz finden“ (Weish 2,19f).[24] [461]

Was folgt, ist schnell erzählt. Petrus kann, wie zu befürchten war, das Bekenntnis nicht leisten (14,66–72).[25] Jesus wird, wie er selbst vorausgesagt hatte (vgl. 10,34), dem Heiden Pilatus überstellt (15,1). Der fragt ihn, ob er „König der Juden“ sei. Jesus antwortet ihm

19 Alttestamentliche Vorbilder: 2Sam 1,11f; 2Kön 18,37–19,1; zum Zerreißen der Kleider bei Gotteslästerung vgl. das Material bei Billerbeck I, 1007f.

20 Das griechische Wort findet sich in LXX nicht in Ex 22,27; Lev 24,11.15f und Num 15,30f, den Gesetzesbestimmungen über Gotteslästerung, wohl aber steht βλασφημεῖν in 4Reg 19,6.22 LXX für גדף. Die Bedeutung Gotteslästerung ergibt sich bei den griechischen Wörtern zumeist erst durch einen entsprechenden Genitiv oder Akkusativ, vgl. aber 2Makk 9,28 ἀνδροφόνος καὶ βλάσφημος = „Menschenmörder und Gotteslästerer“. Vgl. Philo, spec. leg. I 53; vita Mos II 193–208; Josephus, c. Ap. II 237, ant. IV 207.

21 Vgl. de Jonge, a.a.O. (Anm. 9), 175. Die Gottesbezeichnung δύναμις ist also nicht „altertümlich“, sondern literarisch stilisiert; gegen J. Gnilka, Das Evangelium nach Markus II, EKK 2.2, Zürich/Neukirchen 1979, 281.

22 Das verkennt Gnilka (a.a.O., 276) völlig: „Die Szene ist für den Berichterstatter [und das ist doch wohl der Evangelist! D. L.] ausreichend dafür, daß ein Todesurteil gefällt wird.“ Vgl. dagegen H. Conzelmann, Historie und Theologie in den synoptischen Passionsberichten, in: ders., Theologie als Schriftauslegung, BEvTh 65, München 1974, 74–90, hier 84.

23 Vgl. dazu vor allem J. Gnilka, Die Verhandlung vor dem Synhedrium und vor Pilatus nach Markus 14,53–15,5, EKK-Vorarbeiten II, Zürich/Neukirchen 1970, 5–21, hier 11f.

24 Für den Zusammenhang mit Weish 2 vgl. C. Maurer, Knecht Gottes und Sohn Gottes im Passionsbericht des Markusevangeliums, ZThK 50 (1953), 1–39, bes. 25; L. Ruppert, Jesus als der leidende Gerechte?, SBS 59, Stuttgart 1972, 53–56.

25 Der Leser hat 8,38 im Gedächtnis!

darauf mit σὺ λέγεις nicht ganz so eindeutig wie in 14,62 dem Hohepriester. So oder so aber wäre das offenbar für Pilatus kein ausreichender Grund, ihn zu verurteilen. Nun beschuldigen ihn die Hohepriester „vieler Dinge", wie es pauschal heißt,[26] Jesus aber schweigt erneut zu diesen Anschuldigungen. Mk behauptet, Pilatus habe durchschaut, daß die Hohepriester Jesus lediglich aus Neid (διὰ φθόνον) übergeben hätten (15,10). Das wirft noch einmal ein grelles Licht auf die vorausgegangene Synhedriumsverhandlung: die Beschuldigung βλασφημία, die das Todesurteil begründen sollte, lediglich φθόνος, wohl der schwerste Vorwurf, den man gegen ein Gericht erheben kann![27]

Pilatus will Jesus freigeben (15,9), wie er – so des Autors Information vorweg in 15,6 – jeweils zum Fest einen Gefangenen freizugeben pflegte. Das Volk aber, das aus diesem Anlaß zu Pilatus gekommen war, wird von den Hohepriestern aufgewiegelt, seinen Vorschlag nicht zu akzeptieren, sondern Barabbas freizubitten (15,11),[28] einen vom Autor in 15,7 als Mörder ausreichend charakterisierten Terroristen. Pilatus legt ein weiteres Mal Jesu Schicksal in die Hände des Volkes (15,12f), sie aber fordern die Kreuzigung und antworten auf Pilatus' Frage nach Jesu Schuld nur mit Gebrüll: „Kreuzige ihn!" Pilatus ist ihnen zuwillen, entläßt Barabbas und gibt Jesus frei zu Geißelung und Kreuzigung (15,14f).

Die römischen Soldaten treiben ihren Scherz mit ihm wie vorher das Synhedrium (15,16–20) – das Synhedrium hat sich also nicht anders verhalten als rohe römische Soldateska! Am Kreuz noch verspotten ihn die Vorbeikommenden und auch die Hohepriester und Schriftgelehrten unter Rückgriff auf die Synhedriumsverhandlung, Tempelwort und Christusbekenntnis erscheinen hier wieder (15,29f.32); was *sie* tun, ist nun wirklich βλασφημεῖν (15,29). So stirbt Jesus allein als der Gerechte, Ps 22 auf den Lippen, der Tempelvorhang zerreißt, und der römische Hauptmann, ein Heide, ist derjenige, der erfaßt, was in Wirklichkeit hier vor sich geht: „In der Tat, dieser Mensch war Gottes Sohn". Am dritten Tage danach hören die Frauen in Jesu Grab die Botschaft: „Er ist auferweckt worden" (16,6), wie Jesus selbst vorausgesagt hatte.

Nach vorne und nach hinten besitzt die Szene „Jesus vor dem Synhedrium" also eine Schlüsselfunktion für die Passionsgeschichte und für das ganze Evangelium. Es zeigt sich, wie sorgfältig der Erzähler sie vorbereitet hat; die Szene bringt nichts Neues, was der Leser nicht erwarten bzw. befürchten mußte, und zugleich bekräftigt sie durch Jesu eigene Aussage, was der Leser schon lange weiß, daß Jesus nämlich „der Gesalbte", „der

[26] Bei Lk sind die Beschuldigungen, die vor Pilatus gegen Jesus vorgebracht werden, Lügen, vergleicht man Lk 23,2 mit 20,20–6 und 22,67.

[27] Vgl. zu φθόνος E. Milobenski, Der Neid in der griechischen Philosophie, KPS 29, Wiesbaden 1964. Mk 15,10 steht als Urteil des Evangelisten gegen Pesch, a.a.O. (Anm. 7), 417: „Besondere Beachtung verdient, daß unser Bericht das Verfahren des jüdischen Prozesses, der auf der Zeugeneinvernahme basiert, zutreffend beschreibt und daß die christlichen Tradenten die Prozeßführung des Hohenpriesters nicht als rechtswidrig kritisieren!" (Hervorhebung von mir). Gnilka, a.a.O. (Anm. 21), 302, fragt, weshalb sie mißgünstig waren; es kommt aber nur auf das konstatierende als Vorwurf gemeinte Urteil des Erzählers an, daß sie es waren.

[28] Das Volk kommt also keineswegs mit dem Ziel, Barabbas freizubitten, wie Pesch (a.a.O., 420f) interpretiert: Überlegungen über Schuld oder Unschuld des Barabbas sind angesichts des eindeutigen Textes von 15,7 – wieder das Urteil des Erzählers – nicht angebracht.

Sohn Gottes" und im Leiden „der Menschensohn" ist, der sterben und auferstehen wird und am Ende zum Gericht kommen. Daß diese Szene so völlig im [462] Kontext verankert ist, deutet darauf, daß der Autor ihr besonderes Gewicht beigemessen hat. Am deutlichsten erkennbar ist dabei seine Darstellung der Verhandlung als unfairer Prozeß und des Todesurteils als juristisch unhaltbar, beides in 15,10.14 noch einmal rückblickend unterstrichen. Deutlich ist auch der Kontrast zwischen Jesus, der das Bekenntnis ablegt, und Petrus, der diesen Jesus verleugnet. Der Leser muß sich aber fragen, warum hier in 14,58 ein angebliches Wort Jesu zitiert und ausdrücklich als falsch bezeichnet wird, und dem Leser muß auffallen, wie konzentriert in 14,61f das christologische Bekenntnis in den drei Titeln „Gesalbter", „Sohn Gottes" und „Menschensohn" noch einmal zusammengefaßt ist, wo doch Jesus seinen Jüngern verboten hatte, davon zu sprechen, bevor er auferstanden sei (9,9). Unabhängig von literarkritischen Fragen ergibt sich daraus die Frage nach dem Zusammenhang zwischen beiden Themen.

II. Christologie und Tempelwort

Es geht in 14,61f – wie gesagt – um die Bekräftigung dessen, daß Jesus gerade als in den Tod Gehender Gesalbter, Sohn Gottes und Menschensohn ist, daß dieses Leiden und dieser Tod zu seiner christologischen Würde gehören. Die Christologie des Markusevangeliums ergibt sich erst aus einer Kombination dieser drei Titel, die auch in 8,29. 31.38; 9,7 zusammengestellt sind.[29] Sie haben zwar je für sich ihre eigene Vorgeschichte, im Markusevangelium aber interpretieren sie sich gegenseitig und deuten insgesamt Jesu Schicksal als das des leidenden Gerechten, der von Gott ins Recht gesetzt wird.[30]

Es fällt auf, wie selten, nur siebenmal, Mk den Titel „der Gesalbte" verwendet, wenn auch in 1,1; 8,29; 14,61 und 12,35 an überaus wichtigen Stellen.[31] Neben 9,41 bleiben nur noch 13,21 (falsche Parole!), im selben Kontext die Erwähnung von ψευδόχριστοι (13,22) und schließlich die höhnische Anrede des Gekreuzigten in 15,32. Deutlich ist dabei, daß Mk (ὁ) χριστός noch wirklich als Titel versteht, ihn in 12,35 aber absetzt gegen den jüdischen Messias als Sohn Davids und in 13,21f gegen ψευδόχριστοι. Es fehlt bei Mk die für weite Kreise des frühen Christentums, vor allem die paulinische Tradition, bestimmende Zuordnung dieses Titels zu Tod und Auferweckung Jesu, bei Mk zum Titel „Menschensohn" gehörend.

[29] Vgl. de Jonge, a.a.O. (Anm. 9), 179f.

[30] Es zeichnet sich ein relativer Konsensus in der Literatur zum Markusevangelium ab, die Christologie des Mk vom Thema des leidenden Gerechten her zu interpretieren; vgl. zuletzt H. J. Steichele, Der leidende Sohn Gottes, BU 14, Regensburg 1980. Zu nennen sind vor allem die Arbeiten von L. Ruppert, Der leidende Gerechte, fzb 5, Würzburg 1972; Der leidende Gerechte und seine Feinde, fzb 6, Würzburg 1973, und das in Anm. 24 genannte Buch. Vgl. auch K. Baltzer, Die Biographie der Propheten, Neukirchen 1975. In meinem Aufsatz „Biographie des Gerechten als Evangelium", WuD 14 (1977), 25–50, habe ich im übrigen die hier vertretene These bereits angedeutet.

[31] Ich wähle für χριστός die deutsche Übersetzung „Gesalbter" und nicht einfach „Christus", da Mk das griechische Wort verwendet und nicht eine Umschrift des hebräischen Wortes משיח (vgl. Joh 1,41; 4,25).

„Sohn des Gelobten“ steht für „Sohn Gottes“, wobei ein Ersatz des Gottesnamens durch „der Gelobte“ ungewöhnlich ist.[32] Der Titel „Sohn Gottes“ findet sich bei Mk nicht im Munde Jesu, sondern nur als Anrede durch Dämonen und vor allem durch die Himmelsstimme, schließlich 15,39 im Bekenntnis des römischen Hauptmanns. Die *jüdische* Vorgeschichte dieses Titels liegt nicht in der Messiaserwartung, da die von 2Sam 7,14 und Ps 2,7 her an sich naheliegende Bezeichnung des davidischen Messias als „Sohn Gottes“ nirgends zu belegen ist.[33] Vielmehr ist die Traditionslinie über [463] Weish 2,12–20 zu den Gottesknecht-Liedern bei Deuterojesaja zu suchen: „Sohn Gottes“ ist der von Gott anerkannte Gerechte; an dem Verhalten ihm gegenüber entscheidet sich das Urteil im Gericht (Weish 5).

Die Richterfunktion ist bei Mk freilich mit dem Titel „Menschensohn“ verbunden, und zwar mit deutlichen Anklängen an Dan 7,13f (vgl. Mk 8,38; 13,26; 14,62). Diesen Titel verwendet hier nur Jesus selber in einer merkwürdig distanziert klingenden Weise, als ob er von einem anderen redete. Daß aber niemand anders als er selbst dieser Menschensohn ist, zeigen gleich zu Beginn des Evangeliums 2,10 und 28, wo die Vollmacht (ἐξουσία Dan 7,14) des Menschensohns von Jesus beansprucht wird. Es fehlen bei Mk die in Q typischen Züge der Niedrigkeit des Menschensohns; dafür steht bei ihm im Vordergrund, was in Q ganz fehlt: die Verbindung dieses Titels mit den Aussagen über Leiden, Tod und Auferstehung, und das macht deutlich die Mehrzahl der Stellen aus (8,31; 9,9.12.31; 10,33.45; 14,21.41). Wie immer es mit der Vorgeschichte dieses Titels stehen mag, für Mk zeigt er in Verbindung mit den beiden anderen Titeln, wer Jesus wirklich ist: als ins Leiden Gehender Gesalbter und Sohn Gottes und am Ende der Tage zum Gericht kommender Menschensohn. 14,61f erweist sich damit als Zusammenfassung der Christologie des ganzen Evangeliums; ausgeschlossen ist es deshalb, einem der Titel eine isolierte Schlüsselfunktion für die markinische Christologie zu geben, gar noch auf dem Weg über die Vorgeschichte eines solchen Titels.[34] Im Kontext des Evangeliums formu-

[32] Absolutes ὁ εὐλογητός bzw. הברוך zur Umschreibung des Gottesnamens findet sich offenbar in jüdischen Texten nicht; vgl. Pesch, a.a.O. (Anm. 7), 437, gegen Gnilka, a.a.O. (Anm. 21), 281. Es ist wie δύναμις in 14,62 (s. o. Anm. 21) literarische Stilisierung. – J. A. Fitzmyer wies mich hin auf den Ortsnamen *Kaphar ha-Baruk* (5 km westl. von Hebron; vgl. F.-M. Abel, Géographie de la Palestine, EtB [Paris ³1967], 288), der möglicherweise in Mur 43,2 (P. Benoit, J. T. Milik, R. de Vaux, Les Grottes de Murabb'ât, DJD 2, Oxford 1961, 159f) in der Form הברך erscheint. Möglich scheint mir aber angesichts der bei Epiphanius überlieferten Namensform Καπαρ Βαριχα auch ein Zusammenhang mit ברכה = „Teich“.

[33] Auch nicht in 4Q 243; vgl. dazu J. A. Fitzmyer, The Contribution of Qumran Aramaic to the Study of the New Testament, NTS 20 (1973/74), 382–407, hier 393; The Aramaic Language and the Study of the New Testament, JBL 99 (1980), 5–21, hier 15: „Finally, there is no indication that the person to whom the titles 'Son of God' or, 'Son of the Most High' are given in this text is a messianic figure; we are still looking for extra-NT instances in which such titles have been applied to an anointed agent of Yahweh.“

[34] So gibt P. Vielhauer, Erwägungen zur Christologie des Markusevangeliums, in: ders., Aufsätze zum Neuen Testament, ThB 31, München, 1965, 199–214, diese Schlüsselfunktion allein dem Titel „Sohn Gottes“, und zwar mit Hilfe der Traditionsgeschichte dieses Titels. J. R. Donahue, Temple, Trial and Royal Christology (Mark 14:53–65), in: W. H. Kelber (Hrsg.), The Passion in Mark, Philadelphia 1976, 61–79, und ähnlich D. Juel, Messiah and Temple, SBL.DissS 31, Missoula 1977, stellen allein „Gesalbter“ und „Sohn Gottes“ als Titel einer Königschristologie heraus. Zum Zusammenhang der drei Titel vgl. auch G. Minette de Tillesse, Le secret messianique dans l'Evangile de Marc, LeDiv 47, Paris 1968, 327–388.

liert Jesus in 14,6f selber, wer er ist, durchbricht also das Messiasgeheimnis (vgl. 9,9), er, auf den zu hören ist, wie die Himmelsstimme in 9,7 einschärfte.

Deutlich ist dieses „Geständnis" Jesu eine *christliche* Interpretation des Prozesses Jesu:[35] Jesus geht aus keinem anderen Grund in den Tod als dem, daß er leiden *muß*, zum Tode verurteilt werden *muß*, sterben *muß* und auferstehen *muß* (vgl. das δεῖ von 8,31). Die Kennzeichnung der Synhedriumsverhandlung als unfair zeigt also zugleich, daß es für den *Erzähler* keinen menschlich-juristischen Grund dafür gibt, der akzeptabel wäre.[36] Weil dieses Bekenntnis zusammenfassenden Charakter hat, geht es wohl auf den Evangelisten selber zurück.[37] Der dürfte aber ebenso verantwortlich sein für die Einführung des Tempelsworts 14,57–9, das ja – wie oft bemerkt – eine Dopplung zu 14,56 darstellt. Was dann als Vorlage für Mk bleibt, ist eine in sich geschlossene Szene, die schon mit der Verleugnung des Petrus verbunden war.[38] Auch diese Vorlage zeigte bereits die Züge des unfairen Prozesses. Am wahrscheinlichsten ist mir dabei, daß es sich auf dieser vorredaktionellen Stufe um eine Erweiterung der kurzen Bemerkung συμβούλιον ποιήσαντες[39] in 15,1 handelt,[40] die nun im Kontext des Evangeliums über die Verleugnung des Petrus hinweg den Erzählfaden wieder aufnimmt. Weder grammatisch noch logisch ist 15,1 als Indiz für eine *zweite* Sitzung des Synhedriums zu nehmen[41] entsprechend der Forderung [464] des Traktats Sanhedrin (Sanh. IV 1). Was in dieser Vorlage an der Stelle des christologischen Bekenntnisses 14,61f gestanden hat, ist schwer zu sagen, vielleicht die sonst in der Passionsgeschichte vorherrschende Königstitulatur?

Auch wenn man den m. E. unwahrscheinlicheren literarkritischen Thesen von W. Schenk und E. Linnemann folgt, die markinische Passionsgeschichte beruhe auf der Zusammenfügung zweier vorgegebener Erzählstränge,[42] stößt man auf dieselbe Frage, welche Beziehung die Christologie von 14,61f aus der einen Vorlage und das als Lüge bezeichnete Tempelwort 14,58 aus der anderen auf der redaktionellen Ebene des Evangeliums zueinander haben.

Die eben vorgenommene literarkritische Trennung deutet schon an, daß die Verbindung von Christologie und Tempelwort nicht im historischen Prozeß Jesu zu suchen ist. Selbst wenn man eine Verhandlung jüdischer Autoritäten über den Fall anzunehmen hat, fehlen uns doch angesichts der Quellenlage exakte Informationen darüber, wie eine sol-

[35] Vgl. L. Schenke, Der gekreuzigte Christus, SBS 69, Stuttgart 1974, 45f; Legasse, Jesus devant le Sanhédrin, RThL 5 (1974), 170–197, hier 177–179; H. Conzelmann, a.a.O. (Anm. 22), 84: Die Szene „ist geradezu ein Kompendium der Christologie".

[36] Auch in Galiläa schon und dann in Jerusalem war es seinen Gegnern nach der Darstellung des Mk ja nicht gelungen, Jesus in irgendeiner Weise zu überführen.

[37] Auch die Zusammenstellung der drei Titel in 8,27–9,8 geht auf die markinische Redaktion zurück.

[38] Dafür spricht Joh 18,12–27, wenn Joh unabhängig von den Synoptikern ist; dann findet sich auch dort die Verbindung von Verleugnung des Petrus und Gespräch mit dem Hohepriester.

[39] So GNT^3 und N^{26} gegenüber ἑτοιμάσαντες N^{25}.

[40] Vgl. R. Bultmann, Die Geschichte der synoptischen Tradition, FRLANT 29, Göttingen ^{3}1957, 290.

[41] Vgl. G. Schneider, Gab es eine vorsynoptische Szene „Jesus vor dem Synhedrium"?, NT 12 (1970), 22–39, hier 27, gegen T. A. Burkill, The Trial of Jesus, in: ders., Mysterious Revelation, Ithaca 1963, 280–299, hier 281.

[42] E. Linnemann, Studien zur Passionsgeschichte, FRLANT 102, Göttingen 1970, 128f; W. Schenk, Der Passionsbericht nach Markus, Gütersloh 1974, 243, vgl. auch Howard, a.a.O. (Anm. 17), 135.

che Verhandlung tatsächlich ausgesehen hätte.[43] Unsere Quellen zeigen in Joh 18,12–14.19–23 nur ein inoffizielles Gespräch des ehemaligen Hohepriesters Hannas mit Jesus, dann seine Überstellung zu Kaiphas (18,24) und die eigentliche Verhandlung vor Pilatus (18,28 bis 19,16), die mit einer regulären Verurteilung – aus welchen Gründen nach Meinung des Evangelisten auch immer – endet.[44] Die markinische Darstellung der Synhedriumsverhandlung zeigt alles andere als einen regulären Prozeß. Der Vergleich mit dem Mischnatraktat Sanhedrin[45] illustriert lediglich, daß es auch in Jerusalem sehr genaue rechtliche Bestimmungen für Prozesse gegeben hat, gegen die die bei Mk geschilderte Verhandlung kraß verstößt; aber nicht nur diesen Bestimmungen widerspricht sie, sondern allen Vorstellungen von einem geregelten Gerichtsverfahren. Daß die in Mk 14,55–64 geschilderte Verhandlung sadduzäischem Recht hätte genügen können,[46] das hätte man besser niemals unterstellen sollen. Die Tempelrolle bestätigt nur, was man aus dem Alten Testament und dem Traktat Sanhedrin schon wußte, daß nämlich in Fällen von Kapitalverbrechen größte Vorsicht im Umgang mit Zeugenaussagen vorgeschrieben war.[47] Die Frage, warum Jesus gestorben ist, wird in keiner unserer Quellen neutral juristisch, sondern immer theologisch und/oder polemisch beantwortet, hier eben im christologischen Bekenntnis Jesu selber, das dem δεῖ der Leidensankündigungen entspricht, in einer Formulierung von W. Bousset: „Nicht jüdische Rechtsauffassung, sondern christliches Dogma meldet sich hier zu Wort“[48], und – so wird man hinzufügen können – christliche Polemik gegen das Judentum.

Historisch wird man vielleicht noch sagen können, daß Pilatus meinte, einen politischen Aufrührer hinzurichten, denn nur das konnte für ihn eine plausible Begründung

[43] Es ist nicht überflüssig, an das Problem der Augen- und Ohrenzeugen zu erinnern. Mk kennt jedenfalls kein Mitglied des Synhedriums, das „Jesus günstig gesinnt war“ (J. Blinzler, Der Prozeß Jesu, Regensburg [4]1969, 70 und 175: Joseph von Arimathia und Nikodemus als mögliche Informationsquellen); nach ihm verurteilten ihn alle (πάντες 14,53.64) aufgrund eines zweifelhaften Prozesses zum Tode, vgl. E. Lohse, Die Geschichte des Leidens und Sterbens Jesu Christi, GTB 316, Gütersloh 1979, 81f.85f – Zum historischen Problem ist die Diskussionsgrundlage immer noch: H. Lietzmann, Der Prozeß Jesu, in: ders., Kleine Schriften II, hg. von K. Aland, TU 68, Berlin 1958, 251–263. Aus der reichhaltigen Literatur vgl. vor allem P. Winter, On the Trial of Jesus, SJ 1, Berlin 1961. Das nach Abschluß dieses Manuskripts erschienene Buch von A. Strobel, Die Stunde der Wahrheit, WUNT 21, Tübingen 1980, zu unserem Text bes. 61–94) führt m. E. nicht weiter, sondern bestätigt mir im Gegenteil meinen konsequent *redaktionsgeschichtlichen* Ansatz in der Interpretation *dieses Textes*. Ich leugne dabei gar nicht das Recht einer *historischen Rekonstruktion* des Prozesses Jesu; eine Vermischung der beiden Fragestellungen wird aber, wie Strobels Auslegung zeigt, zum Einfallstor für alle möglichen historisierenden und psychologisierenden, in die Beliebigkeit der Annahme gestellten Hypothesen, die letztlich (138–142!) auch keinen „theologischen Ertrag“ bringen (vgl. nur 138: „Sofern man von einer Schuld des jüdischen Menschen [sic!] sprechen darf, sollte unbedingt der Gedanke der tragischen Schuld gebildet werden, mag der Begriff auch innerhalb einer streng theologischen [sic!] Besinnung auf Widerspruch stoßen.“).

[44] Lk 22,66–71 zeigt m. E. keine selbständige Überlieferung neben Mk 14,55–64; anders G. Schneider, Verleugnung, Verspottung und Verhör Jesu nach Lukas 22,54–71, StANT 22, München 1969, 73–139.

[45] Durchgeführt bei E. Lohse, ThWNT VII, 866.

[46] So Blinzler, a.a.O. (Anm. 43), 216–229, und die ihm folgen; dagegen Lohse, a.a.O., Anm. 59: „Diese Schlußfolgerung geht entschieden zu weit. Denn einmal wissen wir nur sehr wenig darüber, wie das sadduzäische Recht im einzelnen ausgesehen hat. Zum anderen ist es sicher nach sadduzäischem Recht streng untersagt gewesen, am Sabbat oder Festtag Gericht zu halten.“

[47] 61,6–12 = Dtn 19,15–21.

[48] Kyrios Christos, Göttingen [4]1967, 37.

sein. Daraus kann man dann allenfalls noch schließen, [465] daß die jüdischen Autoritäten ihm Jesus als einen solchen politischen Aufrührer dargestellt haben, um eine Verurteilung zu erreichen. Ihre wirklichen Beweggründe dazu kennen wir aber nicht, wenn wir ihnen nicht mit Mk einfach φθόνος unterstellen wollen.[49] Weder ein Messiasbekenntnis, das ja auch im Markusevangelium niemals vorher Anlaß zum Streit ist,[50] noch das Tempelwort hätten einen Schuldspruch der jüdischen Autoritäten begründen können.[51] Die formaljuristische Frage verlagert sich ganz auf Pilatus, aber leider besitzen wir über den Prozeß vor ihm ebenso wenig an Informationen wie über die Gründe der jüdischen Autoritäten. Unsere Quellen zeichnen eben einseitig ein polemisches Bild, auch wenn diese Polemik sich sicherlich an historischen Fakten entzündet hat.

Die Verbindung von Christologie und Tempelwort ist aber auch nicht traditionsgeschichtlich in einer Beziehung von Messias und Tempel(neu)bau vorgegeben.[52] Gerade angesichts der Beziehungen von David und Salomo zum Tempelbau, von Josia zur Renovierung des ersten Tempels und des Davididen Zerubbabel zum Bau des zweiten Tempels ist es erstaunlich, daß die klassischen Messiastexte eine solche Beziehung nicht herstellen und umgekehrt in den Erwartungen des neuen Tempels der Messias keine Rolle spielt.[53] Erst nach der Zerstörung des zweiten Tempels findet sich (selten!) eine Kombination beider Erwartungen im Targum zu Jes 53,5 und Sach 6,12 sowie in LevR 9,6 und Parallelen.[54] 4Qflor I 1–13 hingegen stellt diese Beziehung ausdrücklich *nicht* her,[55] und damit fehlen alle Belege aus der Zeit *vor* der Zerstörung des zweiten Tempels. Eine Zerstörung des Tempels durch den Messias, also der erste Teil des Tempelworts Mk 14,58, wird ohnehin in jüdischen Texten nicht zu erwarten sein.

Mir scheint, daß eine Erklärung der Verbindung von Tempelwort und Christologie nur in der zeitgeschichtlichen Situation des Mk und damit auf der redaktionellen Ebene des Evangelisten zu finden ist. Dafür ist zunächst das Tempelwort für sich zu untersu-

[49] Das φθόνος-Motiv steht vielleicht auch hinter Joh 12,19. Joh 11,47–53 gibt eine politisch-pragmatische Begründung für das Handeln der „Hohepriester und Pharisäer".

[50] Der Streit mit den Gegnern entzündet sich im Markusevangelium an der Frage der Gesetzespraxis (auch in 2,1–12; hinzuweisen ist darauf, daß bereits in dieser allerersten Auseinandersetzung der Vorwurf des βλασφημεῖν auftaucht). Bei Joh hingegen geht es schon vor der Passion um die Messias-Thematik: 10,24–26.31–39.

[51] Drohworte gegen den Tempel und die Stadt stehen in prophetischer Tradition; vgl. Jer 7,14; 26,6.20; Mi 3,12; Josephus, bell. VI 300–309.

[52] Das ist die These von D. Juel (s. o. Anm. 34) in bezug auf den *markinischen* Text. Die folgende Argumentation richtet sich aber zugleich gegen die Interpreten, die wie Pesch (s. o. Anm. 14) im Tempelwort einen messianischen Anspruch Jesu sehen. Gegen eine solche Verbindung auch Donahue, a.a.O. (Anm. 34), 68.

[53] Vgl. L. Gaston, No Stone on another, Suppl. NT 23, Leiden 1970, 147–54; vgl. 1Hen 90,28f; 91,13. Nach J. T. Milik, The Books of Enoch, Oxford 1976, 268, nimmt 1Hen 91, Sach 6,13 auf: „The Author of Enoch, however, applies it to God and not to a king or to a high priest of Israel", aber er bezieht Sach 6,13 dann auch nicht wie das Targum auf den Messias!

[54] Vgl. die Angaben schon bei Billerbeck I, 1003–1005, ausführlich jetzt bei Juel, a.a.O. (Anm. 34), 182–197.

[55] 2Sam 7,13a wird nicht *zitiert*, in Z. 3 hingegen Ex 15,17f, wodurch Gott selber der Erbauer des „Hauses" ist.

chen.[56] Es hat einen festen Anhalt in der Überlieferung der Jesusworte, so daß nicht seine Formulierung, sondern nur seine Stellung im jetzigen Kontext und seine Kennzeichnung als falsch auf Mk zurückgeht.[57] Von Mk abhängig ist die Fassung Mt 26,61 (vgl. 27,40) mit ihrer leicht abschwächenden Tendenz: „Ich *kann* den Tempel Gottes zerstören und binnen drei Tagen aufbauen", aber auch Apg 6,14 (in der lukanischen Passionsgeschichte fehlt das Tempelwort ja), wo gegen Stephanus angeführt wird – auch hier von falschen Zeugen! –, er habe gesagt, Jesus werde den Tempel zerstören und das Gesetz verändern, also ohne die zweite Hälfte des Tempelworts von Mk 14,58, den Wiederaufbau binnen drei Tagen. Als (falsches!) Zitat des Stephanus und nicht mehr Jesu hat es hier einen anderen Stellenwert: Er soll gesagt haben, der auferstandene Jesus *werde* das tun. Lk 19,41–44 [466] findet sich im Munde Jesu eine Ansage der Zerstörung der Stadt Jerusalem, die deutlich im Rückblick auf die Einnahme durch die Römer 70 n. Chr. formuliert ist, ohne daß hier eine direkte Beziehung zur Christologie hergestellt ist.[58]

Unabhängig von Mk 14,58 ist hingegen Joh 2,19: „Brecht diesen Tempel ab, und in drei Tagen baue ich ihn wieder auf." Hier wie dort findet sich die Angabe „drei Tage" und die Ich-Form, bei Joh das „ich" freilich nur in der zweiten Hälfte. Joh 2,21f deutet diesen Satz auf den „Tempel seines Leibes" und terminiert das Verstehen dieses Wortes auf die Zeit nach der Auferstehung Jesu; hier sind die „drei Tage" also eindeutig auf die Frist zwischen Kreuzigung und Auferstehung bezogen. Das Wort steht bei Joh am Ende der Geschichte von der Tempelreinigung, wo es sich bei Mk gerade nicht findet, und es wird anders als bei Mk als ein „authentisches" Wort Jesu zitiert, wenn auch unter Voraussetzung der ihm vom Evangelisten beigegebenen Deutung.[59] Vergleichbar ist schließlich auch noch das Q-Wort Lk 13,35/Mt 23,38, wonach der Tempel veröden wird,[60] ohne daß hier eine Beziehung zu Jesus selber hergestellt ist.

Für Mk 14,58 und Joh 2,19 (und ThEv 71) eine Urfassung zu rekonstruieren, ist schwierig, ebenso eine Antwort auf die Frage, ob eine solche Urfassung auf Jesus selber zurückgehen kann.[61] Für unseren Zusammenhang ist nur wichtig, *daß* es ein solches Logion in der Jesusüberlieferung gegeben hat, wie die Parallelfassung Joh 2,19 beweist. Warum aber bezeichnet Mk es dann ausdrücklich und so nachdrücklich als „nicht authentisch"?[62] Falsch ist nach ihm ja die Behauptung, Jesus habe solches gesagt, nicht bloß ein falsches Verständnis, wie J. Gnilka meint: „Die Zeugen verwickeln sich in Widersprüche,

56 Vgl. Gaston (s. o. Anm. 53); J. Dupont, Il n'en sera pas laissé pierre sur pierre (Marc 13.2; Luc 19.44), Bib 52, 1971, 301–20; G. Theißen, Die Tempelweissagung Jesu, ThZ 32 (1976), 144–158.

57 Vgl. Légasse, a.a.O. (Anm. 35), 175.

58 Diese Fassung ist nicht unabhängig von Mk; gegen Dupont, a.a.O., 310–320.

59 Vgl. noch ThEv 71: „Ich werde dieses Haus zerstören, und niemand wird es aufbauen."

60 Vgl. Josephus, bell. VI 299: der Auszug der Shekinah.

61 Bei den Versuchen, das Wort historisch oder traditionsgeschichtlich auf die „Hellenisten" in Jerusalem zurückzuführen, ist zu beachten, daß es sich auch nach Apg 6,14 um falsches Zeugnis handelt!

62 Unverständlich ist mir die Interpretation von Burkill, a.a.O. (Anm. 41), 286: „Although these mysterious words are not directly ascribed to Jesus anywhere in the second gospel and despite the fact that the witnesses are said to be testifying falsely, the evangelist probably holds that the words were actually uttered by the Lord."

weil sie nicht in der Lage sind, das profetische Wort, das vom Gericht über Israel und der Auferweckung Jesu spricht, zu begreifen."[63]

„Authentisch" hingegen ist für Mk das Wort Jesu über die Zerstörung des Tempels in 13,2. Hier fehlt einmal eine Aussage über den Wiederaufbau,[64] vor allem aber eine Aussage über die Beteiligung Jesu selber an der Zerstörung; festgestellt wird nur, *daß* der Tempel zerstört werden wird (καταλύειν wie 14,58). Dieses Wort Jesu ist nun Ausgangspunkt für die folgende Doppelfrage der vier Jünger am Ölberg „gegenüber dem Tempel", wie es betont heißt (13,3): 1. wann das sein werde, nämlich die Zerstörung des Tempels, und 2. was das Zeichen für die Vollendung der Welt (formuliert nach Dan 12,7 LXX) sei.[65]

Der erste Teil der Frage wird in 13,5–23 beantwortet, der zweite in 13,24–27. Das aber bedeutet, daß die Zeit der großen θλῖψις und die Zeit nach dieser θλῖψις voneinander geschieden werden, die Zeit des Jüdischen Krieges einschließlich der Zerstörung des Tempels und die Zeit des Kommens des Menschensohns. Wie in 14,58 und 62 ist also beides strikt voneinander zu trennen. Am Beginn und am Ende des ersten Teils der Rede [467] steht in 13,5b.6 und 21f die Warnung vor Verführern, die im Namen Jesu auftreten und sagen, sie seien er, und die während all der Ereignisse sagen, hier oder dort sei „der Gesalbte".[66] Offenbar handelt es sich um christliche Propheten, für Mk freilich *Pseudo*propheten, die die Situation des Jüdischen Krieges interpretieren als Zeit der Parusie des Gesalbten Jesus. Mk lehnt solche Interpretation als falsch ab.

Die Rede selber schildert zunächst nur in apokalyptischem Stil die typischen Situationen eines Krieges und das Schicksal der Christen zwischen Juden und Römern, ohne daß ein unverwechselbarer Bezug zu diesem speziellen Krieg erkennbar ist. Stehen die Leser des Mk aber in dieser Situation, und darauf deutet vor allem die Anrede in 13,14, dann finden sie sich in dem wieder, was Jesus hier sagt, und können vom Wort Jesu her diese ihre Situation verstehen, als Situation der Trübsal, aber auch der Verkündigung des Evangeliums unter allen Völkern, als Situation der Verführung und Bewährung, keinesfalls aber als die Zeit, in der der Menschensohn Jesus selber vom Himmel kommen wird.

Der Bericht des Josephus läßt noch erkennen, wie hoch auf jüdischer Seite die eschatologischen Erwartungen der Verteidiger Jerusalems waren, auch wenn er selber alle Vorzeichen als düstere Omina deutet, und diese eschatologischen Erwartungen richteten

63 A.a.O. (Anm. 21), 280. Abzulehnen ist aber auch die Interpretation von Donahue, a.a.O. (Anm. 34), 69f.77, das Tempelwort sei auf zwei Ebenen zu lesen, so daß es eigentlich die Gemeinde als „neuen Tempel" meine. Wo bei Mk ekklesiologische Motive erkennbar sind (10,29f; 14,22.24 u.a.), enthalten sie nicht dieses Motiv; damit auch gegen G. Klinzing, Die Umdeutung des Kultus in der Qumrangemeinde und im Neuen Testament, StUNT 7, Göttingen 1971, 203.

64 So erst D, W, it, s. o. Anm. 12.

65 Zu Mk 13 vor allem: W. Marxsen, Der Evangelist Markus, FRLANT 67, Göttingen 1956, 101–140; H. Conzelmann, Geschichte und Eschatologie nach Mc 13, in: ders., Theologie als Schriftauslegung, BEvTh 65, München 1974, 62–73; L. Hartmann, Prophecy Interpreted, CBNT 1, Lund 1966; J. Lambrecht, Die Redaktion der Markus-Apokalypse, AnBibl 28, Rom 1967; R. Pesch, Naherwartungen, Düsseldorf 1968, dazu jetzt seine Korrektur im Kommentar; J. Dupont, La ruine du temple et la fin des temps dans le discours de Marc 13, in: Apocalypses et théologie de l'espérance, LeDiv 95, Paris 1977, 207–269.

66 Das ἐγώ εἰμι in 13,6 ist ebensowenig wie in 14,62 (s. o. Anm. 17) Offenbarungsformel; vgl. Howard, a.a.O., 119–121.

sich insbesondere auf den Tempel.[67] Statt sich in den Bergen vor den Feinden in Sicherheit zu bringen (so Mk 13,14!), erwarteten sie im Jerusalemer Tempel das Eingreifen Gottes.[68] Mk 13 zeigt, daß die Situation des Jüdischen Krieges auch unter Christen Anlaß für die Aktualisierung der Naherwartung sein konnte. Dabei braucht das in Mk 14,58 aufgenommene Wort nicht erst in dieser Zeit entstanden zu sein, wohl aber konnte es nun erhöhte Aktualität gewinnen. Dagegen wendet sich Mk, wenn er das Kommen des Menschensohns in 13,24–27 ausdrücklich von dieser Zeit der θλῖψις absetzt. Dies Kommen ist wirklich Zukunft, nicht die Gegenwart oder unmittelbare Vergangenheit des Jüdischen Krieges. Erst an dieser Stelle nun wird innerhalb der Rede ein Zusammenhang aus dem Buch Daniel ohne Korrektur übernommen; zuvor waren bereits Schlüsseltexte aus diesem Buch verwendet worden,[69] jedoch immer mit bedeutsamen Veränderungen:

13,7 δεῖ γενέσθαι = Dan 2,28. Das, was „geschehen muß", ist bei Dan das, was am Ende geschehen wird (vgl. Offb 1,1); nach Mk aber ist das gerade nicht das Ende.

13,14 βδέλυγμα τῆς ἐρημώσεως = Dan 9,27; 11,31; 12,11. Die Aufrichtung des „Greuels der Verwüstung", bei Dan entsprechend 1Makk 1,54, 59 ein zweiter auf den Brandopferaltar aufgesetzter Altar, gehört für Dan unter die Endereignisse; nach Mk ist die Verwüstung der Stadt und des Tempels gerade nicht Endgeschehen.[70]

13,19 θλῖψις, οἵα οὐ γέγονεν τοιαύτη ἀπ' ἀρχῆς κτίσεως ... ἕως τοῦ νῦν = Dan 12,1. Die Zeit der „Trübsal" ist für Dan die Endzeit selber, nach [468] der es keine geschichtliche Zeit mehr geben wird; für Mk dagegen gibt es eine Zeit danach: „und nicht mehr sein wird".

Es wäre also möglich gewesen, mit dem Buch Daniel die Zeit des Jüdischen Krieges als Endzeit zu qualifizieren, einschließlich der Erwartung, daß der Menschensohn kommen werde. Daß Jesus nach Mk 13 eine solche Wertung gerade bestreitet, wird seinen Grund haben in der „im Namen Jesu" ergehenden Verkündigung christlicher Propheten, für Mk Pseudopropheten und Verführer, die das Kommen des Menschensohns unter Berufung auf Jesus selber mit diesen Ereignissen in Verbindung brachten. Mk stellt dagegen, was Jesus „wirklich" gesagt hat. Mk 13 gibt, wie oft erkannt, die deutlichsten Hinweise auf die zeitgeschichtliche Situation des Mk und seiner Leser.[71] Zu dieser Situation gehört die Bedrohung und endliche Zerstörung Jerusalems und seines Tempels.[72]

67 Bell. VI 285–315.

68 Mk 13,14 ist also sehr pragmatisch zu interpretieren und nicht mit einer Flucht nach Pella in Verbindung zu bringen, wie neuerdings Pesch, a.a.O. (Anm. 7), 295f wieder versucht.

69 Auf die Rolle der Schlüsseltexte aus dem Buch Daniel hat in anderer Weise Hartmann, a.a.O. (Anm. 65), hingewiesen.

70 Die dem Neutrum βδέλυγμα inkongruente maskuline Form ἑστηκότα meint die Person, die den Tempel verwüstet, den römischen Feldherrn Titus, oder das römische Heer, nicht jedoch den Antichrist; gegen Gnilka, a.a.O. (Anm. 21), 196; dagegen auch Pesch, a.a.O. (Anm. 7), 291.

71 So erklärt sich auch die Einführung des Barabbas in Mk 15,7 als „einer der Aufständischen, die bei dem Aufstand einen Mord begangen hatten". Wie Pesch (a.a.O., 463) nach Unruhen um das Jahr 30 zu forschen, führt zu nichts; das ist gerade eine relativ ruhige Zeit. Vielmehr gibt es in der Perspektive des Evangelisten und seiner Leser schon immer „*den* Aufstand" und „*die* Aufständischen"; die historisch nachweisbaren Unterschiede zwischen den einzelnen Phasen der jüdischen Aufstandsbewegung im 1. Jhdt. verschwimmen.

72 Zwar ist der Tempel durch Brand zerstört worden; vgl. Josephus, ant. VI 250–270 in ausdrücklicher Parallelisierung zur Zerstörung des ersten Tempels. Es folgte aber eine Schleifung der Reste (ebd. VII 1–

Umstritten war offenbar unter Christen, inwieweit Jesus selber hier am Werk sein konnte, umstritten damit auch, was Jesus „wirklich" gesagt hat, 14,58 oder 13,2.

Grundmotiv der Rede in Mk 13 ist die Unüberholbarkeit der Worte Jesu, unüberholbar durch die Geschichte der Gemeinde, die mit diesem Wort lebt. Deutlicher als anderswo zeigt sich hier etwas von ihrer Situation, und deutlicher als anderswo zeigt sich hier auch die Auseinandersetzung mit anderen Deutungen der Gegenwart vom Wort Jesu her, konkret die Abwehr von – nach Meinung des Mk – Verführern und Pseudopropheten, deren Parolen hinter den Aussagen des Mk zu vermuten sind. Gemeinsam ist Mk und seinen Gegnern die Aktualisierung apokalyptischer Tradition, vor allem darin sichtbar, daß das Buch Daniel zum Deutehorizont für die Gegenwart wird.

Mk setzt dabei seine Christologie gegen eine an den Kriegsereignissen entzündete Naherwartung, ohne doch selber die Eschatologie aufzugeben. Auch in dieser Rede ist Jesus „der Sohn" (13,32),[73] auf den auch hier und hier besonders zu hören ist (vgl. 9,7); als der in die Passion gehende Menschensohn ist er der, der am Ende kommen wird (13,26), und als solcher ist er der echte „Gesalbte" gegenüber den ψευδόχριστοι und ψευδοπροφῆται (13,22). Sein Wort als Wort der Nähe des Reiches Gottes (1,14f; 4,1–34) ist unüberholbar durch die Geschichte: „ich habe euch alles vorausgesagt" (13,23), „meine Worte werden nicht vergehen" (13,31).

Diese Christologie wird im „Geständnis" Jesu vor dem Synhedrium in 14,61f von ihm selber ausdrücklich bestätigt. Wenn nun in 14,58 das angebliche Wort Jesu über die Tempelzerstörung noch einmal auf die in Mk 13 angesprochene Situation verweist, dann zeigt sich, wie hier die Christologie abgegrenzt wird von anderen Deutungen der Christologie und von anderen Interpretationen der Gegenwart. Der Schlüsseltext der markinischen Christologie 14,61f bezieht diese Christologie also noch einmal auf die gegenwärtige Situation. Auf der Erzählebene dessen, was damals in Jerusalem geschah, wird gegenwärtige Auseinandersetzung um Christologie [469] entschieden durch den Rückverweis auf 13,2 und die in 13,5ff gegebene Deutung der Gegenwart im unüberholbaren Wort Jesu.

Mk 14,55–64 informiert also nicht primär über das, was damals in Jerusalem geschah. Davon hat Mk offenbar nur eine recht allgemeine Kenntnis, wie übrigens das ganze Evangelium hindurch sich seine Kenntnisse über die Verhältnisse zur Zeit Jesu als recht ungenau erweisen, sofern er nicht auf Informationen darüber in seinen Vorlagen zurückgreifen kann.[74] Hinter dieser Szene steht aber auch nicht eine überlieferte Dogmatik von Messias und Tempelbau. Vielmehr zeigt sich, daß es für Mk und seine Leser um die Deutung ihrer Gegenwart vom Wort Jesu her geht; Mk ist dabei der erste, bei dem wir

3); „dem Zustand, der sich Ende des Jahres 70 darbot, entspricht die Beschreibung in Mc 13,2 durchaus", N. Walter, Tempelzerstörung und synoptische Apokalypse, ZNW 57 (1966), 38–49, hier 42.

[73] Wenn auch absolutes „der Sohn" eine andere Traditionsgeschichte haben mag als „Sohn Gottes".

[74] Am deutlichsten erkennbar ist das bei den geographischen Vorstellungen des Mk vom damaligen Palästina. Vgl. aber auch die sehr pauschale Information in 7,3f mit der genauen Detailkenntnis von 7,11f. Die Kommentatoren füllen aus historischer Forschung solche Kenntnisse auf (bzw. korrigieren sie auch wie bei 6,17): Wer war der Hohepriester? Wo lag sein Haus? Wer gehörte zum Synhedrium? usw. Gerade wenn man damit den Markus-Text vergleicht, zeigt sich noch einmal, wie stark der Evangelist alles auf das Verhältnis von Tempelwort und Christologie zuspitzt.

den Versuch sehen, zu scheiden zwischen dem, was Jesus „wirklich“ gesagt hat, und dem, was andere behaupten, daß er es gesagt habe. Später stehen dann Mt und Lk vor demselben Problem, auch gegenüber dem Markusevangelium. Das Vertrauen in das Wort Jesu als Wort der Nähe der βασιλεία τοῦ θεοῦ ist das Thema des Evangeliums vom Anfang an. Heutiges historisches Bewußtsein mag anders urteilen als er damals, z. B. vielleicht 14,58 im Kern für ursprünglicher halten als 13,2 und auch die Christologie von 14,61f nicht mehr im Wort Jesu selber begründen mögen. Entscheidender als das aber ist, ob man bei Mk lernt, das Wort Jesu als tragfähig zu verstehen auch für die Mehrdeutigkeit heutiger Geschichte und als tragfähig gegenüber der Mehrdeutigkeit der Traditionen, mit deren Hilfe wir unsere Gegenwart zu begreifen suchen. In Erinnerung kommt schließlich in der mißglückten Nachfolge des Petrus – und Petrus hat zur Zeit des Mk ja bereits den Märtyrertod erlitten –, daß es für Jünger kein anderes Schicksal gibt als das des Menschensohns Jesus.

… WOMIT ER ALLE SPEISEN FÜR REIN ERKLÄRTE (MK 7,19)

Als der Widerruf der kirchlichen Lehrbefugnis für Hans Küng seine Wellen schlug, erschien am 13. Februar 1980 in der Bielefelder Tageszeitung „Neue Westfälische“ ein Brief katholischer Laien an den Papst. Sie forderten Johannes Paul II. auf, seine Entscheidung zurückzunehmen. Über den aktuellen Anlaß hinaus scheint mir die dort formulierte Begründung in hohem Maße typisch zu sein für einen breiten Strang theologischer wie ethischer Urteilsbildung nicht nur bei Katholiken und nicht nur bei „Laien“:

> „Für uns Christen kann in diesem Verfahren (wie auch sonst) die entscheidende Frage nur sein, wie sich Jesus Christus verhalten hätte. Wir sind davon überzeugt, daß er so viel Liebe aufgebracht hätte, sich über im Laufe der jetzt zehn Jahre dauernden Auseinandersetzungen angestaute, durchaus menschliche Verstimmungen hinwegzusetzen; wir glauben, daß er einen anderen Weg der Konfliktbewältigung gesucht und gefunden hätte.“

Kriterium soll demnach generell, nicht nur in diesem Fall, das Verhalten Jesu Christi sein. Der Appell an den Papst bezieht seine Emphase aus einem Rekurs auf die Autorität Jesu Christi gegenüber dem kirchlichen Lehramt, auf das sich die Entscheidung des Vatikans berufen hatte; das Verhalten Jesu Christi wird also kritisch der offiziellen Kirche entgegengehalten. Ein solcher Ansatz theologischer Urteilsbildung kann natürlich nur dort argumentatives Gewicht haben, wo eine vorausgehende und vom Einzelfall unabhängige Anerkennung dieser Autorität vorhanden ist oder zumindest gefordert werden kann, also im binnenkirchlichen Raum.

Das Kriterium nimmt das *Verhalten* Jesu Christi zum Maßstab, also nicht primär, was er gesagt hat. Inhaltlich wird dieses Verhalten als „Liebe“ gekennzeichnet. Das erinnert an die zentrale Stellung des Liebesgebotes in eigentlich allen Jesus-Darstellungen und überhaupt in Zusammenfassungen christlicher Ethik. Zugleich erinnert das aber auch an die verschiedenen exegetischen Ansätze, in die Bestimmung dessen, was als „authentisch“ gelten kann, die Frage einzubeziehen, ob der Inhalt eines Jesuswortes gedeckt ist durch das, was die Jesusüberlieferung von seinem Wirken berichtet.[1]

Die weitere Füllung dessen, was hier mit „Liebe“ gemeint ist, assoziiert den Begriff „Souveränität“. Theologiegeschichtlich läßt sich das identifizieren als Versuch, die im alten Dogma ontologisch gefaßte Aussage über die Gött- [72] lichkeit Jesu nicht mehr wie im 19. Jahrhundert im Selbstbewußtsein Jesu zu verifizieren,[2] sondern in der Art seines Auftretens, das sich vom „allzu menschlichen“ unterschied. Ist die eingangs zitierte Begründung tatsächlich so repräsentativ wie hier angenommen, dann kann man sie inhaltlich noch ergänzen um den Hinweis auf Jesu Zuwendung zu Sündern, Zöllnern und Huren[3] als heute oft beschworenes Charakteristikum des Verhaltens Jesu; hier zeigen sich seine „Liebe“ und seine „Souveränität“.

[1] Vgl. z. B. unten Anm. 65 W. G. Kümmel zu Mk 7,15.

[2] Vgl. R. Slenczka, Geschichtlichkeit und Personsein Jesu Christi, FSÖTh 18, 1967.

[3] Woher stammt eigentlich diese fast kanonische und in dieser Reihenfolge *feste* Dreiheit, die als solche ja eine Kombination ans verschiedenen Bibelstellen ist (Mt 11,19/Lk 7,34; Mt 9,11 und Lk 5,30: Zöllner

Die Schwächen eines solchen Ansatzes theologischer (einschließlich ethischer!) Urteilsbildung sind deutlich. Einmal besitzt er eine ausgesprochene Autoritäts- und damit lediglich Appellstruktur.[4] Außerhalb des kirchlichen Raumes – etwa in der Diskussion mit dem Staat oder gesellschaftlichen Gruppen – fehlt ihm jede argumentative Überzeugungskraft; aber auch im binnenkirchlichen Bereich wirkt er nicht konsensbildend. Das liegt einmal daran, daß Verhaltensweisen immer für mehrere Deutungen offen sind, und das gilt auch für Jesu Verhalten, aus dem diejenigen, die er nicht zu überzeugen vermochte, ja schlossen, es handele sich um das eines Fressers und [73] Weinsäufers (Mt 11,19/Lk 7,34), wenn er sich als Freund von Zöllnern und Sündern zeige.

Vor allem aber erreicht man eine Aktualisierung dieses theologischen Ansatzes auf heutige Probleme erst durch bestimmte historische und/oder theologische Interpretationen und Identifikationen. Nur wenn die Deutung der damaligen „Zöllner und Sünder" als „sozial Deklassierte" oder der damaligen „Pharisäer" als „die Frommen" akzeptabel erscheint, erhält das Verhalten Jesu so etwas wie aktuelle Normativität. Die Plausibilität der Identifizierungen hängt dabei offensichtlich an der Plausibilität der Analyse der gegenwärtigen Situation, weniger an ihrer historischen Verifikation. Aber sind solche Übertragungen so eindeutig, wenn die historische Arbeit zeigt, daß die Texte mit polemischer Tendenz die Gruppen bereits typisieren und daß die Probleme, um die es in diesen Texten geht, zunächst Probleme einer bestimmten sozialen und kulturellen Situation sind, die nicht unmittelbar identisch ist mit der unsrigen?

Die schon in den Texten liegende Typisierung muß also noch einmal in eine weitere Typisierung hineingenommen werden: Aus den unterschiedlichen Strömungen innerhalb des Judentums und auch noch der Pharisäer zur Zeit Jesu werden „die Gegner" Jesu schlechthin und daraus dann noch einmal der Typ „die Frommen" o. ä. – und denen gegenüber ist Jesus denn durchaus auch zornig, wie es Mk 3,5 heißt; überhaupt hat man

und Sünder; Mk 2,16: Sünder und Zöllner; Mt 21,31: Zöllner und Huren)? Ich finde sie erstmals bei E. Käsemann, Der Ruf der Freiheit, 1968: „Aufs tiefste hat die Frommen damals Jesu Umgang mit Sündern, Zöllnern und Huren erzürnt" (43). Doch ist das auch bei Käsemann noch nicht, eine (fast) *ausschließliche* Hinwendung zu diesen wie bei seinen Nachfolgern: „Von hier aus versteht es sich, daß Jesus den Sündern, Zöllnern, Huren seinen Umgang nicht verweigert, obgleich auch die Gerechten, die Pharisäer, Schriftgelehrten, Zeloten seine Stimme vernahmen und zum Teil sogar zu ihm kamen" (47). Ähnliche Sätze finden sich bei R. Bultmann, Jesus, 31951, 55 („sein Verkehr mit Sündern, Dirnen und Zöllnern"), und G. Bornkamm, Jesus von Nazareth, UB 19, 121980, 54 („Sie alle bringen in die Begegnung *mit* ihm etwas mit: Die Gerechten ihre Gerechtigkeit, die Schriftgelehrten das Gewicht ihrer Lehre und Argumente, die Zöllner und Sünder ihre Schuld, die Hilfesuchenden ihre Krankheit, die Dämonischen die Fesseln ihrer Besessenheit und die Armen die Last ihrer Armut."). Es geht also darum, daß sich Jesus *auch* diesen zugewandt hat;, der Begriff „deklassiert" begegnet schon bei Bultmann: „Charakteristisch für ihn sind Exorzismen, der Bruch des Sabbatgebotes, die Verletzung von Reinheitsvorschriften, die Polemik gegen die jüdische Gesetzlichkeit, die Gemeinschaft mit deklassierten Personen wie Zöllnern und Dirnen, die Zuneigung zu Frauen und Kindern" (Das Verhältnis der urchristlichen Christusbotschaft zum historischen Jesus, 1960, in: ders., Exegetica, 1967, 445–469, hier 451f). Das ist aber *ein* Charakteristikum *neben anderen,* und es wird nicht direkt in eine ethische Folgerung umgesetzt.

4 Nur andeuten kann ich meine Kritik an der Verwendung der Jesusüberlieferung in „problemorientierten" Religionsbüchern. Jesusgeschichten, vor *allem* immer wieder Mk 2,13–17 (Zöllnergastmahl) und Lk 19,1–10 (Zachäus), erscheinen hier mit dieser Autoritäts- und Appellstruktur als Handlungsaufforderung, ohne daß die Frage der Verbindlichkeit geklärt ist.

aus den Jesusgeschichten den Eindruck, daß Konfliktbewältigung keineswegs nur mit nachsichtiger Liebe erfolgt!

Solche aktualisierenden Identifikationen der Personen und Gruppen in den Texten können – vom Kindergottesdienst bis zum akademischen Kolleg – nicht vorsichtig genug gehandhabt werden. Das gilt nicht nur im Blick auf die Wirkungsgeschichte der Interpretation der Gegner Jesu, in denen man seine eigenen Gegner (Juden, Katholiken usw.) wiederfand, sondern auch für die weiteren Identifikationstypen „Sünder und Zöllner" und „Jünger"; die Autorität der Texte verleitet dazu, über bestimmte Identifikationen gute und böse Rollen für die heutigen Verhältnisse zu verteilen bzw. eine Analyse heutiger Verhältnisse in der Jesusüberlieferung zu legitimieren.

Es gibt nun innerhalb dieser Jesusüberlieferung einen Komplex, der dem bisher skizzierten und kritisierten Ansatz recht nahe zu kommen scheint, die „Streitgespräche" als Geschichten von Konflikten zwischen Jesus und seinen Jüngern auf der einen Seite, den Pharisäern und Schriftgelehrten auf der anderen. Zu ihnen gehört ja auch das berühmte „Gastmahl mit Zöllnern und Sündern" Mk 2,15–17 par. Diese Geschichten sollen nicht allein über Vorgänge damals in Galiläa oder Jerusalem berichten; sie laufen vielmehr jeweils auf ein Regelwort hinaus, das aktuelle Bedeutung für das Verhalten der Gemeinden hat, für die die Evangelisten schreiben.[5] [74]

Dabei kann der Anlaß zum Konflikt in vielen Fällen ein Verhalten der Jünger sein, das Jesus dann grundsätzlich rechtfertigt. Einer dieser Fälle, die Frage des Fastens (Mk 2,18–22 par), zeigt nun aber, daß Jesu Verhalten und das seiner Jünger damals als nicht unmittelbar verpflichtend verstanden wird, sondern das Jesuswort in V. 20 eine davon abweichende Regelung für die Zeit nach Ostern gibt, daß nämlich im Gegensatz zu Jesus und seinen Jüngern die christliche Gemeinde durchaus wieder fastet. Schon die Jesusüberlieferung hat hier also einen Unterschied gesehen zwischen dem Verhalten Jesu und Normen, die in der Gemeinde gelten, die sich auf ihn beruft.

Sind die Streitgespräche im allgemeinen relativ kurz, so fällt Mk 7,1–23 in dieser Hinsicht aus dem Rahmen.[6] Deutlich erkennbar scheinen zunächst die Grundelemente: nach einer Übergangswendung (V. 1) die Schilderung des Anlasses, hier ein Verhalten der

[5] In der klassischen Formulierung von R. Bultmann: „So wie uns die Streitgespräche vorliegen, sind sie ideale Szenen, die einen Grundsatz, den die Gemeinde auf Jesus zurückführt, in einem konkreten Fall veranschaulichen" (Die Geschichte der synoptischen Tradition, FRLANT 29, ^{3}1957, 41); der Begriff „ideale Szene" ist dabei ein *literarischer* Begriff und besagt als solcher nichts für die Frage der Historizität, s. u. Anm. 64.

[6] Im folgenden abgekürzt zitierte *Literatur zu Mk 7,1–23:* K. Berger, Die Gesetzesauslegung Jesu I, WMANT 40, 1972, 461–507; J. Gnilka, Das Evangelium nach Markus I, EKK 2.1, 1978, 274–289; E. Haenchen, Der Weg Jesu, STö 11.6, 1966, 266–271; H. Hübner, Das Gesetz in der synoptischen Tradition, 1973, 142–195; ders., Mark vii.1–23 und das „jüdisch-hellenistische" Gesetzesverständnis, NTS 22, 1975/76, 319–345; W. G. Kümmel, Äußere und innere Reinheit des Menschen bei Jesus, 1973, in: ders., Heilsgeschehen und Geschichte II, MThSt 16, 1978, 117–129; J. Lambrecht, Jesus and the Law. An Investigation of Mk 7,1–23, EThL 53, 1977, 24–82; E. Lohmeyer, Das Evangelium des Markus, KEK 1.2, ^{14}1957, 137–144; H. Merkel, Markus 7,15 – Das Jesuswort über die innere Verunreinigung, ZRGG 20 (1968), 340–363; D. E. Nineham, Saint Mark, PNTC, 1963, 187–197; W. Paschen, Rein und unrein, StANT 24, 1970, 153–194; R. Pesch, Das Markusevangelium I, HThK 2.1, 1976, 367–384; W. Schmithals, Das Evangelium nach Markus I, ÖTK 2.1, GTB 503, 1979, 340–350; E. Schweizer, Das Evangelium nach Markus, NTD 1, 1967, 81–85; V. Taylor, The Gospel according to St. Mark, ^{2}1966, 334–347.

Jünger, in V. 2, die vorwurfsvolle Frage der Gegner in V. 5 und die Antwort Jesu in V. 6–13. Die fällt vergleichsweise ausführlich aus, und hinzu kommen der Wechsel in die Öffentlichkeit in V. 14f unter Beibehaltung des Themas von V. 2 sowie nach einem erneuten Szenenwechsel die Belehrung der Jünger „im Haus" V. 17–23.

Schon beim ersten Lesen fallen Erläuterungen für den Leser auf (V. 2.3f.11)[7]. Das signalisiert eine Distanz zwischen dem, wovon berichtet wird, und der Erfahrungswelt der Leser, die offenbar nach Meinung des Erzählers nicht mehr unmittelbar vertraut sind mit der hier geschilderten Ausgangssituation. Mk 7,1–23 eignet sich gerade deshalb als Exempel für die [75] Frage nach der Normativität des Verhaltens Jesu für aktuelle theologische Urteilsbildung, weil hier aus einem die Leser nicht mehr direkt angehenden Vorgang doch Gültiges für die Gegenwart ermittelt wird, vor allem in der Auslegung, die Jesus nach V. 17–23 seinen Jüngern gibt. Insofern entspricht der Umgang mit dieser Überlieferung schon im frühen Christentum unseren eigenen Versuchen einer Aktualisierung.

Mk 7,1–23 eignet sich aber auch umgekehrt in der Weise, daß hier auf einer späten Stufe Konsequenzen gezogen werden für eine der wichtigsten aktuellen Fragen des frühen Christentums, die Frage nämlich, was ein Christ essen dürfe und was nicht. Diese Frage nun wird in anderen Texten des Neuen Testaments von einem anderen Begründungszusammenhang her entschieden als dem der Autorität von Jesu Wort oder Verhalten, und auch Mk 7,19 stellt nur die Schlußfolgerung des Evangelisten aus einem Jesuswort dar.

Im folgenden geht es demnach um die doppelte Frage, wie theologische Urteilsbildung ihren Ansatz beim Verhalten Jesu selber sucht und wie andererseits theologische Urteilsbildung andere Ansätze braucht, die nicht einfach das Verhalten Jesu zur Norm erheben. Erforderlich ist dafür – nach der Übersetzung – ein Durchgang durch den Text Mk 7,1–23, bei dem sich ein mehrstufiger Prozeß von Aktualisierung und Typisierung ursprünglicher Jesusüberlieferung zeigen läßt wie bei kaum einem anderen Text.

(1) Und die Pharisäer und einige der Schriftgelehrten, die aus Jerusalem gekommen waren, versammeln sich bei ihm. (2) Und als sie sehen, daß einige seiner Jünger mit unreinen, d. h. mit ungewaschenen Händen die Brote essen[8], –
(3) Die Pharisäer nämlich und alle Juden essen nicht, wenn sie nicht (wenigstens) mit einer Handvoll[9] die Hände gewaschen haben, womit sie die Überlieferung der Alten festhalten; (4) und nach Rückkehr vom Markt essen sie nicht, ohne sich gewaschen zu haben[10], und es gibt vieles anderes, was zu halten ihnen überliefert worden ist: Waschungen von Bechern und Krügen und Kupfergeräten [und Lagerstätten][11]. [76]

[7] Vergleichbar sind die erläuternden Paraphrasen, die auch heute jeder Nacherzähler von Jesusgeschichten einfügen wird.

[8] Der Satz bleibt Anakoluth (gegen die Übersetzungen in der Luther-Revision von 1975, bei Gnilka, 274f, Pesch, 368) und wird auch in V. 5 nicht einfach wiederaufgenommen (so die Übersetzung von Schmithals, 340). Die Textüberlieferung zeigt, daß man später versucht hat, ein Hauptverb (κατέγνωσαν oder ἐμέμψαντο) einzufügen und/oder V. 5 mit ἔπειτα anzuschließen.

[9] Rätselhaft bleibt die Bedeutung von πυγμῇ (vgl. dazu M. Hengel, Mc 7,3 πυγμῇ: Die Geschichte einer exegetischen Aporie und der Versuch ihrer Lösung, ZNW 60 [1969], 182–198; S. M. Reynolds, A Note an Dr. Hengel's Interpretation of πυγμῇ in Mark 7,3, ZNW 62 [1971[, 295f); die Lesart πυκνά (= häufig) ist der Versuch, einen Sinn zu finden.

[10] Nestle/Aland[26] liest jetzt βαπτίσωνται mit der Mehrheit der Handschriften statt bisher ῥαντίσωνται.

[11] Nestle/Aland[26] hat jetzt καὶ κλινῶν im Text, wenn auch in eckigen Klammern („ist in seiner Zugehörigkeit zum ursprünglichen Text nicht gesichert", ebd., 6*).

(5) Und[12] die Pharisäer und die Schriftgelehrten fragen ihn: „Warum verhalten sich deine Jünger nicht entsprechend der Überlieferung der Alten, sondern essen das Brot mit unreinen Händen?"
(6) Er aber sagte zu ihnen: „Vortrefflich hat Jesaja über euch Heuchler geweissagt, wie geschrieben ist:
‚Dies Volk ehrt mich mit den Lippen,
ihr Herz aber ist weit weg von mir;
(7) vergeblich verehren sie mich,
indem sie als Lehren Menschensatzungen lehren' (Jes 29,13[13]).
(8) Ihr laßt das Gebot Gottes und haltet die Überlieferungen der Menschen fest."
(9) Und er sagte zu ihnen: „Vortrefflich tut ihr das Gebot Gottes ab, um eure Überlieferung hinzustellen.[14] (10) Mose nämlich hat gesagt: ‚Du sollst deinen Vater und deine Mutter ehren!' (Ex 20,12; Dtn 5,16), und: ‚Wer Vater oder Mutter schmäht, soll des Todes sterben!' (Ex 21,17). (11) Ihr aber sagt: ‚Wenn jemand zu seinem Vater oder seiner Mutter sagt: »Korban, d. h. Opfergabe ist, was du als Nutzen von mir hast!«[15] (12) – dann laßt ihr ihn gar nichts mehr tun für seinen Vater oder seine Mutter, (13) womit ihr das Wort Gottes außer Kraft setzt zugunsten eurer Überlieferung, die ihr überliefert habt. Und dergleichen tut ihr vieles."
(14) Und er rief wieder das Volk zusammen und sagte zu ihnen „Hört mich alle, und begreift! (15) Nichts gibt es, was von außerhalb des Menschen in ihn hineinkommt, das ihn verunreinigen kann; sondern diejenigen Dinge, die aus dem Menschen herauskommen, sind es, die den Menschen verunreinigen."[16]
(17) Und als er vom Volk weg ins Haus gegangen war, fragten ihn seine Jünger nach dem Gleichnis. (18) Und er sagt zu ihnen: „Seid auch ihr so unverständig? Versteht ihr nicht, daß alles, was von außen in den Menschen hineinkommt, ihn nicht verunreinigen kann, (19) weil es nicht ins Herz hineinkommt, sondern in den Bauch und in den Abort hinausgeht?", womit er alle Speisen für rein erklärte.[17] [77]
(20) Er sagte aber: „Das, was aus dem Menschen herauskommt, das verunreinigt den Menschen. (21) Von innen nämlich aus dem Herzen des Menschen kommen die bösen Gedanken,
Hurereien, Diebstähle, Morde, (22) Ehebrüche, Begehrlichkeiten, Bosheiten, Betrug,
Ausschweifung, böser Blick, üble Nachrede, Überheblichkeit, Dummheit,
(23) all dies Böse kommt von innen heraus und verunreinigt den Menschen."

Der Beginn der Geschichte V. 1 schon läßt ahnen, daß es zu einer Auseinandersetzung kommen wird: Die Pharisäer und einige Schriftgelehrte versammeln sich wieder einmal bei Jesus. Wo und wann das war, ist offenbar unerheblich; es ist eine typische Konstellation. Erneut interessiert sich auch Jerusalem für Jesus (vgl. 3,22). Anstoß erregt diesmal ein Verhalten einiger Jünger Jesu (V. 2): Mit unreinen Händen essen sie Brot[18]. Der Erzähler verwendet dabei den Fachausdruck κοινός und erklärt ihn sofort seinen Lesern: „d. h. mit ungewaschenen Händen"[19]. Die Leser also benötigen eine solche Erläuterung; sie können offenbar die hier dargestellte Konfliktsituation nicht mehr unmittelbar aus eigener Anschauung verstehen.

12 S. o. Anm. 8.

13 In der Fassung der Septuaginta, s. u. bei Anm. 32.

14 Nestle/Aland[26] jetzt στήσετε anstelle von τηρήσητε.

15 Nestle/Aland[26] jetzt ἐάν mit Konj. ὠφεληθῇς, nicht mehr Ind. ὠφελήθης (als Irrealis, so Blaß/Debrunner/Rehkopf § 360); vgl. dazu H. Krämer Eine Anmerkung zum Verständnis von Mt 15,6a, WuD 16 (1981), 67–70, hier 67 Anm. 1.

16 V. 16 fehlt im Sinaiticus, in B, in L, der ursprünglichen Fassung von Δ, 0274, 28 und in einem Teil der koptischen Übersetzungen; aus 4,23 ist er an dieser Stelle eingedrungen in A, D, W, Θ, die Minuskeln der Ferrar- und der Lake-Gruppe, sowie (nach Auflösung des Zeichens für „Mehrheitstext" in Nestle/Aland[26]) in K, Γ, 33, 565, 700, 892, 1010, 1241, 1424 und viele andere Minuskeln, die lateinische und syrische Überlieferung und einen Teil der koptischen.

17 Das Fragezeichen ist nicht wie in Nestle/Aland[26] nach βρώματα zu setzen, sondern bereits nach ἐκπορεύεται (so auch The Greek New Testament[3]); vgl. dazu auch unten bei Anm. 51.

18 Der Plur. „die Brote" erinnert an 6,44.52; vgl. Lambrecht, 45.

19 Vgl. Aristeas (s. u. Anm. 47), 305: „Wie es aber bei allen Juden Brauch ist, wuschen sie sich die Hände im Meer und wandten sich, sobald sie zu Gott gebetet hatten, der Lektüre und Interpretation der Stellen zu."

Und so bleibt V. 2 auch Anakoluth. Es folgt in den Versen 3f eine allgemeine Information über jüdische Sitten.[20] die in der Formulierung „die Pharisäer und *alle Juden*" zeigt, daß Erzähler und Leser sich nicht mehr zu den Juden rechnen, sie vielmehr als ein anderes Volk mit anderen Sitten verstehen. Aus V. 3 erfährt der Leser zunächst, daß das in V. 2 aus dem Blickwinkel der Gegner beschriebene Verhalten einiger Jünger dadurch anstößig ist, daß es vom üblichen Verhalten der Juden abweicht, und daß diese jüdische Sitte ihren Ursprung hat in der „Überlieferung der Alten". Darüber hinaus erfährt der Leser in V. 4 von weiteren in der Überlieferung – παραλαμβάνω ist dafür ja term. techn. – begründeten merkwürdigen Waschungen in bezug auf Mahlzeiten.

Nun erst kann dem Leser verständlich werden, daß eine scheinbar so unwesentliche Sache wie mit ungewaschenen Händen zu essen überhaupt zu einem ernsthaften Konflikt führen kann:[21] Es geht, so der Tadel in der Frage der Gegner in V. 5, beim Händewaschen um Grundsätzlicheres, nämlich um die Gültigkeit der „Überlieferung der Alten"; die Jünger stellen sich außerhalb der bei den Juden üblichen Verhaltensweisen, wenn sie mit ungewaschenen Händen das Brot essen. [78]

In dieser Exposition der Geschichte wird deutlich, daß das Thema des Konflikts, eben die Frage des Händewaschens, weder für den Leser noch für den Erzähler ein aktuelles Problem mehr ist. Die umständliche, zugleich pedantisch bestimmte Wörter wiederholende Darstellungsart zeigt das zur Genüge. Deutlich wird aber auch, daß der konkrete Einzelfall ins Grundsätzliche erhoben ist, zur Frage nach der Geltung der „Überlieferung der Alten".

Dies ist das Thema der folgenden Verse bis V. 13. Jesus antwortet zunächst mit einem Verweis auf Jesaja, der bereits Israel vorgeworfen habe, statt Gott zu verehren Menschengebote zu lehren (V. 6f). Das wird als Prophezeiung auf die Gegner Jesu bezeichnet, bei denen ebenso der Widerspruch von Lippen und Herz zu finden sei, die „Heuchler"[22] seien, d. h. etwas anderes vorspiegelten, als sie tatsächlich im Sinn haben, und d. h. (V. 8), daß sie in Wirklichkeit Menschenüberlieferung an die Stelle von Gottes Gebot setzen. In Jesu Antwort wird also aus der „Überlieferung *der Alten*" (V. 3.5) „Menschenüberlieferung", und diese *ist* dann Gegensatz zu *Gottes* Gebot.

Das ist deutlich eine Polemik, die den genannten konkreten Anlaß weit übersteigt: Aus der Frage nach dem Händewaschen ist nicht zu schließen, daß die Gegner Jesu das Gebot Gottes willentlich verlassen, um an *seine Stelle* „Menschenüberlieferung" zu setzen; höchstens setzen sie *neben* Gottes Gebot Überlieferung – Händewaschen ist ja im Gesetz nicht verboten! So folgt in V. 9–13 ein Beispiel, das zwar mit dem konkreten Anlaß nichts zu tun hat, wohl aber den Vorwurf von V. 8 an einem geeigneteren Fall belegen kann.

Auf der einen Seite steht hier das, was Mose im Elterngebot des Dekalogs und in einer Strafandrohung für Verletzung dieses Gebots gesagt hat (V. 10); im Gegensatz dazu steht eine jüdische Sitte (V. 11f), daß man seinen Eltern mit einer Weihungsformel etwas vorenthalten kann, das sie an sich beanspruchen können. Wieder gibt der Erzähler sei-

[20] Vgl. ähnlich die Einführung des Streitgesprächs über das Fasten in 2,18a.
[21] Vgl. Haenchen, 262.
[22] Vgl. dazu G. Bornkamm, Art. „Heuchelei", RGG^3 III, 305f.

nen Lesern eine Erläuterung eines Fachausdrucks, hier des hebräischen *korban* als griechisch δῶρον = „Opfergabe"[23]. Mit der zitierten Sitte, so der Vorwurf, werde Gottes Gebot durch die jüdische Überlieferung außer Kraft gesetzt, und das sei, so heißt es weiter, kein Einzelfall, sondern nur ein Beispiel für viele.

Was also ist die „Überlieferung der Alten" bzw. „Menschenüberlieferung" inhaltlich? Offenbar die jüdische mündliche Überlieferung im Unterschied zum geschriebenen Gesetz des Pentateuchs.[24] Beides besaß nach pharisäischer Anschauung freilich gleiche Dignität, weil nicht nur die geschriebene Tora, sondern auch die mündlich überlieferte Tora auf die Sinaioffenbarung [79] zurückging,[25] während hier in Jesu Antwort Mose und die Überlieferung in einen strikten Gegensatz gestellt sind. Der Streitfall entzündet sich in V. 2 nicht an einer Verletzung von Vorschriften des geschriebenen Gesetzes – man findet in den Textausgaben bei V. 3f keinerlei Hinweis auf alttestamentliche Stellen! Vielmehr geht es beim Händewaschen wie bei der in V. 11f zitierten Möglichkeit um Bestimmungen der mündlichen Überlieferung,[26] für die man sich üblicherweise bei Billerbeck orientiert, und dort findet man auch in der Tat etliche Informationen.[27]

Dabei zeigt sich im Vergleich, wie pauschal die Kenntnisse sind, die der Erzähler in V. 2–4 weitergibt – schon die Erläuterung von κοινός durch „ungewaschen" statt durch den kultischen Terminus „unrein" (ἀκάθαρτος)[28] in V. 2 banalisiert das Problem, und die in V. 3f als allgemein im Judentum verbindlich geschilderten Maßnahmen wird schon ein damaliger Leser ebenso verwundert zur Kenntnis genommen haben wie wir heute, ein jüdischer Leser dabei wegen der Ungenauigkeit, ein griechischer wegen der Fremdartigkeit.[29] Genau informiert hingegen erscheint der Erzähler in V. 11f bis in den Wortlaut der Weihungsformel hinein.[30] Das alles entspricht dem auch sonst zu beobachtenden Tatbestand, daß Mk nur sehr allgemein über das Judentum und die Verhältnisse in Palästina zur Zeit Jesu informiert ist.[31] wenn ihm nicht seine Überlieferung Detailkenntnisse vermittelt. Muß Mk hingegen Informationslücken selbst auffüllen oder Verknüpfungen herstellen, geschieht das sehr pauschal.

[23] Das entspricht der Wiedergabe von *korban* in LXX und bei Josephus (s. W. Bauer, Wb^5, 878).

[24] Vgl. Haenchen, 262; Schweizer, 83; dagegen Schmithals, 342.

[25] S. den bekannten Beginn des Mischnatraktates Avot: „Mose erhielt das Gesetz vom Sinai und übergab es Josua und Josua den Ältesten und die Ältesten den Propheten, und die Propheten übergaben es den Männern der großen Versammlung."

[26] Auch in V. 11f steht nicht Gesetz gegen Gesetz; gegen Pesch, 375f u. a., die hier Num 30,3 aufgehoben sehen: „Wenn ein Mann Jahwe ein Gelübde tut oder einen Eid schwört, sich eine Enthaltung auferlegen zu wollen, so soll er sein Wort nicht brechen; genau wie er es ausgesprochen hat, soll er es halten" (Zürcher Bibel). Aber weder geht es um dieses spezielle Enthaltsamkeitsgelübde, noch geht es auf der anderen Seite um Gelübde überhaupt.

[27] Billerbeck I, 695–705.711–717.

[28] Vgl. F. Hauck, ThWNT III, 797,22–25.

[29] Vgl. Schweizer, 83.

[30] Vgl. dazu K. H. Rengstorf, Art. κορβᾶν, κορβανᾶς, ThWNT III, 860–866, bes. 862f; J. A. Fitzmyer, The Aramaic *qorbān* inscription from Jebel Ḫallet eṭ-Ṭûri and Mk 7:11/Mt 15:5, in: ders., Essays on the Semitic Background of the New Testament, 1971, 93–100.

[31] Vgl. K. Niederwimmer, Johannes Markus und die Frage nach dem Verfasser des zweiten Evangeliums, ZNW 58 (1967), 172–188, bes. 183f.

Der Vorwurf lautet also: Die Juden haben an die Stelle des Gebotes Gottes oder Wortes Gottes ihre eigenen menschlichen Überlieferungen gesetzt („*eure* Überlieferung“ V. 9.13!); die Christen beanspruchen dann dagegen, sich an Gottes Gebot zu halten. Die Geschichte reflektiert also deutlich [80] das Gegenüber von Juden und Christen; freilich stellt sich hier nicht die grundsätzliche Frage nach der Bedeutung des Gesetzes überhaupt wie bei Paulus oder auch Matthäus. Jesu Wort entbindet nur, das aber eindeutig, von den nicht im Gesetz geschriebenen Geboten und verweist auf das Gebot Gottes in der Fassung, wie „Mose gesagt hat“ (V. 10), also die geschriebene Tora.

Das entscheidende Argument wird dabei aus dem Jes-Zitat gewonnen; das geht aber nur, wenn man sich auf die LXX-Fassung von Jes 29,13 bezieht, nicht beim hebräischen Text:[32]

hebräischer Text	Jes 29,13	LXX
Weil		
dieses Volk mit seinem Mund sich nähert		Dieses Volk nähert sich mir,
und mit seinen Lippen mich ehrt,		mit ihren Lippen ehren sie mich,
aber sein Herz von mir entfernt[33]		ihr Herz aber ist weit von mir entfernt;
und ihre Furcht[34] vor mir		vergeblich aber verehren sie mich,
angelerntes Menschengebot[35] ist,		weil sie menschliche Gebote und Lehren lehren.
deshalb ...		

Zum einen ist der zitierte Satz nur im griechischen Text ein finiter Satz, im hebräischen hingegen der vorangestellte Begründungssatz für eine Strafandrohung; vor allem aber wird allein in der LXX der Vorwurf erhoben, dies Volk lehre menschliche Gebote und Lehren, während im hebräischen Text der Vorwurf lautet: nur äußerliche (Mund, Lippen!) angelernte Furcht Gottes statt einer wirklichen aus dem Herzen kommenden. Die Fassung des Jes-Zitates in Mk 7,6b.7 verdeutlicht die Tendenz der LXX, indem nun gar nicht mehr von einem „sich nähern“ gesprochen wird und die letzte Zeile durch die Umstellung und die Auslassung des *καί* verschärft ist:

Mk 7,6b.7	Jes 29,13	LXX
οὗτος ὁ λαὸς		Ἐγγίζει μοι ὁ λαὸς οὗτος,
τοῖς χείλεσίν με τιμᾷ,		τοῖς χείλεσίν αὐτῶν τιμῶσιν με,
ἡ δὲ καρδία αὐτῶν πόρρω ἀπέχει ἀπ᾽ ἐμοῦ·		ἡ δὲ καρδία αὐτῶν πόρρω ἀπέχει ἀπ᾽ ἐμοῦ·
μάτην δὲ σέβονταί με		μάτην δὲ σέβονταί με
διδάσκοντες διδασκαλίας ἐντάλματα		διδάσκοντες ἐντάλματα ἀνθρώπων
ἀνθρώπων.		καὶ διδασκαλίας.

[32] Vgl. Taylor, 337f (unsicher); Nineham, 189.194f; Haenchen, 262;. Schweizer, 81; Hübner, Gesetz, 144; Lambrecht, 50f, u. a.; gegen Pesch, 373: „Keinesfalls kann man behaupten, das Zitat habe Beweiskraft nur auf der Grundlage der LXX; allerdings ist beim Übersetzungsvorgang Orientierung an LXX anzunehmen.“

[33] 1QJes[a]: „fern ist“.

[34] 1QJes[a]: „die Furcht“.

[35] 1 QJes[a]: „wie angelerntes Menschengebot“.

Daraus ist zu schließen, daß jedenfalls V. 6–8 nicht auf Jesus selber zurückgehen, sondern erst formuliert sein kann, als die Jesusüberlieferung bereits in den griechischen Sprachraum übergegangen war und die LXX, nicht mehr ein hebräischer (oder aramäischer[36]) Text, die übliche Textform war. Die in V. 11f zitierte Sitte hingegen verweist recht genau auf palästinische Verhältnisse, so daß hier durchaus ein echtes Jesuswort vorliegen kann. Dieses aber hat einerseits, wie bemerkt, nichts mit der in der Exposition vorausgesetzten Situation zu tun, und es erscheint andererseits nun als Beispiel für das dieser Exposition übergelagerte Thema „Überlieferung der Alten" bzw. „Menschenüberlieferung". Es handelt sich dann bei V. 11f um ein ursprünglich isoliertes Wort, das erst sekundär in diesen Kontext gekommen ist[37].

Die Situation von V. 2 ihrerseits kann nicht aus V. 6–13 herausgesponnen sein, da sie erst über die Generalisierung auf das Thema „Überlieferung der Alten" in V. 3.5 dazu in Verbindung gebracht wird. So ist es am wahrscheinlichsten, daß ein ursprüngliches Streitgespräch – wenn man ein solches auf einer Stufe vor dem Übergang in den griechischen Sprachbereich annehmen will[38] – in der Weise begann, daß einige der Jünger Jesu mit (nach pharisäischen Maßstäben) unreinen Händen Brot aßen (in etwa V. 1f) und die Pharisäer deshalb Jesus fragten, warum sie das täten (V. 5 ohne das Thema „Überlieferung der Alten"); das entspräche dem Beginn des Streitgesprächs über das Fasten Mk 2,18ff.

Auf diese Frage antwortet aber nicht V. 6–13, sondern erst V. 15:

„Nichts gibt es, was von außerhalb des Menschen in ihn hineinkommt,
das ihn verunreinigen kann;
sondern diejenigen Dinge, die aus dem Menschen herauskommen,
sind es, die den Menschen verunreinigen."

Hier ist das Stichwort κοινός (V. 2.5) mit κοινόω wieder aufgenommen[39] und die Frage der Gegner beantwortet. Es ergibt sich also ein ursprüngliches Streitgespräch V. 1f (Anlaß), V. 5 (Einwand), V. 15 (Regelwort Jesu). Dies ist [82] zunächst durch V. 6–13 – bereits im Bereich der griechischsprachigen Jesusüberlieferung – erweitert worden um das Thema „Überlieferung der Alten". Im jetzigen Kontext steht vor V. 15 der Szenenwechsel in V. 14: Die Auseinandersetzung mit den Gegnern ist mit V. 13 abgeschlossen; Jesus wendet sich nun mit dem Regelwort an das Volk,[40] aber das ist im jetzigen Kontext dann eigentlich nur der Anlaß für die folgende Jüngerbelehrung V. 17–23. Erkennbar sind also zwei Stufen der Weitergabe dieses Textes: Das ursprüngliche Thema „Reinheit" wird überlagert durch das der Gültigkeit der mündlichen Überlieferung gegenüber dem ge-

[36] Das Targum steht an dieser Stelle sehr viel näher bei MT als bei LXX.

[37] Formal erinnert V. 11f an die Antithesen der Bergpredigt.

[38] Verzichtet man darauf, ist das Streitgespräch von Anfang an auf der Ebene der Auseinandersetzung mit dem hellenistischen Judentum zu interpretieren.

[39] Das ist mehr als ein bloßer Stichwortanschluß (so Kümmel, 37), der nur zwei unterschiedliche Stücke verbände.

[40] Übrigens zeigt sich hier sehr deutlich, wie stilisiert solche Geschichten erzählt sind: Das Volk wird herangerufen, nur um diesen einen, mit dem Weckruf bedeutungsvoll angekündigten Satz zu hören, und danach ist vom Volk nur noch insofern die Rede, daß es gar nicht versteht, was gesagt ist (V. 18a).

schriebenen Gesetz. Hinzu kommt dann mit der Jüngerbelehrung, wie wir sehen werden, noch eine dritte Stufe, auf der die Überlieferung noch einmal neu aktualisiert wird.

Die hier vertretene literarkritische Analyse ist nicht unbestritten. Sie kann sich vor allem auf K. Berger und J. Lambrecht berufen;[41] vorherrschend scheint aber eine thematische Trennung zwischen V. 1–13 (Thema: Händewaschen) und V. 14–23 (Thema: Nahrungsmittel).[42] Vor allem H. Hübner hat mit Hinweis auf den Szenenwechsel in V. 14 behauptet, V. 1f.5.15 als ursprüngliches Streitgespräch anzusehen verstieße gegen alle formgeschichtlichen Erkenntnisse.[43] Dieser Einwand läßt sich schnell widerlegen durch einen Vergleich mit anderen Streitgesprächen. Dabei ist natürlich einzuräumen, daß nirgends sonst die eigentliche Antwort Jesu, das Regelwort, erst nach einem Szenenwechsel kommt. Doch geht es bei der literarkritischen Analyse ja nicht um den jetzigen Mk-Text, sondern um eine seiner Vorstufen; Mk selber sieht natürlich V. 6–13 als Antwort auf V. 5, aber damit als Antwort auf die Frage der Gültigkeit der Überlieferung, und das ist ja erst eine Generalisierung des ursprünglichen Anlasses.

Was nun unseren Text von allen anderen Streitgesprächen unterscheidet, ist, daß die Frage des Händewaschens ein Problem ist, das bei den Lesern als solches nicht mehr aktuell ist, wie sich an den Erläuterungen zeigt. Das ist anders bei Sündenvergebung, Fasten, Sabbat, Ehescheidung usw., wo das abschließende Wort Jesu gegenwärtige Praxis christlicher Gemeinden legitimiert. Unser Text hingegen ist deshalb das umfangreichste aller Streitgespräche, weil hier versucht wird, aus einem uninteressant gewordenen Fall dennoch Gültiges für die Gegenwart zu folgern. Das geschieht in V. 6–13 zunächst in bezug auf die Gültigkeit jüdischer, nicht im geschriebenen Gesetz [83] verankerter Überlieferung, und das geschieht dann in anderer Weise noch einmal in der folgenden Jüngerunterweisung. Die inhaltliche Verschiebung bedingt daher eine Veränderung der ursprünglichen Form des Textes.

Die nun neu eingeführte Antwort Jesu in V. 15 hat die für die Jesusüberlieferung nicht untypische Form eines zweigliedrigen Regelsatzes, wobei die beiden Satzhälften mit „nicht ... sondern" parallel gegeneinander formuliert sind.[44] Diese Form des Regelsatzes stammt aus der Weisheit, der es darum geht, Zusammenhänge als nach typischen Regelmäßigkeiten verlaufend zu erfassen. Sie beziehen sich auf Erfahrung, ohne doch ständig voll und ganz von der Erfahrung gedeckt zu sein. Wegen der Mehrdeutigkeit der Erfahrung müssen auch Erfahrungsregeln mehrdeutig sein, ja können sich geradezu widersprechen.

41 Berger, 463; Lambrecht, 66; schon Mt verstand den Text als Einheit, wie seine Schlußbemerkung 15,20b zeigt.

42 Vgl. Bultmann, a.a.O. (Anm. 5), 15; Kümmel, 120; Pesch, 367; Gnilka, 276f.

43 NTS, 323.

44 Die Fassung in ThEv 14 steht mit dem Stichwort „Mund" näher bei Mt 15,11 als bei Mk 7,15: „Denn was hinein geht in euren Mund, wird euch nicht verunreinigen. Aber was aus eurem Munde heraus kommt, das ist es, was euch verunreinigen wird" (Übersetzung von W. Till in: Evangelium nach Thomas, koptischer Text hg. und übers. von A. Guillaumont u. a., 1959).

W. Schmithals hat diesem Jesuswort vorgeworfen, es sei „banal“[45]. Mag man auch Verständnis für Vorbehalte gegenüber „allgemeinen Weisheiten“ haben, so verkennt solche Kritik doch, wie hintergründig dieses Wort ist.[46] Ob es der Erfahrung widerspricht, mag dahingestellt sein; wohl aber widerspricht es energisch dem Wunsch, wie die Erfahrung eigentlich sein sollte, denn eher würde bis heute unreflektierte Zustimmung finden, wer behauptet, daß der Mensch durch von außen kommende Dinge verunreinigt wird, als derjenige, der wie Jesus hier sagt, daß es der Mensch selber ist, von dem Verunreinigung ausgeht.

Die jüdischen Überlieferungen über „rein und unrein“ müssen uns fremd erscheinen, und sie waren es wohl schon Mk und seinen Lesern. Doch erscheinen sie in einem ganz anderen Licht, wenn man neben die fast karikierende Erläuterung des Mk in V. 3f stellt, was in einer jüdischen Schrift, die sich an heidnische Leser wendet, dazu gesagt ist. Im Aristeasbrief[47] meint der Hohepriester Eleazar zu der Frage, „was es mit den Bestimmungen in der [84] Gesetzgebung über Speisen und Getränke sowie über die als unrein angesehenen Tiere auf sich hat“ (128): „Da nun der Gesetzgeber als Weiser, der von Gott zur Erkenntnis aller Dinge befähigt wurde, (dies) alles klar erkannte, umgab er uns mit undurchdringlichen Wällen und eisernen Mauern, damit wir uns mit keinem anderen Volk irgendwie vermischen, (sondern) rein an Leib und Seele bleiben und – befreit von den törichten Lehren – den einzigen und gewaltigen Gott überall in der ganzen Schöpfung verehren“ (139).

Das Gesetz Mose also schützt davor, angesteckt zu werden von der außerhalb des Gesetzes lauernden Unreinheit – Götzendienst, Unmoral usw. Jesu Wort stellt das auf den Kopf: Das Gesetz schützt nicht mich vor der Unreinheit der anderen, sondern die anderen vor der von mir ausgehenden Unreinheit – auf diesen Nenner läßt sich m. E. Jesu Gesetzesverständnis überhaupt bringen: Das Gesetz schützt nicht mich vor den anderen, sondern die anderen vor dem, wozu ich fähig bin. Es ist hier nicht möglich, auf den breiten Fächer von Bestimmungen des Gesetzesverständnisses Jesu einzugehen, der von Verschärfung des Gesetzes bis zu Aufhebung reicht. Mir scheint, daß das Gesetz zunächst die selbstverständliche Voraussetzung der Verkündigung Jesu war und daß er in diesem Rahmen wie ein Prophet wirkte, der Gottes Recht zur Geltung bringen will; es ging darum, wie Israel mit dem ihm bekannten Gotteswillen umgeht. Die Frage des Gesetzes ist daher keine programmatische;[48] dazu wird sie im frühen Christentum erst,

45 Schmithals, 344: „Als Bild ist 15 in sich eindeutig; es spricht nicht von einer kultischen, sondern von der natürlichen Verunreinigung und trifft die banale Feststellung, daß nicht die genossenen Speisen, sondern die Ausscheidungen der Verdauungsorgane den Menschen beschmutzen“ – diese Auslegung ist aber deutlich von V. 18f bestimmt.

46 Vgl. E. Käsemann zu den Weisheitsworten in der Jesusüberlieferung generell: „Immerhin sind einige Sprüche so paradox formuliert oder zusammengestellt, daß eben das für Echtheit sprechen könnte“, Das Problem des historischen Jesus, 1954, in: ders., Exegetische Versuche und Besinnungen I, 1960, 187–214, 209.

47 Diese Schrift stammt wahrscheinlich aus der zweiten Hälfte des 2. Jh.s v. Chr.; ich zitiere die Übersetzung von N. Meisner, JSHRZ 2.1, 1973, 35–85.

48 Vgl. bes. H. Braun, Spätjüdisch-häretischer und frühchristlicher Radikalismus II, BHTh 24.2, 1957, 7–14.

nachdem man über den Bereich hinausgegangen war, in dem das Gesetz solche selbstverständliche Voraussetzung war.

V. 15 leitet also aus dem in V. 1f dargestellten Vorfall eine allgemeine Regel ab, die nicht allein für diesen Sonderfall gilt, sondern grundsätzlichere Bedeutung hat; nicht anders ist es in den anderen Konfliktgeschichten auch. Bezugsrahmen für V. 15 aber sind die – in verschiedenen Gruppen des Judentums verschieden gefaßten – Bestimmungen des Gesetzes über „Reinheit". Da jedoch in diesem Fall, wie nun schon öfters betont, die Ausgangssituation keine aktuelle Bedeutung mehr besitzt, hat auch V. 15 für sich genommen keine wirklich aktuelle Füllung und ist nicht mehr auf konkrete Anwendung hin formuliert, sondern wird aus der Auseinandersetzung des Streites mit den Gegnern herausgenommen und zu einem allgemeinen an die Menge gerichteten Wort.[49] [85]

Konkretion wird diesem Satz erst gegeben durch Jesu Auslegung V. 17–23. Vorbild dafür ist der Wechsel aus der Öffentlichkeit in den Jüngerkreis in 4,1–34 mit der dort gegebenen „authentischen" Auslegung der Gleichnisse. An Mk 4 hatte schon der Aufruf zum Hören und Verstehen in V. 14 erinnert (vgl. 4,3.12), erst recht nun V. 17 (vgl. 4,10): die Frage der Jünger nach dieser παραβολή und der Vorwurf Jesu in V. 18a, daß die Jünger so unverständig sind (vgl. 4,13). Schon frühe Abschreiber haben dazu noch aus 4,9. 25 den Weckruf „Wer Ohren hat zu hören, der höre" am Abschluß der Rede Jesu eingeschoben; das ist der fehlende V. 16. Die handschriftliche Bezeugung läßt es nicht geraten erscheinen, diesen Satz für ursprünglich hierher gehörig zu halten.[50]

Die Auslegung geschieht nun so, daß die beiden Satzhälften von V. 15 je für sich nur leicht variiert wiederholt werden: V. 15a in V. 18b, V. 15b in V. 20, worauf jeweils eine Begründung folgt:

V. 15a οὐδέν ἐστιν ἔξωθεν τοῦ ἀνθρώπου εἰσπορευόμενον εἰς αὐτόν
ὃ δύναται κοινῶσαι αὐτόν

V. 18b πᾶν τὸ ἔξωθεν εἰσπορευόμενον εἰς τὸν ἄνθρωπον
οὐ δύναται αὐτόν κοινῶσαι

V. 15b ἀλλὰ τὰ ἐκ τοῦ ἀνθρώπου ἐκπορευόμενά ἐστιν
τὰ κοινοῦντα τὸν ἄνθρωπον

V. 20 τὸ ἐκ τοῦ ἀνθρώπου ἐκπορευόμενον,
ἐκεῖνο κοινοῖ τὸν ἄνθρωπον

V. 23 πάντα ταῦτα τὰ πονηρὰ ἔσωθεν ἐκπορεύεται
καὶ κοινοῖ τὸν ἄνθρωπον

schließlich als Wiederholung.

[49] Der Vieldeutigkeit von V. 15 entspricht die große Spannweite der Auslegungen, z. B. von E. Käsemann (Jesus „hebt die für die gesamte Antike grundlegende Unterscheidung zwischen dem Temenos, dem heiligen Bezirk, und der Profanität auf und kann sich deshalb den Sündern zugesellen"; a.a.O. [Anm. 46], 207) bis J. Jeremias („Dieses Wort, … das in seiner Radikalität im Judentum analogielos ist, besagt, daß die Zungensünde das einzige Verunreinigende ist, das es überhaupt gibt"; Neutestamentliche Theologie I, 1971, 149).

[50] Vgl. o. Anm. 16. Im Anschluß an Berger, 479, aus formgeschichtlichen (!) Gründen für ursprünglich gehalten auch von Gnilka, 275, Anm. 1; Schmithals, 343.

Der erste Teil von V. 15: „Nichts gibt es, was von außerhalb des Menschen in ihn hineinkommt, das ihn verunreinigen kann“, wird in V. 19 sehr drastisch damit erklärt, daß das Herz des Menschen davon nicht berührt wird, sondern sein Bauch, von wo es in den Abort wandert. An dieser Stelle, hinter ἐκπορεύεται (V. 19), ist das Fragezeichen zu setzen;[51] was folgt, καθαρίζων πάντα τὰ βρώματα, ist Kommentar des Erzählers, denn syntaktisch ist καθαρίζων nur auf das Subjekt von λέγει[52] am Beginn von V. 18 zu beziehen: „womit (Jesus) alle Speisen für rein erklärte“[53].

Der Erzähler folgert also aus dem Wort Jesu und der hier gegebenen Begründung, daß es für Christen keinen Unterschied zwischen reinen und [86] unreinen Speisen mehr geben könne. Gegenüber der Ausgangssituation V. 1f, *wie* zu essen sei, kommt das Problem in den Blick, *was* gegessen werden darf. Das bedeutet keine „Einschränkung“ des Jesuswortes von V. 15,[54] sondern aktualisiert das ursprüngliche Streitgespräch auf eines der Grundprobleme des frühen Christentums, das überall da aufbrach, wo Juden- und Heidenchristen sich gemeinsam an einen Tisch setzten, und dort, wo man nicht wußte, ob man auch Fleisch essen durfte, das möglicherweise aus einem heidnischen Tempel stammte oder sonst in irgendeiner Weise nicht jüdischen Schlachtvorschriften entsprach.

Das aber war ein Problem, das sich in dieser Weise Jesus und den in Palästina lebenden Jüngern gar nicht stellen konnte, da es dort prinzipiell nur im Sinne des Gesetzes „reines“ Fleisch gab und kaum Gefahr bestand, sich mit Nichtjuden an einen Tisch zu setzen; Jesu Gesetzeskritik unterscheidet sich insofern fundamental von den Versuchen zweihundert Jahre zuvor, durch demonstratives Schweinefleischessen und provokativen Umgang mit Heiden die Mosetora außer Kraft zu setzen.[55] Hier entstand nur die Frage, ob die Nahrungsmittel nach dem engeren oder weiteren Maßstab der Gesetzespraxis als rein betrachtet werden konnten oder nicht und entsprechend die Tischgenossen. Es ging um eine „relative“ Reinheit in bezug auf den vorausgesetzten Bezugsrahmen der Tora, nicht wie in Mk 7,19 um eine „absolute“.

Die christlichen Gemeinden aber standen sofort und ständig vor dem prinzipiellen Problem, wie und was man essen darf, sobald sie die Grenzen Palästinas überschritten und auch ehemalige Nichtjuden in ihre Gemeinschaft aufnahmen. Es ist dies denn auch, wenn ich recht sehe, das im Neuen Testament am häufigsten erörterte Thema. Dafür gab es keine eindeutige Weisung Jesu und konnte es auch gar nicht geben. In Mk 7,19 scheut sich ja auch der Erzähler, das in ein Jesuswort umzusetzen – „deshalb sind alle Speisen rein“ –, gibt vielmehr seine eigene Schlußfolgerung; die aber konnte dann durchaus auch bestritten werden. Mk 7,19 ist insofern singulär in den synoptischen Evangelien,[56] und schon Mt läßt diese kommentierende Bemerkung aus (15,17).

Auch wo sonst im Neuen Testament dazu Stellung bezogen wird, beruft sich niemand auf ein Jesuswort, und sei es nur indirekt wie bei Mk. In Apg 10,11–16 (vgl. 11,5–9) ist es

51 S. o. Anm. 17.
52 Wegen des δέ nicht aber auf ἔλεγεν am Beginn von V. 20; gegen die Übersetzung von Pesch, 373.
53 Vgl. Lambrecht 63 u. a.; es ist aber nicht, wie Lohmeyer, 142 + Anm. 3, meinte, eine späte Glosse.
54 Gegen Merkel, 352; Gnilka, 277.285.
55 Vgl. dazu E. Bickermann, Der Gott der Makkabäer, 1937.
56 Häufig findet man solche kommentierenden Bemerkungen des Erzählers hingegen in Joh.

eine Himmelsstimme, die Petrus die Vision der unreinen Tiere als Erlaubnis deutet, zu den Heiden zu gehen. Bei Paulus wird der Satz, daß grundsätzlich alles, auch alle Speisen, rein sei, damit begründet, daß alles von dem einen Gott kommt (1Kor 8,6; 10,26). In Kol 2,20–23 und in den Pastoralbriefen (1Tim 4,3f; Tit 1,14f) wird der offen- [87] bar nun schon feststehende Grundsatz, daß bei Speisen keine Unterscheidung vorzunehmen sei, verteidigt gegen andere Anschauungen, hinter denen entweder eine striktere Bindung der Christen an das Gesetz oder neue christliche Sitte steht.

Andererseits enthält nämlich das Aposteldekret Apg 15,29 (vgl. 15,20; 21,25) eine Regelung gerade in der Richtung, daß auch den Heidenchristen das Essen von Opferfleisch und anderen nicht nach jüdischem Ritus geschlachteten Tieren verboten wird. Noch der Bericht des Plinius an den Kaiser Trajan zeigt, daß mit der Ausbreitung des Christentums der Fleischhandel der Tempel merklich zurückgegangen war; er meldet dem Kaiser als Erfolg seiner Taktik in der Behandlung der Christen, „daß an verschiedenen Orten Fleisch der Opfertiere wieder verkauft werden kann, für das bisher nur selten Käufer gefunden werden konnten“[57]. Im frühen Christentum kommt es – abgesehen nur von korinthischen. Enthusiasten – nicht zu einer *demonstrativen* Überschreitung der Speisevorschriften des Gesetzes trotz der sich überall durchhaltenden Erkenntnis, daß grundsätzlich alles rein ist und es keine unreinen Nahrungsmittel gibt. Zu dieser These kommt man aber nicht, weil Jesus das so gesagt hat, sondern, wie sich zeigen wird, von anderen Voraussetzungen her.

Auch mit dieser kommentierenden Bemerkung am Schluß von V. 19 stoßen wir also wieder, wie schon bei der Aktualisierung der Frage des Händewaschens, auf das Problem der Geltung der „Überlieferung der Alten“ bei dem Stadium der Jesusüberlieferung, das die sozialen und kulturellen Bedingungen außerhalb Palästinas zur Voraussetzung hat, aber auch dort weiter in der Auseinandersetzung mit dem Judentum bleibt. Das Wort Jesu wird bezogen auf neue, bei Jesus selbst noch gar nicht in den Blick kommende Fragen.

Die Auslegung der zweiten Hälfte des Jesuswortes V. 15b = V. 20 in V. 21–23 interpretiert die Frage der „Reinheit“ ganz im ethischen Sinn. Das hat seine Vorbilder im hellenistischen Judentum, wie sich mit dem Aristeasbrief und Philon von Alexandrien belegen läßt[58] – auch das ein Hinweis auf die Überlieferung der Jesusworte in diesen Bereich hinein. Der „Lasterkatalog“, der einzige übrigens in den Evangelien, ist kunstvoll gegliedert: Auf den Sammelbegriff οἱ διαλογισμοὶ οἱ κακοί folgen zwölf falsche Verhaltensweisen,[59] die ersten sechs bis πονηρία (V. 22) im Plural, die folgenden sechs ab δόλος im Singular. Das weist auf bewußte literarische Gestaltung. Solche Listen haben nie abschließenden Chrarakter, etwa in dem Sinn, daß erlaubt [88] sei, was hier nicht ausdrücklich genannt werde. Vielmehr weist die Zwölfzahl auf den umfassenden Sinn der Reihe.[60] In V. 23 schließlich ist das ganze noch einmal zusammengefaßt als πάντα ταῦτα τὰ πονηρά

[57] Plinius, epist. X 96,10; Übersetzung von A. Wlosok, Rom und die Christen, 1970, 33.

[58] Vgl. Berger, 465–468.

[59] Vgl. Lambrecht, 64: „and the list as a whole stresses acts rather than mere inner attitudes.“

[60] Grundlage der Reihe ist aber bei Mk nicht der Dekalog; gegen Berger, 479; Gnilka, 285. Mt reduziert die Reihe auf sieben Glieder, die der zweiten Tafel des Dekalogs folgen (15,19).

und wird dann der Satz V. 15b bzw. 20 abschließend noch einmal wiederholt. Auch V. 23 hat die Tendenz der Generalisierung, die den Text insgesamt beherrscht.[61]

In beiden Auslegungen begegnet in V. 19 und 21 gegenüber dem ausgelegten Satz V. 15 betont „Herz", und zwar als Begriff für das bewußte menschliche Wollen und Verhalten. Das wird kein Zufall sein, sondern weist zurück auf das Jes-Zitat in V. 6 mit seinem Gegensatz von „Herz" und „Menschenüberlieferungen";[62] es geht um den Menschen als ganzen, der sich an Gottes Gebot orientieren soll, und das also ist der Anspruch der sich hier abzeichnenden christlichen Überlieferung: Gottes Forderung mehr gerecht zu werden als die jüdische Überlieferung.

Deutlicher als bei anderen Texten läßt sich in Mk 7,1–23 der Weg der Überlieferung von Jesus bis zu dem uns vorliegenden Evangelium verfolgen. Am Anfang steht eine Auseinandersetzung über die Frage des Händewaschens als eines Reinigungsaktes. Das Verhalten der Jünger wird von Jesus gerechtfertigt in der als Regelsatz formulierten Antwort V. 15. Schon diese als Grundlage angenommene Szene ist in hohem Grade stilisiert: keine Orts- oder Zeitangabe: *die* Pharisäer, *einige* (welche?) Jünger; man erfährt nicht, wie die Gegner darauf reagiert haben, erst recht nichts über innerjüdische Diskussionen zu dieser Frage. Das *ist* im wesentlichen alles typisch für die Streitgespräche; ihre Tradenten berichten nicht neutral, sondern mit deutlicher Sympathie für diesen Jesus, und der hat immer das letzte Wort.

Ihnen liegt aber vor allem an dem aus der einmaligen vergangenen Situation abgeleiteten Regelwort, das bleibende Gültigkeit besitzt. Es mag so etwas passiert sein,[63] die Szene braucht nicht aus dem Jesuswort herausgesponnen zu sein; dennoch erfahren wir wenig mehr als das Wort Jesu, sonst nur Typisches, nicht Spezielles, nur Allgemeines, nichts Einmaliges. Solche Regelworte können auch unabhängig von einer Geschichte verwendet werden, wie z. B. Paulus mit dem Herrenwort über die Ehescheidung argumentiert (1Kor 7,10f), ohne dazu eine erzählerische Einkleidung zu geben, und sie finden sich in der Jesusüberlieferung auch unabhängig von Streitgesprächen. Das bedeutet aber nicht, daß die Exposition in *allen* Streitgesprächen [89] sekundär sein muß,[64] ebenso ist es möglich, daß Regelworte von Anfang an im Kontext solcher Geschichten verankert waren und sekundär aus ihm gelöst wurden.

Das Wort Jesu in V. 15 erfüllt dabei durchaus die strengen Maßstäbe, die man üblicherweise anlegt, wenn man nach „echten" Jesusworten sucht:[65] unableitbar aus dem Juden-

[61] Vgl. Lambrecht, 41.

[62] Das spricht für eine Angleichung an den Kontext und nicht dafür, V. 18.20 für eine ursprünglichere Fassung gegenüber V. 15 zu halten.

[63] So vor allem Pesch, 376, entsprechend der durchgehenden Tendenz seines Kommentars, „historisch zuverlässige Information" zu finden; jedoch nimmt er dabei gerade typisierende Züge in der Darstellung (s. zu V. 1 370) als „merkwürdig konkret".

[64] Auch Bultmanns Begriff „ideale Szene" (s. o. Anm. 5) schließt das nicht aus (vgl. a.a.O., 56), sondern macht auf die Überlieferung des Textes aufmerksam.

[65] Vgl. das Minimalkriterium von E. Käsemann (a.a.O. [Anm. 46], 205): „Einigermaßen sicheren Boden haben wir nur in einem einzigen Fall unter den Füßen, wenn nämlich Tradition aus irgendwelchen Gründen weder aus dem Judentum abgeleitet noch der Urchristenheit zugeschrieben werden kann, speziell dann, wenn die Judenchristenheit ihr überkommenes Gut als zu kühn gemildert oder umgebogen hat." Als Exempel dient (ebd., 207) gerade Mk 7,15. Kümmel, 127f, verweist darauf, daß das Verhalten Jesu eben-

tum, ohne doch bereits christologische Reflexion oder abmildernde Tendenz zu zeigen. Hinzu kommt, daß es ein ähnliches Wort in der Q-Überlieferung gibt, den Weheruf Lk 11,39–41/Mt 23,25f, der die Reinigung von Eßgeräten gegen innere Gesetzlosigkeit stellt.[66]

In Mk 7,1–23 wie in den meisten Konfliktgeschichten scheint Jesus merkwürdig in der Defensive. Nicht er provoziert einen Streit, sondern ein eher beiläufiger Fall wird zum Anlaß für die Auseinandersetzung. Dem entspricht die Wortüberlieferung, die erst bei Mt programmatisch die Frage des Gesetzes als solche thematisiert, sonst aber nach dem Umgang mit dem vorgegebenen Gesetz fragt, wie oben bereits formuliert: Dient das Gesetz dazu, mich vor den anderen zu schützen, oder dazu, andere zu schützen vor dem, wozu ich fähig bin?

Diese Geschichte wird weitererzählt und übersetzt in die griechische Sprache, damit in andere soziale und kulturelle Zusammenhänge, für die sie an sich überholt ist. Man sieht in ihr aber nun eine Antwort auf die Frage nach der Geltung jüdischer Sitten überhaupt, die über das geschriebene Gesetz hinausgehen. Das ist zunächst noch ein innerjüdisches Problem,[67] da [90] die später dann im Talmud kodifizierte Überlieferung zu dieser Zeit noch ein Spezifikum der Pharisäer ist, und zwar als Gegenstand der Diskussion. Vor allem das Diasporajudentum beschränkt sich dagegen auf die Anwendung und Auslegung des geschriebenen Gesetzes.

Je mehr sich aber das frühe Christentum als eigenständige Größe im Unterschied zu „den Juden“ (V. 3) verstand, desto mehr wurde diese Frage auch zu einem innerchristlichen Problem. Die frühe Christologie, am deutlichsten in 1Kor 15,3b–5, verwies pauschal auf „die Schriften“, ohne damit Auskunft zu geben über die Geltung des Gesetzes als *Lebensform*. Trotz der Einigung über das eine Evangelium für Juden und Heiden beim Apostelkonvent Gal 2,1–10 kam es über solchen Fragen zum Konflikt in Antiochien Gal 2,11ff, wo Paulus dem Petrus vorwarf, er wolle die Heidenchristen zwingen, jüdische Lebensformen zu übernehmen (ἰουδαΐζειν).[68] Man versteht wohl auch nur so die Versuche judenchristlicher Missionare in Galatien, Philippi oder Korinth, ein nach Meinung des Paulus „anderes Evangelium“ einführen zu wollen und d. h. die Rolle des Gesetzes für die Christen anders zu bestimmen, als Paulus das tat.

Im deuteropaulinischen Kol wird eine Lehre bekämpft, die historisch wahrscheinlich noch in einem Zusammenhang mit der versuchten Nachmissionierung der Galater steht.

falls für die Echtheit spricht: „Gewiß wissen wir nicht, ob Jesus seine Jünger aufgefordert hat, im Gesetz verbotene Speisen zu essen, wohl aber wissen wir, daß er sich nicht scheute, in den Häusern von Menschen zu verkehren und zu essen, bei denen es durchaus zweifelhaft sein mußte, daß die dort angebotene Nahrung kultisch rein war, und bei denen auch nicht sicher vorausgesetzt werden konnte, daß man sich nicht auch auf andere Weise verunreinigen konnte (vgl. Mk 2,16; Mt 11,19). D. h. Jesu Verhalten bestätigt, daß Mk 7,15 Jesu Anschauung richtig wiedergibt.“

66 Lk übergeht Mk 7,1–23, gibt aber in 11,38 diesem Q-Wort als Anlaß, daß Jesus selber sich nicht die Hände wäscht. Die Form des Weherufes bei Mt ist ursprünglich; vgl. S. Schulz, Q – Die Spruchquelle der Evangelisten, 1972, 95. Zum Hintergrund vgl. J. Neusner, „First Cleanse the Inside“, NTS 22 (1975/76), 486–495.

67 Vgl. Lambrecht, 65: „At this point, the dispute was still intramural, i.e., among Jews, but against the Pharisees, whereas in Mark's own time it had become anti-Jewish: cf. v. 19c, but also vv. 3.6–8.9–13.“

68 Vgl. dazu meinen Aufsatz: Abendmahlsgemeinschaft? Gal 2,11ff, in: Kirche, FS G. Bornkamm, 1980, 271–287.

Es geht dabei um – in Galatien noch nicht zur Diskussion stehende? – Speisegebote und um Feste, die sich den jüdischen anschließen. Der im Namen des Paulus schreibende Autor bezeichnet das im Anschluß an Jes 29,13 als „Gebote und Lehren der Menschen" (2,21)[69]. Ein direkter Zusammenhang mit Mk 7,6f ist unwahrscheinlich; der Vergleich zeigt nur, daß dieselben Fragen zu etwa derselben Zeit zu ähnlichen Lösungen führen. Ist das im Kol noch als innerchristliches Problem begriffen, so wird eine ähnliche Haltung in Tit 1,14f als jüdische Mythologie und menschliche Gebote diffamiert; hier ist die Trennung Judentum/Christentum endgültig vollzogen.

Konkret wurde dieses Problem in der von der jüdischen Überlieferung her eingeschränkten Möglichkeit einer vorbehaltlosen Tischgemeinschaft von Juden- und Heidenchristen sowie in der Frage, *was* man als Christ, Juden- wie Heidenchrist, essen dürfe und was nicht. Hier bezieht Mk mit seiner Bemerkung in 7,19 die Position, die bei Paulus und in der ihm folgenden Tradition üblich ist. Diese beruft sich aber nicht auf ein Jesuswort, sondern radikalisiert die schon im Judentum gewonnene Erkenntnis, daß *an sich* alles gut ist, weil alles von dem einen Schöpfergott kommt,[70] legt das notwendige [91] „aber" jedoch nicht in eine dennoch nötige Unterscheidung von „rein" und „unrein", sondern in das Gewissen des Bruders mit dem Hinweis, daß auch für ihn Christus gestorben ist, so Paulus.[71]

Das Gewissen kann hier also durchaus zu unterschiedlichen Verhaltensweisen führen bei „Starken" und „Schwachen". In der deuteropaulinischen Tradition hingegen hat sich offenbar schon so etwas wie eine allgemeine christliche „Sitte" herausgebildet, so daß solcher Verweis nicht mehr nötig erscheint; das Gewissen bezieht sich nun bei allen auf ein- und dieselben Normen. Wer denen nicht folgen kann, wird der Nähe zum Judentum bezichtigt – vergleichbar unserem heutigen disqualifizierenden Urteil „Gesetzlichkeit"?[72]

Mk 7,19 ist, wie gesagt, nicht die zwingende und einzig mögliche Folgerung aus V. 15. Damit zeigt unser Text, wie schwierig es schon im frühen Christentum war, aus der Jesusüberlieferung normative Aussagen für gegenwärtiges Verhalten zu gewinnen. Das liegt einmal daran, daß Jesu Verkündigung offenbar nicht normativ gemeint war. Die Regelworte hatten eine andere Funktion, nämlich geläufige Normen, die sich auf das Gesetz beriefen, in Frage zu stellen und dabei auf Gottes Gebot zurückzuverweisen;[73] das entspricht der prophetischen Tradition. Das zweite Problem liegt darin, daß das frühe Christentum sehr rasch den Bereich verließ, in dem die Tora allgemein akzeptierter Be-

[69] Vgl. dazu E. Lohse, Die Briefe an die Kolosser und an Philemon, KEK 9.2, 1968, 182; J. Gnilka, Der Kolosserbrief, HThK 10.1, 1980, 158f.

[70] Vgl. nur Aristeasbrief 143 (s. o. Anm. 47): „Einerseits ist nämlich alles im ganzen genommen hinsichtlich des natürlichen Sinnes gleich, da es ja durch *eine* Macht regiert wird, andererseits hat jedes für sich einen tiefen Sinn: sowohl das, was wir vermeiden, als auch, was wir benutzen." Vgl. auch das oft zitierte Wort von Jochanan ben Zakkai (Pesiqta 40b): „Bei eurem Leben, nicht der Tote verunreinigt und nicht das Wasser macht rein, aber es ist eine Verordnung des Königs aller Könige; Gott hat gesagt: Eine Satzung habe ich festgesetzt, eine Verordnung habe ich angeordnet; kein Mensch ist berechtigt, meine Verordnung zu übertreten; denn es heißt: ‚Dies ist die Satzung der Tora, die Jahwe geboten hat' (Num 19,2)" (Billerbeck I, 719).

[71] 1Kor 8,11; Röm 14,15.

[72] Vgl. vor allem 1Tim 4,1–5.

[73] S. o. bei Anm. 48.

zugsrahmen war, und nun auf Probleme stieß, die sich Jesus in dieser Weise gar nicht unmittelbar gestellt hatten, in unserem Beispiel eben Tischgemeinschaft mit Heiden und vom Gesetz verbotene Nahrungsmittel.

Es ist daher kein Zufall, daß Paulus in ethischen Fragen nur selten mit der Autorität von Herrenworten argumentiert. In 1Kor 7,10f ist die Frage der Ehescheidung eine dieser wenigen Gelegenheiten (nicht aber die Frage des Opferfleisches in 1Kor 8 und 10!). Jesu Wort konnte direkt verwendet werden, wenn es sinngemäß auf die Verhältnisse außerhalb Palästinas bezogen wurde, wie auch in Mk 10,1–12 die Möglichkeit mitbedacht wird, daß die Frau sich – nach hellenistischem Recht – von ihrem Mann scheiden lassen kann, was im jüdischen Recht nicht vorgesehen war.[74] Paulus begründet aber im allgemeinen seine Ethik nicht im Wort Jesu als Autorität, sondern in der Christologie (vgl. Gal 5,1).

Inhaltlich knüpft das frühe Christentum dabei vor allem an Traditionen des Diasporajudentums an, wie ja auch die Auslegung in Mk 7,21–23 mit der ethischen Interpretation der Frage von „rein und unrein". Solche Anknüpfung geschieht aber als kritische Sichtung, nicht als bloße unreflektierte Übernahme. Ihr eignet ein Zug der Radikalisierung, in unserem Falle der Radikalisierung der Erkenntnis der Einheit Gottes. Das Bekenntnis des Judentums, daß der Gott Israels zugleich der eine und einzige Schöpfer der ganzen Welt sei, wird von der Christologie her aufgenommen und so weiter geführt, daß auch der Unterschied zwischen Juden und Heiden davor nicht mehr bestehen kann: „Oder gehört Gott den Juden allein? Nicht auch den Heiden?" (Röm 3,29).

Das aber ist nicht bloß ein theoretisches Problem, sondern ein höchst praktisches bis in den alltäglichen Umgang miteinander hinein, wie sich an der immer wieder aufbrechenden Frage der Speisevorschriften zeigt. Nicht eine von Jesus formulierte Regel entscheidet hier – sosehr das Verhalten Jesu auch Voraussetzung sein kann[75] –, sondern das Bekenntnis zu dem einen Gott, das im Bekenntnis der Auferweckung des gekreuzigten Christus seine Zuspitzung erfahren hat.[76] Wie alle anderen nötigen und unnötigen Polaritäten ist darin auch die von rein und unrein aufgehoben, nicht anders als die von Leben und Tod, Segen und Fluch, Gott und Mensch oder die von Juden und Heiden.

Das für die eingangs gestellte Frage nach dem Ansatz theologischer Urteilsbildung gewählte Exempel zeigte die Übersetzung dessen, was in Galiläa begann, in neue soziale und kulturelle Kontexte und zeigte dabei zugleich, daß Theologie nicht einfach Wiederholung von vergangener Autorität ist, sondern durchaus strittige und streitbare Auseinandersetzung mit der Gegenwart. Bloße „Orientierung an Jesus" liefert keinen tragfähigen Ansatz für christliche Ethik; mühsamer freilich ist es, ethische Entscheidungen aus dem Bekenntnis zu dem einen Gott, der unseren Herrn Jesus Christus von den Toten auferweckt hat, zu gewinnen, mühsam nicht zuletzt deshalb, weil solche Entscheidungen niemals eindeutig werden, sondern immer strittig bleiben.

[74] Mt führt die Überlieferung wieder in jüdische Rechtsverhältnisse zurück, wenn er die Scheidungsmöglichkeit nur beim Mann voraussetzt (5,32; 19,9).

[75] Sicherlich ist der Schluß, wie ihn Mk am Ende von 7,19 zieht, nicht illegitim; Jesu Verhalten konnte aber eng oder weit ausgelegt werden, war jedenfalls nicht eindeutig (vgl. in bezug auf das Abendmahl meinen in Anm. 68 genannten Aufsatz).

[76] Vgl. Röm 14,9 im Zusammenhang der Frage von Speisevorschriften.

DIE PHARISÄER UND DIE SCHRIFTGELEHRTEN IM MARKUSEVANGELIUM*

I.

Zwölfmal werden die Pharisäer im Markusevangelium genannt.[1] Das ist nicht eben viel gegenüber 30mal bei Mt, 27mal bei Lk, 20mal bei Joh und immerhin noch neunmal in der Apg. Für Q ist „Pharisäer" nur zweimal durch die Doppelüberlieferung gesichert (Mt 23,23.25/Lk 11,39.42), ein drittes Mal aus Mt 23,2.6/Lk 11,43 zu vermuten. Die Überschüsse bei Mt und Lk gegenüber Mk gehen also vor allem auf die Redaktion des jeweiligen Evangelisten und/oder Sonderüberlieferung zurück, nicht auf die Logienquelle.

Die Pharisäer erscheinen bei Mk nicht wie bei Mt (27,62) und Joh (18,3) in der Passionsgeschichte, daher auch nicht in den Leidensankündigungen (8,31; [9,31]; 10,32–34).[2] Dort sind genannt „(die Ältesten und) die Hohenpriester und die Schriftgelehrten" als die für Jesu Tod verantwortliche Instanz. Das entspricht den Paritäten des Jerusalemer Synhedriums (vgl. 15,1), läßt aber nicht erkennen, daß die Pharisäer über die Gruppe der Schriftgelehrten im Synhedrium Einfluß besaßen.[3] In Jerusalem tauchen die Pharisäer bei Mk ohnehin nur einmal auf (12,13), und zwar dem Synhedrium untergeordnet; alle übrigen Stellen beziehen sich auf Galiläa bzw. auf den Weg nach Jerusalem (10,2).[4] Dieser Befund läßt Rückschlüsse zu auf die von Mk verarbeitete Passionsgeschichte, in der die Pharisäer eben fehlten, zeigt aber auch, daß Mk kein Interesse hat, sie immer und überall als Gegner Jesu einzuführen. [170]

Die Pharisäer erscheinen bei Mk nicht wie z. B. Nikodemus in Joh 3,1; 7,50; 19,39 oder Simon in Lk 7,36–50 als Einzelpersonen, sondern stets als kollektive Gruppe „die Pharisäer"[5], und zwar deutlich negativ qualifiziert. Dies geschieht durch vom Erzähler beigegebene Bemerkungen über ihre Motive (πειράζοντες αὐτόν 8,11; 10,2; ἵνα αὐτὸν ἀγρεύσωσιν λόγῳ 12,13) und durch Beurteilungen im Munde Jesu selber (ὑποκριταί 7,6; σκληροκαρδία 10,5; die Warnung 8,15) bzw. Äußerungen über Jesu Reaktion (sein Zorn 3,5; sein Durchschauen ihrer ὑπόκρισις 12,15); aber auch durch das eher abschreckende Referat ihrer Lehre in 7,6–13 mit dem daraus abgeleiteten Vorwurf, sie setzten menschliche Überlieferung an die Stelle von Gottes Gebot, werden sie diskreditiert. Lukas hingegen läßt Jesus gelegentlich bei einem Pharisäer zu Gast sein (7,36–50; 11,37–54; 14,1–24),

* Günther Bornkamm zum 80. Geburtstag gewidmet.

1 2,16.18(bis).24; 3,6; 7,1.3.5; 8,11.15; 10,2; 12,13. An mindestens zwei Stellen sind sie sekundär in die handschriftliche Überlieferung eingedrungen (9,11; 11,18).

2 So bei Justin, dial. 51,2; 76,7; 100,3 neben den Schriftgelehrten; vgl. auch die das Bild der Verurteilung Jesu weithin prägende Darstellung Joh 11,45–48.

3 Vgl. im Neuen Testament: Gamaliel Act 5,34 oder die Angaben über das Synhedrium in Act 23,6.9.

4 Redaktionell ist wohl allein ihre Erwähnung in 8,15.

5 Außer 10,2 (vgl. dort die handschriftliche Überlieferung) immer mit dem Artikel.

was den Rahmen für jeweils unterschiedliche Szenen abgibt, ja er läßt sogar Pharisäer Jesus vor einem Anschlag des Herodes warnen (13,31). Bei Mk fehlen solche offenen oder möglicherweise positiven Begegnungen mit Pharisäern. Bereits nach den ersten Auseinandersetzungen haben sie die Absicht, Jesus umzubringen (3,6).

Weiterhin erscheinen die Pharisäer bei Mk außer 8,15 nur in Streitgesprächen (2,15–3,6; 7,1–23; 8,11f) und in, wie ich sie bezeichnen möchte, *Pseudo*schulgesprächen (10,2–9; 12,13–17), denn in 12,14 meint der devote Ton der Frage ja für Mk keine wirkliche Bitte um autoritative Belehrung. Der Leser sieht die Verstellung ebenso wie in 10,2, wo Mk dem Leser bedeutet, daß sie nur gefragt haben, um Jesus zu versuchen. Die Ausnahme 8,15 paßt dazu, denn eine Warnung vor den Pharisäern weist gerade auf den Konflikt mit ihnen. Anders als bei Lk und Joh ist Jesu Beziehung zu den Pharisäern nicht eine im Prinzip offene, sondern von Anfang an stehen sie sich kompromißlos gegenüber. Daß ein Pharisäer sich Jesus oder der Gemeinde anschließen könnte,[6] scheint nicht in Sicht, wie denn auch keiner der Jünger Jesu in 3,16–19 oder sonst als ehemaliger Pharisäer vorgestellt wird. Der in hohem Maße typisierende Stil der Geschichten verhindert jede Individualisierung oder Differenzierung der Personen. Die Pharisäer sind bei Mk die unversöhnlichen Gegner Jesu in Galiläa und tragen diese Gegnerschaft hinüber nach Jerusalem.

Die Pharisäer erscheinen bei Mk in Verbindung mit den „Herodianern" (3,6; 12,13; vgl. 8,15). „Herodianer" ist bekanntlich eine Gruppenbezeichnung, die außerhalb des Neuen Testaments nicht belegt ist, im Neuen Testament selber nur bei Mk und von ihm abhängig bei Mt (22,16). Die allenfalls vergleichbaren Wendungen bei Josephus meinen nicht eine feste Partei, sondern in bestimmten Situationen solche Leute, die auf der Seite [171] Herodes' *d. Gr.* stehen.[7] Eine historische Identifizierung der „Herodianer" als feste Gruppe ähnlich Pharisäern oder Sadduzäern ist also nicht möglich; daher führen auch Fragen nach dem Verhältnis zwischen den Pharisäern und „Parteigängern des Herodes" nur ins Leere.[8] Zu fragen ist vielmehr nach demjenigen, von dem sich die Bezeichnung herleitet:[9] Herodes, für Mk „der König Herodes" (6,14), historisch richtiger „der Tetrarch" (Lk 3,1; 9,7; Mt 14,1) Herodes Antipas, und zwar 4 v. Chr. bis 39 n. Chr. Tetrarch von Galiläa und Peräa, Herrscher also in dem Gebiet, in dem Jesus wirkte, und verantwortlich für den Tod Johannes' des Täufers (6,17–29). „Die Herodianer" bezeichnet bei Mk die staatliche Macht in Galiläa, die Jesus gefährlich werden kann, und das Schicksal des Täufers liegt von Anfang an wie ein Schatten über Jesu Wirken (1,14).

Schließlich begegnen bei Mk die Pharisäer in Verbindung mit den Schriftgelehrten. Es fehlt hier die aus Mt und aus Lk geläufige Wendung „die Schriftgelehrten und Pharisäer"

[6] Vgl. Paulus (Phil 3,5) oder die Notiz Act 15,5.

[7] Josephus, ant. XIV 450: οἱ τὰ Ἡρώδου φρονοῦντες; XV 2; bell. I 351 (vgl. 319); vgl. dazu A. Schalit, König Herodes, SJ 4, 1969, 479–481.

[8] Dagegen richtig W. J. Bennett, The Herodians of Mark's Gospel, NT 17 (1975), 9–14, der die Bezeichnung als „product of Mark's theological interests" (13) erklärt, auch wenn ich seiner Begründung nicht in allem folgen kann. „Herodes", welcher auch immer, steht für die staatliche Macht.

[9] Die an sich lateinische Wortbildung mit *-ianus* war auch im Griechischen geläufig (BDR § 5.2). Mk 8,15 wird dieser Herodes neben den Pharisäern genannt (vgl. die Angleichung in der handschriftlichen Überlieferung).

mit Ausnahme von 7,5 (in der umgekehrten Reihenfolge).[10] Ihr kommen lediglich nahe 2,16 „die Schriftgelehrten der Pharisäer" und 7,1 „die Pharisäer und einige der Schriftgelehrten"; 7,5 aber erklärt sich aus dem Rückbezug auf 7,1 und meint nicht eine ständige Verbindung.[11] Die Schriftgelehrten erscheinen bei Mk wesentlich häufiger als die Pharisäer, nämlich 21mal gegenüber 12mal, auch sie mit Ausnahme von 12,28–34 nur im Plural.[12] Die Häufigkeit ergibt sich zwar aus ihrer schon erwähnten Nennung in den Leidensankündigungen und in der Passionsgeschichte; den 30 Stellen aber für Pharisäer bei Mt stehen nur 23 gegenüber, an denen die Schriftgelehrten erwähnt sind, den 27 bei Lk gar nur 14 Stellen.[13] Schon statistisch gesehen haben die Schriftgelehrten bei Mk also eine größere Bedeutung als bei Mt und Lk. [172]

Die Schriftgelehrten sind bei Mk nicht nur in der Passionsgeschichte in Jerusalem zu Hause, sondern werden auch in 3,22 und 7,1 ausdrücklich als von Jerusalem nach Galiläa gekommen bezeichnet. Nur 2,6.16 und 9,14 sind sie außerhalb Jerusalems einfach vorausgesetzt. Anders als die Pharisäer begegnen sie nicht allein in Streit- und (Pseudo-) Schulgesprächen (so 2,6.16; 3,22; 7,1.5; 11,27; [12,28.32]), sondern außer in der Passionsgeschichte vor allem auch in referierenden Bemerkungen des Erzählers (1,22; 11,18). Wie die Pharisäer stehen auch sie von Anfang an in einem Gegensatz zu Jesus.

Aus der geographischen Verteilung möchte ich den ersten Schluß ziehen, daß Mk die Pharisäer prinzipiell in Galiläa lokalisiert, die Schriftgelehrten prinzipiell in Jerusalem. Daß die Pharisäer zusammen mit den Herodianern in 12,13 in Jerusalem auftauchen, bildet eine Verklammerung zwischen beiden Teilen und erinnert den Leser natürlich an den Todesbeschluß von 3,6. Daß umgekehrt in 3,22 und 7,1 Schriftgelehrte aus Jerusalem in Galiläa auftauchen, bedeutet ebenso eine Verklammerung zwischen beiden Teilen des Evangeliums, die voraus weist auf die Passion Jesu, wie es die Leidensvoraussagen dann ausdrücklich tun.

II.

Mk erklärt seinen Lesern nirgends, wer „die Pharisäer" sind, anders als Josephus z. B., der im *bellum Iudaicum* wie in den *antiquitates Iudaicae* seinen Lesern die einzelnen jüdischen Parteien vorstellt.[14] Anders als er setzt Mk also bei seinen Lesern ein Wissen über sie voraus. Da er aber andererseits meint, Erklärungen geben zu müssen, was deren Lehre betrifft (7,3f), kann diese vorausgesetzte Kenntnis nicht auf eigener Anschauung der Leser beruhen, sondern nur über die Tradition vermittelt sein. Das läßt den Schluß zu, daß

[10] 2,16 und 9,11 v. l.

[11] Vgl. J. Wellhausen, Die Pharisäer und die Sadduzäer, Greifswald 1874, 8; J. Jeremias, Jerusalem zur Zeit Jesu, Göttingen [3]1969, 287 Anm. 3: „Mk 7,5 ist der Artikel rückweisend gesetzt, nicht generell"; R. Hummel, Die Auseinandersetzung zwischen Kirche und Judentum im Matthäusevangelium, BEvTh 33, 1963, 14.

[12] 1,22; 2,6.16; 3,22; 7,1.5; 8,31; 9,11.14.(16 v. l.); 10,33; 11,18.27; 12,28.32.35.38; 14,1.43.53; 15,1.31.

[13] Bei Lk daneben aber νομικός (6mal; Mt 1mal) und νομοδιδάσκαλος (1mal; fehlt bei Mt).

[14] Josephus, bell. II 119–166; ant. XIII 171–173; XVIII 11–25.

nicht erst Mk die Pharisäer in die Jesusüberlieferung einführt, sie vielmehr bereits in dem Material vorgegeben waren, das er selber neu interpretiert. Zumindest können also nicht alle Erwähnungen der Pharisäer der Redaktion des Mk zugeschrieben werden. Weil diese Jesusüberlieferung zurückgeht auf die Zeit vor dem Jüdischen Krieg, bilden die Pharisäergeschichten des Mk eine Quelle für den Pharisäismus vor 70, wenn auch natürlich – da Quelle zweiter Hand – nur kritisch interpretiert.

Was der Leser über die Pharisäer erfährt, ist sehr polemisch akzentuiert, denn Mk unterstellt ihnen ja böse Absichten oder disqualifiziert sie als „Heuchler". In 10,2–9 wird ihnen zudem nachgewiesen, daß sie nicht verstehen, richtig mit der Schrift umzugehen, und auch ihre Verbindung mit den Leuten des Herodes spricht wohl nicht gerade für sie. Wo Mk [173] um des Verständnisses der Geschichte willen Erläuterungen gibt, sind diese sehr pauschal. In 2,18 wird nur erwähnt, daß sie wie die Johannesjünger fasteten;[15] in 7,3f muß der Leser den Eindruck fremdartiger, wenn nicht befremdlicher Bräuche haben, und die Interpretation des kultischen Begriffs κοινός in 7,2 durch „ungewaschen" banalisiert das Problem der Auseinandersetzung.

Daneben findet sich jedoch in 7,11 eine bis in den Wortlaut hinein exakte Darstellung der Korbanpraxis, die sich in Eigentexten der Pharisäer verifizieren lässt,[16] auch wenn diese bei Mk natürlich vom Kontext her die Pharisäer erheblich disqualifiziert. Richtig ist insgesamt auch die Betonung des Wertes der παράδοσις τῶν πρεσβυτέρων für die Pharisäer, wenn auch bei Mk denunzierend umgewandelt in παράδοσις τῶν ἀνθρώπων im Gegensatz zu Gottes Gebot (7,1ff). Und schließlich ist auch die Steuerfrage (12,13–17) durchaus ein Problem der Pharisäer, entstand doch an ihr die Gruppe der Zeloten.[17]

Dieser ganze in sich nicht einheitliche Befund läßt sich so erklären, daß Mk gute Informationen über die Pharisäer wie überhaupt über die jüdischen Verhältnisse dort hat, wo sie ihm aus der Überlieferung zugekommen sind (z. B. 7,11); muß er jedoch selber Informationslücken auffüllen, geschieht das pauschal und ungenau (7,2.3f).[18] Es bestätigt sich also auch auf diesem Wege der Schluß, daß die Pharisäer bereits in der Überlieferung vorgegeben waren und nicht erst von Mk in sie eingeführt worden sind.

Das historische Bild der Pharisäer, das wir uns machen können, ist sehr viel differenzierter.[19] Ihre Darstellung bei Josephus, selber sich ihnen zurechnend, und ihre eigenen Texte zeigen sie als eine in sich gerade [174] nicht einheitliche Gruppe. Die Überliefe-

[15] „Jünger der Pharisäer" ist offenbar Angleichung an „Jünger des Johannes".

[16] Vgl. dazu K. H. Rengstorf, Art. κορβᾶν, κορβανᾶς, ThWNT III, 860–866; J. A. Fitzmyer, The Aramaic *qorban* inscription from Jebel Ḫallet eṭ-Ṭûri and Mk 7:11/Mt 15:5, in: ders., Essays an the Semitic Background of the New Testament, London 1971, 93–100.

[17] Josephus, bell. II 118; ant. XVIII 4–9. – Mk erwähnt die Zeloten nicht. Zwar gibt Lk den Beinamen des Jüngers Simon, der bei Mk Καναναῖος heißt (318), richtig mit dem griechischen Wort ζηλώτης wieder (Lk 6,15 Act 1,13); die gräzisierte Transkription bei Mk macht aber im griechischen Text diese Bedeutung eben nicht deutlich, sondern suggeriert mit der Endung -αιος eine Herkunftsbezeichnung (vgl. v. l. Κανανίτης).

[18] Vgl. K. Niederwimmer, Johannes Markus und die Frage nach dem Verfasser des zweiten Evangeliums, ZNW 58 (1967), 172–188.

[19] Vgl. dazu in deutscher Sprache R. Meyer, ThWNT IX, 11–36, sowie J. Neusner, Das pharisäische und talmudische Judentum, TSAJ 4, 1984, wo ein Einstieg vermittelt wird in eine neue Art der Pharisäer-Forschung in den USA, die ihrerseits jedoch die durchaus vergleichbare Arbeit Meyers nicht zur Kenntnis genommen hat.

rung der Mischna zielt auf die Wiedergabe unterschiedlicher Lehrmeinungen, nicht auf eine normierte einheitliche Lehre. Das gilt auch für die in 7,11 als Beispiel genommene *Korban*praxis. Unterschiedlich war auch das Verhältnis zur römischen Besatzungsmacht, das in der Steuerfrage (12,13–17) angesprochen ist. Eine historische Würdigung der Pharisäer als einer Gruppe, die konsequent die an sich den Priestern geltende Tora aus dem Kultus in den Alltag zu übertragen versuchte, unterstreicht nur, wie polemisch, ja gelegentlich karikierend das Bild der Pharisäer schon bei Mk, erst recht bei Mt ist. Der von da aus sprichwörtlich gewordene „Pharisäer" hat wenig zu tun mit jener historischen Gruppe.

Bei den übrigen gegnerischen Gruppen zeigt sich dasselbe Bild. Wo Mk einmal die Sadduzäer erwähnt (12,18), gibt er ebenfalls keine Information darüber, wer sie waren, sondern nur, daß sie die Auferstehung leugneten, damit das folgende Gespräch verständlich wird. Ein Leser, der nicht vertraut ist mit jüdischen Verhältnissen, kann keine Beziehung zu den Hohenpriestern sehen, deren Partei sie waren.

Anders als „Pharisäer" und „Sadduzäer" bedeutet „Schriftgelehrte" keine feste Gruppe, sondern eine berufliche Funktion. Mk verwendet dabei das griechische Wort γραμματεύς, das in sich selber keine Beziehung zum (jüdischen) Gesetz andeutet wie νομικός oder νομοδιδάσκαλος, sondern die Bedeutung „Sekretär" hat (vgl. im NT Act 19,35). Die deutsche Übersetzung „Schriftgelehrter", die auf Luther zurückgeht, enthält demgegenüber einen Anklang an „die Schrift", nicht so die englische und die französische Übersetzung „scribe" (von lateinisch *scriba),* was „Schreiber" bedeutet (z. B. von Handschriften).

Auch die „Schriftgelehrten" führt Mk nicht ausdrücklich ein, sondern setzt bei seinen Lesern von Anfang an voraus (1,22), daß sie wissen, wer jüdische Schriftgelehrte sind. Wie schon bemerkt, erwähnt Mk sie richtig als eine Fraktion des Synhedriums, aber wieder kommt dies aus seiner Tradition, in diesem Fall der Passionsgeschichte.

Zusammenfassend läßt sich sagen, daß Mk meint, seinen Lesern nicht erklären zu müssen, wer die Pharisäer oder die Sadduzäer und die Schriftgelehrten waren, weil die Leser sie kannten, und zwar aus der Jesusüberlieferung. Da er für christliche Leser schreibt, setzt er bei ihnen zugleich voraus, daß sie die Vorurteile gegen Jesu Gegner teilen, die deren Erwähnungen begleiten.

III.

Die Suche nach Literatur zur Darstellung der gegnerischen Gruppen bei Mk führt überraschenderweise nicht weit trotz der Stapel von Büchern und Aufsätzen zum Markusevangelium aus den letzten Jahren. Zwar gibt [175] es einige Bemerkungen in den Kommentaren,[20] aber die bringen nur Informationen zur Bedeutung der Namen, zu Geschichte und Lehre von Pharisäern und Schriftgelehrten wie Sadduzäern und Herodia-

[20] Exkurse bei E. Klostermann, Das Markusevangelium, HNT 3, ^{5}1971, 14.25f; J. Gnilka, Das Evangelium nach Markus I, EKK 2.1, 1978, 79.107–109; W. Schmithals, Das Evangelium nach Markus I, ÖTK 2.1, 1979, 118f.166f; J. Ernst, Das Evangelium nach Markus, RNT, 1981, 90–93; knappe Erläuterungen bei V. Taylor, The Gospel according to St. Mark, London ^{2}1966, 173.206, u. a.

nern, zumeist sehr pauschal und fast immer mit einer gewissen Tendenz, das polemische Bild, das Mk gibt, als doch historisch in irgendeiner Weise berechtigt zu verifizieren. Während sehr viele, die sich mit der Theologie des Mt beschäftigen, zumindest kurze Bemerkungen zur Darstellung der Gegner Jesu bringen,[21] fällt dies in der Mk-Literatur fast ganz aus,[22] und auch die verschiedenen Untersuchungen der Streitgespräche bei Mk unter redaktionsgeschichtlichen Gesichtspunkten differenzieren nicht, sondern subsumieren Pharisäer, Herodianer, Sadduzäer und Schriftgelehrte unter den Oberbegriff „Gegner Jesu".[23]

E. Trocmé freilich untersucht in einem Kapitel „Les antipathies manifestées par l'évangéliste" zunächst die Rolle der jüdischen Gegner im Markusevangelium und stellt mit Recht heraus, daß für Mk im Unterschied zu Mt die Schriftgelehrten eine größere Rolle spielen als die Pharisäer und daß die Pharisäer prinzipiell auf Galiläa beschränkt sind.[24] Er interpretiert dann jedoch die Pharisäer als innerchristliche Gegner der Gemeinde des Mk, Vertreter einer judenchristlichen Richtung, und sieht in den Schriftgelehrten – wenn auch zögernder – Vertreter einer judenchristlichen Christologie.[25] Daran ist sicher richtig, daß die Streitgespräche [176] auch innerchristliche Kontroversen spiegeln und umstrittene Verhaltensweisen im Wort Jesu legitimieren sollen. Jedoch deutet Mk nirgends an, daß er mit Pharisäern und Schriftgelehrten andere als jüdische Gruppen meint.

J. C. Webers Interesse liegt deutlich bei der historischen Frage nach der Verantwortung jüdischer Gruppen für die Verurteilung Jesu.[26] In Aufnahme der klassischen formgeschichtlichen Arbeiten geht er die einzelnen Stellen durch mit dem Ergebnis, daß die Gegner in der frühesten Überlieferungsschicht fehlen und erst später typisiert worden sind. Die redaktionelle Arbeit des Mk liegt in der Verbindung der Passionsgeschichte mit den Auseinandersetzungen in Galiläa: „In Mark's mind there is a direct continuity between Jesus' opponents in his Galilean ministry and his enemies in Jerusalem." Das Ziel der Untersuchung wird deutlich in dem anschließenden Satz: „But from the stand-

[21] Vgl. W. Trilling, Das wahre Israel, StANT 10, [3]1964, 90f; G. Strecker, Der Weg der Gerechtigkeit, FRLANT 82, [2]1962, 137–143; R. Hummel, a.a.O. (Anm. 11), 12–17; R. Walker, Die Heilsgeschichte im ersten Evangelium, FRLANT 91, 1967, 11–29, u. a.

[22] Auch H. F. Weiß differenziert im neutestamentlichen Teil des Artikels Φαρισαῖος (ThWNT IX, 36–49) nicht.

[23] W. Thissen, Erzählung der Befreiung. Eine exegetische Untersuchung zu Mk 2,1– 3,6, FzB 21, 1976; A. J. Hultgren, Jesus and His Adversaries. The Form and Function of the Conflict Stories in the Synoptic Tradition, Minneapolis 1979; J. Dewey, Markan Public Debate. Literary Technique, Concentric Structure and Theology in Mark 2:1–3:6, SBLDS 48, 1980; J.-G. Mudiso Mbâ Mundla, Jesus und die Führer Israels. Studien zu den sogenannten Jerusalemer Streitgesprächen, NTA NF 17, 1984. Das gilt auch für J. Kiilunen, Die Vollmacht im Widerstreit. Untersuchungen zum Werdegang von Mk 2,1–3,6, AASF 40, 1985, der aber (35–39) gut die Passionsthematik herausstellt.

[24] E. Trocmé, La Formation de l'Evangile selon Marc, EHPhR 57, 1963, 71–86.

[25] „En relatant les heurts qui ont, selon lui, opposé Jésus à des Pharisiens, l'evangéliste combat donc en même temps un christianisme contamine par la tradition rabbinique en matière de morale et par une eschatologie assez naivement apocalyptique" (87). „Notre auteur semble prendre plaisir à mettre en valeur certains débats entre le Maître et les scribes juifs parce qu'ils concernent des points en discussion au sein des Eglises des deux premières générations et que l'opinion de Jésus y est conforme à la sienne" (89f).

[26] J. C. Weber, Jesus' Opponents in the Gospel of Mark, JBR 34 (1966), 214–222.

point of modern historical criticism, there is no clear evidence for any such continuity."[27] Es bleibt aber doch die Frage nach der Rolle der einzelnen Gruppen bei Mk offen.

G. Baumbach meint in einer kurzen Darstellung der Pharisäer im Markusevangelium,[28] daß für Mk Schriftgelehrte und Pharisäer letztlich gleich sind, und vermutet, daß die ursprünglichen Gegner in 2,1–3,6 Schriftgelehrte gewesen seien.

Auch die ausführlichste Darstellung, die Monographie von Michael Cook über die Behandlung der jüdischen Führer im Markusevangelium,[29] führt kaum weiter, denn das Interesse liegt wieder wie bei Weber primär bei der historischen Frage nach dem Konflikt zwischen Jesus und den jüdischen Führern seiner Zeit, nicht bei der redaktionsgeschichtlichen Frage. So benutzt er die markinische Redaktion nur, um nach ihrer Subtraktion von den Texten zum historischen Vorgang zu kommen. Er meint, daß die Pharisäer die aktuellen Gegner der Christen seien, für die Mk schreibe, wobei Mk jedoch verkenne, daß Pharisäer und Schriftgelehrte historisch ein und dieselbe Gruppe seien, ein Fehler, der zurückgehe auf die Kombination dreier unterschiedlicher Quellen: 1) der Passionsge- [177] schichte, 2) einer Quelle, in der die Schriftgelehrten (12,18–34a; 9,11–12a.13ab; 12,35–40), und 3) einer, in der die Pharisäer und Herodianer die Gegner seien (7,1ff; 2,15–3,5; 12,13–17.34b; 3,6).[30]

So steht eine redaktionsgeschichtliche Untersuchung noch aus, die darauf abzielt, wie sich gegenwärtige Auseinandersetzung mit jüdischen Gruppen zur Zeit des Mk spiegelt in den Geschichten, die von Begegnungen zwischen Jesus und seinen Jüngern mit Pharisäern und Schriftgelehrten damals in Galiläa und Jerusalem erzählen.

IV.

Jede Auslegung des Markusevangeliums hat drei Ebenen der Interpretation auseinander zu halten:

1. die historische Ebene des Geschehens damals in Galiläa und Jerusalem, in unserem Fall Jesu Begegnung mit Gegnern;
2. die Ebene des Erzählens von solchem Geschehen in der christlichen Tradition;
3. die Ebene der Aktualisierung dieser Überlieferung in der Situation von Autor und Lesern des Evangeliums.

Die drei Ebenen sind auseinander zu halten, doch sind alle drei auch zu berücksichtigen. Weder ist das Markusevangelium das in sich selbständige Produkt eines Autors, denn der erweist sich als in hohem Maße traditionsgebunden, noch kann man die drei Ebenen unterschiedslos identifizieren zu einem Bericht über das, was historisch gewesen

[27] A.a.O., 221. „The historical clues which modern historical-critical scholarship can gather indicate that Jesus was put to death for political reasons and that the Roman occupation was probably more responsible for his death than were the Jewish leaders" (222).

[28] G. Baumbach, Jesus von Nazareth im Lichte der jüdischen Gruppenbildung, AVTRW 54, 1971, 79–82.

[29] M. J. Cook, Mark's Treatment of the Jewish Leaders, NT.S 51, 1978.

[30] „Mark ... fails to detect the synonymity of the usage, and therefore presents us with two groups rather than one" (5).

ist. Die Mk-Auslegung bewegt sich in den letzten Jahren zwischen beiden Extremen, und das zeigt, wie schwierig diese Aufgabe tatsächlich ist. Die Schwierigkeit ergibt sich nicht zuletzt daraus, daß wir eben nur den Text haben, nicht den Autor und auch nicht seine oder seiner Leser Situation und auch nicht die aufgenommene Tradition oder die historischen Fakten unabhängig vom Text. Nur aus dem Text können wir Autor und Leser und ihre Situation erkennen, und auch die historische Rekonstruktion des Geschehenen wie die Erhebung von Quellen resultieren primär aus der Interpretation von Texten.

Zur historischen Ebene gehört zunächst ein historisch angemessenes Bild der Pharisäer, das nicht bloß durch die neutestamentlichen Texte oder gar durch die eigene theologische Tradition suggerierte Urteile historisch zu verifizieren sucht. Ich möchte an dieser Stelle nur darauf hinweisen, daß die Fragen, über denen es bei Mk zur Auseinandersetzung mit Pharisäern kommt, mit Ausnahme von 8,11–13 durchaus typische Probleme der pharisäischen Überlieferung sind: die Frage der Reinheitsvorschriften in bezug auf das Essen (2,13–17; 7,1–5.15) einschließlich der Frage [178] des Fastens (2,18–22), die Frage der Gestaltung des Sabbats (2,23–28; 3,1–5), die Frage des *Korban* (7,11), die Frage der Scheidungspraxis (10,2–9), die Frage der Steuer (12,13–17), insgesamt Fragen der Geltung der „Überlieferung der Alten“ (7,1–15), also in der geschriebenen Mosetora des Pentateuch nicht oder nicht eindeutig geregelter Fälle.

Damit ist aber zunächst nur die historische Möglichkeit dieser Geschichten plausibel gemacht; was möglich war, ist deshalb nicht auch notwendigerweise so gewesen bzw. kann möglich gewesen sein auf jeder Traditionsstufe. Bei 2,18 z. B. kann man begründet annehmen, daß es hier ursprünglich nur um eine Auseinandersetzung mit Täuferjüngern ging und die Pharisäer erst sekundär in diesen Zusammenhang hinein gekommen sind.

Die historische Wahrscheinlichkeit erhöht sich in den Fällen mehrfacher Bezeugung. Die ist gegeben für 2,13–17 durch die Q-Überlieferung Mt 11,19/Lk 7,34: Jesus als Freund von Zöllnern und Sündern. Sie ist bedingt gegeben für 7,1–5.15 durch Mt 23,25/Lk 11,39–41 und ebenso bedingt für 10,2–9 durch Mt 5,32/Lk 16,18, denn in diesen beiden Fällen liegt die Parallele nicht im eigentlichen Jesuswort; näher als 7,15 sind beim Q-Text die Informationen in 7,3f, und das Wort über die Ehescheidung in Q hat eine Parallele bei Mk im anschließenden Wort Jesu gegenüber den Jüngern 10,11f und nicht in seiner Antwort an die Pharisäer 10,5–9. So bleibt, vorsichtig gesprochen, eigentlich nur die mehrfache Bezeugung der Differenz zwischen Jesus und den Pharisäern bei Mk und Q, während die „Schriftgelehrten“ an keiner Stelle für Q sicher zu belegen sind und bei Joh (außer 8,3) ganz fehlen. Auch sonst ergibt der Vergleich mit Joh nicht mehr, da hier kaum noch spezifische historische Züge der jüdischen Gegner erkennbar sind.

Der Grund für die Differenz zwischen Jesus und den Pharisäern ist im unterschiedlichen Umgang mit dem Gesetz zu sehen. Der Zaun, den die Pharisäer nach dem bekannten Text Aboth 1,1 um die Tora legen wollten, bedeutete eine doppelte Anpassung des Gesetzes: einmal Anpassung aus dem kultischen Rahmen an den des Alltags, zum anderen kulturgeschichtlich Anpassung Jahrhunderte alter Bestimmungen an eine andere Zeit. Die sog. „Kasuistik“ hat gerade hier ihren Ort, das Gesetz zu übertragen auf in ihm selbst noch nicht vorgesehene Lebenssituationen. Da die Tora nicht nur das religiöse

Leben betraf, sondern weite Bereiche des Rechts überhaupt, brauchte man Schriftgelehrte, die solche Interpretation des Gesetzes betrieben. Die Pharisäer hatten ihre Schriftgelehrten, aber nicht jeder Schriftgelehrte gehörte zu den Pharisäern.

Jesu Umgang mit dem Gesetz ist offenbar wenig programmatisch gewesen;[31] das hat schon Mt und erst recht moderne Exegeten in Schwie- [179] rigkeiten gebracht, wenn sie Jesu Gesetzesverständnis systematisch zusammenfassen wollten. Es zeigt sich in der Jesusüberlieferung aktuelle Kritik pharisäischer Gesetzesauslegung, die sich jedoch nicht als gegen bloße „Veräußerlichung"[32] gerichtet bestimmen läßt; es zeigt sich aber vor allem vorgreifende Proklamation des Willens Gottes hinter die Tora zurück und über sie hinaus. Würde der erste Gesichtspunkt durchaus im Rahmen nicht nur innerjüdischer,[33] sondern gerade auch innerpharisäischer Debatten bleiben, so stellt der zweite das pharisäische Programm der Anpassung der Tora grundsätzlich in Frage, und erst so erklärt sich die aus den Texten erkennbare grundsätzliche Differenz zwischen Jesus und *den* Pharisäern.

Ist Jesus Pharisäern als Einzelpersonen oder Gruppen begegnet, so spricht die Jesusüberlieferung in Mk wie in Q von *den* Pharisäern, typisiert also. Dahinter werden Erfahrungen einer grundsätzlichen Konfrontation stehen, die auch eine geschlossene Reaktion pharisäischer Gemeinschaften gegenüber Jesus selber wie gegenüber frühen christlichen Gemeinden spiegeln.[34] Formuliert sind solche Erfahrungen in der Mk-Überlieferung in Form von Konfliktgeschichten, in der Q-Überlieferung in Weherufen. Die dortigen Ansätze zu apophthegmatischen Erzählungen nennen keine bestimmten Gruppen. Das gilt auch für die Parallelüberlieferungen zur Beelzebulfrage Mk 3,22–30 und zur Zeichenforderung Mk 8,11–13, die, wie Mt 12,22–30.38–45 und Lk 11,14–26.29–32 zeigen, in Q zusammengefügt waren. Erst Mt führt hier „die Pharisäer" (12,24) bzw. „einige der Schriftgelehrten und Pharisäer" (12,38) als Gegner ein, während aus Lk 11,14–16.29 für Q neutraler auf οἱ ὄχλοι zu schließen ist. Dadurch meint für Q in der als Drohwort verstandenen Antwort Jesu Lk 11,30 ἡ γενεὰ αὕτη ganz Israel, nicht wie bei Mt bestimmte Gruppen.

Wenn nun in der Mk-Überlieferung „die Schriftgelehrten" (3,22) bzw. „die Pharisäer" (8,11) als Gegner auftreten, zeigt sich darin die Tendenz, die Konfliktgeschichten auf bestimmte jüdische Gruppen zu beziehen, von denen sich die Gruppen, die hinter der Jesusüberlieferung stehen, als eigenständig abgrenzen, jedoch noch im Rahmen des Judentums. Damit aber wird die Jesusüberlieferung zu einer eigenen konkurrierenden *Halacha,* insbesondere durch die ergänzenden Sonderbelehrungen für die Jünger. Ihre Funktion ist also nicht mehr allein die der aktuellen Auseinandersetzung mit Pharisäern und anderen, sondern auch die der Festlegung eigener christlicher Überlieferung. Deren Le-

[31] Vgl. vor allem H. Braun, Spätjüdisch-häretischer und frühchristlicher Radikalismus II, BHTh 24.2, 1957, 7–14.

[32] Dieser Begriff, dem dann auf Jesu Seite „Verinnerlichung" gegenüberstehen würde, spielt noch immer eine große Rolle in Pharisäer-Darstellungen; vgl. z. B. J. Gnilka, a.a.O. (Anm. 20), 108.

[33] Vgl. die Pharisäer-Kritik in Qumrantexten; dazu R. Meyer, ThWNT IX, 28–31.

[34] Vgl. nur den Pharisäer Paulus als Verfolger der Kirche (Phil 3,5f).

gitimation dienen die christologischen Züge, die in die Konfliktgeschichten hineinkommen (Mk 2,10.28), nicht zuletzt Mk 8,11–13. [180]

Eine Sammlung solcher Geschichten hat Mk in dem Komplex 2,1–3,6 verarbeitet. Der Umfang dieser vormarkinischen Sammlung ist in der Forschung umstritten, auch ihre Existenz wird neuerdings bestritten.[35] Läßt man sie mit 2,15 beginnen und sieht man in 3,6 einen redaktionellen Abschluß des Mk, so erhält man vier Geschichten, die sich mit Fragen der Essensvorschriften und des Sabbats beschäftigen, in Abgrenzung zur pharisäischen Überlieferung gleich welcher Richtung. Sie sind zwar bis auf die letzte (3,2) frei von den genannten disqualifizierenden Wertungen, eindeutig jedoch in der Abweisung jeglicher pharisäischer Praxis. Auch die übrigen Geschichten von Konflikten mit Pharisäern (7,1–23; 8,11f; 10,1–12; 12,13–17) hat Mk als solche aus der Überlieferung übernommen, ebenfalls als Auseinandersetzung mit pharisäischer Praxis.

Zweifelhafter ist die These einer in den Kapiteln 11 und 12 verarbeiteten Quelle.[36] Hier ist, wie immer man den Traditionsanteil für die einzelnen Perikopen bestimmt, eher mit einer durchgehenden Komposition des Mk zu rechnen. Das bedeutet, daß die Schriftgelehrten zwar innerhalb der Passionsgeschichte in der Trias „Hohepriester, Schriftgelehrte, Älteste" fest in der Überlieferung verankert sind, nicht jedoch ebenso eindeutig in Konfliktgeschichten (2,6.16; 3,22; 7,1.5; 11,27; [12,28.31]).[37]

Die redaktionelle Arbeit des Mk zeigt sich demnach nicht wie bei Mt in einer betonten Einführung der Pharisäer in die Tradition.[38] Der Leser des Markusevangeliums sieht sie als Gegner in Fragen der Legitimation christlicher Lebensformen, am grundsätzlichsten in 7,1–23 in bezug auf die Gültigkeit der „Überlieferung der Alten" für Christen. Und sie erscheinen als bedrohliche Gegner Jesu, wenn sie in Galiläa mit Vertretern der dortigen Regierung beraten, wie man Jesus vernichten könnte (3,6). Diesen Plan jedoch können sie nicht ausführen, obwohl sie danach noch öfters versuchen, Jesus beizukommen, und obwohl Herodes Johannes den Täufer umbringen läßt (6,17–29).

Erfolgreicher ist die wiederholte Beratung der Hohenpriester und der Schriftgelehrten (11,18; 12,12) nach der Tempelreinigung.[39] Sie versuchen es [181] zunächst selbst, indem sie ihm zusammen mit den Ältesten die Frage nach seiner Vollmacht stellen (11,27f), die Jesus aber an sie zurückgibt als Frage nach der Vollmacht Johannes des Täufers. Das führt sie in ein Dilemma, weshalb sie die Antwort verweigern, worauf Jesus ihnen das Winzergleichnis erzählt (12,1–11), ein Gleichnis, das in allegorischer Weise Christologie vermittelt. Sie verstehen, daß hier von ihnen die Rede ist (12,12), und schicken dann die

[35] Vgl. den Überblick über den Forschungsstand bei J. Kiilunen, a.a.O. (Anm. 23), 1–20, der selber ebenso wie auch J. Dewey die Existenz einer solchen vormarkinischen Sammlung bezweifelt.

[36] Eine solche Quelle nimmt M. J. Cook, a.a.O. (Anm. 29), weiterhin an, J.-G. Mudiso, a.a.O. (Anm. 23), bezweifelt sie wie viele vor ihm.

[37] Redaktionell sind sicherlich 1,22 und 11,27, 2,16 vermutlich auch als Übergangswendung von den Schriftgelehrten des ersten Streitgesprächs zu den Pharisäern der folgenden sowie 7,1.5; 9,11.14; 12,35; 15,31 – vielleicht alle Stellen außer 1,41.43.53; 15,1?

[38] J. Gnilka, a.a.O. (Anm. 20), 126.305, hält nur ihre Erwähnung in 3,6 und 8,11 für redaktionell, R. Pesch, Das Markusevangelium, 2 Bde, HThK 2, 1976/77, alle Erwähnungen für Tradition.

[39] Vgl. zum folgenden auch K. Stock, Gliederung und Zusammenhang in Mk 11–12, Bib 59 (1978), 481–515.

Pharisäer und Herodianer vor (12,13), die ihn mit seiner Antwort fangen sollen, was aber nicht gelingt; danach kommen die Sadduzäer (12,18), denen bescheinigt wird, daß sie weder die Schrift noch die Macht Gottes kennen. Schließlich kommt noch ein einzelner Schriftgelehrter (12,28), der als einziger Verständnis für Jesus hat (12,28) und dementsprechend von Jesus auch gelobt wird (12,34a). „Und niemand wagte, ihn mehr zu fragen" (12,34b); keinem also war es gelungen, Jesus in irgendeiner Weise zu überführen. Wenn 14,49 ausdrücklich auf die öffentliche Lehre Jesu im Tempel zurückverweist, ist damit auch gemeint, daß es keinen rechtlichen Grund für die Verhaftung gibt.

Die Reihe der Kontroversen im Tempel schließt mit der gegenüber den Schriftgelehrten gestellten Frage der Davidsohnschaft des Messias (12,35–37) und mit der Warnung vor den Schriftgelehrten (12,38–40). In 14,1 treten die Hohenpriester und die Schriftgelehrten dann erneut zusammen und beraten, wie sie ihn, so betont der Erzähler, „mit List" fangen und töten können. Das gelingt ihnen mit Hilfe des Judas, denn sie verhaften Jesus und bringen schließlich Pilatus dazu, trotz seiner Einsicht in ihre Motive, wie der Erzähler behauptet (15,10), das von ihnen einstimmig gefällte Todesurteil (14,64; 15,1) zu vollstrecken (15,15).

Die Hohenpriester und die Schriftgelehrten in Jerusalem sind also bei Mk deutlich gefährlichere Gegner als die Pharisäer, die hier ja auch nur wie Statisten von ihnen zu Jesus geschickt werden, nicht selber die Initiative ergreifen (12,13). Schriftgelehrte aus Jerusalem tauchen gefährlich schon in Galiläa auf (3,22; 7,1.5) und werden bereits in den Leidensankündigungen als Teil des Synhedriums genannt.

Die prinzipielle geographische Differenzierung zwischen Pharisäern (Galiläa) und Schriftgelehrten (Jerusalem) scheint keineswegs einfach durch die historischen Gegebenheiten bedingt, denn gerade zur Zeit Jesu hat es offenbar kaum Pharisäer in Galiläa gegeben.[40] Schon ihre Lokalisierung kann also auf eine redaktionelle Tendenz deuten; vor allem aber tritt auch eine sachliche Differenz neben die geographische. Geht es bei den Konflikten mit den Pharisäern um Fragen der *Halacha* und erst dadurch [182] vermittelt auch um Fragen der Autorität und der Legitimation Jesu, so spielt gegenüber den Schriftgelehrten die Frage der ἐξουσία Jesu die Hauptrolle.[41]

Das beginnt mit ihrer ersten Erwähnung in 1,22, wo Jesu ἐξουσία der Lehre der Schriftgelehrten entgegengestellt wird; dies Motiv der Wirkung der Lehre Jesu auf das Volk (1,27) ist im Zusammenhang der Beratungen der Hohenpriester und Schriftgelehrten in 11,18 wieder aufgenommen. Die Frage der ἐξουσία Jesu, Sünden zu vergeben, ist das Thema des ersten Streitgesprächs (2,1–12), in dem die Schriftgelehrten, nicht die Pharisäer die Gegner sind und wo diese auch bereits das Urteil βλασφημεῖ fällen, das im

[40] Vgl. G. Vermes, Jesus the Jew. A Historian's Reading of the Gospels, Glasgow repr. ²1977, 56; S. Freyne, Galilee from Alexander the Great to Hadrian, Wilmington/Notre Dame 1980, 319; U. Luz, Jesus und die Pharisäer, Jud 38 (1982), 229–246, 235; R. A. Wild, The Encounter between Pharisaic and Christian Judaism: Some Early Gospel Evidence, NT 27 (1985), 105–124, 106.

[41] Ἐξουσία bei Mk: 1,22.27; 2,10; 3,15; 6,7; 11,28(bis).29.33; 13,34; nur 3,15; 6,7 und 13,34 haben nicht mit Schriftgelehrten zu tun.

Prozeß 14,64 den Spruch des Synhedriums begründen soll.[42] Die Schriftgelehrten aus Jerusalem (3,22) führen seine Macht über die Dämonen auf Beelzebul zurück; wenn hier auch das Stichwort ἐξουσία fehlt, so legt sich doch in der Interpretation der Begriff der „Vollmacht" nahe. Angedeutet ist das Thema der ἐξουσία auch in der zunächst funktionslos scheinenden Erwähnung der Schriftgelehrten in 9,14, die mit den Jüngern über die Frage der Heilung des epileptischen Knaben disputieren, denn hier wird ja die den Jüngern verliehene ἐξουσία über die Dämonen (3,15; 6,7) zum Problem.[43] Und schließlich ist die ἐξουσία Jesu das explizite Thema ihrer Anfrage 11,27–29.

An zwei weiteren Stellen, an denen bei Mk die Schriftgelehrten erwähnt werden, geht es um dogmatische Fragen der Messianologie, das Kommen des Elia (9,11) und die Abstammung des Messias von David (12,35). In beiden Fällen werden Einwände der Schriftgelehrten gegen die Messianität Jesu widerlegt,[44] und zwar nicht in der Form eines Streitgesprächs, sondern als Argumente, die die Jünger oder Jesus selber zitierend aufgreifen.

Das Thema der Auseinandersetzung Jesu mit den Schriftgelehrten ist bei Mk also vom Beginn (1,22; 2,6) bis hin zum bitteren Ende im Prozeß (14,55–64) und in der Verspottung des Gekreuzigten (15,31f) die Frage der ἐξουσία Jesu und damit die Frage seiner Messianität. Das Thema der Auseinandersetzung mit den Pharisäern dagegen ist die Frage der Bestimmung des Willens Gottes[45] und erst dadurch auch die christologische [183] Frage nach der Legitimität christlicher Praxis. Die konkreten Punkte der Kontroversen mit den Pharisäern scheinen freilich nicht mehr strittig für christliche Gemeinden der Zeit des Mk: Sie sind Gemeinden aus Juden und Heiden, legitimiert durch Jesu Tischgemeinschaft mit Zöllnern und Sündern (2,15–17); obwohl Jesus selber nicht gefastet hatte, fasten sie wieder, wenn auch an einem anderen Tag als die Juden (2,18–22); sie halten nicht den Sabbat, sondern den ersten Tag der Woche (2,23–3,5); sie waschen sich zwar vermutlich die Hände vor dem Essen, aber nicht weil das verpflichtende Überlieferung ist (7,1–5); die *Korban*praxis kann kein aktueller Streitpunkt sein (7,9–13); es gibt keine Regelungen für Ehescheidung in der christlichen Gemeinde, da Ehescheidung prinzipiell ausgeschlossen ist (10,2–12); trotz der Situation des Jüdischen Krieges scheint auch die Frage der Steuer nicht strittig (12,13–17). Diese möglicherweise einst auch unter Christen kontroversen Punkte sind längst entschieden; die entsprechenden Geschichten legitimieren zwar die christliche Praxis, haben aber doch keine direkte aktuelle Bedeutung.

Die einzige Ausnahme bildet die Frage der Speisen, die in 7,1–23 am Rande auftaucht, im übrigen die im Neuen Testament insgesamt am häufigsten erörterte Frage. Hier behauptet der Erzähler in einem kommentierenden Nachsatz zu dem Gespräch mit den

42 Vgl. zum Prozeß meinen Aufsatz: Markus 14,55–64: Christologie und Zerstörung des Tempels im Markusevangelium, NTS 27 (1980/81), 457–474.

43 „Der Inhalt des Streits ist nicht angegeben, aber das Folgende legt nahe, daß ihre Unfähigkeit zu heilen Ursache des Disputs ist" (J. Gnilka, Das Evangelium nach Markus II, EKK 2.2, 1979, 46).

44 Vgl. auch den christologischen Abschluß des Winzergleichnisses (12,10f), das ja den Hohenpriestern und Schriftgelehrten gilt (12,12b).

45 Es fehlt übrigens das Wort νόμος bei Mk.

Jüngern, daß Jesus damit alle Speisen für rein erklärt habe (7,19).[46] Aber das ist nicht mehr Inhalt der Kontroverse mit den Pharisäern und den Schriftgelehrten aus Jerusalem (7,1–15). Daß letztere hier mitgenannt sind, liegt wohl daran, daß die Ausgangsfrage des Händewaschens als grundsätzliche Auseinandersetzung über die Geltung der jüdischen Überlieferung gefaßt ist (7,5).

Während also die Pharisäer bei Mk als die Gegner in Fragen erscheinen, die nicht mehr von direkt aktuellem Interesse sind, ist das Thema der Auseinandersetzungen mit den Schriftgelehrten die Christologie, ein Thema höchst aktuell auch innerhalb der markinischen Gemeinde. Nicht die Pharisäer, sondern die Schriftgelehrten sind demnach die Hauptgegner Jesu bei Mk und – so möchte ich folgern – die aktuellen Gegner der Gemeinde des Mk von jüdischer Seite; auf sie bezieht sich die letzte Warnung Jesu (12,37b–40; vgl. 8,15)[47] vor der Warnung vor christlichen Verführern (13,5f.21f). Die Pharisäer dagegen sind Jesu Gegner von damals in Galiläa und in der Vergangenheit der Gemeinde des Mk; die Auseinandersetzung mit ihnen wird weiter überliefert, auch wenn sie inhaltlich überholt ist. Sie dient zur Begründung aus solcher Auseinandersetzung [184] abgeleiteter Verhaltensweisen und ist überdeckt von der Frage der Legitimität christlicher Praxis.

Bei Mk ist noch nicht in Sicht, daß die Pharisäer sich in der Situation am Ende des Jüdischen Kriegs als die Gruppe herausstellen werden, die gerade auch in Abgrenzung gegen das Christentum das Judentum neu konstituiert. Um das Christentum seinerseits dagegen abzugrenzen, muß Mt das Markusevangelium noch einmal umschreiben und „die Schriftgelehrten und Pharisäer" zu der uns geläufigeren und auch die Auslegung des Markusevangeliums weithin bestimmenden gegnerischen Front machen. Für Mk jedoch sind aktuelle Konfliktpartner nicht mehr und noch nicht wieder die Pharisäer, sondern die Schriftgelehrten.

Schriftgelehrte gab es auch außerhalb von Galiäa und Judäa, wo immer das Markusevangelium entstanden sein mag, Pharisäer nicht, Sadduzäer und Hohepriester erst recht nicht. Der Titel γραμματεύς ist – wenn auch erst in etwas späterer Zeit – für jüdische Diasporagemeinden, speziell für Rom, zu belegen,[48] und so konnten Leser des Markusevangeliums sich konkret vorstellen, wer „die Schriftgelehrten" waren, von denen in den Geschichten die Rede war: Autoritäten ihrer jüdischen Nachbarn, mit denen sie über die Frage der Vollmacht Jesu diskutierten. Unter den in der Jesusüberlieferung genannten jüdischen Gruppen boten sich die Schriftgelehrten am ehesten als gegenwärtige Identifikationsfiguren an, nicht Pharisäer, Sadduzäer oder Hohepriester.

[46] Vgl. dazu D. Lührmann, ... womit er alle Speisen für rein erklärte (Mk 7,19), WuD 16 (1981), 71–92.

[47] Anders die Parallelüberlieferung in Q in den Weherufen in Mt 2,31–36/Lk 11,37–52, die sich gegen die Pharisäer richten; vgl. auch H. Fleddermann, A Warning about the Scribes (Mark 12:37b–40), CBQ 44 (1982), 52–67, bes. 56f.

[48] Aus Rom: CIJ I Nr. 7.18.24.36.53.67.99.102.125.142.145.146.148.149.177.180.318.351.433 (μελλογραμματεύς Nr. 121.279), auch als griechisches Fremdwort in lateinischen Inschriften: Nr. 221.225.284.456; vgl. dazu E. Schürer, Geschichte des jüdischen Volkes im Zeitalter Jesu Christi II, Leipzig [4]1907, 380; B. Lifshitz, CIJ I (repr. 1975), XCII–XCIV; sonst nur aus Bithynien: CIJ II Nr. 800.

Bedeutsam ist deshalb die Geschichte von dem einen Schriftgelehrten, dem Jesus bescheinigt, daß er nicht fern sei vom Reiche Gottes (12,28–34),[49] aber doch nicht in der Nähe des Reiches Gottes im Wort Jesu, die das Thema des Markusevangeliums von 1,14f an ist. Das Judentum der Schriftgelehrten steht wie dieses Christentum über Brandopfern und anderen Opfern (12,33), ist also ebenfalls nicht an den Tempel in Jerusalem gebunden, der von Titus zerstört wird oder gerade zerstört worden ist. Streitpunkt zwischen Christen und Schriftgelehrten ist jedoch die ἐξουσία Jesu, und dieser Streit ist trotz sonstiger Nähe unerbittlich; gegen die Schriftgelehrten richtet sich die letzte Warnung Jesu, und Vorbild der Christen sind nicht sie, sondern die arme Witwe, die alles gibt, eine jener Witwen also, deren Häuser „die Schriftgelehrten" angeblich fressen (12,40). [185]

V.

Über die spärlichen in der Literatur vorliegenden Beobachtungen zur Rolle der jüdischen Gegner Jesu im Markusevangelium hinaus läßt sich also feststellen, daß für Mk die Schriftgelehrten aktuelle Konfliktpartner auf jüdischer Seite sind, nicht die Pharisäer. Den Schriftgelehrten gegenüber geht es um die Frage der „Vollmacht" Jesu, nicht wie gegenüber den Pharisäern um Fragen von jüdischen differierender Lebensweisen der Christen. Zur Debatte stand aktuell, und das spiegelt sich in den Konflikten mit ihnen, die Frage der Vollmacht Jesu als Frage nach der Nähe des Reiches Gottes, die nach Mk allein im Wort Jesu liegt.[50] Bei aller Verwandtschaft zum Judentum der Schriftgelehrten definiert sich dieses Christentum nicht allein negativ aus der Unabhängigkeit vom Tempel, auch nicht allein aus dem Doppelgebot der Liebe, sondern aus dem Wort Jesu, das das Reich Gottes nahe bringt.

Bei Mt stehen außer in 15,1, wo er Mk 7,1 verpflichtet ist, die Schriftgelehrten voraus in der nun festen Verbindung „Schriftgelehrte und Pharisäer", die zeigt, daß es für Mt auf jüdischer Seite nur mehr pharisäische Schriftgelehrte gibt. Das Thema der Auseinandersetzung mit ihnen ist gegenüber Mk insofern verändert, als es bei Mt um die richtige Gesetzesauslegung geht, aber damit gerade auch und nicht zuletzt um die Christologie. „Schriftgelehrte Auslegung muß es auch in der Gemeinde geben, daher wird der Titel des γραμματεύς auch für die Jünger verwendet (23,34), nur ist der Jünger ein γραμματεὺς μαθητευθεὶς τῇ βασιλείᾳ τῶν οὐρανῶν (13,52)."[51] Sieht man die zentrale Bedeutung der Schriftgelehrten bei Mk, zeigt sich, daß Mt in einer anderen Situation durchaus anknüpfen kann an diese seine Quelle.

[49] In Mk 12,28 ist seine Frage gerade nicht als versucherisch bezeichnet wie in Mt 22,35 die des pharisäischen Gesetzeskundigen bzw. die des Gesetzeskundigen in Lk 10,25.

[50] Für meine Sicht des Markusevangeliums verweise ich auf meinen Kommentar: Das Markusevangelium, HNT 3, 1987.

[51] G. Bornkamm, Enderwartung und Kirche im Matthäusevangelium, in: ders., G. Barth, H. J. Held, Überlieferung und Auslegung im Matthäusevangelium, WMANT 1, ^{4}1965, 22.

Q: SAYINGS OF JESUS OR LOGIA?*

After my book on the redaction of the Logia source in 1969, I did not write anything further about Q until 1989.[1] There are only a few reviews, for naturally I followed the further discussion with interest. There are also occasional remarks on Q in other connections; but there has been no continuous work of my own in this field. Here I present only a few observations from the area of my present interests, the gospels which were classed as apocryphal and the history of exegesis since the period of the Enlightenment. I hope that they may contribute something to Q research, even if in a limited field.

The starting point is a few sentences in an article "Logion" which I had to write for an English-language dictionary.[2] I have always used the designation "Logienquelle" (logia source), without reflecting on the history which lies behind this apparently harmless concept. Only now has it become clear what this description means, and with this the following essay is concerned.

I consider the assumption that Matthew and Luke used a second source in addition to Mark to be assured, despite all criticism. Neither the priority of Matthew nor proto-Luke hypotheses can resolve the Synoptic Problem to any comparable extent. The two-document hypothesis has thus become independent of the circumstances in the history of theology out of which it arose. I think, however, that it is worthwhile to recall these circumstances.

The thesis of this study is that at the beginning of Q-research there was a misunderstanding, namely Schleiermacher's Interpretation of Papias' comments on the gospels of Matthew and Mark. The two-document hypothesis was developed in the 19th [98] century in part independently of this, and in part appealing to it. At the end of the 19th century it became separated from this interpretation, but to some extent was now substantiated by new discoveries of apocryphal gospels.

In the 20th century the two-document hypothesis was taken up under new circumstances and with the raising of new exegetical questions. However, the question of the significance of the Jesus tradition for theology still remained, and this question has been handled in very controversial fashion. One aspect of this development can be displayed in the varying interpretation of the Greek word λόγιον, which at the beginning was a given factor through the text of Papias. I think that some very fundamental exegetical questions lie concealed in the semantic problems.

* This present essay has been translated into English by R. McL. Wilson.

1 Die Redaktion der Logienquelle, WMANT 33; Neukirchen 1969; The Gospel of Mark and the Sayings Collection Q, JBL 108 (1989), 51–71.

2 Art. "Logion" in A Dictionary of Biblical Interpretation, ed. R. J. Coggins and J. L. Houlden, London and Philadelphia 1990, 406f.

1. The Two-Document Hypothesis and Papias

At the beginning of the 19th century the Synoptic Problem represented one of the fundamental questions, at least in German Protestant theology. Historical criticism since the period of the Enlightenment made it necessary, and then the debate with David Friedrich Strauss made it positively essential, to attain to statements about Jesus which were historically verifiable. The solution was provided by the two sources for the historical Jesus, from which such a reliable portrait could be obtained: the Gospel of Mark and the second source which could be reconstructed from Matthew and Luke. It was outlined for the first time by Christian Hermann Weisse in 1838[3] and comprehensively presented by Heinrich Julius Holtzmann in 1863.[4]

Friedrich Schleiermacher's 1832 treatise *Über die Zeugnisse des Papias von unseren beiden ersten Evangelien*[5] was an important step along this road. It finds an echo right through the entire 19th century, for from it comes the justification for the existence of a pre-Synoptic collection of sayings of Jesus and the description of this collection, typical for the German tradition, as "*Logien*quelle". In English this would have to be reproduced as "Logia source", but this designation was evidently hardly ever used. [99]

Schleiermacher examined the well-known statements about Matthew and Mark[6] in Eusebius (*HE* III 39:5f), with the conclusion that Papias here did not mean either the Gospel of Mark or that of Matthew in the form known to us. The comment on Matthew was rather to be understood to mean that in the Gospel named after Matthew a collection of utterances of Jesus had been used, and to this collection he traced back in essentials the great discourses of Jesus in that Gospel. Schleiermacher's interpretation of Papias' comment on Mark is less interesting for our theme. Here he sees behind the text known to us a collection of speeches and acts of Jesus which goes back to the sermons of Peter.

This is recognisably not yet the two-document hypothesis. Yet there are insights to be found here which have come to fruition in form criticism: the existence of collections of the Jesus tradition and its kerygmatic character. In the era of source criticism only a part of this was at first taken up, namely the theory of a source containing utterances of Jesus behind the Gospel of Matthew. The advance consisted in the expansion of this into a solution of the Synoptic Problem. Schleiermacher was not able to take up a stance on this point; he died in 1834.

His interpretation of the Papias text is the basis for a quarter of the two-document hypothesis. It is of no significance for the priority of Mark; but for the second source it postulates, at least for Matthew, the existence of a collection of sayings of Jesus, and this thesis was then extended to include Luke. Thus the modern two-document hypothesis appeared to have a foundation in early church tradition, and indeed as early as the 2nd

[3] Die evangelische Geschichte kritisch und philosophisch bearbeitet, 2 vol., Leipzig 1838.

[4] Die synoptischen Evangelien, Leipzig 1863.

[5] Sämmtliche Werke, erste Abteilung, zweiter Band, Berlin 1836, 361–392.

[6] Cf. below in part 5.

century. The assumption of the priority of Matthew in Johann Jakob Griesbach and the Tübingen school appealed to Augustine. The two-document hypothesis on the other hand now seemed to answer the claims of historical criticism, and also of the patristic tradition. Over against the challenge which D. F. Strauss presented for Protestant theology, this was a two-fold safeguard: the two-document hypothesis was modern, and at the same time it was rooted in the tradition of the early Church.

In the theological turbulence of that time, the comprehensive presentation of the two-document hypothesis by H. J. Holtzmann signified a further step beyond Weisse and Schleiermacher. In explicit debate with D. F. Strauss, Holtzmann sketched a foundation for the Christian faith which was guaranteed by a source A ("Urmarcus") and a second source which he designates [100] by the Greek letter Λ, an abbreviation for λόγια corresponding to Schleiermacher's interpretation of the Papias fragments. Since then "Logienquelle" has become the most usual designation in German research.

In the further course of the 19th century Schleiermacher was perhaps no longer so highly esteemed as a theologian, but rather as a philologist; he had translated the whole of Plato into German. His interpretation of the Papias fragments however met with opposition from the side of philology. Here we need mention only the contesting of his rendering of λόγια as "Aussprüche" (utterances). Early critics already referred to the fact that λόγια in Greek means "divine utterances, oracles", not simply "utterances" of any kind, sayings. The quest for the historical Jesus in the 19th century was however in search of sayings of the human being Jesus, not oracles of divine origin!

Schleiermacher by no means ignored his lexicons. He was perfectly aware that λόγια generally, where it occurs, means "divine utterances, oracles", and so also in the Septuagint and the New Testament. He ruled this meaning out for Papias, however, for the latter could only mean utterances of *Jesus,* and these were no oracles.[7] Holtzmann took up this argument and repeated it against Schleiermacher's critics. Since in the time of Papias there was still no canon of the New Testament, only the words or sayings of Jesus could be meant by λόγια here: for Holtzmann, Papias thus provides the proof for the existence of λόγια; indeed according to Holtzmann the apostle Matthew may have perfectly well have been the author of this collection of Logia Jesu.[8]

Despite their distance from the pure source-criticism of their teachers, the representatives of the History-of-Religion school held fast to the two-document hypothesis. With detective accuracy the Belgian Frans Neirynck has shown that one of them, Johannes Weiss, in 1890 made use for the first time of the siglum Q for the second source, now so familiar to us.[9] Since Weiss took over from Holtzmann the siglum A as a designation for "Urmarcus", the introduction of Q betokens a conscious substitution for Λ. Q as an abbreviation of the German word Q(uelle) ("source") is admittedly a little enigmatic, since it is not immediately clear [101] which source is meant, whereas Λ precisely describes the

[7] 366f.

[8] 251.

[9] The Symbol Q (= Quelle), EThL 54 (1978), 119–125; Once More: The Symbol Q, EThL 55 (1979), 382f; Note an the Siglum Q, in Evangelica II, EThL 99 (1991), 474.

Logia mentioned by Papias. The siglum Q can therefore only be employed in contexts in which it clearly describes the (second) *synoptic* source.

The reason for the replacement of Λ by Q is rightly seen by later authors to lie in the fact that "Q" is a more neutral designation than "Λ", for now the theory of a second source common to Matthew and Luke was no longer linked with the Papias fragment. Thereby the two-document hypothesis did indeed lose its alleged foundation in early church tradition; but it could no longer be criticised on the basis of other interpretations of the Papias text, or by reference to the semantics of the Greek word. The modern solution of the Synoptic Problem thus freed itself from the early church tradition. On the other hand it should not be forgotten that for Albert Schweitzer the two-document hypothesis belongs among the major errors in the quest for the historical Jesus. He adhered to the priority of Matthew, and developed his picture of the apocalyptic Jesus from the Gospel of Matthew.

In the German-speaking area the designations "Logienquelle", "Spruchquelle", "Spruchsammlung" are orientated largely to the origins in Schleiermacher, Weisse and Holtzmann. On the other hand the terms "Redenquelle", "Redensammlung", which are also used, emphasise that Q consists not only of individual sayings of Jesus, but that larger compositions can be identified. English-speaking scholars took over the siglum Q, but in part detached it from its German origin, in that Q was seen as the next letter after P (= Peter, the 'Urmarcus' A of Holtzmann). The fundamental studies on the Synoptic Problem have taken up the German terminology, but have also rendered "Quelle" by "document" and not only by "source". But today – so far as I can see – "the Sayings Collection (Q)" is in English the most usual description of this second source common to Matthew and Luke.

Nobody today argues for the existence of Q on the basis of the Papias quotation in Eusebius. For all who follow the two-document hypothesis, it results from the analysis of the Synoptic Gospels. But even those who appeal to Augustine in favour of the priority of Matthew cannot simply cite his authority, but must also justify it by an analysis of the Synoptic Gospels. Nevertheless it remains as a legacy of the history of the Synoptic Problem that a particular interpretation of the "Logia of Matthew" mentioned by Papias as Q in the sense of the two-document hypothesis be- [102] longs to the beginnings of the two-document hypothesis. This Interpretation is still influential in the terminology ("Logienquelle"), but also describes a problem of substance, as will be shown in the following sections.

2. *Logia and Sayings of Jesus*

So far we have followed the history of Q down to about 1900. The first new discoveries of non-canonical Jesus tradition, including the *Oxyrhynchus Papyri* 1, 654 and 655, also fall in this period about the turn of the century. It is no accident that among their first interpreters were the same scholars who at the time were also concerned with Q.

These papyri were described from the beginning as the *Oxyrhynchus Logia.*[10] This has no basis in the text of the fragments, but is evidently an echo of the Papias text and accordingly of the description of the source common to Matthew and Luke as λόγια. By about 1900 Papias could no longer prove its existence. All the more did these newly discovered papyri appear better suited to the purpose. They were dated to the beginning of the 3rd century and showed that in early Christianity there had been collections of sayings of Jesus. Admittedly they were for the most part non-canonical, but the traditional canon was also in the meantime subject to historical criticism.

The term *logia* occurs again not only in relation to these new discoveries, but also in the new exegetical investigations of form criticism. Rudolf Bultmann describes the "Logia (Jesus as the Teacher of Wisdom)" as a sub-division of the "Dominical Sayings".[11] As Wisdom sayings they are distinct from prophetic, apocalyptic and other sayings. In Bultmann, Martin Dibelius and others there is however a more general usage, in which "Logion" is employed as more or less synonymous with "Spruch" ("saying") or "Ausspruch" ("utterance"); the semantic problem of translating the Greek word λόγιον is thus no longer seen.[12] [103]

Since the first reference to the Coptic *Gospel of Thomas,* discovered after the Second World War, people have spoken as a matter of course of its *logia,* and in editions of the text the division into 114 such *logia* has become usual, in contrast to most other texts from Nag Hammadi, which are cited according to codex, page and line. In the case of the *Gospel of Thomas* it soon became clear that it has parallels in the *Oxyrhynchus Papyri* 1, 654 and 655, already mentioned; it is this that explains the taking over of the term *Logia,* and not the Coptic text itself.

Although the siglum Λ had been prudently replaced by Q at the end of the 19th century, the term *Logia* thus survived in New Testament research. It occurs on the one hand in the terminology of form criticism. On the other hand it helped to characterise the Coptic *Gospel of Thomas* and its Greek parallels. Not only does the German term "Logienquelle" continue to be used, but *"Logia"* was also the title of the collective volume on Q published by Joel Delobel in 1982 with the subtitles "Les paroles de Jesus" and "The sayings of Jesus". In the modern Greek phrase πηγὴ τῶν λογίων, λόγιον has also returned to the original language – the Greek alphabet does not know the letter Q!

In Q the sayings of Jesus are never described as λόγια. At the end of the programmatic speech Q 6:20b–49 this is summarised as Jesus' λόγοι (Lk 6:47/Mt 7:24, repeated once again in Mt 7:26 diff. Lk 6:49), and Q 7:7 directly following reflects the authoritative character of the Word of Jesus. In these passages the Greek word λόγος is rightly translated as "word"; likewise in many other passages where λόγος occurs in the New Testament a translation by "word", "saying", "sermon" etc. is appropriate. In the light of our starting-point in Papias it should be emphasised that Matthew too in his gospel describes

[10] B. P. Grenfell and A. S. Hunt, Logia Iesou. Sayings of Our Lord, London 1897.

[11] The History of the Synoptic Tradition, Oxford 1968, 69–108.

[12] 'logion n. (pl. logia) a saying attributed to Christ, especially one not recorded in the canonical Gospels (Gk. oracle f. *logos* word)': the Concise Oxford Dictionary of Current English, 1991, 698.

the speeches of Jesus as λόγοι (7:28; 19:1; 26:1), but himself never employs λόγια. Papias' comment is therefore not to be explained from Matthew's usage.

In the Coptic *Gospel of Thomas* neither λόγιον nor λόγος appears as a Greek loan-word. Where a Greek substratum has survived, only λόγος occurs. Above all, what in the *subscriptio* of the Coptic text runs as εὐαγγέλιον κατὰ Θωμᾶν is characterised at the beginning of *POxy* 654 as οἱ λόγοι [ἀκπόκρυφοι οὓς ἐλά]λησεν Ἰη(σοῦ)ς ὁ ζῶν, "the secret sayings which the living Jesus spoke" (line 1f.).[13] This is taken up in lines 3–5: [104]

> [ὅστις ἂν τὴν ἑρμηνεί]αν τῶν λόγων τούτ[ων εὑρίσκῃ, θανάτου]
> οὐ μὴ γεύσεται.

In the *Gospel of Thomas,* and in the Greek behind it, the reference is thus to sayings of Jesus, to λόγοι, not to λόγια. James M. Robinson in an influential article in 1964 pointed to this difference, and therefore assigned Q to a *Gattung* of λόγοι σοφῶν instead of characterising it as *Logia.*[14] For this he referred not least to the Papias text, and emphasised the distinction between λόγος and λόγιον, in order to throw into relief the independent *Gattung* of the λόγοι. It may be questionable whether one can actually speak of a *Gattung.* Robinson himself has in the interval modified this in favour of John S. Kloppenborg's definition of Q.[15] What is important is the abundance of the material which Robinson brought together, and just as important is the question of the relation of such a *Gattung* of λόγοι to the *Logia.*

3. The Shift from Logia to Sayings

We have seen how in the history of research λόγιον has become a merely technical term, used as synonymous with "saying". In the literature in German the term "Logienquelle" has long since meant not the Matthean *Logia* of Papias but Q, the common source of Matthew and Luke, which in contrast to Mark's Gospel contains above all sayings or discourses of Jesus.

The siglum Q as such contains no information of its own. The Greek letter Λ first employed clearly pointed to the Greek word λόγια and accordingly to Papias' Matthean *Logia.* The letter Q is indeed used in German maps to mark the source (= spring) of a river, but otherwise is not a current abbreviation. Phonetically Q sounds like "Kuh" (= cow), and thus affords occasion for all kinds of witticism, as "queue" probably also does in English. To speak in German of the "Logienquelle Q" or in English of the "Synoptic Sayings Source Q" points more precisely to what the siglum Q by itself cannot designate.

13 H. W. Attridge, Appendix: The Greek Fragments, in Nag Hammadi Codex II, 2–7, ed. B. Layton, NHS 20, Leiden 1989, 95–128.

14 LOGOI SOPHON: On the Gattung of Q, in Trajectories through Early Christianity, Philadelphia 1987, 71–113.

15 Cf. Robinson's "Foreword" to J. S. Kloppenborg, The Formation of Q, StAC, Philadelphia 1987, xi–xiv.

The history of research shows that the solution of the Synoptic Problem with the aid of the two-document hypothesis was inspired by the Papias text. Its interpretation by Schleiermacher paved the [105] way for a new complex theory. In this, two apparently contradictory models come together. On the one hand there had been a search since the period of the Enlightenment for the lost *one* Gospel behind those which became canonical – to some extent Q corresponded to this. On the other hand the relation of the canonical Gospels to one another was thought of in terms of the use of one or more by others – this was the dependence of Matthew and Luke upon Mark.

The two-document hypothesis thus combined elements of these two models with one another. Surprisingly, however, Mark became the oldest gospel, and no longer Matthew. No less surprisingly John became the latest gospel; throughout church history it had borne the burden of proof for the traditional Christology. We should not forget that it had been above all the interpretation of the Gospel of John by D. F. Strauss which had led to the strictly historically based two-document hypothesis. Now there were two sources or documents, Mark and Q, from which the historical Jesus could be known, over against Matthew and John, which traditionally had had the function of showing who Jesus was.

Schleiermacher's interpretation of the Papias text had inspired this development. At the end of the 19th century it was however possible to renounce the dubious Papias text, and write Q instead of Λ. The *Oxyrhynchus Logia* appeared to provide a very much more modern proof for the possibility of a sayings source. In form criticism, in the strict German sense, *Logia* = wisdom sayings of Jesus signified little over against the kerygma as the all-controlling basis of Christianity. In place of the *two* sources Mark and Q there appeared a single source, the kerygma.

Logia and also Q had accordingly become terms which had purely technical value: Matthew parallel to Luke minus Mark = Q. James M. Robinson however called to mind the difference between λόγοι and λόγια, but with it at the same time some fundamental problems not only in gospel research but in theology as a whole. It is certainly no accident that the revival of Q research in the 60s shows a connection with the new quest for the historical Jesus.

My own work an Q began more than 25 years ago, without my being conscious of such connections. I used the term 'Logienquelle', without knowing whence it really came and what it implied. The whole history of research is very meagerly presented in my book, and Papias evidently not once mentioned. The actual situation at the time was more important. On the one side [106] Hans-Theo Wrege claimed to have proved that there never was any Q.[16] On the other side William R. Farmer's battle against the two-document hypothesis began at that time.[17] As it has proved, there was a future for Q, but at the end of the 60s that future could have appeared altogether more gloomy for anyone who was seeking a place in the academic world with a work on Q.

[16] Die Überlieferungsgeschichte der Bergpredigt, WUNT 9, Tübingen 1968.

[17] The Synoptic Problem, New York/London 1964. I had read this book as early as 1965 or 1966, when Bill Farmer visited Heidelberg.

The abundance of works on Q since then does not indeed prove the existence of the sayings source, but rather that the theory which lies at the base of its affirmation is plausible. My reflections in this essay do not call Q into question. They may however perhaps contribute something to the history of the Jesus tradition in the *second* century, when the λόγοι became λόγια. From this there may possibly emerge perspectives both for the history of synoptic research and also for Problems of contemporary research into Q.

4. When the Sayings of Jesus Became Logia

We return therefore to our starting point, the Papias fragment in Eusebius. Little is known about the person of Papias. Not even the dates of his life are reliably handed on, but he must have written in the first half of the second century, probably as early as about 110.[18] It is the more regrettable that his work is preserved only in fragments: Λογίων κυριακῶν ἐξήγησις in five books (λόγοι or βίβλια). This title is mentioned in Eusebius, but appears also in other witnesses, in Latin in Jerome: *explanatio sermonum Domini,* while Rufinus translates *verborum dominicorum explanatio.* This corresponds to ἐξήγησις τῶν κυριακῶν λόγων in a fragment of Apollinaris of Laodicea culled from the catenae; *verba* is the Latin translation of λόγοι, *sermones* of λόγια.

It is to be noted that the several columns of Papias' work could be called λόγοι or βίβλια, while at the same time the title is quoted with the key-word λόγιον. There is therefore in the tradition clearly a distinction between the two words λόγος and λόγιον. This holds in particular for the passages in which sayings of Jesus or the apostles are called λόγος or λόγοι. The distinction [107] in the use of λόγια and λόγοι and other terms is to be noted especially in the longer fragment in Eusebius.

For the Greek word λόγιον, Liddell and Scott's *Greek-English Lexicon* (1056a) gives first of all: "oracle, esp. one preserved from antiquity, ...more freq. in pl., oracles, ...distd. fr. χρησμοί, Th, 2:8". From this it distinguishes: "2. τὰ λόγια κυρίου the *sayings* of the Lord. LXX Ps. 11 (12).6, cf. Act.Ap. 7:38, Ep.Rom. 3:2, 1 Ep.Pet. 4:11." Liddell and Scott thus assume that in the Greek of the Bible there was a meaning of λόγιον/λόγια ("sayings") which is different from that elsewhere in Greek ("oracles"). Yet the usual meaning of λόγιον is adequate both for the Old Testament references in the Septuagint and also for those in the New Testament. In every case the λόγια could be understood as "oracles, esp. one(s) preserved from antiquity".

This holds good for the Septuagint and for other Jewish literature in Greek. It also holds for the few New Testament references. In Acts 7:38, Rom 3:2 and Heb 5:12 λόγια (in the plural!) are "oracles" preserved from the antiquity of Israel. In the remarkable use in 1 Pet 4:11, εἴ τις λαλεῖ, ὡς λόγια θεοῦ, what is required in the speaker is evidently the same quality possessed by God's own speech, namely to be as reliable as λόγια.

[18] Cf. Ulrich H. J. Körtner, Papias von Hierapolis, FRLANT 133, Göttingen 1983, including a new edition of the fragments.

New Testament scholars are probably irritated by the catch-word "oracle", especially in the German tradition, which is pledged to a theology of the *Word.* But in other respects also oracles today scarcely rank any longer as reliable. Yet we should note the aspect "preserved from antiquity". We should also call to mind the fact that in the New Testament sayings of Jesus are never described as λόγια, and that even in the second century it is still λόγος not λόγιον, that is dominant when sayings of Jesus are quoted.

G. W. H. Lampe in his *Patristic Greek Lexicon* (805b–806a) also prefers a special significance "sayings of Christ" for the Christian occurrences. He gives first of all, as a translation for λόγιον, "utterance, saying", and notes under 3. "esp. of oracular or inspired utterances: a. pagan..., b. of utterances of OT prophets, prophecies." Under 3b. he mentions Papias' comment on Matthew, "if λ. here denotes OT prophetic proof-texts; to be included under d. infra, if λ. here denotes sayings of Christ", and the title of Papias' work, "where λ. may similarly denote either *prophecies* relating to the Lord or *sayings* of the Lord". Under 3c. he notes: "plur. of OT scriptures in gen.", under 3d. "sayings of the Lord", for which he adduces Polycarp, Phil 7:1 in addition to Papias. [108]

Like Liddell and Scott, Lampe also thus assumes a special Christian significance "sayings (of the Lord)" for λόγια.[19] The logic behind this is presumably the same as we found in Schleiermacher and Holtzmann: in the 2nd century there was still no New Testament canon; hence sayings of *Jesus,* with which we are here concerned, could not be understood as λόγια in the proper sense ("preserved from antiquity"!). In the interval however it has become beyond dispute that in the 2nd century the canon of the New Testament was still in its beginnings, even the canon of the (four) Gospels. No defence against a misunderstanding is therefore any longer necessary, but it is possible to ask why we should find in Papias and other authors of the second century a tendency to describe sayings of Jesus as λόγια, not merely as λόγοι, and thus to understand these sayings of Jesus as inspired divine utterances from the past.

If we accept the definition of the Greek word λόγιον as "divine utterance, especially one preserved from antiquity, more frequently in the plural", then it gives good sense in regard to the Papias fragments. For κυριακὰ λόγια (plural!) are then sayings of the Lord gaining the quality of divine utterances ("oracles") from the past. Papias knew the gospels of Matthew and Mark, both of which he examined with an eye to such λόγια. In both he found deficiencies, which he sought to remove with his work Λογίων κυριακῶν ἐξήγησις. But in that Papias understood the sayings of Jesus as λόγια in the strict sense, he gave a new significance to *them,* not to the Greek word λόγιον. He thus stands at the beginning of a development which can be traced in the 2nd century.

Before we turn briefly to this further development, a possible objection to my view of the Papias text must be cleared away. Papias' interest, it might be said, lies in the *oral* tradition. This is naturally correct, for that is why Papias whenever he could endeavoured to learn what had been handed down through the presbyters from the first generation of the apostles. In this connection however the key-word λόγια, with the use of which I am

[19] Cf. also G. Kittel, ThWNT IV, 140–145.

concerned, never occurs, but instead a whole series of familiar terms for the transmission of tradition. It is Papias' own aim in the first place to create from such tradition a λογίων κυριακῶν ἐξήγησις.

Apart from this title of his work, the word λόγιον occurs *only in* the comments on Matthew and Mark. Evidently he saw in these two gospels, as *written* compilations of the Jesus tradition, the first efforts on the way in which he himself wished to carry to comple- [109] tion with his work. The deficiencies which he censured can thus be defined more exactly. Mark did indeed note down the sermons of Peter, but not in the requisite τάξις. The reason for this was his source: Peter had not orientated his teachings (διδασκαλίαι) towards a σύνταξις of the Lord's λόγια. Matthew on the other hand had brought the λόγια together in the Hebrew tongue, but there were in Papias' opinion varying ἑρμηνείαι.

Papias wished to remove the shortcomings of the two *written* presentations of the Jesus tradition, and to this end he attempted to obtain as much as possible of the *oral* tradition. The reason for this view was however that he regarded such Jesus tradition as *Logia,* and accordingly gave to it a new quality. In the interpretation of the Papias text we therefore have to distinguish between the semantic problem of the meaning of the Greek word λόγιον, or in the plural λόγια, and the relation of oral and written material in the Jesus tradition. The two problems lie on different levels and should not be confused with one another.[20]

A use of λόγια comparable to that of Papias occurs only rarely in the 2nd century. These few passages are all the more striking. Polycarp, (2)Phil 7:1, has already appeared in our summary of Lampe's exposition. Otherwise probably only Justin, Dial. 18:1, calls for mention. In both authors it is to be observed that in other passages they presuppose normative written versions of the Jesus tradition. It is only with Irenaeus that we find throughout the combination τὰ λόγια τοῦ κυρίου, or in Latin *Domini sermones,* as a description of Jesus tradition.[21]

This is on the one hand not surprising, for Irenaeus knew Papias' work and we owe to him one of the few fragments that have survived. On the other hand it is surprising that Irenaeus still employs the category of the λόγια/*sermones* alongside the four Gospels. It had been the tendency in the 2nd century to single out as normative a particular version of the Jesus tradition, be it Papias' work, or Marcion's expurgated Gospel of Luke, Gospel harmonies as in Justin, Tatian and others, or finally local peculiarities in the preference for individual Gospels. Over against this Irenaeus declared *four* Gospels (and Acts) to be normative. In this he had long-standing success, for in the West at least it was scarcely ever debated in the further discussion on the canon; the only [110] questions were the compass of the Apostolicon and the validity of the Apocalypse.

20 Unlike Körtner, whose "Doktorvater" I was, I would not explain Papias' work on the basis of his comment on Mark, and hence understand the Logia as what Jesus said and did.

21 Cf. Haer. IV praef. 1; 41:4.

In Irenaeus the λόγια τοῦ κυρίου remained normative beside the four Gospels.[22] The Latin translation *Domini sermones* indicates a certain shifting of the term. Irenaeus with the whole of the 2nd century understood the Gospels as witnesses to the preaching of the apostles. The λόγια τοῦ κυρίου or *Domini sermones* were contained *in* them, and not to be sought outside of them. But the retention of this category made it possible for church fathers to adduce also sayings of Jesus which did not correspond with those versions of the text of the four Gospels which ranked as canonical.

The problem of the canon was thus brought to a solution, so far as the Gospels were concerned, in Irenaeus. Nevertheless the λόγια τοῦ κυρίου continued to survive as an independent category alongside them. This meant acceptance of Papias' attempt to understand the Jesus tradition as divine utterances preserved from the past, if not from antiquity. However, this was done no longer in a new work alongside the Gospels but within the canon of the four Gospels.

A second aspect is the bringing together of λόγια and ἑρμηνεία(ι). It appears in Papias from the point of view of the translation and interpretation of the λόγια. Mark worked as translator (ἑρμηνευτής) of the teachings of Peter, in which the λόγια were contained.[23] Matthew's compilation of the λόγια in the Hebrew tongue met with various translations or interpretations (ἑρμηνεῖαι). What Papias wanted to present was an ἐξήγησις of the λόγια. Both ἑρμηνεία and ἐξήγησις could however also be understood as communication from the divine sphere in human language. In the New Testament writings there is the problem of the ἑρμηνεία of glossolalia, but also the Statement in John 1:18 about the imparting of revelation through the Son (ἐξηγήσατο). In the case of both words linguistic investigations lead into the world of poesy, of divination, and also that of oracles.[24]

Less attention has so far been paid to a type of early Christian literature which in such fashion combines sayings of Jesus with ἑρμηνεῖαι. The discovery of a papyrus from the fourth (?) cen- [111] tury, included in New Testament manuscript lists as p^{80}, has however shown that it is not simply a late phenomenon to conceive of sayings of Jesus as oracles or fortune telling. Rather does such a use reach back to a relatively early period.[25]

Here it is a question chiefly if not exclusively of texts from the Gospel of John. In each case a quotation from a discourse of Jesus is set at the beginning, and then after the stereotyped catchword ἑρμηνεία there follows a short interpretation. For this there was evidently a well-defined repertoire, which could however be applied at will to different texts. For our purpose such a brief reference is sufficient. It shows a use of sayings of Jesus in which they were provided with ἑρμηνεῖαι, and the sayings of Jesus were understood

[22] Cf. Hans von Campenhausen, The Formation of the Christian Bible, Philadelphia 1972.

[23] Cf. alongside this the tradition about a certain Glaucias as Peter's Interpreter: Clem. Alex., Strom. VII 106:4.

[24] On this (very briefly) J. Behm, ThWNT 11, 659–662 and 910.

[25] Cf. Bruce M. Metzger, Greek Manuscripts of John's Gospel with 'hermeneiai', in: Text and Testimony (Festschrift A. F. J. Klijn), ed. T. Baarda et al., Kampen 1988, 162–169; Kurt Treu, P.Berol. 21315: Bibelorakel mit griechischer und koptischer Hermeneia, Archiv für Papyrusforschung 37 (1991), 55–60, who admittedly would date p^{80} very much later.

as oracles. That they ranked as divine utterances preserved from antiquity may surprise us; but this is the claim with which the sayings of Jesus are quoted.

The interpretation of the Papias fragment in Eusebius is in the first place a philological problem. Usually it is resolved by inserting "sayings of Jesus" for κυριακὰ λόγια, "translation" and "translator" for ἑρμηνεία and ἑρμηνευτής, and "explanation" or "interpretation" for ἐξήγησις. In view of the concentration of words which as logion, hermeneutics and exegesis have entered not only into technical language, it is not surprising that the treatments of the text often become mirrors for their authors' conceptions of the tasks of New Testament scholarship.

The solution here proposed is not in any way intended to define afresh what should be done in New Testament scholarship. But it gives the Papias text – in my opinion – a good sense in the context of the 2nd century. Papias was the first to understand the sayings of Jesus as oracles preserved from antiquity, but down to his own time found only poor or even false translations and/or interpretations of such oracles, and wished himself to supply the interpretation which with oracles is always necessary. He knew the gospels of Mark and Matthew, but for various reasons considered them unsatisfactory. He wanted to set his own work in their place. He offered a new collection of his own of the Λόγια, which was founded on the written versions and also upon oral tradition. [112]

Papias did not succeed with his venture. The 2nd century produced a large number of other attempts to preserve binding versions of the Jesus tradition. For the West at any rate they end with Irenaeus' solution of a canon of the four Gospels. Combined with the speeches of Acts they ranked as documents of the teaching of the apostles. But in them were contained also τὰ λόγια τοῦ κυρίου/*Domini sermones,* although this now meant something other than what Papias aimed at in his work.

Papias found a late echo in Jerome. He probably did not know Papias' work at first hand but had read the quotations in Irenaeus and Eusebius and took from them the information about a "Hebrew Gospel of Matthew", and even asserted that he had himself translated it.[26] This contributed materially to the confusion which reigns in research into the so-called "Jewish Christian" gospels. But as mediator of the Greek tradition to the Latin-speaking area he kept alive the memory of gospels of this kind outside the canon.

From Schleiermacher to Walter Bauer the Gospel of the Hebrews, or the other traditions associated with this title, played a major role. Schleiermacher saw the λόγια of Matthew, of which Papias speaks, as the common basis for the Jewish-Christian gospels, including the only one that became canonical, that of Matthew. For Bauer, the Gospel of the Hebrews and that of the Egyptians formed the two sources for the early period of Christianity in Egypt; he assigned the *Oxyrhynchus Logia* to the Gospel of the Hebrews.[27]

[26] Commentary on Mt 12:13.

[27] Rechtgläubigkeit und Ketzerei im ältesten Christentum, Tübingen 1934, 55f (ET: Orthodoxy and Heresy in Earliest Christianity, Philadelphia 1971, 50ff).

5. Papias, The Oxyrhynchus Logia and the Gospel of Thomas

The canon of the four Gospels ensured an uninterrupted transmission of their versions of the text, whereas otherwise early Jesus traditions are preserved only in fragments. We do not have complete texts of the Gospels which became canonical before the great codices of the 4th and 5th centuries. Older manuscripts than these have only become known in the last 100 years, among them p^{45} (3rd century) with text from the four canonical Gospels and Acts. This papyrus is at the same time the only manuscript of the Gospel of Mark before the 4th century. Without their [113] canonisation we should possess, for Mark and the other Gospels which rank as canonical, only fragments from a period from which we now have more and more discoveries of apocryphal gospels. The fixation of the canon of the four Gospels and Acts in Irenaeus is evidently also the presupposition for the extensively preserved papyrus codex p^{45}.[28]

At first only papyrus was available as writing material, not yet parchment. The special climatic conditions of Egypt made it possible for papyrus to be preserved there over centuries. Our knowledge of the early tradition of the gospels therefore rests almost exclusively upon their reception in Egypt. Here the Gospel of John enjoyed a clear preeminence, with Matthew following at some distance.

It is to these special conditions in Egypt that we also owe our knowledge of the *Gospel of Thomas*. It was only through the discovery of this gospel in a codex from Nag Hammadi that it became possible to determine that the three manuscripts of the *Oxyrhynchus Logia* belong together. And it is only the Coptic text which enables us to assign sayings of Jesus in the church fathers to this gospel. For the *Gospel of Thomas* we thus possess a complete text in Coptic, in a single manuscript dating from about 400, three fragmentary Greek manuscripts from the 3rd century for a fifth or less of the total text, and a few quotations in early fathers. Who would venture to reconstruct one of the Gospels which became canonical on such a basis? But again, who would, for example, without knowledge of the Gospel of Mark, interpret p^{88} (4th century) as a fragment of an independent work, and not merely as a variant to Matthew or Luke?

That there is no "Papyrus Q" cannot therefore be any argument against the assumption that Matthew and Luke independently of each one another used such a sayings collection in addition to Mark. The circumstances of the transmission of the Jesus tradition are so haphazard that Q would have had to be known in Egypt for us to possess a fragment of it. Even for the Gospel of Mark, as was said above, there is only a single manuscript, and that derives from circles which already accepted the canon of Irenaeus.

Q is a product of modern gospel research. This has taken its origin from three models one after another: Papias, the *Oxyrhynchus Logia* and the *Gospel of Thomas*. At the beginning [114] stood Schleiermacher's misunderstanding of the Papias fragment. In what was for his time a modern fashion he interpreted it in the sense of what could pass as the task of gospel research: older sources had to be sought behind the extant gospels; it was

[28] A papyrus discovery shows that Irenaeus was already known in Egypt at an early date.

a question of translation (ἑρμηνεία) and interpretation (ἐξήγησις).[29] But above all sayings of Jesus were understood no longer as divine utterances, oracles, especially ones preserved from antiquity, but as "words of the Lord".

Schleiermacher's interpretation of the Papias text helped Holtzmann, against Strauss, to find in Q the sayings of the *historical* Jesus. Strauss had founded his picture of Christianity upon the Gospel of John. Against this Holtzmann set up Mark and Q as the two sources which in his opinion were alone historically reliable. Yet the Gospel of John is the best attested of all the Gospels in the early period!

The discovery of the *Oxyrhynchus Logia* again helped to cut the two-document hypothesis free from the dubious interpretation of the Papias fragments. Now it seemed to be possible, in a fashion modern for this period, to give Q a foundation from archaeological evidence. Hence one could dispense with the siglum Λ and set the apparently more neutral siglum Q in its place. The sayings of Jesus in *POxy* 1, 654 and 655 did not however match the portrait which the History-of-Religion school had drawn of the historical Jesus as an apocalyptist. In Bultmann's *History of the Synoptic Tradition* they therefore remain *wisdom* sayings, and as such were not typical for Jesus.[30]

There were various reasons for the new beginning of Q research in the 60s. One of them was that the two-document hypothesis became acceptable for Catholic exegesis, which opened the way for a concern with Q in the proper sense.[31] Another was the New Quest for the historical Jesus. But with this new interest in Q the new texts from Nag Hammadi were also connected, and especially the *Gospel of Thomas,* which became accessible in full in 1956 or 1959, and through it again *POxy* 1, 654 and 655, for which [115] Joseph A. Fitzmyer and Otfried Hofius put forward reconstructions in 1959 and 1960.[32]

There appears to be a widespread consensus that Q is stamped by the motif of opposition to "this generation", but with it also the motif of final judgement. Here the apocalyptic interpretation of the History-of-Religion school lives on. The question is however in debate as to whether there were older versions of Q which did not yet interpret the preaching of Jesus apocalyptically, in this comparable to the *Gospel of Thomas* or older strata contained in it.

This question may here be left aside. In the *Gospel of Thomas* a redactional framework can be recognised in its prologue (Logion 1). What is requisite is a ἑρμηνεία of the λόγοι ἀπόκρυφοι which Jesus spoke (ἐλάλησεν).[33] The introduction of the individual sayings then

[29] Schleiermacher here expressed his sympathy for Papias over against the negative judgements handed down from the early Church.

[30] Cf. the remarks of James M. Robinson, The Q Trajectory: Between John and Matthew via Jesus, in The Future of Early Christianity (Festschrift Helmut Koester), ed. B. A. Pearson, Minneapolis 1991, 173–194.

[31] Cf. however Josef Schmid, Matthäus und Lukas: Eine Untersuchung des Verhältnisses ihrer Evangelien (BibS[F] 23/2–4; Freiburg 1930), who worked on Q without mentioning Q.

[32] J. A. Fitzmyer, The Oxyrhynchus Logoi of Jesus and the Coptic Gospel according to Thomas, ThSt 20 (1959), 505–560, revised version in Id., Essays on the Semitic Background of the New Testament, London 1971, 355–433; O. Hofius, Das koptische Thomasevangelium und die Oxyrhynchus-Papyri Nr. 1, 654 und 655, EvTh 20 (1960), 21–42, 182–192.

[33] Cited above in note 13.

follows with λέγει in the present tense. The Greek text of *POxy* 654 however shows that this prologue does not present the first of the logia, but sets at the head of all the logia what *Thomas* said: "Whoever finds the interpretation of these sayings will not experience death."

Here the sayings of Jesus are understood not yet as λόγια but λόγοι of the living Jesus. With the passing of time, however, the question must have become the more urgent: in what manner Jesus could be the living one. Mark already, then Matthew and Luke, John, Papias, Tatian and many others right down to Irenaeus attempted to establish in a specific textual version what Jesus had said in the past, and this *Gospel of Thomas* also does. But over and above that there was always the question of the ἑρμηνεία of how one should deal with the texts of the Jesus tradition.

For the understanding of Q, Q 10:16 in the more original Lukan version is important: "Whoever hears you hears me, and whoever rejects you rejects me; and whoever rejects me rejects him who has sent me." Here the sayings of Jesus are not "oracles preserved from antiquity". They also do not need any ἑρμηνεία, translation or interpretation. The living Jesus is present in those whom he has sent out. Although Q was a text in written form, that which Jesus [116] says is yet what they say whom he has sent. Their words are divine utterances, but as the words of contemporary prophets.

The *Gospel of Thomas* on the other hand demands a ἑρμηνεία of the sayings of Jesus in the present. Here there is a reflection of the problem of the distance between the time of the living Jesus and the present time, and this problem appears not only in the *Gospel of Thomas* but in all strata of the Jesus tradition. Papias first of all and then, in a manner influential for the future, Irenaeus declare the sayings of Jesus to be λόγια, and I need not repeat the semantic definition of λόγια yet again.

In 1988 we might have celebrated "150 years of Q", but who wanted to celebrate when it was only 150 years old and not 1950 *ab Q condita* ? Q, the "Logienquelle", the Synoptic Sayings Source or Gospel – there are many names. Q was invented under circumstances that can be identified historically. Since then the two-document hypothesis belongs to the common heritage of various traditions of New Testament exegesis. Even today it is in rivalry with other solutions of the Synoptic problem. But it has never been a problem of hypotheses or theories only; it is a question of the ἑρμηνεία of the sayings of Jesus decades and centuries later. What we call Q has had its consequences right through church history, even if as tradition taken into the Gospel of Matthew. The same holds for the Gospel of Mark. Only for a relatively short period, by comparison with the centuries of church history, has there been an influence from Q and Mark themselves on theology.

The Gospel of John however has been the most important throughout church history. Here the christological questions found their answers, or did not. The modern christological question on the other hand appears to be founded upon a historical Jesus won from Mark and Q. The sayings of Jesus are scrutinised for their authenticity, and do not in any way rank as *Logia* in the strict sense. But it would be too little to understand ἑρμηνεία and ἐξήγησις merely in a philological sense as translation or historical interpretation, if the tasks of New Testament exegesis are to be mirrored in the Papias fragment.

DIE LOGIENQUELLE UND DIE LEBEN-JESU-FORSCHUNG

I. Q und die historische Jesusfrage

Die Zwei-Quellen-Theorie ist im 19. Jahrhundert entwickelt worden zur Sicherung eines historisch begründbaren Jesusbildes. Heinrich Julius Holtzmann, der sie 1863 abschließend formulierte, wollte damit eine „vollkommen gesicherte und nach allen Seiten gerechtfertigte Antwort" geben auf die durch David Friedrich Strauß gestellte Frage der Christologie; sein Ziel war: „das, was der Stifter unserer Religion an sich war, also das ächte und naturgetreue Bild seines Wesens, herauszustellen unter Anwendung der allein legitimen Mittel einer gewissenhaften historischen Kritik"[1].

Das Ergebnis ist bekannt: eine Mischung aus den beiden scheinbar sich ausschließenden Modellen „literarische Abhängigkeit" (Mt und Lk benutzen Mk) und „Urevangelium" (die Logien- oder Redenquelle als nicht erhaltene, aber rekonstruierbare Größe hinter den Evangelien), zwei Quellen also, und das hieß im Sinne des Historismus die beiden historisch-kritisch ermittelten Dokumente, die das hergaben, was Holtzmann u.a. suchten, eben „das echte und naturgetreue Bild des Wesens des Stifters unserer Religion."

Die Annahme einer solchen – später Q genannten[2] – Quelle ist also ein legitimes Kind der historischen Jesusforschung; sein Geburtsjahr ist 1838,[3] 25 Jahre später erscheint es voll ausgereift bei Holtzmann und kann in einer dramatischen theologiegeschichtlichen Situation durchaus die Legitimität des Christentums garantieren gegen dessen Auflösung in den Mythos bei Strauß. Im Alter wird es noch einmal gerechtfertigt durch die britische Forschung, die unter anderen theologiegeschichtlichen Voraussetzungen, aber mit ähnlichem Vertrauen in historische Verifikation die Lösung des synoptischen Problems durch die Zwei-Quellen-Theorie bestätigt und zur Vier-Quellen-Theorie ausbaut.[4] [192]

Dies geschieht bereits gegenüber der wiederum spezifisch deutschen Krise der historischen Jesusforschung um die Jahrhundertwende. Die sich verstärkende Skepsis gegenüber der Historizität des Aufrisses des Markusevangeliums hinderte jedoch nicht ein relativ großes Vertrauen in die vor allem in Q faßbare Wortüberlieferung. Freilich entstand nun ein recht fremdartiges Bild: Jesus als Verkünder des bevorstehenden Zusammenbruchs dieser Welt durch das Kommen des Reiches Gottes,[5] wobei aber Jesu Aussagen über sich selbst und seine Rolle dann der „Messiasdogmatik" der Gemeinde zugeschrie-

[1] Die synoptischen Evangelien. Ihr Ursprung und geschichtlicher Charakter, Leipzig 1863, 1, formuliert ausdrücklich gegen D. F. Strauß, Das Leben Jesu, kritisch bearbeitet, 2 Bände, Tübingen 1838.

[2] Vgl. F. Neirynck, The Symbol of Q (= Quelle), ETL 54 (1978), 119–125; Once More: The Symbol Q, in ETL 55, 1979, 382f; Note an the Siglum Q, Evangelica II, BETL 99, Leuven 1991, 474.

[3] C. H. Weiße, Die evangelische Geschichte kritisch und philosophisch bearbeitet, 2 Bände, Tübingen 1838.

[4] J. C. Hawkins, Horae Synopticae, Oxford 1899, ²1909; B. H. Streeter, The Four Gospels, London 1924.

[5] J. Weiß, Die Predigt Jesu vom Reiche Gottes, Göttingen 1892, ²1900.

ben werden.[6] Albert Schweitzers Destruktion der Leben-Jesu-Forschung kommt hinzu. Freilich folgte er nicht der Zwei-Quellen-Theorie, sondern vertraute auf Matthäus. Seltsam modern klingt jedoch sein Urteil:[7]

> „Das ideale Leben-Jesu des ausgehenden neunzehnten Jahrhunderts ist das ungeschriebene von Heinrich Julius Holtzmann. Man erhält es, wenn man seinen Synoptikerkommentar und seine neutestamentliche Theologie ineinanderliest. Ideal ist es, weil es ungeschrieben ist, nur in der Idee des Lesers, durch dessen mitschaffende Phantasie, entsteht, und auch dann nur in allgemeinen Umrissen."

In England wurde die Krise aufgefangen durch eine neue Begründung der relativen historischen Zuverlässigkeit der synoptischen Evangelien, die die Extreme des deutschen Sonderwegs abzumildern versuchte. In Deutschland mündete sie in den Neuansatz der Formgeschichte, die sich theologiegeschichtlich mit der dialektischen Theologie zusammenfand. Nicht mehr der historische Jesus bildete die Begründung des Christentums, sondern das Kerygma,[8] die Predigt.[9] Ihnen wurden die „zwei Quellen" zugeordnet; Q erschien im wesentlichen als dem Sitz im Leben Paränese zugehörig. Systematischen Wert besaß die Zwei-Quellen-Theorie nicht mehr, methodischen Wert aber auch kaum noch. [193]

II. Q und die Geschichte des frühen Christentums

Ernst Käsemann kam in seinem berühmten Aufsatz von 1954 ohne die Zwei-Quellen-Theorie aus.[10] Sein Jesus des „Ich aber sage euch" ist auch eher der des Matthäusevangeliums, und hier hat das inzwischen viel gescholtene „Differenzkriterium" seinen Ort.[11] Erst in den sechziger Jahren setzte die Q-Forschung neu ein, und zwar unter recht unterschiedlichen Voraussetzungen. Innerhalb der deutschen protestantischen Theologie stand sie im Zusammenhang der redaktionsgeschichtlichen Fragestellung, erneut einer theologiegeschichtlich erklärbaren Weiterentwicklung der exegetischen Methoden. Ihr Ausgangspunkt war die Frage, wie das Kerygma auf eine bestimmte Situation zu beziehen war.

[6] W. Wrede, Das Messiasgeheimnis in den Evangelien, Göttingen 1901.

[7] A. Schweitzer, Von Reimarus zu Wrede, Tübingen 1906 (davon die englische Übersetzung: The Quest of the Historical Jesus, London, 1910); Geschichte der Leben-Jesu-Forschung, Tübingen ²1913. Das Zitat im Paperback-Nachdruck 342 mit Hinweis auf Holtzmanns Bücher: Hand-Commentar zum Neuen Testament 1.1: Die Synoptiker, Tübingen 1901, und Lehrbuch der neutestamentlichen Theologie, 2 Bände, Tübingen 1896/97, ²1911.

[8] R. Bultmann, Die Geschichte der synoptischen Tradition, FRLANT 29, Göttingen 1921, ²1931.

[9] M. Dibelius, Die Formgeschichte des Evangeliums, Tübingen 1919, ²1933.

[10] Das Problem des historischen Jesus, in ders., Exegetische Versuche und Besinnungen 1, Göttingen, 1960, 187–214 (erstmals 1954 erschienen): „Doch befindet sich auch diese Kritik in den größten methodischen Schwierigkeiten, weil wir, vom Gleichnisstoff abgesehen, schlechterdings keinerlei formale Kriterien zur Herausstellung des authentischen Jesusgutes besitzen" (204); anders G. Bornkamm, Jesus von Nazareth, UB 19, Stuttgart 1956, der 197–201 in einem Exkurs das Problem der Quellen behandelt.

[11] „Einigermaßen sicheren Boden haben wir nur in einem einzigen Fall unter den Füßen, wenn nämlich Tradition aus irgendwelchen Gründen weder aus dem Judentum abgeleitet noch der Urchristenheit zugeschrieben werden kann, speziell dann, wenn die Judenchristenheit ihr überkommenes Gut als zu kühn gemildert oder umgebogen hat" (205).

Das hatte Julius Schniewind[12] bereits 1930 in die Evangelienforschung eingebracht; dringend war es geworden angesichts der Erfahrungen der Bekennenden Kirche. Nicht zufällig gilt als Ursprung der Redaktionsgeschichte jener kurze Aufsatz von Günther Bornkamm zu Mt 8,23–27, in dem er zeigt, daß Mt die Geschichte von der Stillung des Seesturms auf die Situation der Kirche bezieht, die wie jene Jünger in Turbulenzen allein auf das Wort ihres Herren vertrauen soll.[13]

Auf katholischer Seite war 1964 von Seiten des kirchlichen Lehramtes die Zwei-Quellen-Theorie gegenüber der Matthäus-Priorität für akzeptabel erklärt worden.[14] Es ist also kein Wunder, daß in dem bis heute anhaltenden beneidenswerten Aufschwung der katholischen Exegese Q eine solche Anziehungskraft besaß. Entstanden in einer spezifischen Krisensituation der deutschen protestantischen Theologie, erwies die Zwei-Quellen-Theorie hier in neuer Weise ihre kritische Funktion. [194]

Nachdem die redaktionsgeschichtliche Fragestellung sich mit Mk, erfolgreicher mit Mt und Lk beschäftigt hatte, entstanden nun dementsprechende Arbeiten auch zu Q. Obwohl die Materie so kompliziert ist, ergab sich in der Forschung ein erstaunlich breiter Konsens bei relativ einfachen Alternativen, die im Grunde aus der Formgeschichte stammen: Ist Q als wachsende Größe vorzustellen (vgl. Dibelius[15]), oder geht Q auf eine Redaktion divergierender Jesusüberlieferungen zurück (vgl. Bultmann[16])? Diese Frage bestimmt bis heute die Q-Forschung. Anders formuliert: Lassen sich von einer Kompositionsgeschichte der Logienquelle Rückschlüsse ziehen auf eine kontinuierliche Entwicklungslinie innerhalb des frühen Christentums, oder bezeichnet Q eine bestimmte Situation, in der Jesusüberlieferungen unterschiedlicher Herkunft unter bestimmten Gesichtspunkten zusammengestellt worden sind?

III. Q und die Frage nach dem historischen Jesus

Noch in die sechziger Jahre hinein, in denen die moderne Q-Forschung entstanden ist, reichte die Dominanz der deutschen protestantischen Exegese. Sie gab nicht nur die Fragen vor, sondern auch mögliche Antworten. So verband sich die redaktionsgeschichtliche Fragestellung mit der neuen Frage nach dem historischen Jesus.

Diese war seit Ernst Käsemanns Aufsatz von 1954 sehr eng gestellt als die Frage, welchen Anhalt das Kerygma am historischen Jesus habe. Noch war also das Kerygma vorausgesetzt, in methodischer Hinsicht als die Jesusüberlieferung regulierend, systematisch als die Wesensbestimmung von Christentum.

12 Zur Synoptiker-Exegese, ThR NF 2 (1930), 129–189.

13 Die Sturmstillung im Matthäus-Evangelium, WuD 1 (1948), 49–54, abgedruckt in G. Bornkamm, G. Barth, H. J. Held, Überlieferung und Auslegung im Matthäusevangelium, WMANT 1, Neukirchen 1960, 48–53.

14 Instructio de historica Evangeliorum veritate; vgl. dazu J. A. Fitzmyer, Die Wahrheit der Evangelien, SBS 1, Stuttgart ³1966.

15 Formgeschichte, 234–237.

16 Geschichte der synoptischen Tradition, 354.

Die weitere Forschung entdeckte dann aber Überlieferungen nichtkerygmatischen Charakters. Im Bereich der Mk-Überlieferung spielte hier die θεῖος ἀνήρ-Vorstellung eine Rolle, freilich noch als „heresy that necessitated Mark's Gospel" mit dem bekannten Aufsatztitel von T. J. Weeden,[17] nicht als Kennzeichen des Evangeliums selber. In der Q-Forschung betonte Heinz Eduard Tödt, daß Q keine Passionsgeschichte enthalten habe, und sah die eigentliche Intention der Logienquelle darin, daß der von Jesus angekündigte Menschensohn als Jesus selbst identifiziert werde[18] – deutlich erkennbar ist hier noch das kerygmatische Denkmodell, wie aus dem Verkündiger der Verkündigte werden konnte. [195]

Die frühen Aufsätze von James M. Robinson und Helmut Köster stellten ausdrücklich die Q-Forschung in den Zusammenhang der neuen Frage nach dem historischen Jesus und forderten die Rehabilitierung der „anderen" Evangelien mit programmatischer Inanspruchnahme des Begriffs Evangelium auch für diese anderen Überlieferungsstränge in einem durchaus nicht nur literarischen Sinn.[19]

Seit dem Buch von Siegfried Schulz stand auch die Frage nach einer Geschichte der Q-Überlieferungen zur Debatte.[20] Sein Modell einer ursprünglichen enthusiastisch orientierten Schicht und einer späteren hellenistischen nimmt eine Unterscheidung der Religionsgeschichtlichen Schule auf, gibt inhaltlich aber im wesentlichen Ernst Käsemanns These von der Apokalyptik als Mutter der urchristlichen Theologie recht.[21] Für Schulz steht am Anfang nicht der Rückbezug auf den historischen Jesus, sondern die unmittelbare Präsenz des erhöhten Christus, vermittelt durch die urchristliche Prophetie.

Eine neue Synthese bot schließlich Gerd Theißens sozialgeschichtlich orientierte Rekonstruktion der von ihm so genannten „Jesusbewegung".[22] Zwar bezog er sie nicht ausdrücklich auf die Logienquelle, wohl aber ist sie wesentlich aus Q-Überlieferungen gewonnen: Heimatlosigkeit, Familienlosigkeit, Besitzlosigkeit, Schutzlosigkeit als Kennzeichen des urchristlichen Wandercharismatikertums im Unterschied zu ortsansässigen Gemeinden.

Zwar ist diese „Jesusbewegung" nach Theißen ausdrücklich ein historisches Phänomen: „die von Jesus hervorgerufene innerjüdische Erneuerungsbewegung im syrisch-palästinischen Bereich ca. 30–70 n. Chr." (9). Doch geht von dieser historischen Rekonstruktion eine solche Suggestivkraft aus, daß „Jesusbewegung" in den 80ern in Deutschland als weithin akzeptierte Selbstbezeichnung für Kirche aufgenommen worden ist, Kirche dabei verstanden als Erneuerungs- bzw. Protestbewegung innerhalb der (heutigen) Gesellschaft, anderen solchen Bewegungen vergleichbar bzw. sie aufnehmend oder in ihnen aufgehend (Friedensbewegung, Frauenbewegung, Anti-Atomkraft-Bewegung). [196]

17 ZNW 59 (1968), 145–158.

18 Der Menschensohn in der synoptischen Überlieferung, Gütersloh 1959.

19 H. Köster und J. M. Robinson, Entwicklungslinien durch die Welt des frühen Christentums, Tübingen 1971 = Trajectories Through Early Christianity, Philadelphia 1971.

20 Q: Die Spruchquelle der Evangelisten, Zürich 1972.

21 Die Anfänge christlicher Theologie (erstmals 1960), in Ders., Exegetische Versuche und Besinnungen 1, Göttingen 1960, 82–104: „Die Apokalyptik ist – da man die Predigt Jesu nicht eigentlich als Theologie bezeichnen kann – die Mutter aller christlichen Theologie gewesen" (100).

22 Soziologie der Jesusbewegung, TEH NF 194, München 1977.

Auch die moderne Q-Forschung steht, ob sie will oder nicht, also in einem zeitgeschichtlichen Kontext, nicht anders als die neue Frage nach dem historischen Jesus. Ich möchte das zumindest für den deutschen Sprachraum konstatieren. Was ausländischen Beobachtern daran fremd, gar „lutherisch" erscheinen mag, ist auch wissenschaftssoziologisch bedingt. Neutestamentliche Forschung wird in Deutschland im wesentlichen betrieben im Zusammenhang von – konfessionell verfaßten – Fakultäten, die Pfarrer ausbilden, in geringerem Maße in – ebenfalls konfessionell verfaßten – Abteilungen, die der Ausbildung von Religionslehrern dienen. In jedem Fall ist also ein – wie auch immer kritisch verstandener – kirchlicher Praxisbezug der Exegese gegeben; die weit fortgeschrittene Säkularisierung der Gesellschaft läßt wenig Raum für eine allgemein kulturgeschichtliche Behandlung der Bibel.

Ich denke aber, daß auch unter anderen institutionellen Bedingungen weder die Frage nach dem historischen Jesus noch die Q-Forschung sozusagen bei einem Nullpunkt anfangen. Das klassische deutsche Universitätsmodell der auf ein Berufsfeld bezogenen Einheit von Forschung und Lehre in der Theologie wie in anderen Fakultäten macht vielleicht das Problem nur klarer sichtbar.

IV. Q und die anderen Jesusüberlieferungen

Die Rückfrage nach dem historischen Jesus kann nicht allein in Q eine Antwort suchen, auch nicht allein, wie es seit Ende des 19. Jh.s methodisch postuliert wird, in Mk, Q und den Gleichnissen,[23] ergänzt vielleicht noch durch matthäisches und lukanisches Sondergut. Eine kritische Sichtung der Jesusliteratur, auch der neuesten, läßt freilich den Verdacht aufkommen, daß die Zwei-Quellen-Theorie in ihrer methodischen Tragweite noch gar nicht ernst genug genommen worden ist.[24]

Prägend scheint mir vielmehr weithin das Jesusbild des Mt. Nur daraus erklärt sich die für die Jesusforschung scheinbar unverzichtbare Frage nach seinem Gesetzesverständnis, während im Markusevangelium das Wort νόμος gar nicht begegnet, in der Logienquelle nur in den vermutlich späten Texten Q 16,16f. Erst Mt führt diese Frage in die [197] Jesusüberlieferung ein; seine Verbindung von Mk und Q bietet aber eben nicht die von Heinrich Julius Holtzmann geforderte Grundlage für ein Bild des historischen Jesus.

Nicht viel besser steht es um die seit Johannes Weiß fast stereotype Behauptung, die Verkündigung des Reiches Gottes sei das Zentrum der Verkündigung Jesu. Mk 1,15 ist nach allen exegetischen Regeln ein markinisches Summarium, Q 10,9 nicht Verkündigung Jesu, sondern das, was die von ihm Ausgesandten zu verkündigen haben. Bei Mt zeigt sich die Tendenz, die Gleichnisse insgesamt auf das Reich Gottes bzw. das Him-

23 Wirksam war hier das Vorbild von J. Weiß (s. o. Anm. 5), der 37–40 auf die Zwei-Quellen-Theorie und 45–49 auf die Gleichnisse in der nicht-allegorischen Deutung von Adolf Jülicher als Grundlagen seiner Darstellung verwies.

24 Natürlich enthalten aber die neueren Jesus-Bücher Darstellungen der Quellenproblematik, z. B. J. Gilka, Jesus von Nazaret, HThK Sup 3, Freiburg 1990, J. Becker, Jesus von Nazaret, Berlin 1996, G. Theißen/A. Merz, Der historische Jesus, Göttingen 1996.

melreich zu beziehen; in Mk und der Logienquelle sind das nur Mk 4,26–29.30–32 und Q 13,18f.20f (eventuell Q 14,15–24 wegen Lk 14,15/Mt 22,2), während die großen Gleichnisse des lukanischen Sonderguts einen solchen Bezug nicht herstellen.

Für die Jesusforschung ist also zunächst einmal einzufordern, daß die Zwei-Quellen-Theorie als solche ernstgenommen wird. Auch Hilfsmittel wie Textausgaben und Konkordanzen für Q stehen mittlerweile mehrfach zu Verfügung, insbesondere John S. Kloppenborgs große Ausgabe *Q Parallels*, Sonoma, CA, 1988. Damit läßt sich ein bestimmter Strang der Jesusüberlieferung relativ genau fassen. Wie dieser bzw. ob er überhaupt ursprünglichere Fassungen der Verkündigung Jesu erkennen läßt, ist einerseits die Frage, ob ältere Schichten hinter der Endfassung von Q rekonstruiert werden können, andererseits die Frage, ob solche ältesten Fassungen auf einen vorösterlichen Ursprung der Sammlung der Jesusworte verweisen oder ob das Interesse am historischen Jesus erst eine sekundäre Phase darstellt.

Die Logienquelle ist nicht der einzige Strang frühchristlicher Jesusüberlieferungen. Neben ihr steht vor allem, was im Markusevangelium als Verkündigung Jesu formuliert ist; freilich enthält Mk weniger an Verkündigung Jesu, was m. E. bisher noch nicht wirklich gewürdigt worden ist, seit Mk als Quelle für den Lebenslauf Jesu ausgeschieden ist.

Für die historische Jesusforschung ist das Kriterium der mehrfachen Bezeugung wichtig. Für Q kommen hier insbesondere die Parallelen bei Mk in den Blick.[25] Noch kaum untersucht sind die Beziehungen zu der Tradition, die im Johannesevangelium ihren Niederschlag gefunden hat (vgl. Q 10,21f, vor allem Q 10,16).

Schließlich bleibt für die Q-Forschung wie für die Frage nach dem historischen Jesus insgesamt der Bereich der apokryphen bzw. apokryph [198] gewordenen Evangelien. Er spielt nicht zuletzt deshalb eine so große Rolle, weil das Thomasevangelium in mancher Hinsicht so etwas wie eine „Logienquelle" darzustellen scheint; dessen Unterteilung in „Logien" läßt – zumindest im deutschen Sprachraum – einen solchen Zusammenhang anklingen.[26]

Auch im Bereich der apokryph gewordenen Evangelien ist durchaus nach ursprünglicher Jesusüberlieferung zu fragen. Auch hier sind jedoch die sonst anerkannten Kriterien z. B. der mehrfachen Bezeugung und der kritischen Einleitungswissenschaft insgesamt zu berücksichtigen.

Exkurs: Zur Überlieferung der apokryph gewordenen Evangelien

Die Ausgabe von Konstantin von Tischendorf *Evangelia apocrypha* (Leipzig ^{2}1876) enthielt nur Evangelien oder vergleichbare Texte im Umkreis der Vorgeschichte, Geburt und Kindheit Jesu einerseits und andererseits seiner Passion. Tischendorf war im Zusammenhang seiner Suche nach Handschriften des kanonisch gewordenen Neuen Testaments auch auf Handschriften derartiger Texte gestoßen, die vermeintliche Lücken in den kanonischen Evangelien aufzufüllen suchen und diese tatsächlich mehr oder weniger als bekannt voraussetzen. Sie haben eine relativ kontinuierliche Geschichte der Überlieferung gehabt und über Jahrhunderte hinweg großen Einfluß auf Frömmigkeit und Kunst ausgeübt.

[25] Vgl. R. Laufen, Die Doppelüberlieferungen der Logienquelle und des Markusevangeliums, BBB 54, Bonn 1980; H. Fleddermann, Mark and Q: A Study of the Overlap Texts, BEThL 122, Leuven 1995.

[26] Vgl. dazu neuerdings J. Schröter, Erinnerung an Jesu Worte. Studien zur Rezeption der Logienüberlieferung in Markus, Q und Thomas, WMANT 76, Neukirchen 1997.

Daneben wußte man um die Existenz von nicht in das Neue Testament aufgenommenen Evangelien z. B. aus alten Kanonlisten, und man kannte auch versprengte Zitate z. B. bei Kirchenvätern; Alfred Resch hat dies Material in seinem Buch *Agrapha. Außercanonische Schriftfragmente* (Leipzig 1889, ^{2}1906) zusammengestellt. Insgesamt ergab das in etwa auch die Grundlage für Walter Bauers Untersuchung *Das Leben Jesu im Zeitalter der neutestamentlichen Apocryphen* (Gießen 1909). Im deutschen Sprachraum haben bis heute weder die Ausgaben von Tischendorf und Resch noch Bauers Buch eine Fortsetzung gefunden. Damals geprägte Vorurteile gegenüber apokryphen Evangelien (z. B. „phantastisch", „ausmalend") wirken hingegen fort.

Am Ende des 19. Jh.s begann wie für die Textforschung des kanonisch gewordenen Neuen Testaments das Zeitalter der Papyri auch bei den apokryphen Evangelien. Die größte Beachtung haben gefunden das Fragment des Petrusevangeliums, das 1892 zuerst veröffentlicht wurde (p^1 der neutestamentlichen Handschriftenliste erst 1898!), und der Papyrus Egerton 2, 1935 veröffentlicht und auf ca. 150 n. Chr. datiert; den Rang, damit der älteste bekannte christliche Text zu sein, verlor er freilich noch im selben Jahr an p^{52} mit „kanonischem" Text.

Übertroffen wurde das alles von dem 1956 erstmals vollständig veröffentlichten Thomasevangelium in koptischer Sprache, dem sich die seit langem bekannten Oxyrhynchus-Papyri 1, 654 und 655 zuordnen ließen. [199]

Seine Einteilung in „Logien" folgt einer formgeschichtlichen Kategorie Rudolf Bultmanns, läßt aber eine inhaltliche und formale Verwandtschaft zur Logienquelle Q durchaus bewußt anklingen.

Daß gerade diese drei Textfunde so großes Aufsehen erregten, läßt sich erneut theologiegeschichtlich verständlich machen. Im letzten Jahrzehnt des 19. Jh.s war die neutestamentliche Wissenschaft irritiert durch die Religionsgeschichtliche Schule, die immer neue bis dahin unbekannte Texte zur Interpretation des Neuen Testaments heranzog; das Fragment des Petrusevangeliums schien demgegenüber noch einmal die große Überlegenheit der kanonischen Evangelien beweisen zu können. Als Papyrus Egerton 2 veröffentlicht war, wurde er zum Prüfstein für die formgeschichtliche Fragestellung. Das Interesse am Thomasevangelium schließlich gehört in die neue Frage nach dem historischen Jesus. Daneben ist freilich eine große Menge an weiteren Funden kaum oder gar nicht beachtet worden.

Ich deute damit Probleme an, die sich für mich aus meiner eigenen Beschäftigung mit neuen Fragmenten in den letzten Jahren ergeben haben und die nun ihren Niederschlag gefunden haben in meiner Ausgabe der *Fragmente apokryph gewordener Evangelien* (MThSt 59, Marburg 2000). Mein eigenes Interesse an Q war vor nunmehr 35 Jahren nicht zuletzt durch das Thomasevangelium geweckt worden, einschließlich der stimulierenden Aufsätze von James M. Robinson und Helmut Köster. Ich fand seinerzeit freilich im Thomasevangelium wenig Hilfe, Q zu verstehen.

Unter den sonstigen Fragmenten apokrypher Evangelien könnten einige vielleicht interessant sein für das Kriterium der mehrfachen Bezeugung. Doch ist hier noch eine Reihe von Vorfragen zu klären, weshalb ich mich im folgenden beschränke auf die Doppelüberlieferungen von Q und Mk.

V. Die in Q fassbare Wirkung Jesu

Alle unsere Quellen spiegeln Wirkungen, die von Jesus ausgegangen sind. Mit wenigen späten Ausnahmen sehen sie diese Wirkung als positiv, das aber mit durchaus unterschiedlichen Akzenten. Je länger je mehr dokumentiert sich in ihnen aber auch der Bezug dieser Wirkung auf neue, von Jesus nicht vorhergesehene Situationen. Ein ganz eigenartiges Beispiel dafür stellt Mk 7,19c dar, wo der Erzähler das Jesuswort Mk 7,15 bzw. 7,18b.19ab anwendet auf das Problem der Speisegebote, ohne ein neues Jesuswort zu bilden.[27]

Nach allem, was wir wissen (können), hat Jesus denen, die ihm zuhörten, nicht ein System entwickelt, weder einer Theologie im engeren Sinne noch einer Regulierung des Lebens im Alltag oder im Kultus. Durchaus verständlich ist zwar z. B. der Exegetenstreit um die Historizität des [200] Doppelgebots der Liebe, in dem man ein systematisches

[27] Vgl. dazu meinen Aufsatz: ... womit er alle Speisen für rein erklärte (Mk 7,19), WuD 16 (1981), 71–92.

Prinzip zu finden hoffte bzw. hofft. Diese Perikope erweist sich aber wohl doch als relativ jung.[28]

Verständlich ist auch der Versuch des Mt, die Jesusüberlieferung zu systematisieren unter dem Thema „Gesetz und Gerechtigkeit", womit er bis heute die Jesusforschung beeinflußt. Die von ihm berücksichtigten Überlieferungen waren offenbar so disparat, daß ihm eine überzeugende Synthese nicht gelungen ist; jedenfalls gewinnt man diesen Eindruck beim Studium der divergierenden Darstellungen seiner Interpreten.

Die exegetische Analyse der Evangelien beobachtet insgesamt eine relative Konstanz bei der Wortüberlieferung. Wer an Q gearbeitet hat, kennt das Phänomen: signifikant weniger Gemeinsamkeiten zwischen Mt und Lk im erzählerischen Rahmen verglichen mit der Wiedergabe dessen, was als direkte Rede Jesu zitiert ist; dasselbe läßt sich im Vergleich mit Mk kontrollieren. Andererseits gibt es aber auch bei der Wortüberlieferung keineswegs überall wörtliche Übereinstimmung – die Q-Forschung hätte es sonst einfacher!

Die Wortüberlieferung kann auch am ehesten zum historischen Jesus zurückführen. Geschichten von ihm sind in jedem Fall von anderen erzählt worden; es gibt nur ganz wenige Stellen in der Überlieferung, wo Jesus sozusagen selbst seine Geschichte reflektiert. Seine Worte jedoch konnten im Wortlaut zitiert und weitergegeben werden; die Fassungen, die uns vorliegen, sind aber in jedem Fall bereits Übersetzungen in die griechische Sprache, und sie sind Verschriftlichungen, die den Wortlaut festzulegen versuchen. Doch nicht nur das, sie legen bis zu einem gewissen Grade auch den Sinn der Worte fest, spiegeln also eine bestimmte Wirkung.

Ich möchte an der Überlieferung des Komplexes der „Aussendungsrede" einige grundsätzliche Beobachtungen konkretisieren.[29] Die Quellenlage ist relativ gut: einerseits Mk 6,7–13, andererseits die Q-Parallele, die am besten in Lukas 10,2–16.21f erhalten ist. Beide Überlieferungen geben zunächst Bestimmungen über die Ausrüstung, dann solche über das Verhalten. [201]

Es gibt zwar die Differenz, daß nach Q 10,4 jedes Schuhwerk verboten, nach Mk 6,9 Sandalen aber erlaubt sind, und wohl auch eine ähnliche Differenz in bezug auf den Stock (Mt 10,10 par. Lk 9,3 gegenüber Mk 6,8). Nach beiden Überlieferungen jedoch stellt die gebotene Ausrüstung ein absolutes Minimum dar: kein Geld, keine Vorräte für unterwegs. Auch die Anweisungen über das Verhalten bei freundlicher Aufnahme und bei Ablehnung (Mk 6,10f und Q 10,8.10f) entsprechen sich weitgehend, vor allem in dem vorgeschriebenen Fluchgestus.

Die Übereinstimmungen sind also insgesamt so groß, daß der Rückschluß erlaubt ist, daß wir eine sehr alte Überlieferung vor uns haben, und es spricht auch weder sprachlich noch inhaltlich etwas dagegen, daß diese zurückreicht in die Anfänge. Unter dem Kriterium der Kohärenz wird das hier gegebene Bild christlicher Existenz bestätigt durch eine

[28] Vgl. M. Ebersohn, Das Nächstenliebegebot in der synoptischen Tradition, MThSt 37, Marburg 1993.

[29] Dieser Komplex ist in den letzten Jahren verschiedentlich behandelt worden. Hinweisen möchte ich z.B. auf R. Uro, Sheep Among the Wolves. A Study an the Mission Instructions of Q, AASF.DHL 47, Helsinki 1987; P. Kristen, Familie, Kreuz und Leben. Nachfolge Jesu nach Q und dem Markusevangelium, MThSt 42, Marburg 1995, sowie meine Auslegungen der relevanten Texte: Das Markusevangelium, HNT 3, Tübingen 1987. Ich verzichte daher auf eine Auseinandersetzung mit der Literatur im Detail.

Reihe von weiteren Texten der frühen Jesusüberlieferung. Kärgliche Lebensweise, Annahme und Ablehnung gehören zu den in den unterschiedlichen Überlieferungen erhaltenen Kennzeichen Jesu, so daß ein Rückschluß von der ältesten Überlieferung auf Jesus selbst erlaubt ist. Auch wer zögert, diesen Überlieferungszusammenhang auf den historischen Jesus zurückzuführen, wird in ihm doch jedenfalls Charakteristika des historischen Jesus gespiegelt finden können.

Aufschlußreich ist jedoch, wie unterschiedlich unsere Quellen mit dieser alten Jesusüberlieferung umgegangen sind. Lk läßt Jesus in 22,35–38 ausdrücklich die Differenz zwischen der Aussendung der Jünger (vgl. Lk 9,1–6 und 10,1–12) und der mit der Passion gegebenen neuen Situation reflektieren, und das Bild der ersten Mission, das Lk in der Apostelgeschichte zeichnet, orientiert sich kaum an dem, was die Aussendungsreden vorgeben. Mt beschränkt die Aussendung in 10,5.23 auf Israel, begründet aber dann in 28,19 die Heidenmission, ohne freilich die Frage der Verbindlichkeit der in 9,35–10,16 gebotenen Regeln ausdrücklich zu reflektieren. Sowohl Lk als auch Mt beschränken also auf je eigene Weise die Bedeutung der Aussendungsreden auf die Zeit, als Jesus selbst wirkte.

Sie folgen damit Mk, bei dem sich eine solche historisierende Tendenz bereits abzeichnet. Nach Mk 3,14f hatte Jesus den Kreis der Zwölf geschaffen, damit sie mit ihm seien und damit er sie aussende, zu verkündigen und Vollmacht zu haben, die Dämonen auszutreiben. „Mit ihm" sind sie das Evangelium hindurch, aber nur bis 14,50, als sie ihn in Gethsemane alle verlassen. Die in 3,14f angekündigte Aussendung erfolgt in 6,7, und dort erhalten sie auch die Vollmacht über die unreinen Geister; sie verkündigen und treiben viele Dämonen aus (6,12f), und sie kehren zurück (6,30). Damit ist nach Mk der in 3,14f definierte [202] Auftrag der Zwölf erfüllt; aus der Perspektive des Markusevangeliums: Damals in Galiläa, als Jesus diese zwölf Männer zu zweit ausgesandt hatte und sie zu ihm zurückgekommen waren, da ist das geschehen, was in 3,14f angekündigt war.

Q 10,2–16.21f ist im Vergleich mit Mk 6,7–13.30 eine in sich geschlossene Rede Jesu. Mk gibt die Anweisungen über die Ausrüstung in indirekter Rede wieder (6,8.9a) mit einem überraschenden Wechsel in die direkte Rede am Ende von 6,9. Indirekte Rede – sonst bei Mk kaum verwendet[30] – gibt beim Lesen einen Abstand zu dem referierten Wort; direkte Rede läßt solchen Abstand eher vergessen. Q 10,2–16 und damit Q 10,4 machen also die aufgestellten Regeln direkt verbindlich für alle, die diese Rede hören, wann und wo auch immer. Christliche Existenz insgesamt wird festgelegt auf die hier genannten Kriterien: kein Geld, kein Proviant, kein Schuhwerk, auch kein Stock mit auf den Weg. Es besteht offenbar auch ein Zusammenhang mit Q 9,57–62; es geht nicht wie bei Mk um ein einmaliges Geschehen damals in Galiläa, sondern um Grundforderungen der Nachfolge überhaupt.

Läßt sich also durchaus eine alte Überlieferung rekonstruieren und eventuell sogar auf den historischen Jesus zurückführen, bleibt doch zugleich deren Sinn strittig zwischen den Überlieferungsträgern: historische Erinnerung (Mk) oder gegenwärtige Verbindlichkeit (Q)? Dem entsprechen noch einige weitere Beobachtungen. Es fällt auf, daß nach Mk 3,14

[30] Wo die griechische Grammatik die Wahl läßt, gebührt jedenfalls der Übersetzung als direkte Rede der Vorzug.

die ausgesandten Zwölf verkündigen sollen, das nach 6,12 (vgl. 6,30) auch tun, ohne daß jedoch ein Inhalt genannt ist, nur ein Zweck (6,12): ἵνα μετανοῶσιν. In Q 10,9 hingegen ist ein solcher Inhalt genannt: ἤγγικεν ἡ βασιλεία τοῦ θεοῦ. In der Zeitform des Perfekts ist also formuliert, daß das Reich Gottes (in der Vergangenheit) nahe gekommen und daher jetzt nahe ist. Und das ist es, was die Ausgesandten zu verkündigen haben.

Diesem Inhalt entspricht bei Mk die programmatische Verkündigung Jesu selber in 1,15. Sie eröffnet das Evangelium und ist damit zugleich Teil des Evangeliums, das nach 13,10 und 14,9 gegenwärtig verkündigt wird. Dieses Evangelium konnte in der in Mk 6,7–13.30 angenommenen Situation noch nicht verkündigt werden, da es nicht zu Ende war; Mk gesteht aber den Ausgesandten auch nicht zu, wie Jesus selbst die Nähe des Reiches Gottes zu verkündigen.

Für Mk nämlich sind diejenigen, die ihm nachfolgen, auch die Zwölf (Apostel vgl. 3,14 und 6,7.30), „Schüler" – die übliche deutsche Über- [203] setzung „Jünger" verdeckt das ebenso wie die englische „disciples". Auffälligerweise fehlt dieser Terminus μαθητής in Q außer der Sentenz Q 6,40. Bei Mk dagegen wäre ein Wort wie Q 10,16 in der wohl ursprünglicheren Lk-Fassung undenkbar: Die „Jünger" sind nicht direkte Repräsentanten Jesu; gegenwärtig ist er im Evangelium, und zwar in der Fassung des Evangeliums, wie Mk sie verbindlich zu formulieren versucht.

Die direkte Repräsentanz Jesu durch die, die ihm nachfolgen, ist in Q begründet in der Exklusivität der Vermittlung von Offenbarung an sie in Q 10,21f. Dem entspricht bei Mk allenfalls die Erkenntnis des Geheimnisses des Reiches Gottes in 4,11, die im Zusammenhang der Gleichnisrede wiederum zielt auf die Nähe des Reiches Gottes im Evangelium als der Geschichte Jesu einschließlich seiner Verkündigung.

Das sind zwei recht verschiedene Weisen, die Wirkung Jesu für die Gegenwart aufzunehmen. Auf den ersten Blick scheint die Konzeption von Q eher Jesus zu entsprechen als die Konzeption, die Mk dagegenstellt. War nicht Jesus selbst Repräsentant der βασιλεία τοῦ θεοῦ? Lebte er nicht entsprechend dem, was er von denen verlangte, die ihm nachfolgten? Aber auch Mk konnte durchaus Anhaltspunkte finden für sein Jesusbild. Sprach nicht das auch in Q enthaltene Scheidungsverbot (Q 16,18) gegen eine Aufgabe der Familie als Konsequenz der Nachfolge (Mk 10,2–9)? Hatte nicht Jesus „Familie" durchaus positiv neu definiert (Mk 3,33–35)? Mußte schließlich das Q und Mk gemeinsame Wort Jesu über die Kreuzesnachfolge (Mk 8,34 und Q 14,27) wirklich mit Q 14,26 verbunden werden (vgl. demgegenüber Mk 10,29 fortgesetzt durch 10,30)?

Jesu Worte waren offenbar schon für die frühe Überlieferung nicht eindeutig. Ihr Wortlaut mag zwar durchaus rekonstruierbar sein nach allgemein anerkannten Kriterien, die weiter oder enger ausgelegt werden können. Der Sinn der Worte Jesu war aber schon für die frühesten Tradenten mehrdeutig, Unsinn vielleicht gar nicht einmal ausgeschlossen. Die frühe Kirchengeschichte hat es zu tun mit diesem Phänomen, welche Faktoren auch immer Sinn und Unsinn dabei definiert haben mögen.

Die Aussendungsrede der Logienquelle spiegelt also eine bestimmte Aufnahme der Wirkung Jesu und zugleich deren Strittigkeit. Der Anspruch der Tradenten kommt auch in weiteren Punkten zum Ausdruck. Hinzuweisen ist zunächst auf die betonte zweimalige Bezeichnung „Arbeiter" (Q 10,2 und 7) für die Ausgesandten. Sie begründet deren Recht auf Unterhalt und sichert damit nun doch die kärgliche Ausrüstung ein wenig ab; als Arbeiter haben sie Anspruch auf Lohn. Dahinter steckt ein in der frühchristlichen Überlieferung mehrfach verhandeltes Problem. [204]

Paulus erkennt einerseits einen solchen Anspruch als Gebot des Herrn ausdrücklich an (1Kor 9,14), auch wenn er sich selbst daran nicht hält; er denunziert aber andererseits seine Gegner in 2Kor 11,13 als „tückische Arbeiter" (vgl. Phil 3,2), die mit dem Wort Gottes Geschäfte machen wollen (2Kor 2,17). Ist Mission also „ehrliche Arbeit" oder bloßer „Handel"? In 1Tim 5,18 und Did 13,1f wird ebenfalls ein solches Recht auf Unterhalt in dieser Weise begründet, nur erscheint der Satz hier nicht als Jesuswort.

Der Anspruch der Tradenten zeigt sich aber auch darin, daß sich nach Q 10,12 das Schicksal im Gericht für diejenigen, die ihre Verkündigung abgelehnt haben, bereits entschieden hat. Das entspricht dem, was in Q 12,8f gesagt ist für das Verhalten Jesus selber gegenüber. Die Weherufe über galiläische Orte in Q 10,13–15 unterstreichen diesen Bezug auf das Gericht ebenso nachdrücklich wie den Rückbezug auf Jesu eigene Ablehnung dort. Der bereits erwähnte abschließende Vers Q 10,16 macht dann den Anspruch der direkten Repräsentanz Jesu deutlich.

Diese Repräsentanz hat einen eschatologischen Bezug in Q 10,12–15, aber auch schon in dem die Aussendung begründenden Bild von der „Ernte" (Q 10,2), sofern dieses wie in jüdischer Tradition auf das Gericht weist. Ein eschatologischer Bezug ist jedoch ebenfalls durch das Thema der Verkündigung, das Reich Gottes (Q 10,9), gegeben. Insofern scheint mir eine Zuordnung auch nur von Q 10,2–11.16 zu den Weisheitsreden fraglich. Kloppenborgs Ergebnisse zur Bestimmung der Gattung der Logienquelle als ganzer wie ihrer Teile bedeuten einen großen Fortschritt in der Q-Forschung. Schwierig scheint mir jedoch, sie auszuwerten für eine Kompositionsgeschichte von Q, die verschiedene Stufen der Überlieferung voneinander abheben soll.[31]

Ich bestreite damit gar nicht, daß in Q ältere und älteste Stoffe aufgenommen sind, auch nicht, daß bestimmte Spannungen beobachtet werden können; ich bin aber skeptisch gegenüber den Kriterien, verschiedene literarisch fixierte Schichten zu bestimmen. Meines Erachtens läßt sich in Q eine Sammlung von Jesusüberlieferungen der ersten Generation erkennen, in die Erfahrungen eingegangen sind, die diejenigen gemacht haben, die „Nachfolge" verstanden als Fortsetzung und direkte Repräsentanz des Wirkens Jesu, darin aber nicht unumstritten waren. [205]

VI. Q und der historische Jesus

Abgesehen von allen theologiegeschichtlichen Faktoren ist und bleibt die Frage nach dem historischen Jesus legitim. Seit der Neuzeit ist alles geschichtlich geworden, selbst die Natur. Deshalb muß auch Theologie historisch fragen und sich historischer Kritik

31 Vgl. meine Rezension von J. S. Kloppenborg, The Formation of Q, StAC, Philadelphia 1987, in: ThLZ 113 (1988), 435–437.

stellen; die Exegese muß ein einsichtiges Bild von Jesus entwerfen können, wie immer dieses dann als Kriterium für Wahrheit aufgenommen werden kann oder soll.

Der Logienquelle Q kommt dabei besondere Bedeutung zu. Es handelt sich um ein Dokument der ersten Generation, und Q enthält im wesentlichen Worte Jesu, die im Unterschied zu Erzählungen von ihm ein höheres Maß an Authentizität vermitteln. Aber auch Q sieht – nicht anders als die anderen Quellen – die Jesusüberlieferung im Horizont der Erfahrungen, die mit ihr gemacht worden sind. Jesu Worte waren aber an sich nicht gemeint als vorausblickende Regeln für eine Zeit danach, sondern hatten ihren eigenen Kontext. Die Reduzierung und Typisierung des narrativen Kontextes in Q gibt ihnen eine gewisse Zeitlosigkeit, jedenfalls mehr als bei Mk.

Der im deutschen Sprachraum übliche Terminus „Logienquelle" geht zurück auf ein Mißverständnis der Angabe des Kirchenvaters Eusebius über Papias' Werk mit dem Titel Λογίων κυριακῶν ἐξήγησις. Das griechische Wort λόγιον bezeichnet nicht wie z. B. λόγος einfach ein „Wort", einen „Spruch" („saying"), sondern „an oracle, esp. one preserved from antiquity" (LSJ 1056a; vgl. im Neuen Testament Apg 7,38 und Röm 3,2). Wenn Papias, aber auch 2Klem, Polykarp, Justin und Irenäus Jesusworte als λόγια einführen, geben sie ihnen eine neue Qualität als alte göttliche Orakel, die ihren Sinn in der Gegenwart bekommen.[32]

Das ist natürlich nicht im Blick bei der technischen Verwendung von „Logion" als formgeschichtliche Kategorie. Bultmann definiert Logien durch „Jesus als Weisheitslehrer"; dem dabei vorausgesetzten Bild von „Weisheit" entspricht die Charakterisierung von Q als „Paränese". Weder „Weisheit" noch „Paränese" konnten aber vor dem theologiegeschichtlichen Hintergrund der Formgeschichte große Bedeutung haben verglichen mit der Eschatologie. So wurde Q, die erstrangige Quelle für den historischen Jesus, theologisch und historisch zweitrangig. [206]

Die Q-Forschung ist weithin bestimmt durch die Frage nach dem Verhältnis von Weisheit und Apokalyptik,[33] steht damit nach wie vor unter der Provokation der Religionsgeschichtlichen Schule seit dem Buch von Johannes Weiß *Die Predigt Jesu vom Reiche Gottes* von 1892. Theologisch steht hier offenbar viel auf dem Spiel. Exegese legitimiert aber – sofern sie sich selbst treu bleibt – nicht einfach gegebene Positionen, sondern bietet notwendige Korrektive, auch neue Synthesen.

Die Frage nach dem sachlichen Verhältnis von Weisheit und Apokalyptik ist kaum durch eine Schichtung der Q-Überlieferung zu entscheiden, die Frage der Identität des Christentums nicht durch Q oder andere Evangelien allein. Für die historische Jesusfrage gibt es bestimmte Kriterien insbesondere zur Falsifizierung von Jesusbildern, aber auch zur Rekonstruktion eines historisch verantwortbaren Jesusbildes, die behutsam von seiner in den Quellen erkennbaren Wirkung zurückschließt auf ihn selbst. Vom Stand der Q-Forschung her sei dabei eine Reflexion auf das Sachproblem des Verhältnisses von Weisheit und Apokalyptik abschließend angemahnt.

[32] Vgl. meinen Aufsatz Q: Sayings of Jesus or Logia? (übers. von R. McL. Wilson), in: R. A. Piper (ed.), The Gospel behind the Gospels. Current Studies on Q, NT Sup 75, 1995, 97–116.

[33] Vgl. C. M. Tuckett, Q and the History of Early Christianity, Edinburgh 1996.

II. PAULUS

WO MAN NICHT MEHR SKLAVE ODER FREIER IST

ÜBERLEGUNGEN ZUR STRUKTUR FRÜHCHRISTLICHER GEMEINDEN*

Der Neutestamentler Siegfried Schulz hat 1972 unter dem Titel „Gott ist kein Sklavenhalter" ein überaus engagiertes Buch publiziert: gestützt auf die Autorität des Historikers, getragen von sozialrevolutionärem Pathos, gedacht als Beitrag zu einer politischen Theologie. Als Demonstrationsmaterial dafür wählte er die Sklavenfrage, ein langes leidvolles Kapitel der Menschheits- und auch der Kirchengeschichte, in der er vor der Antisklavereibewegung des 18. und 19. Jahrhunderts nur drei Lichtblicke sieht: die Sophisten, die Essener und bestimmte enthusiastische Kreise des Urchristentums.

Enthusiastische Kreise in Korinth nämlich, so die These von Schulz, hätten Jesu Botschaft vom Kommen des Gottesreichs durchaus richtig verstanden, wenn sie im Namen Jesu die Konsequenz der Gleichberechtigung von Sklaven und Freien zunächst im religiösen Sinne gezogen hätten, und das im Bewußtsein der implizierten politischen und sozialen Folgerungen. Zu denen hätte es nach Schulz zwangsläufig kommen müssen, wäre nicht Paulus dazwischen getreten, der ohne Verständnis für diese Bewegung gewesen sei und den enthusiastischen Geist gedämpft habe.[1] [54]

Unschwer läßt sich hier die alte Frage des Liberalismus wiedererkennen: Jesus oder Paulus, seinerzeit tiefe Religiosität gegen starre Dogmatik, nun Revolution Jesu gegen paulinische Reaktion. Die Kritik dieses Buches kann es sich in vielem leicht machen; zu durchsichtig ist die Konstruktion, in der sich Kirchenkritik und Rettung ursprünglich christlicher Gedanken vereinen; zu gewaltsam sind viele Textinterpretationen; zu eindeutig ist die Vielfalt geschichtlicher Momente auf wenige Nenner gebracht. Es wäre freilich schade, wenn dadurch ein wichtiges Thema in Mißkredit gebracht wäre, ein Thema, das in der jüngsten Zeit kaum bearbeitet ist, so daß der Strudel der letzten Jahre die neutestamentliche Exegese auch an diesem Punkt nicht sehr gut vorbereitet traf.

Belegen läßt sich dieser Eindruck mit einem Blick in gängige Kommentare z. B. zu Gal 3,28: „Da ist man nicht mehr Jude oder Grieche, nicht mehr Sklave oder Freier, nicht mehr männlich oder weiblich. Alle seid ihr nämlich einer in Christus Jesus." Dazu schreibt H. Schlier: „An den Getauften sind die aus dem alten Äon stammenden meta-

* Wesentliche Thesen dieses Aufsatzes sind entstanden aus der Zusammenarbeit mit meinem Kollegen Jens-Uwe Schmidt. Den ersten Teil habe ich bei der „Rasteder Konferenz" am 26.2.1975 in Rastede/Oldbg. vorgetragen. Um den Aufsatz nicht noch weiter ausufern zu lassen, habe ich im ersten Teil verzichtet auf eine Behandlung der im Rahmen der Diskussion um die Kindertaufe viel erörterten Fragen um den οἶκος, im zweiten Teil auf einen ins einzelne gehenden inhaltlichen Vergleich der Haustafeln mit dem hier neu entwickelten Traditionszusammenhang, auf eine ausführlichere Behandlung des Übergangs von den Haustafeln zu den Gemeindeordnungen in den Pastoralbriefen und bei den Apostolischen Vätern und damit auch der Entwicklung der Ämter, für die sich m. E. von den paulinischen Briefen an neue Perspektiven ergeben könnten.

[Der Aufsatz wurde Günther Bornkamm zum 70. Geburtstag gewidmet, E.S.].

1 A.a.O., 139–193. Vgl. auch S. Schulz, Hat Christus die Sklaven befreit?, EvKomm 5 (1972), 13–17, dazu H. Cron, Wer hat die Sklaven befreit?, ebd., 297, und P. Stuhlmacher, ebd., 297–299.

physischen, geschichtlichen und natürlichen Unterschiede sakramental, d. h. aber verborgen und real aufgehoben."[2] Es folgt ein kurzer Satz zum Verhältnis Juden-Griechen, nichts zu Sklaven und Freien. Inwieweit deren Differenz geschichtlich sein soll im Unterschied zu metaphysisch und natürlich, bleibt ebenso ungeklärt wie der hier vorausgesetzte sakramentale Realitätsbegriff.

A. Oepke führt die Dreigliedrigkeit zurück auf „einen bei Persern, Griechen und Juden … überlieferten Lobspruch des Mannes, daß er kein Ungläubiger bzw Ungebildeter, kein Weib, kein Unfreier sei". Dann: „Da das zweite Glied unmöglich im Sinne der Sklaven- (1K 7,20ff), das dritte nicht in dem der Frauenemanzipation gemeint sein kann (1K 11,7f; Kl 3,18; Eph 5,22ff), so wäre es ebenfalls verfehlt, das erste im Sinne eines blassen Internationalismus verstehen zu wollen. Dem hellenistischen Zeitalter lagen solche Empfindungen allerdings nicht fern (…). Aber Pls redet rein religiös. Es geht ihm weder um ein völkisches oder antivölkisches Programm, sondern lediglich um das Recht des Heidenchristentums, um die Einheit der Gemeinde." Und schließlich: „Eben deshalb ist für völkische Eigenart, soweit sie nicht sündlich entartet ist, in der Gemeinde ebenso Raum wie für die Unterschiede von Sklaven und Freien, Mann und Weib."[3]

Der katholische Exeget F. Mußner schließlich, der 1974 einen sehr breit geschriebenen Gal-Kommentar veröffentlichte, begnügt sich zu dieser Stelle mit ungewöhnlich knappen Ausführungen, die auf das „Selbstverständliche" rekurrieren: „Der Apostel will damit selbstverständlich nicht sagen, daß derartige Unterschiede äußerlich nicht mehr bestehen – Mann bleibt Mann und Frau bleibt Frau auch nach der Taufe –, aber sie haben jegliche Heilsbedeutung vor Gott verloren", der letzte Halbsatz auch noch gesperrt gedruckt.[4]

Man erfährt in diesen Kommentaren also wenig darüber, was Paulus mit dem Satz gemeint haben, um so mehr aber darüber, was er „selbstverständlich" *nicht* gemeint haben kann.[5]

1. Paulus

Die Frage, um die es im ersten Teil geht, setzt ein bei der Beobachtung, daß die paulinische Verkündigung, zunächst kurz als „Rechtfertigungsbotschaft" etikettiert, als Konsequenz nicht die Vereinzelung, das Eremitentum hat, sondern Bildung von Gemein-

[2] Der Brief an die Galater, KEK 7, ^{4}1965, 174.

[3] Der Brief des Paulus an die Galater, ThHK 9, ^{3}1957, 90f.

[4] Der Galaterbrief, HThK 9, 1974, 264.

[5] Neutestamentliche Literatur zur Sklavenfrage: vgl. vor allem H. Greeven, Das Hauptproblem der Sozialethik in der neueren Stoa und im Urchristentum, 1935, 28–61, und H. Gülzow, Christentum und Sklaverei in den ersten drei Jahrhunderten, 1969, wo aber merkwürdigerweise Gal 3,28 gar nicht behandelt wird. Bei den Althistorikern gibt es dank der Anregungen von J. Vogt eine ganze Reihe wichtiger neuer Studien; vgl. seine eigenen Aufsätze in: Sklaverei und Humanität, Historia Einzelschriften, ^{2}1972; F. Bömer, Untersuchungen über die Religion der Sklaven in Griechenland und Rom, 4 Bde, AAMz, 1957, 7; 1960, 1; 1961, 4 und 1963, 10, sowie die von J. Vogt und H. U. Instinsky herausgegebenen „Forschungen zur antiken Sklaverei", daraus bes. Bd. 4: H. Bellen, Studien zur Sklavenflucht im römischen Kaiserreich, 1971; hier auch wichtige Bemerkungen zum Philemonbrief.

schaften, in denen der religiöse wie soziale Unterschied zwischen Juden und Griechen aufgehoben ist, auch wenn Spannungen bleiben. Ebenso findet man in der Gemeinde Sklaven wie Freie und Männer wie Frauen. Das wird nicht nur Gal 3,28 sozusagen als Programm behauptet, sondern läßt sich auch aus den konkreten Personenangaben in der Apg wie bei Paulus erweisen. Das Urchristentum paulinischer Prägung hat sich also nicht als nationale oder ständische, als Männer- oder Frauenvereinigung konstituiert, sondern als neue Einheit, die solche Differenzierungen im Prinzip überwunden hatte, auch wenn es besonders in der Frage des Verhältnisses von Juden- und Heidenchristen immer wieder Probleme gab; wie der 1Kor zeigt, auch in der Frage der Frauen in der Gemeinde und wohl auch hinsichtlich der gerechten Beteiligung der Sklaven wie überhaupt der Geringeren in der Gemeinde (1Kor 11,17–34).

Solche Gemeindeorganisation ist nichts schlechthin Neues, aber sie ist auch nicht der Normaltyp von Vereinigungen in der damaligen Zeit, für die eher der Leitsatz „gleich und gleich gesellt sich gern" galt.[6] Ähnlich strukturiert ist aber im Prinzip vor allem die jüdische Synagoge, zu der sich schätzungsweise annähernd 10% der Bevölkerung des Imperium Romanum bekannten,[7] im Osten mehr, im Westen weniger. Und hier knüpft ja die urchristliche Mission immer wieder an, auch wenn die Darstellung der Apg in diesem Punkt gelegentlich wohl zu schematisch sein mag.

Für die Anziehungskraft des Urchristentums lassen sich viele Gründe anführen, und einige werden später noch genannt werden. Wie aber kommt es gerade von der paulinischen Verkündigung her, die so einseitig nur den gekreuzigten Christus zum Inhalt hat und als dessen Konsequenz die Rechtfertigung allein aus Glauben, zur Bildung solcher Gemeinden? Ist hier ein innerer Zusammenhang zu erkennen? Und was bedeutet ein solcher Zusammenhang für die soziale Struktur der Gemeinden?

Diese Fragen werden noch dringender, wenn die These stimmt, die jüngst G. Theißen aufgestellt hat, daß nämlich die Jesu Verkündigung weiterüberliefernden Kreise sich von der paulinischen Tradition nicht nur in einer anderen Soteriologie unterschieden, sondern auch als Konsequenz nicht die Gründung von Gemeinden sahen, sondern das Eremitentum, die Askese: „Wer nicht Vater und Mutter verläßt …".[8] Das würde bedeuten, daß ein zweiter Typ von christlicher Lebensgestaltung, der sich auch durch die Kirchengeschichte hindurch weiter verfolgen läßt, bereits im Urchristentum angelegt ist.[9] Zwischen beiden Typen stände Paulus selber, der als Wandermissionar asketisch in der Heimatlosigkeit lebt, aber selber Gemeinden hinterläßt. Vielleicht hat man allzu selbst-

[6] Vgl. E. A. Judge, Christliche Gruppen in nichtchristlicher Gesellschaft, 1964, 59.

[7] Solche Angaben sind naturgemäß schwierig. Vgl. A. v. Harnack, Die Mission und Ausbreitung des Christentums in den ersten drei Jahrhunderten, ^{4}1924, 13 („etwa 7%"); V. Tcherikover, Hellenistic Civilization and the Jews, ^{3}1966, 292–295 (sehr vorsichtig, mit dem Ergebnis 294f: „it is at any rate clear that the Jewish population was quite considerable in the Graeco-Roman world, especially in the eastern half of the Mediterranean."); H. Hegermann, Das hellenistische Judentum, in: Umwelt des Urchristentums I, ^{2}1967, 292–345 (294: „gut ein Zehntel aller Einwohner").

[8] G. Theißen, Wanderradikalismus, ZThK 70 (1973), 245–271.

[9] Vgl. auch G. Kretschmar, Ein Beitrag zur Frage nach dem Ursprung frühchristlicher Askese, ZThK 61 (1964), 27–67, sowie vor allem E. Troeltsch, Die Soziallehren der christlichen Kirchen und Gruppen, Kp. 1, Ges. Schr. I, 1919, 15–178.

verständlich von der Formgeschichte her, aber auch von dem neuen Verständnis für Kirche und Gemeinde her solche Züge schon im Urchristentum übersehen. Stimmen diese Beobachtungen, dann kann man für das Urchristentum nicht einfach davon ausgehen, daß Bildung von Gemeinden notwendige Folgerung des Christusereignisses sei, sondern dies gehört einem bestimmten geographisch und theologisch eingrenzbaren Typ zu.

Beginnen wir mit einer Durchsicht jener Texte, in denen Paulus ausdrücklich von Sklaverei im sozialen Sinne redet, also nicht mit jener weitaus größeren Zahl von Texten, in denen er den Gegensatz von Freiheit und Sklaverei auf den Gegensatz von Glaube und Gesetz bezieht. Zu nennen sind also [57] der schon erwähnte Text Gal 3,28, der verwandte Text 1Kor 12,13 – der deuteropaulinische Text Kol 3,11 wird dabei im Vorbeigehen gestreift werden –, weiter vor allem 1Kor 7,21–24 und natürlich der Philemonbrief. Im zweiten Teil des Aufsatzes wird die Frage folgen, inwiefern die sogenannten Haustafeln in den deuteropaulinischen Briefen eine Fortsetzung der sich bei Paulus zeigenden Linie sind.

Gal 3,28. Der größere Zusammenhang ist die Frage nach dem Verhältnis von Glaube an Christus und Werken des Gesetzes, der engere die Frage der Abrahamskindschaft auch ohne das Gesetz. Die Schlußfolgerung steht in 3,29: Weil ihr zu Christus gehört, seid ihr Abrahams Same, dem die Verheißung gilt, also Erben entsprechend der Verheißung. Die letzte Argumentation, mit der Paulus zu dieser These kommt, beginnt mit 3,26: Alle sind Söhne durch den Glauben. Dieser Satz wird begründet mit der Taufe als Erlangung der Sohnschaft. Durch die Taufe entsteht die Einheit der Gemeinde, in der es nicht mehr Juden und Heiden oder Sklaven und Freie oder männlich und weiblich gibt. Zu beachten ist nun, daß Paulus diesen Satz nicht zu begründen braucht, ihn vielmehr selbst zur Begründung eines anderen Gedankens einführt. Soll seine übergeordnete Argumentation überzeugen, und daran liegt ihm ja den ganzen Brief hindurch, dann muß dieses Hilfsargument die Qualität eines zumindest in Galatien unangefochtenen Grundsatzes haben und daher wohl auch den dortigen Gemeindeverhältnissen entsprechen.[10] Man kann vielleicht noch ein Stück weitergehen und schließen, daß Paulus diesen Grundsatz nicht erst hier ad hoc formuliert, sondern einen Satz aufnimmt, der in dieser oder ähnlicher Formulierung den Galatern längst bekannt ist. Er klingt ja auch in seiner dreifach gegliederten Form wie ein geprägter Satz – feierliche Proklamation der Einheit der Gemeinde, im Stil vergleichbar indikativisch formulierten Grundsätzen von Kirchenordnungen. Zeile 2 und 3 sind dabei chiastisch angeordnet: Sklave – Freier, Mann – Frau, die privilegierten Teile der Paare sind selbstverständlich Mann und Freier. Man wird dann weiter folgern können, daß auch die erste Zeile der zweiten chiastisch zugeordnet ist: Hier ist der Jude der Privilegierte, wenn auch auf Grund eines zweifelhaften Privilegs, wie vor allem der Römerbrief zeigt.

[10] Das gilt auch für das Verhältnis von Juden und Heiden, denn die galatischen Gegner wollen ja nicht die Juden- von den Heidenchristen separieren, sondern die *ganze* Gemeinde aus Juden und Heiden zur Beachtung des Gesetzes verführen.

Der freie jüdische Mann ist also das Idealbild, gegen das diese Reihe entworfen ist. Es liegt daher nahe, an jene bei Oepke herangezogenen Texte zu erinnern, die aus dem Bereich des Judentums stammen.[11] Aber auch in griechischer Tradition gibt es ähnliche Idealbilder: nicht Barbar, nicht Frau, [58] nicht Sklave.[12] Aus diesem Blickwinkel scheint Kol 3,11 formuliert: „wo man nicht mehr Grieche und Jude, Beschneidung und Unbeschnittenheit, Barbar, Skythe, Sklave, Freier ist, sondern alles in allem Christus". Hier fehlt das Paar männlich – weiblich wie nachher auch in 1Kor 12,13.

Liest man die Reihe von Gal 3,28 so durch die griechische Brille, dann wird deutlich, daß aus griechischer Sicht in diesen drei Paaren die naturgegebenen Grunddifferenzen innerhalb der Menschheit formuliert sind, nicht veränderbare Konstanten. Freilich ist das in der griechischen Tradition nicht unbestritten gewesen: Die Sophisten haben die Differenzierung nach Sklaven und Freien nicht auf die Natur, sondern auf menschliche Setzung zurückführen wollen,[13] und im Zuge der Horizonterweiterung nach Osten durch die Eroberungen Alexanders wurde auch die Antithese von Griechen und Barbaren fraglich. Fraglich wurde der Gegensatz von Sklaven und Freien natürlich auch immer dort, wo freie griechische Männer versklavt wurden.[14]

Daß zur Zeit des Urchristentums eine einseitige Gewichtsverteilung also nicht mehr so einfach möglich war wie zu Platons oder Aristoteles' Zeiten, gehört sicher mit zu den Voraussetzungen der urchristlichen Mission. Doch muß man zunächst sehen, daß hier eine Reihe aufgenommen ist, die die für uns nicht mehr auf einen einzigen Nenner zu bringenden Differenzierungen als von Natur gegebene unabänderbare Grunddifferenzierungen der Menschheit betrachtet.

Aus jüdischer Sicht läßt sich sicher ähnliches aufzeigen: Die Differenz zwischen Juden und Heiden ist klare Antithese, sosehr es vor allem in der Diaspora in dem weiten Kreis der Gottesfürchtigen Übergänge gibt; die Frau ist dem Mann untergeordnet, nicht selbst kultfähig; die Sklavengesetzgebung des AT scheint zwar gegenüber griechischem und römischem Recht verhältnismäßig human, aber doch vor allem nur gegenüber jüdischen Sklaven, wie nicht zuletzt die stark differierenden Preise für jüdische und heidnische Sklaven zeigen, weil heidnische Sklaven eben zu mehr zu gebrauchen sind.[15]

Der zweite Text, *1Kor 12,13,* enthält, wie schon erwähnt, nicht das Paar männlich – weiblich. Die Gründe dafür werden sich nachher bei der Behandlung von 1Kor 7 zeigen. Bestätigt werden hier Beobachtungen, die wir aus Gal 3,28 kennen. Auch hier begegnet der Hinweis auf die Taufe: „Denn in einem Geist sind wir alle in *einen* Körper hinein getauft, sei es Juden, sei es Griechen, sei es Sklaven, sei es Freie, und sind alle mit *einem* Geist getränkt"[16]. Deutlich ist ferner auch hier die chiastische Anordnung der bei- [59]

[11] Vgl. Oepke, a.a.O. (Anm. 3), 90.

[12] Vgl. etwa einen Text wie Aristoteles, Pol I 2,1252b 5f, und die bei Oepke (s. vorige Anm.) genannten Belege.

[13] Zu den Sophisten s. u. S. [77].

[14] Vgl. Aristoteles, Pol I 6,1255a 5–7.

[15] Vgl. Gülzow, a.a.O. (Anm. 5), 17 Anm. 4, und überhaupt den Exkurs: Das altjüdische Sklavenwesen, Bill IV 2, 698–744.

[16] Vgl. 1Kor 10,4a.

den Paare. Schließlich hat auch hier der Satz die Funktion eines Hilfsarguments in einem übergeordneten Begründungszusammenhang, in diesem Fall des Zusammenhangs der verschiedenen Geistesgaben in der Gemeinde.[17] Auch hier wird man also wieder sagen können: Soll das Argument überzeugen, und daran muß Paulus ja liegen, so muß es ein allgemein anerkannter Grundsatz sein, der in Korinth unumstritten war.

Nun sind wir in der glücklichen Lage, über die konkreten Vorgänge in Korinth sehr viel besser unterrichtet zu sein als etwa in Galatien. Die Apg und der 1Kor nennen eine große Zahl von Personen, und so läßt sich ein Bild von der sozialen Zusammensetzung dieser Gemeinde zeichnen, das vermutlich im wesentlichen für die paulinischen Gemeinden überhaupt zutrifft.[18] Es bestätigt sich dabei, was wir für Galatien vermutet hatten, daß nicht nur ein Grundsatz formuliert ist, sondern daß dieses Bild von der konkreten Gemeinde gedeckt wird.

Umstritten war im Urchristentum vor allem die Frage nach der Gleichberechtigung von Juden- und Heidenchristen.[19] Dazu braucht nicht viel gesagt zu werden, hinweisen möchte ich nur auf zwei Punkte:

1. Paulus ist nicht der erste und einzige, der diese Konsequenz gezogen hat. Zum Apostelkonvent geht er zusammen mit Barnabas als Delegierter der Gemeinde von Antiochien. Und hier in Antiochien ist offenbar gesetzesfreie Heidenmission zuerst in Angriff genommen worden (Apg 11,20). Freilich kam es dann später in Antiochien zu Auseinandersetzungen gerade um die Frage der Gemeinschaft von Juden- und Heidenchristen, konkret an der Frage, ob die Gesetzesvorschriften über die Mahlzeiten noch Gültigkeit für den judenchristlichen Teil hätten. Dieser Konflikt, von Lukas eher verschleiert (Apg 15,36–39), wird von Paulus in Gal 2,11ff geschildert. Sein Ergebnis ist ungewiß, vermutlich aber war Paulus der Verlierer, denn er scheint sich gerade wegen dieses Streits von der antiochenischen Gemeinde getrennt und sein neues Missionsgebiet um die Ägäis gesucht zu haben.[20] In diesen [60] seinen eigenen Gemeinden nun besteht Paulus auf der strikten Einhaltung und vollen Anwendung des Grundsatzes der Gleichberechtigung, auch gegenüber anderen Missionaren, die das Gesetz wieder in den Heilszusammenhang einfügen wollen.

2. So sehr im hellenistischen Bereich überhaupt gearbeitet wurde an dem Verhältnis zwischen Griechen und Nichtgriechen, als politischem Programm wie als persönlichem sozialem Verhalten, so wenig Spielraum besaß in diesem Punkt das Judentum. Es hatte

[17] Daß der Organismusgedanke auch auf politische Verhältnisse angewandt wurde (vgl. H. Conzelmann, Der erste Brief an die Korinther, KEK 5, 1969, 248 A.7f), bedeutet nicht, daß auch Paulus hier die *sozialen* Unterschiede in der korinthischen Gemeinde anspricht, auch wenn diese bei den Differenzen über die verschiedenen Geistesgaben mit im Spiel gewesen sein mögen.

[18] Vgl. die gründliche Studie von G. Theißen, Soziale Schichtung in der korinthischen Gemeinde, ZNW 65 (1974), 232–272.

[19] Deshalb liegt wohl auch in Gal 3,28 der Ton auf dem ersten Paar Juden-Heiden, vgl. Gal 6,15; 5,6 (1Kor 7,19) und natürlich vor allem Gal 2,1–21.

[20] Man kann m. E. mit guten Gründen die Historizität von Apg 18,18–23 bezweifeln: Die Reiseangaben sind sehr viel allgemeiner als sonst gehalten, zudem bis in die Formulierung hinein von der letzten Jerusalemreise des Paulus abhängig; das Ziel des Lukas liegt darin, Paulus vor Apollos in Ephesus sein zu lassen, ohne daß er ihm dort schon begegnet. Paulus wäre dann also auch nie nach Antiochien zurückgekehrt.

hinter sich die Erfahrung einer Reformation im Sinne einer Modernisierung von Kult und Gesetz, und dieser Versuch hatte zu einem Bürgerkrieg mit Intervention der syrischen Besatzungsmacht geführt, in dem sich die orthodoxe Linie durchsetzte.[21] Seither war es tödlich, im strengen Geltungsbereich des Gesetzes rund um Jerusalem das Gesetz zu verletzen, man denke nur an Jesus, Stephanus und Paulus. Dort mußten auch alle Eroberer bis hin zu den Römern das jüdische Gesetz in gewissem Umfang respektieren. Und in der Diaspora war es zumindest gefährlich, sich gegen das Gesetz zu stellen, wie die verschiedenen Zusammenstöße des Paulus mit den Juden zeigen, nach der Apg wie nach seiner eigenen Darstellung. Trotz des Gesetzes freilich besaß das Judentum eine große Anziehungskraft, und das Urchristentum konnte aus seiner Sicht nur ein liberaler Konkurrent sein, der nun ganz auf die vom Gesetz verursachten Einschränkungen verzichtete.

Im Vergleich mit der Frage des Verhältnisses von Juden und Griechen waren die beiden anderen Differenzierungen offenbar sehr viel weniger umstritten. Erstaunlicherweise hören wir von Auseinandersetzungen um die Frage Sklave – Freier gar nichts. Wohl gibt es Schwierigkeiten in Korinth, weil die begüterten Freien mehr vom Abendmahl haben als die anderen, aber das ist kein grundsätzlicher Konflikt wie der der Tischgemeinschaft zwischen Juden und Heiden, auch kein Konflikt zwischen Freien und Sklaven allein, da zu den Benachteiligten offenbar nicht allein Sklaven gehören.[22]

Anders steht es freilich mit dem Verhältnis zwischen Männern und Frauen. Jedenfalls in Korinth gibt es hier Probleme, auf die Paulus unter verschiedenen Aspekten zurückkommt. Hierin sehe ich den Grund dafür, daß Paulus in 1Kor 12,13 das dritte Paar männlich-weiblich nicht mit aufführt – da dies umstritten ist, kann er an diesem Punkt nicht auf die allgemeine Zustimmung rechnen, die er braucht, wenn er den Satz als Argument für andere Thesen verwenden will. [61]

Doch findet sich das dreigliedrige Schema wieder in *1Kor 7*. Der übergreifende Zusammenhang ist die Frage nach dem Verhältnis von Mann und Frau, zunächst als Frage nach dem Heiraten überhaupt (7,1–7), dann als Frage nach der Bedeutung bestehender Ehen (7,8–16), dann als Frage nach den Jungfrauen (7,25ff), ausmündend in allgemeine Erwägungen über die Ehe. Dahinter steht, wie 7,1 zeigt, eine Anfrage aus Korinth, wie man sich in Fragen des Verhältnisses männlich – weiblich zu verhalten habe.[23] Die Antwort des Paulus läuft im ganzen darauf hinaus, daß alles bleiben soll, wie es ist; trotz seiner eigenen Option in Richtung auf asketisches Leben: Der Verheiratete soll verheiratet bleiben, der Unverheiratete unverheiratet.

[21] Vgl. die Interpretation der Vorgänge durch E. Bickermann, Der Gott der Makkabäer, 1937.

[22] Vgl. G. Theißen, Soziale Integration und sakramentales Handeln, NT 16 (1974), 179–206; Die Starken und Schwachen in Korinth, EvTh 35 (1975), 155–172; zu 1Kor 7,21f s. u. S. [61–63].

[23] Mit Recht betont W. Schrage (Zur Ethik der neutestamentlichen Haustafeln, NTS 21 (1974/75), 1–22), daß Paulus im 1Kor „nicht nur gegen überzogene Freiheitsparolen, sondern auch gegen asketische Ideale, die die weltlich-irdischen Relationen als sarkisch disqualifizierten“, polemisiert (4). Den Zusammenhang zwischen Gal 3,28 und 1Kor 7 hat in dieser Weise offenbar als einziger S. S. Bartchy erkannt: Μᾶλλον χρῆσαι. First-Century Slavery and the Interpretation of 1 Corinthians 7:21, SBLDS 11, 1973, 131.162–165.

Der Grundsatz, mehrmals im Kapitel wiederholt, ist in 7,17a so formuliert: „Jeder soll so wandeln, wie der Herr es zugeteilt hat, wie einen jeden Gott berufen hat."[24] Die Bekehrung zum Christentum bedeutet also keinen Ausbruch aus den vorgegebenen Verhältnissen. An dieser Stelle nun versichert Paulus, daß er so auch in allen anderen Gemeinden anordne (7,17b),[25] und fügt zur Verstärkung die beiden anderen aus Gal 3,28 bekannten Paare ein: Beschnittener – Unbeschnittener (7,18f) und Sklave – Freier (7,21–23), beide Beispiele jeweils abgeschlossen durch den kaum variierten Satz: „Jeder soll bleiben in der κλῆσις, in der er berufen worden ist" (7,20, vgl. 7,24). Beide Beispiele haben also die Funktion, das, was Paulus zur Frage des Verhältnisses von Mann und Frau sagt, zu stützen. Die Frageform dieses Zwischenstücks ist rhetorischer Stil, spiegelt nicht tatsächliche Anfragen aus Korinth. Auch hier gilt wieder, wie vorher: Die beiden Beispiele müssen in sich überzeugend sein, sollen sie Beweiskraft haben. Das ist für die Interpretation nicht unwichtig, denn es bedeutet, daß hinter 7,21–23 sowenig wie hinter 7,18f konkrete Probleme der korinthischen Gemeinde stehen.[26] Die Anfrage der Korinther (7,1) bezieht sich nicht auf die Sklavenfrage, sondern auf das Verhältnis von Mann und Frau allein.

Leicht zu verstehen ist auch hier wieder die Äußerung zum Verhältnis Juden – Heiden: Weder soll ein Beschnittener seine Beschneidung durch eine Operation rückgängig machen,[27] die vor allem im Gymnasium den Juden [62] nicht mehr als solchen erkennbar machte, noch soll ein Heidenchrist sich beschneiden lassen bei seiner Aufnahme in die christliche Gemeinde. Immerhin zeigt dieser Text, daß die Frage von Gesetz und Beschneidung nicht wie im Gal auch im 1Kor ein Problem ist.

Schwieriger ist die Aussage über Sklaven und Freie. Paulus setzt hier voraus, daß das, was er schreibt, so unmittelbar verständlich ist, daß er am Ende von 7,21 das Objekt auslassen kann. Aber auch späteren Abschreibern muß klar gewesen sein, was hier zu ergänzen ist, denn es findet sich auch nicht eine Handschrift, in der der Satz verdeutlicht würde. Vom Kontext her ist nun auch selbstverständlich τῇ δουλείᾳ zu denken: „Auch wenn du ein Freier werden kannst, bleibe um so lieber Sklave."[28] Nur diese Ergänzung ist sinnvoll angesichts der durchgehaltenen Mahnung, in dem zu bleiben, was man ist. Uns steht dabei freilich Luthers Übersetzung im Wege: „Doch kannst du frei werden, so

24 Zum Anfang von 7,17 vgl. jetzt Conzelmann, a.a.O. (Anm. 17), 150.

25 Vgl. 4,17; 14,33.

26 Diese These steht gegen eine ganze Auslegungstradition, vor allem gegen die Interpretation von Schulz, von der wir in diesem Aufsatz ausgingen.

27 Vgl. dazu 1Makk 1,15.

28 So wird heute allgemein dieser Text verstanden; vgl. z. B. H. Bellen, Μᾶλλον χρῆσαι (1 Cor 7,21), JbAC 6, 1963, 177–180. Die im Untertitel „Verzicht auf Freilassung als asketische Leistung?" angedeutete These scheint mir aber wegen des grundsätzlichen Charakters der paulinischen Aussage verfehlt. Eine Übersicht über die verschiedenen Interpretationen bei Bartchy a.a.O. (Anm. 23), 6f. Bartchy selbst entwickelt eine neue, freilich kaum überzeugende These. Er behauptet, ein Sklave habe in der Frage der Freilassung gar keine Entscheidungsfreiheit gehabt („it happened to him" 111), und meint, Paulus wende sich hier an Christen, die zur Zeit ihrer Bekehrung Sklaven gewesen, inzwischen aber freigelassen worden seien (114). Als Objekt von χρῆσαι sieht er die κλῆσις (= Berufung). Daher seine Übersetzung: „Were you a slave when you were called? Don't worry about it. But if, indeed, your owner should manumit you, by all means (now as a freedman) live according to God's call" (159; vgl. 183).

ergreife es viel lieber", so bis in die neueste Revision, und wohl auch „das Erstaunen des modernen Menschen ..., daß Paulus einem harten Übelstand so gleichgültig gegenübersteht, um dessen Beseitigung später – mit Recht – gerade im Namen des Christentums hart gekämpft worden ist."[29]

Das Substantiv κλῆσις meint hier wohl nicht anders als in 1,26 den „Beruf", den „Stand", man könnte auch sagen: „Was einer von Natur aus oder von Geburt an ist."[30] Dies entspricht gut griechischem Sprachgebrauch, und es hätte zunächst noch nichts zu tun mit der gleichzeitigen Verwendung [63] des Verbums καλέω in diesem Zusammenhang im Sinne der Berufung zum Christen. Auch Paulus setzt also voraus, und hier wird die vorhin versuchte Interpretation von Gal 3,28 aus jüdischer und griechischer Perspektive wichtig, daß die Differenzen zwischen Sklaven und Freien wie die von Mann und Frau und von Juden und Griechen vorgegebene Konstanten sind. Freilich ist dabei zu beachten, daß Paulus dies nicht thetisch gegenüber anderen Thesen behauptet, sondern gerade damit argumentierend einen anderen Gedankengang stützt.[31]

Es fehlt nun die zu erwartende Umkehrung: „Wenn du frei bist, ...". Aber hier wäre ja eine entgegengesetzte Haltung ohnehin unrealistisch. Statt dessen hebt Paulus die Differenz zwischen Freien und Sklaven in einer neuen Perspektive auf: Ein Sklave ist Freigelassener des Herrn, ein Freier Sklave Christi. „Ihr seid gegen bar gekauft" (7,23), wie in 6,20 eine Deutung des Todes Christi im Sinne eines Kaufhandels. Gedacht ist dabei nicht, wie Deißmann meinte, an die doch wohl ungewisse Vorstellung eines sakralen Sklavenfreikaufs, sondern an einen Sklavenkauf, den Übergang in die neue Dienstherrschaft Christi.[32] Schlimmer als Sklaverei im sozialen Sinn ist für Paulus, Sklave von Menschen zu werden, eine Formulierung, die zunächst überrascht, denn Sklaven von Menschen sind ja die Sklaven in Korinth auch. Der Bezugspunkt ist hier aber Christus, dessen Sklaven alle sein sollen, Freie wie Sklaven, wie Paulus selbst ja auch sich einen Sklaven Christi nennen kann.

Der *Philemonbrief* schließlich gibt eine Probe aufs Exempel. Die Geschichte, soweit noch erkennbar, ist schnell erzählt. Paulus hat einen entlaufenen Sklaven namens Onesimus bekehrt und schickt ihn nun, selber im Gefängnis vermutlich in Ephesus, seinem Herrn Philemon zurück mit der Bitte, daß er auf sein Recht verzichte, den Onesimus zu strafen, ihn vielmehr als einen Bruder aufnehme. Vielleicht konnte dieser Sklave vor sei-

[29] Greeven, a.a.O. (Anm. 5), 62.

[30] Das Substantiv κλῆσις begegnet im 1Kor außer an dieser Stelle noch in 1,26. W. Bauer, Wb [5]1958, 861f, nimmt für 1,26 die Bedeutung „Berufung", für 7,20 „Beruf, Stand" an. Weder unser Wort „Beruf" noch das heute nur in bestimmten Zusammenhängen gebräuchliche Wort „Stand" (Berufsstand, berufsständisch, üblich bei „Freiberuflern" und bei Landwirten und Handwerkern; Standesethik) vermitteln den Inhalt des griechischen Wortes, weil die hier vorausgesetzte Denkstruktur nicht mehr in unsere Verhältnisse übertragbar ist, sondern der vorindustriellen Gesellschaft angehört.

[31] Paulus gibt also nicht eine theologische Begründung einer von mehreren möglichen Sozialstrukturen, sondern spricht im Zusammenhang der in vorindustrieller Gesellschaft offenbar einzig möglichen Denkstruktur. Dies Denken als „konservativ" zu bezeichnen, ist daher ein Anachronismus. Vgl. unten [S. 69] zur Frage einer „sozialen Hermeneutik".

[32] A. Deißmann, Licht vom Osten, [4]1923, 274–284; dagegen vor allem Bömer II, a.a.O. (Anm. 5), 133–141. Vgl. noch Gal 3,14; 4,4.

ner Flucht verhältnismäßig frei schalten, denn V. 18 deutet doch wohl darauf, daß er in die Kasse gegriffen hat.[33]

Man hat nun vor allem aus V. 16 und V. 21 schließen wollen, daß Paulus im stillen darauf hoffe, Philemon werde ihn schon recht verstehen und den [64] Onesimus freilassen.[34] Aber das ist wohl auch hier so wenig im Blick wie in 1Kor 7,21, denn Paulus äußert seine Wünsche durchaus konkret: Philemon soll den Onesimus als geliebten Bruder wieder aufnehmen, so als nähme er Paulus selbst auf.[35]

Im Brief liegen nun zwei Motivreihen ineinander. Einmal ist das die Aufnahme traditioneller ethischer Vorstellungen in V. 14: die γνώμη des Philemon V. 14a, dann V. 14b: „daß das Gute, das du tust, nicht auf Grund von Zwang, sondern freiwillig geschieht". Zum andern ist das eine überraschend juristische Sprachebene: Paulus könnte dem Philemon befehlen, was dessen Pflicht ist (V. 8), Philemon soll ihm den angerichteten Schaden auf die Rechnung setzen (V. 18), er will Schadenersatz leisten, freilich schuldet sich Philemon dem Paulus wie ein Schuldsklave (V. 19); V. 21 schließlich schreibt Paulus, er sei sich Philemons Gehorsams sicher. Paulus tritt hier also so auf, als könne er mit Philemon umspringen wie mit einem Sklaven; indem er selbst auf dies Recht verzichtet, will er Philemon ein Vorbild geben.

Beide Motivreihen zusammen erst ergeben einen Hinweis auf das, was wir suchen: Der Verweis der Sklaven in die Sklaverei in 1Kor 7 wie hier am konkreten Beispiel des Onesimus bedeutet nicht schlicht und einfach, daß die irdischen Verhältnisse so bleiben sollen, wie sie sind, sondern die von der Autorität Christi, dessen Sklaven alle Christen sind, abgeleitete Vollmacht des Paulus fordert ein bestimmtes, kein beliebiges Verhalten der Herren gegenüber den Sklaven. Man muß sich dabei vor Augen halten, daß dies in den Erörterungen über die gerechte Behandlung von Sklaven etwa bei Platon sehr anders aussieht;[36] das, was ihnen gegenüber recht und billig ist, sind Prügel und Befehlen, auch wenn es andere Stimmen gibt, die unter dem Gesichtspunkt der Zweckmäßigkeit eine mildere Behandlung der Sklaven empfehlen. Aber gerade das Schicksal entlaufener und wieder eingefangener Sklaven war besonders hart.[37]

Vorerst auf den Begriff gebracht, bedeutet diese Forderung eines bestimmten Verhaltens Liebe und Brüderlichkeit, die beiden Begriffe, die das Christentum beigesteuert hat zu den ethischen Normen des Abendlands gegenüber Freiheit und Gleichheit als konkurrierenden Normen aus griechischer Tradition.[38] Beide Begriffe aber sind in den Jahrhunderten des Um- [65] gangs mit ihnen abgegriffen und vieldeutig geworden, so daß sie

[33] Vgl. zum Phm M. Dibelius, An die Kolosser, Epheser, Philemon, HNT 12, [3]1953 (H. Greeven), 101–108; G. Friedrich, Der Brief an Philemon, NTD 8, 1965, 188–196; E. Lohse, Die Briefe an die Kolosser und an Philemon, KEK 9.2, 1968, 259–288.

[34] Friedrich, a.a.O., 196; Lohse, a.a.O., 283.

[35] Vgl. Greeven, a.a.O. (Anm. 5), 55.

[36] Vgl. etwa Plato, Leg 776b 5–778a 5.

[37] Vgl. dazu das in Anm. 5 genannte Buch von Bellen. Der im Gefolge von Dibelius (a.a.O., 105, Text als Beilage 7) gern zitierte Pliniusbrief (ep. IX 21), z. B. bei Friedrich, a.a.O., 188 und 195, Lohse, a.a.O., 274f, bezieht sich auf einen Freigelassenen, nicht auf einen Sklaven, und ist deshalb nur begrenzt verwendbar.

[38] Vgl. Bömer I, a.a.O. (Anm. 5), 172–179: „Über die Brüderlichkeit in religiösen Gemeinschaften".

nicht einfach als abstrakte Normen eine Brücke in die heutige Diskussion abgeben können, sondern zunächst noch einmal konkret gefüllt werden müssen im Horizont des frühen Christentums.

Ausgehen möchte ich dabei zunächst wieder von der sozialen Zusammensetzung der urchristlichen Gemeinden, für die der Grundsatz Gal 3,28 galt. Man muß hier aber noch einmal eine Einschränkung machen. Die Gemeinden, für die uns dieser Grundsatz überliefert ist, waren die von Paulus gegründeten Gemeinden vor allem an der Ägäis, und hier Gemeinden in den neuen Großstädten dieser Region: Philippi, eine römische Kolonie für Veteranen, Korinth, eine römische Neugründung nach der völligen Zerstörung der alten Stadt im Jahre 146 v. Chr., Ephesus, eine der größten Städte des Römischen Reichs mit vermutlich etwa 500 000 Einwohnern.[39] G. Bornkamm hat mit Recht darauf hingewiesen, daß Paulus eigentlich nur an Städten Interesse hat, auch behaupten kann, er habe von Jerusalem bis Illyrien alles missioniert (Röm 15,19), obwohl er offenbar nie ins Hinterland Griechenlands, geschweige denn bis an die mit Illyrien gemeinte dalmatinische Küste gekommen ist, eben weil es dort keine Städte gab.[40]

Auffällig ist aber auch, daß seine Mission gerade dort keinen Erfolg hatte, wo relativ feste Traditionen weiterbestanden wie in Athen, der Metropole der alten Bildung in dieser Zeit. Sein Revier sind offenbar jene neuen Großstädte, Großstädte auch nach unseren heutigen Maßstäben, in denen Menschen aus allen Ecken des Reichs zusammenkommen, wo man sich auch seiner alten Privilegien als Grieche oder Jude, als Mann oder als Freier nicht mehr so sicher sein kann. Was die Sklaverei angeht, so hat es in der griechischen Polis offenbar immer ein Proletariat rechtlich Freier gegeben, das schlechter gestellt war als die Sklaven, die gegen ihre Freiheit immerhin Sicherheit des Arbeitsplatzes, und d. h. konkret der Nahrung und Wohnung eingelöst hatten.[41] Was Mann und Frau anging, so waren die Frauen hier sicherlich für ihre Zeit sehr viel emanzipierter als etwa in rein bäuerlichen Verhältnissen. Und in einer so zusammengewürfelten Bevölkerung konnte man sich wohl auch seiner griechischen bzw. jüdischen Abstammung nicht mehr so sicher sein, zumal die klassischen griechischen Stätten Theater und Gymnasium ja offen für alle waren.

In diesen Bereich stieß die urchristliche Mission und hatte erstaunlichen Erfolg. Schon in einer Generation nach Christi Tod ist nach den neutestamentlichen Quellen der ganze Bereich zwischen Jerusalem und Rom überzogen mit einem Netz christlicher Gemeinden, vermutlich gar nicht so klein [66] und vor allem dauerhaft. Hier lassen sich nämlich, und besonders im eigentlichen paulinischen Missionsgebiet, die Gemeinden über Generationen hinweg verfolgen, mit allen möglichen Spannungen zwar, doch in sich gefestigt auch in Situationen der Verfolgung.[42]

[39] Zu den Städten vgl. A. H. M. Jones, The Greek City, 1940; The Cities of the Eastern Roman Provinces, ²1971.

[40] Paulus, 1969, 68–78.

[41] Vgl. W. Tarn, Die Kultur der hellenistischen Welt, 1966, 121–124.

[42] Vgl. D. Lührmann, Erwägungen zur Geschichte des Urchristentums, EvTh 32 (1972), 452–467, hier 462f.

Dabei ist diese Mission nicht das alleinige Werk des Paulus. Er hat eine nicht geringe Zahl von Mitarbeitern; wir hören von anderen Missionaren in diesem Gebiet, Konkurrenten teils, teils Partner wie Apollos. Die tragenden Kräfte gehören offenbar derselben Schicht an wie Paulus selbst: Handwerker oder Händler, die mobil sind, weil sie, nicht gebunden an einen festen Arbeitsplatz, hier oder dort ihrem Beruf nachgehen können. Man hat daher das Urchristentum eine „Religion reisender Handwerksburschen"[43] genannt. Diese Schicht der Handwerker und Händler aber war typisch für diese neuen Städte, die zwar weiterhin im wesentlichen vom Ackerbau lebten, aber nun modernere Formen des Handels und Handwerks – sollte man sagen: Anfänge von Technik? – entwickelten.[44] Beides bedingte einander, und beides wurde gefördert durch die Erschließung des einen großen Kultur- und Wirtschaftsraums des Imperium Romanum mit seinen Vorläufern in den Diadochenstaaten. Wesentlich war auch, daß Griechisch in diesen Städten die gemeinsame Sprache war, die von allen verstanden wurde.

Man muß sich dabei den tiefen Unterschied vor Augen halten zwischen diesen Großstädten und jenem Galiläa, in dem Jesus wirkte, der offenbar sogar die dortigen sich hellenistisch gebenden Kleinstädte wie Tiberias nicht betreten hat. Auch seine Jünger stammten aus diesem Milieu, das sich aus dem Bildmaterial der Gleichnisse Jesu zu einem anschaulichen Panorama von Bauern, Hirten, Fischern, Pächtern usw. zusammenstellen läßt, mit abwesenden Großgrundbesitzern und ihren Sklaven in Verwaltungspositionen im [67] Hintergrund.[45] Dasselbe Christentum, das hier seinen Ausgang genommen hatte, paßte nun in die so gänzlich andere Situation der Großstädte; es vollzog schon in der ersten Generation einen ungeheuren Übersetzungsprozeß, nicht nur aus der semitischen Sprache Aramäisch in die indogermanische Sprache Griechisch, sondern auch in ganz andere Denk- und Traditionszusammenhänge.[46]

Soziologisch gesehen ist noch wichtig, daß Paulus die Haussklaverei dieser Großstädte vor Augen hat, nicht etwa die offenbar sehr andere Situation der Sklaven auf den Latifundien römischer Großgrundbesitzer oder gar der Sklaven in den staatlichen Bergwerken.[47] Hier in den Städten steht Sklaverei im Zusammenhang mit der Entwicklung von Handel und Handwerk, und es ist ein alter Irrtum, daß Sklaverei auch insofern ein

[43] Auf wen geht dies Zitat zurück? Bei E. Lohmeyer, Soziale Fragen im Urchristentum, 1921 (Nachdr. 1973), 89, wird ohne Quellenangabe „ein bekannter, geistvoller Forscher" als Urheber genannt. Ist das K. Kautsky? Das Urchristentum ist nicht primär eine Sklavenreligion, wie nicht nur „Ben Hur" oder „Quo vadis" suggerieren. So z. B. noch S. Lauffer, Die Sklaverei in der griechisch-römischen Welt, Gymnasium 68, 1961, 370–395, hier 379. Dagegen Bömer III, a.a.O. (Anm. 5), 237; H. Kreissig, Zur sozialen Zusammensetzung der frühchristlichen Gemeinden im ersten Jahrhundert u. Z., Eirene 6 (1967), 91–100.

[44] Die Verhältnisse der hellenistischen Städte trifft offenbar Ps-Aristoteles, Oec II 1,6 (1346a 11–13): die Haupteinkünfte stammen aus der Landwirtschaft, weitere aus Handel oder Handwerk, geringe aus Zinserträgen: Αὐτῆς δὲ ταύτης κρατίστη μὲν πρόσοδος ἡ ἀπὸ γῆς γινομένη· δευτέρα δὲ ἡ ἀπὸ τῶν ἄλλων ἐγκλημάτων· τρίτη δὲ ἡ ἀπὸ ἀργυρίου (vgl. dazu B. A. van Groningen, Aristote, Le second livre de l'économique, 1933, commentaire 44f).

[45] Vgl. C. H. Dodd, The Authority of the Bible (Nachdr. 1952), 148–152.

[46] Vgl. Judge, a.a.O. (Anm. 6), 8f.

[47] Zur antiken Sklaverei vgl. außer der in Anm. 5 genannten Literatur noch Lauffer, a.a.O. (Anm. 43), W. L. Westermann, The Slave Systems of Greek and Roman Antiquity, 1955, und den Sammelband M. I. Finley (Hg.), Slavery in Classical Antiquity, 1960.

schlechtes System sei, als sie den technischen Fortschritt behindere.[48] Dieses Vorurteil ist vermutlich gewonnen aus dem letzten großen Anschauungsfall für Sklaverei, der Auseinandersetzung zwischen den industrialisierten Nordstaaten der USA und den agrarisch strukturierten Südstaaten im amerikanischen Bürgerkrieg.

Was das Urchristentum paulinischer Prägung hier anbietet, sind angesichts der alten fraglich gewordenen Differenzierungen neue Identifikationsmöglichkeiten, die konkret werden in der Gemeinschaft, die sich regelmäßig zu gemeinsamem Essen zusammenfindet. Man darf bei allen Überlegungen ja nicht aus dem Auge verlieren, daß Paulus sich nicht in einer volkskirchlichen Situation befindet, sondern Gemeinden durch seine Mission erst ins Leben ruft. Es geht also eigentlich weniger um die Frage, wie Paulus sich zum Problem Freier – Sklave äußert, als vielmehr darum, was seine Verkündigung und die aus ihr resultierende Gemeinde so anziehend machte für Freie wie Sklaven, für Männer wie Frauen, für Juden wie Griechen. Was diese Gemeinden auszeichnet, ist offenbar eine große soziale Integrationsfähigkeit angesichts von Entwicklungen, die auf Desintegration weisen.

Die neuen Identifikationsmöglichkeiten und die aus ihnen resultierende Integrationsfähigkeit resultieren nun aus einer Verkündigung, die das Heil von Tod und Auferweckung Jesu herleitet und nicht in der Verkündigung Jesu sieht.[49] Die Auslegung dieser Christologie ist die Rechtfertigungsbot- [68] schaft, expressis verbis entwickelt in Auseinandersetzung mit dem Judentum und dem Judenchristentum, in ihren Strukturen und Motiven aber auch erkennbar etwa im 1Kor. Was konnte aber diese spezielle Interpretation des christlichen Kerygmas aussagen im Erfahrungshorizont hellenistischer Großstädte?

Man wird diese Frage zunächst noch einmal eine Stufe zurückschrauben können auf die Frage, was die Wegbereiterin der urchristlichen Mission, die Synagoge, zu bieten hatte. Sie hatte das Gesetz des Mose, und d. h. eine Erklärung der Welt nicht nur in ethischer Hinsicht, sondern bis hin zur Kosmologie. Nicht nur Philon von Alexandrien, sondern weite Kreise des Judentums interpretierten das Gesetz in dieser Richtung,[50] z. B. mit dem Hinweis darauf, daß das Gesetz, und das sind die fünf Bücher Mosis, mit der Weltschöpfung beginnt. Ihr Credo, daß allein Jahwe Schöpfer Himmels und der Erden sei, bot eine Sicherung der Erfahrungen dieser Welt an. Ich meine begründen zu können, daß die Frage des Glaubens die Frage nach dem Verhältnis zwischen Bekenntnis und Erfahrung ist, und zwar als Krisenphänomen, das immer dann gravierend wird, wenn Bekenntnis und Erfahrung nicht mehr einfach zur Deckung kommen wollen.[51] Die Rolle

[48] Vgl. dagegen F. Kiechle, Sklavenarbeit und technischer Fortschritt im römischen Reich, Forschungen zur antiken Sklaverei Bd. 3, 1971.

[49] Es reicht nicht, hier wie noch Theißen, a.a.O. (Anm. 18), 266 im Gefolge von Harnack und Troeltsch den Inhalt des Evangeliums mit „Monotheismus und einem hochstehenden Ethos" anzugeben. Beide Begriffe konnten in der liberalen Theologie als Reduktion der urchristlichen Verkündigung auf ihr „eigentliches" Wesen zugleich die Brücke zur Aufgabe moderner Theologie schlagen. Auszugehen ist jedoch von dem, was Paulus selbst in seinen Briefen als Inhalt seiner Missionsverkündigung angibt.

[50] Vgl. dazu M. Limbeck, Die Ordnung des Heils. Untersuchungen zum Gesetzesverständnis des Frühjudentums, 1971.

[51] Vgl. mein 1976 erscheinendes Buch „Glaube im frühen Christentum" [= Gütersloh 1976, E.S.].

der Vermittlung zwischen Bekenntnis und Erfahrung übernahm im Judentum das Gesetz, das – richtig verstanden – die vielfältigen irritierenden Erfahrungen ordnen und der Welt einen Sinn geben konnte durch den Verweis auf Schöpfung und Eschatologie.

Paulus nun bestreitet, daß das Gesetz fähig ist, diese Vermittlung zu leisten, und setzt an seine Stelle den Gekreuzigten, in dem das Bekenntnis zu Gott als dem Schöpfer dieser Welt und die diesem Bekenntnis zu widersprechen scheinende Erfahrung zusammenkommen, weil hier gerade die Erfahrungen der Sünde und des Todes in das Bekenntnis hineingenommen werden. Der Gekreuzigte ist die Identifikationsmöglichkeit; hier sind die Risse in der Welt, und damit auch die sozialen Differenzierungen, nicht einfach überspielt, sondern haben konkrete Gestalt gewonnen im Bilde Gottes. Und dieser konkreten Gestalt entspricht die ebenso konkrete Gestalt der Gemeinde als Verkörperung der Rechtfertigung und Leib des Gekreuzigten. Dieser Christus hebt als Herr und Sklave zugleich die auseinanderstrebende Alternative von Freien und Sklaven auf, und so ist denn auch Paulus in seiner Nachfolge [69] den Juden ein Jude und den Griechen ein Grieche geworden, ein Freier, der aller Sklave geworden ist (1Kor 9,19–23).[52]

Er geht freilich davon aus, daß die vorgegebenen Differenzen unter den Bedingungen dieser Welt nicht grundsätzlich veränderbar sind, nenne man sie nun natur- oder gottgegeben; daher sind auch sozialrevolutionäre Ideen grundsätzlich nicht möglich. Auch die Staatsgebilde im Zusammenhang der Sklavenaufstände der Alten Welt sind im wesentlichen ja Umkehrungen des Verhältnisses von Herr und Sklave, aber nicht herrschaftsfreie Gesellschaften.[53] Denkbar wird eine wirkliche Sozialrevolution als politisches Programm wohl erst in dem Moment, als die Welt selber veränderbar wird, und d. h. als Welt in der Moderne nicht mehr primär Natur, sondern Gesellschaft ist, Erfahrung nicht mehr primär Erfahrung der Abhängigkeit von prinzipiell unbeeinflußbaren Naturmächten, sondern der Abhängigkeit von eigentlich veränderbaren menschlichen Setzungen. Verfolgen ließe sich das etwa auf dem Gebiet der Staatsordnung von der über Jahrtausende geltenden aristokratischen oder monarchischen Verfassung zur modernen Parteiendemokratie; ablesen läßt es sich an der Verschiebung des Anteils der Bevölkerung, der die Nahrungsmittelversorgung sichern muß; belegen läßt es sich schließlich damit, daß für uns nicht mehr Saat und Ernte, sondern Konjunktur und Inflation die Zyklen sind, mit denen sich Hoffen und Bangen verbinden.

Die prinzipielle Veränderbarkeit der Welt über eine bloße Umkehrung bestehender Verhältnisse hinaus ist also ein Gedanke, der erst neueren Datums ist und nicht im Sinne einer Wunschprojektion in die paulinische Theologie eingetragen werden darf, auch nicht in die Verkündigung Jesu oder die Botschaft der alttestamentlichen Propheten. Hier mag uns manches heute sehr viel direkter ansprechen, aber eine Wieder-Holung solcher einfacheren Verhältnisse ist nicht möglich, erforderlich ist Transformation, die

[52] Dies ist neben Kapitel 7 und 12,13 also die dritte Stelle im 1Kor, an der das Schema von Gal 3,28 durchscheint.

[53] Vgl. J. Vogt, Zur Struktur der antiken Sklavenkriege, a.a.O. (Anm. 5), 20–68, auch ebd., 131–140: Die Sklaverei im utopischen Denken der Griechen. Auch für die Sophisten (dazu Vogt, 135) ist es zweifelhaft, ob sie aus ihrer Einstellung zur Sklaverei ein politisches Programm gemacht haben. Die Äußerung Xenophons (Hell. II 3,48) dürfte aus Polemik überspitzt formuliert sein.

sich nicht beschränken kann auf die unter dem Stichwort „Entmythologisierung" diskutierten hermeneutischen Probleme, sondern auch eine sozusagen „soziale Hermeneutik" mit umfassen muß. An dieser Stelle haben die Sozialwissenschaften ihren selbstverständlichen Platz im Theologiestudium *aller* Disziplinen, sofern sie wirklich als Wissenschaft betrieben werden, d. h. im Bewußtsein der Schwierigkeit des Wegs von der Analyse zur Wertung, und nicht in einer einfachen Identifizierung von Analyse und Wertung, in der dann die Theologie nur noch die Funktion nachträglicher Legitimation von anderswo hergeleiteter Ergebnisse hat. [70]

Die Identifizierung mit dem Gekreuzigten konnte in den paulinischen Gemeinden sinngebend wirken, auf die Dauer auch neue verläßliche Tradition stiften, die die Gesamtheit der Erfahrungen zu deuten vermochte. Dieser Prozeß geht über viele Generationen und mündet in die neue Bewährungsprobe, als das Christentum die Sinngebung für den gesamten Staat und die gesamte Gesellschaft übernimmt und über mehr als ein Jahrtausend auch leisten kann, ehe erst in der Neuzeit diese Sinngebung fraglich wird.

G. Theißen hat in Aufnahme der Terminologie von E. Troeltsch die Bedeutung der christlichen Soziallehre auf den Begriff des „Liebespatriarchalismus" gebracht und sie historisch gewürdigt.[54] Damit ist sicherlich wesentliches erfaßt, aber doch wohl zunächst nur unter dem Gesichtspunkt stabilisierter christlicher Verhältnisse, nicht für die Missionssituation der urchristlichen Gemeinden. Sie mußten sich ja erst zusammenfinden und nach Maßstäben des Umgangs miteinander suchen. Erleichtert wurde das sicher dadurch, worauf nun schon öfters hingewiesen wurde, daß das Christentum im Vorfeld der Synagoge missionierte und dort entworfene und erprobte Verhaltensmuster sich aneignen konnte. Erleichtert wurde es aber wohl auch dadurch, daß die urchristlichen Gemeinden sich um Hausgemeinden bessergestellter Gläubiger gruppierten, die Raum und Unterhalt zur Verfügung stellen konnten. Bereits bestehende soziale Gebilde machten also den Kristallisationskern der neuen Gemeinden aus und prägten damit auch die soziale Struktur der Gemeinden.[55]

Hier zeichnen sich Probleme ab, die für die zweite und dritte Generation aktuell sein werden, wenn aus der Vielfalt der in der ersten Generation angelegten Möglichkeiten nur wenige sich als dauerhaft und tragfähig für die weitere Zeit erweisen werden. Dem soll ein Stück weit im zweiten Teil dieses Aufsatzes nachgegangen werden. Für den Übergang von Paulus zu den Deuteropaulinen wird freilich der Unterschied zwischen Naherwartung bei Paulus und Ausbleiben der Parusie als zum Umdenken zwingender Faktor bei den Paulusschülern nicht die Bedeutung haben, die ihm oft zugemessen wird.[56] Wenn sich in der hier versuchten Weise ein innerer Zusammenhang zwischen der Rechtfertigungsbotschaft des Paulus und seiner Stellungnahme zu – wie wir heute sagen würden – sozialethischen Fragen andeuten läßt, dann ist letztere nicht allein auf die Naherwartung zurückzuführen. Vielmehr ist der Grundsatz, auf den Paulus in Gal 3,28 und 1Kor 12,13

[54] Theißen, a.a.O. (Anm. 18), 269 unter Berufung auf Troeltsch, a.a.O. (Anm. 9), 67–83.

[55] An dieser Stelle könnte vieles von dem aufgenommen werden, was in der Diskussion um die Kindertaufe zum urchristlichen οἶκος erarbeitet worden ist.

[56] Dazu s. u. [S. 83].

verweist und der die Argumentation in 1Kor 7 bestimmt, ein Stück vorweggenommener Eschatologie *unter den Bedingungen dieser Welt.* Hier ist „neue [71] Schöpfung", wie Paulus in Aufnahme jüdischer Bekehrungsterminologie sagen kann,[57] nicht primär bezogen auf das bekehrte Individuum, sondern auf die Gemeinde.

2. Die paulinische Tradition

In den deuteropaulinischen Briefen an die Kolosser und Epheser erscheint in den sogenannten „Haustafeln" Kol 3,18–4,1 und Eph 5,22–6,9 ein anderes Dreierschema als das von Gal 3,28: Männer und Frauen, Väter und Kinder, Herren und Sklaven. Der eine Bezugspunkt in allen drei Relationen ist der Hausherr als Gatte, Vater und Herr. Gegenüber dem paulinischen Dreierschema fehlt das Verhältnis von Juden und Griechen/Heiden, das der Kol an der schon zitierten Stelle 3,11 aufnimmt, der Eph breit in 2,11–22 behandelt. Man kann zunächst fragen, inwieweit beide Schemata überhaupt vergleichbar sind, geht es doch auf den ersten Blick für Paulus um die Gemeinde, hier in den deuteropaulinischen Haustafeln aber um die Beziehungen innerhalb eines Hauses. Wir werden jedoch sehen, daß beides nicht so weit auseinander liegt, wie es zunächst den Anschein hat.

Zu beachten ist freilich, daß offenbar das Verhältnis von Juden- und Heidenchristen jetzt in der nachpaulinischen Zeit kein so brennendes Problem mehr ist wie für die von Paulus gegründeten Gemeinden. Die Häresie, gegen die der Kol kämpft, will zwar ähnlich der, mit der Paulus sich im Gal auseinandersetzen muß, jüdische Gesetzesbeobachtung einführen, stellt damit aber nicht grundsätzlich die Einheit der Gemeinde, soweit sie aus Juden- und Heidenchristen besteht, in Frage, da die Gemeinde als ganze auf diesen Weg geführt werden soll.[58]

Für das Verständnis der Haustafeln ist bis heute die Interpretation wirksam geblieben, die *M. Dibelius* in der ersten Auflage seines Kommentars zum Kol vorgelegt hat.[59] Er führt sie zurück auf „das Bedürfnis des jungen Christentums, sich im Alltagsleben einzurichten", nachdem die Naherwartung verflogen war. Aufgenommen werde hier paränetisches Gut vor allem aus der jüdischen Propaganda, wofür er als Belege Josephus c. Ap. 2,24ff und Ps-Phokylides 175–228 anführt. „Auch die philosophische Propaganda des Hellenismus (kannte) solche Zusammenstellungen der Pflichten nach Kreisen", wofür Dibelius Stellen aus Epiktet, Diogenes Laertios und den Stoiker Hierokles anführt.[60] So seien die Haustafeln ein typisches Stück frühchrist- [72] licher Paränese, einmal indem sie nicht aktuelle Auseinandersetzungen in der Gemeinde ansprechen, sondern allgemeiner

[57] Gal 6,15; 2Kor 5,17.

[58] Vgl. oben Anm. 10 zum Galaterbrief.

[59] An die Kolosser, Epheser, an Philemon, HNT 3.2, 1912, 91f.

[60] Die Epiktet-Stelle (II 17,31) fehlt seither in kaum einer Äußerung zum Thema: „Ich will als Frommer und als Philosoph und als umsichtiger Mensch wissen, was meine Pflicht gegenüber den Göttern ist, was gegenüber den Eltern, was gegenüber den Brüdern, was gegenüber dem Vaterland, was gegenüber Fremden."

formuliert sind, zum andern indem sie zeigen, wie das frühe Christentum zunächst nur oberflächlich christianisiert – hier durch den Zusatz ἐν κυρίῳ – überkommenes ethisches Gut des Judentums. und der Popularphilosophie aufnimmt, als es gezwungen wird, sich für eine längere Dauer in dieser Welt einzurichten.

K. Weidinger, ein Schüler von M. Dibelius, hat diese Thesen aufgenommen und ausgebaut, und die späteren Auflagen des Kol-Kommentars von Dibelius bieten dann Weidingers erweiterte Materialsammlung.[61] Neu sind hier im jüdischen Bereich Belege aus Philon, im hellenistischen Bereich weitere Stellen bei Epiktet und einer ganzen Reihe anderer Autoren. Diese Dissertation hatte eine ganz erstaunliche Breitenwirkung, denn die hier bereitgestellte Sammlung begegnet mehr oder weniger stereotyp in Kommentaren, Monographien und Aufsätzen zum Thema wieder. Nur gelegentlich ist sie noch um Belege aus demselben Bereich stoischer und stoisch beeinflußter Ethik ergänzt worden. Differenzen bestehen nicht in der Frage, *ob* dies das Vergleichsmaterial sei, das zur Interpretation der Haustafeln heranzuziehen sei, sondern nur in der Frage nach der wirklichen Relevanz dieses Materials für diese Interpretation.

Daher lohnt es sich, Weidingers über Dibelius hinausgehende Ausführungen kurz darzustellen. Er kommt zu der These, daß es sich bei dem Haustafelschema um „ein Stück hellenistischer Herkunft" handelt,[62] in dem die Pflichten gegenüber verschiedenen Ständen aufgezählt sind, mehr oder weniger vollständig bei den verschiedenen Autoren. Der „Sitz im Leben" sei die Unterrichtspraxis und die philosophische Propaganda, also mündliche Rede, erst sekundär in Buchform.[63] Typisch für letzteres sei das von K. Praechter 1901 aus verschiedenen Stobaiosexzerpten rekonstruierte Werk des Stoikers Hierokles.[64] Hier werden im einzelnen abgehandelt die Pflichten gegenüber den Göttern, dem Vaterland, den Eltern, den Brüdern, den Verwandten. Leitbegriff ist dabei τὸ καθῆκον, die Pflicht. Weidinger stellt diese Pflichtentafeln dann in den größeren Zusammenhang der alten Tradition der ungeschriebenen Gesetze, mit der Folgerung: „So hat sich denn ergeben, daß wir ein altes Stück griechischer Volksethik vor uns haben."[65] Für die Vermitt- [73] lung ins frühe Christentum sei nicht auszuschließen, daß diese über das hellenistische Judentum geschehen sei, wo „das Schema … in einer Form heimisch geworden ist, die sich von der ‚heidnischen' kaum unterscheidet",[66] außer darin, daß hier die Pflichten gegenüber den Göttern wegfallen mußten. Im Urchristentum lasse sich dann eine zunehmende Verchristlichung vom Kol – mit Dibelius für paulinisch gehalten – bis zu den Belegen aus den Apostolischen Vätern feststellen.[67]

[61] K. Weidinger, Die Haustafeln. Ein Stück urchristlicher Paränese, UNT 14, 1925; vgl. die in Anm. 33 genannte 3. Aufl. des Kommentars von Dibelius, 48–50.

[62] A.a.O., 40.

[63] A.a.O., 41.

[64] Hierokles der Stoiker (1901), jetzt in: Kleine Schriften, hg. H. Dörrie, 1973, 311–467, vgl. auch das Nachwort von H. Dörrie, 468.

[65] A.a.O., 48.

[66] A.a.O., 49.

[67] A.a.O., 74–79.

Der Kanadier *D. Schroeder* betont in seiner Hamburger Dissertation von 1959,[68] der nächsten ausführlichen Untersuchung zum Thema eine Generation nach Weidingers Arbeit von 1928, sehr viel stärker den christlichen Charakter der Haustafeln, will sie letztlich gar auf Jesu eigene Verkündigung zurückführen, während Paulus für die Form des Schemas verantwortlich sei. Merkwürdig ist jedoch, daß Schroeder dennoch nicht ganz von der Herleitung aus dem stoischen Pflichtenschema freikommt, so daß sich folgende These ergibt: „Es stellt sich die Frage," – die Schroeder offenbar bejaht – „ob nicht die Ermahnungen als einzelne Ermahnungen schon von Jesus selbst gegeben sein könnten und daß diese dann später durch die von den Stoischen herkommende Frage, wie man sich nun als Christ in den Ständen zu benehmen habe, Paulus gezwungen haben, diese Ermahnungen in einer Haustafel zusammenzustellen, um damit in den Lehren der Apostel dieser Frage gerecht zu werden."[69] Anlaß zur Zusammenstellung der Haustafeln seien falsche Interpretationen von Stellen wie Gal 3,27f gewesen, was besonders 1Kor 7 zeige.[70] Dieser Zusammenhang wird übrigens schon bei Weidinger behauptet und häufig auch in der Folgezeit angenommen.[71]

Schroeders Arbeit enthält eine ganze Reihe durchaus akzeptabler Hinweise, so etwa auf die Differenz zwischen Haustafeln und stoischen Pflichtenkatalogen in dem Punkt, daß die Haustafeln die Beziehungen als gegenseitige beschreiben, während die Pflichtenkataloge nur die Pflichten eines einzelnen gegenüber anderen nennen.[72] Wichtig sind auch manche seiner traditionsgeschichtlichen Interpretationen aus dem Zusammenhang der jüdischen Überlieferung, auch wenn hier die Gewichte wohl zu einseitig gegen die griechische Tradition verteilt werden. Im ganzen jedoch kann seine These nicht überzeugen. Einmal erkennt er nicht die soziale Grundstruktur, [74] die hinter der Haustafel steht, nämlich das „Haus" als Lebensgemeinschaft, „familia" im alten Sinne; zum andern bleibt er unsicher in der Frage der Zuordnung zum Vergleichsmaterial der stoischen Pflichtenkataloge, die überraschenderweise am Schluß wieder eine große Bedeutung erhalten, nachdem sie zunächst als kaum vergleichbar dargestellt wurden.

Beide Punkte hängen offenbar zusammen, wie sich an seiner Auseinandersetzung mit *K. H. Rengstorf* zeigt.[73] Dieser hatte mit aller Entschiedenheit die Haustafeln als genuin christliche Schöpfung interpretiert: „In den neutestamentlichen Haustafeln liegt aber alles Gewicht gerade auf einer ganz bestimmten Auswahl und einer ebenso bestimmten Reihenfolge von Mahnungen, eben jenen, die sie in ihrer Gesamtheit zur ‚Haustafel' werden lassen. Und eben dafür weist das Judentum sowohl der vorchristlichen wie der christlichen Zeit keine Parallelen auf, die diese Bezeichnung verdienen." „Jedesmal in den Haustafeln geht es um das richtige Verhalten dieser Glieder des οἶκος und nur um

[68] Die Haustafeln des Neuen Testaments, Diss. theol. Hamburg (Masch.), 1959.

[69] A.a.O., 132.

[70] A.a.O., 89f.151.

[71] Weidinger, a.a.O. (Anm. 61), 9; andere z. B.: Dibelius, a.a.O. (Anm. 33), 47; J. E. Crouch, The Origin and Intention of the Colossian Haustafel, FRLANT 109, 1972, 122f; dagegen Schrage, a.a.O. (Anm. 23), 4: nicht der alleinige Anlaß.

[72] A.a.O., 38.

[73] K. H. Rengstorf, Die neutestamentlichen Mahnungen an die Frau, sich dem Manne unterzuordnen, in: Verbum Dei manet in aeternum, FS O. Schmitz, 1953, 131–145; die beiden Zitate 134 und 137.

dieses. Das muß deshalb betont werden, weil das ein Zug an den Haustafeln ist, der den angeblichen Parallelen zu ihnen aus der hellenistischen Umwelt des Neuen Testaments gerade fehlt." Schroeder dagegen versteht die Angesprochenen als Stände in der Gemeinde und bleibt damit dem Vergleichsmaterial der Pflichtenkataloge verhaftet.[74]

Weder Rengstorfs Radikallösung noch Schroeders Modifizierung der Thesen von Weidinger haben sich durchsetzen können. So findet man bei H. Schlier, H. Conzelmann, E. Lohse, O. Merk, H. Gülzow, S. Schulz, W. Schrage u. a. die Materialsammlung Weidingers wieder, mit unterschiedlicher Gewichtung freilich des christlichen Anteils an der Formulierung der Haustafeln.[75]

In der neuesten ausführlichen Behandlung der Haustafeln, der Tübinger Dissertation des Amerikaners *J. E. Crouch,* die 1972 als Buch erschienen [75] ist,[76] werden die Vergleichstexte noch einmal einer Revision unterzogen. Dabei bleibt aus dem hellenistischen Bereich nur eine einzige Stelle übrig,[77] und die Form wird vor allem wegen der Reziprozität der Ermahnungen auf das hellenistische Judentum zurückgeführt.[78] Die nächste Parallele sieht er in einem Philon-Text, in dem der Ehemann ermahnt wird, seine Frau das Gesetz zu lehren, der Vater seine Kinder und der Herr seine Sklaven.[79] Hier findet sich nun zwar die Dreiergruppe, die er im übrigen im Anschluß an E. Lohmeyer[80] auch in anderen jüdischen Überlieferungen nachweist, nicht jedoch die Reziprozität. So kann er nicht beides, Dreiergruppe und Reziprozität, aus einer einheitlichen Tradition erklären, ebensowenig wie das von den hellenistischen Pflichtenkatalogen her möglich ist. Am klarsten erkannt hat K. H. Rengstorf dies Problem, auch wenn sein Schluß, wegen des Fehlens von wirklichen Vergleichstexten sei das Haustafelschema als christliche Neuschöpfung anzusehen, zu voreilig ist. Ich meine nämlich, daß sich sehr wohl eine Tradition finden läßt, die dieses Schema erklären kann. Das soll im folgenden begründet werden.

Crouch will, wie erwähnt, aus dem hellenistischen Material nur eine Stelle gelten lassen, nämlich *Seneca*, ep. 94,1: „Einige haben bloß *den* Teil der Philosophie angenommen, der für jede Lebensrolle besondere Vorschriften gibt, nicht im allgemeinen (das Leben) des Menschen regelt, sondern dem Ehemann Rat erteilt, wie er sich gegen seine Gattin

[74] A.a.O., 88f: „Sollte die Haustafel auf den οἶκος bezogen werden, dann würde sie nur in einem sehr beschränkten Rahmen anwendbar sein Und würde oft die Mehrheit der damaligen Christen (Frauen und Sklaven) vielleicht gar nicht angesprochen haben, denn auch der Sklave war Ehemann und Vater. Es ist vielmehr so, dass die Stände gegenseitig ermahnt werden. Die Haustafel gilt da, wo der Ehemann, Vater und Herr in einer Person vereint sind, aber auch da, wo es nicht der Fall ist. Es wird immer der Stand angesprochen." Ähnlich O. Merk, Handeln aus Glauben, 1968, 221.

[75] H. Schlier, Der Brief an die Epheser, 1957, 250 und Anm. 3; H. Conzelmann, Der Brief an die Kolosser, NTD 8, 1965, 131–156, hier 153; Lohse, a.a.O. (Anm. 33), 220–223; Merk, a.a.O. (Anm. 74), 219; Gülzow, a.a.O. (Anm. 5), 58; Schulz, a.a.O. (S. 53), 198; W. Schrage, Der erste Petrusbrief, NTD 10, 1973, 59–117, hier 87; a.a.O. (Anm. 23), 1f.6–8.

[76] S. o. Anm. 71.

[77] A.a.O., 106.

[78] A.a.O., 106f.

[79] Ebd., z. St. 81f. Es handelt sich um ein bei Euseb erhaltenes Stück aus der Schrift Hypothetica (Apologia pro Iudaeis): Euseb, praep. evang. VIII 7,14.

[80] Die Briefe an die Philipper, an die Kolosser und an Philemon, KEK 9, ³1954 (W. Schmauch), 154f in Auseinandersetzung mit Dibelius und Weidinger.

verhalten, dem Vater, wie er seine Kinder erziehen, dem Herrn, wie er seine Sklaven regieren soll; die übrigen (Teile) aber, als über unser Bedürfnis hinausschweifend, unberücksichtigt gelassen, als ob einer hinsichtlich eines Teils Rat erteilen könnte, der nicht zuvor das ganze Leben in seiner Gesamtheit erfaßt hat."[81] In der Tat unterscheidet sich dieser Text, der schon bei Weidinger erscheint,[82] von den anderen darin, daß er sich auf die Beziehungen zu Ehefrau, Kindern und [76] Sklaven beschränkt. Nur ist der Sachverhalt nicht mit Crouch so zu interpretieren, daß hier erstmals das hellenistische Pflichtenschema auf den Haushalt beschränkt würde;[83] vielmehr gehört er in eine ganz andere Tradition, die sich unter dem Titel οἰκονομία oder ὁ οἰκονομικός belegen lässt.[84]

Die Zahl der Belege läßt sich vermutlich bei genauerer Suche vor allem im lateinischen Bereich über die im folgenden gegebenen hinaus vermehren. Ich denke aber, daß schon die hier aufgeführten ausreichen können, die Frage nach den Traditionszusammenhängen der neutestamentlichen Haustafeln neu zu stellen.

Als erstes ist hier zu nennen *Xenophons* Oikonomikos, ein Dialog zwischen Sokrates und Kritobulos περὶ οἰκονομίας (1,1).[85] Vermutlich weil sich Xenophon bewußt ist, daß Sokrates wenig von dieser Materie verstand, läßt er ihn überwiegend die Meinungen eines gewissen Ischomachos referieren, eines Mannes, der es zu etwas gebracht hat und hinter dem sich offenbar der Autor selbst versteckt. Nach einigen grundsätzlichen Ausführungen zur οἰκονομία als ἐπιστήμη und zur Definition des Besitzes geht es in der Wiedergabe der Meinungen des Ischomachos (ab Kap. 7) vor allem um die Rollenverteilung zwischen Mann und Frau im Haushalt, wobei der Wirkungsbereich der Frau auf das Innere des Hauses, darunter auch die Erziehung der Kinder, eingeschränkt wird, und um das richtige Verhältnis zu den Sklaven. Die Frage des Verhältnisses zwischen Eltern und Kindern, die dritte Komponente der Haustafeln des Eph und Kol, wird nicht eigens thematisiert.

Von der οἰκονομία handelt auch das erste Buch der Politik des *Aristoteles*.[86] Er sieht nämlich das Haus als kleinste soziale Einheit, um die sich wie konzentrische Kreise die

[81] „Eam partem philosophiae, quae dat propria cuique personae praecepta nec in universum componit hominem, sed marito suadet quomodo se gerat adversus uxorem, patri quomodo educet liberos, domino quomodo servos regat, quidam solam receperunt, ceteras quasi extra utilitatem nostram vagantes reliquerunt, tamquam quis posset de parte suadere nisi qui summam prius totius vitae complexus esset" (L. Annaei Senecae ad Lucilium epistulae morales, hg. A. Beltrami, 1949, 54f; dt. Übers.: Lucius Annäus Senecas Ausgewählte Schriften, übers. A. Forbiger III., ^{3}o. J., 23).

[82] A.a.O. (Anm. 61), 38.

[83] A.a.O. (Anm. 71), 106.

[84] Anderes Stichwort: οἶκον (δι)οικεῖν (Xenoph., Oec. 11,10; Dio Chrys., or. 69,2).

[85] Xenophontis opera omnia II, hg. E. C. Marchant, ^{2}1921; dt. Übers. E. Bux, Xenophon. Die sokratischen Schriften, 1956, 233–302.

[86] Hg. W. D. Ross, 1957; kommentierte Ausg. mit franz. Übers. J. Aubonnet, Aristote. Politique livres I et II, 1960; dt. Übers. O. Gigon, ^{2}1971 (= dtv text-bibliothek 6022, 1973). Literatur: O. Gigon, Die Sklaverei bei Aristoteles, Entretiens Fondation Hardt 11, 1956, 247–276; I. Düring, Aristoteles, 1966, 489–493. Vgl. auch die Arbeitshypothese in Gigons Aufsatz 271: „dass Aristoteles in sein zweites Buch ziemlich viel Material übernommen hat, das ursprünglich als doxographischer Unterbau zur Behandlung der drei Relationen und zum Traktat über die Chrematistik (I 8–11) gedacht war." Crouch, a.a.O. (Anm. 71), 106 erwähnt Pol. I sowie Artemidoros v. Daldis (hg. R. A. Pack, 1963) 1,24, wo als Besitz Frau, Kinder und Sklaven aufgezählt werden, ohne jedoch den Wert des Aristoteles-Textes für die Interpretation der Haustafeln zu erkennen.

größeren Einheiten Dorf und Staat legen (I 2,1252b 9–34). Die Grundstruktur des Hauses wird in einem ersten Ansatz in den Beziehungen Mann-Frau und Herr-Sklave definiert (I 2,1252a 24–34), [77] die anders als bei den Barbaren voneinander zu unterscheiden seien. Darüber legt sich dann aber im folgenden eine Dreiteilung: „Da nun alles zuerst in seinen kleinsten Teilen untersucht werden muß und die ursprünglichen und kleinsten Teile des Hauses Herr und Sklave, Gatte und Gattin, Vater und Kinder sind, so muß man diese drei Verhältnisse untersuchen und fragen, was jedes sei und wie es sein soll. Es handelt sich also um die Wissenschaft vom Herrenverhältnis, vom ehelichen Verhältnis (denn die Verbindung von Mann und Frau hat sonst keinen eigenen Namen) und vom väterlichen Verhältnis (auch dieses hat keinen eigenen Namen). Diese drei seien angenommen. Dazu kommt noch ein Teil, der für die einen die gesamte Hausverwaltung ausmacht, für die andern ihr bedeutendster Teil ist (wie es sich damit verhält, werden wir noch prüfen); ich meine die sogenannte Erwerbskunst“ (I 3,1253b 4–14).

Entgegen dieser Ankündigung stellt Aristoteles im folgenden aber nur das Verhältnis Herr-Sklave dar (I 3–7,1253b 14–1255b 40), darauf dann die „Erwerbskunst“ (I 8–11, 1256a 1–1259a 36). Mit 1259a 37 beginnen kurze Andeutungen für die beiden fehlenden Verhältnisse Mann-Frau und Vater-Kinder (I 12), eine zu erwartende ausführliche Erörterung dieser Beziehungen wird für die folgenden Bücher über den Staat angekündigt (I 13,1260b 8ff); dort sucht man jedoch vergeblich danach.

In der Darstellung des Verhältnisses Herr-Sklave ist besonders wichtig die Auseinandersetzung mit den Sophisten, die die Sklaverei auf menschliche Setzung (νόμῳ) zurückführten und sie deshalb für Unrecht erklärten (I 3,1253b 20–23).[87] Demgegenüber nennt Aristoteles diesen Unterschied einen von Natur aus (φύσει) bestehenden: „Der Mensch, der seiner Natur nach nicht sich selbst, sondern einem anderen gehört, ist von Natur ein Sklave“ (I 4,1254a 14f; vgl. 5,1255a 2). Die Differenz zwischen Freien und [78] Sklaven wird also als naturgegebene Ordnung verstanden und auch anthropologisch zu verifizieren versucht. Was dem Sklaven fehlt, ist die Fähigkeit zum Planen, und es ist die Funktion des Herrn, diesen fehlenden Teil im Sklaven zu ergänzen.[88] Die Differenz zwischen Mann und Frau und Vater und Kindern ist demgegenüber geringer, im Falle der männlichen Kinder ja auch nur vorläufig.[89]

[87] Zu den Sophisten vgl. Lauffer, a.a.O. (Anm. 43), 391. Ähnlich urteilten die Essener nach Philo, quod omnis probus liber sit 79; Josephus, ant. 18,21; vgl. Philo bei Euseb, praep. evang. VIII 11,4.17, und Philo, vit. tont. 70 zu den Therapeuten. Die Qumranschriften decken diese Angaben nicht. CD 11,12 setzt den Besitz von *'bdjm* (Sklaven?) voraus. Jedenfalls sind die weitreichenden Schlüsse, die Schulz, a.a.O. (S. 53), 134 aus den Angaben bei Philon und Josephus zieht, nicht zu verifizieren: „Man wird wohl nicht fehlgehen in der Annahme, ... daß die Essener in der Tat aufgrund der Herausführung Altisraels aus der Sklaverei und des damit ermöglichten Alten Bundes Jahwes vom Sinai einerseits und des Bekenntnisses zum bilderverbietenden Schöpfergott anderseits die lange fälligen Konsequenzen für den Neuen Bund Gottes mit Israel im Angesicht der anbrechenden Gottesherrschaft gezogen haben: Sklaverei war ein Unrecht gegenüber ihren Mitmenschen und ein Ungehorsam gegenüber dem Willen ihres Schöpfer- und Bundesgottes. Die Sklaverei beruht nach der Überzeugung der Essener auf der Sünde der Menschen.“ Sollen die Essener bei Philon und Josephus als eine Art Sophisten charakterisiert werden?

[88] I 2,1252a 31–34; I 13,1260a 12.

[89] I 13,1260a 13f.

Die unter den Werken des Aristoteles überlieferten drei Bücher *Oikonomika* haben sehr unterschiedlichen Charakter und bilden keine Einheit.[90] Das erste, das uns hier allein interessiert, setzt deutlich Xenophons und Aristoteles' Bücher über die οἰκονομία voraus, ist aber viel praktischer ausgerichtet als Aristoteles' eher theoretische Begründung der οἰκονομία als Teil der Politik. Wie bei Xenophon kommen hier nur die beiden Beziehungen Mann-Frau (I 4: νόμοι πρὸς γυναῖκα) und Herr-Sklave (I 5,1–6,6) zur Sprache, gefolgt von kurzen Hinweisen zum Hausbau (I 6,7f).

Der Epikureer *Philodemos von Gadara* kritisiert in den uns erhaltenen Fragmenten seiner οἰκονομία zunächst Xenophon und Ps-Aristoteles (für ihn Theophrast) und entwickelt dann seine eigenen Ansichten über die Erwerbskunst im Anschluß an Epikur und dessen Schüler Metrodoros.[91] Es fehlt hier die Erörterung der gegenseitigen Beziehungen zwischen den Mitgliedern des Hauses.

In dem von K. Praechter rekonstruierten Werk des Stoikers *Hierokles* schließlich gab es einen eigenen Abschnitt περὶ οἴκων, dem Praechter auch ein Fragment zuweist, das nach Stobaios zum Oikonomikos gehörte.[92] Es handelt von der Aufgabenverteilung zwischen Mann und Frau im Haushalt. Dieser Text ist insofern wichtig, als sich hier bei einem der Kronzeugen für das Pflichtenschema auch diese andere Tradition nachweisen läßt, die wir verfolgen.

Kehren wir nun noch einmal zu unserem Ausgangspunkt, dem 94. Brief *Senecas* zurück, so zeigt dieser, daß umstritten war, ob es sich bei der οἰκονομία überhaupt um ein sinnvolles Thema der Philosophie handelt.[93] In dem zitierten Ausschnitt werden „quidam" zitiert, die die Philosophie ganz auf die οἰκονομία beschränken wollen; dem stellt Seneca dann den Stoiker Ariston gegenüber, der diesen Teil für unbedeutend hält (94,2), [79] während Kleanthes ihn nur gelten lassen will, wenn er in prinzipiellere Fragestellungen eingebettet wird (94,4). Seneca selber rechnet diesen Teil unter die Ethik, anders als einige in ep. 89,10 erwähnte Peripatetiker, die ihn als „administrandae familiaris rei scientia" zu einem selbständigen Gebiet machen.

Was nun diese Tradition der Ökonomie von den Pflichtenkatalogen unterscheidet, ist insbesondere, daß dort das Verhalten des einzelnen in seinen verschiedenen Beziehungen zur Debatte steht, weshalb auch kaum einmal das Verhalten gegenüber Sklaven angesprochen wird, da dieser einzelne als Weiser sowohl Freier als auch Sklave sein kann. In der Ökonomie dagegen geht es um die Verhältnisse innerhalb eines Hauses. Der Fixpunkt ist der Hausherr, auf den alle Relationen bezogen sind. Wie in den neutestamentlichen Haustafeln wird das gegenseitige Verhältnis erörtert, wenn auch unterschiedlich intensiv.[94] Das Dreierschema der Haustafeln des Eph und Kol begegnet zwar nur bei Aristoteles und Seneca, während Ps-Aristoteles und Xenophon wie auch Aristoteles sel-

[90] Text nach Aristotle, Loeb edition: Metaphysics II, Oeconomica, Magna Moralia, der für die Oeconomica mit der Ausgabe von Susemihl, 1887, übereinstimmt.

[91] Ausg. von C. Jensen, 1906. Der Text stammt aus Papyrusfunden in Herculaneum.

[92] Praechter, a.a.O. (Anm. 64), 322.378–380.

[93] Die Reziprozität steht zwar bei Seneca nicht in der Inhaltsangabe, ergibt sich aber aus der Tradition dieser Gattung.

[94] Vgl. oben in Anm. 74 Schroeders verfehlte Kritik an Rengstorf.

ber stellenweise nur die beiden Beziehungen Mann-Frau und Herr-Sklave behandeln ähnlich der Haustafel 1Petr 2,18–3,7. Doch zeigt gerade die Seneca-Stelle, daß offenbar das Dreierschema eine übliche Einteilung solcher Bücher περὶ οἰκονομίας gewesen ist. Stellt man die Haustafeln des Kol und Eph in den Zusammenhang dieser Tradition, so gewinnt man also den Vorteil, sowohl das Dreierschema als auch die Reziprozität der Ermahnungen aus einer einheitlichen Tradition erklären zu können, während bei der Ableitung aus dem hellenistischen Pflichtenkatalog diese beiden für die Haustafeln fundamentalen Ordnungsprinzipien gerade nicht erklärt werden können.

Mit dieser neuen Zuweisung der Haustafeln ist selbstverständlich nicht all das hinfällig, was zu den einzelnen Ermahnungen bisher beigebracht worden ist. Auch nach einer genaueren inhaltlichen Analyse bliebe wohl das Ergebnis bestehen, daß diese sehr nahe bei ähnlichen Ermahnungen aus dem Bereich des griechisch sprechenden Judentums liegen.[95] Nötig scheint mir aber auf Grund dieses anderen Traditionszusammenhangs eine Neubewertung der Intention der Haustafeln. Werden sie im Gefolge von Dibelius und Weidinger im wesentlichen als Verbürgerlichung des frühen Christentums interpretiert, als Übernahme von Ethik, die sich auf den engsten Bereich der Familie bezieht, so scheint mir – und diese These sei hier vorangestellt –, daß auch die Haustafeln den Anspruch auf Universalität durchhalten, der in dem paulinischen Dreierschema liegt, dem wir im ersten Teil nachgegangen [80] sind. Sieht man, daß die Ökonomie Teil der Politik war, so liegt in den Haustafeln ein latenter politischer Anspruch, setzt man die Bedingungen der hellenistischen und römischen Stadtkultur voraus. Schon im 1Petr wird das Verhältnis zum Staat mit in die Haustafel einbezogen (1Petr 2,13–3,7).

Dieser Zusammenhang von Haus und Staat ist erst in der Neuzeit auseinandergefallen. In unserer Sprache erinnern an ihn noch Begriffe wie Ökonomie, das freilich durch die Verdeutschung Volkswirtschaft abgelöst worden ist, „öffentlicher Haushalt" gleich Etat, in Restbeständen aber auch noch ein Begriff wie „Landesvater", der „als kluger Haushalter" seinen Staat regiert. Erst wenn man die ehemaligen Zusammenhänge von Haus und Staat erkennt, sieht man auch die große sozialethische Bedeutung der neutestamentlichen Haustafeln. Angesprochen sind hier eben nicht primär private, sondern gerade soziale Beziehungen, nicht nur der vom Produktionsbereich getrennte Konsumbereich oder die von der Arbeitswelt gesonderte Freizeitwelt. Derartige Sozialstrukturen haben noch bis in unsere Zeit gereicht, wo in der Landwirtschaft und in Handwerksbetrieben Mann und Frau die Führung des Haushalts nach festgelegten Rollen aufteilten, die Knechte oder Gesellen mit zum Haushalt gehörten und der Betrieb von einem der Söhne übernommen wurde. Für Luther z. B. reichte es, δοῦλος mit „Knecht" zu übersetzen, um die Forderungen der Haustafeln direkt in die Sozialstrukturen seiner Zeit zu übertragen.[96]

[95] Auch diese beziehen sich auf die Verhältnisse der hellenistischen Städte; daraus erklärt sich auch die Nähe zu der von Crouch (s. o. [S. 75]) herausgestellten Philon-Stelle. Lohnend wäre hier eine Untersuchung des philonischen Sprachgebrauchs von οἰκονομία, etwa ebr. 91f oder Jos. 38f.

[96] Noch in der neuesten Revision durchgehend, vgl. hier bes. die merkwürdige Übersetzung von 1Kor 7,21–23: 21f Sklave, 22b.23 Knecht. Zu den englischen Übersetzungen vgl. P. R. Coleman-Norton, The Apostle Paul and the Roman Law of Slavery, in: Studies in Roman Economic and Social History, FS A. C.

Nicht anders als Philon kann Luther[97] auch aus dem Elterngebot des Dekalogs folgern, „wie man sich halten soll gegen alle ubirkeit wilch an gottis statt sitzen", und als Verstöße gegen dieses Gebot u. a. auch aufzählen: „wer die gebott der Christlichen kirchen nit haltet mit fasten feyren etc., wer priesterstand uneret, nachredt und beleydigt, wer seine hernn und ubirkeyt nit eret, trewe und gehorsam ist, sie seyn gut oder böße. Hierynne seyn alle ketzer, abtrinnigen, apostaten, vorbanten, vorstockten etc." Im Kleinen Katechismus ist mit „Eltern und Herrn" kurz zusammengefaßt, was im Großen breit dargestellt wird im Hinblick auf alle „Oberpersonen" einschließlich der Fürsten, wobei Luther sich ausdrücklich auf den römischen [81] Begriff das „pater patriae" beruft; in diesem Kreis erscheinen auch die geistlichen Väter.

Luther folgt in seiner Einteilung der zwei Tafeln des Dekalogs zwar der von Augustin begründeten Tradition, die mit dem Elterngebot die zweite Tafel beginnen läßt und es nicht zur ersten rechnet,[98] betont aber zugleich seine Überleitungsfunktion von der ersten zur zweiten Tafel, da es hier um die Personen gehe, die auf Erden Gott vertreten. In die Auslegung dieses Gebots nimmt er entsprechend dem Haustafelschema auch noch Ermahnungen an die Eltern und Herrn mit auf. Über Luthers Katechismusauslegung ist bis in den heutigen kirchlichen Unterricht hinein die Ethik der Haustafeln wirksam. Das führt zu den bekannten Problemen, denn sie sind auf eine vorindustrielle Staats- und Gesellschaftsordnung ausgerichtet. Von hierher ergibt sich in unreflektierten sozialethischen Äußerungen, wie sie im Konfirmandenunterricht oder auch in Predigten geschehen können, ein Gefälle zu einer Identifizierung christlicher Ordnungsvorstellungen mit patriarchalischen Leitbildern[99] und andererseits zu Versuchen, soziale Beziehungen weiter aus dem Blickwinkel des Hauses zu interpretieren. Ähnliches gilt für Fragen der Gemeindestruktur, wenn man den Zusammenhang zwischen Haustafeln und Gemeindeordnungen im frühen Christentum sieht, auf den wir noch kurz zu sprechen kommen werden. Die Haustafeln haben aber nicht die Funktion, Sozialordnungen ontologisch zu begründen, sondern sind Mahnungen in die einstmals einzig denkbaren Strukturen hinein. Auch hier wäre also zu erinnern an das Problem einer „sozialen Hermeneutik", von dem schon einmal die Rede war.

Johnson, 1951, 155–177, hier 155f, Anm. 1 und 2. Die Zürcher Bibel übersetzt mit Sklave, vgl. K. Huber, H. H. Schmid, Zürcher Bibel-Konkordanz III, 1973, 166f.

[97] Eine kurze Form der zehn Gebote, eine kurze Form des Glaubens, eine kurze Form des Vaterunsers von 1520 (WA 7, 204–229, die beiden Zitate 206 und 209); vgl. vor allem auch den Anhang II des Kleinen Katechismus, wo erstmals der Begriff „Haustafel" auftaucht.

[98] Vgl. zu den verschiedenen Abteilungen B. Reicke, Die zehn Worte, 1973.

[99] Vermutlich nicht untypisch sind die Äußerungen von J. Meyer in seinem Historischen Kommentar zu Luthers Kleinem Katechismus, 1929. In einem Exkurs bei der Auslegung des vierten Gebots referiert er zunächst Troeltsch und schließt: „Dabei erhebt sich für uns freilich noch die Frage, ob nicht der aus Westeuropa gekommene individualistische Zug der modern kapitalistischen Kultur abgelöst werden sollte durch ein organischeres Verständnis der Sozialgebilde, das dem Lutherschen Patriarchalismus zwar nicht gleichen, aber sich ihm doch wieder mehr nähern würde." (216; vgl. auch 256 zu den beiden letzten Geboten). Die Kapitalismuskritik scheint in der Theologie ihre eigene Tradition zu haben!

Das Haus war z. Z. des Neuen Testaments und bis in die Moderne hinein eine Sozialordnung, in der „alle unter einem Dach" gemeinsam arbeiteten.[100] Hier war Unterordnung eine schlichte Notwendigkeit, da das Überleben aller Beteiligten an einer reibungslosen Zusammenarbeit hing. Konflikte zwischen den Ehepartnern, Generationenkonflikte und natürlich Konflikte zwischen Herrn und Sklaven hatten ihre direkten wirtschaftlichen [82] Auswirkungen und waren nicht nur an den Mienen der Beteiligten, sondern auch an der Kasse ablesbar. Hier konnte aber auch der Hausvater nicht einfach Haustyrann sein, der blinde Unterordnung forderte, sondern seine Kunst in der Führung der Hauswirtschaft war kontrollierbar am wirtschaftlichen Ertrag der gemeinsamen Arbeit. Mit dieser Kunst beschäftigten sich die Bücher über die Ökonomie.[101]

Für das frühe Christentum gab es die Alternative, daß der einzelne sich aus den vorgegebenen Sozialstrukturen zurückzog, wohl auch sich zurückziehen mußte, in das Eremitentum oder daß von bestehenden Sozialstrukturen aus tragfähige Sozialgebilde, Gemeinden, entwickelt wurden.[102] Beide Wege haben durch die Kirchengeschichte hindurch miteinander konkurriert und sich auch gegenseitig beeinflußt. Der erste hat seinen Anhalt in der Jesusüberlieferung, und im Rückgriff auf sie können später immer wieder Gruppen entstehen, die sozial destruktiv wirken. Der zweite Weg ist der der paulinischen Tradition. Schon Paulus selbst war ihn, wie wir sahen, gegangen; die Haustafeln des Kol, Eph und 1Petr setzen ihn fort. In den folgenden Generationen werden dann aus den Haustafeln Gemeindeordnungen, da die Gemeinden offenbar größer und differenzierter werden.[103] Aber auch hier bleibt das Haus die kleinste soziale Einheit, die Gemeinde als οἶκος θεοῦ oder „familia Dei" entspricht den Regeln der οἰκονομία, ähnlich wie im politischen Bereich Haus und Staat zusammengehören. Zur Vorbedingung für die Führung kirchlicher Ämter kann daher die Kunst in der Führung des eigenen Haushalts gemacht werden (1Tim 3,4.12).

Es ergibt sich also ein durchaus nicht inkonsequenter Weg von Gal 3,28 als der frühesten Formulierung einer Gemeindeordnung über die Haustafeln und die aus ihnen entstehenden Gemeindeordnungen (einschließlich des monarchischen Bischofsamts) bis hin zur Übernahme der Verantwortung für das ganze Römische Reich im 4. Jahrhundert. Was die Kirche stellen kann, ist in Zeiten sozialer Desintegration eine integrationsfähige Organisation mit in sich politischem Anspruch. Dieser Anspruch ist natürlich nicht in dem [83] Sinne zu verstehen, daß die Gemeinden dieser paulinischen Tradition sich sei-

[100] Daher steht wohl auch die heutzutage zumeist stillschweigend ausgelassene Mahnung Eph 5,22ff in den Trauagenden, weil die Eheschließung die Begründung eines Hausstandes bedeutete.

[101] Vermutlich ließe sich die Tradition solcher Bücher durch die Geschichte weiter verfolgen bis hin zu solchen erheiternden Büchern, wie eins uns neben einem Kochbuch auf dem Standesamt überreicht wurde.

[102] Vgl. Troeltsch, a.a.O. (Anm. 9), 72: „entweder der idealistische Anarchismus und der Liebeskommunismus, die mit radikaler Gleichgültigkeit oder mit Abneigung gegen die sonstigen Ordnungen der Welt im kleinen Kreise die Liebesidee verwirklichen, oder die sozialkonservative Ausbildung einer in Gottes Ordnung und Willen sich fügenden Haltung gegenüber der Welt mit starker Selbständigkeit der nach innen ihre eigenen Angelegenheiten ordnenden Gemeinde, die bei wachsendem Umfang die Ordnungen der Welt nicht ignorieren kann, sondern sie tunlichst für ihre Aufgaben benützen muß." Das Problem ließe sich vermutlich auch an der Missionsgeschichte studieren.

[103] Hier können dann auch Wanderpropheten, Asketen usw. integriert werden.

ner von allem Anfang an bewußt gewesen wären; er ist aber doch von Anfang an im missionarischen Programm des Paulus angelegt.

Zwar sind die Gemeindeordnungen des beginnenden zweiten Jahrhunderts nicht einfach identisch mit dem, was Paulus sich vorstellte und in seinen Gemeinden durchzusetzen versuchte. Zwischen Paulus und ihnen liegt aber auch nicht der tiefe Graben einer Rückkehr in den Alltag nach dem „heiße(n) Atem der ersten Epoche“[104], sondern das Evangelium, gerade das von Paulus verkündigte, hatte bereits in der Bildung von Gemeinden als Konsequenz der Rechtfertigungsbotschaft seine politischen Dimensionen. In der Rückschau mag uns diese Sozialethik konservativ erscheinen, aber doch wohl nur unter dem Blickwinkel der beiden letzten Jahrhunderte, sofern diese Tradition eingesetzt wird, überkommene Gesellschaftsordnungen zu repristinieren oder die Ethik zu beschränken auf den Bereich persönlicher Beziehungen, die aber in der vorindustriellen Gesellschaft ja noch nicht von den sozialen getrennt waren. In diese Zeit fällt merkwürdigerweise auch innerkirchlich die Auflösung der einen Kirche in nationale, ständische und nach Geschlechtern getrennte Gruppen. Hier wird also die Integration, die Programm der christlichen Gemeinde von ihrem Anfang her ist, in Frage gestellt.

Unsere Überlegungen setzten am Modell der Sklavenfrage ein bei dem Verhältnis zwischen Rechtfertigungsbotschaft und aktueller ethischer Stellungnahme in der Theologie des Paulus. Dies führte uns auf die Gemeinde als Verkörperung der Rechtfertigung, deren Strukturen weiter verfolgt wurden in die nachpaulinische Tradition hinein. Direkt übertragbare Handlungsmodelle für unsere heutigen Fragen nach Sozialethik und Gemeindeaufbau ergaben sich daraus nicht, wohl aber vielleicht mit den Leitbegriffen Identitätsfindung und Integrationsfähigkeit Anstöße für Überlegungen über die Wesensmerkmale christlicher Gemeinde. Liegt im Kreuz die Vermittlung zwischen dem Bekenntnis und der diesem Bekenntnis zu widersprechen scheinenden Erfahrung, dann ist die Gemeinde als Leib Christi der Ort, der diese Vermittlung verkörpert, an dem die Erfahrung der Welt um des Bekenntnisses willen ernst genommen wird und zugleich um der Welt willen das Bekenntnis.

[104] So Weidinger, a.a.O. (Anm. 61), 52.

TAGE, MONATE, JAHRESZEITEN, JAHRE (GAL 4,10)

I.

Paulus versteht die Situation in Galatien so, daß er davon ausgeht, die Galater wollten sich unter das Gesetz begeben (4,21), sie wollten aus dem Gesetz gerechtfertigt werden (5,4), wenn sie der Verführung des „anderen Evangeliums“ (1,6) verfallen. Daß er die Lage richtig einschätzt, dafür spricht, daß sich als Konsequenz dieser gegnerischen Verkündigung die Beschneidung ergibt (5,2; 6,12f),[1] offenbar neben der Taufe, mit der Paulus in 3,27 unangefochten argumentieren zu können meint. Zugleich aber behauptet Paulus, die Abwendung von seinem „Christusevangelium“ (1,7) sei gleichbedeutend mit einer Versklavung unter die „Weltelemente“ (4,9; vgl. 4,3) und habe ein Beobachten von Tagen, Monaten, (Jahres-)Zeiten, Jahren zur Folge.

Beides scheint seiner Meinung nach eng zusammenzugehören, wie sich aus der Abfolge von 4,9 und 4,10 ergibt:[2] 4,10 nennt ein Beispiel dafür, was es heißt, unter die Weltelemente versklavt zu sein. Beides ist aber nach Paulus nun zugleich Ausdruck der Hinwendung zum Gesetz. Da wir keine Originaltexte seiner Gegner besitzen, sind wir für die Rekonstruktion ihres „Evangeliums“ darauf angewiesen, der *Polemik* des Paulus zu entnehmen, was denn wohl so verführerisch daran gewesen sein mag, daß Paulus sich den raschen Abfall seiner Gemeinden fast nur mit Hexerei (3,1) erklären kann.

Die Frage nach jenem anderen Evangelium spitzt sich zu durch Schmithals' die heutige Diskussion bestimmende These, Paulus habe sich auf Grund lückenhafter Informationen völlig über die Lage in Gala- [429] tien getäuscht. In Wirklichkeit sei dort gar nicht, wie er unterstelle, das Gesetz propagiert worden, sondern – wie später in Korinth und Philippi auch – *gnostische* Lehre; die geforderte Beschneidung sei Zeichen nicht jüdischen Gesetzesgehorsams, sondern gnostischer Entweltlichung.[3]

Auch wer wie Schlier Schmithals' Deutung nicht voll übernimmt, scheint u. a. durch 4,9 und 4,10 genötigt, in den Gegnern nicht mehr „Judaisten“ zu sehen,[4] da die beiden Themen der Elemente und der Zeiten nicht zu einer streng allein am Gesetz orientierten Verkündigung zu passen scheinen. Die Palette der Versuche, jene gegnerische Position zu charakterisieren, ist denn auch eher verwirrend: „Christliche Judaisten jüdischer Herkunft? Christliche Judaisten heidnischer Herkunft? Judenchristliche Gnostiker? Heiden-

[1] Diese Forderung bedingt auch die besondere Hervorhebung der Beschneidung in 2,3.7; 3,28; 5,6; 6,15, sowie die sarkastische Bemerkung 5,12.

[2] Dieser enge Zusammenhang zwischen 4,9 und 10 wird betont von H. Lietzmann, An die Galater, HNT 10, Tübingen [6]1971, 26; F. Mußner, Der Galaterbrief, HThK 9, Freiburg 1974, 298f.

[3] W. Schmithals, Die Häretiker in Galatien, in: ders., Paulus und die Gnostiker, ThF 35, Hamburg 1965, 9–46, zur Beschneidungsforderung 22–29.

[4] H. Schlier, Der Brief an die Galater, KEK 7, Göttingen [13]1965; vgl. Schmithals, a.a.O., 11 Anm. 13 zu den Unterschieden zwischen den späteren und früheren Auflagen dieses Kommentars.

christliche Gnostiker? Gnostizierende Judenchristen? Gnostizierende Heidenchristen? Synkretistische Juden?", oder, wie Mußner, der Autor dieser Liste, sich dann selbst entscheidet: „judaisierende Judenchristen"[5]?

Diese Frage der Einordnung der Gegner berührt einmal die historische Frage, ob Paulus in seiner Ablehnung des Gesetzes als Heilsweg nur in Front steht gegen eine – wie immer geartete – jüdische Gesetzesfrömmigkeit, das eigentlich alttestamentliche Gesetzesverständnis aber gar nicht trifft.[6] Zugleich aber geht es – wie sich zeigen wird – um das Sachproblem der Frage nach dem Verstehen des Altes und Neues Testament einenden Bekenntnisses zu dem einen Gott, der Schöpfer des Himmels und der Erde ist. Im letzten geht es also auch um die Frage nach dem sachgemäßen Umgang mit der Welt, die der Glaubende als Natur und Geschichte erlebt.

II.

Vor allem seit der Entdeckung der Qumrantexte und ihres besonderen Kalenders werden in den Auslegungen Parallelen zu dem sogenannten „Festkalender" 4,10 angehäuft,[7] ohne daß damit freilich eine direkte Beziehung zwischen den Gegnern in Galatien und den Essenern be- [430] hauptet wird; wohl aber will man damit die Verwurzelung dieser Gegner in einem – wie immer näher bestimmten – Milieu „synkretistischen Judentums" nachweisen. Regelmäßig ist dann in der Auslegung von 4,10 von „Kalenderfrömmigkeit", „Observanz" o. ä. die Rede.

Nun ist aber zunächst streng auf den Wortlaut von 4,10 zu achten, wobei es gleichgültig ist, ob man diesen Vers als ironischen Fragesatz[8] oder als Aussagesatz liest. Das Verbum παρατηρεῖν/-εῖσθαι heißt zunächst „beobachten, beachten"[9], ohne daß darin der religiöse Ton einer (kultischen) „Observanz" enthalten ist. Gemeint ist vor allem das Einhalten von Gesetzen, terminologisch auch die astronomische Beobachtung der Himmelskörper.[10] Erst in Anwendung auf religiöse Bestimmungen wie das „Gesetz *des Mose*" und den Sabbat bei Josephus[11] entsteht eine religiöse Verwendung, ohne daß damit das Wort selber zu einem religiösen Terminus wie z. B. σέβεσθαι wird.

In der Reihe der Objekte dieses παρατηρεῖσθαι ist der Sinn von „Tage", „Monate", „Jahre" klar: Fortschreitend von der kleinsten zur größten Einheit werden die durch den Gang der Gestirne bestimmten regelmäßigen chronologischen Abläufe genannt.[12] Dann

[5] A.a.O., 24f.

[6] So vor allem ja M. Noth, „Die mit des Gesetzes Werken umgehen, die sind unter dem Fluch", in: ders., Gesammelte Studien zum Alten Testament, ThB 6, München 1957, 155–171.

[7] Vgl. zuletzt Mußner, a.a.O., 299–301: 1Hen 82,4.7–10; 72,3; 75,1; 80,1; 73,1; 74,1; 79,1f; Jub 2,9; 1QS 9,26–10,8; 1QM 14,12–14; Jub 6,14; 3,27; 1QM 10,15; 1QH 1,24; Ps.Sal 18,10.

[8] So Schlier, a.a.O., 203.

[9] Vgl. Bauer, Wb s. v.; H. Riesenfeld, ThWNT VIII, 146–151.

[10] Vgl. im Neuen Testament das Substantiv παραθήρησις Lk 17,20.

[11] Ant. III 91; XI 294; XIV 264.

[12] Man verstellt sich dieses Verständnis (vgl. E. Meyer, RGG^3 I, 1807 zur Chronologie allgemein!), wenn man wie z. B. Schlier, a.a.O., 206f von vornherein diese Liste auf ihre jüdische Interpretation hin befragt;

ist es aber am einleuchtendsten, καιρούς hier mit „Jahreszeiten" als der Einheit zwischen Monat und Jahr zu übersetzen, nicht einfach mit „Zeiten" oder „Festzeiten", was καιροί ja durchaus auch heißen kann und wie meist interpretiert wird.[13]

Man muß sich bei der Interpretation von Gal 4,10 freimachen von dem Eindruck der durchaus ähnlichen und auch in einer ähnlichen Verbindung mit στοιχεῖα erscheinenden Liste Kol 2,16: „Fest, Neumond, Sabbat", die sich aber von Gal 4,10 doch charakteristisch unterscheidet zunächst durch die Erwähnung des rein *jüdischen* Sabbats, damit aber auch darin, daß sie eben nicht in der Weise von Gal 4,10 die durch den Gang der Gestirne bestimmten Zeiteinheiten aufzählt, zu denen der Sabbat ja *nicht* gehört. Kol 2,16 *ist* ein Festkalender, der als solcher im Alten Testament und im Judentum belegt werden kann[14] im Unter- [431] schied zu Gal 4,10. Ein historischer Zusammenhang zwischen dem „anderen Evangelium" in Galatien und der eine Generation später paulinische Gemeinden bedrohenden „Philosophie" (Kol 2,8), gegen die der Verfasser des Kolosserbriefes kämpft, kann durchaus denkbar sein; der Kolosserbrief würde dann beweisen, daß die gegnerische Verkündigung in Kleinasien überlebt hat trotz ihrer so energischen Bestreitung durch Paulus im Galaterbrief. Man darf aber doch beides nicht einfach gleichsetzen,[15] sondern muß eine Weiterentwicklung in Rechnung stellen.

Nimmt man also Gal 4,10 für sich, dann sind hier genannt: die Tage, deren Einheit durch den „Sonnenumlauf"[16] bestimmt ist, die Monate, deren Einheit sich durch Zu- und Abnahme des Mondes oder durch die Tierkreiszeichen ergibt, die Jahreszeiten, wieder vom Sonnenumlauf bestimmt wie die Jahre schließlich auch. Wegen dieses Bezugs auf den Gang der Gestirne ist dann wahrscheinlich, daß παρατηρεῖσθαι hier mindestens *auch* den Klang der astronomischen Beobachtung haben kann, ohne daß man gleich an astrologischen Aberglauben denken muß.[17]

Was aber hat diese Liste dann zu tun mit den beiden anderen Themen der Beschneidung und der Weltelemente, wenn eine Beziehung zum Gesetzesgehorsam nicht mehr schon über καιροί als „jüdische Festzeiten" hergestellt wird? Anders gefragt: Ist es denkbar, daß Paulus doch recht hat, das alles, Gal 4,10 eingeschlossen, unter das Oberthema „Gesetz" zu bringen?

Schlier erwägt aber immerhin für καιροί auch die Bedeutung „Jahreszeiten". Mußner, a.a.O., 298f: „*Da* die Gegner judaisierende Judenchristen sind, *muß* eine Fährte, die ins Frühjudentum führt, aufgenommen werden" (Hervorhebungen von mir); es folgen dann die in Anm. 7 genannten Stellen.

[13] Zu καιρός vgl. G. Delling, ThWNT III, 456–465, zu der Bedeutung „Jahreszeit": 459,18f und 460,45f.

[14] Vgl. Hos 2,13; Jes 1,13f; Ez 45,17–46,11; 1Chr 23,31; 2Chr 2,3; 31,3; Jud 8,6; 1QM 2,4; Tempelrolle 13–30; Justin, dial 8,4; nur „Neumond und Sabbat": 2Kön 4,23; Am 8,5; Jes 66,23.

[15] Das hat besonders betont P. Vielhauer, Gesetzesdienst und Stoicheiadienst im Galaterbrief, in: Rechtfertigung (FS E. Käsemann), Tübingen 1976, 543–555, hier 550, auch wenn ich gegen Vielhauer (552f) doch der Meinung bin, daß στοιχεῖα ein Stichwort des gegnerischen Evangeliums ist.

[16] So ja auch noch unser am Augenschein orientierter Sprachgebrauch trotz unseres heliozentrischen Weltbildes.

[17] Gegen W. Gundel, Art. „Astrologie" RAC I, 825; Mußner, a.a.O., 302.

III.

„Das Gesetz" ist zunächst einmal der Inhalt der ersten fünf Bücher der Bibel.[18] Dabei ist das hebräische Wort *tôrāh* von seinem Ursprung her aber ja kein Formalbegriff zur Bezeichnung einer Sammlung von Schriften, sondern meint die konkrete, für einen aktuellen Anlaß erteilte „Weisung".[19] Wenn man diesen Begriff nun auf eine Schriftensammlung überträgt, meint man damit: Wer Weisung sucht, findet sie hier in diesen [432] Büchern, nirgends sonst. Die griechische Übersetzung mit νόμος/νόμοι mag die Akzente im Gesetzesverständnis vielleicht ein wenig verschieben wie später dann die Wiedergabe mit dem lateinischen *lex* noch einmal – sie hat aber doch daran ihren Anhalt, daß dieses „Gesetz des Mose" seit der Perserzeit und dann jeweils von den fremden Herrschern erneuert[20] in der Jerusalemer Theokratie staatsrechtliche Bedeutung hat, modern gesagt: Strafgesetzbuch und Grundgesetz für diese Provinz in einem ist.

Dabei beschränkt sich „das Gesetz" aber nicht allein auf ethische oder gar strafrechtliche Bestimmungen, sondern enthält darüber hinaus auch das, was man als „Zeremonialgesetz" – Bestimmungen über den ordnungsgemäßen Vollzug des Kultus – und als „Naturgesetz" bezeichnen kann – Vergewisserung über die ordnungsgemäßen Zusammenhänge der Welt, in denen der Mensch lebt. Die beiden letzten Aspekte gehören eng zusammen, da die Funktion des Kultus wesentlich die Konstituierung und Sicherung der Weltordnung ist.[21] Nicht vergessen werden darf aber auch, daß „die fünf Bücher Mosis" schließlich noch sehr viel Geschichte enthalten, Geschichte, aus der man lernen kann, daß es sich lohnt, sich wie die Väter an dieses Gesetz zu halten, Geschichte aber auch davon, wie es denen ergeht, die wie Israel in der Wüste sich auflehnen gegen dieses Gesetz.

„Gesetz" umgreift bei Paulus nicht anders als im Judentum seiner Zeit[22] also mehr als nur die Frage des richtigen Verhaltens; vom Gesetz erwartet man nicht weniger als umfassende Vergewisserung über die Zusammenhänge der Welt, in denen man lebt und die man erlebt, Natur wie Geschichte, damit dann auch, aber in diesem umfassenderen Zusammenhang, Orientierung über das richtige Verhalten in dieser Welt.

IV.

Vielleicht gelingt von diesen allgemeineren Überlegungen her nun auch eine Antwort auf die Frage nach dem Zusammenhang zwischen der Gesetzesthematik im Galaterbrief

[18] Vgl. die Formel „das Gesetz und die Propheten" (z. B. Röm 3,21); für Paulus als ehemaligen Pharisäer kommt die mündliche Tradition der „väterlichen Überlieferungen" (Gal 1,14) hinzu.

[19] Vgl. W. Gutbrod, ThWNT IV, 1039f; G. Liedke, C. Pedersen, ThHAT II, 1032–1043.

[20] Antiochos III.: Josephus, ant. XII 138–144.

[21] Vgl. H. P. Stähli, Creatio als creatio perpetua?, WuD 10 (1969), 121–129, zur Rezitierung der Schöpfungsgeschichte im täglichen Gottesdienst.

[22] Vgl. vor allem M. Limbeck, Die Ordnung des Heils. Untersuchungen zum Gesetzesverständnis des Frühjudentums, Düsseldorf 1971.

und der Liste Gal 4,10. Gelegentlich wird in der Literatur – dann aber eher beiläufig[23] – schon eine Beziehung [433] hergestellt zwischen Gal 4,10 und Gen 1,14, nicht wirklich berücksichtigt freilich die Auslegungstradition dieser Stelle im Judentum, in die auch die meisten der eingangs erwähnten sogenannten „Parallelen" zu Gal 4,10 gehören. Zu beachten sind auch weitere alttestamentliche Texte, die wie Ps 136,7–9 (vgl. 104,19) ebenfalls von der Erschaffung der Gestirne reden, zu achten ist aber auch auf die griechische Fassung dieses Textes in der Septuaginta.[24]

Einsetzen möchte ich aber nicht gleich bei Gen 1,14 selber, sondern bei Philos breiter Auslegung des vierten Schöpfungstages in seiner Schrift „Über die Erschaffung der Welt" (op. mund. 45–61). Nach langwierigen Erörterungen über die Zahl 4 (ebd., 47–52, vgl. plant. 117), deren Auszeichnung u. a. auch daraus hervorgehen soll, daß der Himmel und die Welt aus vier Elementen geschaffen sind (52), stellt Philo den Zusammenhang zwischen Licht und menschlicher Erkenntnis, Philosophie, dar (53f), die sich an der Ordnung des Himmels orientiert. In engem Anschluß an Gen 1,14–18 nennt er dann als Zweck der Himmelskörper (55): 1. zu leuchten (φωσφορεῖν), 2. Zeichen zu sein, 3. die Jahreszeiten zu bestimmen (καιρῶν τῶν περὶ τὰς ἐτησίους ὥρας), 4. „zur Unterscheidung der Tage, Monate und Jahre" – hier also gegenüber Gen 1,14 überschießend „Monate"[25].

Festzuhalten ist vorerst, daß Philo die καιροί von Gen 1,14 als die vier Jahreszeiten versteht, die er in 52 aufgezählt hatte, und daß er die in der Liste Gal 4,10 enthaltenen *vier* Zeiteinteilungen (Tage, Monate, Jahreszeiten, Jahre) in Gen 1,14 begründet sieht. Auch in aet. mund. 19, wo Philo Gen 1,14 frei referiert, zeigt sich, daß er die καιροί als Jahreszeiten interpretiert: „Tage, Nächte, Jahreszeiten (ὧραι) und Jahre, Mond und Sterne". Die „Zeichen" von Gen 1,14 versteht er als „Vorzeichen" (σημεῖα μελλόντων, 58) im Sinne der Astrologie.

Zu καιροί wiederholt er in 59 noch einmal ausdrücklich, daß damit die Jahreszeiten gemeint seien, und fährt dann fort: „Die Jahreszeiten aber führen alles glücklich durch und bringen es zur Vollendung, das Aussäen und Pflanzen der Früchte, das Entstehen und Wachsen der Lebewesen". Die Gestirne sind „auch zu Maßbestimmungen der Zeit geschaffen; [434] denn durch die festgesetzten Kreisbewegungen der Sonne, des Mondes und der anderen Gestirne entstehen die Tage und die Monate und die Jahre" (60), wieder überschießend „Monate".

23 Schmithals, a.a.O., 31 Anm. 88: „*Formal* hat sich die Formel gewiß an Gen 1,14ff orientiert" (Hervorhebung von mir) mit Zitat des *griechischen* Textes; vgl. Schlier, a.a.O., 203 Anm 3; B. Schaller, Gen 1.2 im antiken Judentum, Diss. Göttingen (masch.) 1961, 187.197 Anm. 4 (beide unter Verweis auf Schmithals); Mußner, a.a.O., 301 Anm. 44.

24 Ich fasse dabei den Begriff der „Auslegung" sehr viel weiter als Schaller (s. vorige Anm.). Ich meine, das damit begründen zu können, daß in der Zeit, aus der die im folgenden genannten Texte stammen, „das Gesetz" bereits *kanonische* Bedeutung besaß und daher, wer immer im Judentum von der Erschaffung von Sonne, Mond und Sternen sprach, Gen 1,14–19 mitbedenken *mußte,* ob er sich nun ausdrücklich auf diesen Text bezog oder nicht.

25 Diese wie die folgenden Übersetzungen aus L. Cohn, Die Werke Philos von Alexandria in deutscher Übersetzung, 1. Teil, Breslau 1909, 25–89; griechischer Text nach F. H. Colson, G. H. Whitaker, Philo (The Loeb Classical Library), Bd. 1, Cambridge/Mass. 1962, 6–137.

Philo schließt die Auslegung von Gen 1,14–19: „Auf so viele und so nutzbringende Dinge erstrecken sich die Wirkungen der Himmelskörper und die Bewegungen der Gestirne; aber auch noch auf viele andere Dinge, könnte ich sagen, die uns zwar unklar sind – denn nicht alles ist dem Menschengeschlecht bekannt –, die aber zur Erhaltung des Weltganzen beitragen und nach den Regeln und Gesetzen, die Gott als unverrückbare Grenzsteine im All errichtet hat,[26] überall und auf alle Weise zustande kommen" (61).

Solche Gesetzmäßigkeit gehört nun aber nicht zufällig zum Mosegesetz. Die Voranstellung der Welterschaffung deutet nach Philos Meinung an, „daß sowohl die Welt mit dem Gesetze als auch das Gesetz mit der Welt in Einklang steht und daß der gesetzestreue Mann ohne weiteres ein Weltbürger ist, da er seine Handlungsweise nach dem Wissen der Natur regelt, nach dem auch die ganze Welt gelenkt wird" (3). Das sind deutlich stoische Gedanken,[27] die aber nun doch nicht einfach als Überfremdung eines völlig anders gemeinten Textes gelten können,[28] sondern eine Vorgeschichte überall da hatten, wo immer der gesetzmäßige Ablauf der Gestirne dem Abfall der Sünder vom Gesetz als positives Beispiel entgegengestellt wird[29] oder wo der regelmäßige Lauf der Gestirne als Argument für Gottes gleichbleibende Treue erscheint.[30] Der Wahrheitsgehalt solcher Auslegung, wie Philo sie gibt, liegt ja in der – für alle vorindustrielle Welterfahrung und vortechnische Weltbewältigung weit größeren als für uns – Bedeutung der regelmäßigen Abläufe der Himmelskörper, noch vor gelegentlich damit einhergehender abergläubischer Astrologie. Von solcher Regelmäßigkeit ist der Mensch [435] elementar abhängig; an ihr hängen Saat und Ernte, damit Überleben oder Verderben der Menschheit.[31]

Einige weitere Texte zeigen, daß Philo mit seiner Auslegung in einem größeren Traditionszusammenhang steht. Josephus argumentiert in bezug auf den Zusammenhang zwischen Gesetz und Welterschaffung zu Beginn seiner *antiquitates* ganz ähnlich wie Philo, wobei freilich nicht auszuschließen ist, daß er dessen Schrift „Über die Erschaffung der Welt" vor sich hatte.[32] Das knappe Referat des vierten Schöpfungstages in I 31 hebt als

[26] Vgl. Ps 148,6; Hi 38,8 (*ḥôq*)!

[27] Vgl. die Anm. von Cohn, a.a.O., 28.

[28] Vielleicht wäre in dieser Weise auch Philos Interpretation des ersten Schöpfungstages als Erschaffung des κόσμος νοητός vor dem κόσμος αἰσθητός an den folgenden Tagen zu lesen, gerade was die doppelte Erschaffung des Lichtes angeht. Vgl. zum ganzen auch H. Koester, ΝΟΜΟΣ ΦΥΣΕΩΣ. The Concept of Natural Law in Greek Thought, in: Religion in Antiquity (FS E. R. Goodenough), Leiden 1968, 521–541.

[29] Vgl. Test.Napht 3,1: „Sonne und Mond und Sterne verändern ihre Ordnung nicht. So sollt auch ihr das Gesetz nicht verändern durch Unordnung eurer Handlungen" (Übersetzung von J. Becker, JSHRZ 3.1, 101).

[30] Vgl. Ps.Sal 18,10–12, aber auch schon Jer 31,35–38 im Anschluß an die Verheißung des neuen Bundes: „So spricht Jahwe, der die Sonne gesetzt hat zum Licht am Tage, den Mond und die Sterne zum Licht für die Nacht …: So gewiß diese Ordnungen (*hăḥŭqqîm*) vor mir niemals vergehen, spricht Jahwe, so gewiß werden auch die Geschlechter Israels nimmermehr aufhören, vor mir ein Volk zu sein" (Zürcher Bibel).

[31] Vgl. Gen 8,22 im Anschluß an die Gefährdung der Schöpfung durch die Überschwemmungskatastrophe!

[32] Vgl. H. St. J. Thackeray, Josephus (The Loeb Classical Library), Bd. 4, Cambridge/Mass. 1961, 11 A.b. Schaller (a.a.O., 100) zur ganzen Auslegung der Schöpfungsgeschichte: „Die Darstellung ist äußerst knapp, so daß man den Eindruck hat, Josephus habe es absichtlich vermieden, in diesem für die Öffentlichkeit bestimmten Werk über die Geschichte Israels den Abschnitt Gen 1.2 ausführlich zu behandeln."

Zweck der Erschaffung von Sonne, Mond und Sternen den Kreislauf der Jahreszeiten (αἱ τῶν ὡρῶν περιφοραί) heraus. Auch hier sind die καιροί von Gen 1,14 also als „Jahreszeiten" verstanden.

Interpretationen von Gen 1,14–19 sind auch 4Esr 6,45f („Am vierten Tage aber befahlst du, daß der Glanz der Sonne werde, das Licht des Mondes und die Ordnung der Sterne, und trugst ihnen auf, dem Menschen, den du bilden wolltest, zu dienen"[33]) und Jub 2,8–10.[34] Jub 2,8 ist dabei sehr eng nach dem vorgegebenen Text formuliert: „Und am vierten Tage machte er die Sonne, den Mond und die Sterne und setzte sie in die Feste des Himmels, daß sie über die ganze Erde leuchten, und um über Tag und Nacht zu herrschen und zwischen Licht und Finsternis zu scheiden."[35] Im Unterschied dazu aber enthält 2,9f eine ausschließliche Hervorhebung der Sonne: „Und Gott machte die Sonne zu einem großen Zeichen über der Erde für Tage und für Sabbate und für Monate und für Feste und für Jahre und für Jahrwochen und für Jubiläen und für alle Zeiten der Jahre. Und sie schied zwischen Licht und Finsternis und zum Gedeihen, daß alles gediehe, was auf der Erde sproßt und wächst." Nur die Sonne also ist ein „großes Zeichen", dem auch kein „kleines" mehr gegenübersteht, nur sie bestimmt – und nun folgt „eine systematische Reihe, die von der kleinsten Zeiteinheit ... bis zur größten fortschreitet"[36] – Tage, Sabbate, Monate, Feste, Jahre, Jahrwochen (die „Jubiläen"), kurz: „alle Zeiten der Jahre". [436]

Hier stoßen wir auf die auch für 1Hen und die Qumrantexte so wichtige Funktion der Sonne für die Bestimmung der Zeiteinheiten. Auf die Probleme des daraus entwickelten solaren Kalenders braucht hier nicht eingegangen zu werden.[37] Hinzuweisen ist jedoch darauf, daß dieser Kalender seinen Anfangspunkt am *Mittwoch* hat, also dem vierten Tag der Schöpfungswoche; und dieser Ausgangspunkt ermöglicht es, die Konkurrenz von Sabbat- und Festtagsgesetzen zu umgehen. Am Mittwoch beginnt wie das Jahr auch jedes neue Quartal von 91 Tagen. Die drei in Gen 1,14 erwähnten Zeiteinheiten, „Zeiten" im Sinne von „Jahreszeiten", „Tage" und „Jahre", sind nach diesem Kalender also mitgeschaffen mit den Gestirnen.[38]

[33] Übersetzung von H. Gunkel bei Kautzsch II [Die Apokryphen und Pseudepigraphen des Alten Testaments, Tübingen 1900/Darmstadt ^{2}1962], 367.

[34] Vgl. zu beiden Texten O. H. Steck, Die Aufnahme von Genesis 1 in Jubiläen 2 und 4Esra 6, JSJ 8 (1977), 154–182.

[35] Übersetzung von E. Littmann bei Kautzsch II, 42. Der griechische Text bei Epiphanius beschränkt sich auf die Angabe, daß am vierten Tag Sonne, Mond und Sterne geschaffen wurden (Text bei A.-M. Denis, PsVTGr III, 1970, 73).

[36] E. Rau, Kosmologie, Eschatologie und die Lehrautorität Henochs, Diss. Hamburg 1974, 134.

[37] Vgl. dazu jetzt J. Maier, Die Tempelrolle vom Toten Meer, UTB 829, München 1978, 76–83; vgl. zu diesem Kalender auch Jub 6,17–38.

[38] Das gilt aber unabhängig von diesem besonderen Kalender, vgl. oben zu Philo und Josephus, weiter: Aristobul bei Euseb, praep. ev. XIII 12,12 (GCS 43.2, 191; griechischer Text auch bei Denis, a.a.O., 224f, deutsche Übersetzung: N. Walter, JSHRZ 3.2, 277) oder die Targumim zu Gen 1,14 (Übersetzung von Schaller, a.a.O., 27): „Und sie wurden zu Zeichen und Zeiten und zu berechnen durch sie die Tage und Jahre" (Onkelos); „Und sie wurden zu Zeichen und (Zeiten von) Festtagen (und damit man zähle nach ihnen die Anzahl der Tage) und heilige durch sie die Anfänge der Monate und die Anfänge der Jahre und die Schaltung der Monate und die Schaltung der Jahre, die Sonnenwende und das Erscheinen des Mondes und

Am ausführlichsten handelt von der Funktion und gegenseitigen Beziehung von Sonne, Mond und Sternen das „astronomische Buch" 1Hen 72–82, dessen Verständnis die jüngst edierten aramäischen Fragmente aus Qumran wesentlich fördern.[39] Hierher stammt auch ein Großteil der eingangs erwähnten „Parallelen" zu Gal 4,10. Durch deren Zuweisung zu der „Kalenderfrömmigkeit" eines „synkretistischen Judentums" wird aber übersehen, daß es *im ganzen* um Versuche geht, Gen 1,14–19 auszufüllen,[40] damit – wie im Jubiläenbuch und in Qumran auch – um Versuche, dem Gesetz gehorsam zu sein, nicht einfach um irgendwelche Sonderlehren sektiererischer Kreise, vor allem aber wird übersehen, daß diese Ordnung der *Zeit* als Teil des *Gesetzes* begriffen wird; wer sich nicht an die Ordnung der Zeit und der Welt hält, geht ins Verderben:[41] [437]

„Das Buch vom Umlauf der Himmelslichter, wie es sich mit einem jeden verhält, nach ihren Klassen, ihrer Herrschaft und Zeit, nach ihren Namen, Ursprungsorten und Monaten, die mir ihr Führer, der heilige Engel Uriel, der bei mir war, zeigte; er zeigte mir, wie es sich mit all ihren *Gesetzen,* mit allen Jahren der Welt und bis in Ewigkeit verhält, bis die neue, ewig dauernde Schöpfung geschaffen wird" (72,1). „Selig sind alle *Gerechten,* selig alle die, die auf dem Wege der *Gerechtigkeit* wandeln und nicht sündigen wie die *Sünder* in der Zahl aller ihrer Tage, die die Sonne am Himmel wandelt, indem sie durch die Tore ein- und ausgeht, 30 Tage mit den Chiliarchen und den Taxiarchen und mit den vier, die hinzugefügt und verteilt werden unter die vier Teile des Jahrs, die anführen und mit ihnen vier Tage eintreten" (82,4).[42] Uriel „übt die Herrschaft über die Nacht und den Tag am Himmel, um Licht über die Menschen leuchten zu lassen – Sonne, Mond und Sterne und alle Mächte des Himmels, die sich in ihren Kreisen umdrehen. Dies ist das *Gesetz* der Sterne, die an ihren Orten, zu ihren Zeiten, Festen und Monaten untergehen" (82,9). Es folgt dann eine Beschreibung der „Führer", zunächst der Quartale, dann der Monate; das Motiv der „Zeichen" aus Gen 1,14 begegnet als Beschreibung der Charakteristika der vier Jahreszeiten.[43]

Der Zusammenhang zwischen Gesetzeserfüllung und Zeitordnung findet sich ebenso in den ähnlichen Reihungen der Qumrantexte 1QS 1,13–15; CD 3,12–16; 16,2–4; 1QS 9,26–10,8;[44] 1QH 12,4–9[45]. Die kultische Heraushebung bestimmter Daten hat nicht von

die Zyklen (von Sonne und Mond)" (Ps.-Jonathan); „Und sie wurden zu Zeichen und Kennzeichen (Zeiten) und zu heiligen durch sie die Anfänge der Monate und Jahre" (Fragmententargum).

39 J. T. Milik, The Books of Enoch. Aramaic Fragments of Qumran Cave 4, Oxford 1976, zum „astronomischen Buch": 7–22.273–297.

40 Unter der Einschränkung von Rau, a.a.O., 133: „Indirekt ist die Reihung (in 72,1) sicher von Gen 1,14b abhängig. Daß jedoch kein direkter, sondern ein traditionsgeschichtlich vermittelter Zusammenhang besteht, zeigt einmal die Fülle von Vergleichsstellen, die sich anführen lassen, und geht zum anderen daraus hervor, daß beide Stellen im Wortlaut kaum Berührungen haben." Vgl. aber oben Anm. 24.

41 Übersetzungen von G. Beer bei Kautzsch II, 278.286f.

42 Vgl. den Makarismus 81,4 und das ganze Kapitel 80; vgl. Rau, a.a.O., 305–312.

43 Daß der Schluß des „astronomischen Buchs" – wie längst vermutet – in der äthiopischen Überlieferung ausgefallen ist, zeigen jetzt die in Anm. 39 erwähnten Qumranfragmente 4QEnastr^{a-d}.

44 Vgl. dazu M. Weise, Kultzeiten und kultischer Bundesschluß in der „Ordensregel" vom Toten Meer, StPB 3, Leiden 1961, 3–57.

45 Vgl. auch Tempelrolle 13–30.

vornherein etwas mit abergläubischer Scheu zu tun,[46] sondern mit ihrer in der Ordnung der Gestirne vorgegebenen besonderen Kennzeichnung. Die Zeiteinheit *mô'ᵃdim* = „festgesetzte Zeiten", die die Septuaginta in Gen 1,14 mit καιροί wiedergibt,[47] entspricht unserem profaneren Begriff der „Jah- [438] reszeiten" dabei vielleicht insofern, als die Monate der Tag- und Nachtgleiche, Nisan und Tischri, die beiden Hauptfestperioden sind, im Frühling Passa[48] mit Mazzothfest, im Herbst Versöhnungs- und Laubhüttenfest. Diese beiden Monate haben ja auch nach- oder nebeneinander als Jahresanfang gegolten; sie sind die entscheidenden Zeitteiler zwischen Trockenheit und Vegetation, kalendarische also und religiöse Zeit in einem.[49]

Daß es bei all dem um mehr als bloße Kalenderprobleme geht, zeigt der in derselben Tradition zu sehende Abschnitt 1QS 3,13–4,26, die sogenannte „Zwei-Geister-Lehre". Ausgangspunkt ist eine Deutung der Erschaffung der Welt in 3,15–4,1, auch in der Begrifflichkeit an Gen 1f anknüpfend, wie besonders in 3,17f (vgl. Gen 1,26–31) deutlich wird.[50] Anders als in Gen 1 zerfällt nun aber nach Gottes vorher festgesetztem Plan die Menschheit in „Söhne des Lichtes" (der Gerechtigkeit) und „Söhne der Finsternis" (des Frevels). Von Licht und Finsternis ist sowohl beim ersten Schöpfungstag Gen 1,1–5 als auch beim vierten Gen 1,14–19 die Rede.[51] An Gen 1,14–19 erinnert aber besonders das Motiv der Herrschaft in 3,20–23 (vgl. 4,19 und 10,1) sowie das Stichwort *mô'ēd,* hier immer bezogen auf den festgesetzten Zeitpunkt[52] der Beendigung der Herrschaft des Frevels (3,18.23; 4,18f.20).

Der Text schildert entsprechend der Überschrift 3,13–15[53] in 3,15–4,1 „alle Arten ihrer (der Menschen) Geister mit ihren Zeichen", in 4,2–18 „ihre Werke in ihren Generationen" und in 4,18–26 „die Heimsuchung ihrer Schläge mit den Zeiten ihrer Vergel-

46 Jub 12,16–18 z. B. ist ja deutlich gegen Astrologie gerichtet: Abraham beobachtet in einer Neumondnacht die Sterne, „um zu sehen, wie es in dem Jahre mit den Regen sein werde ... Und ein Wort kam in sein Herz und sagte: Alle Zeichen der Sterne und die Zeichen der Sonne und des Mondes, alle (sind) in Gottes Hand – wozu erforsche ich (sie)? Wenn er will, läßt er regnen, des Morgens und des Abends; und wenn er will, läßt er (ihn) nicht herabkommen, und alles ist in seiner Hand" (Übersetzung von Littmann bei Kautzsch II, 62).

47 Vgl. dazu G. Sauer, ThHAT I, 743f. LXX übersetzt – abgesehen von der Wiedergabe von *'ōhĕl mô'ēd* durch σκήνη τοῦ μαρτυρίου – *mô'ēd* ungefähr gleichhäufig mit καιρός und ἑορτή; kalendarische und liturgische Zeit brauchen sich auch in der christlichen Tradition nicht zu entsprechen. *Mo'ᵃdīm* = Quartale in 1QS 10,3–5, vgl. Weise, a.a.O., 32f.

48 Die astronomische Begründung bei Aristobul nach Euseb, h. e. VII 32,17f, griechischer Text bei Denis, a.a.O., 227f, deutsche Übersetzung bei Walter, a.a.O., 269.

49 Vgl. S. Aalen, Die Begriffe „Licht" und „Finsternis" im Alten Testament, im Spätjudentum und im Rabbinismus, SNVAO, Oslo 1951, 55; F. Stolz, Strukturen und Figuren im Kult von Jerusalem, BZAW 118, Berlin 1970, 25–29.

50 Das gilt unabhängig von der Frage nach etwaigen iranischen Einflüssen, die gar nicht geleugnet werden sollen. Entscheidend ist aber doch, in welcher Weise sie aufgenommen werden, und d. h. in diesem Falle, daß sie allenfalls innerjüdische Entwicklungen und Fragestellungen verstärken, nicht grundsätzlich verwandeln.

51 Schaller, a.a.O., 71 verweist für 3,18.25 auf Gen 1,4 (nicht 1,14), ebenso wie für Test.Napht 2,7 (a.a.O., 67).

52 Der vorherrschende Begriff ist freilich *qēṣ*.

53 Anders gliedert P. v. d. Osten-Sacken, Gott und Belial, StUNT 6, Göttingen 1969, 18, der auch 4,15–26 literarkritisch ausscheiden will. Als Einheit wird 3,13–4,26 interpretiert von J. Becker, Das Heil Gottes, StUNT 3, Göttingen 1964, 40.83–91.

tung[54]". Dem in der Schöpfung gesetzten Gegensatz von Licht und Finsternis ist von allem Anfang an ein Ende mitgesetzt in der „neuen Schöpfung" (4,25). Das endzeitliche Heil als Reinigung, Erleuchtung, Erkenntnis (4,20–22) [439] wird in der Unterweisung der „Kinder des Lichtes" über die Erschaffung dieser Welt und die ihr gesetzte Frist vorweggenommen (vgl. 4,22 mit 3,13); so kann auch in dieser Welt bereits die endzeitliche Trennung von Licht und Finsternis, Wahrheit und Frevel vorweggenommen werden, wenn sich jemand der Qumrangemeinde der „Täter des Gesetzes" anschließt (5,1: *hbdl*!).

Wie stark hinter diesem Dualismus ursprünglich astronomische Vorstellungen stehen, zeigt der verwandte Text 4Q 186,[55] der die Beschaffenheit der Menschen in Beziehung setzt zu ihren Tierkreiszeichen. Das zeigt in völlig anderer Weise auch Philos – nur armenisch erhaltene – Auslegung von Ex 12,23 in Quaest in Ex I 23.[56] Auch hier wird der Gegensatz von gut und böse im Menschen auf die Erschaffung der Welt und die bei ihr wirksamen beiden Mächte zurückgeführt: „Thus, the sun and moon and the appropriate positions of the other stars and their ordered functions and the whole heaven together come into being and exist through the two (powers). And they are created in accordance with the better part of these, namely when the salutary and beneficent (power) brings to an end the unbounded and destructive nature."

Daß etwa zur selben Zeit, aus der die Qumrantexte stammen, vielleicht auch die Texte aus 1Hen, das Verhältnis von Sonne, Mond und Sternen in bezug auf die Zeitbestimmung auch anders gesehen werden konnte, zeigt Sir 43,1–12.[57] Hier wird die Funktion der Zeitbestimmung ausschließlich dem Mond zugewiesen (43,6–8),[58] während die Sonne[59] lediglich Hitze gibt. Die Frage der richtigen „Zeiteinteilung" ist für verschiedene Schichten des Judentums eine Frage von elementarer theologischer Bedeutung gewesen, weil sie verbunden war mit der Frage nach dem richtigen Gehorsam gegenüber dem Gesetz.[60] Noch Jahrhunderte [440] später sah, wer die Synagoge von Beth Alpha betrat,[61] auf dem Fußboden zunächst eine Darstellung der Opferung Isaaks, am Ende des Bodens den Toraschrein mit dazu gehörenden Symbolen. Den größten Raum aber nimmt in der

54 Ich lese *šillŭmām,* nicht *šᵉlômām,* vgl. Hos 9,7; zur Diskussion P. Wernberg-Maller, The Manual of Discipline, Leiden 1957, 68, und J. Maier, Die Texte vom Toten Meer, Bd. 2, München 1960, 19 z. St.

55 J. M. Allegro, DJD 5 (1968), 88–91; vgl. zu diesem Text v. d. Osten-Sacken, a.a.O., 186–189 (unter dem Titel der Erstedition 4QCry). Nach Milik, a.a.O., 187 ist in Höhle 4 auch eine Liste der Tierkreisnamen gefunden worden; vgl. auch Jub 4,17. Zum Zodiak vgl. M. Hengel, Judentum und Hellenismus, WUNT 10, Tübingen 1969, 436.

56 Text bei R. Marcus, Philo supplement 2 (The Loeb Classical Library), Cambridge/Mass. 1961, 32–34; vgl. dazu A. Wlosok, Laktanz und die philosophische Gnosis, AAH Heidelberg 1960, 107–111.

57 Vgl. J. Marböck, Weisheit im Wandel, BBB 37, Bonn 1971, 145–152. Der hebräische Text der Kairoer Handschrift B wird durch die Masada-Handschrift im wesentlichen bestätigt.

58 Vgl. Ps 104,19!

59 Zur Beschreibung der Sonne in 43,2–5 vgl. Ps 19,6f, dort auch der nicht zufällige Zusammenhang mit dem Gesetz in 19,8ff. Vgl. auch Sir 33,1–15, hebräischer Text: J. Marcus, A Fifth Manuscript of Ben Sira, JQR NS 21 (1930/31), 223–240.

60 Das gilt ja auch durch die christliche Kirchengeschichte hindurch, wenn man bedenkt, welche Rolle die Frage des richtigen Ostertermins gespielt hat, zeigt sich auch in der Bedeutung des Kirchenjahrs und der Einteilung des Tages in Gebetszeiten.

61 E. L. Sukenik, The Ancient Synagogue of Beth Alpha, Jerusalem 1932, dort (54 und 57) auch weitere Zodiakdarstellungen aus anderen Synagogen.

Mitte das Mosaik ein, das den Sonnenwagen, die zwölf Tierkreiszeichen und die vier Jahreszeiten darstellt, in hellenistischer Manier, aber doch wohl, um den Zusammenhang zwischen Mosegesetz und kosmischer Ordnung vor Augen zu führen.

Und selbst bei den Rabbinen, die ja bekanntlich in der Behandlung der Schöpfungswerke überaus vorsichtig waren,[62] findet sich folgende Überlieferung: „R. Šimôn b. Pazi sagte im Namen des R. Jehošuâ b. Levi im Namen Bar Capparas: Über denjenigen, der die Sonnenwenden und den Planetenlauf zu berechnen versteht und dies nicht tut, spricht der Schriftvers: ‚Auf das Werk Gottes blicken sie nicht und das Werk seiner Hände sehen sie nicht‘ (Jes 5,12). R. Šemuēl b. Naḥmani sagte im Namen R. Joḥanans: Woher, daß es dem Menschen obliegt, sich mit den Rechnungen der Sonnenwenden und des Planetenlaufs zu befassen? denn es heißt: ‚Beobachtet und befolgt sie, denn das ist eure Weisheit und Klugheit in den Augen der Völker‘ (Dtn 4,6). Welche ist diejenige Weisheit und diejenige Klugheit, die als solche in den Augen der Völker gelten? – sage, das ist die Rechnung der Sonnenwenden und des Planetenlaufs“ (Schab 75a).[63]

Diese Weisheit und Klugheit ist aber keine andere als die, für die „Salomo“ in Weish 7,17–19 dankt: „Denn er hat mir die irrtumslose Kenntnis der Dinge verliehen, so daß ich das System der Welt und die Kraft der Elemente (στοιχεῖων) kenne, Anfang und Ende und Mitte der Zeiten (χρόνων), Wandel der Sonnenwenden und Wechsel der Jahreszeiten (καιρῶν), den Kreislauf der Jahre und die Stellungen der Gestirne …“[64]

V.

Das führt nun aber zur Frage nach dem Verständnis des Ausgangstextes Gen 1,14–19 selber. In den Auslegungen wird immer wieder zu Recht darauf hingewiesen, wie nüchtern hier die Gestirne von ihrer reinen Funktion her aufgefaßt werden verglichen mit ihrer mythischen Überhöhung in kanaanäischer und vor allem babylonischer Religion.[65] [441]

Daß dies aber nicht allein eine Auseinandersetzung mit der heidnischen Umwelt ist, sondern auch eine Frage nach der israelitischen Religion selber, zeigen Stellen wie Jer 10,2 – Befragung jener *'ōtot hăšāmăjim* von Gen 1,14 –, die Gesetzesbestimmungen Dtn 4,19[66] und 17,3, die doch schwerlich nur theoretisch vor lediglich potentiellen Gefahren warnen wollen, sondern konkrete Praktiken vor Augen haben, wie die Angaben über

[62] Vgl. H.-F. Weiß, Untersuchungen zur Kosmologie des hellenistischen und palästinensischen Judentums, TU 97, Berlin 1966, 79–86.

[63] Den Hinweis darauf und manches mehr verdanke ich H.-P. Stähl.

[64] Übersetzung von K. Siegfried bei Kautzsch I [Die Apokryphen und Pseudepigraphen des Alten Testaments, Tübingen 1900/Darmstadt ²1962], 490.

[65] Vgl. zuletzt W. H. Schmidt, Die Schöpfungsgeschichte der Priesterschrift, WMANT 17, Neukirchen ²1967, 119f; C. Westermann, Genesis 1–11, BK 1.1, Neukirchen 1974, 176; O. H. Steck, Der Schöpfungsbericht der Priesterschrift, FRLANT 115, Göttingen 1975, 100f.

[66] Dort die Begründung: „… da Jahwe, dein Gott, sie doch allen Völkern unter dem Himmel gegeben hat“ (Zürcher Bibel)!

Gestirnverehrung im Jerusalem der späten Königszeit zeigen,[67] wozu vielleicht auch jene Sonnenuhr gehört, die Ahas zum Mißfallen doch wohl des Dtr in Jerusalem errichtet hatte (2Kön 20,11, vgl. Jes 38,8).[68] Hi 31,26–28 werden merkwürdige verbotene Handlungen in Neumondnächten erwähnt.

Claus Westermann hat nun aber ebenfalls darauf hingewiesen, daß der Sinn von Gen 1,14–19 nicht in einer Polemik gegen Gestirnkult aufgeht, sondern daß hier – wenn auch ohne ihre mythische Überhöhung nachzuvollziehen – durchaus die freilich klar eingeschränkte positive Funktion der Gestirne beschrieben wird.[69] Was Westermann über die Erschaffung der Grundstruktur des Zeitrhythmus von Tag und Nacht am ersten Schöpfungstag sagt,[70] läßt sich bei dem vierten fortsetzen: Für P scheint mit der Erschaffung der Gestirne nicht nur die räumliche Dimension der Welt weiter eingerichtet zu werden, sondern auch die *ablaufende Zeit*. Die Gestirne bilden Orientierungspunkte für die Bestimmung des Raumes wie für die der Zeit, geschaffen wird die geschichtliche Dimension der Welt. Dann ist in der Erschaffung der Welt nicht nur (am ersten Tag) die immer wiederkehrende Abfolge von Tag und Nacht gesetzt, sondern (am vierten Tag) mit dem Beginn der Zeit auch ihr Ende und damit ein Ende der Geschichte in der Ruhe des siebten Schöpfungstages.[71] Die Apokalyptiker der Henoch- und Qumranliteratur, die dies auf dem Hin- [442] tergrund von Gen 1,14–19 reflektieren, haben dann in P durchaus ihren Anhaltspunkt.

Die Welt, die der Mensch in ihrer räumlichen und zeitlichen Dimension als Natur und Geschichte erlebt, Geschichte dabei ebenso wie Natur unter der Erfahrung der Veränderung, daß nicht mehr zu sein braucht, was war, und daß sein kann, was noch nicht war – diese so erfahrene Welt wird von P als sinnvoll, als „gut" gerade in ihren Polaritäten von Licht und Finsternis, von Tag und Nacht behauptet[72] – gegen alle Erfahrung ihrer Sinnlosigkeit: „Das Reden vom Entstehen oder Erschaffen von Welt und Menschheit ist nicht aus der Frage des Intellekts nach dem Ursprung des Vorhandenen oder des Seienden erwachsen, sondern aus der Sorge um die Sicherung des Seienden."[73] Schon in P bilden

67 2Kön 21,3.5; 23,5.11; Jer 8,2; 19,13; (44,17–19); Ez 8,16.

68 Andererseits beschreiben aber z. B. Jes 13,10; Ez 32,7f; Jo 2,10; 3,15 das Gericht als Änderung der Gestirne und nennt Jer 31,35–37 (s. o. Anm. 30) die Gestirnordnung als Vergewisserung für Gottes Treue.

69 A.a.O., 179.

70 Ebd., 118.157.

71 Vgl. Westermann, ebd., 118 zur *ganzen* Schöpfungswoche: „So wird hier die Schöpfung von vornherein der Ganzheit einer Zeit zugeordnet, die in ihrem Ende auf Gott zugeht, wie sie in ihrem Anfang aus Gottes Wort ersteht: die Reihe der Tage, die auf den Tag Gottes zugehen." F. Stolz weist mich hin auf L. Köhler, Theologie des Alten Testaments, Tübingen [4]1966, 72: „Der Schöpfungsbericht ist Bestandteil eines Geschichtsaufrisses, der durch Zahlen und Daten gekennzeichnet wird. … Die treibende Kraft in diesen Zahlen ist die Frage: Wie lange noch währt die Welt? Der Auszug aus Ägypten, diese große Erlösungstat, fällt in das Jahr 2666 seit Erschaffung der Welt. Das sind, so gut es sich in vollen Zahlen ausdrücken läßt, genau zwei Drittel einer Weltdauer von viertausend Jahren … Daß Gott der Schöpfer der Welt ist, besagt, daß er die ganze Zeit, alle Zeiten beherrschend und gestaltend, zielsetzend und vollendend umfaßt."

72 Vgl. Westermann, a.a.O., 157.

73 Ebd., 29.

Schöpfungsordnung, Kultordnung und Lebensordnung Israels eine untrennbare Einheit[74] als „Gesetz", was sich dann in der weiteren Tradition – Sirach und Qumran z. B. gleicherweise – fortsetzt.[75]

Von diesen Beobachtungen nicht nur an der jüdischen Tradition, sondern an einem Grunddokument des Alten Testaments selber gewinnt es an Wahrscheinlichkeit, den von Paulus bei seinen Gegnern beobachteten Zusammenhang von Beschneidung, στοιχεῖα und Gestirnordnung mit Paulus durchaus unter dem Oberbegriff „Gesetz" verstehen zu können und nicht ein bloß „synkretistisches Judentum" – was immer dann auch ein phänomenologisch reines Judentum sein sollte – am Werk zu sehen oder gar anzunehmen, Paulus habe sich über die tatsächliche Lage in Galatien getäuscht, wenn er aus der Beschneidungsforderung fälschlicherweise Gesetzesverkündigung herauslese.[76] [443]

VI.

Vor allem aber wird vor diesem Hintergrund die Frage um so dringender, warum Paulus in Galatien durch solche Gesetzestheologie das Evangelium und damit im Grunde *alles* – Gerechtigkeit, Leben, Geist – aufs Spiel gestellt sieht. Der engere Kontext Gal 4,8–10 ist bestimmt durch den Gegensatz „einst und jetzt", den die Galater nach Meinung des Paulus umzukehren im Begriff sind. Paulus steht dabei in der Tradition jüdischer Polemik gegen das Heidentum, dem jegliche Erkenntnis Gottes bestritten wird,[77] das den Geschöpfen statt dem Schöpfer die Ehre erweist,[78] und Paulus wird das in Röm 1,18–31 noch einmal situationsunabhängiger breit entfalten, dann freilich mit der Pointe, daß wie die Heiden, wovon die Juden überzeugt sind,[79] auch die Juden selber die wahre Gotteserkenntnis verfehlt haben. Das *ist* aber auch in Gal 4,8–10 schon vorbereitet, wenn Paulus die Bekehrung zum *Gesetz* als der behaupteten Lebensmöglichkeit des Juden einem Rückfall ins *Heidentum* gleichstellt.

[74] Vgl. Westermanns Bemerkungen ebd., 129 zum Zusammenhang von Kultgesetz, Geschichte und Schöpfung in P; vgl. vor allem W. Gutbrod, ThWNT IV, 1035f zum Gesetzesverständnis von P.

[75] Der leitende Begriff dafür wird *ḥôq;* vgl. dazu Aalen, a.a.O., 27f.160; G. Liedke, ThHAT I, 628f.630f; Limbeck, a.a.O., 48f.179.

[76] Ich habe in dieser Weise versucht, eine Beschreibung des „anderen Evangeliums" in Galatien zu geben (Der Brief an die Galater, ZBK.NT 7, Zürich 1978, 104–108). Eine religionsgeschichtliche oder gar historische Einordnung muß wegen des Fehlens von Originaltexten immer überaus hypothetisch bleiben, ist aber zum Verständnis des Briefes doch immer notwendig. Mit dem hier vorgelegten Material möchte ich begründen, daß diese immerhin in Kleinasien *Heidenmission* treibenden Judenchristen eine durchaus „moderne" Interpretation des Mosegesetzes vorlegen konnten, wie die vielleicht nächsten „Parallelen" zu Gal 4,10 – wenn man denn solche sucht – Philo oder Weish 7,17–19 belegen mögen. Der Streit zwischen Paulus und ihnen ist deshalb so erbittert, weil beide Parteien ihr Evangelium aus dem Gesetz selber entwickeln, was Paulus naturgemäß schwerer fallen mußte. Doch hatte er selber dieses „Gesetz" als *christliche* Bibel in Galatien hinterlassen, nicht erst die Gegner hatten es dort eingeführt.

[77] Vgl. vor allem Weish 13–15.

[78] Vgl. Röm 1,25, aber auch Philo, op. mund. 7: „... weil sie die Welt mehr als den Weltschöpfer bewunderten."

[79] Vgl. Gal 2,15: „Wir, von Natur aus (φύσει) Juden und nicht Sünder aus den Heiden ..."

Erkenntnis Gottes als des wahren Gottes gegenüber den Göttern, die von Natur aus keine sind, war der Gewinn der Galater, den sie bei ihrer Hinwendung zum Christusevangelium erzielten, Erkenntnis Gottes dabei als Erkanntwerden von Gott[80] – auch das ist noch wie die Verwendung des Verbums ἐπιστρέφειν in 4,9 die Sprache der apologetischen und missionarischen Auseinandersetzung mit dem Heidentum. Die Konsequenz für Paulus aber ist, daß die Hinwendung zum Gesetz, und zwar auch die zu einem ins Kosmologische vorgetriebenen Gesetz, ebenso Gott verfehlt wie das Heidentum, aus dem die Galater kommen. Als Beispiel dafür dient Paulus in 4,10 die Orientierung am durch den Gang der Gestirne bestimmten Lauf der Welt, die sich nicht in einer „Kalenderfrömmigkeit" erschöpft, sondern – worauf vielleicht der Sprachgebrauch von στοιχεῖν im Galaterbrief hinweisen mag – den ethischen Bereich mit einbezieht.[81] [444]

Paulus stellt dem schroff entgegen nichts als das Kreuz Christi, „durch das mir die Welt gekreuzigt ist und ich der Welt" (Gal 6,14). Dadurch sind nach Christus wie vor Christus alle von Natur aus bestehenden Polaritäten aufgehoben (3,28),[82] zumal die von Juden und Heiden (vgl. 2,15: φύσει!). Das unterscheidet die „neue Schöpfung" von der bestehenden Welt (6,15, vgl. 2Kor 5,17). Daß diese Welt, die der Mensch als Natur und Geschichte erlebt, von ihrem Anfang und damit auch von ihrem Ende her einen Sinn habe gegen alle Erfahrung ihrer Sinnlosigkeit, war das geheime Thema der Auslegungstradition des vierten Schöpfungstages und wohl auch von Gen 1,14–19 als Teil des „Gesetzes". Die Erfahrung der Polaritäten in der Welt, die schon P reflektierte, wurde im Judentum in unterschiedlicher Weise in Gesetz, Kult oder Eschatologie beantwortet: Licht ohne Finsternis, das das Gesetz, selber ja Licht, versprach, wäre das Kennzeichen der „neuen Schöpfung".[83]

Für Paulus dagegen ist das Kreuz, nicht mehr das Gesetz, der Schlüssel für die Wirklichkeit, weil in ihm die letzte Polarität, die von Leben und Tod, aufgehoben ist. Die Welt ist hier mitgekreuzigt nicht anders als das Ich in 2,19. Das Gesetz kann die Polaritäten allenfalls beschreiben oder ihre Aufhebung versprechen, sie aber nicht selber aufheben; statt des versprochenen Lebens bringt es vielmehr den Tod, wie sich für Paulus im Kreuzestod des Christus zeigt (3,13 in Aufnahme von Dtn 21,23).[84]

Darin sind ihm vielleicht schon die Galater nicht gefolgt, wenn sie – was nicht auszuschließen ist – sich lieber an jenes andere, Christus und Gesetz verbindende Evangelium gehalten haben als an das Christusevangelium des Paulus. Das wäre jedenfalls begreiflich, sieht man, wie die jüdische Tradition vom Gesetz her doch recht plausibel den mehrdeutigen Erfahrungen einen Sinn geben konnte, die der Mensch mit sich selber, mit Gott

[80] Vgl. H. Conzelmann, Der erste Brief an die Korinther, KEK 5, Göttingen [11]1969, 168 zu 1Kor 8,3.

[81] Paulus verwendet auffälligerweise στοιχεῖν, das bei ihm sonst nur noch zweimal begegnet (Phil 3,16 und Röm 4,12), im ethischen Teil des Briefes Gal 5,25 sowie in 6,16 nach Nennung des „Kanons" 6,15 – die ursprünglichen Leser jedenfalls mußten hier einen Anklang an das Thema der στοιχεῖα mithören. Συστοιχεῖν begegnet bei Paulus nur Gal 4,25 im Zusammenhang des alten Themas von oberem und unterem Jerusalem (vgl. schon Ex 25,40 P: die *tăbnīt* des Tempels, die Mose auf dem Sinai gesehen hat).

[82] Vgl. D. Lührmann, Wo man nicht mehr Sklave oder Freier ist, WuD 13 (1975) 53–83.

[83] Vgl. die „Sonne der Gerechtigkeit" Mal 3,20; der Unterschied zwischen Gerechtigkeit und Frevel wird dann offenbar werden (3,18).

[84] Vgl. Gal 2,19!

und der Welt macht. Auch Paulus steht in dieser Tradition des Gesetzes, radikalisiert sie nun aber in der Weise, daß er die im Gesetz versprochene Gerechtigkeit nur außerhalb des Gesetzes realisiert sieht.[85] Das bedeutet auch einen anderen Zugang zur Welt, denn von Gott als dem Schöpfer Himmels und der Erden ist nun nicht mehr zu reden, ohne daß von diesem Christus geredet wird; der die Toten leben- [445] dig macht und das Nichtseiende ins Sein ruft (Röm 4,17), ist der, der Jesus, unseren Herrn, von den Toten auferweckt hat (Röm 4,24). Der „Sinn" der Welt ist nicht mehr aus ihrer im Gesetz niedergelegten kosmischen Ordnung zu erkennen, sondern allein im Kreuz des Christus; Zeichen der Treue Gottes gegenüber seiner Schöpfung ist nicht die Ordnung der Gestirne, sondern allein das Kreuz.[86]

[85] Und er behauptet, daß das aus dem Gesetz selber hervorgehe, verstehe man es nur richtig; vgl. oben Anm. 76.

[86] Damit rücken der Galaterbrief und 1Kor 1–4 hinsichtlich ihrer Sachproblematik sehr eng zusammen; in beiden Fällen wird die Kreuzestheologie – und die begegnet ja nur in diesen beiden Zusammenhängen so ausdrücklich – gegen eine „Weisheit" gestellt, die in Galatien nur stärker am Gesetz orientiert ist. Diesem Unterschied aber entsprechen schon im Judentum verschiedene Traditionsstränge. – Der Kolosser- und der Epheserbrief zeigen den Versuch, von dieser Kreuzestheologie her neu kosmologische Aussagen zu gewinnen (vgl. Kol 1,20 im Zusammenhang des Hymnus 1,15–20 und Eph 2,13–17). Das geschieht z. T. unter Rückgriff auf vor- oder nebenpaulinische Traditionen, hat aber doch seinen Anhalt bei Paulus selber, vgl. Phil 2,6–11; Gal 6,15; 2Kor 5,17–21; 4,4–6; 1Kor 8,6; Röm 8,38f u. a. Doch das kann hier nicht mehr weiter ausgeführt werden.

ABENDMAHLSGEMEINSCHAFT?

GAL 2,11ff

Im Kirchenkampf war das Abendmahl für die protestantischen Gemeinden neu entdeckt worden, zugleich damit aber auch, daß seine seit der Reformationszeit kirchentrennende Bedeutung anhielt,[1] und die Grundordnung der EKD von 1948 enthält in Artikel 4.4 den Satz: „Über die Zulassung zum heiligen Abendmahl besteht innerhalb der Evangelischen Kirche in Deutschland keine volle Übereinstimmung."[2] Der Rat der EKD beauftragte auf einen Anstoß der Kirchenversammlung in Treysa 1947 hin eine Kommission, „ein freies theologisches Gespräch" über das Abendmahl zu führen, das zehn Jahre dauerte und 1957 mit den „Arnoldshainer Thesen" einen Abschluß fand.[3]

Schon in der Einladung zu dieser Kommission hieß es: „Innerhalb der neutestamentlichen Wissenschaft hat sich gerade auch im Blick auf das heilige Abendmahl etwas ereignet, was nicht ohne Folgerung bleiben kann für die kirchliche Existenz."[4] Das wird aufgenommen im Abschlußbericht: „In den … gemeinsam formulierten und einmütig angenommenen Sätzen wird gesagt, was Theologen lutherischen, reformierten und unierten Bekenntnisses innerhalb der EKD, *bestimmt durch den Ertrag der neueren exegetischen Arbeit am* [282] *NT,* heute auf die Fragen nach Wesen, Gabe und Empfang des heiligen Abendmahls gemeinsam antworten können."[5]

Die Geschichte dieser Kommission ist offenbar schwieriger gewesen als der offizielle Bericht erkennen läßt, schwierig vor allem in der Frage, was denn tatsächlich dieser „Ertrag der neueren exegetischen Arbeit am NT" sei. Günther Bornkamms Aufsatz über „Geschichte und Glaube im Neuen Testament", zwar erst einige Jahre später geschrieben, aber „entworfen im Zusammenhang der Abschlußarbeiten an den Arnoldshainer Thesen"[6], nennt als das seiner Meinung nach entscheidende Problem die Bestimmung des Verhältnisses von historischer und theologischer Aussage, die sich auch in der Frage

[1] Vgl. den Band: Abendmahlsgemeinschaft?, BEvTh 3, 1937, zur Vorbereitung der zweiten Tagung der 4. Bekenntnissynode der APU in Halle/Saale 1937.

[2] Zitiert nach K. Kupisch, Quellen zur Geschichte des deutschen Protestantismus von 1945 bis zur Gegenwart, 1. Teil, SiebensternTb 159, 1971, 61. – Bemerkenswert, daß demgegenüber die Kirchenordnung der ev.-luth. Kirche in Oldenburg von 1950 in Art. 9 vorsieht, daß andere evangelische Christen als lutherische „auf ihren Antrag auch ein ständiges Gastrecht vom Gemeindekirchenrat erhalten (können). Sie stehen damit in der Gottesdienstgemeinschaft der Gemeinde, haben das Recht auf Teilnahme am Sakrament und auf alle Amtshandlungen der Gemeinde". – Die Ordnung des Bundes der Evangelischen Kirchen in der DDR von 1969 sieht in Art. 2.4 vor: „Es ist in allen Gliedkirchen festgelegt, daß evangelischen Christen, die einer der Gliedkirchen des Bundes angehören, der Zugang zum Heiligen Abendmahl offensteht" (zitiert nach Kupisch, a.a.O., 2. Teil, 116).

[3] Vgl. dazu G. Niemeier (Hg.), Zur Lehre vom heiligen Abendmahl. Bericht über das Abendmahlsgespräch der EKD 1947–1957, 1961, Zitat: 8.

[4] Ebd.

[5] Ebd., 15.

[6] EvTh 22 (1962), 1–15, zitiert nach: Geschichte und Glaube I, BEvTh 48, 1968, 9–24, Zitat in der Anm. zum Titel.

des Abendmahls zuspitzt auf die Bedeutung des historischen Jesus für den christlichen Glauben, und Bornkamm zitiert zustimmend das „souveräne Wort" Julius Schniewinds in der ersten Sitzung der Kommission: „Was am Gründonnerstag passiert ist, geht uns hier nichts an."[7] Der kritische Punkt lag in der Formulierung der Stiftungsaussage der ersten These: „Das Abendmahl, das wir feiern, gründet in der Stiftung und im Befehl Jesu Christi, des für uns in den Tod gegebenen und auferstandenen Herrn"[8], die den Ursprung des Abendmahls *nicht* historisch datiert auf die Gründonnerstagnacht vor Jesu Kreuzigung in Jerusalem.

Die „Arnoldshainer Thesen" sind einerseits ein Dokument für die Vorherrschaft der Exegese in den ersten anderthalb bis zwei Jahrzehnten nach dem Kriege in Theologie und Kirche; andererseits aber ist ihr weiteres Schicksal Symptom für die Negierung dieser Leitfunktion in der Folgezeit. Sie sind nie offiziell rezipiert worden und schon gar nicht dort angekommen, wofür sie bestimmt waren, bei den Gemeinden; letzteres ist doch wohl mehr als nur ein Problem theologischer Sprache. Die Leuenberger Konkordie nimmt in den Absätzen 15, 16 und 18 freilich die Arnoldshainer Thesen fast wörtlich auf,[9] und dadurch, daß alle der EKD angehörenden Landeskirchen die Leuenberger Konkordie angenommen haben, ist entsprechend Absatz 33 faktisch der eingangs zitierte Satz aus Artikel 4.4 der Grundordnung der EKD überholt und das Ziel der Arnoldshainer Thesen doch noch erreicht.

Gleichzeitig aber zeigt sich in Kirche und Theologie ein ganz anderer Trend. Der offiziöse „Evangelische Erwachsenenkatechismus" (1975) nennt das ganze schlicht den „Formelkompromiß von Arnoldshain" (1112), erwähnt unter den angeblichen Wurzeln des Abendmahls, die in Wirklichkeit [273] schwer miteinander vereinbare Thesen von Exegeten sind,[10] nicht mehr das, was besonders Günther Bornkamm[11] und Ernst Käsemann[12] in die Formulierung von These 1 und 4 eingebracht haben, den Bezug auf die Abendmahlspraxis der frühchristlichen Gemeinden; schließlich gelangt dieser Katechismus, der sich zusammen mit seiner Kurzfassung „Evangelischer Gemeindekatechismus" (1979) offenbar rasch durchsetzt, zu einer Abendmahlslehre, die vom Begriff des „Opfers" her entworfen ist[13] – n. b. ohne in der Darstellung des römisch-katholischen Abendmahlsverständnisses diesen Begriff auch nur zu erwähnen.

Das Dokument der gemeinsamen römisch-katholischen/evangelisch-lutherischen Kommission von 1978 schließlich beginnt das „gemeinsame Zeugnis" mit dem Satz: „Bevor

[7] Ebd., 10.

[8] A.a.O. (Anm. 3), 15.

[9] OR 21, 1972, 402–408.

[10] 1105: Das letzte Mahl Jesu am Abend vor seinem Tode (J. Jeremias u. a.); die Mahlgemeinschaften des irdischen Jesus (W. Marxsen); die Erscheinungsmahle des Auferstandenen (O. Cullmann); (1107 distanzierter!) das Passamahl im Alten Bund (J. Jeremias). Die drei ersten „Wurzeln" aber auch bei F. Hahn, Zum Stand der Erforschung des urchristlichen Herrenmahls, EvTh 35 (1975), 553–563, hier 554.

[11] Herrenmahl und Kirche bei Paulus (1956), in: Studien zu Antike und Urchristentum, BEvTh 28, 1959, 138–176.

[12] Anliegen und Eigenart der paulinischen Abendmahlslehre, in: Exegetische Versuche und Besinnungen I, 1960, 11–34.

[13] A.a.O., 1111.

Jesus in den Tod ging, um den Menschen Frieden und Gemeinschaft mit Gott und untereinander zu schenken, hat er den Seinen sein Mahl bereitet" (13), also im Sinne Bornkamms nicht einer theologischen, sondern historischen Aussage, zitiert dann die Einsetzungsworte nach dem Ordo Missae und nennt dies das „neue Passah-Mahl".

Auf exegetischer Seite entsprechen dem die Arbeiten von H. Patsch[14] und R. Pesch[15], und P. Stuhlmacher[16] schließlich kann schreiben, ohne daß noch viel von der Problematik erkennbar bleibt: „Jesus hat sich angesichts des ihm in Jerusalem bevorstehenden Endes mehrfach, zuletzt beim Abschiedspassah mit seinen Jüngern, stellvertretend ‚für die Vielen' dem Tode geweiht, und zwar um sie durch seine stellvertretende Lebenshingabe definitiv in die Gemeinschaft mit Gott einzustiften."[17]

Ein solcher – exegetischer und kirchenamtlicher – ökumenischer Konsensus überspielt das, was *seinerzeit* mit „Ertrag der neueren exegetischen Arbeit am NT" gemeint war, nämlich historische Fragen *als* theologische zu stellen, [274] und setzt die Theologie wie im 19. Jh. wieder der historischen Kritik aus bzw. erhebt historische Urteile zu Glaubensbekenntnissen. Damit schwindet zugleich der einst gewonnene Freiraum der Exegese, denn jede positionelle Theologie kann ihrer Negation nur durch den Häresieverdacht Herr zu werden versuchen. Exegese, die eingeschworen werden soll auf ein „Einverständnis mit dem Text", darf nicht mehr davon bestimmt sein, sich herumzuschlagen mit dem Widerspruch gegenüber der „Torheit" des Evangeliums.

In der kirchlichen Praxis selber wirkt das Abendmahlsverständnis längst nicht mehr kirchentrennend. Unter der Hand und unter Verzicht auf lehrmäßige Fixierung gibt es gegenseitige Zulassung zum Abendmahl auch zwischen Katholiken und Protestanten, wenn auch demonstrative Vorhaben auf Widerstand der römisch-katholischen Kirche stoßen. Der allgemeine Verzicht auf theologische Präzisierung, was ja nicht gleichbedeutend mit Scholastik zu sein braucht, wird mit dem Begriff „Geheimnis"[18] nur verschleiert, denn das ist ja zunächst nichts anderes als die Ersetzung des lateinischen Wortes sacramentum mit Hilfe des deutschen Wortes für das dem lateinischen entsprechende griechische μυστήριον; während aber „Sakrament" etwas dogmatisch Bestimmbares war, schlägt das nun in das Gegenteil um. Die populäre „Zöllner und Sünder"-Christologie ermöglicht zugleich einen weitgehenden Abbau des sakramentalen Charakters des Abendmahls unter Berufung auf die Tischgemeinschaft Jesu mit „Zöllnern und Sündern" (vgl. Mk 2,13–17) und damit dessen Ethisierung.

Zugleich verlagert sich das Interesse aber auf sekundäre Fragen wie alkoholfreies Abendmahl oder Zulassung von Kindern zum Abendmahl, und da treten dann vehe-

14 Während „Passa(h)" im Deutschen und Englischen eindeutig nur das jüdische Fest bezeichnet, meint in den romanischen, skandinavischen und niederdeutschen Sprachen das entsprechende Wort auch das christliche Osterfest. Dadurch hat die Verwendung des Wortes in ökumenischen Dokumenten eine gewisse Zweideutigkeit.

15 Abendmahl und historischer Jesus, CThM A 1, 1972.

16 Das Abendmahl und Jesu Todesverständnis, QD 80, 1978.

17 Vom Verstehen des Neuen Testaments, GNT 6, 1979, 230 = ders., H. Claß , Das Evangelium von der Versöhnung in Christus, 1979, 22f.

18 Z. B. im „gemeinsamen Zeugnis" 13; Erwachsenenkatechismus 1104, vgl. dort 1110 die positive Darstellung der Abendmahlslehre der orthodoxen Kirche unter diesem Stichwort.

ment (pseudo?)theologische Argumentationen zum Vorschein. Hier rächt sich der Verzicht auf eine theologische Verständigung darüber, was das Abendmahl sei. Mir scheint, daß an der Frage des Abendmahls durch die Kirchengeschichte hindurch nicht weniger hängt als die Frage nach Kirche überhaupt und damit die Frage der Christologie als Frage nach Grund und Ursache der Kirche, schließlich auch die Frage nach der Theologie. Es ist ja auffällig, wie immer wieder am Abendmahl kirchliche und theologische Verständigungsbereitschaft ihre Grenze findet.[19]

Erinnern möchte ich in diesem Zusammenhang an einen Text, der in dieser Frage nur selten genannt wird, wohl weil er keine ausdrückliche Abendmahls*lehre* enthält: Gal 2,11ff.[20] Man kann an ihm m. E. lernen, wie im [275] konkreten Fall theologischer Streit geboten ist und ökumenische Harmonie der „Wahrheit des Evangeliums" entgegensteht. Man kann an ihm lernen, was jedenfalls Paulus unter theologischer Argumentation verstand. Man kann vor allem aber wohl aus ihm lernen, daß es Kirche nicht gibt ohne Abendmahlsgemeinschaft. Das ganze ist zunächst nur eine exegetische Nachzeichnung dessen, was damals in Antiochien geschah, auch nur ein Paulustext, kein nivellierendes „Gesamtzeugnis der Schrift". Wenn die Kirche aber den Kanon des Alten und Neuen Testaments als ihren Maßstab anerkennt, ist dieser zugleich ihre eigene und schärfste Kritik; „Einverständnis mit dem Text" ist also keinesfalls immer und von vornherein Einverständnis mit der Kirche.

Voraus geht diesem Text sachlich und auch der chronologischen Ordnung entsprechend Paulus' Darstellung der Vereinbarung zwischen der Jerusalemer und der antiochenischen Gemeinde in 2,1–10. Paulus reduziert seinen Bericht im Blick auf die Situation in Galatien, alle dafür unwichtigen Details übergehend, auf den Nachweis, daß es nur *ein* Evangelium in der Kirche gibt und daß die Verkündigung eines „Evangeliums der Beschneidung" in Galatien sich nicht legitim auf Jerusalem berufen kann. Dieses *eine* Evangelium ist kein anderes als das, welches die Galater seinerzeit angenommen haben, als Paulus bei ihnen unter widrigen Umständen missionierte. Weil die Galater es kennen, braucht Paulus es nicht eigens als solches noch einmal zu nennen (vgl. 3,1), wie er es bei anderer Gelegenheit in 1Kor 15,1–11 tut, wo er ja in V. 11 ausdrücklich betont, daß die zuvor genannten Zeugen so und nicht anders verkündigen, unter ihnen die Jerusalemer Verhandlungspartner Kephas und Jakobus wie er selber.[21] Inhalt dieses Evangeliums ist eine Christologie, die in Tod und Auferweckung des Christus das mit Jesus gekommene

[19] Einen guten Überblick über „das Abendmahlsgespräch in der ökumenischen Theologie der Gegenwart" gibt U. Kühn, Art. „Abendmahl IV", TRE I, 145–212.

[20] Daß die Situation in Antiochien sich an der Tischgemeinschaft der Gemeinde entzündet, die die Feier des Abendmahls einschließt, wird in der protestantischen Exegese allgemein vertreten: H. Lietzmann, An die Galater, HNT 10, ^{4}1971, 14f; A. Schweitzer, Die Mystik des Apostels Paulus, 1930, 193; G. Bornkamm, Paulus, UB 119, 1969, 66; P. Stuhlmacher, Das paulinische Evangelium I, FRLANT 95, 1968, 105, und viele andere, so auch H. Schlier, Der Brief an die Galater, KEK 7, ^{13}1965, 83. Unbestimmter die katholischen Exegeten J. Eckert, Die urchristliche Verkündigung im Streit zwischen Paulus und seinen Gegnern nach dem Galaterbrief, BU 6, 1971, 195 („es ist nicht ausgeschlossen"), und F. Mußner, Der Galaterbrief, HThK 9, 1974, 138 („läßt sich vom Text her nicht entscheiden").

[21] Vgl. Gal 2,9 und 1Kor 15,5.7f. Und der Zebedaide Johannes? Einer von den „Zwölf", einer von den „Aposteln allen"?

Heil sieht (V. 3b–5). Das Jerusalemer „Evangelium der Beschneidung“ und das antiochenische „Evangelium der Unbeschnittenheit“ (Gal 2,7) sind also inhaltlich gleich.

Diese Identität wurde von den Jerusalemern anerkannt, d. h. sie akzeptierten, daß dieses Heil nicht nur Israel, sondern auch Heiden gelte und deshalb weltweit zu verkündigen sei, wie es Paulus und die Antiochener bereits vor- [276] her in Arabien, Syrien und Kilikien getan hatten (Gal 1,17.21). Sie akzeptierten dabei aber vor allem, und das offenbar nicht ohne Diskussion (2,4!), daß die Teilhabe an diesem Heil nicht eine Beschneidung als Aufnahme in den Bund Gottes mit seinem Volk zur Voraussetzung zu haben brauche, wie Paulus am Beispiel des (den Galatern vermutlich persönlich bekannten[22]) Titus zeigt. Wenn die Verkündiger des „anderen Evangeliums“ in Galatien dies zur Bedingung machen, ist das nicht das *Jerusalemer* „Evangelium der Beschneidung“, da es ja nur *ein* Evangelium gibt (1,6f); Gewährsmänner für sie wären dort allenfalls die von Paulus in 2,4 als „Falschbrüder“ Bezeichneten.

Sichtbares Zeichen der in der Einheit des Evangeliums gründenden Einheit der Kirche ist die vereinbarte materielle Unterstützung, der Jerusalemer,[23] für die Paulus wie in Korinth so auch in Galatien die Anweisung gegeben hat, jeweils am Sonntag Geld zu sammeln (1Kor 16,1; vgl. Gal 2,10); Paulus kann sie auch als κοινωνία bezeichnen (Röm 15,26). Unter dem Eindruck der paulinischen Sammlung in den von ihm im ägäischen Raum gegründeten Gemeinden ist man gewöhnt, von *der* Kollekte im Singular zu sprechen; Gal 2,10 läßt aber eher auf eine regelmäßige Unterstützung der Jerusalemer durch die antiochenische Gemeinde schließen, und die Kollekte des Paulus ist dann Weiterführung dieser Verpflichtung auch nach seiner Trennung von Antiochien.

Was in Jerusalem vereinbart wurde, war in Antiochien schon zuvor praktiziert worden, so daß hier wie wohl auch in weiteren von hier aus in Syrien und Kilikien missionierten Orten (vgl. Gal 1,21) Gemeinden aus Juden- und Heidenchristen entstanden waren.[24] Auch Lukas verknüpft ja in Apg 11,20 mit Antiochien die Notiz, daß nun auch Griechen der Herr Jesus verkündigt wurde. Auch wenn es Heidenmission schon vorher gegeben hatte, und Paulus’ Mission in Arabien ist dafür ja ebenso ein Beispiel (Gal 1,16f) wie verschiedene Geschichten in Apg 8–10, scheint das Besondere an Antiochien gewesen zu sein, daß die dortige Gemeinde sich nun auch für Außenstehende deutlich von der jüdischen Synagoge abhob, so daß Lukas den zu seiner Zeit üblichen Begriff χριστιανοί[25] als hier erstmals aufgekommen bezeichnet (Apg 11,26). Paulus steht diese Bezeichnung noch nicht zur Verfügung; daher kommen die Schwierigkeiten bei der Übersetzung von Ἰουδαῖοι und [277] ἔθνη: Juden oder Juden*christen* bzw. Heiden oder Heiden*christen*. Als

[22] S. u. bei Anm. 36.

[23] Vgl. dazu vor allem D. Georgi, Die Geschichte der Kollekte des Paulus für Jerusalem, ThF 38, 1965.

[24] Das Problem ist bekannt: ethnische oder geographische Deutung von Gal 2,9. Ich folge hier nicht ohne Grund G. Bornkamm, Paulus, 60, nicht ganz, da die Übereinkunft von Jerusalem doch wohl eindeutig gewesen sein muß, und das deutet auf geographische Abgrenzung.

[25] Vgl. 1Petr 4,16; Tacitus, ann. XV 44,2; Sueton, Nero 16,2; Plinius, ep. X 96f, dazu A. Wlosok, Rom und die Christen, 1970.

Eigenbezeichnung gegenüber Juden und Heiden begegnet bei ihm ausdrücklich nur ἐκκλησία τοῦ θεοῦ (1Kor 10,32).[26]

Die Personen, die uns hier in Antiochien begegnen, sind zumeist Judenchristen wie jene Kyprier und Kyrenäer, die aufgrund der Verfolgung des Stephanuskreises in Jerusalem nach Antiochien kamen (Apg 11,19f), wie Paulus selber (Phil 3,5), wie Barnabas (Apg 4,36), Symeon, Lukios und Manaen (Apg 13,1), Judas Barabbas und Silvanus/Silas (Apg 15,22), Johannes Markus (Apg 12,12.25; 13,5; 15,37). Der einzige Heidenchrist hingegen, dessen Namen wir kennen, ist der in der Apg nie erwähnte Titus (Gal 2,3); die führenden Köpfe waren offenbar Judenchristen, wie denn ja auch die Judenchristen Paulus und Barnabas die Delegation nach Jerusalem leiteten (Gal 2,1; Apg 15,2). Beachtenswert ist auch der rege Verkehr zwischen Jerusalem und Antiochien über Jahre hinweg[27] und von allem Anfang an, so daß man in Jerusalem darüber informiert gewesen sein muß, was in Antiochien vorging, wie ja auch Paulus' Missionstätigkeit dort bekannt geworden ist (vgl. Gal 1,22–24).[28]

Nach Antiochien kommt nun auch Kephas/Petrus (Gal 2,11), und er übernimmt die dort in der Gemeinde üblichen Lebensformen. Die aus der Einheit des Evangeliums folgende Einheit der Kirche war hier realisiert worden, indem Juden- und Heidenchristen sich gemeinsam an einen Tisch setzten (Gal 2,12), die Judenchristen also die solche Tischgemeinschaft hindernden Vorschriften des Gesetzes als nicht mehr für sich verbindlich ansahen, was sicherlich den Umgang mit „Heiden" mehr gewöhnten Diasporajuden leichter fiel als Juden im Mutterland. Wenn es solche Tischgemeinschaft geben konnte, vollzog sie sich aber nicht nur auf der Ebene sozusagen privater Geselligkeit, sondern auch im Gottesdienst beim Herrenmahl.[29] Die paulinische Fassung der Einsetzungsworte 1Kor 11,23–25 enthält mit μετὰ τὸ δειπνῆσαι (V. 25) den Hinweis, daß Brot- und Kelchwort den Rahmen bildeten für eine gemeinsame Mahlzeit der ganzen Gemeinde.[30] Diese Sitte [278] wurde in Korinth bereits aufgegeben, indem man Herrenmahl und Abendmahl voneinander trennte, und Paulus insistiert hier nirgends darauf, dazu zu-

[26] Vgl. dazu W. Schrage, „Ekklesia" und „Synagoge", ZThK 60 (1963), 178–206; K. Berger, Volksversammlung und Gemeinde Gottes, ZThK 73 (1976), 167–207; H. Merklein, Die Ekklesia Gottes, BZ 23 (1979), 48–70. Vgl. auch die Aussage, er habe *die* ἐκκλησία τοῦ θεοῦ verfolgt (1Kor 15,9; Gal 1,13; vgl. Phil 3,6).

[27] Auch die Paulus' eigener Darstellung Gal 1,18 bis 2,1 widersprechende Reise Apg 11,29f; 12,25 belegt dies nur.

[28] Gegen die These von G. Howard (Paul: Crisis in Galatia, MSSNTS 35, 1979), die Auseinandersetzung in Galatien beruhe darauf, daß man sich in Jerusalem über die paulinische Missionspraxis nicht im klaren gewesen sei.

[29] Vgl. oben Anm. 20.

[30] So auch Lk 22,20. – Mk stellt zwei Szenen, die *während* des Essens spielen, zusammen (14,18: καὶ ἀνακειμένων αὐτῶν καὶ ἐσθιόντων … , 14,22: καὶ ἐσθιόντων …), ohne Angaben über den Zeitpunkt zu machen (ebenso Mt 26,21.26). Erst durch die Verknüpfung mit 14,12–16 entsteht der Eindruck eines Passamahls, dem freilich der dafür konstitutive Akt fehlt: die Schlachtung eines Lammes im Tempel. Die Einsetzungsworte selber enthalten keinen Bezug zum Passa. Ist es die Datierung des Todes Jesu in der Zeit des Passafestes (vgl. 14,1f), die sich für Mk mit einer ungenauen Kenntnis einer für dieses Fest charakteristischen Mahlzeit verbindet? Lk 22,15–20 (und ich folge hier dem Langtext; auch in der 26. Aufl. des Nestle ist nun die eckige Klammer um V. 19b.20 gefallen) stilisiert die Mk-Vorlage sehr viel stärker in Richtung auf eine Passamahlzeit, obwohl auch dort das Passa*lamm* fehlt.

rückzukehren.[31] Es handelt sich bei diesem μετὰ τὸ δειπνῆσαι also sicher nicht um ein speziell paulinisches Element, sondern um ein Stück der von ihm übernommenen Tradition und daher auch um eine bei den Trägern dieser Tradition praktizierte Sitte. Wir können also annehmen, was in der protestantischen Exegese allgemein akzeptiert, in der katholischen hingegen mit einem Fragezeichen versehen wird, daß man es in Antiochien[32] so gehalten hat: eine gemeinsame Mahlzeit, gerahmt von Brot- und Kelchwort.

Wer diesem Rückschluß von 1Kor 11,25 auf Gal 2,11ff nicht ganz traut, mag die sich nun anschließenden Überlegungen so lesen, daß was schon für privates Essen gilt, erst recht für das Herrenmahl zu gelten hat; wie private Geselligkeit wäre auch im Zusammenhang des Abendmahls ein gemeinsames Mahl von Juden- und Heidenchristen nicht möglich. Es handelt sich, und das geht aus Gal 2,11ff ja deutlich hervor, um ein Problem der ganzen Gemeinde: Paulus stellt Petrus „vor allen" (V. 14) zur Rede, das Schisma betrifft die ganze Gemeinde. Die Situation in Antiochien wäre dann auch beim Herrenmahl analog der in Korinth nach 1Kor 11,21 vorzustellen: „Jeder nimmt beim Essen sein eigenes Mahl ein."[33]

Gal 2,11–14 zeigt nun einerseits, daß diese Lebensform der Tischgemeinschaft in Antiochien tatsächlich praktiziert worden ist, da Petrus sich ihr zunächst angeschlossen hat, andererseits aber auch, daß sie plötzlich bestritten wurde, als von außerhalb aus Jerusalem „Leute von Jakobus" kamen, und zwar bestritten wurde in der antiochenischen Gemeinde selber, als Petrus, die übrigen Judenchristen und auch Barnabas sich von der Tischgemeinschaft zurückzogen. Paulus' Darstellung des Vorfalls ist überaus polemisch: Er bezeichnet Petrus als „überführten Schuldigen" (V. 11b), unterstellt ihm Angst vor den Judenchristen (V. 12b), spricht von „Heuchelei" bei ihm und den übrigen antiochenischen Judenchristen und auch Barnabas (V. 13); sie alle wichen, wie er behauptet, von der „Wahrheit des Evangeliums" ab [279] (V. 14a), dieser Wahrheit, die zuvor in Jerusalem bewahrt worden war (V. 5). Noch Jahre nach dem Vorfall also formuliert Paulus so heftig, obwohl er doch andernorts von Petrus und Barnabas ohne jeden polemischen Unterton sprechen kann (1Kor 9,5f).

Der Grund für diese Polemik ist wieder in der galatischen Situation zu suchen, weil nun dort wie einst in Jerusalem und Antiochien die „Wahrheit des Evangeliums" auf dem Spiel steht, die Paulus für *sie,* die Galater (V. 5), von denen er zu der Zeit noch nicht einmal etwas ahnen konnte, in Jerusalem verteidigt hatte. Diese „Wahrheit" ist mehr als bloße „Richtigkeit", vielmehr die Einheit und Einzigartigkeit des einen Evangeliums und der aus diesem einen Evangelium hervorgehenden einen Kirche aus Juden und Heiden. Wie er seinen Gegnern in Galatien für ihr „Evangelium der Beschneidung" die Berufung auf Jerusalem verwehrt, so widerlegt auch dieser Vorfall in Antiochien – ob sie ihn nun gegen Paulus ausgespielt haben oder nicht – nicht das eine Evangelium, und das, obgleich Paulus doch wohl zunächst der Verlierer gewesen sein wird. Nach diesem Vorfall

31 Vgl. Bornkamm, a.a.O. (Anm. 11), 155.

32 S. o. Anm. 20, auch J. Jeremias, Die Abendmahlsworte Jesu, [4]1967,181.

33 Vgl. dazu auch G. Theißen, Soziale Integration und sakramentales Handeln, NT 16 (1974), 179–206, hier: 182–186.

nämlich trennt er sich von Antiochien und beginnt seine eigene von Antiochien unabhängige Missionsarbeit, deren erste Station Galatien war, die ihn dann nach Makedonien führte, vielleicht schon damals mit Rom als Ziel, das er über die Via Egnatia hätte erreichen können.[34] Er biegt aber dann nach Süden ab und gelangt über Athen nach Korinth und von dort aus später nach Ephesus. Ob er jemals wieder in Antiochien gewesen ist, bleibt ungewiß, da die sogenannte „dritte Missionsreise" Apg 18,18–23 durchaus eine lukanische Konstruktion sein kann.[35]

Auch bei Lukas, der aus dem von Paulus in Gal 2,11–14 geschilderten Vorfall eine Auseinandersetzung um die Zuverlässigkeit des Johannes Markus macht (Apg 15,36–40), wird ja aus einer Inspektionsreise zur Durchführung der Jerusalemer Beschlüsse (16,4) alsbald der Beginn der eigenständigen Missionstätigkeit des Paulus. Mit Paulus geht dabei weder Petrus noch Barnabas, sondern nur Silas/Silvanus, und von den zuvor genannten Mitgliedern der antiochenischen Gemeinde treffen wir im Missionsgebiet um die [280] Ägäis später nur Titus wieder. Sind diese drei, Paulus, Silas/Silvanus und Titus,[36] und mit ihnen der unterwegs hinzugewonnene Timotheus (Apg 16,1–3) seinerzeit in Galatien gewesen, dann ist den Galatern das Evangelium von allem Anfang an als Evangelium der Juden und Heiden, der Beschneidung und der Unbeschnittenheit begegnet.[37] Jedenfalls trennt sich Paulus von Antiochien, und es ist dann doch wohl am wahrscheinlichsten, daß das Schisma dafür der Anlaß war.

Dieses Schisma nun war total: hier Petrus mit den Judenchristen, unter ihnen sogar Barnabas, dort Paulus offenbar als einziger der Judenchristen, der an der Tischgemeinschaft mit Heidenchristen festhält. Die Rede des Paulus in 2,14–21 ist dabei bekanntlich nicht wörtliche Wiedergabe seiner damals vor der antiochenischen Gemeinde gehaltenen Anklage gegen Petrus, sondern sie ist zugespitzt auf die galatischen Leser als grundsätzliche Darstellung des einen Evangeliums für Juden und Heiden. Dennoch ist in diesem, Jahre später aus aktuellem Anlaß formulierten Abschnitt doch die Begründung für die kompromißlose Haltung des Paulus gegenüber Petrus damals in Antiochien zu suchen, wie sich später zeigen wird.[38]

Das Problem der neuen Lebensform der Tischgemeinschaft in Antiochien lag in den Speisevorschriften des Gesetzes, und dieses Problem ist im frühen Christentum an ver-

[34] Vgl. Bornkamm, Paulus, 70f.

[35] Der einzige mögliche Beleg für diese Reise in den Paulusbriefen ist Gal 4,13, sofern man aus τὸ πρότερον schließt, daß Paulus zweimal in Galatien gewesen ist; das aber ist nicht zwingend. Hätte Paulus dann nicht auch von seinem erneuten Besuch in (Jerusalem und) Antiochien schreiben können (müssen?), der ein weiteres Argument gegen das „Evangelium der Beschneidung" in Galatien gewesen wäre? Auch H. Conzelmann (Die Apostelgeschichte, HNT 7, 1963, 108) fragt nach der historischen Wahrscheinlichkeit dieser Reise. Die Angaben zur Reiseroute in 18,22 sind ungewöhnlich knapp (vgl. damit die Reise von Milet nach Caesarea in 21,1–14!); die sprachliche Formulierung erinnert einerseits stark an diese letzte Reise nach Jerusalem, zum andern in 18,23 an 15,40. Der redaktionelle Grund für diese Reise kann darin liegen, Paulus noch vor Apollos in Ephesus sein zu lassen, damit er auch hier der erste ist, der das Evangelium verkündigt.

[36] Anders W.-H. Ollrog, Paulus und seine Mitarbeiter, WMANT 50, 1979, 34–37, der annimmt, Paulus habe Titus auf der „dritten Missionsreise" (s. dazu die vorige Anm.) aus Antiochien mitgenommen.

[37] Gleich, ob Timotheus von Paulus beschnitten wurde (Apg 16,3) oder – wahrscheinlicher – nicht.

[38] S. u. bei Anm. 45.

schiedenen Stellen aufgebrochen. Nicht zufällig enthält die lukanische Darstellung der Jerusalemer Vereinbarung eine Regelung dieser Frage im sogenannten „Aposteldekret" (Apg 15,20.29; 21,25), in dem die Heidenchristen verpflichtet werden, kein Fleisch von Opfertieren und auch kein anderes von nicht nach jüdischer Vorschrift geschlachteten Tieren zu essen. Der Sinn ist der, Tischgemeinschaft zwischen Heiden- und Judenchristen zu ermöglichen, indem die Heidenchristen sich an die Reinheitsvorschriften des Gesetzes binden. Auch Paulus selber begegnet ähnlichen Fragen in seinen Gemeinden und mahnt in 1Kor 8; 10,23–11,1 und Röm 14f zur Rücksichtnahme auf das Gewissen der schwachen (Juden- und Heiden-)Christen, für die verschiedene Speisen anstößig sein können (1Kor 10,28f).[39] Den radikalsten Standpunkt in dieser Frage bezieht neben 1Tim [281] 4,3f Mk 7,19, wo – vermutlich auf einer vorredaktionellen Stufe – aus dem Herrenwort über „rein und unrein" V. 15,[40] das in V. 18f zunächst noch einmal interpretierend wiederholt wird, der Schluß gezogen ist, Jesus habe damit alle Speisen für rein erklärt: καθαρίζων πάντα τὰ βρώματα[41] (vgl. Röm 14,14.20).

Besondere Speisevorschriften deuten also nicht als solche schon auf judaistische Gesetzeslehre, sondern diese Frage entstand überall dort, wo Juden- und Heidenchristen sich an einen Tisch setzten.[42] Hierfür gab es weder eine klare Weisung Jesu, denn Mk 7,19 ist ja erst Anwendung eines allgemeineren Herrenwortes auf diese spezielle Frage – ein Beispiel dafür, wie schon im frühen Christentum der Rückbezug auf den historischen Jesus nicht eindeutig war –, noch gab es dazu eine allgemeine Vereinbarung entsprechend dem Aposteldekret bei Lukas, da jedenfalls Paulus sich nirgends an eine solche gebunden zeigt. Er folgert seinen Aufruf zur gegenseitigen Rücksichtnahme weder aus einem Herrenwort noch aus einer solchen Vereinbarung, sondern allein aus der Christologie: Auch für den Bruder ist Christus gestorben;[43] die Einheit der Kirche ist damit in diesem Christus begründet.

Paulus schilt denn in Gal 2,11–14 ja auch nicht die „Leute von Jakobus", sondern Petrus wegen dessen seiner Meinung nach heuchlerischen Verhaltens. Paulus ist gerade in dieser Frage nicht doktrinär festgelegt auf den Standpunkt einer radikalen Aufklärung des πάντα ἔξεστιν trotz der Erkenntnis von Röm 14,14.20, daß alles rein ist,[44] sondern er relativiert, wie 1Kor 8–10 und Röm 14f zeigen, diese korinthische Parole im Blick auf

[39] 1Kor 10,28 ist m. E. nicht nur auf V. 27 zu beziehen, sondern auch auf V. 25; beide Verse sind weitgehend parallel formuliert. Es geht dann um zwei mögliche Fälle von Fleischverzehr, einmal bei sich zu Hause (V. 25), einmal als Gast bei Heiden (V. 27). Damit beantwortet sich die Frage nach der Identität des τίς von V. 28 einfacher als wenn man ihn unter den Teilnehmern des Gastmahls von V. 27 sucht: ein Mitglied der Gemeinde, Juden- oder Heidenchrist, der daran Anstoß nimmt.

[40] Vgl. zum Kontrast 4Makk 7,6: οὐκ ἐμίανας τοὺς ἱεροὺς ὀδόντας οὐδὲ τὴν θεοσέβειαν καὶ καθαρισμὸν χωρήσασαν γαστέρα ἐκοίνωσας μιαροφαγίᾳ.

[41] Zur Übersetzung vgl. E. Lohmeyer, Das Evangelium des Markus, KEK 1.2, [14]1957, 142, der dies aber als nachmarkinische „Glosse eines christlichen Lehrers" interpretiert.

[42] Man braucht also den Konflikt in Antiochien weder mit der politischen Situation in Palästina (Zeloten: dagegen mit Recht J. Becker, Der Brief an die Galater, NTD 8, [14]1976, 28) noch mit einem „gesetzlich harten Standpunkt" des Jakobus (so Becker selbst ebd.) zu erklären.

[43] 1Kor 8,11; Röm 14,15.

[44] Vgl. als Kontrast das demonstrative Verhalten der Jerusalemer Reformatoren 200 Jahre zuvor: 1Makk 1,48 (62f); 2Makk 6,18; 7,1.

das Gewissen des Bruders. Daher wäre eine Rücksichtnahme auf die Jakobusleute, die er ja im Unterschied zu den früheren Jerusalemer Kontrahenten nicht als *Falsch*brüder (vgl. Gal 2,4) bezeichnet, für Paulus wohl durchaus möglich gewesen, und solche Rücksichtnahme mag denn auch das Argument der antiochenischen Judenchristen gewesen sein, versucht man, ihnen über die paulinische Polemik hinweg gerecht zu werden.

Paulus[45] aber wertet ihr Verhalten und besonders das des Petrus nicht als [282] Rücksichtnahme auf Judenchristen, sondern als grundsätzlich gemeinten Versuch, die Heidenchristen zu jüdischen Lebensformen zu verpflichten (ἰουδαΐζειν 2,14), als Rückfall hinter die Erkenntnis von 2,16, daß gerade der Jude weiß, daß es keine Gerechtigkeit aus Werken des Gesetzes gibt. „Heuchelei" ist der Wiederaufbau dessen, was man zerstört hatte (2,18). Insofern wird der Vorfall in Antiochien transparent für das, was in Galatien vor sich geht: erneute Bekehrung nun zum Gesetz (4,8–11). Damit stand in Antiochien und steht in Galatien die „Wahrheit des Evangeliums" auf dem Spiel wie einst in Jerusalem (2,5.14; 4,16). Es geht um das Gesetz als Heilsweg, der aber eine ganz bestimmte Lebensform bedingt (5,1); christliche Gemeinde kann nach Paulus nicht zurückfallen hinter die in der Einheit des Evangeliums begründete Einheit der Kirche aus Juden- und Heidenchristen, kann daher die Aufkündigung der Tischgemeinschaft nicht als mit dem Evangelium vereinbar ausgeben.

Diese paulinische, radikale Konzeption von Einheit der Kirche aufgrund der Einheit des Evangeliums stand in Antiochien gegen eine andere Konzeption, die zwar sicherlich die in Jerusalem vereinbarte Kirchengemeinschaft nicht rückgängig machen wollte, sich aber nicht dazu verstehen konnte, diese Gemeinschaft immer und überall als Tischgemeinschaft zu realisieren und die Tischgemeinschaft als Prüfstein der Kirchengemeinschaft zu sehen. Was in Antiochien tatsächlich passierte, wissen wir nicht; eine grundsätzliche Trennung in eine heiden- und eine judenchristliche Gemeinde aber war wohl nicht intendiert. Eher ist es denkbar, daß man eine pragmatische Lösung im Sinne hatte, die vielleicht den Jakobusleuten gerade die Abendmahlsgemeinschaft, wenn auch an getrennten Tischen, ermöglichte.

So jedenfalls sieht das Bild in Korinth aus. Dort ging es freilich nicht um das Verhältnis zwischen Juden- und Heidenchristen; nicht das „Gesetz" war hier der störende Faktor, sondern primär soziale Unterschiede.[46] Sosehr aber das Verhältnis zwischen Juden und Heiden das Hauptproblem der paulinischen Mission war, so gilt doch für die aus dieser Mission entstandenen Gemeinden der Grundsatz, daß neben dem qualitativen Unterschied von Juden und Heiden auch der von Sklaven und Freien und der von Mann und Frau keine Rolle mehr spielt (vgl. Gal 3,28).[47] Ob das auch in Antiochien schon so galt, wissen wir nicht. Auffälligerweise begegnen wir hier mit den oben genannten Personen nur Männern, keinen Frauen, und zwar solchen Männern, die wohl nicht zu den Unfreien gehörten. Fraglich bleibt aber doch, ob dieses Bild wirklich die Zusammenset-

[45] Ausführlicher zu 2,14–21: D. Lührmann, Der Brief an die Galater, ZBK.NT 7, 1978, 41–46.
[46] Vgl. Theißens in Anm. 33 genannten Aufsatz.
[47] D. Lührmann, Wo man nicht mehr Sklave oder Freier ist, WuD 13 (1975), 53–83.

zung der Gemeinde in Antiochien trifft, zu- [283] mal wir diese Angaben kaum an eigenen Texten des Paulus kontrollieren können.[48]

Im 1Kor muß Paulus auf Probleme eingehen, die über dem Abendmahl selber in der Gemeinde entstanden sind. Im Gal ist seine Situation anders, weil er hier an der vergangenen Situation in Antiochien den Irrweg des gegenwärtigen anderen „Evangeliums der Beschneidung" in Galatien aufzeigen will. Entwickelt er deshalb im 1Kor eine Abendmahlstheologie (10,14–22; 11,17–34), so entspricht dem die Rechtfertigungstheologie von Gal 2,14–21. Beides gehört dann aber eng zusammen, weil beides in der Christologie gründet; beides gehört aber auch insofern zusammen, als das Gesetz als Lebensform in den christlichen Gemeinden aufgegeben ist und diese christlichen Gemeinden neue Lebensformen entwickelt haben – wie sehr sich im historischen Abstand auch zeigen mag, daß „neu" stets ein relativer Begriff ist und sich im Neuen immer Hergebrachtes wiederfindet, freilich in neuer Konstellation, in den frühchristlichen Lebensformen vor allem aus der jüdischen Überlieferung.

Mit solchen nach dem in Gal 3,28 formulierten Grundsatz aufgebauten Gemeinden entstand auch soziologisch etwas (im obigen Sinne relativ) Neues, denn der qualitative Unterschied zwischen Mann und Frau, Freiem und Sklaven konnte als ebenso „von Natur aus" bestehend interpretiert werden wie der von Juden und Heiden (φύσει Gal 2,15!). Die paulinischen Gemeinden zeichnen sich dadurch aus, daß die Mißachtung solcher qualitativer Unterschiede – wie viele Probleme daraus auch entstanden – in der Tischgemeinschaft tatsächlich realisiert wurde und nicht hehres Ideal blieb. Begründet wird diese Einheit in Gal 3,27f wie 1Kor 12,12f in der Taufe, in 1Kor 10,16f im Abendmahl, und beide „Sakramente" – freilich ein anachronistischer Begriff – erscheinen dann vielleicht auch zusammen in 1Kor 12,12f.[49]

Dieser Einheit der Gemeinde entspricht die Einheit des Evangeliums, damit die Einheit Gottes und die Einheit des Herrn (vgl. 1Kor 8,6). Taufe und Abendmahl sind für Paulus also die die neue Lebensform der Gemeinde abbildende Realisierung der Christologie. Daß Paulus die Taufe von der Christologie her begreift, zeigt Röm 6,1ff; für das Abendmahl zeigen dasselbe 1Kor 10,16f und 11,23–26. Es gibt also für Paulus weder eine Ekklesiologie noch eine Sakramentenlehre, die anders zu strukturieren wäre als die Christologie. [284]

Paulus hat diese Christologie von allem Anfang an so verstanden, daß das hier erschlossene Heil den Juden zuerst gilt, deren Lebensform das Gesetz war, aber auch den Heiden ohne das Gesetz. Das geht aber ebensowenig aus der Christologie selber hervor, wie das Reden und Handeln Jesu in diesem Punkt eindeutig war. Für den historischen Jesus zeigte das beispielhaft schon oben der Zusammenhang Mk 7,1–23, wo ja V. 19 erst aktuelle Interpretation eines Herrenwortes ist, die als solche auch bestritten werden

[48] G. Theißen gewinnt die differenzierte sozialgeschichtliche Darstellung für Korinth ja vorwiegend aus dem 1Kor (Soziale Schichtung in der korinthischen Gemeinde, ZNW 65 [1974], 232–272); in Apg 18,1–17 werden namentlich nur Judenchristen (Aquila und Priskilla, Krispos) und der „Gottesfürchtige" Titius Iustus genannt.

[49] Wenn καὶ πάντες ἓν πνεῦμα ἐποτίσθημεν auf das Abendmahl zu beziehen ist, vgl. 1Kor 10,2–4.

konnte. In den christologischen Formulierungen, die Paulus aufgreift, ist nicht eindeutig, wer die „wir“ sind, für die oder für deren Sünden Jesus gestorben ist, ist offen, was das κατὰ τὰς γραφάς (1Kor 15,3b–5) für die Geltung des Gesetzes sowohl als Heilsweg als auch als Lebensform bedeutet.[50] Hier gab es mehrere Interpretationsmöglichkeiten, wie auch aus der Abendmahlsüberlieferung und aus der historischen Situation des letzten Mahles Jesu[51] mit seinen Jüngern am Gründonnerstag nicht hervorgeht, wer sich unter den Einsetzungsworten an einen Tisch setzen darf.[52]

Paulus entwickelt seine ekklesiologischen Aussagen in 1Kor 10,17 bezeichnenderweise aus dem Brotwort und nicht aus dem Bundesmotiv des Kelchwortes. Auch der *neue* Bund von Jer 31,31–34, den die paulinische Fassung der Einsetzungsworte in 1Kor 11, 23–25 meint, ist ja am Gesetz orientiert, wenn auch nicht mehr am von außen gelehrten, sondern am ins Herz geschriebenen, von innen gelebten. Es bedarf schon großer exegetischer Kunst, wenn Paulus in 2Kor 3,7–18 den Mosebund vom Sinai in Gegensatz zum neuen Bund setzt oder die Beschneidung als Siegel des Abrahambundes in Röm 4,11 als Zeichen der Glaubensgerechtigkeit ohne das Gesetz versteht. Auch die Allegorese über Hagar und Sara in Gal 4,21–31 stellt einen zweiten Bund ohne das Gesetz gegen das Gesetz vom Sinai, ohne daß das Motiv des *neuen* Bundes expliziert wird. „Neuer Bund“ ist für Paulus trotz der Verankerung in der frühen Christologie[53] nicht die eigentliche ekklesiologische [285] Kategorie, sondern „Leib Christi“, ἐκκλησία τοῦ θεοῦ, ἐν χριστῷ εἶναι oder kurz ὁ χριστός – auch in der Begrifflichkeit, die nicht an jüdische oder heidnische Termini für religiöse Vereinigungen anknüpft, zeigt sich das Phänomen der (relativen) Neuheit, vor allem aber die enge Bindung an die Christologie. Gemeinde und Kirche haben die Gestalt des Christus, an der Christologie entscheidet sich ihre Gestaltung.

Die Gleichheit von Heiden und Juden besteht nach Paulus aber nicht erst post Christum in der Gemeinde, sondern ebenso ante Christum. Es gibt schon hier keinen Unterschied, trotz der in Röm 9,4f aufgezählten Vorzüge der Juden, da alle gesündigt haben (Röm 3,22b.23);[54] der behauptete qualitative Unterschied (nochmals φύσει Gal 2,15) wird durch 2,16 relativiert: Sünder ist gerade auch der *Täter* des Gesetzes. Die Verheißungen des Bundes werden von Abraham und seinem Samen Christus und nicht vom Sinai und dem Mosegesetz her verstanden (Gal 3,16 gegen 3,19). Dies ist die paulinische

[50] Vgl. D. Lührmann, Christologie und Rechtfertigung, in: Rechtfertigung (FS E. Käsemann), 1976, 351–363, hier 359.

[51] Zwölf bzw. dreizehn freie jüdische Männer sitzen hier am Tisch – keine Frauen, keine Sklaven, keine Heiden!

[52] Zu beachten ist in der Überlieferung der Einsetzungsworte eine kleine Differenz: In 1Kor 11,23 fehlt gegenüber den Synoptikern die Angabe, *wem* Jesus das Brot gab, und „ebenso“ dann in V. 25, wem den Wein (Mk 14,22f: αὐτοῖς). Damit können sich die Teilnehmer an der gemeindlichen Abendmahlsfeier direkt in dem ὑπὲρ ὑμῶν und dem ποιεῖτε wiederfinden. Der Mk/Mt-Text (ohne Wiederholungsbefehl!) hingegen ist für einen unbefangenen Leser zunächst ein Bericht über eine einmalige Mahlzeit Jesu mit seinen Jüngern, der ihn nicht auf die Idee bringen würde, daß eine solche Mahlzeit auch in der Gemeinde des Mk und Mt noch gehalten wird. Die Leser des Mk und Mt freilich erkannten natürlich in diesem Abschnitt ihre Abendmahlsfeier wieder.

[53] Vgl. Röm 3,24–26, eine vorpaulinische Formel, die das Christusgeschehen als Bundeserneuerung beschreibt.

[54] Vgl. positiv Röm 10,12.

Radikalisierung der Christologie, aber auch des Alten Testaments und der jüdischen Tradition, die in die Nähe solcher Aussagen wie Gal 2,16, daß kein Mensch vor Gott gerecht ist trotz des Gesetzes, ja durchaus kommen kann und vom Dtn an das Verhältnis von Gesetz und Sünde reflektiert.

Die Gleichheit der Menschen ist hier also begriffen von der Identität des Evangeliums her, das allen, Juden wie Griechen, Sklaven wie Freien, Männern wie Frauen gilt und behauptete qualitative Unterschiede in der Menschheit negiert. In Antiochien wie in Korinth war die natürliche Tendenz des „gleich und gleich" wirksam. Auch Paulus ebnet nicht alle Unterschiede einfach ein, sondern faßt die soziale und charismatische Differenzierung in das alte Bild des einen Leibes mit seinen vielen Gliedern. Verpflichtend bleibt aber die *Einheit* dieses Leibes, die in der Einheit des Evangeliums begründet ist. Das *Abendmahl*, und das ist das eigentliche Argument des Paulus in Gal 2,11ff gegen Petrus, kann *als gemeinsames Mahl gerechtfertigter Sünder* kein Schisma mehr zulassen. Abendmahlsgemeinschaft ist also in der Erinnerung und Verkündigung des Todes Jesu (1Kor 11,23–26) die der Christologie der Rechtfertigung aus Glauben an Christus allein entsprechende Lebensform, ihre Verweigerung wie in Antiochien Verleugnung des einen Christus und des einen Gottes. Die Einheit der Kirche ist nicht das Ziel oder das Mittel der Abendmahlsgemeinschaft, sondern ihre Grundlage; wo Abendmahlsgemeinschaft verweigert wird, gibt es keine Kirche mehr. Abendmahlsgemeinschaft ist schließlich eschatologische Feier, insofern hier „neue Schöpfung" realisiert wird, in der die für diese Welt nötigen Differenzierungen und Polarisierungen nicht mehr gelten, da alle nur gerechtfertigte Sünder sind vor dem einen Gott und dem einen Herrn. [286]

Die Frage der Abendmahlsgemeinschaft ist seit jenem Konflikt in Antiochien durch die Kirchengeschichte hindurch bis heute Prüfstein dafür gewesen, ob Christus Gestalt werden kann in seiner Kirche (vgl. Gal 4,19). Es scheint, daß sich am Abendmahl jeweils auch entschied, ob die darin begründete Gemeinschaft mit Gott und untereinander konkret werden kann. In reformatorischer wie in römisch-katholischer Tradition gibt es ein beredtes Ausweichen vor dem Gemeinschaftscharakter des Abendmahls, hier die Individualisierung der Abendmahlsfrömmigkeit, dort die Möglichkeit der Messe ohne Teilnahme der Gemeinde.

Der Konflikt in Antiochien zeigt aber auch, daß Einheit der Kirche kein um jeden Preis theologischer Wahrheit zu erhaltendes (oder zu erstrebendes) Gut ist. Paulus setzt vielmehr diese Einheit gerade aufs Spiel, weil er meint, daß pragmatisches Verhalten in diesem Fall Verleugnung des Christus ist. Seine Entscheidung ist deshalb *theologisch*, weil sie nicht einfach auf Reden und Handeln oder auch Wollen Jesu von Nazareth verweist, dafür auch keine eindeutige Begründung fände, wofür auch Petrus sicher der authentischere Gewährsmann gewesen wäre; Paulus argumentiert vielmehr biblisch-theologisch,[55] und d. h.: Er radikalisiert im Alten Testament und in der jüdischen Tradition formulierte Aporien von der Christologie her und beantwortet die in ihnen steckenden Fragen mit dem Hinweis auf den gekreuzigten Christus. Weil alle Menschen Sünder sind

[55] Die in diesem Aufsatz angedeutete Auseinandersetzung mit P. Stuhlmacher richtet sich meinerseits nicht gegen „biblische Theologie" als solche, auch wenn ich „biblische Theologie" anders verstehe als er.

– deshalb können sich alle, nicht nur Juden, sondern auch Heiden, als gerechtfertigte Sünder zusammensetzen, weil so, aber nur so, und d. h. unter der Verkündigung des Todes des Herrn (vgl. 1Kor 11,26), alle behaupteten qualitativen Unterschiede relativ erscheinen angesichts des Kreuzes Christi: Abendmahlsgemeinschaft als Gemeinschaft gerechtfertigter Sünder.

FREUNDSCHAFTSBRIEF TROTZ SPANNUNGEN

ZU GATTUNG UND AUFBAU DES ERSTEN KORINTHERBRIEFES

Auch wer Teilungshypothesen zum 1Kor nicht folgt, wird durch deren Verfechter auf Phänomene innerhalb des Textes hingewiesen, die einer Erklärung bedürfen, und ist genötigt, sich Gedanken zu machen über den Aufbau des uns vorliegenden 1Kor und die diesen Aufbau bedingenden Faktoren. Zwar scheint jeder Teilungsversuch *a priori* diskreditiert durch die ja nicht unerheblichen Differenzen zwischen den einzelnen Hypothesen. Wenn aber etwas richtig ist an der Behauptung, sie alle seien im Grunde nur Variationen der These von J. Weiß,[1] dann bedeutet dessen Argumentation die eigentliche Herausforderung, zumal J. Weiß sich einen Erfolg nicht schon für seine Zeit, sondern erst für die Zukunft erhoffte.[2]

Eher „schüchtern" vorgetragen und die eigentliche Durchführung auf einen Kommentar zum 2Kor verschiebend (XL), läuft seine Begründung darauf hinaus, daß „Inhalt und Disposition" nicht „ganz einwandfrei" sind (XLI), ja er spricht dann weiter von „den ungeheueren Schwierigkeiten ..., die sowohl aus der Form wie aus dem Inhalt der Briefe entstehen" (XLI), aus 1Kor wie aus 2Kor, und deshalb sei es „eine methodische Pflicht, von der Annahme der Einheit zunächst einmal abzusehen" (XLI).

Das Ergebnis seiner Teilung: Ein Brief A enthielt 10,1–22(23); 6,12–20; 9,24–27; 11,2–34; 16,7b–9.15–20, ein Brief B den ganzen Rest („wenn auch nicht ohne Bedenken"), unter Abzug noch von „mancherlei katholisierenden Bemerkungen" des Redaktors, der für die heutige Gestalt verantwortlich ist (Interpolationen in 1,2; 4,17; 7,17; 11,16; 14,33; vielleicht auch 14,34f; 10,29.30; 11,11f). Den Gewinn dieser Hypothese sieht er in einem besseren Bild der Entwicklungsgeschichte der Gemeinde. Die Situation zur Zeit von Brief A liege „noch vor der Entstehung oder wenigstens vor der Verschärfung des Parteiwesens" (XLII); die Probleme gingen hier zurück „auf ein noch nicht völlig gebrochenes Heidentum" (XLII). In Brief B „tritt er (sc. Paulus) nun prinzipiell ganz ent- [299] schieden auf den Standpunkt der Freien, fordert aber die Rücksicht der Liebe auf die schwachen Brüder" (XLII). Brief B präzisiert demnach den Standpunkt des Paulus, wo der in Brief A noch unklar gewesen sei: Kap. 7 gegenüber 6,12–20, Kap. 15 gegenüber 6,14, Kap. 12 und 14 gegenüber Kap. 11. Und Kap. 8 und 15, in denen Paulus nicht Bezug nimmt auf die Parteien, seien am besten als einer Zwischenphase zugehörig zu erklären, geschrieben noch bevor Paulus Nachricht erhalten habe über die Parteien in Korinth.

J. Weiß gesteht dann zu, daß auch in bezug auf den uns vorliegenden 1Kor „über dem Ganzen eine geschickt disponierende Hand gewaltet hat" (XLIII), aber das kann ja auch

[1] P. Vielhauer, Geschichte der urchristlichen Literatur, 1975, 141.

[2] J. Weiß, Der Erste Korintherbrief, Neudruck der 9. Aufl. von 1910, 1970, bes. XL–XLIII.

die Hand des Redaktors gewesen sein. Die Begründung der Aufteilung liegt also einmal in Unterschieden der Situation in Korinth, zum anderen in unterschiedlichen Stellungnahmen des Paulus zu ein und derselben Frage. Das eigentliche Ziel aber war für J. Weiß wohl, das herauszuarbeiten, was Paulus abschließend und endgültig vertreten hat, nämlich den Standpunkt der Freien bei Rücksicht auf die Schwachen, deutlich ein Idealbild protestantischen Christentums des beginnenden Jahrhunderts.

Die sich an J. Weiß anschließenden Teilungshypothesen haben wie er immer wieder thematische Dopplungen und darin sich widersprechende Stellungnahmen des Paulus ebenso zum Ausgangspunkt genommen wie differierende Situationen in Korinth. Jüngst hat H. Merklein diese ganze Diskussion ausführlich dargestellt und selber für die Einheitlichkeit des 1Kor plädiert unter dem Kriterium der „Kohärenz" sowohl der paulinischen Argumentation als auch der vorauszusetzenden Situation in Korinth.[3] Ich möchte seine Überlegungen ergänzen und, wie ich hoffe, seine These durch einige Beobachtungen zum Aufbau des 1Kor stützen. In einem ersten, kürzeren Teil geht es um die Frage der Gattung des Briefes als ganzen und die daraus resultierende Bestimmung des Charakters von 1Kor 1,10–16,18. Ein zweiter Teil beschäftigt sich mit dem Aufbau von 1Kor 5,1–11,1, den Kapiteln also, die für die Teilungshypothesen entscheidend sind. Ich meine, daß sich hier ein Geflecht von thematischen Vor- und Rückverweisen aufzeigen läßt, das nicht erst von einem Redaktor geschaffen ist. Kann man 5,1–11,1 als von Paulus so intendierte Einheit verstehen, werden Teilungshypothesen zumindest fraglicher. Ein zusammenfassender dritter Teil ist wohl ebenfalls von einem Idealbild geleitet, doch überschritte eine aneignende Darstellung des paulinischen Freiheitsverständnisses den hier gesteckten Rahmen. [300]

I.

1Kor beginnt mit dem Präskript (1,1–3) in der für die Paulusbriefe typischen Form: Absender im Nominativ, Empfänger im Dativ, in einem neuen Satz ein Segenswunsch, der mit χάρις beginnt und damit das im griechischen Briefformular übliche χαίρειν[4] aufnimmt und variiert. Am knappsten in 1Thess 1,1 ist diese Grundstruktur auch in der am meisten erweiterten Fassung Röm 1,1–7 noch klar zu erkennen. Es folgt in 1,4–9 das Proömium, wie bei Paulus üblich mit εὐχαριστῶ (vgl. Röm 1,8; Phil 1,3; Phlm 4 bzw. εὐχαριστοῦμεν 1Thess 1,2) τῷ θεῷ einsetzend. Eine Ausnahme bildet Gal; dort ist das Fehlen des Dankes begründet in der Situation in Galatien. In 2Kor 1,3ff hingegen ist der Dank an Gott umgesetzt in einen Lobpreis Gottes.

[3] H. Merklein, Die Einheitlichkeit des ersten Korintherbriefes, ZNW 75 (1984), 153–183; hier 154–156 eine Übersicht über die verschiedenen Teilungshypothesen. Zu ergänzen wäre noch R. Jewett, The Redaction of I Corinthians and the Trajectory of the Pauline School, JAAR 54 (1978), 389–444.

[4] Vgl. im NT Apg 15,23; 23,26; Jak 1,1.

Sind Präskript und Dank an Gott als Proömium konstitutiv für alle Paulusbriefe, so differieren sie in der Fortsetzung.[5] In 1Kor 1,10 wird diese mit παρακαλῶ δὲ ὑμᾶς eingeleitet, also durch die farblose Partikel δέ angeschlossen und mit dem Verbum παρακαλῶ mit folgendem ἵνα-Satz[6] die Aufforderung aussprechend, die Gemeinde möge einig sein, im Unterschied zu ihrem derzeitigen Verhalten, wie sich im Fortgang des Briefes zeigt.

Solche mit παρακαλῶ bzw. παρακαλοῦμεν eingeleiteten Sätze finden sich in fast allen Paulusbriefen,[7] und zwar in einer relativ festen Form, die auch in 1Kor 1,10 vorliegt: παρακαλῶ/οῦμεν / Partikel / Personalpronomen / διά ... / Aufforderung.

1. Παρακαλῶ (Röm 12,1; 15,30; 16,17; 1Kor 1,10; 4,16; 16,15) bzw. παρακαλοῦμεν (1Thess 4,10; 5,14) steht am Satzanfang mit Ausnahme von 2Kor 2,8 (διό davor; s. u. unter 4.), 2Kor 10,1 (αὐτὸς δὲ ἐγώ betont voraus ähnlich wie) Phlm 9f, Phil 4,2 (betont voraus die angesprochenen Personen Euodia und Syntyche); in 1Thess 4,1 gehen die Überleitungsfloskel λοιπὸν οὖν, die Anrede ἀδελφοί sowie ἐρωτῶμεν ὑμᾶς voraus. Vergleichbar sind wegen dieser Parallelität von παρακαλοῦμεν und ἐρωτῶμεν auch 1Thess 5,12 (ἐρωτῶμεν steht zudem parallel zu παρακαλοῦμεν 5,14) und Phil 4,3,[8] In 2Kor 10,2 wird der in 10,1 mit παρακαλῶ formulierte Satz mit δέομαι wieder aufgenommen; in 2Kor 5,20 nimmt δεόμεθα ὡς τοῦ θεοῦ παρακαλοῦντος auf, und δεόμεθα seinerseits ent- [301] spricht παρακαλοῦμεν in 6,1. – Der Bedeutungsgehalt von παρακαλεῖν ergibt sich einerseits aus der Abgrenzung gegenüber ἐπιτάσσειν (Phlm 8), andererseits aus der Parallelsetzung zu δεῖσθαι und ἐρωτᾶν, er liegt eher beim Bitten, Auffordern als bei der deutschen Standardübersetzung mit „ermahnen“, die zu sehr eine Vorstufe der Bestrafung assoziiert.[9]

2. Verbindende Partikel ist zumeist δέ (Röm 15,30; 16,17; 1Kor 1,10; 16,15; 2Kor 10,1; 1Thess 4,10; 5,14) in kopulativer, nicht adversativer Bedeutung,[10] sonst den Gedankengang fortsetzend οὖν (Röm 12,1; 1Kor 4,16; 1Thess 4,1) oder διό am Satzanfang 2Kor 2,8 (vgl. Phlm 8).

3. Das personale Objekt steht im Akkusativ, und zwar durchweg im Plural die Briefempfänger ὑμᾶς, Phlm 10 der Singular σε; in Phil 4,2 sind die Personen namentlich genannt.

4. Die mit διά eingeleitete Begründung durch Verweis auf Gott oder Christus ist das am wenigsten konstante Element (Röm 12,1; 15,30; 1Kor 1,10; 2Kor 10,1, vgl. Phlm 9: Begründung in der Liebe). Ihr entsprechen in gewisser Weise die Einleitung des ganzen Satzes mit διό (2Kor 2,8; Phlm 8) und das ἐν κυρίῳ in 1Thess 4,1; vergleichbar ist vielleicht auch der Verweis auf die Lehre in Röm 16,17.

[5] Vgl. J. T. Sanders, The Transition from Opening Epistolary Thanksgiving to Body in the Letters of the Pauline Corpus, JBL 81 (1962), 348–362; dazu T. Y. Mullins, Disclosure. A Literary Form in the New Testament, NT 7 (1964/65), 44–50.

[6] Vgl. dazu BDR § 388.2.

[7] Röm 12,1; 15,30; 16,17; 1Kor 1,10; 4,16; 16,15; 2 Kor 2,8; 10,1; Phil 4,2; 1Thess 4,1.10; 5,14; Phlm 9f; vergleichbar sind sonst im NT: Eph 4,1; 1Tim 2,1; Hebr 13,22; 1Petr 2,11; 5,1.

[8] Vgl. 2Thess 3,12.

[9] Vgl. T. Y. Mullins, Petition as a Literary Form, NT 5 (1962), 46–54: „παρακαλεῖν, the most personal of the verbs of petition“ (49); H. Schlier, Die Eigenart der christlichen Mahnung nach dem Apostel Paulus, in: ders., Besinnung auf das Neue Testament, ^{2}1967, 340–357, bes. 340f.

[10] Vgl. BDR § 447.

5. Der Inhalt des παρακαλεῖν steht im Infinitiv mit imperativischer Bedeutung[11] (Röm 12,1; 15,30; 16,17; 2Kor 2,8; 10,2; Phil 4,2; 1Thess 4,10), im Imperativ (1Kor 4,16; 1Thess 5,14 Phlm 17, in Röm 12,1; 16,17 auf den Infinitiv folgend) oder als ἵνα-Satz (1Kor 1,10; 16,16; 1Thess 4,1).

Auf die Struktur dieser παρακαλῶ-Sätze hat C. J. Bjerkelund[12] aufmerksam gemacht, ausdrücklich anknüpfend an die Untersuchung von P. Schubert[13] zu den εὐχαριστῶ-Sätzen. Da seine Arbeit m. E. in der ntl. Forschung zu wenig Beachtung gefunden hat, habe ich mit geringen eigenen Akzenten seine Strukturanalyse der Sätze noch einmal dargestellt. Festzuhalten ist sein Ergebnis, daß die παρακαλῶ-Sätze zum griechischen Briefstil gehören und mit der εὐχαριστῶ-Einleitung nach dem Präskript das Formular des „Freundschaftsbriefes" ausmachen, der damit als Dank und Bitte strukturiert ist. Die große Zahl der von ihm beigebrachten Belege zeigt das nachdrücklich.[14] [302]

Problematisch bleibt seine Arbeit in zweierlei Hinsicht. Einmal begnügt sich Bjerkelund nicht mit diesem Ergebnis, sondern läßt als genauere Parallele zu den Paulusbriefen nur Briefe von Königen an Städte gelten wegen der „Ähnlichkeit der Situation": „Die Könige wenden sich an verbündete Städte, um den Kontakt zu pflegen, innere Streitfälle zu lösen und den Abfall zu verhindern. Aus denselben Gründen schreibt der Apostel an die Gemeinden."[15] Eine solche – in sich fragliche – inhaltliche Parallelität besagt jedoch nichts über die Gattung des „Freundschaftsbriefes", die die Könige gegenüber befreundeten Städten verwenden. Warum Paulus das ebenfalls gegenüber seinen Gemeinden tut, ist noch einmal eine andere Frage.

Wichtiger ist ein zweiter Gesichtspunkt. So richtig es ist, daß Bjerkelund die παρακαλῶ-Sätze dem Briefstil zuordnet und sie nicht auf Formen mündlicher Paränese (Homilie o. ä.) zurückführt, so fraglich ist es, daß er nun auch auf der literarischen Ebene des Briefes gar keine Beziehung zur Paränese zulässt.[16] Denn die Sätze haben innerhalb der Briefe durchaus die Funktion, den Übergang zur Paränese zu markieren.[17] Am augenfälligsten ist das bei Röm 12,1 und 1Thess 4,1. Wo demgegenüber ein solcher παρακαλῶ-Satz fehlt, im Gal, ist die Bestimmung des Beginns der Paränese ein Problem, das in der Forschung unterschiedlich gelöst worden ist.[18] Im Gal fehlt aber ebenso eine Einleitung des Proömiums mit εὐχαριστῶ; die einzigen Reminiszenzen an den Freundschaftsbrief finden sich in dem werbenden Abschnitt 4,12–20[19] – verlorene Freundschaft verändert die Briefstruktur.

[11] Vgl. 1Thess 4,10 mit 4,1.

[12] C. J. Bjerkelund, Parakalô. Form, Funktion und Sinn der parakalô-Sätze in den paulinischen Briefen, BTN 1, 1967.

[13] P. Schubert, Form and Function of the Pauline Thanksgivings, BZNW 20, 1939.

[14] A.a.O., 44–50; vgl. auch das Material bei Mullins in dem in Anm. 9 angegebenen Aufsatz.

[15] A.a.O., 66; das hat K. Berger aufgenommen: Formgeschichte des Neuen Testaments, 1984, 162f. 216f.

[16] A.a.O., 22f.58.189.

[17] Es überwiegt aber in der Literatur das Interesse an der inhaltlichen Zweiteilung der Briefe in Lehre und Ethik bzw. Indikativ und Imperativ, die sich freilich kaum einmal so deutlich zeigt.

[18] Vgl. dazu O. Merk, Der Beginn der Paränese im Galaterbrief, ZNW 60 (1969), 83–104, der ihn mit Recht in 5,13 sieht.

[19] Vgl. H. D. Betz, Galatians, Hermeneia Commentary, 1979, 221.

Die παρακαλῶ-Sätze enthalten nun mit Ausnahme allein von 2Kor 10,1 immer eine Aufforderung zu einem bestimmten Verhalten (s. o. unter 5), münden also in Paränese in einem sehr allgemeinen Sinn. Auch wenn Paulus im Phlm lange zögert, eine solche Aufforderung zu formulieren, so erwartet der Leser damals wie heute nach dem wiederholten παρακαλῶ (9f) eine Anweisung, die dann in 17 folgt.

Im Phil, sei er nun eine sekundäre Komposition aus verschiedenen Paulusbriefen oder nicht, markiert 4,2f mit den Aufforderungen an bestimmte Personen den Übergang zum parränetischen Teil des Briefes; es folgen, abgesehen von 4,10–20, ab da solche Imperative. In Röm 15,30 und 16,17 fordert Paulus gegen Ende des Briefes unter Aufnahme des [303] παρακαλῶ von 12,1 noch einmal zu bestimmten Verhaltensweisen auf, ebenso am Ende des 1Kor in 16,15.

Auch die Komposition des uns vorliegenden 2Kor[20] folgt diesem Schema, wenn 10,1 mit einem παρακαλῶ-Satz einsetzt, der aber zu keinem Imperativ führt; und auch die Wiederaufnahme in 10,2 mit δέομαι formuliert keine Anweisung an die Gemeinde, sondern soll eine nach Meinung des Paulus verhängnisvolle Reaktion von seiner Seite verhindern. Die Variation des Schemas ist wieder durch eine spezielle Situation bedingt; das Schema als solches ist mit der Abfolge von Präskript (1,1f), Proömium als Dank in der Form der Eulogie (1,3ff) und mit παρακαλῶ eingeleiteter Teil (10,1ff) auch hier erkennbar. Obwohl dieser letzte Briefteil dem „Tränenbrief" (2Kor 2,4) entnommen ist, hat derjenige, der den 2Kor zusammenstellte, ihm insgesamt also die Form eines „Freundschaftsbriefes" gegeben.[21]

Betrachtet man die Teile des 2Kor für sich, so enthält auch der „Zwischenbrief" 2,14–7,4 mit dem Dank an Gott (2,14: τῷ θεῷ χάρις) und dem δεόμεθα/παρακαλοῦμεν (5,20; 6,1) diese Abfolge und ebenso der „Versöhnungsbrief" 1,1–2,13; 7,5–16, aus dem die Eulogie stammt, die die Struktur der Briefkomposition bestimmt (1,3ff), und der mit dieser Eulogie und dem παρακαλῶ-Satz in 2,8, sich für die Liebe[22] zu entscheiden, die Elemente des „Freundschaftsbriefes" in reiner Form bietet.

Wenn also in 1Kor 1,10 direkt auf das mit εὐχαριστῶ eingeleitete Proömium der παρακαλῶ-Satz folgt, ist damit alles bis 16,18 Folgende als Paränese charakterisiert; diese Paränese ist jedoch nicht „Ermahnung", sondern „Bitte, Aufforderung". Ähnlich besteht der 1Thess eigentlich nur aus diesen beiden Teilen, nur daß hier das mit εὐχαριστοῦμεν eingeleitete Proömium überlang erscheint. In 1,2 beginnend wird es in 2,13 mit erneutem εὐχαριστοῦμεν wieder aufgenommen und erst nach der Frage 3,9 f, welche εὐχαριστία Paulus Gott abstatten könne, mit einem Gebet zu Ende geführt (3,11–13). Daran schließt sich die mit λοιπὸν οὖν, ἀδελφοί, ἐρωτῶμεν ὑμᾶς καὶ παρακαλοῦμεν ἐν κυρίῳ Ἰησοῦ er-

20 Vgl. dazu G. Bornkamm, Die Vorgeschichte des sogenannten Zweiten Korintherbriefes (1961), in: ders., Geschichte und Glaube II, BEvTh 53, 1971, 162–194.

21 Über Bornkamms Hinweis hinaus, daß am Ende einzelner Schriften häufig Warnungen vor Irrlehrern begegnen (a.a.O., 180), läßt sich also auch von der Briefgattung her argumentieren.

22 Vgl. Phlm 9.

öffnete Paränese an, in der diese Stichworte mehrfach wiederholt werden (4,10; 5,12.14). Auch im 1Kor folgen auf das παρακαλῶ von 1,10 ja noch 4,16[23] und 16,15. [304]

Es ergibt sich also ein allen Paulusbriefen gemeinsames Aufbauprinzip, das das Formular des antiken „Freundschaftsbriefes" ist; die einzige Abweichung, Gal, erklärt sich aus der besonderen Situation des Verhältnisses zwischen Paulus und den Galatern, die ihm, wie er meint, die Freundschaft gekündigt haben (1,6).

	Röm	1Kor	2Kor[26]	Gal	Phil	1Thess	Phlm
Präskript	1,1–7	1,1–3	1,1f	1,1–5	1,1f	1,1	1–3
εὐχαριστῶ	1,8	1,4	(1,3)[27]	–	1,3	1,2; 2,13 (3,9)	4
παρακαλῶ	12,1; 15,30 16,17[24]	1,10; 4,16 16,15	10,1	–	4,2	4,1.10 5,12.14	8–10
Grüße	16,1–23	16,19–22	13,12	–[28]	4,21f	5,26[29]	23f
Segensformel	16,20[25]	16,23 f	13,13	6,18	4,23	5,28	25

Überraschend an diesem Ergebnis ist, daß es fast ausschließlich für die Briefe gilt, die in der heutigen Forschung unbestritten als echte Paulusbriefe angesehen werden. In den Deuteropaulinen ist das Schema nur im Eph erkennbar: Präskript (1,1f), Dank an Gott als Eulogie (1,3ff), Einsatz der Paränese mit einem παρακαλῶ-Satz (4,1), keine Grüße, aber die Segensformel (6,23f). Die anderen Briefe dagegen markieren den Übergang zur Paränese nicht mit παρακαλῶ, wenn sie mit einem durch εὐχαριστῶ eingeleiteten Teil beginnen;[30] wo umgekehrt in 1Tim 2,1 dieser Teil zwar mit παρακαλῶ eröffnet wird, beginnt das Proömium nicht gleich nach dem Präskript, sondern erst in 1,12 mit χάριν ἔχω.

II.

Daß 1Kor ab 1,10 durch den Einsatz mit παρακαλῶ δὲ ὑμᾶς als Paränese zu charakterisieren ist,[31] verwundert natürlich nicht, sieht man den Inhalt der folgenden Kapitel. Es

[23] 4,16 leitet den Abschluß des Teils 1,10–4,21 ein, ergibt aber als Wiederholung von 1,10 kein Argument für Teilungshypothesen, die sich darauf berufen, 4,14–21 enthielte Elemente des Briefschlusses (dazu Merklein, a.a.O., 159f).

[24] Die verwickelten Probleme von Röm 16 könnten vielleicht in ein neues Licht kommen?

[25] Vgl. den textkritisch sekundären Segen 16,24.

[26] In den Teilbriefen: Dank 2,14, Bitte 5,20/6,1; Dank 1,3, Bitte 2,8.

[27] Als in ein Gebet umgesetzter Dank.

[28] Mit eigener Hand (6,11) hier nicht ein Gruß wie 1Kor 16,21.

[29] Bjerkelund, a.a.O., 16, rechnet auch den ἐνορκίζω-Satz 5,27 zu den den παρακαλῶ-Sätzen vergleichbaren.

[30] Bes. auffällig im 2Thess, der ja das überlange Proömium des 1Thess imitiert.

[31] Enttäuschend im Blick auf die folgenden Fragen ist M. Bünker, Briefformular und rhetorische Disposition im 1. Korintherbrief, GTA 28, 1983. Er vergleicht zwar die Paulusbriefe mit der Gattung „Freundschaftsbrief" (22–34), aber nur im Blick auf die Topoi unter starkem Bezug auf K. Thraede,

bedeutet für die Frage des Aufbaus [304] jedoch, daß man eine strenge Gliederung nicht erwarten kann; die Paränese ist ja gerade dadurch gekennzeichnet, daß die einzelnen Themen nur locker miteinander verknüpft sind.[32] Im Unterschied zu den paränetischen Teilen anderer Briefe behandelt 1Kor vor allem *konkrete* Probleme des Verhaltens in der korinthischen Gemeinde, und diese Probleme geben daher die Themen des Briefes vor. Dabei geht Paulus einerseits auf Vorgänge ein, die ihm durch die Leute der Chloe berichtet worden sind (1,11), andererseits auf solche, von denen er gehört hat (5,1; 11,18), wie und von wem auch immer, und schließlich auf Probleme, die ihm in einem Brief vorgetragen worden sind, wozu wohl über 7,1 hinaus alle Themen gehören, deren Behandlung er mit περὶ δέ einführt (7,25; 8,1; 12,1; 16,1.12).

Sind Paulus damit zwar Themen für seinen Brief vorgegeben, so doch nicht unmittelbar auch die Reihenfolge, in der er sie behandelt; und selbst wenn er, wie häufig angenommen, den Brief der Korinther Punkt für Punkt beantwortet, bilden die Abschnitte in den Kapiteln 7–16, die nicht auf diesen Brief zurückzuführen sind, damit noch kein Argument gegen die Einheitlichkeit des 1Kor,[33] denn Paulus selber kann ja, aus welchen Gründen auch immer, in die fortlaufende Behandlung des Briefes der Korinther andere Themen einfügen. Der Aufbau des 1Kor ist also nicht vorgegeben, sondern muß einer von Paulus selber intendierten Ordnung folgen. Zu fragen ist also nach möglicherweise erkennbaren Hinweisen auf diese Intention; leider hat Paulus uns hier so wenig wie in anderen Briefen eine Disposition hinterlassen.

Der mit 1,10 beginnende erste größere Block reicht bis 4,21; seine Integrität wird auch von Vertretern der Teilungshypothesen nicht in Frage gestellt.[34] Das Thema sind Gruppenbildungen in der Gemeinde, damit für Paulus aber sachlich die Frage des Verhältnisses zwischen Anfangsverkündigung und theologischem Fortschritt oder die der Identität von „Wort vom Kreuz“ und christlicher „Weisheit“. Erkennbar ist weiter, daß in 11,2–14,40 insgesamt Fragen des Gottesdienstes der Gemeinde behandelt werden, in 11,2–16 beginnend mit der Kopfbedeckung der Frauen im Gottesdienst, ihre Mitwirkung bei Gebet und Prophetie unangefochten vorausgesetzt. 11,17–34 behandelt die Gestaltung des Herrenmahls, 12,1–14,40[35] insgesamt das Auftreten der Pneumatiker im Gottesdienst. [306]

Eine solche thematische Verbindung kann natürlich nicht nur auf Paulus selber zurückgehen, sondern auch auf einen späteren Redaktor, der unter diesem Gesichtspunkt Teile aus verschiedenen Briefen zusammengestellt hätte. Unter den Argumenten, die für Teilungshypothesen angeführt werden, spielt aus diesem Komplex eigentlich nur eine Rolle, daß Paulus in 11,18f das Problem der Spaltungen in der Gemeinde anders angehe

Grundzüge griechisch-römischer Brieftopik, Zet 49 (1970), sieht jedoch die Gattungsmerkmale nicht. Er verzichtet auch von vornherein auf eine Bestimmung des Aufbaus des Briefes als ganzen wegen dessen behaupteter Uneinheitlichkeit. Der Vergleich mit Senecas *epistulae morales* (34–37) bleibt überaus blaß.

32 Grundsätzlich ist festzuhalten an den Bestimmungen der Paränese durch M. Dibelius, Der Brief des Jakobus, KEK 15, ⁸1956 (hg. von H. Greeven), 7–9.

33 Vgl. Merklein, a.a.O., 177f.

34 Vgl. Merklein, a.a.O., 159.

35 Hier ist 14,33b–36 als sekundäre Interpolation anzusehen.

als in 1,10–4,21, woraus dann eine Zuordnung der beiden Komplexe zu unterschiedlichen Briefen gefolgert wird.[36]

1Kor 15 greift ein neues Thema auf, ohne daß Paulus zu erkennen gibt, wie er über das Problem, das er in 15,12 nennt, informiert worden ist. Der Rekurs auf die Anfangsverkündigung (15,1–11) weist zurück auf die Thematik von 1,10–4,21, und Paulus gibt in 15,20–57 ein Beispiel christlicher „Weisheit" als Kreuzestheologie. Bevor er mit 16,1 zu nicht strittigen Fragen übergeht, zeigt sich also ein Rückbezug zum Anfang des Briefes. Die Vertreter der Teilungshypothesen weisen zum einen hin auf eine Diskrepanz zwischen seiner Selbstbezeichnung als „geringster der Apostel" (15,9) und seiner Verteidigung seines Apostolats in Kap. 9.[37] Wenn aber Paulus glaubt, dort nachgewiesen zu haben, daß er Apostel sei, kann er durchaus in 15,9 sich selber so nennen, freilich nicht wissend, daß diese Frage damit nicht erledigt ist, sondern in der Situation, auf die sich die im 2Kor vereinigten Briefteile beziehen, erneut aufbrechen wird. Zum anderen wird darauf verwiesen, daß Paulus in 6,14 mit der Auferstehung argumentieren könne, die doch in Kap. 15 gerade ein Problem sei.[38] Dabei ist übersehen, daß Paulus sehr wohl in 6,14 vorgreifend ein Argument verwenden kann, dessen Begründung erst später folgt, weil ihm selber dieses Argument selbstverständlich ist und eine Begründung an dieser Stelle den Rahmen sprengen würde.

Sind also die Komplexe 1,10–4,21; 11,2–14,40; 15 und 16,1–18, letzterer als Behandlung von noch übrig gebliebenen nicht strittigen Fragen, als aneinander gefügte thematische Einheiten verständlich, so ist ein solcher einheitlicher Gesichtspunkt für 5,1–11,1 nicht ohne weiteres auszumachen, und erst in diesem Bereich finden die Vertreter der Teilungshypothesen ihre wesentlichen Argumente. Die bisher genannten Phänomene allein würden wohl kaum einem Exegeten die Annahme zwingend machen, der uns vorliegende 1Kor sei in dieser Reihenfolge nicht von Paulus selber so konzipiert worden. Paulus beginnt in 5,1 unvermittelt mit der Erörterung eines konkreten Falles, von dem er gehört hat und den er unter πορνεία subsumiert. Es geht um ein männliches Gemeindemitglied, das mit der „Frau seines Vaters", also seiner Stiefmutter, sexuelle Beziehungen hat, was nach jüdischem wie hellenistischem Recht unter das In- [307] zesttabu fiel.[39] Seine Stellungnahme ist eindeutig: Ausschluß aus der Gemeinde, ja Auslieferung an den Satan in einem formellen Rechtsakt der Gemeinde, der den Tod bewirken soll. Paulus votiert also gegen den, dessen Verhalten Anstoß erregt hat.

In 6,1–11 geht es ebenfalls um einen konkreten Fall, juristische Auseinandersetzungen zwischen Gemeindemitgliedern, vielleicht um die von der Antike bis in die Neuzeit stets delikate Frage deponierten Geldes.[40] Paulus ist auch hier eindeutig, indem er Prozessieren vor heidnischen Richtern ausschließt. Sein Vorschlag zur Regelung besteht zunächst

[36] Vgl. Merklein, a.a.O., 174f.

[37] Vgl. Merklein, a.a.O., 178.

[38] Vgl. Weiß, a.a.O., XLII.

[39] Vgl. dazu die Kommentare, z. B. H. Conzelmann, Der erste Brief an die Korinther, KEK 5, ^{12}1981, 123.

[40] Vgl. den kurzen Hinweis von R. Staats, Deposita fidei. Die Alte Kirche und ihr Geld, ZThK 76 (1979), 1–29, hier 16 Anm. 46, zu ἀποστερεῖν (6,7f).

darin, innerhalb der Gemeinde eine eigene Schiedsinstanz zu bilden; lieber wäre ihm jedoch ein grundsätzlicher Verzicht auf rechtliche Auseinandersetzungen. Er ergreift also Partei für den Beklagten.

6,12 dagegen benennt nicht wie 5,1 und 6,1 einen konkreten Vorfall, sondern formuliert parolenartig in zwei parallelen Sätzen: πάντα μοι ἔξεστιν mit jeweils durch ἀλλ᾽ οὐ(κ) eingeleiteter Einschränkung. Dies wird in 10,23 leicht variiert wiederholt; ἐξουσία ist aber nicht nur auch das Thema von Kap. 9, sondern die Wortgruppe begegnet in den Kapiteln 6–10 in auffälliger Häufung gegenüber nur vereinzelten Belegen in anderen Paulusbriefen.[41] Das läßt darauf schließen, daß es sich um ein Paulus aus Korinth vorgegebenes Stichwort handelt, das er jedoch nicht verwirft, sondern präzisiert. Gegenüber der bei Paulus sonst üblichen Wortgruppe ἐλευθε-[42] enthält ἐξουσία mehr den Ton des Rechts, der Berechtigung.

Es folgt in 6,13a zunächst ein Satz, der am Beispiel der βρώματα positiv die Richtigkeit des πάντα μοι ἔξεστιν erweist; die Speisen haben nur mit dem Bauch zu tun, eins wie das andere aber nichts mit der den Tod überdauernden Gottesbeziehung. Nicht so ist es jedoch mit dem σῶμα und der πορνεία (6,13b), sondern der Körper gehört dem Herrn; deshalb ist die πορνεία nicht etwas, was einfach erlaubt ist. Der ganze Abschnitt 6,12–20 ist eine Paränese zum Thema πορνεία mit dem Aufruf: φεύγετε τὴν πορνείαν (6,18a), doch ohne daß Paulus hier wie in 5,1–13 und 6,1–11 direkt konkrete Vorgänge in der korinthischen Gemeinde benennt.[43] 6,12–20 sollte also wegen dieses anderen Charakters nicht mit den beiden vorangehenden Abschnitten unter welcher Überschrift auch immer verbunden, sondern als Neueinsatz verstanden werden.[44] [308]

Er dient nämlich der Vorbereitung von 7,1–40 und gehört mit diesem Abschnitt zusammen. Das Thema der ihm im Brief vorgelegten Anfrage ist das Verhältnis zwischen Männern und Frauen: „Ist Geschlechtsverkehr (überhaupt) erlaubt?“[45] Diese Frage ergibt sich im Kontext des Paulusbriefes aber auch aus 6,12–20.[46] Selbst ehelos lebend (7,7), seinen Körper nicht der Verfügungsgewalt einer Frau überlassend (6,12b, vgl. 7,4b), gibt Paulus deutlich der sexuellen Askese den Vorrang, nimmt aber dem ehelichen Geschlechtsverkehr den Ruch der πορνεία, auch dem mit einem ungläubigen Partner. Er behandelt das Thema nach einer ersten grundsätzlichen Aussage über Unverheiratete und Witwen (7,8f) für Verheiratete (7,10–16), jungfräulich Lebende (7,25–38) und Witwen (7,39f). War 6,12–20 eine allgemeine Paränese zur πορνεία, so konkretisiert Paulus diese in 7,1–40; beide Abschnitte gehören also eng zusammen, während 6,12–7,40 mit 5,1–13

41 Ἔξεστιν 6,12; 10,23; ἐξουσία 7,37; 8,9; 9,4.5.6.12(bis).18; ἐξουσιάζω 6,12; 7,4(bis).

42 In 1Kor 5,1–11,1: ἐλευθερία 10,29; ἐλεύθερος 7,21.22.39; 9,1.19.

43 6,16 ist ein Beispiel innerhalb der Paränese, das keine Rückschlüsse auf konkrete Vorgänge zuläßt.

44 Üblicherweise wird 5,1–6,20 ja unter „sittliche Missstände“ o. ä. zusammengefaßt.

45 Conzelmann, a.a.O., 146.

46 Zumal, wenn sich Paulus im 1Kor „nicht nur gegen überzogene Freiheitsparolen, sondern auch gegen asketische Ideale, die die weltlich-irdischen Relationen als sarkisch disqualifizieren“, wendet; W. Schrage, Zur Ethik der neutestamentlichen Haustafeln, NTS 21 (1974/75), 1–22, 4.

nur das Stichwort πορνεία gemeinsam hat, dort auch nur ein Einzelfall behandelt wird, nicht wie in 7,1–40 eine die Gemeinde durchgehend betreffende Frage.[47]

In 8,1 geht Paulus zu einem neuen Thema über, dem des Essens von Opferfleisch, wie die Einleitung περὶ δέ anzeigt ebenfalls vorgegeben durch den Brief der Korinther. Basis seiner Argumentation ist das monotheistische Bekenntnis, demzufolge es gar keine Götter gibt außer dem einen. Nun hatte Paulus bereits in 6,13a die βρώματα als Beispiel für das πάντα μοι ἔξεστιν genannt. Das nimmt er hier zunächst grundsätzlich auf, ohne es zu relativieren (8,1–6); allein die Rücksicht auf das Gewissen eines schwachen Bruders bringt ihn zu der schwurartigen Erklärung des Verzichts auf solches Fleisch. Gegenüber 6,13a ist er also nicht zu einer neuen Erkenntnis gekommen;[48] er übernimmt ja nicht das Urteil des schwachen Bruders, sondern hält die grundsätzliche γνῶσις (8,1) und die zu ihr gehörende ebenso grundsätzliche ἐξουσία fest.

Für den Aufbau des Briefes ergibt sich demnach eine innere Verbindung des ganzen Abschnitts 6,12–8,13: 6,12 nennt das Thema der ἐξουσία, 6,13a dafür als erstes Beispiel die βρώματα, 6,13b als zweites die πορνεία, die bis 6,20 grundsätzlich, ab 7,1 am konkreten Problem von Ehe und sexueller Askese behandelt wird; in 8,1–13 greift Paulus dann das in 6,13a bereits angezeigte Thema der βρώματα auf und behandelt es als konkretes Problem des Essens von Opferfleisch. [309]

In 9,1 beginnt ein neuer Abschnitt mit vier rhetorisch gemeinten Fragen, deren erste die nach seiner Freiheit ist; erst die folgenden fragen nach seinem Apostolat,[49] der dann das Thema des ganzen Kapitels ist, und zwar unter dem Stichwort ἐξουσία. Seine Apologie (9,3) setzt erneut mit rhetorisch gemeinten Fragen ein, von denen erst die dritte (9,6), die nach seinem Recht, seinen Lebensunterhalt von der Gemeinde zu erhalten und ihn nicht selber erarbeiten zu müssen, dann ausgeführt wird. Paulus weist nach, daß er diese ἐξουσία durchaus habe, daß er von ihr aber keinen Gebrauch mache gerade wegen seiner Freiheit.

Die beiden 9,6 vorausgehenden Fragen werden in der Forschung offenbar einhellig von der dritten her interpretiert; man muß dann jeweils ergänzen „auf Kosten der Gemeinde"[50]. Vom Zusammenhang her legt sich aber durchaus auch eine andere Deutung nahe: Was ist mit der Freiheit des Paulus, wenn er sie in bezug auf das Essen gar nicht praktiziert? Diese Frage (9,4) und ihre Antwort ergeben sich aus 8,1–13. Und was ist mit der Freiheit des Paulus, wenn er selber in sexueller Hinsicht asketisch lebt? Diese Frage (9,5) und wieder auch ihre Antwort ergeben sich aus 7,1ff. 9,4f verklammern also die Apologie sehr eng mit den beiden vorangehenden Abschnitten, in denen Paulus bereits seine ἐξουσία reflektiert hatte. Dieses Stichwort selber weist zurück auf 6,12, wo Paulus

[47] Gegen die Behauptung, 6,12–20 müsse auf 5,1–13 folgen; dazu Merklein, a.a.O., 180.

[48] Auch in Röm 14,1–15,13 argumentiert er nicht grundsätzlich anders.

[49] Vgl. die handschriftliche Überlieferung von 9,1, in der die Koiné die Fragen vertauscht hat. Bestimmt dies doch noch die Auslegung, wenn so durchgehend die zweite Frage als Leitfrage des Kapitels angesehen wird?

[50] Vgl. H. Lietzmann, An die Korinther I/II, HNT 9, [5]1969 (hg. von W. G. Kümmel), 40, der ab der 2. Aufl. dieses Verständnis vertreten hat, und viele andere; vgl. aber die Einschränkung für 9,5 bei H. J. Klauck, Herrenmahl und hellenistischer Kult, NTA NF 15, 1982, 249 Anm. 50.

das πάντα ἔξεστιν persönlich formuliert hatte als πάντα μοι ἔξεστιν. Die drei verschiedenen Probleme Sexualität, Essen, Lebensunterhalt des Apostels sind demnach für Paulus verbunden unter dem Thema der ἐξουσία, und nicht erst in Kap. 9, sondern schon in den vorangehenden Abschnitten hat er ja auch von sich selber gesprochen.

Die Apologie nun richtet sich gegen den Einwand, weil er sich seinen Lebensunterhalt selber verdiene, könne er kein Apostel sein. Paulus wendet sich mit den rhetorischen Mitteln der antiken ἀπολογία[51] an die Korinther als seine Richter und plädiert, Gegenargumente verwerfend, für sein Recht. Er erweitert diese Frage zu der grundsätzlicheren seiner eigenen Freiheit, die sich aus dem scheinbaren Widerspruch zwischen der von ihm proklamierten Freiheit und seiner eigenen Lebenspraxis nicht nur in bezug auf den Lebensunterhalt ergibt, und stellt diese seine Praxis als dem [310] Inhalt des Evangeliums entsprechend dar (9,16–23). Das theologische Thema des Verhältnisses zwischen Anfangsverkündigung und theologischem Fortschritt erscheint hier in sehr existentieller Weise wieder.

10,1–13 setzt erneut neu ein mit einer Paränese, die in einer Auslegung der Exodusgeschichte aufzeigt, daß auch diejenigen, die Taufe und Herrenmahl haben, nicht gefeit sind gegen die Versuchung. In 10,1–5 referiert Paulus die Geschichte; in 10,6–11 zieht er in parallel formulierten Aufforderungen paränetische Konsequenzen. Anders als die Israeliten damals sollen sie nicht ἐπιθυμηταὶ κακῶν sein (V. 6), nicht Götzendienst treiben (V. 7), nicht Hurerei (V. 8), nicht den Herrn versuchen (V. 9) und nicht murren (V. 10).

Es entsteht also eine Art Lasterkatalog mit V. 6 als zusammenfassender Überschrift, Götzendienst (V. 7) und Hurerei (V. 8) voraus, die beiden traditionell als Hauptverfehlungen geltenden Verhaltensweisen, die auch in den Katalogen 5,10f[52] und 6,9f erscheinen. Während Paulus in den übrigen Aufforderungen die zugrunde liegenden Geschichten nur pauschal referiert, bringt er zum Thema des Götzendienstes in V. 7 ausdrücklich ein Zitat, Ex 32,6: ἐκάθισεν ὁ λαὸς φαγεῖν καὶ πεῖν, καὶ ἀνέστησαν παίζειν. Der Vers stammt aus der Geschichte vom Goldenen Kalb, deren Kenntnis wie die der ganzen Exodustradition Paulus bei seinen Lesern offenbar voraussetzt. Er zitiert aber einen Vers, der weniger als andere geeignet scheint, Götzendienst zu belegen, wenn nicht gesagt wird, wem der Tanz gilt. Das in Ex 32 nebensächliche Motiv des Essens und Trinkens tritt stark in den Vordergrund; dies aber weist zurück auf 10,3f und auf 8,1–13, die Frage des Essens von Götzenopferfleisch, und auch auf 9,4 (φαγεῖν καὶ πεῖν).

Für die πορνεία verweist Paulus in V. 8 auf den Komplex Num 25,[53] für das Versuchen auf Num 21 und für das Murren auf Num 14 und 16. Der Abschluß (10,12f) zielt auf den paränetischen Topos des πειρασμός. „Versuchen" und „murren" sind über die Probleme des Briefes hinausweisende Motive. Daß Paulus aber die εἰδωλολατρία ausdrücklich mit Essen und Trinken verbindet, ist neu gegenüber 8,1–13, wo er, wenn nicht die Exis-

[51] 9,3 ist Überschrift zum Folgenden, nicht zurückzubeziehen auf 9,1f. Wenn Paulus hier selber den Begriff einer rhetorischen Gattung verwendet, würde sich eine rhetorische Analyse eher anbieten als bei den Textpartien, die Bünker untersucht. Ihr Ergebnis spräche im übrigen für die Einheitlichkeit von 9,1–27.

[52] In 5,10f folgt auf die πορνεία die πλεονεξία – ein Vorblick auf 6,1–11?

[53] Mit der bekannten Verwechslung der Zahlen, die in der handschriftlichen Überlieferung teilweise korrigiert wird.

tenz, so doch zumindest die Macht von εἴδωλα bestritten hatte.[54] Wie die πορνεία, und dieses Stichwort hatte Paulus ja schon in 6,12–7,40 mehrfach gebraucht, gehört aber die εἰδωλολατρία in die Listen falscher Verhaltensweisen, die Paulus den Korinthern spätestens in seinem vorangegangenen Brief (5,9f) vermittelt hatte, wahrscheinlich schon als Teil seiner Anfangsverkündigung.[55] [311]

Paulus nimmt nun dieses Thema der εἰδωλολατρία auf in dem anschließenden Imperativ: φεύγετε ἀπὸ τῆς εἰδωλολατρίας (10,14). Der entspricht dem Imperativ in 6,18: φεύγετε τὴν πορνείαν. Damit ist, wie in 6,14–7,40 die Frage der Sexualität auf den paränetischen Topos πορνεία gebracht wurde, nun die Frage des Essens in eine Beziehung gesetzt zur εἰδωλολατρία, die in 8,1–13 trotz der Diffamierung des Opferfleisches als εἰδωλόθυτον nicht hergestellt war. Das sich daraus ergebende Sachproblem liegt in der Frage, ob ein εἰδωλόθυτον bzw. ein εἴδωλον denn überhaupt eine Bedeutung haben kann; wenn die Verkündigung die Existenz der εἴδωλα bestreitet, warum warnt sie dann gleichzeitig vor der εἰδωλολατρία?

Diese Frage stellt Paulus sich selbst in 10,19–22 und beantwortet sie mit einer komplizierten Interpretation atl. Texte.[56] Sie zwingt aber Paulus auch zu einer erneuten Behandlung des Themas „Götzenopferfleisch" in 10,23–11,1. Er zitiert in 10,23 noch einmal den Grundsatz von 6,12, nun ohne μοι,[57] aber mit dem auf 8,10 zurück- und auf 11,2–14,40 vorausweisenden Stichwort οἰκοδομεῖ, und er kommt nun zu einer endgültigen Stellungnahme zu dem in 8,1–13 bereits behandelten Problem: Trotz des Verbots der εἰδωλολατρία braucht man keine Nachforschungen anzustellen über die Herkunft des Fleisches, das man ißt, zu Hause oder als geladener Gast. Wird man jedoch hingewiesen auf den Charakter des Fleisches, soll man verzichten um des Gewissens desjenigen willen, der darauf hingewiesen hat (10,28.29a).[58] Paulus bleibt also bei seiner Meinung von 8,1–13, präzisiert sie, modifiziert oder gar widerruft sie aber nicht. Wie sich aus der allgemeinen Paränese zum Thema πορνεία in 6,14–20 die konkrete Paränese in 7,1–40 ergab, so hier aus der Paränese zum Thema εἰδωλολατρία die zum konkreten Umgang mit Opferfleisch.

Grundsätzlich ist damit auch noch einmal die Frage der Freiheit angeschnitten (10,29b). Paulus aber streift sie nur und verweist insgesamt auf die Umwelt, in der die Korinther leben (Juden und Griechen), auf den Kontext der (von ihm gegründeten) Gemeinde(n) und auf sein eigenes Vorbild, also seinen freiwilligen Verzicht auf Realisierung der von ihm proklamierten Freiheit (11,1). [312]

[54] Auch wenn er in 8,10 Kultmahle durchaus schon im Blick hatte; vgl. Klauck, a.a.O., 272.

[55] Auch die Paränese, nicht nur das Kerygma gehört zur Anfangsverkündigung; vgl. die Rückverweise in 1Thess 4,1ff.

[56] Kompliziert nicht zuletzt durch die Unsicherheit der Textüberlieferung in 10,19b und 10,20, wo weithin dieselben Handschriften (p[46] ℵ A C Ψ 33) in 19b ἢ ὅτι εἴδωλόν τί ἐστιν auslassen und in 20a τὰ ἔθνη einfügen. Letzteres ist nicht nur sinnvoller, sondern auch weitaus besser bezeugt (gegen B D F G).

[57] Es geht hier nicht um *seine* ἐξουσία.

[58] 10,28 bezieht sich nicht nur auf V. 27, sondern auch auf V. 25; dann ist der τίς nicht unter den Teilnehmern des Gastmahls von V. 27 zu suchen, sondern ein Mitglied der Gemeinde, Juden- oder Heidenchrist, das Anstoß nimmt.

III.

Es ergibt sich also für 5,1–11,1 ein Zusammenhang, der in sich verständlich ist als von Paulus selber fortlaufend so intendiert. 5,1–13 und 6,1–11 behandeln vorweg die zwei konkreten Probleme, die nur einzelne Personen betreffen, auch wenn sie die Gemeinde als ganze belasten. Warum Paulus sie hier placiert, ist müßig zu fragen; vielleicht stammen die Nachrichten darüber ebenfalls von den Leuten der Chloe (1,11) wie die für 1,10–4,21?

In 6,12–11,1 geht es dann vor allem um Fragen der Sexualität und des Essens von Opferfleisch, Fragen also des ethischen Verhaltens der Christen allgemein, nicht nur einzelner wie in 5,1–6,11, andererseits aber auch nicht Fragen der Gestaltung des Gottesdienstes wie in 11,2–14,40. Beide Themen gehen auf den Brief der Korinther zurück (7,1; 8,1). Hinzu kommen die Frage nach seinem Apostolat (9,1) und das Stichwort ἐξουσία, das als πάντα μοι ἔξεστιν zu einer wohl in Korinth formulierten griffigen Parole geworden ist, in der die aus der Begegnung mit dem Evangelium resultierende Freiheit zusammengefaßt ist.[59]

Paulus macht dieses Stichwort zum übergreifenden Thema des ganzen Abschnitts, und πάντα (μοι) ἔξεστιν markiert dessen Beginn (6,12) wie Abschluß (10,23). Er verknüpft die einzelnen Teile aber auch untereinander durch voraus- und zurückweisende Beziehungen. 6,13 verbindet bereits das Thema der Speisen mit dem der πορνεία. Die Fragen 9,4 f greifen auf 6,12–7,40 und auf 8,1–13 zurück und leiten zu 9,6–27 über. 10,1–13 verbindet erneut 6,12–7,40 und 8,1–13, nun unter den Stichworten εἰδωλολατρία und πορνεία der Imperativ 10,14 steht parallel zu dem in 6,18.

Läßt sich so der Zusammenhang 6,12–11,1 als in sich nicht nur sinnvoll erklären, sondern auch als einer durchgehenden Intention folgend, sind Teilungshypothesen nicht mehr erforderlich. Die Themen dieses Teils sind Paulus vorgegeben durch die Verhältnisse in Korinth; er verbindet sie miteinander unter dem Oberthema ἐξουσία. Das gelingt ihm, weil er nicht nur in der Apologie, sondern auch bei den Fragen der Sexualität und des Essens sich selbst einbezieht in die Reflexion, die Frage der ἐξουσία nicht nur als ein Problem der Korinther, sondern immer auch als sein eigenes sieht. Anders wäre Kap. 9 ein Fremdkörper in diesem Briefteil.

Neben der Situation in Korinth und dem Gestaltungswillen des Paulus hat noch ein dritter Faktor eingewirkt, die paränetische Tradition der Lasterkataloge. Die Imperative 6,18 und 10,14 unterstellen 6,12–11,1 ja [313] insgesamt dem Topos πορνεία καὶ εἰδωλολατρία.[60] Daß dieser Topos nicht von Anfang an das Paulus leitende Strukturprinzip für 6,12–11,1 war, zeigt sich darin, daß er erst in 10,7 und nicht schon in 8,1–13 auf das

[59] Vgl. auch ἐξουσία in 11,10, wobei das griechische Wort ja nicht eine lexikalische Bedeutung im Sinne einer Kopfbedeckung hat; Paulus will das Tragen einer solchen als Zeichen von ἐξουσία verstanden wissen, oder zitiert er eine ironische Wendung korinthischer Frauen?

[60] Ich wiederhole damit nicht die These von Lietzmann, a.a.O., 25, der das Aposteldekret (Apg 15,23–29) als in Korinth bekannt erschließen wollte (dagegen Kümmel, im Anhang 175); vgl. zur Verbindung von Opferfleisch und Hurerei auch Apk 2,14.20, zum Problem aber auch die in 1Tim 4,3 abgewiesenen „Irrlehrer“.

Stichwort εἰδωλολατρία kommt und dadurch in der „allmählichen Verfestigung der Gedanken beim Reden" gezwungen ist, die Frage des Essens von Opferfleisch noch einmal aufzunehmen.

Das aber deutet auf die prägende Kraft der paränetischen Tradition, aus der Paulus bereits in 5,10f und 6,9f zitiert hatte. Waren 6,12–20 wie 10,1–13 als Stücke allgemeiner Paränese zu bestimmen, 6,12–20 zum Thema πορνεία, 10,1–13 als paränetische Auslegung der Exodusgeschichte, so sind 7,1–40 und 8,1–13; 10,23–11,1 Beispiele für angewandte Paränese, in denen die großen Wörter πορνεία und εἰδωλολατρία reflektiert werden im Blick auf konkrete Probleme alltäglichen Verhaltens.

Die allgemeine Paränese in Tugend- und Lasterkatalogen wie in einzelnen Mahnungen läßt sich auf die Begegnung atl. und griechischer Traditionen im hellenistischen Judentum zurückführen. Paulus nimmt sie auf, entbindet sie aber von der Beziehung zur Tora, die ihr dort die konkrete Füllung gab; bei keinem der in 1Kor 5,1–11,1 behandelten Probleme greift er auf dort ja durchaus vorhandene Regelungen als Kriterien zurück. Sowohl für Fragen der Sexualität als auch des Umgangs mit Fleisch wären in der Tora ausgeführte Verhaltensnormen zu finden gewesen; sie scheidet jedoch für Paulus nicht nur als „Heilsweg", sondern auch als primäre Lebensorientierung aus.[61] Die Reduktion des Gesetzes auf das Liebesgebot (Gal 5,14; Röm 13,8–10) setzt konkrete Füllungen dieses Gebotes *der Tora* erst frei. Was πορνεία ist und was εἰδωλολατρία, entscheidet sich nicht in den autoritativen Bestimmungen des Gesetzes; dem Evangelium entsprechende Normen müssen erst gefunden werden.[62]

Kriterium der ethischen Entscheidung ist für Paulus aber auch nicht ein einfacher Rückgriff auf eine als autoritativ verstandene Jesusüberlieferung. Auf sie verweist er in diesem Zusammenhang zwar zweimal (7,10f; 9,14), beide Male übrigens nicht in Form eines direkten Zitats, sondern in indirekter Rede. In 7,10f setzt er in der Parenthese jedoch entgegen dem Gebot Jesu (vgl. Mk 10,11f parr) voraus, daß es Geschie- [314] dene gibt; Ehescheidung führt also nicht zum Ausschluß aus der Gemeinde. In 9,14 setzt er sich selber über das Gebot Jesu, daß die Jünger vom Evangelium leben sollen (vgl. Mt 10,8.10/Lk 10,7), hinweg. Ob er ein Jesuswort wie Mk 7,15 kannte, wissen wir nicht; jedenfalls zitiert er keines im Zusammenhang der Frage des Essens von Opferfleisch. Die Autorisierung der Paränese in 1,10 διὰ τοῦ ὀνόματος τοῦ κυρίου ἡμῶν Ἰησοῦ χριστοῦ bedeutet für Paulus also nicht, daß Jesusüberlieferung normative Regelungen für konkrete Probleme böte.

Die Verkündigung des Paulus zielte auf Bildung von Gemeinschaften, die in sich nicht homogen waren. Das Zusammentreffen unterschiedlicher Traditionen, bedingt durch Herkunft und soziale Stellung, führte erst zu den Problemen, die Paulus behandeln muß. Die Erfahrungen von Freiheit, auch gegenüber den gewohnten Orientierungen des all-

[61] Vgl. den doch wohl spielerischen Umgang mit dem „Gesetz des Mose" in 9,9.

[62] Nachträglich sehe ich, daß in diesem Punkt Fragestellung und These sich eng berühren mit dem Aufsatz von A. Lindemann in diesem selben Band: Die biblischen Toragebote und die paulinische Ethik. Den Jubilar wird so etwas nicht verwundern, hat er doch selbst erleben können, wie frühere Zusammenarbeit in Bethel weiterwirkt.

täglichen Lebens, schufen Probleme im ethischen Bereich. Paulus, selber aus einem festen System ethischer Normen kommend, vollzieht diese Probleme als seine eigenen nach, bietet sich selbst an, macht aber seinen eigenen Lebensstil nicht zur autoritativen Norm (7,7a; 11,1). Die Behandlung des Falles in 5,1–13 zeigt zwar, daß es bestimmte Grenzen gibt; innerhalb dieser Grenzen aber ist ein großer Spielraum ethischer Freiheit möglich. Das „Wort vom Kreuz“ als Anfangsverkündigung wie als christliche „Weisheit“ bedeutet nicht die Schaffung eines neuen festen Systems ethischer Normen, sondern eine Krise der Weisheit einschließlich ihrer paränetischen Traditionen, die Paulus aufnimmt.

DIE 430 JAHRE ZWISCHEN DEN VERHEISSUNGEN UND DEM GESETZ (GAL 3,17)

In seiner Untersuchung der „Zeitangaben über den Ägyptenaufenthalt der ‚Israeliten'" erwähnt S. Kreuzer beiläufig auch Gal 3,17 und meint, daß Paulus aus Ex 12,40f „die Zahl 430 aufnimmt und die allgemeine Nennung der Väter in LXX auf die Zeit ab Abraham präzisiert."[1] In LXX umfassen im Unterschied zu MT die 430[2] Jahre ja nicht allein den Ägyptenaufenthalt, sondern die ganze Zeit „im Land Ägypten *und* im Land Kanaan." LXX stimmt hier freilich auch mit dem Samaritanus überein, der die 430 Jahre von Ex 12,40f – in der sinnvolleren Reihenfolge – auf die Zeit „im Land Kanaan und im Land Ägypten" bezieht.

Es hat daher vieles für sich, die Lesart von LXX und Samaritanus entgegen dem Prinzip der lectio brevior[3] als die ursprünglichere anzusehen.[4] Die MT-Fassung könnte ein Versuch sein, die Zahlenangabe von Ex 12,40f den 400 Jahren von Gen 15,13 anzunähern. Die bei Billerbeck[5] zusammengestellten rabbinischen Erörterungen dieser Probleme hingegen lösen die Differenz umgekehrt dadurch auf, daß sie die 400 Jahre von Gen 15,13 ebenfalls auf die Zeit „in Kanaan und Ägypten" beziehen, die aber erst mit der Geburt Isaaks einsetzt, wofür dann – wenn auch nicht ganz zur Chronologie der Genesis passend – 30 Jahre Abrahams von den 430 abgezogen werden.[6] Daß Israel nach Gen 15,16, also im unmittelbaren Kontext von Gen 15,13, „vier Generationen" lang in Ägypten sein würde, entspricht den Genealogien von Ex 6,14–27 und Num 26,57–59, wo Mose und Aaron über Amram und Kahath auf Levi zurückgeführt werden; diese vier Generationen konnten 400 Jahre freilich nicht überspannen.

Wie immer es mit der literarkritischen Schichtung von Gen 15 stehen mag und wie immer mit den textkritischen Problemen von Ex 12,40, für Paulus jedenfalls ist die Endgestalt des Alten Testaments vorauszusetzen, noch dazu in der griechischen Übersetzung, also in etwa das, was wir heute als kritische Ausgaben der LXX vor uns haben.[7] Ist es aber erst Paulus, der „die allgemeine Nennung der Väter in LXX auf die Zeit ab Abraham präzisiert"[8]?

MT wie LXX und Samaritanus bieten für die Zeit von Abrahams Ankunft in Kanaan bis zur Übersiedlung Jakobs nach Ägypten ein in sich abgestimmtes – wohl schon auf P

[1] 430 Jahre, 400 Jahre oder 4 Generationen, ZAW 98 (1986), 199–210; das Zitat: 200.

[2] B*: 435 Jahre.

[3] So Kreuzer, 199f.

[4] Vgl. u. a. M. D. Johnson, The Purpose of the Biblical Genealogies, MSSNTS 8, 1969, 33f; K. Koch, Sabbatstruktur der Geschichte, ZAW 95 (1983), 403–430, hier 416.

[5] II 668–671.

[6] Auffällig ist, wie sehr die rabbinischen Interpretationen (vgl. auch das offenbar unabhängig von Billerbeck gesammelte Material bei H. H. Rowley, From Joseph to Joshua, ⁴1958, 67–69 in den Anmerkungen) die 430 Jahre von Ex 12,40f entgegen dem MT-Text auf die Zeit in Kanaan und Ägypten beziehen.

[7] Vgl. dazu jetzt vor allem D.-A. Koch, Die Schrift als Zeuge des Evangeliums, BHTh 69, 1986, der jedoch auf die hier untersuchte Frage nirgends eingeht.

[8] S. o. bei Anm. 1.

zurückgehendes – System von Lebensdaten, das auf einen Zeitraum von insgesamt 215 Jahren führt:[9]

Gen 12,4		Abraham	75 Jahre alt	
16,3	10	Abraham	10 Jahre	in Kanaan
16,16	+ 1	Abraham	86 Jahre alt	Geburt Ismaels
17,24	+ 13	Abraham	99 Jahre alt	
21,5	+ 1	Abraham	100 Jahre alt	Geburt Isaaks
25,26	+ 60	Isaak	60 Jahre alt	Geburt Esaus und Jakobs
47,9	+ 130	Jakob	130 Jahre alt	Jakobs Ankunft in Ägypten
	= 215	Jahre		

Diese Summe haben nicht erst neuzeitliche Exegeten errechnet;[10] sie war schon den Alten geläufig, z. B. Josephus: „Sie verließen Ägypten im Monat Xanthikos (= Nisan) am 15. Tag nach Neumond, 430 Jahre nachdem unser Vorvater Abraham nach Kanaan gekommen war, während der Aufbruch Jakobs nach Ägypten 215 Jahre später geschah."[11] Diese Zahl hatte aber schon ca. 300 Jahre vor Josephus der jüdische Exeget Demetrios[12] erkannt: „Seit Abraham aus den Heiden auserwählt wurde und von Haran nach Kanaan kam, bis zum Zug der Familie Jakobs nach Ägypten (waren es) 215 Jahre."[13]

Diese Halbierung der 430 Jahre von Ex 12,40f in 2 x 215 Jahre je in Kanaan und in Ägypten hat in der Chronologie des Buches Exodus kein Pendant. Zwar wird in Gen 50, 22.26 noch gesagt, daß Joseph 110 Jahre alt wurde, was in Verbindung mit Gen 37,3 zu 93 Jahren Lebenszeit in Ägypten führt; und die Angabe, daß er noch Ephraims Nachkommen bis in die dritte Generation sah (Gen 50,23), entspricht der „vierten Generation" von Gen 15,16.

Die Genealogien Ex 6,14–27 und Num 26,57–59 machen jedoch keine Angaben über das Alter der Väter bei der Geburt der Söhne, aus denen sich ja in der Genesis das chronologische System errechnet. Lediglich Ex 6,14–27 nennt überhaupt Lebensjahre: 137 für Levi, 133 für Kahath,[14] 137 für Amram;[15] nach Ex 7,7 war Mose beim Auszug aus Ägypten 80 Jahre alt, Aaron 83. Eine Addition dieser Zahlen macht natürlich wenig Sinn;[16] man könnte 215 Jahre allenfalls erreichen, wenn man Kahaths und Amrams 133

[9] Vgl. K. Koch, 416 Anm. 53.

[10] Vgl. z. B. in neuerer Zeit F. Michaeli, Le Livre de l'Exode, CAT, 1974, 116, während sonst die chronologischen Angaben zumeist wenig beachtet werden.

[11] Ant. II 318; in bell. V 382 und ant. II 204 hingegen spricht er von 400 Jahren allein in Ägypten nach Gen 15,13; so auch Apg 7,6. Rabbinische Berechnungen führen im Interesse des oben genannten Ausgleichs zwischen Ex 12,40f und Gen 15,13 zu einem Ägyptenaufenthalt von 210 Jahren: 400 (Gen 15,13) – 60 (Gen 25,26) – 130 (Gen 47,9) = 210 Jahre, und damit zu 220 Jahren in Kanaan.

[12] Vgl. zu ihm N. Walter, Demetrios, JSHRZ 3.2, 1975, 280–292.

[13] Euseb, praep. ev. IX 21,18, vgl. 16; abgedruckt bei A. M. Denis, Fragmenta Pseudepigraphorum Graeca, PsVTGr 3, 1970, 177; deutsch bei Walter, 289.

[14] LXX: 130 Jahre.

[15] LXX: 132 Jahre, A: 136 Jahre, so auch Demetrios (Euseb, praep. ev. IX 21,19).

[16] Die drei Zahlen des MT zusammen plus Aarons 83 Jahre ergeben immerhin 490 Jahre; für einen 430jährigen Aufenthalt in Ägypten ist das freilich zu wenig.

und 137 Jahre addiert (= 270), dann halbiert (= 135) und die 80 Jahre Moses hinzufügt.[17] Schöner ist die chronologische Ordnung, die der bereits erwähnte Demetrios bietet:[18]

Levi	43 Jahre alt bei Ankunft in Ägypten			
Levi	60 Jahre alt bei Geburt Kahaths	+	17	
Kahath	40 Jahre alt hei Geburt Amrams	+	40	
Amram	75 Jahre alt bei Geburt Aarons	+	75	
Amram	78 Jahre alt bei Geburt Moses	+	3	
Mose	80 Jahre alt bei Auszug aus Ägypten (Ex 7,7)	+	80	
		=	215	Jahre

Das Enddatum der von Paulus genannten 430 Jahre ist die Gesetzgebung am Sinai. Nach der Chronologie des Buches Exodus erfolgt sie bereits im dritten Monat nach dem Auszug aus Ägypten (Ex 19,1), also noch im selben Jahr. In der Tat liegen demnach 430 Jahre zwischen „den Verheißungen" (Gal 3,16), die Abraham „und seinem Samen" in Gen 12,7; 13,15–17 und 15,18 gegeben werden, und der Gesetzgebung am Sinai unter Beteiligung von Engeln (Gal 3,19) entsprechend Dtn 33,2 LXX. Nicht erst Paulus also ist es, der „die allgemeine Nennung der Väter in LXX auf die Zeit ab Abraham präzisiert."[19] Er ist damit aber nicht weniger „genau" als die „Zehn-Wochen-Apokalypse",[20] die in 1Hen 93,6 die vierte von insgesamt zehn Weltzeiten à 490 Jahren von Isaak bis zur Gesetzgebung am Sinai währen läßt.

In Gal 4,10 nennt Paulus als Ergebnis der inzwischen erfolgten Nachmissionierung, daß seine Leser sich nun auskennen mit der Beachtung von Tagen, Monaten, Jahreszeiten und Jahren.[21] Daß er in Gal 3,17 Jahre berechnet, hat keine Parallele in seinen sonstigen Briefen.[22] Gibt er ganz nebenbei zu verstehen, daß auch er die Berechnung von Jahren beherrscht? Der Nachklang der galatischen Auseinandersetzung in Kol 2,16 jedenfalls zieht die Thematik zurück auf „Festtag, Neumond, Sabbat", also allein auf im jährlichen Rhythmus wiederkehrende jüdische Festzeiten, nicht auf Epochen wie die in Gal 3,17 angenommenen 430 Jahre.

Die Zeitangabe in Gal 3,17 ist also nicht von Paulus erst ad hoc gewonnen aus einer beliebigen Interpretation von Ex 12,40f, sondern beruht auf einer alten bis in die Quel-

[17] So K. Koch, 416 Anm. 53.

[18] Euseb, praep. ev. IX 21,19. Daß Kahath dort Κλαθ heißt, beruht auf einem simplen Schreibfehler: ΚΛΑΘ statt ΚΑΑΘ vgl. Walter, 289 Anm. 19c. Bei Walter, 289f Anm. 19k – k auch der Hinweis auf den Zusammenhang mit Ex 12,40f und Gal 3,17.

[19] S. o. bei Anm. 1.

[20] Gegen K. Koch 416: „Während Paulus Gal 3,17 Abrahams Leben ab dem Bundesschluß von Gen 15 und die Zeit Isaaks in diese 430 Jahre der Kinder Israels mit einbegreift, obwohl Abraham als ‚Vater von Völkern' Gen 17,11 nicht in den Kindern Israels aufgeht, ist Henoch genauer, indem er nur die 60 Jahre Isaaks (vor der Zeugung Jakobs = Israels Gen 25,26) hinzuzählt."

[21] Vgl. dazu meinen Aufsatz: Tage, Monate, Jahreszeiten, Jahre (Gal 4,10), in: Werden und Wirken des Alten Testaments (FS C. Westermann), hg. von R. Albertz, H. P. Müller, H. W. Wolff, W. Zimmerli, 1980, 428–445.

[22] Vgl. etwa die in Röm 5,14 angesprochene Zeitspanne von Adam bis Mose, für die MT auf 2666 Jahre kommt, also 2/3 des bei der Wiedereinweihung des Tempels 164 v. Chr. erreichten Jahres 4000 seit Erschaffung der Welt.

len des Pentateuch zurückführbaren Tradition. Gelernt hat Paulus solche Berechnungen sicherlich nicht erst, als er sich mit „judaistischen“ Gegnern in Galatien oder anderswo auseinandersetzte; sie gehörten schon zu seinem Eifer für die „väterlichen Überlieferungen“ (Gal 1,14) der pharisäischen Tradition. Berechnung der Zeiten ist nicht allein ein Kennzeichen der Apokalyptik, sondern, wie der früheste bekannte Ausleger des Alten Testaments, Demetrios, zeigt, ein elementarer Teil des Studiums des Gesetzes: Vergewisserung über den Lauf der Welt durch Strukturierung der Geschichte.

Daß Paulus in Gal 3,17 von 430 Jahren zwischen den Abraham gegebenen Verheißungen und der Gesetzgebung am Sinai spricht, ist nicht als zufällige Assoziation an Ex 12,40f zu verstehen. Paulus nimmt vielmehr eine schon im Pentateuch intendierte und von dem Exegeten Demetrios am Ende des 3. Jh.s v.Chr. erkannte Strukturierung der Geschichte auf und kehrt sie gegen seine Gegner in Galatien, die in ihrer Verkündigung Zeitberechnungen mit dem Gesetz verbanden.

PAUL AND THE PHARISAIC TRADITION[1]

I.

Writing to the Philippians Paul tells his readers who he was before he got to know Christ: he was circumcised on the eighth day, he was of the people of Israel, of the tribe of Benjamin, a Hebrew born of Hebrews. He continues: 'as to the Law, a Pharisee, as to zeal, a persecutor of the Church, as to righteousness which is in the Law, blameless' (Phil 3:5–6). The three terms Law, zeal, and righteousness obviously belong together. Since the times of the Maccabees zeal meant to fight for the Law; righteousness was to live according to the Law. Such had been his confidence, and not a false confidence by any means.

It is only in this passage that Paul says he had been a Pharisee. Nowhere else, where he speaks about his origins,[2] does he mention this. In Acts, however, Luke too has Paul call himself a Pharisee (23:6; 26:5), brought up in Jerusalem at the feet of the Pharisee Gamaliel (22:3; cf. 5:34), as a Pharisee believing in the resurrection of the dead, in contrast to the Sadducees who do not (23:8). This question, Josephus also tells us,[3] marked one of the differences between the Pharisees and the Sadducees.

In the past, the fact that Paul calls himself a former Pharisee led to the question to which wing of this party he may have belonged, to the liberal followers of Hillel[4] or to the more conservative school of Shammai,[5] a difference constantly mentioned in the Talmud. But the question also arose whether Paul, coming from the diaspora, had been a Pharisee at all. Were his origins in a more syncretistic, gnosticizing Judaism,[6] or had he belonged to Jewish apocalypticism, converted to its Christian branch?[7] [76]

Recent debates on Paul's understanding of the Law may give the impression that Paul became aware of the Law as a problem only when he encountered Jewish-Christian missionaries, e.g. in Galatia, or when he met James, the head of the Jerusalem church. Only in reaction against them is Paul described as helpless, having no consistent understanding of

[1] The Manson Memorial Lecture delivered in the University of Manchester on 27 October 1988. I am grateful to Dr Christopher Tuckett for the revision of my English text and for bibliographical help.

[2] Cf. Gal 1:13–14; 1Cor 15:9.

[3] See Ant. 18:16 referred to soon after.

[4] J. Jeremias, Paulus als Hillelit, in Neotestamentica et Semitica (Studies in Honour of Matthew Black; Edinburgh 1969), 88–94.

[5] H. Hübner, Gal 3,10 und die Herkunft des Paulus, Kerygma und Dogma 19 (1973), 215–231.

[6] See e.g. Bultmann, Theology of the New Testament, ET by K. Grobel, vol. I (New York 1951), 187: 'Paul originated in Hellenistic Judaism. It remains uncertain, however, to what extern he had already appropriated in his pre-Christian period theological ideas of this syncretism (those of the mystery-religions and of Gnosticism) which come out in his Christian theology'.

[7] See e. g. U. Wilckens, Die Bekehrung des Paulus als religionsgeschichtliches Problem, ZThK 56 (1959), 273–293.

what the Law meant for Judaism.[8] But if Paul had been a Pharisee before he got to know Christ, the Law must have been fundamental for him, the Law in the specific Pharisaic sense of the 'traditions of the fathers' (Gal 1:14), including the oral Law as well as the written Torah. But how can we discover what Pharisaism actually was at the time of Paul?

This question has normally been answered by a picture of the Pharisees based mostly on the very polemical view of them given in the New Testament writings, and selected materials from the rabbinic literature were used to verify historically their 'hypocrisy'.[9] It may not only be in Germany that one gets one's basic information about the Pharisees at Sunday School and never gets rid of this picture of 'hypocrites'.[10]

During recent years, however, we have begun to learn that the rabbinic literature does not show what Pharisaism had been before the destruction of the temple, and it has been shown at the same time that neither rabbinic literature nor Pharisaism can be characterized as 'hypocritica'. Jacob Neusner especially,[11] but also Rudolf Meyer on the German side,[12] have stressed, perhaps over-emphasized, this distinction between Rabbinic Judaism emerging after 70 CE, and Pharisaism before 70.

What then can we know about Pharisaism? Our major source is Josephus. He, also a former Pharisee, describes the Jewish parties for his readers in terms of the models of Greek philosophical schools. So the Pharisees look similar to the Stoics:

> Though they postulate that everything is brought about by fate (εἱμαρμένη) still they do not deprive the human will of the pursuit of what is in man's power, since it was God's good pleasure that there should be a fusion (κρᾶσις, or: a judgment, κρίσις?) and that the will of man with his virtue and vice should be admitted to the council-chamber of fate. They believe that souls have power to survive death and that there are rewards and punishments under the earth for those who have led lives of virtue or vice: eternal imprisonment is the lot of evil souls, while the good souls receive an easy passage to a new life (*Ant.* 18:13–14).[13] [77]

When translated into Jewish terminology, the passage shows that the resurrection of the dead and the eternal judgment were fundamental concepts for the Pharisees in contrast to the Sadducees.[14]

> According to another passage of Josephus, the Pharisees had passed on the people certain regulations handed down by the fathers and not recorded in the Laws of Moses, for which reason they are rejected by the Sadducaean group, who hold that only those regulations should be considered valid which were written down, and that those which had been handed down by the fathers need not be observed (*Ant.* 13:297).

That this conception of the twofold Law, written and oral, goes back to Pharisaism and is not a creation of the Rabbis after 70 CE, cannot be doubted.[15] Paul, when speaking

[8] This is a very short, and therefore unsatisfactory, remark about e.g. H. Hübner, Das Gesetz bei Paulus (3rd edn; Göttingen 1982), ET Law in Paul's Thought (Edinburgh 1984); H. Räisänen, Paul and the Law (2nd edn; Tübingen 1987); G. Klein, art. Gesetz III, TRE XIII (1984), 58–75.

[9] See the quotation from Sanders at n. 39.

[10] In Northern Germany coffee with cream on top, but rum inside, is called a 'Pharisee'.

[11] Bibliographical references would be numerous; a short survey can be found in his 'The use of the Later Rabbinic Evidence for the Study of First Century Pharisaism', in W. S. Green (ed.), Approaches to Ancient Judaism (Missoula 1968), 215–228.

[12] Art. Φαρισαῖος, TDNT IX (1974), 11–35; cf. his book Tradition und Neuschöpfung im antiken Judentum (Berlin 1965).

[13] This quotation and all following are taken from the LCL-edition of Josephus by H. St. J. Thackeray, R. Marcus, A. Wikgren, L. H. Feldman.

[14] Cf. Josephus, Ant. 18:16.

about his time as a Pharisee in Gal 1:14, stresses his zeal for 'the traditions of the fathers', and in Mk 7:4–5 the conflict with the Pharisees and the scribes is about the 'traditions of the elders'.

The latter passage comes from our second source for Pharisaism, the Gospel of Mark.[16] Mark, writing about 70 CE, takes up stories of conflicts between Jesus and the Pharisees, transmitted in the Jesustradition. They deal with questions of eating (2:15–17: with whom to eat; 7:1–5: washing the hands before eating), with the observance of Sabbath (2:23–28; 3:1–5), with regulations concerning vows of *corban* (7:9–13), with the practice of divorce (10:2–9), and with the question of whether to pay tribute to the Caesar or not (12:13–17) – to sum up, questions not regulated or questions even unforeseen in the written Law, questions of everyday life, however, which needed answers given in the 'tradition of the fathers', the oral Law. These stories show discussions between early Christian and Pharisaic communities, not only discussions, but conflicts leading to persecution of the Church as testified by Paul, who, zealous for the traditions of his fathers, persecuted the Church of God (Gal 1:13.23; Phil 3:6; 1Cor 15:9).

A similarly polemical tone is found in the Woes against the Pharisees in the Synoptic Sayings Source Q (Lk 11:39–52/Mt 23:1–35).[17] Here additional information about the Pharisees is given with regard to tithing (Lk 11:42/Mt 23:23; cf. Lk 18:12), with regard to the prestige they enjoyed (Lk 11:43/Mt 23:6), and with regard to their concern for the tradition (Lk 11:47–48/Mt 23:29–30). Again these Woes show a sharp difference between Jesus and his followers [78] on the one side and the Pharisees on the other, and again this difference derives from the Pharisees' concept of a Law alongside the written Torah.

A polemical view of the Pharisees can also be found in some writings of the Qumran library.[18] It is the Pharisees who are attacked when, in the Damascus Document, teachers are mentioned who 'sought alter smooth things, chose deceits, kept watch with a view to lawless deeds', who 'justified the wicked and condemned the righteous', 'their deeds were uncleanness before God' (CD 1:13–17).[19] Josephus calls the Pharisees 'the most accurate interpreters of the Laws' (*War* 2:162); for the Zadokite Essenes of Qumran, however, they are only men-pleasers. Again it seems to be the conception of the oral Law, the Pharisees' application of the Law to everyday life, that made the difference. The Essenes had their own interpretation of the Law; Pharisees and Essenes were rivals.

[15] Cf. P. Schäfer, Das „Dogma" von der mündlichen Torah im rabbinischen Judentum, in idem, Studien zur Geschichte und Theologie des rabbinischen Judentums (Leiden 1978), 153–197, who, however, does not take into account Gal 1:14 and Mk 7:4–5.

[16] Cf. my article Die Pharisäer und die Schriftgelehrten im Markusevangelium, ZNW 78 (1987), 169–185, where I tried to show that for Mark the Pharisees are the opponents of the past in questions of the oral Law, while the scribes are partners in conflicts about Christology. In general cf. my commentary Das Markusevangelium (Tübingen 1987).

[17] Cf. J. Freudenberg, Die synoptische Weherede (dissertation Münster, 1972); J. S. Kloppenborg, The Formation of Q (Philadelphia 1987), 139–147.

[18] Cf. R. Meyer, TDNT IX, 28–31.

[19] Translation according to R. H. Charles in APOT II, 802.

Even if we add some materials from the rabbinic literature,[20] we do not have much similar to Paul. Almost nothing of what we find in all these sources is of interest for Pauline theology except what Josephus says about resurrection and eternal judgment. All of these sources for our knowledge about Pharisaism provide information from the outside: former Pharisees like Josephus and Paul, opponents of the Pharisees like the early Christian Jesus-tradition or the Qumran-Essenes, the Rabbis as the Pharisees' heirs are our informants.[21] So, again, what evidence do we have to build a picture of what it meant to Paul to be a Pharisee before he got to know Christ?

II.

At least since Julius Wellhausen's epoch-making book on the Pharisees and the Sadducees of 1874,[22] the *Psalms of Solomon* have been understood as a document of Pharisaism. This view has been held by German scholars such as Herbert Braun in his influential article of 1951,[23] to which I shall return, Gerhard Maier,[24] Joachim Schüpphaus,[25] but also the Dane Svend Holm-Nielsen in his German edition of the *Psalms of Solomon*[26] and George Nickelsburg in his introduction to the intertestamental literature[27] see the *Psalms of Solomon* as a typically Pharisaic document; and H. E. Ryle and M. R. James gave their edition of 1891 the subtitle: 'Psalms of the Pharisees, commonly called the Psalms of Solomon'.[28] [79]

This view, however, has been questioned following the discovery of the Qumran library. In his article on 'The Religious Background of the Psalms of Solomon (Re-evaluated in the Light of the Qumran Texts)' Jerry O'Dell[29] comes to the conclusion:

> It is not necessary, indeed it is misleading, to dissect all the Jewry of the inter-testamental period into distinct religious and political groups. There were without a doubt a number of deeply spiritual and eschatologically orientated men who belonged neither to the Pharisees, Sadducees nor to the priestly minded Qumran Essenes, but were nonetheless religious Jews. Such a man, or group of men, was the author of the Psalms of Solomon.[30]

At the same time Herbert Braun in is article for the third edition of *The Religion in Geschichte und Gegenwart*[31] saw the *Psalms of Solomon* as only 'near to the Pharisees, but typical also of broader Jewish circles'. Already in 1957 in his two volumes on Jewish heretical and

20 Cf. Neusner, Use of Later Rabbinic Evidence.

21 The picture would not be changed by the Gospels of Matthew, Luke, John or apocryphal gospels, by Acts or by Assumption of Moses 5:5f.

22 Die Pharisäer und die Sadducäer (3rd edn; Göttingen 1967).

23 Vom Erbarmen Gottes über den Gerechten, ZNW 42 (1950/51), 1–54 = idem, Gesammelte Studien zum Neuen Testament und seiner Umwelt (2nd edn; Tübingen 1967), 8–69.

24 Mensch und freier Wille (Tübingen 1971), 300.

25 Die Psalmen Salomos (Leiden 1977), 130–137.

26 Die Psalmen Salomos, jüdische Schriften aus hellenistisch-römischer Zeit, IV/2 (Gütersloh 1977), 59.

27 Jewish Literature between the Bible and the Mishna (Philadelphia 1981), 212.

28 Cambridge 1891.

29 RQ 3 (1961), 241–257.

30 Ibid., 257.

31 Vol. V (1961), 1342–1343.

Early Christian radicalism, he did not treat the *Psalms of Solomon* but instead took *Pirqe Aboth* 1–4 to characterize Pharisaism, though he did not use this term.[32] Referring to O'Dell's article, E. P. Sanders sees 'the Psalms of Solomon as coming from a broad religious movement which cannot be precisely identified with Pharisaism'.[33] R. B. Wright in his edition of the Psalms of Solomon for 'The Old Testament Pseudepigrapha' calls them either Pharisaic or Essene in origin,[34] but the general editor, James H. Charlesworth, rebukes him by an insertion: 'It is unwise to label these psalms as either Pharisaic or Essene'.[35] P. N. Franklyn in the most recent study of the *Psalms of Solomon*[36] decides: 'There is more evidence, supplied by Jerry O'Dell and Robert Wright, for linking these psalms with Qumran' than for linking them with Pharisaism.[37] The latter's article was not available to me, but Wright does not say this in his introduction to his edition.[38] Jerry O'Dell, however, cannot be named in favour of this view. He only assembled a list of possible Qumran parallels.

If I, following the traditions of some fathers, take the *Psalms of Solomon* as a Pharisaic document, showing to some degree Paul's Pharisaic traditions, I am aware of the difficulties, even dangers, of such an attempt. E. P. Sanders comments on Herbert Braun's interpretation as follows: He 'has conformed the Psalms of Solomon to the picture of Pharisaic Judaism which is usual in Christian, and especially Lutheran scholarship, and which is usually supported by quotations from rabbinic literature'.[39] [80]

I hope that what I am going to say does not stand and fall with the question of the Pharisaic origin of the *Psalms of Solomon.* I hope that those in doubt may take them as *a* possible tradition behind Pauline theology if not as his *Pharisaic* tradition. But what I am going to say is mostly to discuss Herbert Braun's important and (at least in Germany) influential interpretation of the *Psalms of Solomon* and of Pharisaism in general. Braun throughout his article of 1951 wanted to show the 'ambiguity' of these psalms, the oscillating character of their theology, and he looked for what was *really* meant in the wordings to unmask Pharisaic hypocrisy' behind the actual text.

The *Psalms of Solomon* were edited for the first time in 1626. They are preserved in Greek and Syriac only,[40] but the original language must have been Hebrew. Allusions to Pompey's invasion of Palestine in 63 BCE and to his death in 48 BCE in Egypt indicate a date in the first century BCE though the individual psalms of this collection may come from different periods.[41] Concerning their form, they follow the patterns of biblical and apocryphal

[32] Spätjüdisch-häretischer und frühchristlicher Radikalismus (2 Vols.; Tübingen 1957), see Vol. I, 2–14.

[33] Paul and Palestinian Judaism (London 1977), 388.

[34] Vol. II (London 1985), 642.

[35] Ibid.

[36] The Cultic and Pious Climax of Eschatology in the Psalms of Solomon, JSJ 18 (1987), 1–17.

[37] Ibid., 17.

[38] If, as I think, R. B. Wright is the Robert Wright of the quotation.

[39] Paul and Palestinian Judaism, 395.

[40] For the Greek text, see A. Rahlfs, Septuaginta, vol. II (no year given), 471–489; for the Syriac, see The Old Testament in Syriac according to the Peshitta Version edited by the Peshitta Institute Leiden, vol. IV/6 (Leiden 1972); the English translations are from the edition of R. B. Wright (see n. 34).

[41] With regard to these historical questions all modern authors agree.

psalms. I doubt if anyone would identify them as non-canonical if they were read in a service.

In the following I shall concentrate mostly an the third of these psalms and I shall try to interpret it in its own right as a document of Jewish, probably Pharisaic, theology.

1 Why do you sleep, soul, and do not praise the Lord?
Sing a new Song to God, who is worthy to be praised.
2 Sing and be aware of how he is aware of you,
for a good psalm to God is from a glad heart.
3 The righteous remember the Lord all the time.
by acknowledging and proving the Lord's judgments right.
4 The righteous does not lightly esteem discipline from the Lord;
his desire is (to be) always in the Lord's presence.
5 The righteous stumbles and proves the Lord right;
he falls and watches for what God will do about him;
he looks to where his salvation comes from.
6 The confidence of the righteous (comes) from God their saviour;
sin after sin does not visit the house of the righteous.
7 The righteous constantly searches his house,
to remove his unintentional sins. [81]
8 He atones for (sins of) ignorance by fasting and humbling his soul,
and the Lord will cleanse every devout person and his house.
9 The sinner stumbles and curses his life.
the day of his birth, and his mother's pains.
10 He adds sin upon sin in his life;
he falls – his fall is serious – and he will not get up.
11 The destruction of the sinner is forever,
and he will not be remembered when (God) looks after the righteous.
12 This is the share of sinners forever,
but those who fear the Lord shall rise up to eternal life,
and their life shall be in the Lord's light, and it shall never end.

The psalm starts with a self-encouragement to praise the Lord (vv. 1–2), followed by a progammatic statement about what the righteous do (vv. 3–4). Verses 5–8 and 9–12 depict the contrast of the righteous and the sinner, how both react to the same situation of stumbling. The Greek text in both cases has past tense in the beginning, followed by a present tense: 'The righteous stumbled and proved the Lord right, he fell and watches for what God will do about him' (v. 5), 'the sinner stumbled and curses his life …' (v. 9). That may reflect the underlying Hebrew grammar, but when we look at v. 9, it makes sense to look for someone who stumbled and cursed his life, the day of his birth and his mother's pains. Indeed there is such a sinner in the biblical tradition: 'After this opened Job his mouth, and cursed the day of his birth. And Job said: "Let the day perish wherein I was born, and the night which said: A man-child is conceived … Why did I not the at birth, come forth from the womb and expire? Why did the knees receive me? Or why the breasts, that I should suck?"' (Job 3:1–3.11–12).

Indeed, Jeremiah too cursed his life (20:14–15), but I think the allusion to the Job of the dialogues is not accidental. If we read the first of the *Psalms of Solomon,* it sounds like the story of the first chapter of Job, though from the opposite point of view:

1 I cried out to the Lord when I was severely troubled,
to God when sinners set upon (me).

2 Suddenly, the clamor of war was heard before me;
He will hear me, for I am fall of righteousness. [82]
3 I considered in my heart that I was full of righteousness,
for I had prospered and had many children.
4 Their wealth was extended to the whole earth,
and their glory to the end of the earth.
5 They exalted themselves to the stars,
they said they would never fall.
6 They were arrogant in their possessions,
and they did not acknowledge (God).
7 Their sins were in secret, and even I did not know.
8 Their lawless actions surpassed the gentiles before them;
they completely profaned the sanctuary of the Lord.

The interpreters of this psalm may be right in looking for historical events of the first century BCE and in referring to Pompey's siege and final conquest of Jerusalem and its temple in 63.[42] But the model for this story is Job's initial welfare and his care for his children, though now his fate is seen as that of one who falsely considered himself full of righteousness, but in fact was a sinner and whose children were sinners too. What the book of Job and the *Psalms of Solomon* have in common is the question of the qualitative difference between sin and righteousness, a question both share with a broad stream of Jewish Wisdom literature.

According to v. 3 to be righteous means to acknowledge God's righteousness, a theme constantly repeated throughout these psalms.[43] This eventually is the solution of the problem in the book of Job too, but not before Job had seen the Lord himself; until then he had only heard of him (42:1–6). At the same time, however, Job's friends, who had tried to convince him that he should repent for unknown sins, are rebuked by the Lord, 'for they have not spoken of the Lord what is right' (42:7–8). What is said about the righteous in *Ps. Sol.* 3 seems to be more in accordance with the theology of those friends: Job should acknowledge the Lord's judgments as right, he should take his fate as discipline from the Lord and he should search for sins of ignorance.

The difference between sinners and righteous ones becomes clear when both stumble. The paradigm for a sinner is Job who in such a case cursed his life. The righteous, in contrast, even then prove the Lord right, looking for salvation which comes from the Lord, again a major theme of the book of Job, who looked for his salvation.[44] To deal with the inevitable sins of ignorance means first of all to avoid them as far as possible. However, to be righteous does not mean to be without sins: [83]

> And whose sins will he forgive except those who have sinned?
> You bless the righteous, and do not accuse them for the sins they have committed.
> And your goodness is upon those that sin, when they repent (9:7).

So on the other side there is the question of atonement for these inevitable sins. In the Old Testament we find regulations concerning the 'sin offering' in cases of sinning 'unwit-

[42] Cf. e.g. Schüpphaus, Psalmen Salomos (n. 25 above), 25–28.
[43] Cf. ibid., 100.
[44] Cf. the dominance of σῴζειν, σωτηρία in Job LXX.

tingly' or 'through error' in Leviticus 4: a young bull is to be offered.[45] This is not the way of atoning proposed in our psalm. It does not refer to Leviticus 4, a possibility still open in the first century BCE when the people of Israel had their temple in Jerusalem where it was possible to offer a young bull for sins of ignorance whenever such an offering was needed.

By contrast, the wording of v. 8 refers to Leviticus 16's regulations about Yom Kippur, the 'Day of Atonement':

> In the seventh month, on the tenth day of the month, you shall afflict yourselves, and shall do no work, either the native or the stranger who sojourns among you: for on this day shall atonement be made for you, to cleanse you; from all your sins shall you be clean before the Lord (Lev. 16:29–30).[46]

In the written Law Yom Kippur is the only regular day of fasting, though we hear about four such days from post-exilic times (Zech 8:19). The term for this fasting connected with Yom Kippur is not the usual Hebrew root צום, but ענה נפש, 'to humble or afflict one's soul or oneself', ταπεινοῦν τὴν ψυχήν in Greek.[47] German translations of Leviticus 16 and other passages where this phrase is used render it simply by 'to fast', making no distinction between the terms as, for instance, the RSV does. Our psalm explicitly interprets this 'humbling one's soul' by 'fasting', and that goes back to a possibly exilic or even post-exilic usage of the term: 'Then I proclaimed a fast …, that we might humble ourselves before our God' (Ezra 8:21).[48] In rabbinic times ענה became the technical term for fasting (cf. the tractate *Ta'anayot* 'On Fasting' in the Talmud).[49]

So v. 8 leads us back to one of the fundamental concepts of the Old Testament and to the greatest feast of Israel. In Leviticus 16, however, it is not fasting that atones, but the offering of the two goats. God's cleansing of the people is the result of Yom Kippur.[50] In *Ps. Sol.* 3, however, fasting itself is the means by which the righteous one atones and so 'the Lord will cleanse every devout person and his house' (v. 8).[51] [84]

As far as we know regular fasting had been characteristic of one group of Judaism only, the Pharisees, twice in the week, as the Pharisee of Lk 18:12 says, perhaps on Monday and Thursday (cf. *Didache* 8:1), though these proof-texts derive from the times after 70 CE. But the conflict story Mk 2:18–22 at least shows that as against the disciples of John the Baptist the question of fasting also marked a difference between Pharisees and early Christians;

[45] Lev 4:14, cf. ἀγνοεῖν in v. 13.

[46] Cf. Lev 23:26–32; Num 29:7–11. Y. Yadin (The Temple Scroll, vol. 1 [Jerusalem 1983], 134) observes that the regulations for the 'Day of Atonement' in Temple Scroll 25:10–27:10 include many details from Lev 4:8–9.

[47] Cf. H. A. Brongers, Fasting in Israel in Biblical and Post-Biblical Times, Oudtestamentische Studien 20 (1977), 1–21; E. Gerstenberger, art. ענה I, Theologisches Wörterbuch zum Alten Testament, Vol. VI/3–5 (Stuttgart 1987), 247–270, esp. 253–255.

[48] Cf. Isa 58:3.5; Ps 35:13: 'I afflicted my soul with fasting'; Sir 31:21; frequently in the Qumran texts.

[49] Here, however, Yom Kippur is mentioned only in 4:1 and 4:8. On the other hand the tractate Yoma has regulations an fasting in ch. 8 only, but is mostly concerned with the highpriest and the offerings.

[50] The same is true for the Temple Scroll (cf. n. 46).

[51] At least this passage does refer to the cult, and therefore I cannot agree with Sander's statement that 'the failure to mention the sacrificial system as atoning is probably due to the nature of the Psalms and their immediate concerns' (Paul and Palestinian Judaism, 398). By contrast: the concept of atoning is transferred from the cult to everyday life.

this story, however, presupposes that some Christians would fast again, after Jesus was taken away (cf. also Mt 6:16–18; *Didache* 8).

Ps. Sol. 3 helps us to understand what fasting meant for the Pharisees: atonement for the inevitable sins of ignorance. That corresponds to their conception of the 'traditions of the fathers', for (a) nowhere in the written Law do we find regular fasting demanded, and (b) nowhere in the Old Testament is fasting by itself seen as a means of atonement.[52] So it also corresponds to their conception of transferring the Law from the cultic frame to everyday life.

III.

Such a conception of atonement seems to be unique in comparable Jewish texts of those times. The Sadducees held to the written Law and as the party of the Jerusalem aristocracy they were connected with the temple. We do not know much about the Samaritans and their conception of atonement, but as they too followed the Pentateuch only, it was either Yom Kippur or the 'sin offering' of Leviticus 4 that could atone for sins of ignorance. With the Qumran documents the *Psalms of Solomon* share the sharp stress on the qualitative difference between sin and righteousness, but nowhere there is fasting a means of atonement.[53] So I think it is for good reasons that we can take these psalms as belonging to the Pharisees, that Jewish group for which regular fasting was characteristic.[54]

If we now go on to compare some aspects of Pauline theology with what we read in the *Psalms of Solomon*, we have to take into account that Paul is not *the* representative of early Christianity in general. We have seen already that there were Christians who did fast, though Jesus himself did not (Mk 2:18–22). In Paul's letters the verb is absent: the noun νηστεία is used in the general sense of 'asceticism' (1Cor 7:5) or in the sense of 'lack of food' (2Cor 6:5; 11:27). This is also the meaning of ταπεινοῦσθαι in Phil. 4.12 in opposition to [85] περισσεύειν 'to abound'.[55] Nowhere does fasting as such appear as a problem that arose from the controversies about the Law, though we hear about questions of which means might be allowed.[56]

So it is not fasting that makes Paul and the *Psalms of Solomon* comparable. Rom 3:24–26, however, also refers to Leviticus 16, as *Ps. Sol.* 3 does. Ever since Bultmann's *Theology* and

[52] Cf. B. Janowski, Sühne als Heilsgeschehen (Neukirchen 1982), who, however, does not take into account the Psalms of Solomon.

[53] Cf. P. Gamet, Salvation and Atonement in the Qumran Scrolls (Tübingen 1977).

[54] Sanders (Paul and Palestinian Judaism, 402–403) is right in rejecting Wellhausen's identification of the sinners as the Sadducees; but, I think, there is a lot of internal evidence in the Psalms of Solomon to ascribe them to the Pharisees (cf. n. 65 below).

[55] Cf. the parallelism with ὑστερεῖσθαι in the same verse.

[56] The term 'Christians' I have used above perhaps needs some clarification. It comes from the end of the first century (Acts 11:26; 26:28; 1Pet 4:16) and may sound anachronistic for the first generation. However, it can be used in the sense that 'Christians' are these who believe that God's salvation expected by the righteous ones (cf. Ps. Sol. 3:5–6) has come in Christ. In this sense Paul was a 'Christian', though he himself, if asked to which religion he belonged, would have called himself a Jew.

Ernst Käsemann's short article, supporting Bultmann's interpretation, these verses have been taken as a pre-Pauline formula, going back to the Jewish-Christian tradition which Paul picked up here and elsewhere.[57] And indeed the vocabulary is not typical of Paul, nor are the christological concepts which describe Jesus' death as atonement according to Leviticus 16: 'whom God put forward as an expiation (through faith, perhaps a Pauline insertion) by his blood to show his righteousness because of the passing over of the sins committed before in the forebearance of God'. So atonement is given once for all and no further offerings are needed, but at the same time there is no place for regular fasting. Paul's formula as well as *Ps. Sol.* 3 transfers the concept of atonement from the cultic frame of Yom Kippur – the *Ps. Sol.* to everyday life, the Pauline formula to christology. As *Ps. Sol.* 9 shows, Paul shares with them the reference to Abraham and to God's promises given to 'Abraham our father'.[58] An adequate way to summarize Rom 3:24–26 could be that in Jesus' death the covenant is re-established, and the covenant is fundamental for the theology of the *Psalms of Solomon* too. Paul himself, however, at least is quite cautious in using this concept, for even the 'new covenant' of Jer 31:31 still has the Law as its content.

The 17th and the 18th of the *Psalms of Solomon* are our major sources for Messianic expectations in Judaism, if one takes Messiah in the strict sense of the anointed king of Israel, son of David.[59] Again a probably pre-Pauline formula,[60] Rom 1:3–4, speaks of Jesus 'who was of the seed of David according to the flesh'. This concept, incidentally, proves that the *Psalms of Solomon* cannot be of Essene origin, for in the Qumran documents we find the expectation of two Messiahs, the priestly Messiah of Aaron being superior to the Messiah of David.[61] This Messianic concept of the *Psalms of Solomon* corresponds to what Josephus says about the Pharisees, that they were critics of the Hasmonaean dynasty who called themselves 'kings of Israel'.[62] Generations after, this question of earthly kingship split the Pharisees when under Roman occupation the Zealot Judas and [86] the Pharisee Zadok denied that the Jews should acknowledge other rulers besides God himself.[63] *Pss. Sol.* 17 and 18 show that there could be an expectation of a future king of Israel while they were waiting for the kingdom of God himself. Neither in the psalms, however, nor in the Qumran documents, is the Messiah, the 'Christ', the one to atone by his death as the 'Christ' Jesus does according to Rom 3:24–26.

That sin means transgressions of the Law is a presupposition of the psalm, not explicit here, but obvious from other passages.[64] So the contrast of sinners and righteous ones is primarily the contrast between Jews and Gentiles. But in accordance, with a long tradition there is also the distinction between the righteous and the godless within Israel itself, the

[57] Bultmann, Theology, 46; E. Käsemann, Zum Verständnis von Römer 3,24–26, ZNW 43 (1950/51), 150–154 = idem, Exegetische Versuche und Besinnungen vol. I (Göttingen 1960), 96–100.

[58] Cf. Ps. Sol. 9:9–10.

[59] Cf. M. de Jonge, art. χρίω κτλ., TDNT IX (1974), 513–514.

[60] Cf. Bultmann, Theology, 49.

[61] Cf. A.S. van der Woude, art. χρίω κτλ., TDNT IX (1974), 517–520.

[62] Ps. Sol. 17:5–6, cf. Josephus, Ant. 13:431.

[63] Josephus, Wars 2:117–18; Ant. 18:2–4.

[64] Cf. e.g. 14:2–3, quoted below; cf. ἀνομία 1:8; 2:3.12; 9:2; 15:8.10; παρανομία 4:1; 8:9; παράνομος; 4:9.11.19. 23; 12:1; 14:6.

difference being established according to observance or non-observance of the Law, or more precisely by observance or non-observance of a specific interpretation of the Law. So for the *Psalms of Solomon* it is the Gentiles who are sinners, the Romans who conquered the land; but sinners are also those Jews who transgress the Law.[65]

> For Israel is the portion and inheritance of God.
> But not so are sinners and criminals,
> who love (to spend) the day in sharing their sin (14:5–6).

The righteous ones by contrast are those who live 'in the Law' (ἐν νόμῳ):

> The Lord is faithful to those who truly love him,
> to those who endure his discipline,
> to those who live in the righteousness of his commandments,
> to the Law, which he has commanded for our life.
> The Lord's devout shall live by it forever (14:1–3a).

This reminds us of what Paul says with regard to his Pharisaic past: 'as to the righteousness which is in the Law, blameless' (Phil 3:6) – not, however, without sins, but holding to the Law and its promises. And it reminds us of Lev 18:5, quoted by Paul in Gal 3:12 and Rom 10:5:[66] 'he who does them (i.e. God's statutes and judgments), shall live in them'. But Paul takes Lev 18:5 as a prooftext in an opposite sense: living in the Law does not mean righteousness; the righteous ones are those who live by faith, as is witnessed, he says, by Hab 2:4.

Nevertheless, or perhaps precisely because of this, the qualitative [87] difference between sin and righteousness is the general topic of Paul's letter to the Romans. I think that the discussions of Pauline theology have isolated the term 'righteousness *of God*' too much and therefore have neglected the general contrast of righteousness and sin. Paul has to defend his concept of righteousness not in the Law but by faith in Christ against those who report, as he says, 'slanderously' and affirm that he says: 'Let us do evil, that good may come' (Rom 3:8; cf. 6:1.12). So in Rom 10:3 he denounces such 'righteousness in the Law' as 'their own righteousness', as he had created the contrast of 'a righteousness of my own, even that which is of the Law', in which he was found blameless, and 'the righteousness which is of God, by faith' (Phil 3:9).

The accusations Paul had to encounter sound familiar if we remember that the Qumran-Essenes rebuked the Pharisees for 'justifying the wicked and condemning the righteous'.[67] Such accusations were common in intra-Jewish polemics, for the qualitative difference of sin and righteousness is the dominating question of early Jewish theology, and is the domi-

[65] Sanders (Paul and Palestinian Judaism, 402–43) and others are right in arguing against Wellhausen, that the sinners are not the Sadducees and therefore the righteous ones the Pharisees (cf. n. 54 above). But when Sanders says (403), that 'the two characteristic differences between the Pharisees and the Sadducees – the question of the oral law and the resurrection – are not mentioned' in the Psalms of Solomon one can refer for the second to 3:12 ('those who fear the Lord shall rise up to eternal life'; cf. 15:12–13); and for the first to Sanders himself, who speaks of 'a general halakic dispute'. So at least it is a specific understanding of the Law that makes the difference.

[66] Cf. A. Lindemann, Die Gerechtigkeit aus dem Gesetz. Erwägungen zur Auslegung und zur Textgeschichte von Römer 10,5, ZNW 73 (1982), 231–250.

[67] See at n. 19 above.

nating question of early Christianity as well, perhaps of Judaism and Christianity up to this day.

The fact that Paul was attacked depends upon his conception that even Gentiles, the sinners *par excellence* of the Jewish tradition, could get access to righteousness, not because they are sinners, but because there is no distinction between Jews and Gentiles, for 'all have sinned and fall short of the glory of God', for 'the same Lord is Lord of all and bestows his riches upon all who call upon him' (Rom 3:23; 10:12). To let even Gentiles be righteous can be nothing less than a consequence of what is said in *Ps. Sol.* 9:6:

> To whom will you be good, O God, except to those who call
> upon the Lord?
> He will cleanse from sins the soul in confessing, in restoring,
> so that for all these things the shame is on us, and (it shows)
> on our faces.

And this verse is repeated by what we know already:

> And whose sins will he forgive except those who have sinned?
> You bless the righteous, and do not accuse them for the sins
> they have committed.
> And your goodness is upon those that sin, when they repent (9:7). [88]

Who, then, are the righteous ones in contrast to the sinners, if for Paul the Law no longer marks a qualitative difference between Jews and Gentiles[68] or the difference between those Jews who adhere to a specific interpretation of the Law and those who do not follow it? The righteous for Paul are those – and this is quite in accordance with *Ps. Sol.* 3 – who acknowledge God's righteousness.[69] After quoting his opponents in Rom. 3.8 who accused him of neglecting the qualitative difference of sin and righteousness, Paul gives a long confession, made up by texts especially from the Psalms. And this confession includes both Jews and Greeks, 'that they are all under sin' (Rom 3:9–20).

What made the righteous righteous, according to *Ps. Sol.* 3:3–4, was to acknowledge God's righteousness. Paul's concept of righteousness at this point therefore does not leave its Pharisaic origins, though these are radicalized. Neither here nor there is it the fulfilment of the Law and the fulfilment of the commandments that makes the righteous righteous; even in the *Psalms of Solomon* the righteous one is a sinner, who needs remission of sins.[70]

IV.

The *Psalms of Solomon,* I think, bring us nearer to Paul than do the other sources of Pharisaism discussed earlier. They can show us some of Paul's presuppositions, options and questions or even solutions and can lead us to understand what it meant to be a Pharisee in his day. So, why, according to Phil 3:7–8, did he count all this a loss, even dung? He

68 Cf. Gal 2:15–16.
69 Pss. Sol. 3:3; cf. 8:7.26; 9:2.6; 10:6; 15:2; 16:5.
70 For the relation between righteousness and resurrection cf. Rom 6:12–13.

says: 'for Christ', 'for the excellency of the knowledge of Christ Jesus my Lord'. But this 'Christ' Jesus is neither a new interpreter of the Law nor a new 'Teacher of Righteousness'.

We have already touched on Paul's christology, more precisely pre-Pauline formulae which he took up. Bultmann drew the distinction between the 'kerygma', the proclamation, on the one side and 'theology' on the other, and he defined theology as explication of human existence before God in anthropological terms.[71] Here no Pauline christology seemed to be left; it was all pre-Pauline formulae or traditions. When we look at Bultmann's 'Theology of Paul' in his *Theology of the New Testament,* it is indeed built up on the basis of anthropological terms, with three exceptions:

1. § 33, where he tries to show how confused Paul's ideas on [89] christology were; the conceptions come from Judaism, Gnosticism or from elsewhere and are contradictory in themselves;[72]
2. § 34 dealing with the church and the sacraments, but preceded by 'the word';
3. and this is my major point, § 27 'the Law', by no means an anthropological term, if it is not replaced by 'boasting'.

So two of the key-words of Philippians 3, my starting-point, do not fit in with Bultmann's definition of what theology should be, namely 'at the same time anthropology';[73] neither does 'Law' nor 'Christ'.

But to me it seems at least questionable whether 'righteousness' fits that definition either. Paul was not the first to make righteousness the fundamental question of theology – that goes back to a long tradition in Judaism, including the Pharisees. Nor is his conception of acknowledging God as righteous a new one – again the Pharisees were not the only ones who held this view. Nor, finally, was Paul the first to understand human righteousness in a forensic sense of 'being justified by God' – the *Psalms of Solomon* have the same idea when the righteous ones are those whom the Lord will cleanse, will declare clean (3:8).

So the *Psalms of Solomon* leave us with two questions, the question of christology and the question of the Law, both questions coming together in what for Paul is the contrast between the righteousness which is of the Law and that righteousness which is through faith in Christ, the righteousness which is of God by faith. How does christology supply something extra when compared with the Law? What is the deficiency of the Law compared with christology with regard to righteousness? The answer cannot simply be 'faith'. Though, surprisingly, the terms 'faith' or 'to believe' are not found in the *Psalms of Solomon,*[74] in other Jewish documents of those times these terms were used as self-definitions of those who held to the Law.[75] So 'faith' is not by itself the new 'self-understanding' of those who are justified in Christ, but for Paul to believe in Christ marks the difference over

[71] Cf. R. Bultmann, Das Problem einer theologischen Exegese des Neuen Testaments, Zwischen den Zeiten 3 (1925), 334–357, reprinted in: G. Strecker (ed.), Das Problem der Theologie des Neuen Testaments (Darmstadt, 1975), 249–293: 'Theologie bedeutet die begriffliche Darstellung der Existenz des Menschen als einer durch Gott bestimmten' (272).

[72] Cf. my article: Christologie und Rechtfertigung, in Rechtfertigung (Festschrift für Ernst Käsemann) (Tübingen/Göttingen 1976), 351–363.

[73] Bultmann, Theology, 191.

[74] Only πιστός as an epithet of God (14:1; 17:10).

[75] Cf. my article: Pistis im Judentum, ZNW 64 (1973), 19–38.

against those who believe in the Law, trust in the Law, or set their faith in the Law of God, all of which are possible renderings of πιστεύειν τῷ νόμῳ.

Both Paul and the *Psalms of Solomon are* concerned with the qualitative difference between sin and righteousness, both of them following a long Jewish tradition. For Paul it was Christ in whom sin [89] and righteousness came together: 'For our sake he made him to be sin who knew no sin, so that in him we might become the righteousness of God' (2Cor 5:21). So this fundamental and decisive difference of sin and righteousness is annulled in Christ, Christ's death according to Rom 3:24–26 being the atonement for sins and at the same time the manifestation of God's righteousness, 'that he himself is righteous and that he justifies him who has faith in Jesus' (3:26).

Throughout his letters we find that Paul's christology is always one that annuls fundamental contrasts such as life and death,[76] freedom and slavery,[77] rich and poor,[78] spirit and flesh,[79] heaven and earth,[80] God and humanity.[81] We need differentiations of that kind to know who we are and where we are, but for Paul Christ is the reconciliation of such contrasts. This, however, is not only a question of pure theology, but also one of sociology, and therefore I cannot accept that theology and sociology are alternatives:[82] 'There is neither Jew nor Greek, neither slave nor free, neither male nor female. If you belong to Christ, then you are Abraham's seed, heirs according to promise' (Gal 3:28–29). By this, Paul radicalizes what is said in the *Psalms of Solomon* about the righteous ones who trust upon belonging to Abraham's seed and trust upon being heirs of the promises.[83]

If ever we want to look back on Paul's past, the *Psalms of Solomon* can show us some of his presuppositions, can show us options he had and can lead us to the questions he raised not only in discussions with his Jewish fellows and his Jewish-Christian opponents, but which he even raised as his own questions. He had been a Pharisee before, perhaps already then a radical Pharisee. When he got to know Christ, 'the end of the Law' as he says (Rom. 10.4), it was still the qualitative difference of sin and righteousness that structured not only his theology, but also the communities he founded: Jews and Greeks, slaves and free people, men and women sitting together at one table to remember the basis of their community, the death of the Messiah, 'Christ', which meant the annulment of the difference of sin and righteousness as it meant the annulment of other differences.

[76] Gal 2:19–20.
[77] Phil 2:7.
[78] 2Cor 8:9.
[79] Rom 8:3–4.
[80] Rom 1:3–4.
[81] Phil 2:6–7.
[82] An again (see n. 8) unsatisfactory aside, this time to F. Watson, Paul, Judaism and the Gentiles (Cambridge 1986).
[83] Cf. Pss. Sol. 9:9; 18:3.

III. ZEIT UND UMWELT DES NEUEN TESTAMENTES

ERWÄGUNGEN ZUR GESCHICHTE DES URCHRISTENTUMS

I.

„Geschichte des Urchristentums" scheint in Deutschland ein vergessenes Thema zu sein. Gibt es aus der Zeit vor fünfzig Jahren eine ganze Reihe großer Darstellungen (C. Weizsäcker, J. Weiß, A. v. Harnack, E. Meyer u. a.), so zur Zeit nur die von L. Goppelt und H. Conzelmann,[1] wobei Goppelts Arbeit der erste Band eines größeren kirchengeschichtlichen Sammelwerks ist. Ein Blick in die Vorlesungsverzeichnisse würde wahrscheinlich ähnliches zutage fördern – ganz im Gegensatz zur alttestamentlichen Wissenschaft, für die „Geschichte Israels" ein Standardthema ist.

Nun sind manche ehemals aktuellen Themen zu Recht in den Hintergrund getreten, aber gilt das auch für die „Geschichte des Urchristentums"? Man wird ja nicht sagen können, daß es der neutestamentlichen Wissenschaft in den letzten fünfzig Jahren nicht um Geschichte gegangen sei. Das Gegenteil deuten schon Wortbildungen wie Formgeschichte und Redaktionsgeschichte an. Der genannte Tatbestand verweist vielmehr auf den Umschwung von der rein „historisch-kritischen" Exegese im Sinne des 19. Jahrhunderts zu einer Exegese, die darüber hinaus und vor allem nach der Sache fragt, die in den Texten des Neuen Testaments zur Sprache kommt.

Indiz für diesen Umschwung ist das völlige Zurücktreten der Literarkritik im deutschsprachigen Raum, und d. h. der vornehmsten Methode des Historikers des 19. Jahrhunderts, der Quellen rekonstruiert, prüft und gegeneinander abwägt, um den Ereignissen, von denen diese Quellen berichten, möglichst nahe zu kommen. Die Literarkritik hat der Formgeschichte und ihren Filiationen Platz gemacht, deren Interesse nicht auf das in Texten Berichtete zielt, sondern auf die berichtende Gemeinde. Die Texte sind nicht mehr primär Quellen für das, wovon sie berichten, sondern für die, die berichten, und diese Fragestellung hat sich ja gerade auch in der Acta-Forschung durchgesetzt, also bei der Arbeit an den Texten des Neuen Testaments, die am ehesten (auch nach dem Willen ihres Verfassers) Historie bieten. [453]

Zu dieser Allgemeingut gewordenen, von der Formgeschichte bestimmten Exegese gehört nun auch ein bestimmtes Geschichtsbild. Bultmanns Theologie des Neuen Testaments hat ja im Gegensatz zu den älteren nach der Lokalmethode arbeitenden Theologien einen geschichtlich orientierten Aufbau: Jesus – Urgemeinde – hellenistische Gemeinde – Paulus/Johannes – Entwicklung zur Alten Kirche. Auffällig ist nun, daß dieser Aufbau auch das Grundmuster für die beiden inhaltlich recht verschiedenen Darstellungen von Goppelt und Conzelmann abgibt – ein Hinweis auf einen sensus communis, der

[1] L. Goppelt, Die apostolische und nachapostolische Zeit, in: Die Kirche in ihrer Geschichte, Hg. K. D. Schmidt/E. Wolf, Band I A, ²1966; H. Conzelmann, Geschichte des Urchristentums, NTD Ergänzungsreihe 5, 1969.

– Modifikationsmöglichkeiten offengelassen – so aussieht, daß auf die palästinische, aramäisch sprechende Urgemeinde die hellenistische, griechisch sprechende Gemeinde folgt, wozu als dritte Periode die Gemeinde in der zweiten und dritten Generation, die „nachapostolische Zeit", der (Übergang zum) Frühkatholizismus tritt.

II.

Die Differenzierung zwischen palästinischer und hellenistischer Gemeinde geht zurück auf W. Heitmüller, der sie 1912 in seinem Aufsatz „Zum Problem Paulus und Jesus" zuerst verwendete.[2] Sie wurde also entwickelt im Zusammenhang mit einem der Hauptprobleme der liberalen Theologie, historisch dem Vergleich zwischen Jesus und Paulus, theologisch der Frage: Jesus oder Paulus? Heitmüllers Entdeckung war, daß Paulus in der Tradition der hellenistischen Gemeinde stand, die gegenüber der Urgemeinde ein entwickelteres Stadium des Urchristentums darstellte.

Diese Unterscheidung zwischen „palästinisch" und „hellenistisch" stößt mehr und mehr auf Kritik. Es zeigt sich, zumal nach der Untersuchung von M. Hengel,[3] daß es nicht möglich ist, das geographische Gebiet Palästina außerhalb der Umgestaltung der Alten Welt zu sehen, die sich im Anschluß an die Eroberung des Perserreiches durch Alexander d. Gr. vollzog. Jene beiden Größen, die Stufen innerhalb des Urchristentums bezeichnen sollen, übten vielmehr schon seit dreihundert Jahren eine Wechselwirkung aufeinander aus. Unter Ptolemäern, Seleukiden, Hasmonäern, unter Herodes und den Römern war Palästina eng in die politische, wirtschaftliche und kulturelle Geschichte des Hellenismus einbezogen. Gerade wenn man wie Hengel die alte, auf Droysen zurückgehende Interpretation des Hellenismus als – im wesentlichen – Gräzisierung des Orients[4] nicht grund- [454] sätzlich in Frage stellt, kann man eine Vielzahl von Indizien dafür finden, wie griechischer Einfluß auch in Palästina wirksam war.[5] Stellt man stärker in Rechnung, daß auch der Orient in diesem Prozeß bestimmender Faktor ist, dann entspricht es nur einem allgemeinen Befund, daß dieser Hellenismus in Palästina eine eigene Gestalt hatte.

Freilich zeigen die Auseinandersetzungen in Jerusalem, die zu den Makkabäerkriegen führten, wie leidenschaftlich gerade hier der Kampf zwischen alt und neu ausgetragen wurde, aber weder handelt es sich dabei um einen Kampf zwischen Juden und Griechen, noch darf man in der Berufung auf das eigene Gesetz als solches das Spezifikum der

[2] W. Heitmüller, Zum Problem Paulus und Jesus, ZNW 13 (1912), 320–337; wieder abgedruckt in: Das Paulusbild in der neueren deutschen Forschung, Hg. K. H. Rengstorf, 1964, 124–143.

[3] Hengel, Judentum und Hellenismus, WUNT 10, 1969.

[4] „Das Griechenthum, in das Leben der östlichen Welt eingebildet und dasselbe durchgärend, hat jenen Hellenismus entwickelt, in dem das Heidenthum Asiens und Griechenlands, ja das Alterthum selbst aufzugehen bestimmt war" (zitiert nach Hengel, a.a.O., 3).

[5] Hengels Buch besticht durch die in Deutschland einmalige Materialdarbietung, die es zu einem Standardwerk machen wird und wünschen läßt, daß die Fortsetzung für die Zeit nach 150 v. Chr. bald folgen wird. Kritik scheint mir freilich angebracht, nicht nur am Hellenismusbegriff, sondern auch an Interpretationen größerer Zusammenhänge wirtschaftlicher, politischer und literarischer Art.

Abwehr sehen, vielmehr gehörte die eigene Überlieferung gerade zu dem, was jeder in den Hellenismus mit einbrachte.[6] Es war vielmehr das Festhalten an dem Inhalt dieses Gesetzes, das dem hellenistischen Ideal der Homonoia[7] im Wege stand.

Das Bild des palästinischen Judentums wird im wesentlichen von drei Gruppen von Texten bestimmt: a) der Überlieferung, die das nach dem Jüdischen Krieg als orthodox sich durchsetzende Judentum in hebräischer und aramäischer Sprache gesammelt hat und die der exegetischen Wissenschaft von Anfang an zugänglich war; b) den der Apokalyptik zuzurechnenden Texten, die vor allem in der Tradition christlich-orientalischer Kirchen überliefert sind und die dort im 18. und 19. Jahrhundert von europäischen Forschern entdeckt wurden; c) den seit 1950 edierten Texten aus der Bibliothek von Qumran.

Für das hellenistische Judentum stehen demgegenüber: a) die Septuaginta; b) Philo mit seinem nicht nur seine eigene Theologie spiegelnden Werk, Josephus, andere jüdisch-hellenistische Schriftsteller, deren Schriften nur geringeren Umfang hatten oder nur auszugsweise überliefert sind;[8] und c) – seit einigen Jahren überraschend häufig zitiert – der Roman „Joseph und Asenath". [455]

„Tradieren" bedeutet bis zur Erfindung der Buchdruckerkunst (und teilweise darüber hinaus) vor allem Abschreiben von Handschriften durch Jahrhunderte hindurch, und solches Tradieren setzt das Interesse – zumeist einer Gemeinschaft – an einer Abschrift voraus – als Ersatz für eine alte Handschrift oder zur Verbreitung des Textes.[9] Solches Interesse liegt in unserer Tradition in zwei Traditionssträngen vor: einmal dem christlichen mit den Sprachen Griechisch und Latein, zum anderen dem jüdischen mit Hebräisch und Aramäisch.[10] Hinzu kommen für unsere Kenntnis des Judentums z. Z. des Urchristentums die Traditionen der orientalischen Kirchen mit ihren Sprachen (Äthiopisch, Syrisch, Armenisch) – für unsere Tradition eine indirekte Vermittlung –, und schließlich das nicht durch Tradition vermittelte Material wie die Qumrantexte, archäologische Funde und Papyrustexte aus Ägypten.[11]

[6] Der hellenistische König Antiochos III. bestätigte die Tora als gültige Verfassung des Priesterstaats Jerusalem (Josephus, ant. 12,138–144: πολιτευέσθωσαν δὲ πάντες οἱ ἐκ τοῦ ἔθνους κατὰ τοὺς πατρίους νόμους, 142). Zur Interpretation der Auseinandersetzungen in Jerusalem vgl. E. Bickermann, Der Gott der Makkabäer, Berlin 1937.

[7] Vgl. dazu W. W. Tarn, Alexander der Große, 1968 (das englische Original erschien zuerst 1948), 748ff – ein Buch, das nach einer knappen Biographie von 152 Seiten auf weiteren fast 800 Seiten eine wahre Fundgrube von Exkursen bietet.

[8] Fragmenta Pseudepigraphorum Graeca, Hg. A. M. Denis, in: Pseudepigrapha Veteris Testamenti Graece 3, 1970, 161ff; vgl. auch die Selbstanzeige der Hallenser Habilitationsschrift von N. Walter, Untersuchungen zu den Fragmenten der jüdisch-hellenistischen Historiker 1968, ThLZ 94 (1969), 394.

[9] Für die Überlieferung nicht nur der antiken Literatur einmalig ist der riesige Bestand an Handschriften der neutestamentlichen Schriften – bei den Apostolischen Vätern sieht der Befund sehr anders aus. Beispielhaft für solche „Tradition" kann die Textgeschichte der Damaskusschrift sein!

[10] Für unsere Kenntnis der Antike kommt als dritter Traditionsstrang der arabische hinzu, auf dem u. a. die Aristoteles-Überlieferung vermittelt wurde.

[11] Für die Bedeutung nicht durch Tradition vermittelter, sondern erst durch die Archäologie erschlossener Kenntnis kann die Ägyptologie als klassisches Beispiel genannt werden. Erst durch die Entzifferung der Hieroglyphen war es möglich, mehr zu wissen, als was die griechischen Schriftsteller überliefert hatten.

Wir wissen von dem Judentum der Zeit des Neuen Testaments nicht mehr, als uns in so verschiedener Weise zugänglich geworden ist, und können uns zugleich nicht außerhalb der vermittelnden Tradition stellen. In dieser Tradition gibt es normierende Einschnitte wie die jüdische Bestimmung des Umfangs des alttestamentlichen Kanons, die z. B. die Textüberlieferung des hebräischen Sirachbuchs entscheidend beeinflußt hat. Es gibt aber auch ein Mit-Tradieren von an sich anderen Traditionssträngen Zugehörigem. Dazu zählen in der christlichen Tradition z. B. die Werke von Philo und Josephus, die den Rang christlicher Kirchenväter erhielten, und andere jüdisch-hellenistische Schriftsteller, die von Alexander Polyhistor gesammelt wurden, aus dessen Werk Clemens von Alexandrien u. a. sie dann exzerpierten. Der Traditionsprozeß vollzieht sich also als eine Aus-Lese, freilich unter sehr unterschiedlichen Gesichtspunkten, keinesfalls allein unter bewußt normierenden.

Dem christlichen Traditionsstrang verdanken wir also das, was wir über das hellenistische Judentum wissen.[12] Während freilich die archäologischen Zeugnisse die Verbreitung des Judentums in der ge- [456] samten hellenistischen Welt zeigen, beschränkt sich die literarische Hinterlassenschaft im wesentlichen auf Ägypten, genauer Alexandrien,[13] auch wenn man nicht einfach alle in griechischer Sprache überlieferten jüdischen Texte dort lokalisieren darf.[14] Dieser Befund entspricht freilich der Bedeutung des Judentums in Ägypten, speziell in Alexandrien, das in dieser Millionenstadt vermutlich einen Bevölkerungsanteil von 40% ausmachte.

Die Unterscheidung zwischen palästinischem und hellenistischem Judentum entpuppt sich damit im wesentlichen als Nebeneinander von Judentum in Palästina und Judentum in Alexandria. Dabei sind viele Querverbindungen zu beobachten, nicht zuletzt weil Palästina das ganze 3. Jahrhundert hindurch politisch zum Ptolemäerreich gehörte und diese Verbindungen auch unter den Seleukiden nicht abreißen ließ.

Leider wissen wir über die Anfänge des Christentums in Ägypten nach wie vor nicht mehr, als daß die dort um 150 n. Chr. sichtbar werdende Kirche eine Vorgeschichte haben muß[15] und daß diese Vorgeschichte sicher sehr weit zurückreicht, denn Alexandria mit seinem großen jüdischen Bevölkerungsanteil bot ideale Voraussetzungen für eine christliche Mission. Im Urchristentum spielt quellenmäßig Antiochia in etwa die Rolle, die Alexandria für das hellenistische Judentum hat, nur wissen wir hier wiederum über das Judentum nicht viel mehr, als daß es eine große, reiche jüdische Gemeinde gab.[16]

Andererseits bot das überlieferte Wissen – im Gegensatz etwa zur Erforschung mittelamerikanischer Kulturen, bei denen die Überlieferung abgerissen ist – wesentliche Anhaltspunkte.

12 Vom Überlieferungsprozeß her sind die LXX, Philo und Josephus ebenso wie die bei Kautzsch gesammelten Schriften *christliche* Bücher.

13 Hinzuweisen ist hier (und für manches andere) auf H. E. Weiß, Zur Frage der historischen Voraussetzungen der Begegnung von Antike und Christentum, Klio 43/45 (1965), 307–328.

14 Vgl. z. B. den samaritanischen Anonymus; dazu N. Walter, Zu PseudoEupolemus, Klio 43/45 (1965), 282–290.

15 Die frühesten Belege für das Christentum in Ägypten sind der Papyrus 52 und der Papyrus Egerton 2.

16 Vgl. Josephus, bell. 7, 44f.

Die religionsgeschichtlichen Voraussetzungen im Judentum zeigen zunächst, daß „palästinisch" und „hellenistisch" nicht absolute Gegensätze sind, sondern stärker einander zugeordnet werden müssen, und daß das, was mit „hellenistisch" bezeichnet wird, ebenfalls auf seine geographische Identität überprüft werden muß.

Damit soll nicht geleugnet werden, daß jenes Galiläa, in dem Jesus predigte, sich zutiefst von Städten wie Alexandrien und Antiochia unterschied. Nicht nur die Sprache, sondern auch die allgemeinen Gegebenheiten waren sehr verschieden. Die Welt der Gleichnisse Jesu ist die der Pächter, der Bauern, der abwesenden Feudalherren, der Händler, dazu die (Märchen-)Welt der Königshöfe; es fehlen die Handwerker, die Anfänge von Technik, wie sie in den hellenistischen Städten vorhanden waren. Doch wächst die christliche Gemeinde nicht langsam aus dem einen in den anderen Bereich hinein, sondern sie ist faktisch von Anfang an in der hellenistischen Welt zu Hause, während andererseits auch in Palästina Gemeinden weiterhin exi- [457] stieren: Bis zum Jüdischen Krieg gibt es eine Gemeinde in Jerusalem, von Lukas werden auch Gemeinden in Galiläa erwähnt (Apg 9,31). Als Quellen, die einigermaßen zuverlässige Angaben erlauben, stehen uns fast nur Lukas und Paulus zur Verfügung, und hier fehlen zwei der für die weitere Kirchengeschichte wichtigen Bereiche, Ägypten und Ostsyrien. Wir wissen nicht viel mehr als das, was Lukas gewußt und/oder weitergegeben hat. Für bestimmte Bereiche, für die wir paulinische Texte vergleichen können, zeigt sich, wie wenig verläßlich Lukas ist. So weiß er nichts von den vielfachen Auseinandersetzungen, die Paulus von Ephesus aus zu bestreiten hatte; so läßt sich die Theologie des Paulus nicht aus der Apostelgeschichte erkennen. Andererseits erlaubt es aber erst die Apostelgeschichte, die Paulusbriefe in eine Reihenfolge zu bringen und sie zu datieren. Wir sind also für unsere Kenntnisse der Geschichte des Urchristentums auf Lukas angewiesen; was er und Paulus freilich über die Ausbreitung des Christentums in der ersten Generation zu berichten wissen, ist erstaunlich genug.

Ein kurzer Überblick. Paulus findet bei seiner Bekehrung wenige Jahre nach Jesu Tod in Damaskus eine christliche Gemeinde vor (Gal 1,17; Apg 9,10ff). Er missioniert daraufhin in den hellenistischen Städten des Nabatäerreichs, der Arabia (Gal 1,17). Die Gemeinde in Damaskus steht vielleicht im Zusammenhang mit der Vertreibung der sogenannten Hellenisten aus Jerusalem. Zu diesen Hellenisten gehörte Philippus (Apg 6,5), der in Samaria und in den Küstenstädten missionierte (Apg 8; vgl. 21,8). Auf diese Hellenisten geht weiter die Missionierung von Phönizien, Zypern und vor allem von Antiochien zurück (Apg 11,19). Von dort geht dann die Mission in Syrien und Cilicien aus, an der Paulus beteiligt ist (Gal 1,21). Nach dem Apostelkonvent und dem antiochenischen Zwischenfall beginnt Paulus seine Mission im ägäischen Raum. Hier ist er nicht der einzige christliche Missionar, wie seine Auseinandersetzungen mit in Galatien, Philippi und Korinth eingedrungenen Konkurrenten zeigen, vermutlich auch nicht der erste, der hier das Evangelium verkündigt, da manches darauf hindeutet, daß es in Korinth (Aquila und Prisca) und Ephesus (Apollos) schon vor ihm Christen gegeben hat. Schließlich ist die Gemeinde in Rom wahrscheinlich schon vor 50 n. Chr. entstanden.

Auch wenn die einzelnen hier verwerteten Angaben genauer überprüft werden müßten, zeigt schon ein solcher grober Überblick, daß in einer Generation nach Jesu Tod das Christentum in dem geographischen Bereich, über den allein wir Genaueres wissen, sehr weit in die hellenistische Welt eingedrungen ist. Über die zahlenmäßige Verbreitung lassen sich kaum verläßliche Angaben machen, aber schon verhältnismäßig kleine Gemeinden in all diesen Gebieten würden wohl eine beträchtliche Gesamtzahl ergeben.

Das außerhalb Palästinas entstehende Christentum ist, wenn man die biographischen Angaben bei Paulus und Lukas zu Rate zieht, ein [458] stark jüdisch-hellenistisches Christentum: Paulus, Barnabas, die sogenannten Hellenisten, Apollos, Aquila und Prisca sind Judenchristen – von Titus erwähnt Paulus ausdrücklich, daß er Heidenchrist war (Gal 2,3).

Dieses hellenistische Christentum ist nur sehr relativ jünger als das palästinische Christentum, denn seine Anfänge reichen ja in die ersten Jahre nach Jesu Tod zurück. Folglich erlaubt die Unterscheidung zwischen palästinischem und hellenistischem Christentum keine Urteile über historische Prioritäten: Was nach bestimmten Kriterien, z. B. Sprachindizien, der palästinischen Gemeinde zugerechnet werden kann, ist nicht schon deshalb auch alt. Andererseits vollzieht sich die Auseinandersetzung mit dem Judentum nicht nur in den palästinischen Gemeinden, sondern bis in das 2. Jahrhundert hinein mit den verschiedensten Ausprägungen des Judentums innerhalb und außerhalb Palästinas.

Schaut man sich nun an, was inhaltlich der palästinischen Gemeinde zugeordnet wird, dann zeigt sich in der neueren Forschung eine Tendenz, für vieles, was für alt gehalten worden ist, einen längeren Traditionsprozeß anzunehmen.

Das gilt zunächst für die immer wieder als „ältestes Gut" deklarierte Formel 1Kor 15,3b–5. Hier hat Conzelmann für eine Entstehung in der hellenistischen Gemeinde plädiert, und Jeremias hat konzediert, daß das jedenfalls für die von Paulus aufgenommene Formulierung gelten könne.[17] Für Röm 1,3f haben Schweizer, Hahn und Burger ebenfalls aufgezeigt, daß zwar palästinische Tradition mit dem Bekenntnis zu Jesus als dem Davidssohn aufgenommen ist, daß aber die Überhöhung dieser Aussage durch die Einsetzung zum Gottessohn auf die hellenistische Gemeinde zurückgeht.[18] Schließlich meine ich, daß auch die Logienquelle nicht die Sammlung der Worte Jesu in der Urgemeinde ist, sondern nicht anders als Markus eine längere Überlieferungsgeschichte erkennen läßt.[19]

Nimmt man Schrages wohl richtige Beobachtungen zur Interpretation von ἐκκλησία hinzu,[20] würde das übliche Bild der palästinischen Gemeinde noch weiter reduziert. Wir besitzen eben keine authentischen Quellen dieser Gemeinde, sondern sind für ihre Darstellung auf Rekonstruktionen aus den Texten angewiesen, die in der hellenistischen

[17] H. Conzelmann, Der erste Brief an die Korinther, KEK 5, ^{11}1969, 297; J. Jeremias, Artikelloses Χριστός, ZNW 57 (1966), 211–215, bes. 214f.

[18] E. Schweizer, Röm 1,3f und der Gegensatz von Fleisch und Geist vor und bei Paulus, in: Neotestamentica, 1963, 180–189; F. Hahn, Christologische Hoheitstitel, FRLANT 83, 1963, 251–259; C. Burger, Jesus als Davidssohn, FRLANT 98, 1970, 30.

[19] Vgl. *meine* Arbeit: Die Redaktion der Logienquelle, WMANT 33, 1969.

[20] W. Schrage, „Ekklesia" und „Synagoge", ZThK 60 (1963), 178–202.

Gemeinde entstanden und tradiert sind. Zugleich sind die Kriterien für die Differenzierung fraglich geworden: Eher als Q kann [459] man einen Text wie Röm 3,24–26 trotz seiner hellenistischen Sprache einem palästinischen Christentum zurechnen;[21] die Sprache allein kann weder positiv noch negativ Kriterium sein, entscheidend sind inhaltliche Kriterien.

Summa: Die religionsgeschichtlichen Voraussetzungen, die Geschichte der Ausbreitung des frühen Christentums und die inhaltliche Beschreibung des palästinischen Christentums lassen unsere übliche Scheidung von palästinischer und hellenistischer Gemeinde als zweier aufeinander folgender Stufen fraglich erscheinen. Sie kann nicht das Prinzip der Geschichte des Urchristentums abgeben, und aus ihr lassen sich keine historischen Prioritätsurteile ableiten. Brauchbar ist sie als traditionsgeschichtliche Einteilung, insofern die hinter Röm 1,3f sich zeigende Traditionsgeschichte nicht umkehrbar ist. Nicht anders als im vorchristlichen Judentum liegen diese beiden Traditionsbereiche nebeneinander, nicht zeitlich hintereinander. Zugleich zeigt sich, daß – ebenfalls nicht anders als im Judentum – die Grenze zwischen beiden Bereichen nicht starr ist, sondern sehr viel durchlässiger vorgestellt werden muß, als es bisher üblich ist.

III.

Die Gegenüberstellung von Urgemeinde und hellenistischer Gemeinde hat in der neutestamentlichen Wissenschaft ihre eigene Traditionsgeschichte. Mit Urgemeinde ist ja nicht nur ein historisches Prae gemeint, sondern bewußt oder unbewußt eine sachliche und damit auch theologische Qualifizierung: das Ursprüngliche, das Echte, das Eigentliche, das, was das Christentum ursprünglich gewesen ist und eigentlich ist bzw. zu sein hat. So geraten Darstellungen dieser Anfänge nicht weniger als Leben-Jesu-Darstellungen in Gefahr, den Geist der Zeit zu spiegeln, in der sie entstanden sind. Durch die Kirchengeschichte zieht sich ein breiter Strom von Bewegungen, die im Namen der ursprünglichen Kirche der jeweils gegenwärtigen den Spiegel vorhalten. „Hellenistisch" kann dagegen ein leicht negativ in Richtung „Synkretismus" eingefärbter Begriff sein, sowohl gegenüber dem „Jüdisch-Christlichen" als auch gegenüber dem „Klassisch-Griechischen".

Indem die religionsgeschichtliche Schule bewußt die hellenistische Gemeinde als synkretistisches Gebilde zeichnete[22] und damit den Übergang in den Synkretismus nicht als Ende des Urchristentums beschrieb, stellte sie den theologischen sensus communis in Frage, um so mehr als die Gnosis nicht mehr später Abfall in seltsame Speku- [460] lationen war, sondern legitimer Sprach- und Denkhorizont des Glaubens.

[21] Vgl. E. Käsemann, Zum Verständnis von Römer 3,24–26, ZNW 43 (1950/51), 150–154, jetzt in: Exegetische Versuche und Besinnungen I, 1960, 96–100 (hier 99).

[22] Vgl. etwa R. Bultmann, Das Urchristentum im Rahmen der antiken Religionen, Kap. V, 1: Das Urchristentum als synkretistisches Phänomen, rde 157/158, 1962, 163ff.

Damit verband sich nun auch eine neue Bestimmung des Ursprungs des Christentums. Er liegt nicht mehr in dem, was Jesus gesagt, gewollt und getan hat und was dann vom Urchristentum aufgenommen oder verfälscht worden ist, sondern der historische Jesus gehört weder sachlich noch historisch in die Geschichte des Christentums. Ihr Urdatum ist vielmehr das „Kerygma".

Damit stoßen wir auf einen zweiten Punkt, in dem eine gewisse Übereinstimmung in der gegenwärtigen Forschung zu beobachten ist. „Leben und Lehre Jesu sind die Voraussetzung der Kirchengeschichte. Ihre Darstellung gehört nicht in diese, sondern vor sie. Die Geschichte der Kirche beginnt nach dem Tod Jesu. Sie ist durch die Erscheinungen des Auferstandenen gestiftet, wie immer sich der Historiker diese erkläre." Mit diesen lapidaren Sätzen übernimmt Conzelmann Bultmanns berühmte Formulierungen über die Theologie des Neuen Testaments für seine Darstellung der Geschichte des Urchristentums.[23]

Als historische Aussage bedeuten sie, daß mit Ostern ein Anfangspunkt des Christentums gegeben ist, der die Grenze gegenüber dem Judentum, zu dem noch Jesus gehört, markiert. Es ist deutlich – auch wenn damit noch nichts über ein sachliches Recht dieser These gesagt ist –, daß sie von hinten her formuliert ist, vom Standpunkt dessen, der weiß, was bei der Geschichte herausgekommen ist. Jene ersten Christen verstanden sich wie Jesus als Juden, so sehr sie auch den Anfang von Neuem verkündigten. Noch Lukas kann, wenn auch in apologetischer Absicht, Paulus sagen lassen, er sei nichts als ein Pharisäer (Apg 23,6). Und die offenbar in Antiochia aufgekommene Bezeichnung Χριστιανοί (Apg 11,26) ist ja keine Selbstbezeichnung, die gegenüber dem Judentum abgrenzen soll – erst Ignatius stellt Χριστιανισμός und Ἰουδαϊσμός einander gegenüber (Magn 10,3; Phd 6,1). Etwa gleichzeitig mit Ignatius konstituiert sich auch das normative Judentum, das endgültig die Christen als Häretiker aus seinem Verband ausschließt.

Die Geschichte des Urchristentums wäre so ein Teil der Geschichte des Judentums, also nicht nur Jesus selber, sondern die palästinische wie die hellenistische Gemeinde gehörten in das Judentum. Und gäbe es kein Christentum mehr, würden Historiker vielleicht das Christentum so einordnen wie wir die einst in der ganzen Antiken Welt verbreitete samaritanische Gemeinde: als Seitenentwicklung des Judentums. Doch das sind müßige Spekulationen, da es bis in unsere Tage eine Tradition gibt, die eine eigenständige Größe Christentum vermittelt hat. Und die Frage nach den Anfängen dieser Tradition ist daher eine, die sich aus der Sache selbst ergibt. [461]

Diese Anfänge liegen nun natürlich nicht erst in der Zeit des Ignatius, sondern Ignatius stellt sich im Namen einer durch zwei oder drei Generationen übermittelten Tradition gegen das Judentum. Wie aber sind diese Anfänge zu bestimmen?

Schauen wir in das Alte Testament, so zeigt sich, daß als Israel konstituierender Anfang sehr verschiedene Ereignisse in Anspruch genommen werden. Die ursprünglich konkurrierenden Traditionen nennen als solchen Anfang etwa die Herausführung aus

[23] H. Conzelmann, a.a.O., 1 in der „Vorbemerkung"; auch L. Goppelt beginnt mit Ostern.

Ägypten, die Gesetzgebung am Sinai oder die Erwählung des Zion. Für die nachexilische Gemeinde ist dabei die Verbindung von Jerusalem- und Gesetzestradition konstitutiv.

Fragt man im Neuen Testament danach, worin der Anfang gesehen wird, dann ist hier – in welcher Weise auch immer – nur ein Anfang, nämlich „Jesus" im Blick. Von seinem Tod und seiner Auferstehung redet das Kerygma, von ihm berichten die Evangelien, ja selbst Joh 1,1, wo der Anfang am weitesten zurückverlegt wird, ist dieser Anfang vom Logos Jesus her bestimmt.

Es ist freilich nicht so, daß dieser mit „Jesus" bezeichnete Anfang im Neuen Testament eindeutig wäre. Wohl ist das alte Bild Jesu als des Religionsstifters, von dem das Christentum seinen Ausgang genommen hat, zerstört; wohl trifft die formgeschichtliche Beobachtung zu, daß wir im Neuen Testament immer nur auf Texte stoßen, die von hinten her von Jesus reden, also eine Christologie enthalten.[24] Nur wird man das nicht einfach unter den Begriff „das Kerygma" subsumieren dürfen. Wohl berichtet man von Jesus nur, weil man mit ihm das Heil verbindet, aber dieses Heil ist doch sehr verschieden bestimmt.

Das zeigt schon ein Blick auf die in den letzten Jahren herausgearbeiteten, von Paulus aufgenommenen christologischen Formeln. Paulus selbst entwickelt ja auffälligerweise eigentlich keine eigene Christologie, sondern greift, wenn er von Christus redet, auf ihm in seiner Tradition vorgegebene Formulierungen zurück. Diese Traditionen stimmen weder darin überein, wie das Heil verstanden wird, noch lassen sie sich einfach addieren zu einem Gesamtbild einer Christologie. Hier das Heil als Ermöglichung des Neuen Bundes (Röm 3,24–26), dort das Heil als Inthronisation des Erhöhten zum Herrn des ganzen Kosmos (Phil 2,6–11), hier Jesus als der gestorbene und auferstandene Christus (1Kor 15,3b–5), dort als der präexistente in die Welt gesandte Gottessohn (Gal 4,4): Schon in den Gemeinden also, in denen Paulus gewirkt hat, konnte das Heil sehr verschieden bestimmt werden.

Gemeinsam ist dieser vor- (und deutero-)paulinischen Tradition freilich die Konzentration auf Tod und Auferstehung Jesu, bei der [462] Jesus als Lehrer und Wundertäter nicht in den Blick kommt. Wo Paulus – selten genug – sich auf Worte Jesu beruft, steht nicht das „Heil" im Vordergrund. Der historische Jesus spielt nur insofern eine Rolle, als von ihm die Rede ist und nicht von einem mythischen ungeschichtlichen Wesen.

Fraglich ist nun aber, ob dieser Befund repräsentativ ist für das gesamte Urchristentum. Wir sind es gewöhnt, im Singular von der palästinischen und der hellenistischen Gemeinde zu reden, wobei die inhaltliche Füllung der letzteren Größe im wesentlichen aus der vor- und deuteropaulinischen Tradition gewonnen wird. Damit haben wir aber geographisch nur den Raum um die Ägäis und das mit diesem Raum, wie später noch Ignatius zeigt, zusammengehörige Antiochien. Dies ist der für unsere Kenntnis des Urchristentums sicherste Bereich, denn nur hier können wir an Hand von Lukas und Paulus die Geschichte des Urchristentums mit einiger Sicherheit rekonstruieren.

[24] In einer Formulierung R. Bultmanns: „Diese Tradition ist sekundär die Überlieferung der Verkündigung Jesu, primär aber die Überlieferung des spezifisch christlichen Kerygmas" (Theologie des Neuen Testaments, ^{3}1958, 63).

Aber nicht nur das, sondern unter den neutestamentlichen Schriften gehört ein Großteil in diesen Bereich: An Paulusbriefen besitzen wir nur solche aus der Zeit seines Wirkens in Griechenland und Kleinasien; auch die Deuteropaulinen weisen mit ihren geographischen Angaben und ihren Namen hierhin, ebenso der erste Petrusbrief und die Apokalypse des Johannes. Daß am Schluß des Hebräerbriefes Timotheus genannt wird (13,23), könnte auf eine Rezeption auch dieses Briefes in diesem Raum deuten, wie sie bei der kleinasiatischen Tradition, die die johanneischen Schriften in Ephesus lokalisiert, deutlich ist.[25] Unter den außerneutestamentlichen Schriften des ausgehenden ersten und der ersten Hälfte des zweiten Jahrhunderts gehören hierher: der Erste Klemensbrief als Brief nach Korinth, die Ignatiusbriefe, Brief und Martyrium Polykarps, die Apologeten Quadratus und Aristides.[26] Didache und Barnabasbrief als wohl nicht hierher gehörende Schriften sind bezeichnenderweise nicht in unserer Tradition vermittelt.[27] Als außerchristliches Zeugnis sei noch der Brief des jüngeren Plinius an den Kaiser Trajan genannt.[28]

In diesem Bereich läßt sich also die Geschichte – historisch wie theologiegeschichtlich – an Hand von literarischen Zeugnissen bis zu den Anfängen zurückverfolgen, was weder in Ägypten noch in Ostsyrien möglich ist, in dieser Weise auch nicht einmal in Rom, über das wir nur einzelne Informationen besitzen. Andererseits steht das, was wir von Lukas über andere Bereiche erfahren (z. B. Jerusalem) nicht in einer solchen dichten Traditionskette von Selbstaussagen. Dieser Befund läßt den Schluß zu, daß Kleinasien und das mit ihm durch die [463] Ägäis verbundene Griechenland sowie Antiochien der Bereich des frühen Christentums sind, aus dessen Tradition wir unsere Kenntnisse über das Urchristentum beziehen. Dafür spricht auch die große kirchengeschichtliche Bedeutung dieses Raums in den folgenden Jahrhunderten, vor allem auch noch nach der Verlegung der Hauptstadt des Reichs in den Osten (Byzanz).

Es ist erstaunlich genug, was es in diesem Bereich neben- und nacheinander an verschiedenen Theologien gegeben hat: die oben genannten Unterschiede in der vorpaulinischen Tradition, die Auseinandersetzungen des Paulus mit seinen Gegnern, das Nacheinander von Kolosser-, Epheser- und Pastoralbriefen, das Nebeneinander der paulinischen Tradition und der Apokalypse. Wir haben also keineswegs in diesem Bereich eine normierte Theologie vor uns. Auffällig ist aber, daß hier lange andere urchristliche Traditionen gefehlt haben, vor allem die Jesusüberlieferung, wie sie in den Evangelien kanonisch geworden ist.

Während die ältere Formgeschichte die Entstehung dieser Überlieferung vom Kerygma her zu verstehen versuchte und ihre Überlieferungsgeschichte mit Hilfe der Unterscheidung von palästinischer und hellenistischer Gemeinde nachzeichnete, hat vor allem Köster aufgewiesen, daß es neben der auf das Kerygma bezogenen Tradition andere

25 Vgl. W. G. Kümmel, Einleitung in das Neue Testament, 1963, 165f.

26 Vgl. die Angaben zur Textüberlieferung bei B. Altaner, Patrologie, ⁶1960, 94.

27 A.a.O., 43 und 66.

28 Hinzuweisen ist hierfür – aber auch für mehr – auf das instruktive Büchlein von A. Wlosok, Rom und die Christen, 1970, zum Pliniusbrief 27ff.

Überlieferungen im Urchristentum gegeben hat, die in anderer Weise das mit Jesus gekommene Heil bestimmten.[29] Ordnete die Formgeschichte nur nach verschiedenen „Sitzen im Leben" das Traditionsmaterial den verschiedenen Funktionen und Interessen der einen Gemeinde zu, so kommt hier die historische und soziologische Differenzierung verschiedener Gemeinden in Blick: Der Jesus der Wundergeschichten oder der Jesus der apokalyptischen Reden ist ein anderer als der des Kerygmas, wie es Paulus voraussetzt.

Kehren wir noch einmal zurück zu Conzelmanns Sätzen über Jesus und die Kirche, dann zeigt sich, daß sie von der paulinischen Tradition her entworfen sind: Hier in der Tat ist Ostern der Ausgangspunkt der Kirche. Anders aber steht es in anderen Traditionen, in denen gerade der vorösterliche Jesus als Ausgangspunkt der Kirche betrachtet wird. Die Frage, ob Jesus die Kirche gründen bzw. eine neue Religion stiften wollte, ist zu verneinen; eine andere Frage aber ist es, ob Traditionen im Urchristentum in dem vorösterlichen Jesus den Anfang der Kirche gesehen haben, und diese Frage muß m. E. bejaht werden.

Dafür scheint mir die Logienquelle ein Beleg zu sein, in der die Kontinuität der Gemeinde mit Jesus in der Gerichtsankündigung liegt, ohne daß man auf das Kerygma zurückgreift, vielmehr die Christo- [464] logie von Jesus als dem heilsvermittelnden Sohn her entwirft.[30] Matthäus folgt Q, indem er die Gemeinde auf das verpflichtet, was der irdische Jesus geboten hat (Mt 28,20).[31] Q kommt bei Matthäus stärker als bei Lukas zum Tragen, da Matthäus das Q-Material in den Reden Jesu in den Mittelpunkt stellt und das Markus-Material dem unterordnet. Man könnte gegen die übliche Meinung, daß Matthäus Q in den Markus-Rahmen eingefügt habe, die These stellen, daß Matthäus Markus in Q eingefügt habe; immerhin läßt sich m. E. bei Matthäus eine Q weitertradierende Gemeinde erkennen, die dann auch Markus aufnimmt.

Der Unterschied zwischen dieser von dem her, was Jesus gesagt hat, das Heil bestimmenden Gemeinde und der paulinischen Tradition, die vom Kerygma ausgeht, sei an der Gegenüberstellung von Epheser 2,5f und Matthäus 28,19f beschrieben. In Eph 2,5f werden die Aussagen des Kerygmas über Tod und Auferstehung Jesu übertragen in Aussagen über Tod und Auferstehung der Glaubenden. Auch Paulus scheint – eventuell aus Korinth – diese Möglichkeit zu kennen; er freilich vermeidet in Römer 6 die Aussage, daß die Glaubenden in der Taufe bereits mitauferstanden sind. In Kol 2,12 und Eph 2,5f aber wird das in Jesus erschlossene Heil begründet im Kerygma und beschrieben als schon gegenwärtig mögliche Teilhabe am Leben.

Auch in Mt 28,19f ist von der Taufe die Rede, es folgt freilich die Verpflichtung der Getauften auf das von Jesus Gebotene. Das verweist auf den Schluß der Bergpredigt: Das Halten des von Jesus Gebotenen entspricht dem „Früchtebringen" und „den Willen

[29] Vgl. H. Köster, Ein Jesus und vier ursprüngliche Evangeliengattungen, in: H. Köster/J. M. Robinson, Entwicklungslinien durch die Welt, des frühen Christentums, 1971, 147ff. Auch dies wieder als Hinweis auf das ganze Buch!

[30] Vgl. meine oben Anm. 19 genannte Arbeit.

[31] Vgl. G. Bornkamm, Der Auferstandene und der Irdische, in: Zeit und Geschichte. Dankesgabe an Rudolf Bultmann, 1964, 171–191, jetzt in: G. Bornkamm/G. Barth/H. J. Held, Überlieferung und Auslegung im Matthäusevangelium, WMANT 1, ^{5}1968, 289–310.

des Vaters tun“ von Matthäus 7, dem der Eingang in die Basileia, und d. h. in das Heil, verheißen ist. Der Stellenwert der Taufe ist hier also ein anderer als in den paulinischen Gemeinden, und das Heil ist verbunden mit dem, was Jesus gesagt hat.

Über Matthäus führt das Thomasevangelium hinaus mit dem Wort des Thomas, das dem Ganzen vorangestellt ist: „Wer die Deutung dieser Worte finden wird, wird den Tod nicht schmecken.“[32] Auch hier ist wie Eph 2,5f und Kol 2,12 das Heil als jetzt schon mögliche Freiheit vom Tode verstanden, aber nicht vom Kerygma her, sondern von den Worten Jesu.

Logienquelle, Matthäus und das Thomas-Evangelium zeigen also sehr andere Bestimmungen dessen, was als das mit Jesus gekommene Heil ausgesagt wird, als wir sie in der paulinischen Tradition fin- [465] den. Der Hauptunterschied liegt darin, daß Heil und vorösterlicher Jesus zusammengehören. Diese Christologie ist mit der Rezeption der Evangelien im 2. Jahrhundert dann auch in anderen Bereichen aufgenommen worden, wie auch die Textgeschichte des Thomas-Evangeliums zeigt.[33]

Der Vergleich mit dem vorher besprochenen ägäischen Raum muß uns warnen, im ostsyrischen Raum eine allzu einlinige Entwicklung anzunehmen, aber wir hätten damit einen zweiten geographisch fixierbaren Raum vor uns, in dem freilich das Quellenmaterial keine Geschichtsschreibung wie für Antiochien, Kleinasien und Griechenland ermöglicht. Dieser Bereich ist eben für unsere Tradition nicht konstitutiv, auch wenn das ostsyrische Christentum in der Ökumene fortlebt und notabene wohl auch über die peregrinatio propter Christum des iroschottischen Mönchtums indirekt zu den Anfängen der christlichen Kirche im germanischen Raum beigetragen hat.

Daß dieses Christentum nicht ein völlig anderes war als das, das in unserer Tradition den Anfang ausmacht, zeigt sich in den verschiedenen Wechselbeziehungen der Traditionen: Die kleinasiatische Theologie hat auch die Evangelientradition rezipiert, Abendmahlsüberlieferungen finden sich in den Evangelien, in der Didache und bei Paulus. Es kann also nicht einfach um geographische Differenzierungen anstelle der Differenzierung von palästinischer und hellenistischer Gemeinde gehen, sondern als Kriterium bietet sich die Christologie an; als Frage formuliert: Wie ist das Heil verstanden, das als in Jesus erschlossen verkündigt wird, mit der Unterfrage: nur vom auferstandenen oder auch vom vorösterlichen Jesus her?

Summa: Ist die Frage nach der Urgemeinde mehr als die Frage nach dem historischen Anfang, nämlich die Frage nach dem, was Christentum ursprünglich und eigentlich ist, dann ist als dieser Anfang die Verkündigung in Jesus erschlossenen Heils zu sehen. Aber es zeigen sich von Anfang an verschiedene Typen dieser Verkündigung, zu unterscheiden vor allem danach, ob das Heil auch vom vorösterlichen Jesus her bestimmt wird. Dahinter stehen auch geographische Differenzierungen, die ebenfalls das Bild der einen hellenistischen Gemeinde fraglich machen.

[32] Logion 1 der üblichen Zählung ist wohl nicht als *Jesus*wort gedacht – von J. Leipoldt (Das Evangelium nach Thomas koptisch und deutsch, TU 101, 1967) nicht als solches gezählt!

[33] Die griechischen Fragmente in POx 1, 654 und 655 und das koptische Thomas-Evangelium aus Ägypten.

IV.

Einige Konsequenzen aus dem bisher Erörterten für das Bild von der Geschichte des Urchristentums wie seiner Theologiegeschichte seien noch kurz angedeutet.

1. Da unser Quellenmaterial im Grunde nur die Darstellung der Gemeinden in einem Bereich erlaubt, wird man Traditionsgut, das nicht [466] hier zu Hause ist, sondern erst sekundär im Kanon des Neuen Testaments mit diesen Schriften vereinigt worden ist, nicht mit Hilfe der hier gewonnenen historischen Kriterien ordnen dürfen. Zwar lassen sich für das Verhältnis der einzelnen geographischen Bereiche untereinander mancherlei Querverbindungen feststellen, doch kann man nicht einfach voraussetzen, daß in den Anfängen die Verhältnisse sich überall in gleicher Weise entwickelt haben. Als Gliederungsprinzip einer Geschichte des Urchristentums bietet sich statt des religionsgeschichtlichen der Abfolge von palästinischer und hellenistischer Gemeinde ein geographisches an, wie es Bauer und Köster verwenden.[34] Dabei zeigt sich auch, daß die in den neutestamentlichen Schriften zu erkennende Geschichte einen offeneren Ausgang hat, als der Begriff „Frühkatholizismus" bezeichnen kann. Es ist gegen Ende des 1. Jahrhunderts noch keineswegs ausgemacht, welche der verschiedenen im Urchristentum ausgeprägten Traditionsstränge sich durchsetzen werden. Auch ein scheinbar so anachronistisches Werk wie Matthäus ist ja nicht ohne Wirkungsgeschichte geblieben.

2. Dieses Christentum in den verschiedenen Teilen der hellenistischen Welt steht in sehr unterschiedlichen geschichtlichen Kontexten. Wir wissen aus der Apostelgeschichte, die hierin von Paulus bestätigt wird, daß Paulus offenbar nur in Städten missioniert hat, und auch jener oben herausgearbeitete Bereich um die Ägäis ist ja der Bereich der alten griechischen Städte. Nur im Rahmen der Stadt ist die Möglichkeit von Tradition gegeben, da nur hier die kulturellen Voraussetzungen für Traditionsbildung bestehen. Das Christentum der ersten Jahrhunderte, wie wir es aufgrund der literarischen Hinterlassenschaft erkennen können, ist im wesentlichen Stadtreligion, die dadurch zugleich zum Tradenten der antiken Kultur in das Mittelalter hinein wird.

Die Kenntnis des geschichtlichen Kontextes des Urchristentums, also der Inhalt der ebenfalls fast vergessenen „Zeitgeschichte des Neuen Testaments", ergibt sich nicht nur aus der Verlängerung der Geschichte Israels bis zur Zeit des Neuen Testaments und einem Querschnitt durch das Römische Imperium – dieses übliche Schema spiegelt nicht zuletzt das oben kritisierte Bild des erst im Urchristentum vollzogenen Übergangs aus Palästina in die hellenistische Welt. Vielmehr gehört dazu die Geschichte der gesamten hellenistischen Welt von Alexander an, wobei Geschichte nicht auf politische Ereig-[467]nisgeschichte und phänomenologische Geistesgeschichte beschränkt werden darf.[35]

[34] W. Bauer, Rechtgläubigkeit und Ketzerei im ältesten Christentum, BHTh 10, ²1964; H. Köster, ΓΝΩΜΑΙ ΔΙΑΦΟΡΟΙ. Ursprung und Wesen der Mannigfaltigkeit in der Geschichte des frühen Christentums, a.a.O. (Anm. 29), 107ff.

[35] Hinzuweisen ist hier auf das großartige Werk von M. Rostovtzeff, Die hellenistische Welt, 3 Bde, 1955 (mit vorzüglichem Bildmaterial). Der Untertitel der deutschen Ausgabe „Gesellschaft und Wirtschaft" nimmt den Haupttitel der englischen Originalfassung (1941) auf: The Social and Economic History of the Hellenistic World, der offenbar seinerzeit für Deutschland zu einseitig war!

Schließlich gehört zur Geschichte des Urchristentums auch die Reflexion auf die Vermittlung dieser Geschichte, also eine Kanonsgeschichte in weiterem Sinne.[36]

[36] Damit ist mehr gemeint als eine Auslegungs- und Wirkungsgeschichte, insofern die Voraussetzungen von Auslegung und Wirkung stärker reflektiert werden müßten und der Rückbezug auf die Anfänge stärker im Blick sein müßte. Viele Anregungen in dieser Richtung gibt H. Freiherr von Campenhausen, Die Entstehung der christlichen Bibel, BHTh 39, 1968. [Vgl. dazu unten S. 320–338 unter IV. der kanonsgeschichtliche Beitrag D. Lührmanns: Gal 2,9 und die katholischen Briefe, knapp 10 Jahre später verfasst. E. S.]

PISTIS IM JUDENTUM

Wir sind es gewohnt, im Neuen Testament begegnende Wörter als „Begriffe“ anzusehen, bei denen man die lexikalische Übertragung eines griechischen in ein deutsches Wort nur in Ausnahmefällen als Problem empfindet. Das gilt insbesondere für ein so theologisch geprägtes Wort wie „Glaube“, das unangefochten seit Wulfilas Bibelübersetzung für griechisch πίστις bzw. hebräisch אמונה steht.[1] Doch bedeutet eine solche Übersetzung eine unwillkürliche Übernahme der ganzen Sprachgeschichte, die zwischen dem Übersetzten und uns steht, die aber nicht nur bei „Glaube“ ein wesentliches Movens gerade in der Tradierung und Auslegung der biblischen Texte hat. Es bedarf erst der Reflexion, wie sie G. Ebeling vor Jahren angestellt hat, zu erkennen, daß „Glaube“ nicht einfach eine allgemein-religionsphänomenologische Kategorie ist, sondern exklusiv der uns prägenden christlichen Sprachtradition angehört[2] und, wie G. Rosenkranz gezeigt hat, nicht unreflektiert anwendbar ist auf außerhalb dieser Tradition stehende Religionen.[3]

Die Rückfrage nach dem Anfang dieser Tradition im Neuen Testament hat diese Reflexion einzubeziehen und nicht einfach die im Laufe der Geschichte gewonnene inhaltliche Bestimmung von „Glaube“ in diesen Anfang einzutragen. Zu fragen ist vielmehr, wie diejenigen die Wörter πίστις und πιστεύειν verstehen konnten, die sie damals hörten oder lasen. Dabei ist ein Wort nicht mehr oder weniger zufällige Ausdrucksform für vorgegebene Inhalte, sondern konkrete Benennung unverwechselbarer Sachverhalte, zumal bei einem Schlüsselwort wie „Glaube“.[4] [20]

Πίστις ist kein Wort, das von den neutestamentlichen Autoren neu gebildet worden ist. Deshalb geht es im folgenden um die Verstehensvoraussetzungen für die Benennung des Neuen, das das frühe Christentum verkündigte, mit „Glaube“.

I.

Die Septuaginta gibt mit ungewöhnlicher Konstanz den hebräischen (und aramäischen) Stamm אמן durch den griechischen Stamm πιστ- wieder. Das Verbum אמן hif.

[1] K. Barth hat freilich in seinem Römerbrief-Kommentar mit provozierender Absicht πίστις durch „Treue“ wiedergegeben.

[2] G. Ebeling, Was heißt Glauben?, SGV 216, 1958.

[3] G. Rosenkranz, Glaube auf Hoffnung – Hoffnung für Japan?, ZThK 62 (1965), 484–502.

[4] Die Krise der sogenannten „begriffsgeschichtlichen“ Untersuchungen ist offenbar. Daß hinter meinen Ergebnissen nicht das alte Programm einer ausschließlichen „Herleitung“ neutestamentlicher „Begriffe“ aus der alttestamentlich-jüdischen Tradition steht, zeigt hoffentlich mein Aufsatz: Epiphaneia, in: FS K. G. Kuhn, 1971, 185–199. Wenn ich von „Begriff“ rede, dann in dem Sinn, daß ein Stichwort einen ganzen größeren Zusammenhang assoziiert, wie es bei „Glaube“ in bestimmten Schichten des Judentums und des frühen Christentums der Fall war. Die Methode der Untersuchung muß für sich selbst sprechen.

wird (mit einer Ausnahme[5]) nur durch (ἐμ-, κατα-)πιστεύειν übersetzt, πιστεύειν dient – wiederum mit einer Ausnahme[6] – nur zur Übersetzung von אמן hif. bzw. im Passiv von אמן nif.; אמן nif. korrespondieren – mit zwei Ausnahmen – Wörter vom Stamm πιστ-, vor allem πιστός für das Partizip נאמן. Bei den Substantiven אמונה und אמן freilich tritt in der Mehrzahl der Belege der griechische Stamm ἀληθ- auf, doch findet sich auch hier der Stamm πιστ- in sehr vielen Fällen.[7]

Die Frage, wie es zu dieser Korrespondenz zwischen אמן und πιστ- gekommen ist, läßt sich schon deshalb schwer beantworten, weil der Stamm אמן nur sehr ungewiß in den dem Hebräischen verwandten altorientalischen Sprachen nachzuweisen ist und zumal für das außerjüdische Aramäisch nur wenige Belege in der Literatur genannt werden.[8] Der älteste ist hier אמין „fest, sicher" in einem Papyrus aus dem 7./6. Jahrhundert v. Chr.;[9] das Substantiv הימנותה begegnet Achikar 132 im Sinne von „Zuverlässigkeit",[10] ebenso das Partizip מהימן in Hermop. IV,9.[11] Im Aramäisch der Targumim und der rabbinischen Literatur ist אמן dann ebenso wie im Syrischen so sehr von der alttestamentlichen Sprachtradition bestimmt,[12] daß von hier aus keine Rückschlüsse auf den Bedeutungsinhalt von hebräisch אמן möglich sind. [21]

Es fehlen uns also alle Möglichkeiten, unabhängig von der griechischen Übersetzung des Alten Testaments nach Voraussetzungen zu suchen, die die genannte Korrespondenz bedingt hätten. Freilich läßt sich das Problem negativ nach zwei Richtungen eingrenzen: a) die Voraussetzungen liegen nicht in einem beiden Stämmen gemeinsamen religiösen Sprachgebrauch ; b) sie liegen auch nicht in der juristischen Fachsprache.

Ad a): Im Alten Testament kann mit אמן das Verhältnis des Menschen zu Gott bezeichnet werden; eine solche Verwendung von πιστ- fehlt im zeitgenössischen Griechisch.[13] R. Reitzenstein freilich hatte behauptet, daß der „Begriff πίστις" sich bis ins Persische zurückverfolgen lasse und – wenn auch selten belegt – allgemein im Hellenismus religiöser Begriff sei.[14] Doch reichen die von ihm genannten Belege nicht aus. Ganz ausscheiden muß eine kappadozische Inschrift, in der gar kein πίστις entsprechendes Wort begegnet;[15] der Isishymnus POx 1380,152 setzt nicht die Bezeichnung der Gläubigen als

[5] Prov 26,25.

[6] Jer 25,8.

[7] Vgl. G. Bertram, ThWNT VI, 197f, Anm. 149; vgl. zur LXX-Übersetzung auch P. Katz, ThWNT VI, 184, Anm. 93 und 186, Anm. 104.

[8] Vgl. dazu H. Wildberger, Artikel אמן in: THAT I, 178.

[9] Bei H. Donner-W. Röllig, Kanaanäische und aramäische Inschriften (= KAI), 3 Bde, 1962/64, Nr. 266,3.

[10] Bei A. Cowley, Aramaic Papyri of the Fifth Century B. C., 1923, 224: „faithfulness".

[11] Ed. E. Bresciani-M. Kamil, 1966, 401: „una persona fidata". Vgl. noch CIS 4239: מהימנה part. pass. „fidèle" (C. F. Jean-J. Hoftijzer, Dictionnaire des inscriptions sémitiques de l'ouest, 1965, 16).

[12] Vgl. J. Levy, Wörterbuch über die Talmudim und Midraschim, ²1924, 198; R. Payne Smith, Thesaurus Syriacus, 2 Bde, 1868/97, 232.238.

[13] Vgl. R. Bultmann, ThWNT VI, 178,29f für das klassische Griechisch, 182,10–12 für die Stoa; die Belege 179,14–180,10 (mit Anmerkungen) zeigen erst bei Lukian (Anm. 60) und Porphyrius (Anm. 67) eventuell eine solche Verwendung.

[14] R. Reitzenstein, Die hellenistischen Mysterienreligionen, ³1927 (Nachdruck 1966), 284–236: „Der hellenistische Begriff Pistis".

[15] Der Text findet sich jetzt KAI Nr. 264.

πιστοί voraus, sondern κατὰ τὸν πιστόν entspricht gut griechischer Sprachtradition; Apuleius XI,28 heißt es *fiducia*, während das ebenso überraschend konstante Äquivalent für πίστις im Lateinischen – und zwar auch dem vorchristlichen – *fides* ist. Der von Reitzenstein zitierte Zaubertext besagt – auch abgesehen von der Frage der Datierung – nichts, da eine Personifizierung von πίστις bzw. *fides* auch sonst belegt ist,[16] aber nicht im Sinne von „Glaube". Daß die Aberkios-Inschrift nicht christlich ist, ist vielleicht möglich, aber dann wäre auch hier eine andere Bedeutung als „Glaube" anzunehmen, wenn überhaupt πίστις zu lesen ist.[16a]

Es bleibt der Text C.H. IX,10; freilich zeigt hier die Interpretation von πιστεύειν in den Kategorien νοῦς, νοεῖν die Abhängigkeit von der philosophischen Fachsprache, hinzu kommt bei der hermetischen Literatur die Möglichkeit einer Abhängigkeit von der LXX-Sprache. Die manichäischen Texte müssen ganz aus der Diskussion bleiben, da sie jedenfalls allein nicht einen von der jüdisch-christlichen Tradition unabhängigen Sprachgebrauch beweisen können. Schließlich hat die Vorgeschichte der Trias Glaube, Liebe, Hoffnung ihre eigene [22] Problematik, die gerade auch in der Bedeutung von πίστις (= Glaube?) liegt.[17]

Reitzensteins Belege mußten so ins einzelne gehend referiert werden, da die aus ihnen gewonnene These für die neutestamentliche Forschung eine gewisse kanonische Bedeutung erlangt hat.[18] Zunächst hatte sie – voll zustimmend – E. Wißmann übernommen[19] und im Anschluß an G. P. Wetter die Zahl der Belege um mandäische Texte und C.H. IV,4 vermehrt, sowie als eigene Fündlein C.H. I,21.31 und weitere manichäische und mandäische Texte hinzugefügt. Damit ist das Fundament der Reitzensteinschen These zwar erweitert, aber keineswegs verbessert, da gegen diese neuen Belege dieselben Bedenken zu erheben sind wie gegen die ursprünglich von Reitzenstein beigebrachten.

Zur Erklärung des Sachverhalts faßt Wißmann Äußerungen von Bousset und Reitzenstein so zusammen: „daß infolge der Missionspropaganda aller Religionen jener Zeit notwendigerweise jeweils der Glaube an die betr(effende) Heilsbotschaft in den Vordergrund treten mußte und damit das ‚Glauben' selbst immer wieder den Ton erhielt"[20]. Zu der sprachlichen Begründung tritt hier also die religionsphänomenologische,[21] die aber

[16] Vgl. R. Bultmann, ThWNT VI, 177, Anm. 23; C. Becker, Artikel *Fides,* RAC VII, 815f.

[16a] Text u. a. bei F. J. Dölger, ΙΧΘΥΣ 2. Der heilige Fisch in den antiken Religionen und im Christentum, 1922, 454.

[17] Vgl. dazu jetzt H. Conzelmann, Der erste Brief an die Korinther, 1969, 270f.

[18] Auch F. Neugebauer, In Christus, 1961, 161, übernimmt, wenn auch widerwillig, diese These: „So werden die Propaganda treibenden Religionen wohl insofern von Einfluß gewesen sein, als sie eine häufige Verwendung ihres terminus technicus dem Christentum nahelegten, rein inhaltlich aber sollten die alttestamentlichen Motive des Glaubensbegriffs durch Vermittlung der Septuaginta, der Bibel des jungen Christentums, stärker gewesen sein. Die dazugehörige Anm. 30 verweist dann auf Schlatters Übersicht über den Sprachgebrauch der LXX (A. Schlatter, Der Glaube im Neuen Testament, [5]1963, 573–575).

[19] E. Wißmann, Das Verhältnis von ΠΙΣΤΙΣ und Christusfrömmigkeit bei Paulus, FRLANT 40, 1926, 43–47.

[20] A.a.O., 46.

[21] Diese will Wißmann freilich nicht ohne die sprachliche gelten lassen; vgl. seine Kritik an Bousset a.a.O., 46 Anm. 2.

nach der Destruktion der Belege allein nicht tragfähig ist. Hierzu hat bereits Ebeling in seiner Kritik an Bultmanns Bestimmung das Wesentliche gesagt.[22]

Bultmann nämlich hat in seiner Darstellung im Theologischen Wörterbuch wie auch andernorts Wißmanns Weiterführung der These Reitzensteins übernommen.[23] Zwar führt er nicht alle Belege auf, auch [23] meldet er Zweifel daran an, ob die kappadozische Inschrift und die mandäischen und manichäischen Belege in diesen Zusammenhang gehören, doch begegnen bei Bultmann als neue Belege nur Celsus (bei Origenes, contra Celsum VI,11) und die Oden Salomos. Celsus ist nun aber gerade der erste heidnische Schriftsteller, der seine Angriffe auf die Selbstbezeichnung des Christentums als πίστις richtet, und scheidet damit aus, da er hier von der christlichen Sprachtradition abhängig ist; und ebenso müssen die Oden Salomos ausscheiden, die ihre vielleicht nichtchristliche Vorgeschichte sicher im Judentum haben und daher mangels anderer Belege nicht den Beweis für einen allgemein hellenistischen Sprachgebrauch bringen können.

Fehlen die Belege, dann fällt auch die religionsphänomenologische Begründung, zumal sich zeigen wird, daß „Glaube" auch im Judentum nicht zur Missionssprache gehört und im frühen Christentum nicht in der Mission gegenüber Heiden seinen Platz hat. Damit entfällt aber auch die Möglichkeit, daß ein beiderseits so benanntes Phänomen „Glaube" die Erklärung für die Übersetzung von אמן durch πιστ- in der LXX bieten könnte.

Ad b): Auffällig ist, daß die LXX-Übersetzer πιστ- so regelmäßig nur zur Wiedergabe von אמן verwendeten, da vor allem das Substantiv πίστις, aber auch das Verbum πιστεύειν in der juristischen Fachsprache bestimmte technische Bedeutungen hatten,[24] die es zur Übersetzung ganz anderer hebräischer Worte geeignet erscheinen ließen: so von חבל „Pfand" (LXX: ἐνεχύρασμα, -μος, ἐνέχυρον), עבוט „Pfand" (LXX: ἐνέχυρον), פקדון „Pfand" (LXX: παραθήκη) oder vor allem der Wörter vom Stamm ערב I, der den Umkreis des juristischen Tatbestandes der „Bürgschaft" ausdrückt. Daß dieser Gedanke nicht abwegig ist, zeigen zwei Beobachtungen. Einmal steht in den griechischsprachigen Verträgen CPJ 143 und 146 πίστεις als „Garantien" in etwa an der Stelle, die in den aramäischsprachigen Verträgen Mur 26, 28, 30, 32 ערב einnimmt.[25] Zum andern trägt Josephus in der Wiedergabe alttestamentlicher Rechtssätze griechischer Sprache entsprechend πιστεύειν ein, wo weder die LXX πιστ-, noch der hebräische Text אמן haben.[26] Die Verbindung der πίστις mit dem Eid, die [24] in der griechischen juristischen Sprache üblich

[22] G. Ebeling, Jesus und Glaube, in: Wort und Glaube, ³1967, 203–254, hier: 223f Anm. 36.

[23] ThWNT VI, 180,11–181,22; vgl. Theologie des Neuen Testaments, ³1958, 91: „Vorbereitet ist das in der Mission des Judentums wie heidnischer Religionen, die in der hellenistischen Welt Propaganda trieben. Denn erst in der Mission erwächst dieser Begriff des Glaubens als der Zuwendung zu einer neuen verkündigten Religion, während im AT wie in allen antiken Volksreligionen die Verehrung der Gottheit (bzw. der Gottheiten) des Volkes ja eine Selbstverständlichkeit ist."

[24] Vgl. Liddell/Scott, 1408 s. v. πίστις; F. Preisigke, Wörterbuch der griechischen Papyrusurkunden, Bd. 2, 1927, 308–310.

[25] CPJ 143, 17 und 146, 44 (V. A. Tcherikover-A. Fuks, Corpus Papyrorum Judaicarum Bd. 2, 1960, 9 und 17); Mur 26 1,4; 28 1–2,10; 30,24; 32,4 (DJD 2, 1961, 137.140.145.150).

[26] Ant. 4,219: Dtn 19,15; 285: Ex 22,7; 287: Ex 22,8. Auch bei Philo, der freilich Text und Interpretation stärker trennt, läßt sich vielleicht Ähnliches beobachten: vgl. spec. leg. IV 67, plant. 103, cher. 14, decal. 172.

ist und die Philo in seiner Interpretation des Alten Testaments hervorhebt, hat zwar einen Anhaltspunkt in Gen 22,16, doch ist sie dort nicht durch eine beides verbindende hebräische juristische Sprache bedingt.

Auch die juristische „Fachsprache" muß also neben der der religiösen Propaganda ausscheiden als Erklärung der Übersetzung von אמן durch πιστ-, da einerseits אמן nicht zu dieser Fachsprache gerechnet werden kann, andererseits πιστ- gerade nicht entsprechende hebräische Fachtermini wiedergibt. Diesen beiden bisherigen negativen Ergebnissen sind zwei weitere hinzuzufügen. Einmal kann die Sonderbedeutung von πίστις in der griechischen philosophischen Sprache als Stufe der Annäherung an die Wahrheit nicht die Brücke sein, da eine solche Bedeutung für אמן nicht zu belegen ist. Zwar spielt sie hinein in die Übersetzung von Jes 7,9,[27] doch liegt hier ja gerade Re-Interpretation des hebräischen Textes vor. Zum andern liegt die Brücke auch nicht in einer beiderseitigen vagen Grundbedeutung „fest, sicher". Damit ließe sich gerade nicht die Konstanz der Übersetzung erklären, vielmehr wäre größere Variabilität zu erwarten, weil beide Sprachen über mehrere Wortstämme mit einer ähnlichen Grundbedeutung verfügen.[28]

Man wird sich also mit der Feststellung begnügen müssen, daß beide Wortgruppen sich treffen bei den Substantiven אמת/אמונה und πίστις in der Bedeutung „Treue", die ja auch ἀλήθεια im Sinne von „Wahrhaftigkeit" verwandt ist, und beim Verbum in „Glauben schenken" und „vertrauen". Die LXX-Übersetzer greifen also weder auf das griechische νομίζειν θεοὺς εἶναι noch auf die Wortgruppe σεβ- zurück zur Wiedergabe der alttestamentlichen Stellen, an denen אמן die Beziehung des Menschen zu Gott bezeichnet, sondern mit πιστ- auf Wörter, die in der griechischen Sprachtradition gerade nicht in diesem Umkreis verwendet werden.[29] Damit werden πίστις und πιστεύειν in der LXX zu Bedeutungslehnwörtern, nicht anders als später in der christlichen Tradition lateinisch *fides/credere*[30] und deutsch Glaube/ [25] glauben,[31] da sie nun in diesen Zusammenhängen ihren Inhalt aus einer anderssprachigen Tradition erhalten.

II.

Damit sind wir zurückverwiesen auf die Verwendung von אמן im hebräischen Alten Testament.[32] H. Wildberger hat herausgestellt, daß eine Übersetzung von אמן hif. mit

[27] Vgl. dazu E. Nestle, ZAW 25 (1905), 213–215.

[28] Vgl. immerhin die Wiedergabe mit στηρίζειν in Ex 17,12; 4Βασ 18,16 und στήριγμα in 2Βασ 20,19. Vgl. dazu auch J. Barr, Bibelexegese und moderne Semantik, 1965, 164–173.

[29] „πιστεύειν (= אמן) wird d(a)g(e)g(en) noch kaum als religiöser Begriff empfunden." (G. Bertram, ThWNT VI, 198 in Anm. 149). Der Stamm σεβ- dient häufig zur Wiedergabe von ירא und Derivaten.

[30] Vgl. A. Debrunner, Griechische Bedeutungslehnwörter im Latein, in: FS F. C. Andreas, 1916, 16–32, zu *fides:* 18.

[31] Vgl. Deutsches Wörterbuch von J. und W. Grimm, Bd. IV.1.4, 1949, 7779 für „Glaube", 7821f für „glauben".

[32] Dazu liegen aus den letzten Jahren eine Reihe zum Teil unabhängig voneinander entstandener Arbeiten vor: R. Smend, Zur Geschichte von האמין, in: Festschr. W. Baumgartner, Suppl. VT 16, 1967, 284–290; H. Wildberger, „Glauben. Erwägungen zu האמין, ebd., 372–386; ders., „Glauben" im Alten Testament,

„glauben“ durchaus gerechtfertigt ist, sofern es wie z. B. in Jes 7,9 die Gesamtheit der Beziehung des Menschen zu Gott bezeichnet.[33] Als wichtigsten Haftpunkt für das Reden vom Glauben stellt er das Heilsorakel heraus, אמן hif. bedeutet hier: „Zuversicht gewinnen, Vertrauen bewahren o. ä., und zwar angesichts einer höchst bedrohlichen Situation, die scheinbar nur Raum zum Verzagen frei läßt“[34]. In der Prophetie hat erst Jesaja dieses Wort aus dem Bereich des Kultischen aufgenommen, in der deuteronomistischen Verwendung wird Glaube bestimmt als Hingabe an den Gotteswillen. Freilich findet sich אמן in dieser theologisch geprägten Verwendung im Alten Testament selten – gemessen an der zentralen Bedeutung, die das Wort später für die christliche, aber auch schon für die jüdische Tradition hat. Es dominieren in allen Schichten ganz andere Wortstämme, und A. Weiser hatte ja auch in seinem Teil des ThWNT-Artikels πιστεύω κτλ. die Untersuchung auf eine Reihe anderer hebräischer Wörter ausgedehnt,[35] ausgehend von einer phänomenologischen Bestimmung: „Versteht man unter Glauben ganz allgemein die Beziehung und die Haltung des Menschen zu Gott, …“[36]. Wenn wir aber nach der Vorgeschichte des christlichen Gebrauchs von πιστ- fragen, sind wir durch die LXX allein auf אמן verwiesen.

Es ist nun auffällig, daß der durch die LXX-Übersetzung gewonnene Inhalt von πιστεύειν und πίστις in der uns erhaltenen griechisch-sprachigen jüdischen Literatur nur sehr zögernd aufgenommen wird. Ps-Hekatäus[37] und Ps-Phokylides[38] verwenden πίστις in der Bedeu- [26] tung „Treue“, Ezechiel der Tragiker in der Bedeutung „Glaubwürdigkeit“[39], Ps-Phokylides πιστεύειν in der Bedeutung „vertrauen“[40]. Es fehlt hier eine inhaltliche Bestimmung auf das Verhältnis zu Gott ebenso wie im Aristeasbrief (37: πίστις „Vertrauensstellung“; 270: πιστεύειν „sich anvertrauen“) und in der Schrift Joseph und Asenath[41].

Ein theologisch geprägter Sprachgebrauch von πιστ- fehlt auch in den ersten drei Makkabäerbüchern, abgesehen von den offenbar übernommenen Stücken der Abschiedsrede des Mattathias, wo die drei Männer im Feuerofen πιστεύσαντες genannt werden (1Makk 2,59), und des Gebets des Hohenpriesters Simon, wo vom ἐμπιστεύειν der am Roten Meer Geretteten geredet wird (3Makk 2,7).

In den im Corpus Papyrorum Judaicarum zusammengestellten Texten findet sich πίστις bzw. der Plural πίστεις entsprechend griechischer Rechtsterminologie.[42] In den im

ZThK 65 (1968), 129–159; ders., Artikel אמן, THAT I, 1971, 177–209; A. Jepsen, Artikel אמן, ThWAT I, 1971, 313–348.

33 A.a.O., ZThK 65, 129f mit 157.

34 Ebd., 157, vgl. 136–152.

35 ThWNT VI, 182–197.

36 Ebd., 182, 18f.

37 Josephus, c. Ap. 2,43; A. M. Denis, Fragmenta pseudepigraphorum quae supersunt graeca, PsVTGr 3, 1970, 43ff, hier 201,23.

38 Ps-Phokylides 13 (Denis 149,13; in der Parallele Or. Sib. 2,65 steht ἀγάπη statt πίστις) 218 (?) (Denis 155, 26).

39 Euseb. praep. evang. IX 29,7 (Denis 210,34).

40 Ps-Phokylides 79 (= Or. Sib. 2,148) 95 (Denis 151,18.34).

41 Ed. P. Battifol, 58,3 = ed. M. Philonenko, 1310: „Glauben schenken“.

42 CPJ 143,17; 146,44 (s. o. [23]) 490,4; 508,5; ferner 424,6: πῶς τὴν πίστιν σου ἤλλαξαι „daß du treulos geworden bist“; 450,31: πίστις καὶ φιλία in einem *anti*jüdischen Text.

Corpus Inscriptionum Judaicarum gesammelten jüdischen Inschriften begegnet πίστις einmal als „Treue“[43], ebenso zweimal *fides* „Treue“[44] und einmal *vera fides* „wahrhaftiges Versprechen“[45].

In weiten Schichten des griechischsprachigen Judentums fehlt also eine Verwendung von πίστις und πιστεύειν , wie sie in der LXX vorliegt, und zwar gerade auch in solchen Texten, die sich deutlich an die heidnische Umwelt wenden. Wo πιστ- begegnet, enthält es nur die traditionellen griechischen Bedeutungen, andererseits wird zur Bezeichnung des Verhältnisses zu Gott die griechische religiöse Sprache aufgenommen, vor allem Wörter vom Stamm σεβ-.

Das gilt nun auch für die Schriften des Josephus.[46] Dominierend ist bei ihm die Verwendung von πίστις als Tugend der Treue,[47] von [27] πίστις bzw. πίστεις als Zusicherung(en)[48] und von πίστις als „Beweis“[49], von πιστεύειν als „meinen“ oder „vertrauen“[50]. All das begegnet auch im Rahmen seiner Wiedergabe der Geschichte Israels, doch so, daß mit griechisch verständlichen Worten interpretierend nacherzählt wird, während in der alttestamentlichen Vorlage πιστ- bzw. אמן fehlt. Deutlich wird der Einfluß der Vorlage freilich in zwei Zusammenhängen. Einmal verwendet Josephus πίστις und πιστεύειν in der Wiedergabe von Ex 4, wo Gott dem Mose verheißt, daß die Israeliten ihm „glauben“ werden, und ihn zu Wundern befähigt.[51] Zum anderen begegnen sie in der ja schon alttestamentlichen Formulierung, daß jemand den Propheten (nicht) Glauben schenkt.[52] Daß Josephus nicht zufällig gerade diesen auch für griechische Ohren verständlichen Sprachgebrauch aufnimmt und nicht sklavisch seiner Vorlage folgt, zeigt sich daran, daß der Stamm πιστ- fehlt im Umkreis der Abrahamsüberlieferung, also des klassischen Zusammenhangs für „Glaube“.[52a]

Für den Gebrauch von πίστις ist der Text *contra Apionem* 2,163–171 aufschlußreich. Josephus will hier zeigen, daß Mose „die besten Gesetze machte und zur richtigsten Auffassung über Gott kam“ (καὶ τῆς δικαιοτάτης περὶ θεοῦ πίστεως ἐπιτυχών). Nachdem er den

[43] CIJ 1451,4 (vgl. CPJ Bd. 3, 145f): 1. Jh. n. Chr.

[44] CIJ 72,3 (Zeit der Severer): *fide,* vom Herausgeber (J. B. Frey, Corpus Inscriptionum Judaicarum, 2 Bde, 1936/52) ergänzt zu *fidem sationis* und übersetzt „la foi de la race“, wobei foi offenbar als „Treue“ verstanden wird, da CIJ 641 (keine Datierung) *fide cognita* ausdrücklich „dont la foi (religieuse) était connue“ übersetzt wird. Aber auch hier liegt wohl „bekannt für ihre Treue“ näher.

[45] CIJ 476,7 (auch bei A. Deißmann, Licht vom Osten, ⁴1923, 387–390): Anfang 2. Jh. n. Chr. CIJ 634 ist die Ergänzung אמו[נה] sehr zweifelhaft – die Inschrift stammt aus dem 8. Jh. n. Chr.

[46] Herr Professor K. H. Rengstorf hat mir freundlicherweise vollständige Stellenverzeichnisse für die Verwendung von πιστ- bei Josephus zur Verfügung gestellt.

[47] Bell. 1,94; 2,135.341 u. ö.; εὔνοια καὶ πίστις: bell. 1,207; 5,121; 7,365, ant. 6,276 u. ö.; φιλία καὶ πίστις: ant. 7,107; 19,289 u. ö.; ἀνδρεία/πίστις ant. 13,45.378; 14,186 u. ö.

[48] Bell. 3,31; 4,61.96; ant. 2,253; 7,388 u. ö.

[49] Ant. 15,69.260; 16,21 u. ö.; so auch 19,16: πίστιν θεοῦ τῆς δυνάμεως „Beweis der Macht Gottes“.

[50] Auffällig ist wie bei Philo das starke Hervortreten des Perfekts πεπιστευκέναι, das sich in der LXX nur in 2–4Makk findet.

[51] Ant. 2,270.274.276.283; vgl. 3,317; 4,179.

[52] Ant. 8,232; 9,12.72.86; 10,28.39.104–107 u. ö.

[52a] Das gilt auch für die sonstigen Abrahamdarstellungen in der hellenistisch-jüdischen Literatur abgesehen von Philo; vgl. dazu jetzt G. Mayer, Aspekte des Abrahambildes in der hellenistisch-jüdischen Literatur, EvTh 32 (1972), 118–127.

Inhalt dieser πίστις in 165–167 dargestellt hat, knüpft er mit ταῦτα περὶ τοῦ θεοῦ φρονεῖν den bekannten Gedanken der Abhängigkeit der griechischen Philosophen von Mose an und schließt mit οὕτω φαίνονται περὶ τῆς τοῦ θεοῦ φύσεως πεφρονηκότες (168). Die griechischen Philosophen hätten dies dem Volk vorenthalten, während Mose diese Auffassung von Gott (τὴν περὶ θεοῦ πίστιν) nicht nur seinen Zeitgenossen, sondern auch allen nachfolgenden Generationen eingepflanzt habe (169). Der Grund dafür sei, daß bei Mose die εὐσέβεια nicht *eine* der Tugenden, sondern Oberbegriff für alle Tugenden sei (170); „alle Taten und Beschäftigungen und Worte haben nämlich für uns eine Beziehung ἐπὶ τὴν πρὸς τὸν θεὸν … εὐσέβειαν“ (171). Damit ist εὐσέβεια der Begriff, der für die jüdische Gottesverehrung als ganze steht, πίστις hingegen nur die lehrhafte Fassung, dabei – parallel zu φρονεῖν – gut griechisch als „Meinung, Überzeugung, [28] Auffassung“ zu verstehen. An anderen Stellen stehen auch πίστις als *Treue* und εὐσέβεια nebeneinander.[53]

Wenn das Substantiv πίστις bei Josephus sonst nicht „Glaube“ als das Gottesverhältnis ganz benennender Begriff meint, dann wird diese Bedeutung wohl auch für die schwierige Stelle ant. 17,284 auszuschließen sein. Josephus berichtet hier von einem gewissen Athronges, der sich selbst zum König ausrief und mit seinen vier Brüdern den jüdischen und römischen Truppen zu schaffen machte. Als schließlich auch der letzte seiner Brüder gefangen ist, streckt er die Waffen und ergibt sich dem Archelaus: ψιλωθεὶς τῆς δυνάμεως ἐπὶ δεξιαῖς καὶ πίστει τοῦ θείου Ἀρχελάῳ παραδίδωσιν αὑτόν. In der auch bei Josephus nicht selten belegten Zusammenstellung mit δέξιαι heißt πίστις wie dieses „Zusicherung“, beides zusammen etwa „verläßliche Zusicherung“; der Genitiv τοῦ θείου bleibt rätselhaft.[54]

Beim Verbum kommt über die Bedeutung „glauben“ im Sinne von „meinen, die Überzeugung haben“ hinaus, die der eben dargestellten Verwendung des Substantivs entspricht, noch die Bedeutung „vertrauen“ hinzu, und hier kann mit dem Dativ auch Gott als der, auf den sich das Vertrauen richtet, genannt werden.[55] Auch hier klingt alttestamentlicher Sprachgebrauch an, freilich wird πιστεύειν nirgends über diese Bedeutung „vertrauen“ hinaus zum zentralen Begriff. Wie eine überlieferte jüdische Sentenz wirkt ant. 20,48: ὅτι τοῖς εἰς αὐτὸν (Gott) ἀποβλέπουσιν καὶ μόνῳ πεπιστευκόσιν ὁ καρπὸς οὐκ ἀπόλλυται ὁ τῆς εὐσεβείας. Wieder ist εὐσέβεια der Oberbegriff; in der Bekehrungsterminologie des Kontextes dieser Stelle – die Konversion des Königshauses von Adiabene – fehlt πίστις/πιστεύειν .

Auch Josephus führt also in seinem ja auch für Nichtjuden geschriebenen Werk nicht „Glaube“ als neuen Begriff ein. Soweit es die griechische Sprache ermöglicht, übernimmt er „glauben“ aus den ihm vorliegenden Texten und interpretiert andererseits auch von der griechischen Verwendung von πιστ- her die ihm vorliegende Tradition. Nirgends jedoch wird sichtbar, daß etwa „Glaube“ das sei, was das Spezifikum der jüdischen Über-

53 Vgl. ant. 12,147.150; vgl. 14,27: παραβῆναι τὰς πίστεις καὶ ἀσεβῆσαι εἰς τὸν θεόν.

54 R. Marcus übersetzt hier „surrendered to Archelaus an receiving a pledge sworn by his faith in God (that he would not be harmed)“; die deutschen Übersetzer Clementz („auf Gnade und Ungnade“) und Kaulen („auf Treue und Glauben“) verzichten auf eine Wiedergabe des textlich offenbar gesicherten τοῦ θείου.

55 Bell. 3,387: πιστεύων τῶν κηδεμόνι θεῷ; ant. 2,309: τῷ θεῷ πεπιστευκότες; (über Num 14,7.9 hinaus); bezeichnend: πιστεῦσαι … τῷ θεῷ … καὶ αὐτῷ (ant. 2,117).

lieferung gegenüber der griechischen ausmachen könnte. Wohl steht der Inhalt seiner Theologie im Widerspruch zur griechischen Tradition, und insofern hat sein Werk [29] auch apologetische bzw. missionarische Ziele, doch ist das nicht auf den Begriff „Glaube" gebracht.[56]

Bei Philo liegen die Dinge entscheidend anders.[57] Wohl folgt auch er dem griechischen Sprachgebrauch, verbindet πίστις mit dem Eid[58] oder verwendet πίστις als „Beweise"[59], doch erhalten πιστεύειν τῷ θεῷ und πίστις πρὸς θεόν nun einen zentralen Rang in der Darstellung der „mosaischen Philosophie". Damit geht einher die große Bedeutung der Abrahamsgeschichten und speziell der Stelle Gen 15,6 sowie bei Mose der Rekurs nicht auf Ex 4, sondern auf Num 12,7.[60] Das πιστεύειν τῷ θεῷ ist dabei durchgehend einem Vertrauen auf die Welt des Geschaffenen oder einem Vertrauen auf leere Erwägungen entgegengesetzt.[61] Es ist die Hinwendung zu dem, der allein Wahrheit ist und der über der Welt des Geschaffenen steht.

Zwei in vielen Zügen parallele größere Gedankengänge können zeigen, wie „Glaube" bei Philo verstanden ist. In *de Abrahamo* 262–274 geht er von Gen 15,6 aus: ἐπίστευσε τῷ θεῷ. 263–267 führt er zunächst die irdischen Dinge auf, in die man kein Vertrauen setzen kann, das einzige wahrhaftige und feste Gut ist vielmehr der Glaube an Gott (268: μόνον οὖν ἀψευδὲς καὶ βέβαιον ἀγαθὸν ἡ πρὸς θεὸν πίστις), inhaltlich beschrieben als durchaus irdische Segensgüter: Zuspruch von Leben, Fülle von glücklichen Hoffnungen, Fehlen von Übeln usw.[62] Es gibt nur eins, entweder jenen vorher genannten Dingen vertrauen und damit Gott nicht vertrauen oder umgekehrt (269: ὁ μὲν ἐκείνοις πεπιστευκὼς ἀπιστεῖ θεῷ, ὁ δὲ ἀπιστῶν ἐκείνοις πεπίστευκε θεῷ). Ab 270 folgen Erwägungen darüber, daß Abraham auch πρεσβύτερεος (Gen 24,1) genannt werde, eine Auszeichnung, die neben der von [30] Gen 15,6 stehe, daß ihm die Schrift den Glauben an das Sein bezeuge, die Königin der Tugenden (τὴν πρὸς τὸ ὂν πίστιν … τὴν βασιλίδα τῶν ἀρετῶν). In 273 schließt Philo damit, daß Gott diese πίστις Abrahams erwidert habe durch die eidliche Zusicherung der verheißenen Gaben (ὃς τῆς πρὸς αὐτὸν πίστεως ἀγάμενος τὸν ἄνδρα πίστιν ἀντιδίδωσιν αὐτῷ, τὴν δι' ὅρκου βεβαίωσιν ὧν ὑπέσχετο δωρεῶν; vgl. Gen 22,16).[63]

[56] Im Vorgriff auf die weiteren Ergebnisse scheint mir der Schluß möglich, daß Josephus *sehr bewußt* πιστ- einsetzt, wo es ihm möglich ist, und daß er daher durchaus den terminologischen Gebrauch von πιστ- kennt.

[57] Aus der umfangreichen Literatur sind besonders zu nennen: M. Peisker, Der Glaubensbegriff bei Philon, Diss. Breslau 1936 (Teildruck, der nur den Mose-, nicht den Abrahamteil der Dissertation enthält); R. Bultmann, ThWNT VI, 202f; H. Thyen, Die Probleme der neueren Philo-Forschung, ThR NF 23 (1955), 230–246 (237–246 ist die Darstellung „des Phänomens der Pistis bei Philo" in der Literatur aufgearbeitet).

[58] Leg. all. III 208, plant. 82 u. ö.

[59] Opif. 57.84.109.116, plant. 150 u. ö.

[60] Leg. all. III 228: Gen 15,6 und Num 12,7!

[61] Mut. nom. 201: πρὸς τὸν θεὸν πίστιν – πρὸς τὸ γενητὸν ἀπιστία; leg. all. III 229: ὅτι ἀληθὲς μέν ἐστι δόγμα τὸ πιστεύειν θεῷ, ψεῦδος δὲ τὸ πιστεύειν τοῖς κενοῖς λογισμοῖς.

[62] Anders zwar praem. 27: τοῦ δὲ πιστεύειν θεῷ καὶ διὰ παντὸς τοῦ βίου χαίρειν καὶ ὁρᾶν ἀεὶ τὸ ὄν. Insofern ist aber Bultmanns Satz doch einzuschränken: „Die πίστις ist die Haltung der Entweltlichung in einem rein negativen Sinne" (a.a.O., 203,12f).

[63] Auch Philo kann also den Glauben Abrahams von Gen 22 her bestimmen, vgl. auch deus immut. 4.

Auffällig sind in diesem Textzusammenhang drei Punkte: einmal die schon erwähnte Abgrenzung des Glaubens an Gott gegenüber einem Vertrauen auf irdische Dinge, zum andern die Kennzeichnung der πίστις als Königin der Tugenden, schließlich die Korrespondenz von Abrahams und Gottes πίστις.

Die beiden ersten Punkte begegnen ähnlich auch in *quis rerum divinarum heres* 90–101. Auch hier setzt Philo mit Gen 15,6 ein, doch verfolgt er eine etwas andere Fragestellung: wieso denn πίστις etwas Lobenswertes sei (90). Die πίστις ist die höchste Tugend (91: τὴν τελειοτάτην ἀρετῶν), und es ist gar nicht so leicht, an Gott allein zu glauben ohne irgendetwas sonst, da wir dem Sterblichen verfallen sind, das uns verleiten will, anderen Dingen zu vertrauen (92: ὅτι μόνῳ θεῷ χωρὶς ἑτέρου προσπαραλήψεως οὐ ῥᾴδιον πιστεῦσαι διὰ τὴν πρὸς τὸ θνητὸν ᾧ συνεζεύγμετα συγγένειαν· ὅπερ ἡμᾶς καὶ χρήμασι καὶ δόξῃ καὶ ἀρχῇ καὶ φίλοις ὑγείᾳ τε καὶ ῥώμῃ σώματος καὶ ἄλλοις πολλοῖς ἀναπείθει πεπιστευκέναι). In 93 folgt der Gegensatz ἀπιστῆσαι τῇ γενέσει – μόνῳ δὲ πιστεῦσαι θεῷ. Der zweite Teil des Gotteswortes aus Gen 15,6 „und das rechnete er ihm zur Gerechtigkeit an" folgt in 94: Es gibt nichts, was so δίκαιον ist, wie Gott allein glauben. Doch der Glaube wird für etwas Außergewöhnliches gehalten wegen des Unglaubens der meisten Menschen.

In 96–99 legt Philo anhand von Gen 15,7 den Auszug Abrahams aus Chaldäa als Auszug aus der ἀπιστία aus: Die Chaldäer glaubten dem Himmel, Abraham aber Gott, der auf dem Himmel reitet und die ganze Welt lenkt (99: τῷ ἐπόχῳ τοῦ οὐρανοῦ καὶ ἡνιόχῳ τοῦ παντὸς κόσμου, θεῷ). Abrahams Frage nach dem Beweis für die Verheißung (Gen 15,8) ist nicht Zweifel, sondern nur die Frage, *wie* sie in Erfüllung gehen wird (101). An anderer Stelle verweist Philo zu Gen 17 darauf, daß allein Gott wirkliche πίστις zukomme (mut. nom. 181f),[64] und auch Abraham insofern immer noch nicht die πίστις erreicht habe.

Faßt man die Aussagen dieser Texte zusammen, so ist πίστις Abkehr von der Welt und von falschen Meinungen, Hinwendung zu [31] dem alleinigen Gott, der außerhalb dieser Welt ist; πίστις bezeichnet damit zugleich – am Beispiel Abrahams dargestellt – die Bekehrung zum Judentum als der wahren Gottesverehrung.[65] Sie ist als Königin der Tugenden auch Attribut Gottes, seine Treue zu dem, der ihm vertraut. Wie kommt es zu solchem Glauben? – πῶς ἂν πιστεύσαι θεῷ; ἐὰν μάθῃ, ὅτι τὰ πάντα τὰ ἄλλα τρέπεται, μόνος δὲ αὐτὸς ἄτρεπτός ἐστι (leg. all. II,89). Gott ist also der Feste, Unwandelbare und seine wie des Glaubenden πίστις ist dementsprechend die Festigkeit. Damit nimmt Philo die stoische Bestimmung der Tugend πίστις auf,[66] weist ihr aber als oberster der Tugenden einen völlig anderen Rang zu und verbindet sie mit dem Gottesverhältnis.[67] Der Weg zu ihr ist eine μάθησις, doch eine, die nicht einfach als Einsicht in das Wesen der Welt zu bestimmen ist, es geht um eine völlige Verwandlung des Glaubenden: Mose soll Zweifel und Schwanken, die Beschaffenheit der unbeständigen Seele, ausziehen und die festeste und

64 Vgl. auch leg. all. III 204.

65 Vgl. A. Wlosok, Laktanz und die philosophische Gnosis, 1960, 81–84 zum parallelen Text Abr. 68ff.

66 Vgl. Bultmann, a.a.O., 203,2f.

67 Insofern wird man die Akzente anders setzen müssen als Bultmann (a.a.O., 203,4–7): Philo faßt nicht nur von der stoischen Tradition her den Glauben neu, Sondern auch umgekehrt die stoische Tradition vom Glauben an Gott her.

sicherste Beschaffenheit, den Glauben anziehen (conf. ling. 31: ἵνα ἐνδοιασμὸν καὶ ἐπαμφοτερισμόν, ἀβεβαίου ψυχῆς διαθέσεις, ἀποδυσάμενος τὴν ὀχυρστάτην καὶ βεβαιοτάτην διάθεσιν, πίστιν, ἐνδύσηται).

Bei Philo zeigt sich in Aufnahme der Möglichkeiten der griechischen Sprache und in Aufnahme der in dieser Sprache möglichen Inhalte eine gegenüber den bisher behandelten Schriften neue zentrale Stellung der πίστις. Freilich ist nicht zu leugnen, daß diese Bestimmung der πίστις sich stark unterscheidet von dem, was in den von Philo ausgelegten Texten „Glaube" heißt. Die Hereinnahme der stoischen Fassung der πίστις und ihre Stellung innerhalb des dualistischen Erlösungsgeschehens lassen „Glaube" zu einer Tugend werden, die ihr Ziel in der reinen Jenseitigkeit hat. Doch wird Philo üblicherweise in der Literatur zu sehr von diesem zweiten Gesichtspunkt her kritisiert.[68] Man übersieht dabei die eigentliche theologische Leistung, nämlich Philos fast verwegenen Versuch, gerade mit dem Begriff πίστις die eigene Überlieferung in griechischer Sprache auszulegen. Es stand ihm dafür nicht ein allgemeiner Begriff „Glaube" zur Verfügung, vielmehr nahm er aus seinen Texten πίστις als zentralen Begriff auf und interpretierte ihn in einem griechischen Denkkategorien verständlichen Horizont. Wie schwierig diese Aufgabe war, zeigt sich darin, daß auch das Christentum nur sehr zögernd daran ging, seine eigene Verkündigung der von der griechischen Tradition her- [32] kommenden Welt als „Glaube" darzustellen. Erst Clemens von Alexandrien hat den Versuch Philos wiederholt und im Horizont der Erkenntnistheorie der platonischen Tradition „Glaube" als mögliche Haltung zu rechtfertigen unternommen.[69]

III.

Während Josephus nur behutsam die Sprache der LXX aufnimmt, soweit sie griechischen Ohren verständlich ist, ist Philo unter den bisher behandelten Autoren der erste und einzige, der entschlossen πίστις als Begriff aufnimmt zur Bezeichnung dessen, was das Spezifikum des Judentums ist. Doch schreibt er primär für seine jüdische Gemeinde, die ihre eigene von der LXX geprägte Sprache hat und versteht; auch Philos Sprachgebrauch läßt sich also nicht ohne weiteres aus einer Missionssituation erklären. Da im Gegenteil sonstige Belege dafür fehlen, muß zunächst negativ festgestellt werden, daß ein solcher die Sprache prägender „Sitz im Leben" für πιστ- aus den bisher behandelten Texten nicht zu erschließen ist. Andererseits wirft Philos so dezidierte eigene Auslegung von πίστις die Frage nach Zwischenstufen zwischen ihm und der LXX auf, da das vergleichsweise spärliche Vorkommen von „Glaube" im Alten Testament allein nicht die zentrale Stellung des „Glaubens" bei Philo erklären kann.

[68] Vgl. die vorige Anm.

[69] Dieser Versuch findet sich in langen Passagen des zweiten Buchs der Stromata.

Deutlich von der LXX-Sprache geprägt ist die griechische Übersetzung des Buches Jesus Sirach. Auch hier wird אמן mit πιστ- wiedergegeben,[70] auffällig ist dabei das starke Hervortreten des Kompositums ἐμπιστεύειν. Doch nimmt das Verbum (ἐμ)πιστεύειν nun auch andere hebräische Verben auf: בטח 6,7; 35(32),21; שמר 35(32),21; נצר 35(32),24 und בין 36(33),3.[71] In der Tradition der alten Spruchweisheit stehen die Stellen, an denen אמן hif. mit negativem Akzent erscheint:[72] die Warnungen, nicht dem Feind (12,10), nicht jedem Wort (19,15) usw. zu vertrauen. Im „Preis der Väter", der literarisch gesehen erstmals die Geschichtsüberlieferung in die Weisheit einbringt, begegnet אמונה 45,4 (Mose) 46,15 (? Samuel), נאמן 44,20 (Abraham) 46,15 (Samuel) 48,22 (? Jesaja); im Klagelied 33,1–13a; 36,16b–22 heißt es [33] 36,21 ונביאיך אמינו, was nach LXX καὶ οἱ προφῆται σου ἐμπιστευθήτωσαν wohl als nif. יאמנו zu lesen ist.[73]

Es fehlt aber in den Teilen des hebräischen Sirach, die uns erhalten sind, eine Verbindung von אמן hif. und אמונה mit Jahwe oder der Tora; erst die griechische Übersetzung spricht von einem (ἐμ)πιστεύειν κυρίῳ bzw. νόμῳ, und zwar nachweislich unter Rückgriff auf *andere* hebräische Verben als אמן hif. (35[32],24; 36[33],3). Man wird also auch an den Stellen, wo ein hebräischer Text uns nicht zur Verfügung steht, nicht ohne weiteres auf אמן hif. zurückschließen dürfen (2,6.8.10; 11,21),[74] zumal auch die syrische Übersetzung hier nicht in allen Fällen den Stamm אמן hat.[75]

Mit hoher Wahrscheinlichkeit geht also die theologisch geprägte Verbindung πιστεύειν κυρίῳ und νόμῳ auf die griechische Übersetzung des Sirach zurück, die damit – freilich ohne Anhalt im hebräischen Text – die LXX-Sprache aufnimmt. Πιστεύειν κυρίῳ wird als fester Begriff in Texte eingetragen; der Übersetzer zeigt damit die Tendenz, „Glaube" als Benennung des Verhältnisses zu Gott einen zentralen Rang einzuräumen. Das Gesetz, auf das sich der Glaube ebenso richtet, übernimmt die Rolle der Repräsentanz Gottes, wobei im Sirachbuch ja die Verbindung von Weisheits-, Gesetzes- und Jerusalemtradi-

[70] Sir 44,11 נאמן freilich διαμενεῖ. Für die hebräische Sirach-Überlieferung vgl. die Angaben bei O. Eißfeldt, Einleitung in das Alte Testament, ²1964, 807f; dazu Y. Yadin, The Ben Sira Scroll from Masada, 1965.

[71] Sir 49,10 entspricht ἐν πίστει wohl ב[בטחון, so I. Lévi, The Hebrew Text of the Book of Ecclesiasticus, ²1951, 69 nach dem syrischen Text; M. Segal, Sefer ben Sira ha-schalem (hebr.), 1953, 336 ergänzt בא]מונת und setzt (339) wie auch sonst eine durchgehende Entsprechung von אמן und πιστ- für seine Rückübersetzungen voraus.

[72] Vgl. A. Jepsen, ThWAT I, 324: „Im ganzen scheint der Gebrauch des האמין in der Weisheit von einer gewissen Skepsis begleitet zu sein."

[73] So auch Lévi (a.a.O., 38 Anm. g) und Segal (a.a.O., 225).

[74] Vgl. oben Anm. 71. Auch M. Hengel (Judentum und Hellenismus, WUNT 10, 1969, 252f, Anm. 215) schließt zu schnell vom griechischen auf den hebräischen Text: „Die Begriffsgruppe πίστις, πιστός, (ἐμ)πιστεύειν = אמונה, נאמן, האמין spielt – allerdings in weiterem Bedeutungsrahmen – eine wesentliche Rolle." Er verweist dazu „vor allem" auf 1,27; 2,8.10.13; 4,16; 15,15, bis auf 15,15 (hier jetzt auch in der prima manus von Ms אמונה, am Rande korrigiert zu תבונה entsprechend Ms A) lauter Stellen, für die wir *keinen* hebräischen Text vergleichen können (1,27 ist אמונה wegen der Parallele in 45,4 wahrscheinlich), während 36(32),24; 36(33),3 gerade אמן als Vorlage für 2,8.10; 4,16 fraglich erscheinen lassen. Die weiteren Stellen bei Hengel sind die oben genannten aus dem „Preis der Väter" sowie 31(34),8 und 40,12 (ohne vergleichbaren hebräischen Text) und 36,21 (dazu s. o.). „Bezeichnenderweise erscheint die Begriffsgruppe in der Übersetzung noch häufiger" – wofür bezeichnend?

[75] Vgl. R. Smend, Index zur Weisheit des Jesus Sirach, 1906, 76 und 189f s. v.

tion zu beobachten ist.[76] Das Adjektiv πιστός wird in diesem Zusammenhang zur Selbstbezeichnung dessen, der sich auf das Gesetz einläßt (Sir 1,14); Abraham und Mose werden zu Vorbildern solcher Haltung.

Die in der griechischen Sirach-Übersetzung zu beobachtende Tendenz setzt sich in der Sapientia Salomonis fort.[77] Hier fehlt gegenüber [34] der weisheitlichen Tradition die Warnung vor „Leichtgläubigkeit". Im Gegenteil: πιστεύειν ist die der Weisheit entsprechende Haltung, das Gegenbild ἀπιστεῖν die falsche. Nur in 14,5 erscheint πιστεύειν allgemein als ein Vertrauen auf das Holz des Schiffes,[78] in 14,25 ἀπιστία als Laster der Treulosigkeit. In 12,2 heißt es von der Rückführung der Sünder durch Gottes Milde: ἵνα ἀπαλλαγέντες τῆς κακίας πιστεύσωσιν ἐπὶ σέ, κύριε. Dominierend ist zwar in der Sapientia eine andere theologische Sprache (vgl. ἀγνωσία 13,1), die Selbstverständlichkeit aber, mit der πιστεύειν verwendet wird (1,2; 16,26), zeigt, wie stark es für den Autor ein geprägter Begriff war.

Im 4. Makkabäerbuch ist Glaube vor allem das Durchhalten in der Anfechtung als Festhalten am Gesetz. Πιστεύειν begegnet als „anvertrauen" (4,7) oder „sich verlassen auf" (8,7) in einem allgemeinen Sinn. Inhaltlich wird πιστεύειν gefüllt als Glaube an ein ewiges Leben (7,19), dieser Glaube (πεπιστευκὼς θεῷ 7,21) erscheint in einer Reihe mit Philosophie und Tugend; Vorbilder des Glaubens sind Abraham, Daniel und die drei Männer im Feuerofen (16,22)[79] und die Mutter, deren sieben Söhne umgebracht wurden (15,24; 17,2). Auch im 4Makk ist πιστ- also eine selbstverständliche Bezeichnung der rechten Haltung derer, die sich an Gott und sein Gesetz halten.

Diesem Durchbruch der Verwendung von πιστ- als Bezeichnung des Verhältnisses zu Gott und seinem Gesetz läuft parallel das Hervortreten von „Glaube" in der jüdischen Literatur, die uns sonst bekannt ist. Diese Schriften sind, soweit sie nicht durch neue Funde erst wieder entdeckt worden sind, zumeist nur in sekundären Übersetzungen erhalten. Daher ist nicht auszuschließen, daß ähnlich wie in der griechischen Sirach-Übersetzung erst sekundär „Glaube" in die Texte eingetragen worden ist. Doch wiegt das Sprachproblem in diesem Falle nicht so schwer, da sowohl das Syrische als auch das Äthiopische über denselben – vermutlich erst aus dem Hebräischen bzw. Aramäischen übernommenen[80] – Stamm *'mn* verfügen.[81] Es geht im jetzt Folgenden nur um ein allgemeines Bild, das die Untersuchung des Verhältnisses von אמן zu πιστ- absichern soll. Daher werden nur bestimmte Akzente hervorgehoben, nicht wie bisher die einzelnen Schriften je für sich untersucht.

Daß Glaube das Verhältnis zu Gott und seiner Tora bezeichnet, findet sich z. B. auch 4Esr 7,83; syr Bar 54,5: „die ohne Makel sind, die sich im Glauben (*bhjmnut'*) dir und deinem Gesetz unterworfen haben". Da solcher Glaube sich konkret im Tun des Geset-

[76] Vgl. 4,16 für „Glaube" und 24,23 für die Verbindung von Weisheit und Gesetz.

[77] Der Aufsatz von C. A. Keller, Glaube in der „Weisheit Salomos", in: FS W. Eichrodt, AThANT 59, 1970, 11–20 trägt für die hier verfolgte Fragestellung nicht viel aus.

[78] Vgl. aber 14,6: Noah und seine Arche.

[79] Vgl. 1Makk 2,59.

[80] Vgl. Jepsen ThWAT I, 314.

[81] Für das Lateinische ist die Korrespondenz *fides/credere* – πίστις/πιστεύειν ebenfalls fest.

zes äußert, kommt es im 4Esr zu Aussagen, in denen Glaube und Werke neben- [35] einander stehen: „Alle aber, die dann gerettet sind und die dann haben entrinnen können um ihrer Werke willen oder des Glaubens wegen, den sie bewahrt haben, …“ (9,7, vgl. 7,24). Inhaltlich wird der Glaube in zwei Richtungen bestimmt: einmal, daß Gott der Schöpfer ist,[82] zum andern, daß es eine (endzeitliche) Vergeltung gibt.[83] Das alles kommt sehr deutlich auch in den verschiedenen Abrahaminterpretationen heraus,[84] da, wer immer im Judentum wie im frühen Christentum von „Glaube“ redete, sein Verständnis zu legitimieren hatte in der Auslegung Abrahams.

Der Sprachgebrauch der Qumrantexte weist gegenüber dem bisher Gesagten keine Besonderheiten auf.[85] Als Objekte des Glaubens begegnen die Gebote (1QpHab 2,14), der Bund (2,4), die Deutung der Prophetenworte durch den Priester (2,6), die Interpretation der Tora durch den Lehrer der Gerechtigkeit (8,1–3).[86]

Diese Bestimmung des Glaubens im Judentum knüpft eventuell an an den Sprachgebrauch, wie er sich im Deuteronomium (9,23), beim Deuteronomisten (2Kön 17,14)[87] und bei Habakuk (2,4) findet. Der hebräische Text von Hab 2,4a ist unsicher, offenbar werden hier Aussagen über den Ungerechten gemacht; 2,4b ist zu übersetzen: „Der Gerechte wird aufgrund seines Glaubens Leben haben“ (וצדיק באמונתו יחיה).[88] Habakuk greift damit auf die deklaratorischen Formeln zurück, die dem Gerechten Leben zusprechen (z. B. Ez 18,9).[89] Wenn nun das Wesen des Gerechten mit אמונה beschrieben wird, verschwindet wohl der Zusammenhang mit dieser Vorgeschichte nicht, sondern אמונה ist inhaltlich von daher zu verstehen: als Leben entsprechend dem Leben ermöglichenden Gebot Jahwes,[90] als Erwiderung der אמונה Gottes, wie die Gerechtigkeit Erwiderung von Gottes Gerechtigkeit ist. Im Judentum wird diese Linie ausgezogen im Hinblick auf die nun konkret in der Tora faßbare Offenbarung des Willens Gottes. „Glaube“ ist dabei – wie im Alten Testament,[91] aber anders als in Philos Sprachgebrauch – streng bezogen allein auf den wahren Gott, [36] nur gelegentlich kann von einem Glauben an andere Götter geredet werden.[92] Die Hinwendung zu diesem Gott ist ein Zum-Glauben-Kommen (Jon 3,5; Jdt 14,10).

Das stärkere Hervortreten des Glaubens in der griechischen Sirach-Übersetzung, in der Sapientia, im 4Makk und bei Philo entspricht also einem ähnlichen Vorgang im nicht griechisch sprechenden Judentum. Glaube wird einer der zentralen Begriffe, die das Verhältnis zu dem in der Tora sich offenbarenden Gott bezeichnen; es ist Leben ent-

[82] Vgl. M^{e}kh Ex 14, 31 (40^b) bei Billerbeck III, 199.

[83] Syr. Bar. 57,2: Glaube an das zukünftige Gericht *(hjmnut' ddjn' d'tjd)* 59,2; 42,2; 4Esr 7,33f.

[84] Vgl. dazu das Material bei Billerbeck III, 186–201.

[85] צדק(ה) und אמונה 1QM 13,3; 1QS 8,2f; 1QSb 5,26.

[86] Vgl. dazu die Interpretation von G. Jeremias, Der Lehrer der Gerechtigkeit, 1963, 142–145.

[87] Vgl. dazu Wildberger, ZThK 65, 153f.

[88] LXX: ὁ δίκαιος ἐκ πίστεώς μου ζήσεται.

[89] Vgl. dazu G. von Rad, Die Anrechnung des Glaubens zur Gerechtigkeit, in: Gesammelte Studien zum Alten Testament, ThB 8, 1963, 130–135; Wildberger a.a.O., 139–142.

[90] Vgl. auch den Zusammenhang Jes 28,14–22

[91] Vgl. Wildberger ZThK 65, 159.

[92] Äth. Hen. 46,7 (also vermutlich spät!): „und deren Glaube (Wurzel *'mn* – Dank für den Nachweis Herrn Dr. K. Beyer!) sich Göttern zuwendet, die sie mit ihren Händen verfertigt haben“.

sprechend der Tora mit allen Konsequenzen eines Durchhaltens dieses Glaubens auch in der Versuchung und der Verfolgung. Es läßt sich nun bestimmter als vorher behaupten, daß wir einen internen Sprachgebrauch des Judentums vor uns haben, der seinen „Sitz im Leben" nicht in der Mission hat. Im Judentum selber assoziiert das Wort den Zusammenhang von Gesetz und Treue gegenüber dem Gesetz als dem Spezifikum der Gottesverehrung, während in der Mission das Stichwort „Glaube" diesen Zusammenhang nicht unmittelbar benennen konnte.

IV.

Das frühe Christentum knüpft also deutlich an das Judentum an, wenn es πίστις zum Zentralbegriff macht. Im Neuen Testament lassen sich, abgesehen von der besonderen Verwendung im Zusammenhang der Heilungsgeschichten,[93] zwei Sprachkreise für den Gebrauch von πιστ- feststellen: für den einen steht Paulus und die von ihm aufgenommene Tradition, für den anderen der Hebräerbrief.

In den Paulusbriefen und der Apostelgeschichte[94] zeigt sich eine terminologische Verwendung von πιστεύειν im Aorist in der Bedeutung [37] „Zum-Glauben-Kommen", „Bekehrung". Damit ist nicht ein Glaubenswechsel gemeint, sondern Glaube ist auch ohne Zusatz eines Objektes die Bezeichnung des Neuen, dem man sich in der Bekehrung zuwendet. In diesem exklusiven Sinne ist Gal 1,23 zu verstehen: νῦν εὐαγγελίζεται τὴν πίστιν ἥν ποτε ἐπόρθει („den *Glauben*", nicht „*den* Glauben"). Dieser Glaube ist πίστις Χριστοῦ (gen. obi.) bzw. πιστεύειν εἰς Χριστόν. Auch damit nimmt Paulus offenbar die Terminologie seiner Tradition auf, die man geographisch in Antiochien lokalisieren und traditionsgeschichtlich auf den Kreis der „Hellenisten" zurückführen kann. Nicht mehr die Tora bestimmt, was Glaube ist, sondern das Geschehen, für das Χριστός als Kurzformel steht: Gottes Heilshandeln in Tod und Auferweckung Jesu. Paulus selbst legt dieses Geschehen aus auf die Rechtfertigung ohne das Gesetz, allein aus Glauben. Er löst also das Gesetz aus dem in der jüdischen Tradition vorgegebenen Zusammenhang von Gerechtigkeit, Gesetz und Glaube heraus, wie besonders seine Auseinandersetzung mit jüdischen Abrahaminterpretationen in Gal 3 und Röm 4 zeigt. Das alles weist darauf hin, wie stark Paulus und schon die ihm vorgegebene Tradition der jüdischen Sprachtradition und dem

[93] G. Ebeling hat in seinem Aufsatz „Jesus und Glaube" (s. o. Anm. 22) den Versuch gemacht, diese Verwendung auf Jesus selbst zurückzuführen. Doch ist der Zuspruch „dein Glaube hat dir geholfen" nicht aus den Geschichten herauszulösen, und die gehen als ganze auf die Gemeinde zurück. Auch wenn sich ein solches Reden von Glaube bei Jesus nachweisen ließe, sind diese Geschichten doch in anderen Kreisen des Urchristentums tradiert worden als denen, auf die der paulinische Sprachgebrauch (und der des Hebr) weist. Deshalb kann hier keine unmittelbare Beziehung gesehen werden. – Der johanneische Sprachgebrauch kann hier außer Betracht bleiben, da seine traditionsgeschichtliche Voraussetzungen denen der synoptischen Wundergeschichten einerseits und der Paulusbriefe und der Apg andererseits entsprechen. Die eigene Bestimmung von πιστεύειν durch Joh (im Evangelium nur das Verbum!) bedarf einer gesonderten Darstellung.

[94] Vgl. dazu H. Conzelmann, Was glaubte die frühe Christenheit?, SThU 25 (1955), 61–74; W. Kramer, Christos Kyrios Gottessohn, AThANT 44, 1963, 41–44.

in dieser Sprache gefaßten Denken verpflichtet sind. Zugleich zeigt sich aber, wie genau die Aufnahme und Neubestimmung des Begriffs Glaube den Gegensatz des frühen Christentums zum Judentum bezeichnen konnte.

In der weiteren Ausbildung des Glaubensverständnisses in der frühen Kirche verwenden die Apologeten in ihren sich an die heidnische Umwelt wendenden Schriften πίστις und πιστεύειν ebensowenig zur Bezeichnung des Neuen wie ihre jüdischen Vorgänger, während gleichzeitig in der Auseinandersetzung Justins mit dem Juden Tryphon πίστις der zentrale Begriff ist, um den gestritten wird. Da also auch in der Nachgeschichte des Neuen Testaments die Heidenmission nicht als „Sitz im Leben" des Redens von Glaube nachweisbar ist, wird man auch für das Neue Testament wie für das Judentum in πίστις und πιστεύειν Begriffe des internen Sprachgebrauchs zu sehen haben, verwendbar freilich in der Auseinandersetzung mit dem Judentum, als dessen Teil sich das frühe Christentum ja versteht.

Im Hebräerbrief ist „Glaube" in ganz anderer Weise als bei Paulus die Haltung dessen, der auf dem von Jesus als dem Sohn und Hohenpriester erschlossenen Weg ist; ja, Jesus selbst ist Vorbild solchen Glaubens, insofern er Anfänger, aber nun auch Vollender des Glaubens ist (12,1–3).[95] Glaube wird hier nie direkt im Sinne eines „glauben an" auf die Christologie bezogen,[96] ihm korrespondieren viel- [38] mehr z. B. Geduld und Standhaftigkeit (6,12), er ist Durchhalten und Festhalten. Damit wird deutlich angeknüpft, wie E. Gräßer herausgearbeitet hat,[97] an die Ausprägung des Glaubensverständnisses, wie sie sich bei Philo zeigt. Diese Verwendung im Hebr läßt sich nun aber nicht, wie Gräßer meint,[98] aus der Stellung des Briefes in der Geschichte des Urchristentums erklären. Nicht das Problem der fortgeschrittenen Zeit, sondern die von der paulinischen völlig verschiedene Sprachtradition erklärt dieses ja auch primär sprach- und nicht zeitgeschichtliche Phänomen. Der Sprachgebrauch des Hebr ist nicht als Fortentwicklung von dem bei Paulus nachweisbaren zu erklären, sondern beide Sprachkreise partizipieren auf je verschiedene Weise an verschiedenen Ausprägungen dessen, was Glaube im Judentum ist. Der Einheitspunkt liegt weder im Sprachgebrauch Jesu noch in einem „gemeinchristlichen"[99] Sprachgebrauch, sondern im Sprachgebrauch des Judentums.

Der Verstehenshorizont für das frühchristliche Reden von „Glaube" liegt also in der internen Sprache der jüdischen Tradition, nicht in der Auseinandersetzung mit der heidnischen Umwelt. Die Basis in der Untersuchung eines einzigen, wenn auch zentralen neutestamentlichen Begriffs ist zu schmal für allzu weitreichende Schlußfolgerungen. Immerhin zeigt sich auch hier, was sich anderwärts bestätigen ließe, wie stark als Hintergrund des Neuen Testaments das Judentum und seine Sprache – hebräisch/aramäisch wie griechisch – in Rechnung zu stellen ist. Die Fragestellung blieb hier beschränkt auf

[95] Vgl. dazu die naturgemäß knappen exegetischen Bemerkungen von E. Brandenburger in GPM 26 (1971/72), 142ff.

[96] Inhaltliche Bestimmungen: 6,1 πίστις ἐπὶ θεόν; 11,6 ὅτι ἔστιν καὶ τοῖς ἐκζητοῦσιν αὐτὸν μισθαποδότης γίνεται.

[97] E. Gräßer, Der Glaube im Hebräerbrief, 1965, bes. 95–146.

[98] A.a.O., 146–192.

[99] Gegen Bultmanns Aufteilung in ThWNT VI, 205ff, wo er unter „Der gemeinchristliche Sprachgebrauch" die verschiedensten Traditionen subsumiert.

diese sprachlichen Voraussetzungen; was die Neuorientierung dieser Sprache von dem mit Jesus gekommenen Heil her bedeutete, mußte ebenso am Rande bleiben wie die Frage des erneuten Rückgriffs auf das Alte Testament im frühen Christentum. Deutlich wird aber, wie stark gerade das Reden von Glaube sehr gezielt den Konflikt mit dem Judentum andeutet. Es wird nicht auf eine allgemeine religionsphänomenologische Kategorie zurückgegriffen, auch nicht auf ein allgemeines anthropologisches Phänomen, sondern gegenüber dem von der Tora bestimmten Judentum wird der Glaube verkündigt, der seinen Grund hat in dem durch Jesus gebrachten Heil.

ABER AUCH DEM ARZT GIB RAUM (SIR 38,1–15)

I.

Die alten Hochkulturen Mesopotamiens und Ägyptens verfügten über ein erstaunliches Maß an medizinischem Wissen und an praktischer Fertigkeit auf diesem Gebiet, und sie kannten auch einen eigenen Stand der Ärzte.[1] So enthält schon der Codex Hammurabi Bestimmungen über Honorar und Haftung der Ärzte. Gewiß ist solche Medizin nicht zu vergleichen mit dem, was für uns heute Medizin ist; hier mischt sich empirische Beobachtung mit Magie und Religion. Dennoch wird sie manchem Kranken geholfen und manchen Schmerz gelindert haben.

Trotz der vielen kulturellen Kontakte zu seinen Nachbarn, die Israel vor allem in der Königszeit hatte, finden wir im Alten Testament wenig von solchem Wissen.[2] Heilung beschränkt sich im wesentlichen auf Wundversorgung: Ausdrücken und Verbinden der Wunden und anschließende Behandlung mit Öl (vgl. Jes 1,6); es fehlen alle Ansätze einer inneren Medizin. Vor allem aber gibt es im alten Israel nicht den Beruf des Arztes. Weder ist von ihm in den Rechtsordnungen des Alten Testaments die Rede,[3] noch gehört sein Beruf wie z. B. der des Schmiedes (Gen 4,22) zu den in der Urgeschichte erwähnten Kulturerrungenschaften, und auch an den Königshöfen in Jerusalem und im Nordreich finden wir bei der Behandlung der mancherlei Kriegsverletzungen keine Ärzte am Werk.[4] [56]

Ein erster Grund für dieses Fehlen läßt sich exemplarisch mit der Geschichte vom König Ahasja belegen, der sich nach einem Sturz an den Baal Zebul von Ekron wenden will, nach dem Text vordergründig nur, um ein Orakel über seine Genesung zu erhalten, damit aber doch wohl auch in der Erwartung, geheilt zu werden. Seinen Boten und danach ihm selber tritt der Prophet Elisa entgegen und kündigt ihm den Tod an (2Kön 1,2–16). Zuständig ist für Krankheit allein der Gott Israels, weil er der Gott ist, der töten und lebendig machen kann (2Kön 5,7). Wenn Israel die gesamte Lebenswirklichkeit ein-

1 Zu Ägypten: H. Kees, Ägypten, HAW, 1933, 306–314; zu Mesopotamien: K. Oberhuber, Die Kultur des Alten Orients, HKultG, 1972, 300–311. Eine Erinnerung an ägyptische Ärzte ist vielleicht die Erwähnung der *rôfîm* (LXX: ἐνταφιασταί), die Jakobs Leiche einbalsamieren (Gen 50,2).

2 Zum Alten Testament: J. Hempel, Heilung als Symbol und Wirklichkeit im biblischen Schrifttum, NAWG 1958, 3 (²1965), 237–260; eine Kurzfassung dieses Buches: J. Hempel, „Ich bin der Herr, dein Arzt" (Ex 15,26), ThLZ 82 (1957), 809–826; vgl. jetzt K. Seybold, U. Müller, Krankheit und Heilung, Bibl. Konfront. 1008, 1978, 11–28.

3 Josephus erst fügt in Ex 21,18f.20f die Bestimmung ein, daß die Kosten für Ärzte erstattet werden müssen (ant. 4,277).

4 LXX übersetzt *rôfe'* denn auch richtig durchgehend mit Partizipien von ἰάομαι, nicht durch das Substantiv ἰατρός. Man vgl. dazu Josephus, der ganz anachronistisch von den Ärzten Abrahams, Sauls, Davids und Hiskias spricht (ant. 1,208; 6,166–169; 7,343; 10,25). Merkwürdig sind die beiden Aussagen in der LXX, daß Ärzte nicht auferstehen werden: Ps 87(88),10 und Jes 26,14.

schließlich der Grenzbereiche der Krankheit und des Sterbens auf den einen Gott zurückführt, ist kein Platz für Heilgötter und in ihrem Namen handelnde Ärzte.

Aber auch zum König Israels gehört kein Heilungscharisma, das es in antiker wie mittelalterlicher Königsideologie sonst gegeben hat.[5] Der Vers 2Kön 5,7, der eben genannt worden war, ist die Antwort des Königs Joram auf einen Brief des Königs von Damaskus, aus dem er herausliest, daß er selber dessen General Naeman vom Aussatz heilen solle.[6] Soviel etwa Ps 72 sonst dem König zutraut – Gerechtigkeit, Friede, Fruchtbarkeit des Landes –, die Wiederherstellung von Gesundheit gehört nicht dazu.

Inwieweit die Priester ärztliche Funktionen wahrnahmen, ist nicht ganz deutlich. Ihnen kam zwar die Begutachtung darüber zu, ob jemand von Hauterkrankungen befallen bzw. wieder gereinigt war (Lev 13f, vgl. Mk 1,44), doch wird dabei nie erwähnt, daß sie selber Heilungen vornahmen. Andererseits können Klage- und Danklieder des Einzelnen unter den Psalmen vielleicht darauf hindeuten, daß es auch im Jerusalemer Tempel therapeutische Maßnahmen gegeben hat. Nur bei einzelnen Propheten begegnen wir einem Heilungscharisma, so bei Elia und Elisa und auch Jesaja.[7] Aber dann handelt es sich um außergewöhnliche Situationen, die nicht repräsentativ sein können für den alltäglichen Umgang mit Krankheit und Schmerz.

Jahwe, der Gott Israels, als der einzige, der heilen kann (vgl. Ex 15,26)! Das bedeutete nicht den Verzicht auf Wundversorgung und Schmerzlinderung; es bedeutete aber den Verzicht auf Magie und Zauber[8] auch im Umgang mit Krankheit. Krankheit wie Gesundheit kamen von dem einen Gott, beides in einer eigentümlichen Kausalität zusammenhängend mit dem Verhalten des Einzelnen wie im Falle von Seuchen mit dem Verhalten des Volkes: Krankheit hängt zusammen mit Schuld, und Sühnung der Schuld [57] bedeutet Heilung.[9] Daß im Buch Hiob dies in Frage gestellt wird, beweist nur, wie allgemein es anerkannt war; und Hiobs Freunde meinen ja auch, die besseren Ratschläge aus der traditionellen Auffassung zu haben (Hi 5,8–27!).

Die Entstehung eines eigenen Ärztestandes auch in Israel wird zunächst negativ signalisiert. Hieß es in 1Kön 15,23f lediglich, daß der König Asa im Alter krank an den Füßen wurde und starb, so wird ihm in 2Chr 16,12 der Vorwurf gemacht, er habe sich in dieser Lage nicht an Jahwe, sondern an Ärzte gewandt. Das ist nicht eine über 1Kön 15 hinausgehende zusätzliche Information über das Vorhandensein von Ärzten in Jerusalem doch schon im 9. Jh., sondern aktuelle Polemik angesichts des Eindringens einer neuen Medizin zur Zeit der Abfassung dieses Buches, gegen die noch einmal das alte Heilungsmonopol des Gottes Israels gestellt wird.[10]

[5] Vgl. die Heilungen, die Vespasian in Alexandrien vollbringt und die seine Kaiserwürde bestätigen: Sueton, Vesp. 7,2f; Tacitus, hist. IV 81,1–3.

[6] Vgl. dazu G. von Rad, Naaman, in: Medicus viator (FS R. Siebeck), 1959, 297–305.

[7] 1Kön 17,17–24; 2Kön 4,14–17.18–37; 5,1–27; 2Kön 20,1–11 par. Jes 38.

[8] Vgl. Dtn 18,9–14; Ez 13,18–23.

[9] Belege dafür bei R. und M. Hengel, Die Heilungen Jesu und medizinisches Denken, in: Medicus viator (FS R. Siebeck) 1959, 331–361, hier 334, Anm. 6.

[10] Vgl. dazu Hempel, a.a.O. (Anm. 2), 284 bzw. 824.

Damit befinden wir uns wahrscheinlich schon in der hellenistischen Zeit, als Palästina zunächst das dritte Jahrhundert hindurch zu dem ägyptischen Diadochenstaat der Ptolemäer gehört und mit anderen Zweigen griechischer Wissenschaft auch eine wissenschaftliche Medizin kennenlernt, die später ausführlicher zu charakterisieren sein wird. In die traditionelle Religion integriert wird diese Medizin erst erheblich später durch den um 180 v. Chr. schreibenden Weisheitslehrer Jesus Sirach:[11]

38,1 Wende dich[12] an den Arzt entsprechend[13] seiner Aufgabe,
denn[14] auch ihn hat Gott bestimmt.
2 Durch Gott ist der Arzt weise,
und vom König empfängt er Geschenke; [58]
3 die Erkenntnis des Arztes erhöht sein Haupt,
und bei Fürsten hat er Zutritt.
4 Gott läßt aus der Erde Heilmittel hervorgehen,
und ein verständiger Mann soll sie nicht verachten.
5 Wurde nicht vom Holz[15] das Wasser süß,
um jedem Menschen ihre Kraft[16] kundzutun?
6 Und er hat dem Menschen Verstand gegeben,
um sich zu verherrlichen mit ihrer Macht[17].
7 Mit ihnen bringt der Arzt den Schmerz zur Ruhe
8 – und ebenso fertigt der Salbenmischer Salbe –,
damit sein Werk nicht aufhöre
und Hilfe da sei auf seiner Erde[18].
9 Mein Sohn, in Krankheit[19] sei nicht unachtsam!
Bete zu Gott, denn er heilt!
10 Fliehe[20] vom Unrecht und vom Ansehen der Person,
und von allen Sünden reinige das Herz!
11 Bringe dar Wohlgeruch und Speisopfer[21],
und richte Fett zu bis zur Grenze deines Vermögens[22]!

[11] Ich übersetze – mit wenigen textkritisch begründeten Änderungen – den hebräischen Text, wie er in der Handschrift B der Kairoer Genizah-Fragmente vorliegt, die erste Halbzeile von V. 1 auch in Handschrift D. Text: I. Lévi, The Hebrew Text of the Book of Ecclesiasticus, ^{2}1951, oder: H. L. Strack, Die Sprüche Jesus', des Sohnes Sirachs, 1903. Diese Handschrift stammt aus dem Mittelalter; sie ist durchkorrigiert worden (im folgenden: Bcorr). Ihr Wert ergibt sich, wenn man sie mit der ca. 1000 Jahre älteren Sirach-Handschrift aus Masada vergleicht, die aber leider nicht unseren Text enthält. Die griechische Übersetzung (GT) setzt durchgehend und so auch an unserer Stelle eigene Akzente und beschränkt sich nicht auf eine wörtliche Wiedergabe des hebräischen Textes (HT). Die griechische Fassung: J. Ziegler, Sapientia Iesu Filii Sirach, 1965.

[12] *r'h* mit D Bcorr; *rw'h* D Bcorr Verschreibung für *rwp*?

[13] *lpj* mit D Bcorr (Syr), nicht *lpnj;* vgl. GT πρός, nicht πρό.

[14] *kj* mit Bcorr; vgl. GT γάρ.

[15] *m'ṣ* Bcorr, GT ärcd, nicht *b'ṣ* B.

[16] *kḥm* Bcorr, nicht *kḥw* (GT αὐτοῦ). Gemeint sind die Heilmittel V. 4.

[17] *gbwrtm* Bcorr, nicht *gbwrtw* B; vgl. Anm. 16. Zur Verherrlichung durch die Vegetation vgl. 1Hen 5,1; 11QPs^a 26,13f.

[18] *mpnj 'rṣw* Bcorr (GT), nicht *mbnj 'dm* B.

[19] *bḥwlj* B oder *bmḥlh* Bcorr.

[20] Die Handschrift ist an dieser Stelle beschädigt, Bcorr hat *nsh;* Lévi liest *nws*. Mit M. Segal, Sefer ben Sira ha-schalem, 1953, 246: *swr*.

[21] *w'zkrh* B (GT), nicht *'zkrth* Bcorr.

[22] *hwnk* Bcorr, nicht *hwnjk* B.

12 Aber auch dem Arzt gib Raum,
und er bleibe nicht fern, denn auch für ihn besteht eine Aufgabe.
13 Denn es gibt Zeit, da ist in seiner Hand Gelingen,
14 denn auch er betet zu Gott,
der ihm gelingen läßt Deutung
und Heilung um der Lebenserhaltung willen.
15 Wer sündigt vor dem, der ihn geschaffen hat,
der beträgt sich übermütig gegenüber dem Arzt.

J. Hempel hat diesen Text als „süßsaure Anerkennung“ der ärztlichen Kunst charakterisiert,[23] und G. von Rad bemängelte die „Vielfalt der Meinungen, die hier ziemlich zusammenhanglos vorgetragen werden“. Zwar könne man die Entscheidung Sirachs wohl als einen letzten entscheidenden Schritt der Aufklärung bezeichnen. Ganz konsequent scheint aber der Sieg doch nicht errungen zu sein, denn Sirach muß sich große Mühe geben, auf immer neue Weise zu zeigen, daß auch der Arzt im Dienste Jahwes steht. [59] Aber die letztvertretene Meinung droht die mühselig vollzogene Legitimierungsarbeit wieder zunichte zu machen.“[24]

Dieses Urteil leuchtet nicht ein. Vielmehr läßt sich im Anschluß an die Interpretation von J. Marböck[25] zunächst zeigen, daß der Begründungszusammenhang Sirachs durchaus einheitlich aus seiner Schöpfungstheologie erwächst. Darüber hinaus wird sich aber auch zeigen, daß dieser Begründungszusammenhang weitgehend dem Selbstverständnis der hier gemeinten Medizin gerecht wird.

Der Text besteht aus zwei Teilen. Die Verse 1–8 begründen zunächst, warum man dem Arzt gegenüber nicht aus religiösen Gründen mißtrauisch zu sein braucht; in den Versen 9–14 werden dann konkrete Anweisungen zum Umgang mit Krankheit gegeben, in denen sich traditionelle Verhaltensweisen verbinden mit dem Rat, auch den Arzt zu konsultieren, was dann noch ein weiteres Mal begründet wird. V. 15 ist eine beide Teile zusammenfassende abschließende Sentenz.

Der religiöse Vorbehalt gegenüber dem Arzt, wie er uns in 2Chr 16,12 begegnet war, wird in V. 1 zunächst mit dem Hinweis auf die der Welt von Gott gegebene Ordnung zerstreut. Das hebräische Wort *ḥlq*, das in V. 1b mit „hat bestimmt“ wiedergegeben ist, bezeichnet bei Sirach die zweckmäßige und einsichtige Funktionsbestimmung von Teilen der Natur und der Gesellschaft im Zusammenhang der Welt;[26] auch der Arzt also hat wie alles andere in der Welt seine sinnvolle Bestimmung. Aus dieser Behauptung folgert der Imperativ in V. la, den Umgang mit dem Arzt zu suchen. Wie *ḥlq* in V. 1b ist auch das mit „Aufgabe“ in V. la übersetzte hebräische Wort *ṣoräk* ein vor allem in dem großen

[23] A.a.O. (Anm. 2), 285 bzw. 824.

[24] G. von Rad, Weisheit in Israel, 1970, 179–181, der V. 15 nach GT übersetzt (s. S. [67]); vgl. auch H. W. Wolff, Anthropologie des Alten Testaments, ²1974, 217.

[25] Weisheit im Wandel, BBB 37, 1971, 154–160; vgl. T. Middendorp, Die Stellung Ben Siras zwischen Judentum und Hellenismus, 1972, 59 Anm. 1: „Der Arzt paßt in die Ordnungskonzeption, die die Schöpfung nach Ben Sira durchwaltet.“

[26] Vgl. Marböck, a.a.O., 142f.156.

Hymnus auf die Schöpfung Sir 42,15 bis 43,33 begegnender Ordnungsbegriff: Wie alles in der Welt hat auch der Arzt einen ihm von Gott gesetzten Zweck.[27]

Der Abschnitt beginnt also mit einem damaligen Lesern keineswegs selbstverständlichen Aufruf. Zur Begründung gibt Sirach eine Schilderung der hervorragenden Stellung des Arztes. Er ist ein Weiser, der seine Weisheit von Gott selber bekommt (V. 2a); was er tut, ist also in Übereinstimmung mit Gottes die Welt gestaltender und im Gesetz dokumentierter Weisheit. Den Beweis dafür liefert die soziale Reputation des Arztes, denn auf ihn trifft all das zu, was sonst für den Weisen gilt. Damit wird hier erstmals [60] gegenüber der Tradition die Medizin zu einem Teil der Weisheit; dementsprechend fließt medizinisches Wissen nun auch in die Weisheitslehre ein, wie der voranstehende Abschnitt Sir 37,27–31 zeigt. Zwar knüpft er an traditionelle Mahnungen zur Mäßigkeit an,[28] doch ist dieser Text viel stärker als Regel für gesundheitsfördernde Ernährung formuliert:[29]

37,27 Mein Sohn, solange du lebst, prüfe deine Seele,
und sieh zu, daß du ihr nicht gibst, was schlecht für sie ist!
28 Denn nicht jedes ist für jeden gut,
nicht jeder Seele gefällt jede Art.
29 Weihe dich[30] nicht jedem Vergnügen,
und sei nicht unmäßig bei Leckerbissen!
30 Denn in vielem Essen[31] nistet Krankheit,
und der Unersättliche[32] ist dem Brechdurchfall nahe[33].
31 Ohne Zucht sind viele gestorben,
aber wer sich in acht nimmt, verlängert sein Leben.

Als solcher Weiser wird der Arzt auch vom König ausgezeichnet (V. 2b). Was gemeint ist mit den „Geschenken“, zeigen Gen 43,34 oder 2Sam 11,8: vermutlich eine Entlohnung in Form von Naturalien oder Geld. Der Arzt wird nicht wie ein gewöhnlicher Hofbeamter oder Handwerker, sondern mit aller Zuvorkommenheit behandelt. Seine herausragende soziale Stellung beschreibt auch V. 3. Wegen seiner Erkenntnis kann er aufrecht gehen und braucht sich nicht zu beugen (V. 3a), und er hat unmittelbaren Zutritt bei Fürsten (V. 3b). Was nach Sir 11,1 für den Weisen gilt, wird hier auf den Arzt übertragen, der demnach die Sonderstellung des Weisen teilt[34]:

11,1 Die Weisheit des Einfachen hebt sein Haupt, und sie läßt ihn zwischen Fürsten sitzen.

[27] Ebd., 141.157; vgl. auch 1Hen 2,1 (aram.).

[28] Vgl. Spr 20,1; 21,17; 23,1–3.6–8.20f, auch die wohl abschreckend gemeinte Schilderung eines Rausches Spr 23,29–35; bei Sirach selber: 18,30–19,3; 30,14–20; 34,12–30.

[29] Auch hier übersetzte ich den hebräischen Text (vgl. oben Anm. 11), der sowohl in Handschrift B als auch in Handschrift D vorliegt.

[30] *tzr* Bcorr, nicht *tzr‘* B oder *tzd* D.

[31] *'wkl* Bcorr D, nicht *t‘nwg* B (aus V. 29).

[32] *whmzj‘* D, nicht *whmrbh* B.

[33] *jgj‘* B, nicht *jgw‘* D (aus V. 31). Der bibelkundige Sirach hat in V. 30 wohl das Gelage in der Wüste Num 11 mit seinen schlimmen Folgen (*zr'*/χολέρα im Alten Testament nur Num 11,20!) im Sinn.

[34] Vgl. 8,8; Spr 22,29: „Siehst du einen Mann, geschickt in seinem Berufe in Königsdienst darf er treten. Niedrigen wird er nicht dienen“; Sir 39,4: der Schriftgelehrte, „der vor Fürsten dient und bei Führern erscheint“.

Diese Weisheit selber aber scheint inzwischen berufsmäßig ausgeübt zu werden, wie der Abschnitt über den Schriftgelehrten *(sôfer)* Sir 38,24–39,11 [61] zeigt. Schriftgelehrter und Arzt unterscheiden sich von den reinen Handwerkern, die zwar auch ihre positive Bestimmung in der Weltordnung haben (38,34!), nicht aber die Muße zur Weisheit; in griechischer Terminologie, die hier auch in der Übersetzung erscheint, ist dies der Unterschied zwischen Wissenschaft (ἐπιστήμη) und reinem Handwerk (τέχνη);[35] der Beruf des Arztes ist also nicht bloß ein Handwerk.

Was Arzt und Schriftgelehrter gemeinsam haben, ist auch, daß sie ihre Weisheit Gott selber verdanken und zu Gott beten. Als ein Beispiel der Weisheit des Schriftgelehrten ist der in 39,12 beginnende „Lobpreis des Schöpfers" zu verstehen, der die zweckmäßige und sinnhafte Ordnung der Welt beschreibt.[36] Weisheit als Schriftgelehrsamkeit (vgl. 39,1–3.8) ist also auch Wissenschaft von der Welt im weitesten Sinne, sozusagen Natur- und Sozialwissenschaft in einem, orientiert am Gesetz Gottes. Soziologisch gesehen setzt Sirach eine Gesellschaft voraus, in der über die bis dahin bekannten Funktionen in Verwaltung, Kult, Handwerk und Landwirtschaft hinaus neu die des Wissenschaftlers ihr Recht beansprucht.

Kehren wir zur Begründung für die Arbeit des Arztes in V. 2f zurück, so beruht sie auf einem Schluß aus dem faktischen Ansehen des Arztes in aller Welt (in Israel gibt es zu der Zeit keinen König!) auf die ihm von Gott in der Schöpfung zugewiesene Aufgabe (V. 1b) und damit auf die Legitimität seiner Wissenschaft (V. 2a). Grundlage dessen ist ein bei Sirach durchgängig zu beobachtendes Vertrauen in die Sinnhaftigkeit und Zweckmäßigkeit der Welt, Natur wie Gesellschaft gleichermaßen, und, wie Sir 44–49 zeigt, auch der Geschichte.

Es folgt nun der Beweis aus der Schrift; Sirach „forscht nach der Weisheit aller Alten und beschäftigt sich mit den Prophezeiungen", wie es sich nach 39,1 für einen Schriftgelehrten wie ihn gehört. Die Formulierung von V. 4a schließt an die Schöpfungsgeschichte der Priesterschrift an:[37] Die eben trockengelegte Erde läßt hervorgehen *(wtwṣ')* Gras und Baum *('ṣ)*, gemeint als Gattungsbezeichnungen für alle botanischen Phänomene (Gesätes und Gepflanztes?). Sirach schließt nun aus Gen 1,11f, daß damit die Erde auch die natürlichen Heilmittel *(t^erûfôt)* hervorgehen läßt *(mwṣj')*, Kräuter, Wurzeln, Rinden, Blätter usw. (vgl. Ez 47,12; Apk 22,2), vor allem aber [62] das pflanzliche Öl[38] als Universalmittel, für das Palästina besonders berühmt war. So erweitert auch 4Esr 6,44 die Zahl der am dritten Tage geschaffenen Arten auf Früchte, Blumen, Bäume und Würzkräuter.[39] Der verständige Mensch soll solche natürlichen Heilmittel nicht verach-

[35] Ἐπιστήμη in 38,3 für *d'rt*, in 38,6 für *bjnh;* τέχνη 38,34, wo leider der hebräische Text fehlt. Τέχνη steht in 1Kön 7,14 für *ḥkmh*, in Ex 30,25 für *m'śh*, in 1Chr 28,21 für *'bwdh*.

[36] Vgl. dazu M. Hengel, Judentum und Hellenismus, WUNT 10, 1969, 261f; Marböck, a.a.O. (Anm. 25), 138–145; vgl. Weish 7,17–21.

[37] R. Smend, Die Weisheit des Jesus Sirach erklärt, 1906, 339; Segal, a.a.O. (Anm. 20), 245; G. H. Box, W. O. E. Oesterley, in Charles AP 1, 449. Marböck, a.a.O. (Anm. 25), 154 bevorzugt *br' śmjm* (Bcorr); der Sinn ist derselbe, der wörtliche Anschluß an Gen 1,11f dann aber nicht vorhanden.

[38] Vgl. Hempel, a.a.O. (Anm. 2), 240.

[39] So jedenfalls B. Violet, Die Apokalypsen des Esra und des Baruch in deutscher Gestalt, GCS 32, 1924, 60: „Denn es sproßte sogleich unzählige Frucht, geschmackreiche Süße, buntfarbige Blumen, viel-

ten; denn sie haben ihren Zweck in der Schöpfung selber und gehören nicht in den Bereich der Magie.

Daß Gen 1,11f so verstanden werden kann, beweist nach V. 5 eine zweite Schriftstelle, Ex 15,25. Dort wird erzählt, daß Mose auf Befehl Jahwes Salzwasser genießbar macht, indem er einen Stock *(ʿṣ)* hineinwirft. Sirach versteht dabei nicht anders als später Philon, Josephus und der Targum[40] diesen Stock als das Heilmittel, dessen Wirksamkeit hier demonstriert wird, damit zugleich die Kraft der natürlichen Heilmittel in der Vegetation überhaupt. In diesem von Sirach zitierten Zusammenhang steht in Ex 15,26 ein ausdrücklicher Hinweis darauf, daß Gott der einzige ist, der Heilung schafft in Israel; wenn Israel sich an Gottes Recht hält, bleibt es verschont von all den Krankheiten,[41] die über Ägypten gekommen waren.

Zum Verstand *(bînah)* des Menschen, den Gott ihm gegeben hat, gehört auch die Wissenschaft des Arztes, der diese Zusammenhänge zum Ruhme Gottes erforscht (V. 6); denn Gott selber hat seiner Schöpfung die natürlichen lebenserhaltenden Kräfte mitgegeben. Von der schöpfungsmäßigen Bestimmtheit der Heilmittel schließt Sirach nun auf die Aufgabe des Arztes (V. 7), der sie zur Schmerzlinderung nutzt.[42] Die vom Arzt verwendeten Arzneien sind also nicht dämonischer Zauber, sondern Gottes eigene gute Gabe.

Bedenken gegen solche Medikamente soll offenbar der Verweis auf den anerkannten[43] Beruf des „Salbenmischers" *(rôqeᵃḥ)* zerstreuen (V. 8a). Wel- [63] cher Art ist dieser Beruf? Die auf Luther zurückgehende übliche Übersetzung „Apotheker" ist (jedenfalls heute!) falsch,[44] da es einen solchen Beruf in unserem Sinne nirgends in der antiken Welt gibt; die Arzneien werden von den Ärzten selber nach ihren eigenen Rezepten herge-

gestaltige Bäume, unergründlicher Würzduft. Solches entstand am dritten Tage." Vgl. auch 1Hen 29–32. Im Jubiläenbuch sind die Heilmittel nicht in der Schöpfung verankert (Jub 2,7), sondern ihre Kenntnis beruht auf Noah offenbartem Wissen (10,12f).

40 Philo, vita Mos. I 182–187; Josephus, ant. 3,5–8; Tg Onkelos Ex 15,23–25.

41 Vgl. Weish 16,12 über die Israeliten während der ägyptischen Plagen: „Denn weder Kraut noch Pflaster machte sie gesund, sondern dein, o Herr, Wort, das alles heilt."

42 Im HT ist Subjekt der Arzt, im GT Gott selber; damit ist der Parallelismus zwischen V. 7 und V. 8a zerstört, vgl. Smend, a.a.O. (Anm. 37), 339f.

43 Er wird immerhin in Ex 30,25.35; 37,29; 38,25 im Gesetz erwähnt, und zwar positiv, im Unterschied zum Arzt, der eine solche Legitimation nicht vorweisen kann.

44 „Und der Apotheker macht Ertzney draus". Luther übersetzte *rôqeᵃḥ* Ex 30,22–38; 37,29; 38,25 und *răqăḥ* Neh 3,8; 1Sam 8,13 mit „Apotheker(in)": Die gantze Heilige Schrifft Deudsch Wittenberg 1545 (1972); im „Anhang" zu dieser Ausgabe 304* unter „Bedeutungen", die „von der heutigen Bedeutung abweichen" (299*): „apoteker(in): Hersteller(in) von Spezereien, Gewürzen od. Arzneien" (vgl. auch Grimm Wb I, 837). Dem entspricht unser heutiger Sprachgebrauch nicht mehr, der den Beruf des Apothekers auf Herstellung und Verkauf von Arzneimitteln nach Anweisung eines Arztes beschränkt; allenfalls käme der Beruf des „Drogisten" dem hier gemeinten am nächsten. Der revidierte Luthertext hat offenbar seit langem an allen Stellen außer Sir 38,8 und 49,1 „Salbenbereiter" statt „Apotheker", ebenso die Zürcher Bibel „Salbenmischer", die aber ebenfalls in Sir 38,8 „Apotheker" übersetzt. Der Grund für diese Beibehaltung liegt wohl in der Parallelität von *rôfe'* und *rôqeᵃḥ*. Luther wählte als Übersetzungswort einen Beruf, der zu seiner Zeit derjenige war, der eine vergleichbare Tätigkeit ausübte. Durch den Wandel des Berufsbildes ist diese Übersetzung heute(!) falsch.

stellt.[45] Gemeint ist im hebräischen wie im griechischen Text (μυρεψός) ein Beruf, der nichts mit Medizin zu tun hat, sondern der Verfertigung von Luxusartikeln dient.[46] Im Alten Testament begegnet ein solcher in Ex 30,22–38; 37,29; Pred 10,1 (vgl. Sir 49,1); er bereitet Salböle und Räucherwerk: [64]

> Du aber nimm dir wohlriechende, auserlesene Spezerei: fünfhundert Lot vonselbst ausgeflossene Myrrhe, halb so viel Zimmet, also 250 Lot, ferner 250 Lot Würzrohr und fünfhundert Lot Kassia, nach heiligem Gewicht, dazu ein Hin Olivenöl, und mache daraus ein heiliges Salböl, ein Gemisch von Würzwerk, wie es der Salbenmischer bereitet. …
> Nimm dir Spezerei: wohlriechendes Harz, Räucherklaue, Galbanum und reinen Weihrauch, von jedem gleich viel, und mache Räucherwerk daraus, ein Würzgemisch, wie es der Salbenmischer bereitet, gesalzen und rein.
>
> (Ex 30,23–25.34f Zürcher Bibel)

Der Sinn von V. 8a in Verbindung mit V. 7 ist dann der: Wer ganz selbstverständlich Salböl und Räucherwerk des Salbenmischers verwendet, kann sich ebenso gut der Heilmittel des Arztes bedienen, die aus denselben natürlichen Substanzen gewonnen sind. Gibt es gegenüber dem Salbenmischer keine religiösen Vorbehalte, warum dann solche gegenüber dem Arzt? V. 8a führt also nicht einen zweiten medizinischen Beruf neben dem Arzt ebenfalls neu ein, sondern vergleicht das Tun des Arztes mit dem eines anerkannten Handwerkers, dessen Erzeugnisse man unbedenklich verwendet.

Der Arzt dient mit seinem Tun dem übergeordneten Zweck, Gottes eigene gute Schöpfung zu erhalten (vgl. 38,34 für die Handwerker), damit diese von Gott geschaffene Welt Lebensmöglichkeit für die Menschen ist (V. 8bc). Nicht nur daß die Funktion des Arztes in der Schöpfung begründet ist, legitimiert das Vertrauen zu ihm, sondern er selber gehört zu denen, die mit ihrer Tätigkeit die hilfreiche Schöpfung in Gang halten. Somit ist der Arzt von Gott selbst eingesetzt (V. 1b), und der Fromme darf sich ohne Skrupel an ihn wenden. Sirachs Begründung dafür ist durchaus einheitlich und auch nicht „süßsauer" zu nennen.[47] Sie entspringt seiner Behauptung einer aus dem Gesetz er-

[45] Vgl. für die hellenistische Zeit: M. Rostovtzeff, Die hellenistische Welt II, 1955, 866; für Rom: L. Friedlaender, Darstellungen aus der Sittengeschichte Roms I, [10]1922, 202–208; für Jerusalem: J. Jeremias, Jerusalem zur Zeit Jesu, [3]1969, 6f über die Gewürzhändler, 19 über die Ärzte, es fehlt ein „Apotheker". Apotheken gibt es erst seit dem Mittelalter. Vergleichbar ist in der Antike nur der Gewürzhändler (φαρμακοπώλης), der seine Waren aber selber als Heilmittel deklariert an den Mann bringen will und damit Konkurrent des Arztes ist.

[46] Bei Aristoteles erscheint der μυρεψός neben dem Speisenbereiter und dem Kranzflechter als Beispiel für solche Berufe, die der Lust dienen: οἱ γὰρ δειπνοποιοὶ καὶ στεφανοποιοὶ καὶ μυρεψοὶ ἡδονῆς εἰσι ποιητικοί (ETh M 2,7 1206a 27f, vgl. EN 7,13 1153a 26: Salbenbereiter und Koch; diese auf Platons Gorgias zurückgehende Argumentation findet sich bei Philon wieder: Jos. 62f zum Unterschied zwischen Arzt und Koch). Philon empfiehlt in einer langen Reihe von Beispielen für einfaches Leben, handelsübliches Öl und nicht die raffinierten Salben des μυρεψός zur Körperpflege zu benutzen (somn. II 59). An beiden Stellen hat die Tätigkeit des μυρεψός nichts mit Gesundheit und Krankheit zu tun. Die hebräischen Wörter der Wurzel *rqḥ* begegnen im Alten Testament ebenfalls nicht in einem solchen Zusammenhang, sondern bei Gewürzen (Hld 8,2), Schönheitssalben u. ä. (Hld 5,13; 2Chr 16,14) und in kultischem Zusammenhang (1Chr 9,30; Jes 57,9). 1Sam 8,13 warnt Samuel die Israeliten, daß der König ihre Töchter nehmen wird, damit sie ihm Salben mischen, ihm kochen und backen. Im Anschluß an die gleich zitierte Stelle Ex 30,31–33.37f wird verboten, Salböl und Räucherwerk nach dem hier genannten Rezept für den privaten Bedarf herzustellen. Was man beim „Salbenmischer" kaufen kann, zeigen im Neuen Testament Mk 14,3; 16,1; Joh 12,3.

[47] Gegen die Meinungen von Hempel und von Rad oben S. [58].

kennbaren zweckmäßigen und sinnhaften, weil Leben ermöglichenden Ordnung der Welt in Natur, Gesellschaft und Geschichte.

Es schließt sich nun eine Mahnung über das richtige Verhalten bei Krankheit an. Dabei ist das, was in den Versen 9–11 geraten wird – Gebet, Reinigung von Sünden, Opfer –, sicherlich traditionell, auch wenn es in dieser Zusammenstellung so nirgends direkt belegt ist. Neu gegenüber solchem traditionellen Umgang mit Krankheit aber ist die Konsultation auch des Arztes (V. 12–14), und deren Legitimität hatte Sirach ja in V. 1–8 zu begründen versucht.

Insgesamt zeigen die wiederholten Imperative, daß der Kranke zu umsichtiger Aktivität aufgefordert wird, daß er nicht unachtsam (V. 9a) sein [65] darf. Das erste, was er zu tun hat, ist, zu Gott zu beten, denn Gott selber ist es, der heilt (V. 9b). Beispiele für solche Gebete finden wir in den Psalmen[48] oder in Jer 17,14:

> O Herr, heile mich, so werde ich heil,
> hilf mir, so ist mir geholfen;
> denn du bist meine Hoffnung, o Herr. (Zürcher Bibel)

Daß Gott der eigentlich Heilende ist, der hinter aller Heilkunst steht, war ja auch in V. 1–8 nicht in Frage gestellt worden. Auch Philon von Alexandrien wird dies später gegenüber solchen betonen, die sich allein auf Ärzte und Arzneimittel verlassen.[49] Unbestritten bleibt auch weiterhin die Verbindung von Krankheit und Schuld (V. 10, vgl. 18,21).[50] Auch dafür geben die Psalmen Beispiele. Gemeint ist hier wohl ein Akt des Sündenbekenntnisses, der zur Reinigung[51] führt:

> Wohl dem, dessen Übertretung vergeben
> und dessen Sünde bedeckt ist!
> Wohl dem Manne, dem der Herr die Schuld nicht anrechnet
> und in dessen Herz kein Falsch ist!
> Da ich's verschwieg, zerfiel mein Gebein
> ob meines unablässigen Stöhnens;
> denn Tag und Nacht lag deine Hand schwer auf mir,
> vertrocknet war mein Lebenssaft wie durch Gluten des Sommers.
> Da bekannte ich dir meine Sünde,
> und meine Schuld verbarg ich nicht.
> Ich sprach: „Bekennen will ich dem Herrn meine Übertretung";
> du aber vergabst mir die Schuld meiner Sünde.
>
> (Ps 32,1–5 Zürcher Bibel)

Bezeichnend ist, daß hier bei Sirach in weisheitlicher Tradition als Hauptübel das „Ansehen der Person", die parteiische Voreingenommenheit also, genannt wird (vgl. Spr 24,23; 28,1; 17,15; 18,5, auch Dtn 1,17; 16,19).[52]

48 Vgl. K. Seybold, Das Gebet des Kranken im Alten Testament, BWANT 99, 1973.

49 Leg. all. III 177f; sacr. 70.

50 Vgl. Ps 103,3: „Der dir all deine Schuld vergibt und alle deine Gebrechen heilt." Vgl. oben Anm. 9.

51 *ṭhr lb* = reinige dich selbst; vgl. 11QPs[a] 24,12 (Ps 155,13); 19,14.

52 Deshalb sehe ich keinen Grund, wie Smend, a.a.O. (Anm. 37), 340, und ihm folgend Marböck, a.a.O. (Anm. 25), 154, diese Wendung durch *whbr kpjm* entsprechend GT εὔθυνον χεῖρας zu ersetzen.

Hinzu kommt die Opfergabe (V. 11), wobei die drei Akte Gebet, Sündenbekenntnis und Opfer ein zusammenhängender Vorgang sind.[53] Genannt [66] werden in V. 11a das aus Pflanzen bereitete Opfer *Mincha* entsprechend Lev 2,1–3[54] und in V. 11b „Fett" als Sammelbegriff für Tieropfer. Sirach empfiehlt also zunächst, dem traditionellen Umgang mit Krankheit zu folgen. Der Kultus hat die Funktion, eine Störung der Ordnung, und h. auch Krankheit, zu beheben.

Neu gegenüber diesem traditionellen Umgang ist nun aber – wie gesagt – die weitere Aufforderung, auch dem Arzt Raum zu geben (V. 12). Die erste Begründung dafür in V. 12b weist mit dem Wort *ṣoräk* zurück auf V. 1a, damit aber auf den ganzen Zusammenhang V. 1–8: Der Arzt hat, wie V. 1–8 zeigte, seine in der Schöpfung festgelegte Aufgabe. Die zweite Begründung in V. 13 nimmt über V. 1 hinaus einen dritten Zentralbegriff der Weisheitstheologie (neben *ḥlq* und *ṣoräk*) auf, den der rechten Zeit *(ʿt)*[55]. Die Behauptung einer sinnvollen Ordnung der Welt kann ja nur dann begründet aufgestellt werden, wenn man diesen Faktor mit in Rechnung stellt; denn nicht zu jeder Zeit ist diese Ordnung evident. Was der Prediger relativierend feststellt: „Töten hat seine Zeit, und Heilen hat seine Zeit" (Pred 3,3), wird hier positiv aufgenommen: Es gibt bei allen Fehlschlägen[56] durchaus Gelingen für den Arzt.

Die dritte Begründung V. 14 schließlich weist auf V. 9b zurück: Nicht der Arzt selber ist es, der kraft eigener Kunst heilt; nicht anders als der Kranke betet auch er zu Gott, der allein der Heilende ist. Gott läßt ihm die Deutung *(pᵉšarah)*[57] der Krankheit gelingen und die Heilung *(rifʾût)*. Der Grund dafür ist der der Schöpfung bestimmte Zweck der Lebenserhaltung, womit zurückverwiesen wird auf V. 8bc. Die Schöpfung ist eine gute Lebensordnung, Gott der, der Leben will und nicht den Tod des Menschen.

Der hebräische Text[58] schließt in V. 15 mit einer Sentenz, die nun über die bisherige Aussage, daß der Arzt seine Funktion bei der Erhaltung der Schöpfung durch Gott selber hat, noch hinausgeht. Sich dem Arzt gegenüber hochmütig zu verhalten, ist genauso, als wenn man gegenüber seinem Schöpfer sündigt, und Sünde gegenüber Gott ist ja Ursache von Krankheit. Wer also dem Rat Sirachs, auch den Arzt zu konsultieren, nicht folgt, ist selber schuld an seiner Krankheit. [67]

Dieser ursprüngliche Satz wird im griechischen Text und in einer Korrektur des hebräischen Textes ersetzt durch die ironische Bemerkung, wer gegenüber Gott sündige, möge in die Hände des Arztes fallen. Das setzt aber voraus, daß der Umgang mit dem Arzt einerseits selbstverständlich ist, daß andererseits bereits auch die Schattenseiten der Medizin bekannt sind. Das ist bei Sirach selber so noch nicht der Fall, der ja überhaupt

53 Vgl. dazu G. Bornkamm, Lobpreis, Bekenntnis und Opfer, in: Geschichte und Glaube I, BEvTh 48, 1968, 122–139.

54 Vgl. dazu R. Rendtorff, Studien zur Geschichte des Opfers im Alten Testament, WMANT 24, 1967, 169–198.

55 Vgl. Marböck, a.a.O., 141.156; von Rad, a.a.O. (Anm. 24), 182–188.

56 Vgl. 10,10.

57 Das ist nicht ganz das, was wir heute als „Diagnose" bezeichnen. *pšr/ptr* ist sonst Auslegung von Träumen (Josephsgeschichte, Daniel), von Texten (Qumran), vgl. Pred 8,1.

58 Ich ziehe den Text von B vor, mit J. Haspecker, Gottesfurcht bei Jesus Sirach, AnBibl 30, 1967, 334, Anm. 32; Segal, a.a.O. (Anm. 20), 247.

erst Mut machen will, sich auch an den Arzt zu wenden. Die griechische Übersetzung dagegen braucht nur noch dazu aufzufordern, dem Arzt auch die gebührende Ehrerbietung zu beweisen, und sie beginnt deshalb in V. 1a: „Ehre den Arzt“, statt „Wende dich an den Arzt“.[59]

II.

Welcher Art ist nun die Medizin, die Sirach hier theologisch zu legitimieren versucht? Der Text ist natürlich keine ausführliche Beschreibung der Tätigkeit des Arztes, sondern ein Rat an (mögliche) Patienten. Dennoch läßt sich ihm einiges an Informationen über den hier gemeinten Arzt und seine Medizin entnehmen:

1. Die Medizin wird als Wissenschaft beschrieben (V. 3.6), nicht als rein handwerkliche Tätigkeit; der Arzt ist dem schriftgelehrten Weisen näher als denen, die mit ihrer Hände Arbeit (vgl. Sir 38,24–39,11) ihr Brot verdienen.
2. Die ärztliche Tätigkeit besteht aus Deutung und Heilung (V. 14bc), also nicht allein aus Wundversorgung oder Bekämpfung von Symptomen.
3. Der Arzt bedient sich pflanzlicher Heilmittel (V. 4–8), erforscht also auch die natürlichen Heilungskräfte in der Natur.
4. Der voranstehende Abschnitt Sir 37,27–31 orientiert sich an diätetischen Regeln zur Erhaltung der Gesundheit; Medizin hat es also nicht nur mit der Behandlung akuter Störungen zu tun, sondern auch mit vorbeugender Gesundheitspflege.
5. Der Arzt genießt als unabhängiger Mann ein hohes Maß an sozialer Reputation (V. 2f), vergleichbar der des Weisen.
6. Dem Arzt begegnet – jedenfalls von der jüdischen Tradition her – ein religiöser Vorbehalt, den Sirach als unbegründet zurückweisen will.

Nicht nur die ersten fünf Punkte, sondern auch der sechste entsprechen nun ziemlich genau dem, was wir über die Medizin der hellenistischen Zeit wissen.[60] Als Primärquellen stehen uns dafür zur Verfügung die seit dem [68] vierten Jahrhundert v. Chr. im Corpus Hippocraticum gesammelten medizinischen Schriften (in jonischem Griechisch!), während die übrige medizinische Literatur dieser Zeit fast ganz verloren ist, bis dann aus römischer Zeit wieder vor allem die Schriften Galens (ca. 130 bis ca. 205 n. Chr.) bekannt sind. Hinzu kommen zahlreiche Notizen über Ärzte und Medizin in der antiken Literatur überhaupt.

[59] Insgesamt bekommt der Text damit eine andere Tendenz, die sich aus den andersartigen Verhältnissen in Alexandrien erklärt.

[60] Ein solcher Vergleich mit der hellenistischen Medizin ist m. W. im einzelnen noch nicht unternommen worden. Ich selber stelle ihn nur mit einigem Zögern an, weil ich wenig von antiker Wissenschaft und speziell von der Medizin weiß und mich nur an einer relativ zufälligen Auswahl von Sekundärliteratur orientieren konnte. Die hippokratischen Texte sind zitiert nach der vierbändigen Auswahl von W. H. S. Jones und E. T. Withington in Loeb Classical Library; vgl. vor allem den von H. Flashar herausgegebenen Sammelband: Antike Medizin, WdF 221, 1971, dort 29–51: H. Diller, Stand und Aufgaben der Hippokratesforschung.

1. Der Anspruch der sich auf Hippokrates[61] (ca. 460 bis ca. 377 v. Chr.) zurückführenden Medizin ist der, über die reine Behandlungstätigkeit hinaus Wissenschaft zu sein, eine Wissenschaft, die Zusammenhänge zwischen verschiedenen Krankheitserscheinungen erforscht, zugleich Zusammenhänge zwischen allen möglichen das Leben bestimmenden Faktoren, die sich auf Krankheit und Gesundheit auswirken.[62] Empirisches Material zum Studium solcher Zusammenhänge ist gesammelt in den sogenannten „Epidemien", knappen Beschreibungen von Krankheitsverläufen und den sie beeinflussenden Umweltbedingungen, die dem Mediziner erlauben, durch Vergleich Gesetzmäßigkeiten zu erkennen. Solche Erkenntnis kann dann praktisch in die Behandlung von Krankheiten umgesetzt werden.[63]

Deutlich ist dabei, daß die im Corpus Hippocraticum zusammengestellten Schriften nicht einheitlich sind; schwierig ist auch die Ausgrenzung even- [69] tuell auf Hippokrates selber zurückgehender Schriften.[64] Darüber hat es schon in der Antike Meinungsverschiedenheiten gegeben. Es mischen sich hier die Anschauungen verschiedener Schulen, und zugleich zeigen sich Erkenntnisfortschritte.

Gemeinsam ist ihnen allen die Grundthese, daß jede Krankheit ihre natürliche Ursache haben muß,[65] auch wenn der jeweilige Stand der Wissenschaft noch nicht ausreicht, diese Ursache exakt zu bestimmen. Das führt der Autor der Schrift „über die heilige Krankheit", womit vermutlich die Epilepsie gemeint ist, gerade an einer traditionell in besonderer Weise auf die Götter zurückgeführten Krankheit aus. Eine Reihe von empirischen Beobachtungen zur Vererbbarkeit der Krankheit, zu ihrem Zusammenhang mit der Konstitution des Erkrankten und mit klimatischen Faktoren führt ihn zu dem Schluß, daß sie ihre Ursache im Gehirn habe und grundsätzlich wie alle anderen Krankheiten auch mit natürlichen Mitteln heilbar sein müsse.[66]

61 Vgl. L. Edelstein, Art. „Hippokrates" PW Suppl. VI, 1935, 1290–1345; F. Kudlien, Art. „Hippokrates" und „Hippokratische Schriften", LAW, 1304–1306.

62 Vgl. O. Temkin, Griechische Medizin als Wissenschaft und Handwerk, in dem in Anm. 60 angegebenen Sammelband 1–28. F. Kudlien, Art. „Medizin", LAW, 1885–1890: „Das Vermögen, die Natur des Krankhaften zu erkennen als Zustand des physisch Seienden und es somit naturgerecht systematisch zu erforschen, das ‚Eidetische' des jeweiligen Krank-Seins (Nosos) elementaren Vorgängen zuzuordnen, das Mannigfaltige der Erscheinungen typenhaft zu erfassen; mit einem Wort: Die Ursachen von Gesundheit und Krankheit zu ergründen und damit Grundsätze der Diagnostik und Prognostik sowie der Therapie zu gewinnen", als Beschreibung der Aufgaben dieser wissenschaftlichen Medizin.

63 Diese „Epidemien" schildern sehr häufig tödlich endende Krankheitsverläufe. Sie sind also anders als die antiken Wundergeschichten nicht zum Preis des Heilenden abgefaßt; es fehlt jedes aretalogische Element. Der Stil ist der eines stichwortartigen Tagebuchs, der behandelnde Arzt bleibt anonym. Das alles weist darauf, daß diese Schriften ihren „Sitz im Leben" im internen Schulbetrieb hatten. Die Ärzte beginnen ihre Behandlung, „nachdem sie das, was vorliegt, und dem Vorliegenden gleiche Fälle bedacht haben, so daß der, der einst behandelt hat, sagt, wie sie abliefen" (de arte 7).

64 Vgl. H. E. Sigerist, Große Ärzte, ²1933, 24: „Wir wissen von Hippokrates nichts, als daß er gelebt hat"; dagegen M. Pohlenz, Gestalten aus Hellas, 1950, 329–333.

65 De aere aquis locis 22: ἕκαστος δὲ αὐτῶν ἔχει φύσιν τὴν ἑαυτοῦ καὶ οὐδὲν ἄνευ φύσιος γίνεται.

66 De morbo sacro 5 (vgl. 1): Τὸ δὲ νόσημα τοῦτο οὐδέν τί μοι δοκεῖ θειότερον εἶναι τῶν λοιπῶν, ἀλλὰ φύσιν ἔχει ἣν καὶ τὰ ἄλλα νοσήματα, καὶ πρόφασιν ὅθεν ἕκαστα γίνεται.

Als Wissenschaft steht die Medizin in enger Verbindung zur Naturphilosophie der Antike; so argumentieren denn auch Philosophen mit medizinischen Erkenntnissen.[67] Ein solches Selbstverständnis der Medizin als Wissenschaft der Erforschung der Ursachen von Krankheit ist neu gegenüber allem, was wir aus der Zeit vorher wissen. Zu einem der Zentren dieser Medizin wie anderer Wissenschaften wurde bald das Museion in Alexandrien.[68] Sirach zeigt, daß Kenntnis davon auch nach Jerusalem gedrungen ist.

2. Bevor der Arzt die Behandlung beginnen kann, muß er aus den ihm bekannten Informationen die Krankheit bestimmen sowie die günstigste [70] Behandlungsweise planen.[69] Dafür stehen ihm die schon erwähnten Handbücher der „Epidemien" zur Verfügung sowie insbesondere die prognostischen Schriften, aus denen er Anhaltspunkte über den vermutlichen Verlauf der Krankheit und damit über die richtige Behandlung und deren richtigen Zeitpunkt gewinnen kann. Auch das ist neu gegenüber der bis dahin praktizierten Medizin, die sich im wesentlichen auf die Behandlung von Symptomen beschränkte, jedenfalls nicht in dieser Weise die Krankheit systematisch zu bestimmen versuchte.

Die Ursachen der Krankheiten werden gesehen in der Störung des natürlichen Gleichgewichts der zunächst zwei, später vier Säfte: Schleim und Galle, später Schleim, schwarze Galle, gelbe Galle und Blut.[70] So hat die „heilige Krankheit" z. B. allein mit dem Schleim, nicht mit der Galle zu tun. Gesundheits- oder krankheitsfördernd sind aber auch die klimatischen Bedingungen,[71] was bei der Behandlung zu berücksichtigen ist.

Eine andere Sache ist nun freilich die tatsächliche Heilung. Ist es Aufgabe der Medizin, Krankheit aufzuheben und Schmerz zu lindern, so gehört dazu auch die Einsicht, in aussichtslosen Fällen die Behandlung aufgeben zu müssen.[72] Die Schrift „Über die Heilkunst" setzt sich mit den Einwänden auseinander, daß nur wenige geheilt würden, andere nicht, und daß es Heilung nur durch Zufall gebe mit oder ohne Arzt. Der Verfasser dieser Schrift hält dem jedoch entgegen, daß es einerseits gute und schlechte Behandlung gibt, andererseits daß auch wer nichts von der Medizin halte, nur dann geheilt werde, wenn er bei der Selbstbehandlung dieselben Mittel anwende, zu denen auch der Arzt greifen würde.

67 Der Zusammenhang von Medizin und Philosophie wird in der Literatur unterschiedlich gewichtet. Erkennbar ist aber auch eine Rückwirkung der Medizin auf die Philosophie. Auch Philon argumentiert häufig mit medizinischen Erkenntnissen, nennt häufig auch Philosoph und Mediziner nebeneinander als Autorität und zitiert Hippokrates (opif. 105; vita cont. 16). – Vgl. zum ganzen F. Heinimann, Nomos und Physis, 1945 (Nachdruck 1972); Temkin, a.a.O. (Anm. 62), 26; in den Texten selber als Problem: De prisca medicina 20.

68 Vgl. dazu P. Diepgen, Geschichte der Medizin I, 1949, 95–100; in Alexandrien wurden auch Sektionen einschließlich Vivisektionen bei Verbrechern durchgeführt, vgl. R. Herzog, Art. „Arzt" RAC I, 720–725, hier 721.

69 Vgl. prognosticum 1; vgl. oben Anm. 63. Zu dem in seiner Deutung umstrittenen Hippokrates-Zitat bei Platon, Phaidros 270c vgl. Temkin, a.a.O. (Anm. 62), 7f; Diller, a.a.O. (Anm. 60), 35f; R. Joly, Die hippokratische Frage und das Zeugnis des ‚Phaidros', in dem in Anm. 60 angegebenen Sammelband 52–82.

70 Vgl. Diepgen, a.a.O. (Anm. 68), 81f.

71 Vor allem die Schrift De aere aquis locis beschäftigt sich damit.

72 De arte 3: καὶ πρῶτόν γε διοριεῦμαι ὃ νομίζω ἰητρικὴν εἶναι· τὸ δὴ πάμπαν ἀπαλλάσσειν τῶν νοσεόντων τοὺς καμάτους καὶ τῶν νοσημάτων τὰς σφοδρότητας ἀμβλύνειν, καὶ τὸ μὴ ἐγχειρεῖν τοῖσι κεκρατημένοις ὑπὸ τῶν νοσημάτων, εἰδότας ὅτι ταῦτα οὐ δύναται ἰητρική.

Eine wichtige Rolle spielt für die Behandlung die Frage des richtigen Zeitpunkts.[73] Der Arzt muß abschätzen, wann er mit welchem Mittel am besten eingreifen soll. Wenn nun Sirach in V. 13 sagt, daß es „Zeit für Heilung“ gibt, kann das durchaus in diesem Sinne verstanden werden, daß es zu den Aufgaben des Arztes auch gehört, diesen ihm gewährten richtigen Zeitpunkt zu erkennen und zu nutzen, auch wenn Sirach damit zunächst nur ein traditionelles weisheitliches Motiv aufnimmt. [71]

3. Neu an dieser hippokratischen Medizin ist, daß sie sich vor allem mit dem vorher fast unbekannten Bereich der „inneren Medizin“ befasst.[74] Dazu gehört die Behandlung von Krankheiten mit homöo- und allopathischen Mitteln, wobei die Schriften im einzelnen Schulgegensätze erkennen lassen. Diese Mittel werden gewonnen aus den Pflanzen, und zur medizinischen Wissenschaft gehört daher auch das Studium der Pflanzenkunde, deren Bedeutung mit der Zeit wächst.[75]

Der Arzt fertigt dabei, wie wir sahen, seine Arzneien selber an. Die Grundstoffe bezieht er vom Gewürzhändler oder züchtet sie selber in Heilgärten. Seine Konkurrenz sind dabei sowohl diese Gewürzhändler selber, die ihre Waren als Heilmittel anpreisen, als auch mancherlei „Quacksalber“, die damals wie heute Tinkturen und Salben bis hin zur „Dreckapotheke“ gegen allerlei Gebrechen anbieten. Der hippokratische Arzt aber sieht in allen natürlichen Lebensmitteln Kräfte, die entsprechend ihrer Zusammenstellung und Dosierung heilsam oder krankmachend wirken können.[76] Es kommt darauf an, die ganze Ernährung schon bei Gesundheit und erst recht im Krankheitsfall richtig einzustellen.

4. Damit sind wir bei dem wichtigsten Gebiet dieser Medizin, der Diätetik.[77] Diese umfaßt in einer Vielzahl von Schriften sowohl die akuten Krankheitsfälle als auch präventive Regeln zur Vermeidung von Gesundheitsstörungen. Die Ernährung muß auf die allgemeinen Umweltbedingungen (Klima, Jahreszeit usw.) Rücksicht nehmen, vor allem aber auf die individuelle Konstitution des Einzelnen abgestimmt sein. Wenn es bei Sirach heißt: „Nicht jedes ist für jeden gut“ (37,28), nimmt er die entscheidende Erkenntnis der Diätetik auf, daß dieselben Nahrungsmittel bei verschiedenen Menschen verschiedene Auswirkungen haben.[78]

5. Es gab in der Antike natürlich nicht so etwas wie eine Approbationsordnung, und die Selbstbezeichnung „Arzt“ war nicht in irgendeiner Weise geschützt. So mochte sich nennen, wer wollte. Die Ärzte, von deren Medizin hier die Rede ist, legten sich nun aber bestimmte gemeinsame Normen auf [72] und waren organisiert in der Art einer Gilde.

[73] Praecepta 1: Χρόνος ἐστὶν ἐν ᾧ καιρός, καῖ καιρὸς ἐν ᾧ χρόνος οὐ πολύς· ἄκεσις χρόνῳ, ἔστι ἡνίκα καὶ καιρῷ vgl. de morbo sacro 21; aphorismi 1,1.

[74] Die Chirurgie besteht daneben offenbar als teilweise selbständiger Bereich. Philon nennt als Heilmittel nebeneinander φάρμακα, χειρουργίαι und δίαιται (congr. 53).

[75] Vgl. Diepgen, a.a.O. (Anm. 68), 132–134 zu Galen. Pharmazie spielt aber offenbar in der ursprünglichen hippokratischen Medizin eine untergeordnete Rolle gegenüber der Diätetik.

[76] Vgl. de prisca medicina 7, wo dies den Unterschied zwischen ἰητρός und χειροτέχνης ausmacht.

[77] Vgl. Temkin, a.a.O. (Anm. 62), 18f.

[78] Vgl. das Beispiel Käse in de prisca medicina 20 oder de alimonia 33 über Milch, Wein und Fleisch: Γάλα τροφή, οἷς γάλα τροφῆ κατὰ φύσιν, ἄλλοισι δὲ οὐχί, ἄλλοισι δὲ οἶνος τροφή, καὶ ἄλλοισιν οὐχί, καὶ σάρκες καὶ ἄλλαι ἰδέαι τροφῆς πολλαί, καὶ κατὰ χώραν καὶ κατ᾽ ἐθισμόν.

Das zeigt am deutlichsten der „hippokratische Eid", der eine eigene Schrift in diesem Corpus ist.[79]

Der Normalfall war offenbar, daß der Beruf vom Vater auf den Sohn überging; doch konnten auch andere als Lehrlinge in ein solches Sohnesverhältnis eintreten. Die Ausbildung geschah dabei vor allem an medizinischen Akademien, deren älteste und berühmteste die auf der Insel Kos war, dem Sitz des Asklepiosheiligtums wie der sich auf den mythischen Arzt Asklepios zurückführenden Familie der Asklepiaden, zu der Hippokrates gehörte. Lehrstoff der Ausbildung war wohl im wesentlichen das, was uns im Corpus Hippocraticum überliefert ist.

Die Ärzte verpflichteten sich auf einen recht strengen Kodex von Verhaltensvorschriften gegenüber ihren Patienten, wobei umgekehrt der Eid sie wohl auch vor Verdächtigungen schützen sollte, sie könnten deren Hilflosigkeit zu ihrem Vorteil ausnutzen. Die beiden Grundnormen dieses Eides hat Deichgräber mit Gerechtigkeit (δίκη) und Ansehen (δόξα) bestimmt.[80] Die soziale Reputation, die Sirach in, V. 2f beschreibt, entspricht also dem Selbstverständnis dieser Medizin.

Solche Ärzte zogen als Wanderärzte von Ort zu Ort, wie es schon von Hippokrates selber berichtet wird, oder sie ließen sich in größeren Städten und an Königshöfen vorübergehend oder ständig nieder. Grundlage ihres Ansehens war vermutlich nicht zuletzt, daß sie sich auf das Mögliche beschränkten und nicht Unmögliches versprachen, die Sensationen vielmehr ihren gleichzeitig umherziehenden Konkurrenten, Quacksalbern und Wunderheilern, überließen.

Solche Wanderärzte werden auch nach Jerusalem gekommen sein, auch wenn unsere Quellen dafür keine direkten Belege geben. Doch erklären sich so die beiden unterschiedlichen Reaktionen 2Chr 16,12 und Sir 38,1–15.[81] Erst sehr viel später hören wir dann von Ärzten am Hofe Herodes' d. Gr., die dem König heiße Ölbäder verordnen.[82] Die allgemeine Stimmung gegenüber den Neuerungen der hellenistischen Zeit schlug aber bald nach Sirach um, als in einem langen Bürgerkrieg mit auswärtiger Intervention die Tradi- [73] tionalisten den Sieg über die Reformer errangen,[83] wobei dann manche Neuerung freilich doch erhalten blieb. Auf medizinischem Gebiet jedoch zeigen uns die weiteren Zeugnisse nie wieder eine so klare Bejahung der wissenschaftlichen Medizin wie bei Sirach, sondern eine Verquickung von wissenschaftlichen, volksmedizinischen, magischen und dämonologischen Elementen.[84]

[79] Vgl. K. Deichgräber, Die ärztliche Standesethik des hippokratischen Eides, in dem in Anm. 60 angegebenen Sammelband 94–120; Diepgen, a.a.O. (Anm. 68), 148–150. Vgl. auch die Schriften de medico und lex.

[80] Deichgräber, ebd., 117f. Der Schlußsatz des Eides (iusiurandum): ὅρκον μὲν οὖν μοι τόνδε ἐπιτελέα ποιέοντι, καὶ μὴ συγχέοντι, εἴη ἐπαύρασθαι καὶ βίου καὶ τέχνης δοξαζομένῳ παρὰ πᾶσιν ἀνθρώποις ἐς τὸν ἀεὶ χρόνον· παραβαίνοντι δὲ καὶ ἐπιορκέοντι, τἀντία τούτων.

[81] Vgl. zum Eindringen des Hellenismus überhaupt Hengel, a.a.O. (Anm. 36). Umstritten ist die Stellung Sirachs gegenüber dem Hellenismus; er steht aber noch vor den wenig später aufbrechenden Alternativen.

[82] Josephus, bell. 1,657 und ant. 17,171f.

[83] Vgl. dazu E. Bickermann, Der Gott der Makkabäer, 1937.

[84] Vgl. vor allem das Buch Tobit.

6. Religiöse Vorbehalte gegen diese Medizin gab es nun aber nicht allein auf dem Boden des Judentums. Damit hat sich vielmehr auch die Schrift „Über die heilige Krankheit" auseinanderzusetzen. Widersprach nicht die Grundthese, jede Krankheit habe ihre natürliche Ursache, diese frühe Fassung des *etsi Deus non daretur*, der traditionellen Vorstellung von der Macht der Götter? Waren nicht die verächtlich als Magier, Reiniger, Gaukler, Marktschreier diffamierten Konkurrenten frömmer,[85] wenn sie die Götter als Urheber der Krankheiten bezeichneten und der Krankheit mit Reinigungsriten und Beschwörungsformeln, mit dem Verbot von Bädern und bestimmten Nahrungsmitteln beizukommen versuchten?

Der Verfasser dieser Schrift kehrt den Vorwurf um und behauptet, daß gerade solche magischen Praktiken von Atheismus zeugten, weil hier die Gottheit zum Werkzeug des Menschen herabgewürdigt würde.[86] Der wirkliche Arzt mit seinem Respekt vor der Ordnung der Natur sei frömmer als sie. Das Idealbild des Arztes, das in der – wahrscheinlich sehr späten – Schrift „Über den Anstand" gezeichnet wird, zielt auf die These, daß der wissenschaftliche Arzt gottgleich sei (ἰητρὸς γὰρ φιλόσοφος ἰσόθεος).[87]

Ein solcher Spitzensatz war natürlich für Sirach unannehmbar, der an der Unterscheidung von Schöpfer und Geschöpf festhielt. Wohl aber war es ihm möglich, in seiner Theologie auch dem wissenschaftlich arbeitenden Arzt, der sich selbst ja als fromm und gerade nicht atheistisch versteht, einen legitimen Platz zuzuweisen. Das erklärt sich aus einer erstaunlichen Nähe zwischen seiner Behauptung einer vom Schöpfer sinnvoll gestalteten Welt und den in der Medizin in unterschiedlicher Weise aufgenommenen naturphilosophischen Grundlagen, die sich um die Erkenntnis der in der Natur zu beobachtenden Regeln bemühten. [74]

III.

Im Neuen Testament begegnet die bisher beschriebene Medizin nur ganz am Rande. Sprichwortartige Sätze wie: „Die Gesunden bedürfen des Arztes nicht, sondern die Kranken" (Mk 2,17 parr) oder: „Arzt, heile dich selbst" (Lk 4,23) bezeugen in ihrer verhaltenen Distanz nur die Kenntnis, daß es Ärzte gibt, und die abschätzige Bemerkung, daß die an Blutfluß leidende Frau von vielen Ärzten viel erlitten hatte und um ihr ganzes Vermögen gebracht worden war (Mk 5,26), spiegelt volkstümliche Vorurteile gegen Ärzte, die nichts können, sondern nur auf Geldgewinn aussind. Ein einziges Mal wird ein Arzt namens Lukas erwähnt (Kol 4,14), aber über den wissen wir überhaupt nichts.[88]

[85] De morbo sacro 2: Ἐμοὶ δὲ δοκέουσιν οἱ πρῶται τοῦτο τὸ νόσημα ἱερώσαντες τοιοῦτοι εἶναι ἄνθρωποι οἷοι καὶ νῦν εἰσι μάγοι τε καὶ καθάρται καὶ ἀγύρται καὶ ἀλαζόνες. οὗτοι δὲ καὶ προσποιέονται σφόδρα θεοσεβέες εἶναι καὶ πλέον τι εἰδέναι.

[86] Ebd., 4.

[87] Decorum 5.

[88] Wäre er tatsächlich, wie die spätere Tradition will, der Verfasser des dritten Evangeliums und der Apostelgeschichte, spräche das erheblich gegen seine medizinische Ausbildung.

Behebung von Krankheit geschieht vor allem auf außergewöhnliche Weise in den Wundergeschichten. Doch übersieht man darüber leicht die freilich spärlichen Angaben über einen sozusagen „normalen" Umgang mit Krankheit.[89] Wie aber gleich der Hauptbeleg dafür, Jak 5,13–18, zeigt, ist dieser Umgang höchst traditionell: Gebet und als einziges Heilmittel die Salbung mit Öl, wobei ausdrücklich noch einmal die Heilungskraft des Gebetes wiederholt wird.[90] Nicht mehr ganz ungebrochen scheint die Verbindung von Krankheit und Schuld vorausgesetzt; denn nur als Möglichkeit wird erwähnt, daß, wenn der Kranke gesündigt habe, ihm vergeben werde.[91] Der abschließende Schriftbeweis bezieht sich auf die wunderwirkende Kraft des Gebets; Elia nämlich schaffte es nach jüdischer Tradition, durch sein Gebet Regen zurückzuhalten und es dann wieder im Überfluß regnen zu lassen (1Kön 17f). [75] Daß dieser Schriftbeweis sich nicht auf eine der Heilungsgeschichten aus der Eliaüberlieferung bezieht, zeigt, wieviel dem Verfasser des Jakobusbriefes an der Rolle des Gebets bei der Krankenheilung liegt. Gebet als Mittel der Krankenheilung wird auch den Jüngern in Mk 9,29 empfohlen, die unfähig gewesen waren, den epileptischen Jungen zu heilen.

Die Ölsalbung als „normales" Heilverfahren, die in keiner der Wundergeschichten Jesus selber anwendet, findet sich wohl auch in dem Bericht über die Aussendung der Jünger Mk 6,13 neben der Dämonenaustreibung.[92] Hier vermischen sich also das Bild des Exorzisten und das des Volksmediziners, wobei Öl als Universalmittel auch bei Exorzismen verwendet wurde. Vielleicht deutet schließlich 1Kor 12,9f.28.30 darauf, daß es in den paulinischen Gemeinden neben dem Charisma der Wunderkräfte auch ein solches der einfachen Heilungsgabe gab.

All das freilich bleibt hinter dem damals möglichen Stand der wissenschaftlichen Medizin zurück, und der römische Mediziner Galen wird denn auch nichts für den Glauben der Christen übrig haben.[93] Besondere Zielscheibe seiner Verachtung sind die Wundergeschichten der Bibel. Man kann nun deren so überaus starke Betonung nicht einfach darauf zurückführen, daß das Neue Testament nur die kulturellen und sozialen Verhältnisse der Provinz spiegele; denn der Befund gilt gleichermaßen für Geschichten, die in Palästina spielen, wie für die hellenistischen Städte, deren Gemeinden wir aus der Apostelge-

[89] Vgl. auch die Wundversorgung durch den barmherzigen Samariter Lk 10,34. Vgl. zu diesem Teil auch M. Smith, De tuenda sanitate praecepta (Moralia 1226–137e), in: Plutarch's Ethical Writings and Early Christian Literature, SCH 4 (hg. H. D. Betz), 1978, 32–50.

[90] Ich interpretiere den Text also ähnlich wie W. Schrage (H. Balz, W. Schrage, Die katholischen Briefe, NTD 10, [11]1973, 55f) und U. Müller, a.a.O. (Anm. 2), 162, anders als M. Dibelius (Der Brief des Jakobus, KEK 15, [8]1956, 232f): „Das Ganze ist ein Exorzismus; wie bei solchen Wunderkuren oft populär-medizinische Mittel verwendet werden, so geschieht es hier und Mk 6,13 mit dem Öl; man will aber nicht seine angebliche oder wirkliche therapeutische Wirkung ausnutzen, sondern es als Vermittler einer durch den Namen beschworenen göttlichen Kraft verwenden. Der Erfolg des ganzen Aktes besteht ja auch nicht nur in der Heilung, sondern auch in Sündenvergebung." Durch diese Interpretation entsteht der angebliche Widerspruch zu V. 16 (ebd., 236).

[91] So aber auch Dibelius, ebd., 235.

[92] R. Pesch, Das Markusevangelium II.1, HThK 2.1, 1976, 330, und vorsichtiger J. Gnilka, Das Evangelium nach Markus II.1, EKK 2.1, 1978, 240f, denken hier im Anschluß an O. Böcher an Exorzismen; vgl. Dibelius, oben Anm. 90.

[93] Vgl. R. Walzer, Galen on Jews and Christians, 1949.

schichte und besonders den Paulusbriefen kennen. Ein angeblicher Abstieg der Medizin in dieser Zeit wird dagegen gelegentlich behauptet, aber nie bewiesen.

Der Grund für die Differenz ist nicht in solchen Bedingungen zu suchen, sondern in der grundlegend verschiedenen Deutung der Welterfahrung. Wo überhaupt im Neuen Testament Ursachen für Krankheit genannt werden, liegen diese nicht im natürlichen Bereich, sondern bei Dämonen. Damit ist die Welt, die der Mensch erlebt, nicht als eine in sich im wesentlichen sinnvolle Ordnung gewertet, sondern als ein Bereich, der unter der Herrschaft der Dämonen steht.

Zu beachten ist aber auch weiter, daß die Wundergeschichten von Heilungen handeln, die der wissenschaftlichen Medizin aus Selbstbescheidung entzogen waren. Die Heilungsgeschichten beziehen sich ja auf unheilbare chronische Krankheiten und auf den Bereich des Todes, wo der Arzt keine Möglichkeit der Heilung sah.[94] Daß es dabei Grenzfälle gibt, belegt die [76] schon erwähnte Geschichte von der an Blutfluß leidenden Frau mit der aggressiven Kritik an den Ärzten.

Mit all dem hängt noch ein weiterer besonderer Zug in den neutestamentlichen Aussagen über den Umgang mit Krankheit zusammen. Gegenüber der jüdischen Tradition fehlt durchgehend die Behauptung einer kausalen Beziehung zwischen Krankheit und Schuld. Sie wird nur ein einziges Mal in Mk 2,1–12 sekundär hergestellt,[95] dort aber, um die Vollmacht zur Sündenvergebung zu legitimieren. In Joh 9,1–3 wird diese Beziehung sogar entschieden geleugnet:

> Und im Vorübergehen sieht er einen Menschen, der blind war von Geburt an. Und seine Jünger fragten ihn: „Rabbi, wer hat gesündigt, dieser oder seine Eltern, so daß er blind geboren wurde?“ Jesus antwortete: „Weder hat dieser gesündigt noch seine Eltern, sondern: damit die Werke Gottes an ihm offenbart werden.“

Wenn Krankheit ihre Ursache bei den Dämonen hat, bedeutet Heilung Anbruch des Reiches Gottes als Herstellung von Heil, Gerechtigkeit usw. (vgl. Lk 11,20 par).

Die kurzzeitige Annäherung zwischen griechischer wissenschaftlicher Medizin und biblischer Tradition des Umgangs mit Krankheit bei Jesus Sirach im zweiten Jahrhundert v. Chr. ist also ohne große Auswirkungen geblieben.[96] Die Überlieferung dieser Medizin erfolgt dann im Mittelalter auch vor allem bei den Arabern. Von ihnen gelangt sie nach Westeuropa zusammen mit dem Aristotelismus, der die bis dahin im wesentlichen platonisch geprägte Deutung der Welterfahrung in Frage stellte. Bis in die Neuzeit hinein stehen beide Linien in Konkurrenz zueinander.

Die heutige Medizin ist gegenüber der antiken wie der mittelalterlichen eine völlig andere, seit sie sich im 19. Jh. als Naturwissenschaft im modernen Sinne konstituiert hat.[97]

[94] Vgl. oben S. [70]. Zum Verhältnis zur Religion in der hippokratischen Medizin vgl. Temkin, a.a.O. (Anm. 62), 7: „Zwischen dem Gott und dem Arzt gibt es weder Konkurrenz noch Feindseligkeit. Im Gegenteil, das Asklepieion kümmert sich um viele Fälle, mit denen der Arzt nicht fertig werden kann.“ Die einzige akute Krankheit ist das „Fieber“ der Schwiegermutter des Petrus Mk 1,29–31, wobei Fieber freilich lebensgefährlich sein kann.

[95] Literarkritisch lassen sich 2,1–5a.11f und 5b–10 sehr gut auseinandernehmen.

[96] Gegen die Tendenz von Sir 38,1–15 z. B. Ps.-Makarios hom. 48,3–6 im Anschluß an Lk 16,10.

[97] Diller, a.a.O. (Anm. 60), 48f: „Die Begründung der Medizin auf die moderne Naturwissenschaft des 19. Jahrhunderts hat die unmittelbare Verknüpfung unterbrochen.“

Ebenso geändert haben sich aber sowohl unsere subjektive Deutung der Erfahrung von Krankheit als auch die objektiven Erscheinungsformen von Krankheit. Es fehlen dank der modernen Medizin insbesondere die verheerenden Seuchen, die ganze Landstriche entvölkerten; Krankheit ist in diesem Sinne unter den Bedingungen der industrialisierten Länder primär nur noch ein Stück der individuellen Lebens- [77] geschichte des Einzelnen, nicht mehr gemeinsame Erfahrung einer größeren Gemeinschaft.

Das gilt aber auch noch in einem anderen Sinne, insofern Krankheit weithin außerhalb der normalen Lebensvollzüge in dem besonderen sozialen Raum der Krankenhäuser und Kliniken stattfindet. Schließlich gehört dazu auch noch, daß Krankheit zwar lebensbedrohend für den Einzelnen sein kann, dank der Sozialgesetzgebung aber in einem unvergleichlich geringeren Maße als früher existenzbedrohend ist für die Familie des Kranken.

Die Eingrenzung der Krankheit durch die moderne Medizin bedeutet also von verschiedenen Aspekten her eine Individualisierung der Erfahrung von Krankheit. Dies ist zugleich die Voraussetzung für die kaum vorstellbare Steigerung der Leistungsfähigkeit der Medizin, die uns das Leben insgesamt sehr viel risikoloser macht als noch unseren Großeltern. Daran seien einige unsystematische und unvollständige Überlegungen darüber angeschlossen, was ein Rückblick auf das bisher Erarbeitete bedeuten kann für unseren heutigen Umgang mit Krankheit, ihre Deutung und Wertung für den Einzelnen wie die Gemeinschaft unter Voraussetzung dieser mit der alten kaum noch vergleichbaren heutigen Medizin.

1. Erhalten hat sich im allgemeinen Bewußtsein unter der Decke der naturwissenschaftlich-kausalen Erklärung der Krankheit auch eine moralisch-kausale Wertung, die leicht verwechselt werden kann mit den traditionellen Aussagen über den Zusammenhang zwischen Krankheit und Schuld. Wenn solche Erklärung aller Transzendenz beraubt ist, läßt sie den Menschen auf unmenschliche Weise nur noch allein mit dem Schuldvorwurf, z. B. durch eine „unvernünftige" Lebensweise seine Krankheit selbst verursacht zu haben, ohne ihm das anbieten zu können, was in der biblischen Tradition „Sündenvergebung" heißt und die Wiedereingliederung in die Gemeinschaft zur Folge hat. Bedeutet Individualisierung der Krankheit in dieser Weise Isolation, kann sie selber Krankheit hervorrufen.

2. Der modernen Medizin werden hohe Erwartungen entgegengebracht, obwohl diese selber davor warnt. Solche Erwartungen reichen reflektiert und vor allem unreflektiert über die Verlängerung des Lebens hinaus bis zur Vermeidung des Todes. Gerade daß Krankheit nicht mehr in jedem Falle als unmittelbar lebensbedrohend erlebt zu werden braucht, nährt solche Hoffnung. Biologisch scheint es jedoch eine äußerste Lebensgrenze zu geben, auch wenn diese weiter hinausgeschoben werden kann. Die Individualisierung, verstärkt durch die Isolierung in der besonderen Welt der Krankenhäuser, ermöglicht es, Krankheit und Tod nicht mehr als Teil der eigenen Lebenswirklichkeit zu erfahren; damit kann man sich auch ihrer Deutung und Wertung entziehen, so daß plötzlich eintretende Krankheit nun in ganz neuer Weise als Katastrophe der eigenen Lebensgeschichte erfahren wird. Auch die Einübung in den Umgang mit Krankheit müßte zur Lebensbewältigung gehören. [78]

3. Der Siegeszug der modernen Medizin beruht wesentlich auf der Entwicklung der modernen Pharmazie, die nicht mehr allein mit aus der Erde hervorsprießenden Kräutern arbeitet. Auch dies aber ist ein mehrdeutiges Phänomen, wie die Diskussionen um Nebenwirkungen bestimmter Medikamente zeigen, noch mehr der faktische Umgang mit ihnen. Der Einzelne gewinnt die Möglichkeit, nicht nur den Schmerz zu vermeiden, sondern sich zugleich der Mehrdeutigkeit der Erfahrungen zu entziehen, indem er sich mit Hilfe von Medikamenten dem körperlichen wie dem seelischen Schmerz gar nicht erst aussetzt.

Die von Sirach angestoßene Frage nach dem Umgang mit Gesundheit, Krankheit und Tod[98] führt also zur Frage nach dem Umgang mit dem Leben überhaupt als der alles zusammenfassenden Größe. Dies entspricht auch allen hier verfolgten Traditionen: Weder die wissenschaftliche Medizin der Antike noch die biblische Art des Umgangs mit Krankheit kam aus ohne die übergreifende Frage danach, wie man die vielfältigen und mehrdeutigen Erfahrungen mit sich selbst und mit der erlebten Welt sinnvoll deuten kann, während die moderne Medizin ohne eigene Absicht die Möglichkeit schafft, dieser Frage zu entgehen.

Das alte Bekenntnis, der Gott Israels allein sei Herr über das Leben wie das Sterben, mutete denen, die damit lebten, zu, die ganze Wirklichkeit in all ihrer Vielfalt und Mehrdeutigkeit auf diesen einen einzigen Gott zu beziehen und sie nicht in Polaritäten zu zerlegen;[99] damit waren Krankheit und Tod ebenso Teil dieser Wirklichkeit wie Gesundheit und Leben. Dieses Bekenntnis wurde neu formuliert darin, daß Tod und Leben zusammen waren in dem Jesus, der starb und lebt. Das schließt eine Leugnung von Krankheit und Tod ebenso aus wie eine Deutung der Wirklichkeit als allein von bösen Kräften beherrscht, die dem Menschen alle Lebensmöglichkeiten nehmen könnten.

[98] Vgl. die Abfolge Sir 37,27–31 Gesundheit – 38,1–15 Krankheit – 38,16–23 Tod.
[99] Vgl. F. Stolz, Jahwes Unvergleichlichkeit und Unergründlichkeit, WuD 14 (1977), 9–24.

NEUTESTAMENTLICHE HAUSTAFELN UND ANTIKE ÖKONOMIE*

I.

Die Interpretation der neutestamentlichen Haustafeln ist bis heute bestimmt durch die von Martin Dibelius begründete und von seinem Schüler Karl Weidinger ausgeführte These,[1] die Haustafeln seien in der Tradition der Pflichtentafeln vor allem der stoischen Philosophie zu interpretieren. Der klassische Text, der seither in kaum einer Äußerung zum Thema fehlt, ist Epiktet, diss II 17,31: „Ich will als Frommer und als Philosoph und als umsichtiger Mensch wissen, was meine Pflicht gegenüber den Göttern ist, was gegenüber den Eltern, was gegenüber den Brüdern, was gegenüber dem Vaterland, was gegenüber Fremden." Wichtig ist hier auch das von K. Praechter aus verschiedenen Stobaios-Exzerpten rekonstruierte Werk des Stoikers Hierokles – spätere Textfunde haben Praechters Rekonstruktion glänzend bestätigt.[2] Die Aufnahme solchen traditionellen ethischen Guts geschah nach Dibelius unter Vermittlung durch das hellenistische Judentum, was er und Weidinger mit Josephus, Philo und PsPhokylides belegen.

Die Ursache für diese Aufnahme sieht Dibelius im „Bedürfnis des jungen Christentums, sich im Alltagsleben einzurichten". Darin schwingt – bei aller historischen Objektivität – doch ein Werturteil mit, das so oder so seitdem die Interpretation der Haustafeln begleitet. Die traditionsgeschicht- [84] lichen Ergebnisse von Dibelius und Weidinger werden bis heute weithin als schlüssig akzeptiert, jedenfalls in der deutschsprachigen Li-

* Referat in der Seminargruppe The Social Background and History of the Early Church" des 34. General Meeting der SNTS in Durham vom 20. bis 24. August 1979. Das Referat ist sozialgeschichtlich orientiert, d. h. ich beziehe nicht ein wissenschaftliches soziologisches Modell auf neutestamentliche Texte, sondern versuche, eine Beziehung herzustellen zwischen Texten des Neuen Testaments und der sozialen und wirtschaftlichen, historisch erhobenen Wirklichkeit der damaligen Zeit, und ich versuche zugleich, damalige Deutung und Wertung dieser sozialen und wirtschaftlichen Wirklichkeit herauszuarbeiten. Ich verfahre dabei so, daß ich die historische Abständigkeit antiker Texte zu wahren suche und sie nicht gleich von Deutungskategorien unseres heutigen besseren Wissens her beurteile. Zugleich kann jedoch nicht davon abgesehen werden, daß uns diese neutestamentlichen wie die antiken Texte überhaupt auf bestimmten, nicht immer eindeutig rekonstruierbaren Wegen vermittelt worden sind, und d. h. bei diesem Thema auch, daß sie Deutungen und Wertungen jeweils gegenwärtiger sozialer und wirtschaftlicher Strukturen bis in die Gegenwart hinein geliefert haben bzw. dafür genutzt worden sind, soziale und wirtschaftliche Verhältnisse zu legitimieren. Daher ist auch der Historiker unvermeidlich durch die Texte selber aus der historischen Distanz gelockt. Schließlich wird schnell deutlich werden, wie sehr ich der deutschen theologischen und wissenschaftlichen, aber wohl auch politischen und sozialen Tradition verpflichtet bin. Das bedingt, vermutlich unreflektierter als ich annehme, meine Fragestellungen, meine assoziativen Zuordnungen von Texten und Sachverhalten sowie selbstverständlich auch meine Urteile.

[1] M. Dibelius, An die Kolosser, Epheser, an Philemon, HNT 3.2, Tübingen 1912, 91f; HNT 12, Tübingen ³1953, 48–50; K. Weidinger, Die Haustafeln, UNT 14, Leipzig 1925.

[2] Hierokles der Stoiker, Leipzig 1901, jetzt in: ders., Kleine Schriften, hg. von H. Dörrie, Hildesheim 1973, 311–467, vgl. dort 468 das Nachwort von H. Dörrie.

teratur.[3] Angesichts der Tatsache, daß „Haustafel" offenbar als Fremdwort in die angelsächsische Literatur eingegangen ist,[4] verbinden sich vermutlich mit dieser von Dibelius verwendeten Kategorie auch dort die genannten Interpretationen und Wertungen.

Die exegetische Kritik der Thesen von Dibelius und Weidinger ist dabei längst von K. H. Rengstorf, D. Schroeder und J. E. Crouch geführt worden.[5] Sie legt zu Recht den Finger auf zwei Punkte: 1. daß die in den Haustafeln genannte Liste der Bezugspersonen nicht mit der der stoischen Pflichtentafeln übereinstimmt[6] – welche Schlüsse man auch immer aus dem Fehlen oder Vorhandensein gezogen hat; 2. daß die Haustafeln jedenfalls im Kol und Eph, bei dem Verhältnis von Mann und Frau auch im 1Petr, Aufforderungen zum *gegen*seitigen Verhalten sind, während die Pflichtentafeln nur *ein*seitig formuliert sind.[7] Beides zusammen brachte Rengstorf zu der These, die Haustafeln seien eine genuin christliche Schöpfung ohne Parallele im Hellenismus oder Judentum,[8] während Schroeder und Goppelt zu einem merkwürdigen Kompromißergebnis kommen: einerseits gehe der Inhalt der einzelnen Mahnungen auf Jesus und die Apostel zurück, andererseits verdanke sich die Form durchaus der stoischen Tradition.[9] Die letzte ausführliche Untersuchung, die Dissertation von Crouch, unterzieht das gesamte Material noch einmal einer Revision mit dem Ergebnis, daß nur eine einzige, bei Dibelius und Weidinger sehr am Rande stehende „Parallele" [85] übrig bleibt, Seneca ep. 94,1,[10] während die nächste „Parallele" für die Form ein Text aus Philos Hypothetica sei: Der Ehemann hat seine Frau das Gesetz zu lehren, der Vater seine Kinder, der Herr seine Sklaven.[11]

[3] H. Schlier, Der Brief an die Epheser, Düsseldorf 1957, 250 und Anm. 3; H. Conzelmann, Der Brief an die Kolosser, NTD 8, Göttingen 1965, 531–556, hier 153; E. Lohse, Die Briefe an die Kolosser und an Philemon, KEK 9.2, Göttingen 1968, 220–223; O. Merk, Handeln aus Glauben, Marburg 1968, 219; H. Gülzow, Christentum und Sklaverei in den ersten drei Jahrhunderten, Bonn 1969, 58; S. Schulz, Gott ist kein Sklavenhalter, Zürich/Hamburg 1972, 198; W. Schrage, Der erste Petrusbrief, NTD 10, Göttingen 1973, 59–117, hier 87; Zur Ethik der neutestamentlichen Haustafeln, NTS 21 (1974/75), 1–22, hier 1f, 6–8; E. Schweizer, Der Brief an die Kolosser, EKK 12, Zürich/Neukirchen 1976, 159–164 (zurückhaltender); G. Strecker, Ziele und Ergebnisse einer neutestamentlichen Ethik, NTS 25 (1978/79), 1–15, hier 11; N. Brox, Der erste Petrusbrief, EKK 21, Zürich/Neukirchen 1979, 125–127.

[4] S. den Titel des Buches von J. E. Crouch, The Origin and Intention of the Colossian Haustafel, FRLANT 109, Göttingen 1972. Leider nicht erreichbar war mir die von Brox, a.a.O., 2, genannte Arbeit von D. L. Balch, "Let Wives be Submissive ...". The Origin, Form and Apologetic Function of the Household Duty Code (Haustafel) in 1 Peter, Yale Univ. Diss. 1974. Der Begriff „Haustafel" geht auf Martin Luthers Kleinen Katechismus zurück, wo Luther in einem Anhang verschiedene neutestamentliche Texte aus dem Bereich der Haustafeln und der Gemeindeordnungen zusammengestellt hat über Bischöfe, Pfarrer, Prediger; weltliche Obrigkeit; Ehepartner; Eltern/Kinder; Knechte, Maiden, Tagelöhner, Arbeiter/Hausherren, Hausfrauen; Jugend; Witwen; Gemeinde (Die Bekenntnisschriften der evangelisch-lutherischen Kirche, Göttingen [4]1959, 523–7). Der Begriff ist hier also weiter gefaßt als der heutige formgeschichtliche.

[5] K. H. Rengstorf, Die neutestamentlichen Mahnungen an die Frau, sich dem Manne unterzuordnen, in: Verbum Dei manet in aeternum, FS O. Schmitz, Witten 1953, 131–45; ders., Mann und Frau im Urchristentum, Arbeitsgemeinschaft für Forschung des Landes Nordrhein-Westfalen H. 12, Köln 1954, 7–52; D. Schroeder, Die Haustafeln des Neuen Testaments, Diss. Hamburg 1959; Crouch, a.a.O.

[6] Rengstorf, a.a.O., 134 bzw. 25f.

[7] Schroeder, a.a.O., 38.

[8] A.a.O., 134.137 bzw. 25f.

[9] Schroeder, a.a.O., 132; L. Goppelt, Der erste Petrusbrief, KEK 12.1, Göttingen 1978, 163–179.

[10] A.a.O., 106, s. u. Anm. 13.

[11] Euseb, praep. evang. VIII 7,14: καὶ ἀνὴρ γυναικὶ καὶ παισὶ πατὴρ καὶ δοῦλος ἱκανὸς εἶναι δοκεῖ τοὺς νόμους παραδιδόναι.

Daß trotz solcher Kritik Dibelius' und Weidingers Thesen weiter in Geltung geblieben sind, liegt wohl an der Grundschwäche dieser Kritik, daß sie nämlich gegenüber der imponierenden Fülle an Material bei Dibelius und Weidinger nur destruktiv wirkt, weil sie die Haustafeln nicht neu anderen vergleichbareren Texten zuordnen kann, Texten also, die von den gegenseitigen Beziehungen zwischen Mann und Frau, zwischen Eltern und Kindern, zwischen Herren und Sklaven handeln, und allein von *diesen* Beziehungen.

Solche Texte gibt es aber nun durchaus in den Schriften „Über die Ökonomie".[12] Einzelne Texte dieser Tradition tauchen bereits am Rande auch der bisherigen Untersuchungen schon auf, jedoch ohne daß man sie als eine eigene Tradition gegenüber den stoischen Pflichtentafeln verstand. Das zeigt sich insbesondere bei Crouch, da der erwähnte für ihn so wichtige Seneca-Text genau diese Tradition der Schriften „Über die Ökonomie" meint: „der Teil der Philosophie, der für jede Lebensrolle besondere Vorschriften gibt ..., dem Ehemann Rat erteilt, wie er sich gegen seine Gattin verhalten, dem Vater, wie er seine Kinder erziehen, dem Herrn, wie er seine Sklaven regieren soll."[13]

Die Texte. Der älteste erhaltene Text dieser Tradition ist Xenophons Oikonomikos.[14] Erörtert wird das Verhältnis von Mann und Frau und das Verhältnis zu den Sklaven, es fehlt das Verhältnis Eltern/Kinder; es geht um die Probleme der Führung eines Landgutes.

Aristoteles' Buch I der Politik[15] ist sehr viel theoretischer und grundsätzlicher. Die Grundstruktur des „Hauses" ist Mann/Frau, Herr/Sklave[16] bzw. die Dreiteilung mit Eltern/Kinder zusätzlich.[17] Aristoteles ist dabei weniger als Xenophon interessiert an der praktischen Chrestomathie. Wichtiger sind seine Erörterungen über das Verhältnis von Haus und Staat.

Wieder viel praktischer ist PsAristoteles Oeconomica I,[18] das Xenophon und Aristoteles voraussetzt. Hier wird nur Mann/Frau und Herr/Sklave behandelt.

Nur fragmentarisch erhalten ist Philodemos von Gadara;[19] es fehlen vor allem die Teile über die gegenseitigen Beziehungen. [86]

Hierokles,[20] einer der wichtigsten Zeugen für Dibelius und Weidinger, ist auch hier zu nennen, aber nur mit den Teilen seines Werkes, die nach Stobaios zu dem Abschnitt περὶ οἴκων bzw. οἰκονομικός gehören. Erhalten sind hier nur Äußerungen zur Pflichtenverteilung zwischen Mann und Frau in der Haushaltsführung.

Fragmentarisch erhalten sind weiter: Dion von Prusa, Bryson, Kallikratidas, Periktione und Phintys,[21] wobei Brysons Werk in der islamischen Tradition eine bedeutende Nachgeschichte gehabt hat.[22] Verloren sind die Schriften des Antisthenes und des Xenokrates.[23]

[12] Vgl. zum folgenden meinen Aufsatz: Wo man nicht mehr Sklave oder Freier ist, WuD NF 13 (1975), 53–83, bes. 71–83.

[13] Eam partem philosophiae, quae dat propria cuique personae praecepta ... marito suadet quomodo se gerat adversus uxorem, patri quomodo educet liberos, domino quomodo servos regat (L. Annaei Senecae ad Lucilium epistulae morales, ed. A. Beltrami, Rom 1949, 54f.

[14] Xenophontis opera omnia, ed. E. C. Marchant, Oxford ²1921.

[15] Ed. W. D. Ross, Oxford 1957.

[16] 12,1252a 24–34

[17] 13,1253b 4–14.

[18] Aristotle: Metaphysics II, Oeconomica, Magna Moralia, LCL, Cambridge/Mass. 1958.

[19] Ed. C. Jensen, Leipzig 1906.

[20] S. o. Anm. 2.

[21] Vgl. F. Wilhelm, Die Oeconomica der Neupythagoreer Bryson, Kallikratidas, Periktione, Phintys, RMP NF 70 (1915), 161–223.

[22] Vgl. M. Plessner, Der Οἰκονομικός des Neupythagoreers Bryson und sein Einfluß auf die islamische Wissenschaft, Heidelberg 1928.

[23] Die lateinische Tradition setzt andere soziale und wirtschaftliche Gegebenheiten voraus; daher bleibt sie hier unberücksichtigt.

Literatur: Unter der Frage der Sklaverei ist das Material untersucht worden von H. Klees;[24] aus der sozialgeschichtlichen Forschung sind vor allem zu nennen O. Brunner[25] und über die bekannten älteren Werke[26] hinaus ein Buch von M. I. Finley[27].

Die hier vertretene Zuordnung der Haustafeln[28] ist zunächst nur eine der üblichen neuen religions- oder traditionsgeschichtlichen Thesen. Sie hat gegenüber der herrschenden These, aber auch gegenüber deren Kritik bei Rengstorf, Schroeder und Crouch den Vorteil, das Dreier- bzw. Zweierschema und damit auch die Gegenseitigkeit der Ermahnungen einheitlich aus einer Tradition erklären zu können. Zugleich bewirkt diese neue Zuordnung aber – das sei hier vorweggenommen – auch eine andere Wertung der neutestamentlichen Haustafeln. Schloß Dibelius aus seiner traditionsgeschichtlichen Zuordnung auf jenes Bedürfnis, sich im Alltagsleben einzurichten, waren die Haustafeln mithin Symptom einer doch wohl nicht eindeutig positiv gewerteten „Verbürgerlichung" des frühen Christentums, so weist diese neue Zuordnung auf einen *latent* politischen Anspruch dieses frühen Christentums, der als solcher dann auch durchaus von den politischen Instanzen wahr- und ernstgenommen worden ist.[29] [87]

In der hier gegebenen kurzen Darstellung ist ein Vergleich der neutestamentlichen Haustafeln mit den Schriften „Über die Ökonomie" nicht im Detail zu leisten. Er würde

24 Herren und Sklaven. Die Sklaverei im oikonomischen und politischen Schrifttum der Griechen in klassischer Zeit, FASk 6, Wiesbaden 1975.

25 Das „ganze Haus" und die alteuropäische „Ökonomik" in: ders., Neue Wege der Verfassungs- und Sozialgeschichte, Göttingen ²1968 = ¹1956: Neue Wege der Sozialgeschichte, 103–127.

26 Vor allem M. Rostovtzeff, Die hellenistische Welt, 3 Bde, Stuttgart 1955; englische Originalausgabe: The Social and Economic History of the Hellenistic World, Oxford 1949.

27 The Ancient Economy, Berkeley/Los Angeles 1973; deutsch: Die antike Wirtschaft, dtv wr 4277, München 1977.

28 Halb vorweggenommen ist dies bei J. Hofmann, Die „Hausväterliteratur" und die „Predigten über den christlichen Hausstand". Lehre vom Hause und Bildung für das häusliche Leben im 16., 17. und 18. Jhdt., Weinheim/Berlin 1959 (ursprünglich eine Göttinger Dissertation bei O. Brunner), 25: „Die Haustafeln erinnern, besonders in ihrer Gliederung, an die peripatetische Ökonomik", vgl. auch 27 in ausdrücklicher Auseinandersetzung mit Weidinger, dem er aber 25–27 zu weit entgegenkommt. Richtig ist dabei der Hinweis: „Doch im Unterschied zur Ökonomik waren die Haustafeln nicht für den Hausvater bestimmt, sondern, als Teilstück der genannten Briefe, für die ganze Gemeinde geschrieben" (25).

29 Formgeschichtliche Arbeit, zu der Dibelius' und Weidingers Arbeiten ja gehören, hat von ihrem Ursprung her soziologische Fragestellungen immer mit eingeschlossen. Während es im Alten Testament aber möglich ist, über die Form der Texte auf elementare soziale Vorgänge zu stoßen, kommt beim Neuen Testament eigentlich immer nur der „Sitz im Leben" der Kirche in den Blick (Gottesdienst, Predigt, Taufe, Abendmahl, Mission, Paränese usw.). Das mag zum Teil bedingt sein durch theologiegeschichtliche Faktoren, da die Formgeschichte sich ja verband mit der Dialektischen Theologie und ihrem neuen Interesse an Gottesdienst und Kirche. Vor allem aber ist dieser Tatbestand durch die Texte selber bedingt, die ihren Ort eben in der Gemeinde haben. Wo dagegen elementare soziale Vorgänge ins Spiel kommen, in den Gleichnissen Jesu, liegt dies Phänomen außerhalb der Fragestellung der klassischen Formgeschichte. Will man soziologisch oder sozialgeschichtlich neutestamentliche Texte interpretieren, kann man sich demnach nicht beschränken auf Ansätze in der Formgeschichte selber, indem man etwa die Weiterentwicklung der allgemeinen Soziologie und Sozialgeschichte gegenüber derjenigen, auf die sich Dibelius und Bultmann (und Gunkel) bezogen, berücksichtigt (Beispiel: Wissenssoziologie), sondern muß darüber hinaus ansetzen bei der historischen Frage, die durch die Formgeschichte trotz aller Wortbildungen auf „geschichtlich" weitgehend domestiziert worden war. Das darf jedoch keine naive Rückkehr zu einer reinen Literarkritik bedeuten, die die Ergebnisse der Formgeschichte überspringt. Vgl. jetzt auch das Vorwort von W. A. Meeks zu dem von ihm herausgegebenen Sammelband: Zur Soziologie des Urchristentums, ThB 62, München 1979, 7–12.

im Blick auf die zugrunde liegenden Wertvorstellungen, etwa „Gerechtigkeit", „recht und billig", Unterschiede aufzeigen, auf der anderen Seite aber auch einen schon oft bemerkten vergleichsweise konservativen Grundzug der Haustafeln. Im Zusammenhang dieses Aufsatzes geht es nur um die Überlegung, was der Anschluß des Gemeindeaufbaus der hier verfolgten frühchristlichen Linie an die Konzeption des οἶκος bedeutet, womit ja andere Möglichkeiten wie die neuerdings so betonte radikale Vereinzelung oder auch Vereinigung Gleichartiger (sozial, ethnisch oder wie immer) oder Schule verworfen werden. Die Einzelanalyse dagegen würde weitgehend durchaus die bisherigen Ergebnisse bestätigen, also vor allem auf die sozialethischen Traditionen verweisen, die durch das hellenistische Judentum aus der Stoa vermittelt worden sind.

II.

Die Schriften „Über die Ökonomie" wie die neutestamentlichen Haustafeln führen sozialgeschichtlich zu „Haus" als sozialem und wirtschaftlichem Begriff, griechisch οἶκος/οἰκία,[30] lateinisch familia, hebräisch בית; im Deutschen ist über Luthers Bibelübersetzung „Haus" ebenfalls zu einem solchen Begriff geworden. „Haus", „Haushalt" in diesem Sinne ist nun nicht eine Sozial- und Wirtschaftsform unter anderen, sondern die elementare Sozial- und Wirtschaftsform schlechthin nicht nur der Antike[31] oder gar nur des Neuen Testaments, sondern vermutlich aller vorindustriellen seßhaften Kulturen, die sich in Rudimenten bei Bauern und Handwerkern in der Industriegesellschaft bis in unsere Zeit erhalten hat.[32] [88]

Zu diesem „Haus" gehören neben dem „Hausvater"[33] die Hausfrau, die Kinder, die Sklaven oder Knechte, dazu der sächliche Besitz. Die Größenordnungen eines solchen „Haushalts" können sehr verschieden sein, von einem Hauswesen mit vielleicht ein, zwei Sklaven bis hin zu durchorganisierten Großbetrieben, wie sie Xenophon unter griechischen Maßstäben voraussetzt oder wie sie ungleich größer aus der römischen Kaiserzeit bekannt sind.[34]

Für den οἶκος gilt, daß hier Produktion und Konsum eine Einheit bilden und nicht auf getrennte soziale Bereiche verteilt sind. Dabei ist das Ideal des οἶκος weitest mögliche

30 Vgl. dazu G. Theißen, Soziale Schichtung in der korinthischen Gemeinde, ZNW 65 (1974), 232–272, hier 246–250, in Auseinandersetzung mit anderer Literatur.

31 Vgl. dazu Finley, a.a.O., 8ff (deutsche Übersetzung).

32 Der von Crouch herangezogene Philo-Text (s. o. Anm. 1) spiegelt lediglich diese soziale Grundstruktur; Crouch verwechselt sozialgeschichtliche mit traditionsgeschichtlichen Phänomenen. Im übrigen ließe sich diese Struktur wie in griechischer Literatur auch im Alten Testament belegen; vgl. nur Ex 20,10; Dtn 5,14; 1Sam 8,11–17; Hi 19,13–20; vgl. auch P. Vielhauer, Oikodome, in: ders., Oikodome, GAufs. 2, ThB 65, München 1979, 1–168, hier 4.

33 „Vater" ist dabei ein Begriff, der nicht primär die physische Verwandtschaft, sondern die soziale Relation bezeichnet; vgl. J. Trier, Vater. Versuch einer Etymologie, ZSRG 65 (1947), 232–260.

34 Max Weber beschränkt den Begriff οἶκος-Wirtschaft auf solche Großbetriebe, für die dann in der Tat auch gelten mag, daß hier alle nur für einen arbeiten, wobei er aber offenbar besonders russische vorrevolutionäre und schlesische Verhältnisse vor Augen hat: Grundriß der Sozialökonomie III.1, Tübingen ²1925, 212–215.

Autarkie. Grundlage ist die gemeinsame Erwirtschaftung und Verfertigung der gemeinsamen Lebensgrundlage; nur ein geringer Anteil davon muß durch Tausch oder Kauf bei Spezialisten erworben werden.[35]

III.

Die Schriften „Über die Ökonomie“ setzen diese Grundstruktur nicht einfach voraus, sondern reflektieren sie unter den Bedingungen der griechischen Stadtkultur. Sie gehören systematisch in den Bereich der Ethik.[36] Die griechische bzw. hellenistische Polis erreicht dabei Größenordnungen von bis zu sechsstelligen Einwohnerzahlen, noch abgesehen von der alles verschlingenden Millionenstadt Rom in der Kaiserzeit. Ist das οἶκος-Modell am überzeugendsten unter den Bedingungen agrarischer Verhältnisse, so wird es nun übertragen auf die Verhältnisse der Stadtkultur, die aber als „Ackerbürgerkultur“ zu bestimmen ist. Der überwiegende Teil der Einkünfte kommt aus der Landwirtschaft, ein geringerer aus Handel oder Handwerk, ein kleiner aus Zinserträgen.[37]

„Ökonomie“ ist unter diesen Bedingungen trotz des Wortgleichklangs besonders im Englischen daher etwas sehr anderes als das, was seit dem 8. Jh. als – im Deutschen – Wissenschaft der „Volkswirtschaft“ („National- [89] ökonomie“) betrieben wird. Finley unterstreicht das sehr stark, indem er darauf hinweist, daß die modernen ökonomischen Begriffe des Marktes, des Kredites, der Investition und schließlich auch der kalkulierten Rentabilität der antiken Ökonomie fremd sind.[38] Was die Ökonomie als Wissenschaft angeht, so fehlt ihr – zum Leidwesen des Historikers – das wichtigste empirische Instrument, die Statistik. Natürlich sind auch damals Gewinne erzielt worden, natürlich ist auch nach Erfahrungswerten kalkuliert worden, im wesentlichen ist Ökonomie aber nicht eine Lehre vom optimalen Profit, sondern Anleitung zur sinnvollen Führung einer Hauswirtschaft im personalen wie im sächlichen Bereich.

Eine systematisch betriebene Tauschwirtschaft großen Stils oder gar eine staatliche Wirtschaftslenkung kommen hier nicht in den Blick. Sofern es etwas wie „Staatswirtschaft“ gibt, beschränkt sie sich auf die Grundstoffe, z. B. die berühmten athenischen Bergwerke. Zu Recht wird oft darauf hingewiesen, daß für die Antike das Mittelmeer nicht Trennung, sondern schnelle Verbindung bedeutete; man muß das aber insofern

[35] Das klassische Beispiel für solche Spezialisten sind die Schmiede; vgl. im biblischen Bereich Gen 4,22. – Das methodische Problem läßt sich illustrieren an O. Michel, Art.: οἶκος κτλ., ThWNT V, 122–161. Die Zahl der Wörter, die das Element οικ- enthalten, und ihre Verwendungshäufigkeit ist im Neuen Testament ja beträchtlich. Michels Darstellung enthält nun durchaus sozialgeschichtliche Aspekte; die beschränken sich aber fast ganz auf rein lexikalische Angaben. Das Leitmotiv liegt dagegen (vor allem 128–131, aber auch sonst) im Topos des allgemeinen Priestertums aller Gläubigen, für das 1Petr 2,1–10 ja der locus classicus ist. Interpretationsansatz ist die alttestamentliche Bezeichnung des Tempels als „Haus Gottes“, nicht aber die soziale und wirtschaftliche Grundstruktur „Haus“. Eine solche Interpretation kann durchaus legitim sein; man muß nur wissen, wonach man fragt.

[36] Vgl. das Seneca-Zitat oben Anm. 13.

[37] Vgl. PsAristot, Oec. II I.6,1346a 11–13: Αὐτῆς δὲ ταύτης κρατίστη μὲν πρόσοδος ἡ ἀπὸ γῆς γινομένη˙ δευτέρα δὲ ἀπὸ τῶν ἄλλων ἐγκλημάτων˙ τρίτη δὲ ἀπὸ ἀργυρίου.

[38] A.a.O., passim, vor allem gegenüber Rostovtzeff.

relativieren, daß man sich klar macht, wie gering ein allein auf den Seeweg angewiesener Handel sein kann, der noch nicht über die modernen Massentransportmittel verfügt, weder zu Wasser noch zu Lande.[39]

Kennzeichnend für die Ökonomie auch der hellenistischen Zeit bleibt die weitgehende Autarkie des Hauses und die Einheit von Produktion und Konsum. Begrifflich gibt uns der Terminus „Haus", „Haushalt, Hauswesen" eine Deutungskategorie für die antike soziale und wirtschaftliche Wirklichkeit an die Hand, die den üblichen Begriffen „Sklavenhaltergesellschaft" oder „Klassengesellschaft" überlegen ist. Der Begriff οἶκος-Gesellschaft hat den Vorteil, die soziale wie die wirtschaftliche Struktur der antiken Gesellschaft gleichzeitig zu beschreiben und eine Deutungskategorie der damaligen Zeit zu sein. Der urteilende Ton, der in den Begriffen „Sklavenhalter" oder „Klassen" unüberhörbar ist, weist auf neuzeitliche Wertvorstellungen, die aber nicht ohne die wirtschaftliche und damit soziale Entwicklung in den beiden letzten Jahrhunderten zu denken sind. Diese Wertvorstellungen der Freiheit und der Gleichheit sind nun freilich gewonnen worden im Rückgriff weniger auf christliche als auf antike philosophische Traditionen, und deshalb ist ein wertendes Urteil über den Versuch historischen Verstehens hinaus auch in diesem Punkt legitim.

Adressat der ökonomischen Schriften sind ja die Besitzenden, die jene Werte der Freiheit und der Gleichheit für sich in Anspruch nahmen, sie aber den anderen Mitgliedern ihres Hauses mehr oder weniger vorenthielten. Die Kategorie der „Hauswirtschaft" ist *ihre* Deutung und Wertung der [90] sozialen Gegebenheiten; es fehlen uns die Deutungen und Wertungen dieser Gegebenheiten z. B. durch die Sklaven. Hätte man diese gefragt, hätten sie aber nicht vielleicht nach Analogie heutiger Meinungsbefragungen mehrheitlich geantwortet, sie seien im wesentlichen mit den bestehenden Verhältnissen zufrieden?[40]

Solche Überlegungen mögen uns warnen, allzu eilig moderne soziale und wirtschaftliche Wertvorstellungen, über die ja auch nur ein vordergründiger Konsens besteht, zum *Maßstab* historischen Verstehens zu machen, sei es zur Diskreditierung antiker Wertungen, sei es zu einer anachronistischen Interpretation z. B. frühchristlicher Sozialethik.[41]

[39] Noch zu Beginn des industriellen Zeitalters wird z. B. England zunächst mit einem Netz von kleinen Treidelkanälen überzogen, da der Wasserweg immer noch besser ist als der Landweg. Der Straßenbau beginnt erst langsam und auf dem Kontinent offenbar auch zunächst vor allem zu militärischen Zwecken. Erst die Eisenbahn ermöglicht dann den Austausch industrieller Güter in großem Umfang, und d. h. erst hier wird industrielle Massenanfertigung sinnvoll.

[40] Symptomatisch ist in dieser Hinsicht das Problem der Sklavenbefreiung, das unter den Exegeten die Ausleger des Phm immer wieder beschäftigt. Freiheit bleibt so lange abstrakt, wie sie nicht zugleich die ökonomische Basis der Freiheit sicherstellt, und das bedeutet unter den Bedingungen der antiken Welt: die Führung eines eigenen οἶκος. (Was dabei herauskommen kann, wenn auch nicht muß, zeigt Trimalchio). Auch die Bauernbefreiungen in Westeuropa und die Sklavenbefreiung in den USA haben ja nicht selber schon zu einer Lösung der sozialen und ökonomischen Probleme geführt, sondern das neue Problem eines industriellen Proletariats mitgeschaffen.

[41] Das Problem zeigt sich mit aller Schärfe an der Beurteilung der Frau durch Paulus, in 1Kor 11,2–16, aber auch in 1Kor 7. Dann ist aber wohl auch nicht zu bestreiten, daß Paulus weder in 1Kor 7,21–4 noch im Phm eine Sklavenbefreiung als unbedingte Konsequenz seines Evangeliums intendiert; gegen z. B. P. Stuhlmachers Auslegung Der Brief an Philemon, EKK 18, Zürich/Neukirchen 1975, 42–48 u. a.

Unterschiedlich beantwortet wird in der Antike die Frage, ob die οἶκος-Struktur Modellcharakter für den Staat als ganzen[42] haben könne. Während Xenophon und Plato z. B. dies bejahten, wendet sich Aristoteles dagegen.[43] Tatsächlich läßt sich in Ägypten beobachten, wie – und das wohl im Anschluß an vorgefundene ältere Strukturen – die Ptolemäer ihren Staat nach Art eines οἶκος des Königs organisiert haben.[44] Das hängt sicherlich auch an geographischen Gegebenheiten, die da zu anderen Lösungen führen, wo die Funktionsfähigkeit des einzelnen οἶκος als der Grundstruktur abhängig ist von übergreifenden Organisationsformen, wie das in Ägypten mit seiner Abhängigkeit von den Nilüberschwemmungen der Fall war. Ins Spiel kommen aber auch andere Faktoren, wie z. B. die im Orient weit größere als in Griechenland Bedeutung der Tempel und ganzer Tempelstaaten, was an Jerusalem zu studieren wäre.[45] [91]

IV.

Das frühe Christentum hat seinen Anfang genommen in den sozialen und wirtschaftlichen Gegebenheiten der antiken Welt. Es war keine Bewegung, die bewußt und primär soziale und wirtschaftliche Veränderung anstrebte; wohl aber hatte seine Verkündigung durchaus soziale und wirtschaftliche Folgen. Unsere Quellen sind für die früheste Zeit ausschließlich Selbstzeugnisse, die nicht Berichten aus anderer Perspektive gegenübergestellt werden können; erst nach ca. 100 Jahren in der ersten Hälfte des 2. Jh.s kommen Außenbeobachtungen hinzu. Die im Neuen Testament gesammelten Schriften sind dabei Dokumente aus verschiedenen Situationen und Generationen, die aber zeitlich durchaus auch gegeneinander verschoben sein können. Daher wähle ich im folgenden lieber den Begriff „Phasen". In geographischer und chronologischer Hinsicht besitzen wir die sichersten Daten für das letzte große Missionsgebiet des Paulus, den Raum um die Ägäis. Die übliche einleitungswissenschaftliche Unterscheidung von drei Phasen bewährt sich hier auch in sozialgeschichtlicher Sicht, so wenig sie sonst einfach auf andere frühchristliche Traditionszweige zu übertragen ist.

Für unseren Zusammenhang eine kurze Charakterisierung der drei Phasen vorweg. Die erste Phase ist die der Mission, die den einzelnen aus seinen vorgegebenen sozialen Zusammenhängen herauslöst und ihm jedenfalls in dem hier untersuchten Bereich neue

[42] Zur sozialen Struktur der griechischen Polis vgl. Aristot., Pol. VII 8,1328b 5ff.

[43] Vgl. dazu Klees, a.a.O., 85.180f.187. Vgl. auch Philo, der wie Plato Politik und Ökonomik für gleichartig hält, Jos. 38f, ebr. 91f (Ökonomie als Teil der Philosophie), fuga 36, mut. nom. 149.

[44] Vgl. Rostovtzeff, a.a.O. I, 196–330, bes. 209.

[45] Eine bedeutende Nachgeschichte haben die Schriften „Über die Ökonomie" in Verbindung mit den neutestamentlichen Haustafeln im deutschen Protestantismus gehabt, in Form von Hausbüchern für alle Bereiche des täglichen Lebens und in Form von Predigten über den christlichen Hausstand (vgl. Hoffmann, a.a.O.). Ihr Ende fällt wohl nicht zufällig zusammen mit dem Beginn der Industrialisierung, damit der Umstrukturierung der Gesellschaft in eine im wesentlichen arbeitsteilige und auch des Auseinanderfallens von privatem und öffentlichem Bereich. Speziell im deutschen Protestantismus stellt sich dabei bis heute das Problem, daß über die Sozialethik des Kleinen Katechismus Martin Luthers vorindustrielle patriarchalische Gesellschaftsmodelle transportiert werden in heutige soziale und wirtschaftliche Gegebenheiten.

soziale Integration in die Gemeinde bietet. Als Texte sind hier vor allem die echten Paulusbriefe heranzuziehen. Die zweite Phase, repräsentiert durch Eph, Kol und 1Petr, ist die der Konsolidierung solcher neu entstandener Gemeinschaften, gekennzeichnet durch eine bewußte Reflexion der Anfänge im Blick auf die Gegenwart. Die dritte Phase zeigt in den Pastoralbriefen ausgebildete und funktional ausdifferenzierte Gemeinden, die nun auch in das Blickfeld des römischen Staates geraten.

Erste Phase. Mission zielt auf Bekehrung, und Bekehrung bedeutet – freiwillig oder unfreiwillig – Bruch mit traditionellen Einordnungen und Verhaltensweisen, wie groß oder klein dieser Bruch subjektiv oder objektiv auch sein mag. Die Bekehrung eines einzelnen löst ihn zumal aus den Bindungen des οἶκος: „Es gibt niemand, der *Haus*[46] oder Brüder oder Schwestern oder Mutter oder Vater oder Kinder oder Äcker verläßt um meinetwillen und um des Evangeliums willen ..." (Mk 10,29). Auffälligerweise fehlt hier der Ehepartner, so erst Lk 18,29 in der Parallele. Die Bekehrung eines ganzen οἶκος, und die hat es nach Apg und Paulusbriefen durchaus gegeben,[47] läßt immerhin die soziale Grundstruktur intakt und [92] schafft nur Spannungen und Neuorientierungen in den Außenbeziehungen des ganzen οἶκος.

Das Hauptproblem jedenfalls der paulinischen Mission ist das Verhältnis von Juden und Heiden, das offenbar zuerst von den „Hellenisten" in Jerusalem und dann in der mit ihnen zusammenhängenden Gemeinde in Antiochia thematisiert worden ist. In sozialer Hinsicht bedeutete die Öffnung der Gemeinden auch für nicht das jüdische Gesetz übernehmende Heiden die Aufhebung vermeintlich naturgegebener[48] Schranken vonseiten der Juden wie der Heiden und damit den Ausbruch aus einer reinen Binnenorientierung auf beiden Seiten. In dieser Hinsicht war aber auf beiden Seiten auch schon Vorarbeit geleistet worden.

Der Grundsatz der paulinischen Gemeinden, der in Gal 3,28 formuliert ist,[49] läßt darüber hinaus mit den beiden weiteren Paaren Sklave/Freier und männlich/weiblich neben Jude/Grieche aber erkennen, daß von Anfang an daneben auch schon der οἶκος mit im Blick ist, auch wenn die Terminologie dem hier noch nicht entspricht: männlich/weiblich im Anschluß an Gen 1,27,[50] nicht die Substantiva Mann und Frau wie in den Haustafeln; Sklave/Freier als Beschreibung des Status, nicht wie in den Haustafeln Sklave/Herr als soziale Relation. Die negative Formulierung von Gal 3,28 läßt verschiedene Möglichkeiten der Realisierung dieses Grundsatzes offen. Die paulinische Füllung von

46 οἶκος ist hier offenbar der Oberbegriff, der die verwandtschaftlichen Beziehungen und den sächlichen Besitz („Äcker") umfaßt.

47 Vgl. Apg 16,15; 18,8; 1Kor 1,16 u. a.

48 Vgl. Gal 2,15: ἡμεῖς φύσει (!) Ἰουδαῖοι καὶ οὐκ ἐξ ἐθνῶν ἁμαρτωλοί, nicht Ἰουδαῖος/Ἕλλην als „symmetrische" Begriffe; vgl. dazu R. Koselleck, „Zur historisch-politischen Semantik asymmetrischer Gegenbegriffe", in: Positionen der Negativität, FS H. Weinrich, München 1975, 65–104.

49 Vgl. dazu meinen in Anm. 12 genannten Aufsatz 55–71; M. Bouttier, Complexio Oppositorum: sur les Formules de I Cor. XII. 13; Gal. III. 26–8; Col. III. 10,11, NTS 23 (1976/77), 1–19.

50 Gen 27 LXX: ἄρσεν καὶ θῆλυ ἐποίησεν αὐτούς. Vgl. H. Thyen, „... nicht mehr männlich und weiblich ...", in: F. Crüsemann, H. Thyen, Als Mann und Frau geschaffen, Gelnhausen-Stein 1978, 109.

Gal 3,28 in 1Kor 7[51] wirkt für uns erstaunlich konservativ mit ihrem Tenor, es solle in sozialer Hinsicht alles so bleiben, wie es ist.

Dieses Kapitel 1Kor 7 zeigt vor allem insofern typische Probleme der Mission, als hier durch den Übertritt eines Ehepartners (V. 12f) die Grundlage des οἶκος in Frage gestellt ist. Paulus, selber deutlich mit asketischen Tendenzen in Korinth sympathisierend, zieht aber gerade nicht diese Konsequenz, sondern geht sehr behutsam vor, indem er grundsätzlich der Erhaltung der Ehe und damit des οἶκος den Vorrang gibt.[52] [93]

Kennzeichnend für diese Gemeinden des paulinischen Typs ist eine hohe soziale Integrationsfähigkeit, denn Gal 3,28 ist nicht ein idealer Grundsatz geblieben, sondern spiegelt, wie G. Theißen für Korinth verifiziert hat, durchaus die Realität.[53] Juden wie Griechen, Männer wie Frauen, Sklaven wie Freie fanden sich in den Gemeinden zusammen und setzten sich an einen Tisch. Soziale Probleme in den Gemeinden, wie sie sich in 1Kor 11 zeigen, entstanden erst in der Folge dieses Grundsatzes, stellten ihn aber nicht in Frage.

Die Selbstbezeichnung dieser Gemeinden, ἐκκλησία (τοῦ θεοῦ),[54] schließt nicht an eine vorgegebene Begrifflichkeit für Vereinigungen religiöser Art an, sondern stammt aus der politischen Sprache. Dort hat auch der Organismusgedanke, den Paulus in 1Kor 12 auf die Gemeinde überträgt, eine Vorgeschichte.[55] Schließlich weist die schon bei Paulus hervortretende οἶκος-Terminologie (οἰκοδομή) darauf hin, daß von Anfang an die soziale Verwirklichung der Gemeinde nach dem οἶκος-Modell und nicht die religiöse Verwirklichung des einzelnen Konsequenz der paulinischen Verkündigung war.[56] Diese Verkündigung ist von Paulus selber knapp als Verkündigung des Gekreuzigten bestimmt; sie, und das ist für Paulus zugleich seine Verkündigung der Rechtfertigung allein aus Glauben, ist also von vornherein auf soziale Gestaltwerdung angelegt.

Zweite Phase. Schon in der ersten Phase zeigt sich, wie sehr die Entstehung der paulinischen Gemeinden zu beziehen ist auf die soziale Grundstruktur des οἶκος; Kristallisationspunkte der Gemeinden waren offenbar die Häuser eines Stephanas oder einer Chloe. Geschichte ist nun niemals völlig determiniert, es realisieren sich jeweils wenige von vielen angelegten Möglichkeiten. Der Schritt in die zweite Phase ist daher weder eindeutig

51 Den Zusammenhang zwischen Gal 3,28 und 1Kor 7 hat S. S. Bartchy erkannt: Μᾶλλον χρῆσαι. First-Century Slavery and the Interpretation of 1 Corinthians 7:21, SBLDS 2, Missoula 1973, 131.162–165: Jude/Grieche: 1Kor 7,18–20; Sklave/Freier: 1Kor 7,21–3, das Verhältnis von Mann und Frau ist das eigentliche Thema des Kapitels.

52 Es wird – und darin ist G. Theißen, Wanderradikalismus, ZThK 70 (1973), 245–271; Soziologie der Jesusbewegung, TEH 194, München 1977, grundsätzlich zuzustimmen – durchaus auch die andere Möglichkeit gegeben haben, daß Bekehrung als radikale Herauslösung aus bestehenden sozialen Strukturen ohne Aufbau neuer gelebt worden ist (werden mußte?). Diese Möglichkeit ist in der Kirchengeschichte immer wieder hervorgetreten in radikal asketischen Bewegungen. Doch zeigt die Fortsetzung des oben bei Anm. 46 zitierten Textes Mk. 10,29 in V. 30, daß es auch in der Jesusüberlieferung einen Aufbau neuer sozialer Strukturen nach dem οἶκος-Modell gibt.

53 ZNW 1974 (s. o. Anm. 30).

54 Vgl. dazu W. Schrage, „Ekklesia“ und „Synagoge“, ZThK 60 (1963), 178–202; K. Berger, Volksversammlung und Gemeinde Gottes, ZThK 72 (1976), 167–207.

55 Vgl. E. Schweizer, Art.: σῶμα κτλ., ThWNT VII, passim.

56 Vgl. Vielhauers in Anm. 32 genannte Arbeit über οἰκοδομή.

zwangsläufig, noch geschieht er ohne eine reflektierte Auseinandersetzung mit der ersten, die nun bestimmte Züge der ersten erst deutlicher hervortreten läßt. Die hier verfolgte Entwicklung ist diejenige, der insgesamt die Zukunft gehört, weil Geschichte in all ihrer Diskontinuität auch die Geschichte von institutionellen Traditionsträgern sein muß, andernfalls wir keine Kenntnis von jenen Gemeinden des Anfangs hätten.[57] Solch Traditionsträger auf Dauer, der Überlieferung von Generation zu Generation weiterzugeben sich bemüht, kann aber die Gemeinde in der Frühzeit deshalb sein, weil sie mit ihrem Anschluß an die οἶκος-Struktur die Möglichkeit des Generationenübergangs besitzt. Die in den Paulusbriefen nur beiläufig erwähnten Kinder (1Kor 7,14) haben das Evangelium in der zweiten Phase aufgenommen und weiter bedacht. [94]

In dieser zweiten Phase ist die Leistung der ersten, die Integration von Juden und Heiden, ein Problem der Vergangenheit,[58] dessen Bedeutung nicht unterschätzt wird. Grundlage der Gemeinde ist nun der *christliche* οἶκος; freilich zeigt dessen ausdrückliche Legitimierung in den Haustafeln Kol 3,18–4,1 und Eph 5,21–6,9, daß dies nicht ganz selbstverständlich ist und daß aus der ersten Phase auch andere Möglichkeiten sich hätten geschichtlich realisieren können. Die Übernahme der οἰκονομία-Tradition in den Haustafeln zeigt dabei, daß die Sozialethik sich anschließt an relativ konservative griechische Traditionen und in der Beschreibung der Rolle der Frauen[59] wie auch der Sklaven zurückbleibt hinter seinerzeit faktisch Erreichtem und Möglichem.[60]

Der nun bewußte Anschluß an die οἶκος-Struktur ermöglicht Kontinuität, Dauer und Tradition. Stärker als der Kol. verwendet der Eph. für die übergreifende Struktur der Gemeinde Begriffe der politischen Sprache (Eph 2,19!), die gefüllt werden mit Traditionen des idealen himmlischen Israel. Wach geblieben ist die Erinnerung daran, daß einst die Heiden Anteil bekommen haben an den Verheißungen, die Israel galten, und daß die Leistung der ersten Phase nicht als emanzipatorischer Schritt ehemaliger Juden zu werten war. Mit diesem doppelten Anschluß an politische wie Israel-Traditionen zeigt sich, daß die Gemeinden sich nicht als Kultverein organisieren, sondern wie das Judentum mit einer besonderen rechtlichen Struktur.[61]

Nicht ausdrücklich im Blick scheint im Kol und Eph trotz der gelegentlichen Berührungen mit lokalen römischen Beamten schon in der Frühzeit und trotz der ersten grö-

[57] Höchstens durch den Glücksfall einer archäologischen Entdeckung wie bei den Essenern von Qumran, für deren Schriften es nach 70 keine Weiterüberlieferung gibt; vgl. aber die mittelalterliche Überlieferung der Damaskusschrift.

[58] Vgl. vor allem Eph 2,11–22.

[59] Vgl. K. Thraede, Art. Frau, RAC VIII, 197–269, hier 239f: „Hier ist wichtig, daß die Christen, angefangen bei den Haustafeln des NT, sich nicht einfach an Verhältnisse ihrer Gesellschaft anlehnten (…), sondern entgegen der zeitgenössischen Emanzipation auf Ideale zurückgriffen, die theoretisch bereits entthront u. praktisch längst überholt waren."

[60] Die Haustafeln, dies gegen Schroeder, a.a.O., 88f, und mit Rengstorf, a.a.O., 137, haben die einzelnen Gruppen im οἶκος und nicht Stände in der Gemeinde im Blick. Sie gelten sowohl für das christliche „Haus" als ganzes als auch – und das ist offenbar zu dieser Zeit der Normalfall – für das Verhalten von Christen (Herren, Frauen, Sklaven – Kinder?) in einem nicht allein aus Christen bestehenden Haushalt. Nicht anders wird es sich auch noch bei den Mahnungen der Pastoralbriefe verhalten.

[61] Schon Paulus fordert ja in 1Kor 6,1–11 dazu auf, Rechtsstreitigkeiten zwischen Gemeindegliedern nicht vor öffentlichen Gerichten, sondern in der Gemeinde selber auszutragen.

ßeren Verfolgung von Christen unter Nero das Verhältnis zum Staat. Wenn im 1Petr, und das historisch doch wohl in zeitlichem Zusammenhang mit der Christenverfolgung gegen Ende des ersten Jh.s, nun entsprechend bestimmten Teilen der alten οἰκονομία-Tradition auch der Gehorsam gegenüber dem Staat mit der Haustafel verbunden wird,[62] zeigt auch das wieder den relativ konservativen Grundzug der Sozialethik dieses frühchristlichen Traditionszweiges. Schon Paulus hatte ja die Unterordnung unter die römischen Behörden in Röm 13,1–7 gefordert, und auch er hatte ja nicht nur positive Erfahrungen mit diesen [95] gemacht. Da sich Christentum von Anfang an als eigenes soziales Gebilde nach der οἶκος-Struktur realisiert, ist von Anfang an auch ein latenter politischer Anspruch vorhanden. Insofern ist die spätere Übernahme der politischen Verantwortung für den ganzen römischen Staat unter Konstantin durchaus im Anfang bereits angelegt, wenn auch wiederum nicht die zwangsläufige und einzig mögliche Konsequenz aus diesem Anfang.

Dritte Phase. In der dritten Phase, repräsentiert durch die Pastoralbriefe, zeigt sich weiterhin ein bewußter Anschluß an die Tradition, nicht zuletzt darin, daß man weiterhin die Autorität des Paulus als auch für die Gegenwart verbindlich ansieht. Offenbar sind nun die Gemeinden größer und sozial ausdifferenzierter und damit die Probleme komplexer geworden. Aus den Haustafeln werden Gemeindeordnungen, die nun noch deutlicher die Gemeinde in Analogie zum οἶκος begreifen, z. B. mit der Anforderung an einen Bischof, die οἰκονομία zu beherrschen (1Tim 3,4f). Es verschwinden die für den Eph kennzeichnenden Züge des idealen Israels in der Selbstdarstellung der Gemeinde;[63] dafür treten deutlich Probleme ökonomischer Art hervor. Die Gemeinde bekommt eine institutionelle Sorgepflicht gerade für sozial schwächere Mitglieder.[64]

Aus etwa derselben Zeit wie die Pastoralbriefe stammen nun auch die ersten uns bekannten Überlegungen von staatlicher Seite, wie man dem Christentum begegnen solle, und zwar gerade von Vertretern der die römische Staatsideologie tragenden Schicht (Tacitus, Plinius, Trajan). Sie zeigen, daß von dieser Seite das Problem des Christentums nicht als Bekenntnisproblem, sondern als politisches aufgefaßt worden ist.[65] Tacitus bedauert lediglich, daß Nero unter falschem Vorwand gegen die Christen in Rom vorgegangen ist, hält aber doch ihre Verfolgung grundsätzlich für nötig ebenso wie Plinius und Trajan, wenn die Christen nicht von ihrer superstitio lassen.[66] Plinius' Schilderung zeigt deutlich die ökonomischen Konsequenzen des Christentums für die von ihm verwaltete Provinz.

Die Gefahr, die sie alle zusammen fürchten, ist die einer Verweigerung gerade der politischen Verantwortung für den Staat; sie haben offenbar durchaus das Gefühl gehabt, daß hier eine Konkurrenz für ihre Ideologie der Einheit einer nach römischen Vorstellungen befriedeten Menschheit sich entwickelte. Das zunächst ganz pragmatische Ver-

62 2,3–17, vgl. auch den Beginn des ganzen Abschnitts in 2,11.

63 Ebenso wird die christologische Grundlage vor allem in Tit 2,11–14 und 3,3–7 neu formuliert mit stärker hellenistischer Begrifflichkeit.

64 Vgl. 1Tim 5,3 u. a.

65 Vgl. dazu vor allem A. Wlosok, Rom und die Christen, Stuttgart 1970.

66 Tacitus, ann. XV 44,3f; Plinius, ep. X 96,8 und 97.

fahren des Plinius wird dann in den Christenverfolgungen des dritten und vierten Jh.s systematisch gehandhabt, bevor unter Konstantin der latente politische Anspruch des frühen Christentums auch vom römischen Staat aufgenommen wird. [96]

V.

Diese Entwicklungslinie ist, wie gesagt, nur eine der im frühen Christentum möglichen, aber doch die die Zukunft bestimmende. Wie ich sie dargestellt habe, macht sie vielleicht den Eindruck zu großer Kontinuität: Es wird jeweils das festgehalten, was in der vorigen Phase erarbeitet worden war, und auf neue Probleme bezogen. Kurz skizziert: Das Hauptproblem der ersten Phase, das Verhältnis von Juden und Heiden, erscheint in der zweiten im Rückblick als gelöst wieder; zugleich rückt hier ein wenn auch wichtiger Nebenzug der ersten Phase, die Frage der Sozialstruktur οἶκος nach vorne. Die Kirche als ganze ist bezogen auf diesen οἶκος. Dies wiederum wird in der dritten Phase aufgenommen und ausdifferenziert auf die Gemeinde als komplexeres Gebilde. Damit ist vorerst ein Endpunkt erreicht.

Alle drei Phasen werden die Kirchengeschichte hindurch zu verschiedenen Zeiten wieder aktuell werden, und man wird die Dokumente der jeweils anderen Phasen von der her interpretieren, in der man sich selber am ehesten wiederzufinden meint. Das moderne historische Bewußtsein wird sie dann als geschichtlich nacheinander verstehen, wohl auch weil es sich am ehesten in der ersten, „genuinen" Phase wiederfinden und sich über das historische Kriterium der „Echtheit" hier beim originalen Paulus legitimieren kann. Doch sind, wie behauptet, die zweite und die dritte Phase durchaus geschichtliche Realisierung von im Anfang selbst Angelegtem, wenn auch nicht die zwangsläufige und allein mögliche. Immerhin ist aber ja damit zu rechnen, daß in den Gemeinden der Pastoralbriefe auch der Römer- oder der Galaterbrief noch gelesen wurde, wie man sie auch verstanden haben mag.

Dieses Bild einer relativen Kontinuität wird dem Einwand begegnen, daß sich dies alles nicht darstellen lasse, ohne daß von Naherwartung bzw. Parusieverzögerung die Rede gewesen ist, ohne daß die *Krise* des Übergangs von der ersten Phase in die zweite und dritte beschrieben worden ist. Dies war ja z. B. Dibelius' Erklärung für die Aufnahme der Haustafeln; die erste Generation habe sich um die Verhältnisse dieser Welt nicht zu kümmern brauchen, da sie sich am Ende der Zeiten stehend verstand, die zweite habe sich dann plötzlich in dieser Welt einrichten müssen und sei dafür auf hellenistische oder jüdische, jedenfalls nicht eigentlich christliche Traditionen angewiesen gewesen.

Nun sind freilich schon bei Paulus gerade unter der Naherwartung die Probleme des Alltags nicht beliebige; so kümmert er sich im 1Kor ja um zum Teil sehr alltägliche Probleme, und die Frage der Mahlgemeinschaft in Antiochien wie in Korinth nimmt er nicht als pragmatisch zu regelnde, sondern als Anlaß zu scharfer Kontroverse. Wichtiger für unseren Zusammenhang aber ist, daß gleich in der ersten Generation der Anschluß an die soziale und wirtschaftliche Grundstruktur des οἶκος erfolgt, n. b. sicherlich nicht aufgrund von soziologischen oder missionsstrategischen Analysen. [97]

Auch unter der Naherwartung entstanden damit potentiell dauerhafte soziale Gebilde, die sich als in der Welt bestehend doch den geltenden sozialen und wirtschaftlichen Strukturen der Welt überlegen fühlen konnten, ohne mit ihnen in gewollte Konkurrenz zu treten. Der römische Staat aber konnte nicht zulassen, daß neben und in ihm ein weiteres auf der Grundstruktur des οἶκος aufbauendes Gebilde mit ebenfalls universalem Anspruch bestand.

SUPERSTITIO – DIE BEURTEILUNG DES FRÜHEN CHRISTENTUMS DURCH DIE RÖMER*

1. *Der Hintergrund*

Die frühesten uns erhaltenen Beurteilungen des Christentums durch die Römer stammen aus dem kurzen Zeitraum eines knappen Jahrzehnts zwischen frühestens 110 und spätestens 122, und sie stammen von Männern, die sich untereinander kannten, hohe politische Positionen bekleideten und sich allesamt mit dem Römischen Reich identifizierten. Aus offizieller Sicht also lautete das Urteil: *superstitio,* mit unterschiedlichen, dieses ohnehin negative Wort noch weiter negativ qualifizierenden Adjektiva. Da sie unter sich waren und füreinander schrieben, brauchten sie ihre eigene Position nicht auf einen Begriff zu bringen. Der wäre gewesen: *religio*[1], eine aufgeklärt philosophische Identität der möglichen Weltordnung mit der bestehenden Ordnung des Römischen Reiches, die durchaus auch in der kultischen Verehrung der römischen Götter ihren sichtbaren Ausdruck finden konnte.

An der Spitze dieser Ordnung stand Trajan, nicht mehr ein Nero und auch nicht ein Domitian, sondern ein Mann aus Spanien, der daranging, die ökonomische Krise des Reiches durch Straffung der Zentralverwaltung in den Griff zu bekommen.[2] Dass das Römische Reich kompliziert aufgebaut war, lag an der Geschichte der Eroberungen. Über lange Zeit hinweg hatten innere Auseinandersetzungen zu seiner Expansion geführt; indem Bürgerkriege auf fremden Territorien ausgetragen wurden, erweiterte sich das Reich. Seit Octavian war solche Polarität vorbei – es gab nur noch den einen an der Spitze.

Kritisch war die Zeit nach Neros Tod gewesen; drei Kaiser folgten binnen eines Jahres aufeinander, bis mit Vespasian eine neue Ära begann. [194] Der hatte seinen erfolgreichen Krieg gegen die Juden vorzuweisen, den vorerst letzten Aufstand eines unterworfenen Volkes innerhalb der Grenzen des Reiches. Sein Sohn Titus führte den zu Ende. War die Welt durch diesen Krieg scheinbar endgültig befriedet, bedeuteten die Jahre der Regierung seiner Söhne Titus und Domitian Konsolidierung, aber auch Krise. Rom fiel es schwer, sich umzustellen von Krieg auf Frieden, von Beute auf Ertrag, von Militär auf Verwaltung. So könnte man die Zeit Trajans charakterisieren.

Aus dieser Zeit also stammen die ersten Beurteilungen der Christen;[3] von Trajan selber, von 96 bis 117 Herrscher des Reiches; der bestätigt das Vorgehen seines Legaten Plinius in der Provinz Pontus/Bithynien. Plinius selber stammt aus der römischen Mittelschicht der

* Antrittsvorlesung an der Philipps-Universität Marburg am 28. Juni 1983.

1 Vgl. dazu K. Latte, Römische Religionsgeschichte, HAW V.4, ²1967, 39, zur Religion der Kaiserzeit: 312–326.

2 Vgl. zum folgenden insbes. R. Syme, Tacitus, Bd. 1, 1958, 1–58: The Political Setting.

3 Zu den folgenden biographischen Angaben vgl. außer dem in der vorigen Anmerkung genannten zweibändigen Werk von Syme zur schnellen Information die Artikel in KP von R. Hanslik, „Trajan", V 919–921, „Plinius", IV 937f, und von M. Fuhrmann, „Tacitus", V 486–493, „Sueton", V 411–413.

Ritter; geboren 61/62, hat er eine glänzende Ausbildung und eine ebenso glänzende Karriere unter den flavischen Kaisern gehabt; gestorben ist er wohl 113 am Ende seiner Mission in Kleinasien. Tacitus, etwas älter als Plinius, kam wahrscheinlich aus Gallien; auch er machte unter den Flaviern seine Karriere, war 97 Konsul, ca. 112/113 dann Prokonsul der Provinz Asia; gestorben ist er ca. 120. Sueton schließlich, auch er wie Tacitus aus dem Ritterstand und aus der Provinz (Nordafrika) und mit Plinius befreundet (er etwas jünger, Tacitus etwas älter als der), erhielt höhere Verwaltungsaufgaben unter Trajan und bekleidete unter dessen Nachfolger Hadrian für einige Zeit das einflussreiche Amt des Sekretärs für die offizielle Korrespondenz, verlor es aber 121.

Sie alle beziehen sich mit ihrem gemeinsamen Urteil *superstitio* auf gemeinsame Wertvorstellungen. Sie stoßen offenbar auch nicht erstmals auf das Phänomen Christentum, setzen vielmehr seine Kenntnis voraus oder verfolgen es in die jüngere Geschichte Roms zurück. Für alle aber scheint das Christentum auch ein Problem der aktuellen Gegenwart zu sein, ausdrücklich bei Plinius und Trajan, historisch aktualisiert bei Tacitus, weniger bei Sueton. Sie haben sich nicht nur gekannt, sondern gemeinsame Wertvorstellungen geteilt und diese auch ihren Lesern vermitteln wollen: Tacitus und Sueton über ihre Geschichtsschreibung in belehrender Form, Plinius und Trajan durch Setzung rechtlicher Normen – die Veröffentlichung ihres Briefwechsels schaffte in diesem wie in anderen Fällen durch die bestätigende Antwort des Kaisers Normen in Fragen, die vom überkommenen Recht nicht erfasst waren. [195]

Superstitio aber war kein strafrechtliches Delikt.[4] Übersetzt wird es zumeist mit „Aberglaube“ oder „Afterglaube“, gemessen an aufgeklärt vernünftiger Religion. Aber weder ist solcher Aberglaube als Hexerei, Zauberei, Ketzerei strafbar, noch ist er „Atheismus“ im Sinne des Strafrechts. Die Toleranz der Römer gegenüber fremden Religionen war recht groß; sie zielten nicht auf eine einheitliche Staatsreligion und Trajan auch nicht auf irgendeine kultische Verehrung seiner Person. Als ein religiöses Phänomen haben sie das Christentum zwar wahrgenommen, eine Gefahr bedeutete es aber nicht schon als ein solches.

2. *Plinius, ep. X 96f*

Das wird deutlich am Vorgehen des Plinius. Dieser Briefwechsel ist in den letzten Jahren verschiedentlich analysiert worden, mit recht kontroversen Ergebnissen freilich. Ich folge bei meiner Interpretation der Texte weitgehend, ohne das immer auszuweisen, den Arbeiten von Antonie Wlosok und Rudolf Freudenberger[5] sowie für das Wort *superstitio*

[4] Vgl. R. Freudenberger, Das Verhalten der römischen Behörden gegen die Christen im 2. Jahrhundert, MBPF 52, ^{2}1969, 80; J. Molthagen, Der römische Staat und die Christen im zweiten und dritten Jahrhundert, Hyp. 28, ^{2}1975, 18 Anm. 35, der aber zu Unrecht A. Wlosok diese Meinung unterstellt unter Berufung auf deren Aufsatz: Die Rechtsgrundlagen der Christenverfolgungen der ersten zwei Jahrhunderte, 1959, abgedruckt in: Das frühe Christentum im römischen Staat, hg. von R. Klein, WdF 267, 1971, 275–301, dort Anm. 40 (294f).

[5] Über deren in der vorigen Anm. bereits genannte Arbeiten hinaus: A. Wlosok, Rom und die Christen, Der altsprachliche Unterricht, Beih. 1 zu R. XIII, 1970; dies., Christliche Apologetik gegenüber kaiserlicher

einem Aufsatz von L. F. Janssen[6]. Aus diesen Arbeiten stammt auch schon die Ablehnung einer strafrechtlichen Füllung von *superstitio.* Was ich in dieser Literatur nicht ausdrücklich finde, ist einmal die Frage, woher die römischen Autoren ihr Urteil beziehen, und zum anderen die Frage, wie sich ihr Urteil zu Eigenaussagen im Neuen Testament selber verhält. Hierin sehe ich meinen eigenen Beitrag zu einer im übrigen kaum überschaubaren Diskussion, an der weniger die Neutestamentler als Patristiker, Althistoriker, Altphilologen, auch Juristen beteiligt sind.[7] [196]

C. Plinius an Kaiser Trajan

„(1) Es ist meine Gewohnheit, Herr, alles, worüber ich im Zweifel bin, Dir vorzutragen. Wer denn kann besser mein Zögern lenken oder meine Unwissenheit ordnen?

An Prozessen gegen Christen habe ich nie teilgenommen. Daher weiß ich nicht, was und wie weit man zu bestrafen oder zu untersuchen pflegt. (2) Und nicht wenig habe ich geschwankt, ob ein Unterschied des Alters sei oder ob ganz junge sich nicht von Erwachsenen unterscheiden, ob tätiger Reue Straffreiheit gewährt werden soll oder ob demjenigen, der überhaupt nur Christ gewesen ist, nichts nützt, aufgehört zu haben, ob der Tatbestand als solcher, wenn er frei ist von Schandtaten, oder Schandtaten, die mit dem Tatbestand zusammenhängen, bestraft werden sollen."

Plinius beginnt mit einer Huldigung an Trajan (1), die aber auch ein Politikum darstellt: Für alle Zweifelsfälle ist der Kaiser zuständig, die rhetorische Frage lehnt implizit jede andere Instanz ab. Plinius hat gerichtliche Untersuchungen gegen Christen vornehmen müssen, ohne darauf speziell vorbereitet gewesen zu sein. Er braucht aber dem Kaiser nicht zu erklären, wer die Christen sind, und er setzt voraus, dass solche Gerichtsverfahren üblich sind,[8] an denen er hätte teilnehmen können, um zu wissen, wieweit die Untersuchung auszudehnen und wie die Strafe zu bemessen sei. Darüber hinaus ist ihm unklar, inwieweit sonst mögliche Rechtserwägungen in das Verfahren einfließen sollen: Jugend von Angeklagten (ein spezielles Jugendstrafrecht gab es in der Antike natürlich nicht), tätige Reue als strafmildernd und schließlich die Frage, ob schon die bloße Zugehörigkeit strafbar sei oder nur im Zusammenhang damit nachgewiesene Straftaten (2a).

„Vorerst habe ich bei denen, die bei mir als Christen angezeigt wurden, dieses Verfahren befolgt: (3) Ich habe sie gefragt, ob sie Christen seien; die Geständigen habe ich noch einmal und ein drittes Mal unter Androhung der Todesstrafe gefragt, die dabei blieben, habe ich zur [197] Hinrichtung abführen lassen. Ich zwei-

Politik bis Konstantin, KGMG I, 1974, 147–165; R. Freudenberger, Art. „Christenverfolgungen 1. Römisches Reich", TRE VIII, 23–29.

6 *"Superstitio"* and the Persecution of the Christians, VC 33 (1979), 131–159.

7 Aus der Literatur möchte ich über die bisher genannten Werke hinaus verweisen auf: J. Moreau, Die Christenverfolgung im römischen Reich, AWR 2, ²1971; J. Vogt, Zur Religiosität der Christenverfolger im römischen Reich, SHAW.PH 1962.1. Die Arbeit von J. Speigl, Der römische Staat und die Christen, 1970, erweckt einen ambivalenten Eindruck: neben guten Beobachtungen und daraus gefolgerten Schlüssen krasse Fehlurteile. Hinter Freudenberger und Wlosok geht Molthagen (s. Anm. 4) zurück, der wieder eine „kaiserliche Verfügung" unter Nero annimmt, „dass jeder, der sich als Christ bekannte, hinzurichten sei, und das heißt, dass die Zugehörigkeit zu den Christiani als ein todeswürdiges Verbrechen behandelt werden sollte" (a.a.O., 24f). Mich reizte es, als Neutestamentler einmal von der anderen Seite her zu fragen und nicht von den Aussagen über den Staat im NT auszugehen; vgl. dazu insbes. M. Dibelius, Rom und die Christen im ersten Jahrhundert (1942), abgedruckt in dem von R. Klein hg. Sammelband (s. Anm. 4) 47–105; W. Schrage, Die Christen und der Staat nach dem Neuen Testament, 1971; K. Aland, Das Verhältnis von Kirche und Staat in der Frühzeit, ANRW II, 23.1, 1979, 60–246, bes. 163–226.

8 Vgl. Speigl, a.a.O., 67.

felte nämlich überhaupt nicht, welcher Art auch immer sei, was sie geständen, dass Sturheit und unbeugsamer Starrsinn auf jeden Fall zu bestrafen seien. (4) Es gab auch andere von gleicher Verrücktheit, die ich, weil sie römische Bürger waren, aufschrieb zur Überstellung in die Hauptstadt."

Unabhängig davon hat er aber bereits gehandelt (2b–4a): Leute, die ihm als Christen angezeigt worden waren, hat er unter Androhung der Todesstrafe dreimal befragt, ob sie Christen seien, und als sie das bejahten, hinrichten lassen. Hier hatte er keinerlei Zweifel, ob die Zugehörigkeit selber ausreiche für eine Bestrafung – gleichviel, was immer sie zu gestehen gehabt hätten, schon solches von ihm als Sturheit und unbeugsamer Starrsinn gewertetes Verhalten reicht für die Todesstrafe. Ebenso hat er Christen mit römischem Bürgerrecht zur Überstellung nach Rom notieren lassen.

„Alsbald während dieser Verhandlung traten – wie es zu gehen pflegt –, als sich die Beschuldigung ausweitete, mehrere Sonderfälle auf. (5) Vorgelegt wurde eine anonyme Denunziation, die die Namen vieler enthielt. Die leugneten Christen zu sein oder gewesen zu sein, glaubte ich freilassen zu sollen, weil sie nach meinem Vorbild die Götter anriefen und Deinem Bild, das ich aus diesem Grund zusammen mit den Statuen der Götter hatte herbringen lassen, mit Weihrauch und Wein ein Opfer brachten, dazu Christus schmähten, wozu in gar keiner Weise, wie man sagt, gezwungen werden können, die wirklich Christen sind.

(6) Andere in der Anzeige Genannte sagten, sie seien Christen, und bestritten es alsbald: Sie seien es zwar gewesen, hätten aber aufgehört, einige vor drei Jahren, einige vor mehreren Jahren, mancher auch vor zwanzig Jahren. Auch diese alle haben dein Bild und die Statuen der Götter verehrt und Christus geschmäht."

Insoweit war die Sache also für ihn klar, und er trägt dies Trajan vor, ohne eine Bestätigung oder gar einen Verweis dafür zu erwarten. Die Komplikationen, die der Klärung bedürfen und auf die sich seine Anfrage *allein* bezieht, ergaben sich vielmehr erst aus dem Fortgang der Angelegenheit (4b). Auf eine anonyme Anzeige hin hat er eine große Menge von Leuten verhört, von denen einige bestritten, jemals Christen gewesen zu sein, andere sich zunächst als Christen bekannten, dann aber widerriefen (5f). Um diese Gruppe der Renegaten geht es ihm mit seiner Anfrage, während für die erste Gruppe der Bekenner und für die zweite Gruppe der Unschuldigen der Prozess ja bereits abgeschlossen ist. Plinius will offenbar einen Automatismus vermeiden, und seine Anfrage hat das Ziel, diesen, die seiner Meinung nach keiner Verbrechen schuldig sind und zugleich tätige Reue für ihre ehemalige Zugehörigkeit zeigen, eine Chance zu geben, sie ganz freizulassen oder zumindest im Einzelfall zu differenzieren.

Dass wirklich Reue vorliegt, hat er geprüft, indem er sie das von jedem Einwohner des Reiches zu verlangende Opfer mit Wein und Weihrauch[9] [198] vollziehen ließ (Juden allein waren davon suspendiert; bis zum Beginn des Jüdischen Krieges wurde aber täglich im Jerusalemer Tempel für das Römische Reich geopfert), vor den Göttern und vor dem Bild des Kaisers, das er zu diesem Zweck hereinbringen ließ; zusätzlich ließ er sie Christus schmähen. Der Test scheint ihm beweiskräftig, denn wahre Christen würden sich zu so etwas nicht zwingen lassen, wie er sich informiert hat, und die Bekenner haben das ja auch nicht getan.[10]

„Sie versicherten aber, dies sei ihre ganze Schuld bzw. ihr ganzer Irrtum gewesen, dass sie zur Gewohnheit gehabt hätten, an einem festen Tag vor Sonnenlicht zusammenzukommen und ein Lied für Christus als eine

[9] Vgl. Wlosok, Rom, 30 Anm. 73.

[10] Ganz ähnlich hatte man übrigens im Winter 66/67 in Antiochien rechtgläubige Juden aufgespürt: Josephus, iud. VII 50f; vgl. Freudenberger, Verhalten, 141ff.

Art Gott wechselweise zu singen und sich mit Eid nicht zu irgendeinem Verbrechen zu verpflichten, sondern nicht Diebstähle, nicht Räubereien, nicht Ehebrüche zu begehen, nicht Treu und Glauben zu brechen, nicht Hinterlegtes bei Einforderung abzuleugnen. Nachdem dies abgeschlossen war, sei es üblich gewesen, auseinanderzugehen und von neuem zusammenzukommen, um eine Mahlzeit einzunehmen, eine gewöhnliche und harmlose freilich, was zu tun sie sogar aufgehört hätten nach meiner Verordnung, in der ich entsprechend Deinen Anordnungen verboten hatte, dass es Hetairien gebe. (8) Umso notwendiger glaubte ich, aus zwei Sklavinnen, die ‚Dienerinnen' genannt wurden, auch durch die Folter erfragen zu sollen, was daran an Wahrheit sei. Nichts anderes fand ich als widerlichen und maßlosen Aberglauben *(nihil aliud inveni quam superstitionem pravam et immodicam).*"

Die Unschuldigen hat er freigelassen, bei den Renegaten geht es darum, ob ihr Widerruf als tätige Reue gewertet werden kann, zumal Plinius im Verhör (7f) den Eindruck gewonnen hat, dass sie sich auch während der Zeit ihrer Zugehörigkeit zum Christentum keiner Vergehen schuldig gemacht haben, und dieser Eindruck sich ihm bestätigt hat, als er zwei Sklavinnen unter Folter verhörte. Dass sie *ministrae* genannt wurden, erwähnt Plinius nebenbei. Das ist das lateinische Wort für griechisch διάκονος, und man verweist zu Recht auf Röm 16,1, wo Paulus die Phoebe erwähnt, διάκονος der Gemeinde in Kenchreae. Für römische Ohren kann aber schon die Bezeichnung von Sklavinnen als *ministrae* bedenklich klingen, insofern *minister* zwar einen Bediensteten bezeichnet, auch im Kult, aber den freien im Unterschied zum Sklaven.

Der Bericht, den Plinius von diesem Verhör gibt, zerstreut mögliche Verdachtsmomente.[11] Zwar sind die Christen an festgesetzten Tagen bei Nacht zusammengekommen, aber sie haben nur im Wechselgesang ihrem [199] Christus als einer Art Gott ein Lied gesungen. Zwar haben sie dabei einen Schwur geleistet, aber nicht zu einer nächtlichen Verschwörung, sondern zu höchst positiven moralischen Werten. Zwar haben sie gemeinsame Mahlzeiten gehalten, aber nicht bei dieser nächtlichen Zusammenkunft, sondern am Tage, und dabei ist es harmlos zugegangen. Mit all dem hätten sie zudem aufgehört, nachdem Plinius im Auftrag des Kaisers ein allgemeines Vereinsverbot für die Provinz erlassen hatte – auch dagegen haben sie also nicht verstoßen.

Zur Entscheidung steht, ob die ehemalige Zugehörigkeit dieser Leute zu den Christen als zu bestrafende Schuld *(culpa)* oder als entschuldbarer Irrtum *(error)* zu werten sei, und bis zu dieser Entscheidung aus Rom hat Plinius das Verfahren für diese Gruppe ausgesetzt. Er plädiert dabei deutlich für Freilassung, jedoch ohne dass ihn das Ergebnis seines Verhörs zu irgendwelchen Skrupeln in bezug auf die Hinrichtung der Bekenner veranlasst.[12] Dort war es ja der Starrsinn, der zur Verurteilung reichte, hier ist solche Sturheit gebrochen.

„(9) Daher habe ich, nachdem ich den Prozess aufgeschoben habe, geeilt, Dich um Rat zu bitten. Mir schien nämlich die Sache der Beratung wert, vor allem wegen der Zahl der Gefährdeten. Viele nämlich jeden Alters, jeden Standes, auch beiderlei Geschlechts werden in Gefahr gebracht und gebracht werden. Denn nicht allein über die Städte, sondern auch über Dörfer und das flache Land ist die Seuche dieses Aberglaubens *(superstitionis istius contagio)* verbreitet, die mir scheint gestoppt und in Ordnung gebracht werden zu kön-

[11] Dahinter steht als Frageraster der Bacchanalienskandal in Rom 186 v. Chr. (Livius 39,8–18); vgl. Freudenberger, Verhalten, 165ff; Speigl, 74. Freudenberger weist außerdem (86–91) auf das Vorgehen gegen die Druiden hin.

[12] Nichts spricht für die Interpretation von Molthagen, 15: „Plinius versucht hier aus der Rückschau sein Verhalten zu rechtfertigen, und zwar zu einer Zeit, da er die bisherige Grundlage der Christenprozesse als ungerechtfertigt erkannt hat."

nen. (10) In der Tat steht zur Genüge fest, dass beinahe schon verlassene Tempel angefangen haben, besucht zu werden, und dass durchweg Fleisch von Opfertieren auf den Markt kommt, für das sich bisher äußerst selten ein Käufer fand. Daraus ist leicht zu schließen, welche Menge an Menschen gebessert werden kann, wenn tätiger Reue Raum gegeben wird."

Über das Ergebnis seines Verhörs hinaus gibt Plinius in (9) dem Kaiser eine politische Einschätzung der Lage. Er verweist noch einmal auf die große Zahl der anonym Angezeigten und fürchtet, dass weitere in diesen Strudel geraten könnten. Das Christentum stellt in der Provinz offenbar einen beachtenswerten Faktor dar. Seine Anhänger gehören zu allen Altersschichten, zu allen Ständen (auch römische Bürger sind ja darunter) und zu beiden Geschlechtern, und sie finden sich in den Städten, in den Dörfern und auf dem flachen Land.

Plinius verspricht sich von der Niederschlagung des Verfahrens eine stillschweigende Rückkehr zur Ordnung bei den bisher noch nicht Erfass- [200] ten und kann auch bereits auf Erfolge verweisen, denn die Tempel werden wieder stärker besucht, und Opferfleisch kann wieder abgesetzt werden. Eine Freilassung würde die Rückkehr zur gewünschten Normalität erleichtern.

Trajan an Plinius

„(1) Das Verfahren, zu dem Du verpflichtet bist, mein Secundus, hast Du in der Untersuchung der Fälle derer, die bei Dir als Christen angezeigt wurden, befolgt. Denn es kann natürlich nichts generell, was etwa eine Art fester Gestalt hätte, festgelegt werden. (2) Aufgespürt sollen sie nicht werden; werden sie angezeigt und schuldig gefunden, sind sie zu bestrafen, jedoch so, dass, wer bestreitet, Christ zu sein, und dies tatsächlich unter Beweis stellt, d. h. durch unseren Göttern Opfern, Straffreiheit wegen tätiger Reue erreichen soll, wie sehr er auch im Blick auf die Vergangenheit verdächtig sein mag. Anonym vorgelegte Anzeigen dürfen bei keiner Anklage einen Platz haben. Denn das wäre ein sehr schlechtes Beispiel und entspräche nicht unserer Zeit."

Die knappe Antwort Trajans, als kaiserliches Reskript von Rechtsqualität, bestätigt die Rechtlichkeit des Vorgehens. Während er eine allgemeine rechtsverbindliche Regelung ablehnt, nennt Trajan doch Gesichtspunkte für Verfahren gegen die Christen: Man soll ihnen nicht nachspionieren; werden sie jedoch angezeigt und beschuldigt, sind sie zu bestrafen, es sei denn, jemand leugnet und stellt das unter Beweis, indem er „unseren" Göttern opfert. Tätige Reue ist anzuerkennen trotz bleibenden Verdachts im Blick auf die Vergangenheit, auch abgesehen von diesem Fall, in dem das Problem durch eine anonyme Anzeige entstanden ist, die Trajan für grundsätzlich nicht gerichtsverwendbar erklärt.

Damit war nun doch eine grundsätzliche Regelung geschaffen, die mehr als einhundert Jahre so praktiziert wurde. Dass sie inkonsequent ist, haben schon die Kirchenväter moniert;[13] verstehen kann man sie nur, wenn man sie nicht misst an den Normen eines modernen Strafrechts, sondern an antikem Polizeirecht.

Ich nehme hiermit also insbesondere Antonie Wlosoks Thesen zur Frage der Rechtsgrundlage der Christenverfolgungen auf.[14] Mir scheint aber, dass man ihre Interpretation verstärken kann durch Beobachtungen zur Sprache des Pliniusbriefes. Die ist natürlich

[13] Vgl. Tertullian, apol. 2,6–9, wo der Pliniusbrief paraphrasiert wird.
[14] Vgl. bes. den in Anm. 4 genannten Aufsatz.

durchgehend von juristischen Fachtermini geprägt.[15] Daneben zeigen sich aber ebenso durchgehend Begriffe sozusagen der Psychopathologie: Sturheit, unbeugsamer Starr- [201] sinn, Verrücktheit, widerlich, maßlos, Seuche; Gegenmittel: stoppen, in Ordnung bringen, bessern. Dies alles fasst zusammen der Begriff *superstitio* – das ist mehr als „Aberglauben", das ist „Schwachsinn".[16]

Liest man so noch einmal den Brief des Plinius, wird der Werthintergrund klar: Ein aufgeklärter, religiös toleranter römischer Beamter, in kritischer Zeit in eine kritische Provinz entsandt, begegnet allenthalben Unvernunft, die chaotische Verhältnisse schafft. Dazu gehört auch das Christentum, und er weiß das Rezept: Abschreckung (getötet wird, wer sich als Christ bekennt) und Milde (wer zur Vernunft kommt, kann auf Verzeihung rechnen). Das ist politisch gedacht, nicht juristisch. Mit diesem politischen Pragmatismus ist der römische Staat ausgekommen. Während die christlichen Apologeten auf grundsätzliche Regelung drängten – die erfolgt erst 257 unter dem Kaiser Valerian und wird 311 durch das Toleranzedikt des Galerius aufgehoben –, handelten die römischen Behörden nach dem hier rechtswirksam gewordenen Verfahren. Nachfolger Trajans haben es grundsätzlich bestätigt.[17]

3. Tacitus, ann. XV 44,2–5

„(2) Aber nicht durch menschliche Bemühung, nicht durch Spenden des Herrschers oder durch Sühnegaben an die Götter wich die üble Nachricht, dass man den Brand befohlen glaubte. Also schob Nero, um dem Gerücht ein Ende zu machen, Schuldige vor und bedachte sie mit ausgesuchtesten Strafen, die wegen Schandtaten verhasst das Volk „Chresten" nannte. (3) Der Urheber dieses Namens, Christus, war unter der Herrschaft des Tiberius durch den Statthalter Pontius Pilatus mit dem Tode bestraft worden; aber für den Augenblick zurückgedrängt brach der verderbliche Aberglauben *(exitiabilis superstitio)* erneut hervor, nicht nur über Judäa, den Ursprung dieses Übels, sondern auch über die Hauptstadt, wo alles Scheußliche und Schändliche von überall her zusammenströmt und fleißig betrieben wird. (4) Also wurden zuerst die Verhafteten, die gestanden hatten, danach auf deren Aussage hin eine riesige Menge nicht gerade unter der Anklage der Brandstiftung, aber doch unter der des Hasses gegen die Menschheit überführt. Und mit denen, die umkamen, wurden zusätzliche Spiele getrieben, dass sie mit Tierfellen bekleidet durch Zerfleischung durch Hunde zugrunde gingen oder an Kreuze geschlagen, als der Tag zuende gegangen war, zum Zweck nächtlicher Beleuchtung [202] verbrannt wurden. (5) Seine eigenen Gärten hatte Nero für dieses Schauspiel zur Verfügung gestellt, und er veranstaltete ein Spiel, bei dem er in der Kleidung eines Wagenlenkers sich unter das Volk mischte oder einen Rennwagen bestieg. Daher regte sich Mitleid für die, die zwar schuldig waren und äußerste Strafen verdient hatten, aber doch nicht aus öffentlichem Interesse, sondern für die persönliche Grausamkeit eines einzelnen umzukommen schienen."

Auch Tacitus mag als Statthalter der Provinz Asia dem Phänomen Christentum begegnet sein. Davon wissen wir jedoch nichts; erhalten ist uns nur sein Urteil über die Christen im Zusammenhang seiner Schilderung des Brandes Roms unter Nero im Jahre 64. Er ist

[15] Die hat insbes. Freudenberger untersucht (in einer leider manchmal ermüdenden Gründlichkeit).

[16] Vgl. *amentia.* Um nicht missverstanden zu werden: Als ehemaliger Einwohner von Bethel meine ich keine Diskriminierung Behinderter, sondern den affektgeladenen Ausruf, der einem über die Lippen kommt, wenn man auf Unvernunft stößt.

[17] Vgl. Hadrians Schreiben an den Statthalter Minicius Fundanus; dazu Freudenberger, Verhalten, 216–234. Speigl hingegen versteht es als bewusste Neuregelung (a.a.O., 105). Es ist nur bei Euseb, h. e. IV 9, überliefert, also in griechischer Sprache und nicht im lateinischen Original, und nur in einer christlichen Quelle (vgl. Tertullians Wiedergabe des Pliniusbriefes mit dem ja erhaltenen Original!).

dabei scheinbar in einer schwierigen Lage, macht er doch Nero selber für diese Art von „Altstadtsanierung“ verantwortlich, zunächst nur verhalten andeutend, später immer eindeutiger. Und dennoch hat er mit den von Nero als Schuldige Vorgeschobenen kein Mitleid.

Das deutet darauf, dass auch er das Christentum nicht als bloßes Phänomen der Vergangenheit sieht, von Interesse nur für den Historiker, sondern als Problem seiner Gegenwart. Nero zwar war Schuld am Brande Roms, dennoch war sein Vorgehen gegen die Christen richtig; nur ist sein Vorgehen diskreditiert durch Neros Motive – eine „List der Vernunft“, die in ihr Gegenteil umgeschlagen ist.

Die Opfer Neros führt Tacitus ein über deren süffisant gedeutete Namensform *Chrestiani* statt *Christiani*[18] – er kennt ja den wahren Namen von deren Urheber, *Christus,* nicht *Chrestus,* wie ja auch Plinius sie korrekt *Christiani* nennt. Im zweisprachigen Rom des beginnenden zweiten Jahrhunderts mag man sich seine Witze gemacht haben mit solcher Verballhornung des Namens – wie sollte man die griechischen I-Laute denn übertragen in lateinische Buchstaben und umgekehrt: Welche Wortspiele ergaben sich aus solcher Umschrift? Den gebildeten Lesern seines Werkes macht Tacitus einen Witz, die Verwechslung von Χριστιανοί und Χρηστιανοί: das Volk angeblich sagte statt *Christiani* (so Plinius) *Chrestiani*; der Volksmund, allzeit für Witze gut, also nannte diese Leute „Biedermänner“. Das war wohl weniger „vulgär“ als ein Witz der auch des Griechischen mächtigen Oberschicht, eben Tacitus' Leser, die eine ironische Anspielung auf χρηστός verstanden. [203]

Diese Leser jedoch, so meint Tacitus, bedürfen einer nachdrücklichen Erinnerung an die Ursprünge solcher „Biedermänner“. Die liegen in Judäa – unvergessen ist der Jüdische Krieg (der Titusbogen auf dem *forum romanum* ist die anschauliche Erinnerung!), aktuell sind jüdische Aufstände in Ägypten und in Libyen.[19] Dass der Urheber dieses Namens von einem römischen Statthalter[20] zum Tode verurteilt worden ist, muss seine Anhänger von vornherein diskreditieren. Dass dieser Aberglaube auch in Rom Fuß fassen konnte, ist kein Wunder angesichts der dort herrschenden Orientierungslosigkeit.

Nero ist zwar schuld am Brande Roms, die Christen aber sind von ihrer Herkunft her – und reißt man ihnen die Maske der „Biedermänner“ vom Gesicht – Verbrecher, schuldig zwar nicht am Brand, schuldig aber doch des Hasses auf die Menschheit, und dies sind ja doch die Einwohner des römischen Reiches.[21] Die affektgeladene Sprache des Tacitus weist auch hier wie bei Plinius auf eine psychopathologische Wertung des Christentums.

[18] Zu dem textkritischen Problem vgl. H. Fuchs, Tacitus und die Christen, VC 4 (1950), 65–93, aufgenommen und weitergeführt von Wlosok, Rom, 10f. Die Schreibung *Chrestiani* ist auch sonst in der altkirchlichen Literatur zu finden. Übrigens liest auch der erste Schreiber des Siniaticus an allen drei Stellen im Neuen Testament, wo Χριστιανός begegnet, Χρηστιανός.

[19] Vgl. Euseb, h. e. IV 2.

[20] Anachronistisch ist es, wenn Tacitus Pilatus als *procurator* bezeichnet; sein Titel war ausweislich einer in Caesarea gefundenen Inschrift *praefectus,* vgl. H. Volkmann, Zur Pilatusinschrift von Caesarea Maritima, Gym 75 (1968), 124–135.

[21] Zu *odium humani generis* vgl. Wlosok, Rom, 20–22, die dies vom griechischen μισανθρωπία her interpretiert. Ich meine, dass man ihre Interpretation noch zuspitzen kann, wenn das *genus humanum* eben die Einwohner des Römischen Reiches sind, deren Schutz Anliegen der römischen Behörden sein muss.

Das grausame Spiel, das Nero mit ihnen trieb, erregte leider Mitleid, obwohl sie doch – so versichert er noch einmal – schuldig waren und äußerste Strafen verdient hatten. An sich war, und so wird man diesen Text zu interpretieren haben: An sich *ist* Vernichtung der Christen im öffentlichen Interesse. Nero jedoch hat seinerzeit wegen seiner persönlichen Grausamkeit die Chance vertan, das Christentum ein für allemal auszurotten – offenbar ein Problem der Gegenwart des Tacitus, der auf seine Weise damit z. B. das Vorgehen des Plinius rechtfertigt.

4. Sueton, Nero 16,2

Am knappsten ist schließlich die Notiz Suetons, der vielleicht sogar Plinius bei seiner Mission in Pontus/Bithynien begleitet hat. Jedenfalls wird auch er in seinen staatlichen Funktionen dem Phänomen Christentum begegnet sein. [204]

> „Unter ihm wurden viele Bräuche streng beachtet und nicht weniger bestraft: Eingeführt wurde eine Regel für Verschwendung; die Empfänge wurden auf kleine Portionen beschränkt; es wurde untersagt, in den Kneipen anderes an warmen Mahlzeiten als Gemüse und Hülsenfrüchte anzubieten, während zuvor nichts als Fleisch und Fisch serviert wurde; mit dem Tode wurden die Christen bestraft, eine Art von Menschen neuen und schädlichen Aberglaubens *(genus hominum superstitionis novae et maleficae);* verboten wurde der Klamauk der Rennfahrer, denen eine althergebrachte Freiheit gestattet war, überall umherschweifend aus Jux zu betrügen und zu stehlen; zugleich wurden die Pantomimengruppen mit ihren Angehörigen ausgewiesen."

Wie Tacitus beurteilt er Nero sehr negativ und macht ihn an späterer Stelle ebenfalls verantwortlich für den Brand Roms,[22] ohne jedoch wie Tacitus in diesem Zusammenhang sein Vorgehen gegen die Christen zu erwähnen. Das erscheint vielmehr in der vorangestellten Aufzählung der wenigen Maßnahmen, die Sueton an Nero doch lobenswert erscheinen: Einschränkung des Luxus, bei öffentlichen Empfängen nur ein bescheidener Imbiss, in Kneipen nur Gemüse und Hülsenfrüchte statt Fleisch und Fisch, Todesstrafe gegen die Christen, Disziplinierung der Sportprofis, Ausweisung der Kabarettisten. Ein merkwürdiger Zusammenhang, in dem die Christen hier genannt sind, verständlich nur, wenn man sieht, dass es insgesamt um ein Ideal der „guten alten Zeit" geht: Gürtel enger schnallen, herkömmliche Werte, keine neuartigen Modeerscheinungen, Diffamierung der Schmarotzer des Wohlstands.

Auch hier erscheint das Christentum wieder als *superstitio,* darin ist Sueton nicht originell, aber nun durch „neuartig" charakterisiert, und damit das „neue" auch wirklich als schlecht erscheint: „schädlich", „bösartig". Auf die Gegenwart des Sueton bezogen bedeutet das: Man mag über Nero so viel Negatives sagen wie man will, in einigen Punkten war er doch vorbildlich – bei ihm herrschte noch Ordnung, siehe wie er mit den Christen umgegangen ist!

Diese einzige Erwähnung der Christen ist deshalb auffällig, weil zwei weitere Stellen in seinem Werk immer wieder Anlass gegeben haben zu der Vermutung, er wisse mehr über

[22] Nero 38.

sie.[23] Die erste ist Claudius 25, zu der im Neuen Testament Apg 18,2 zu vergleichen ist: [205]

Iudaeos impulsore Chresto assidue tumultuantes Roma expulit.

Hat Sueton wirklich einen Chrestus – ein geläufiger Name freilich – für den Urheber der Unruhen gehalten, oder verbergen sich dahinter Nachrichten über Streitigkeiten unter den römischen Juden über die Christusverkündigung, wie viele Neutestamentler meinen?[24]

Noch dunkler ist die zweite Stelle Domitian 15: Domitian ließ seinen Vetter Flavius Clemens umbringen, einen Mann von „berüchtigter Interesselosigkeit", wie Sueton schreibt, der sonst Domitian wenig Sympathie entgegenbringt.[25] Das war jedoch ein Mann, der gerade ein Jahr als Konsul hinter sich gebracht hatte und der seine beiden Söhne seinem Vetter zur Adoption zur Verfügung stellte als Thronfolger.[26] Nach Dio Cassius wurden er und andere wegen „Atheismus" verurteilt, seine Frau Domitilla auf eine Insel verbannt.[27] Bei Euseb[28] schließlich ist diese Christin, aber nicht die Frau, sondern die Nichte des Clemens.[29]

Wie immer es um diese anderen Stellen stehen mag und um das Schweigen über eine Christenverfolgung unter Domitian[30] – die eine eindeutige Stelle bei Sueton zeigt wieder das Urteil *„superstitio"*. [206]

23 Auffällig ist Suetons knappe Notiz besonders dann, wenn man sie entsprechend den Daten der Abfassung an den Schluss der drei Texte stellt; Sueton hat sowohl den Pliniusbrief als auch die Notiz bei Tacitus gekannt, als er sein „Leben der Caesaren" schrieb. Üblicherweise (so z. B. auch A. Wlosok in ihrem Buch) wird der Sueton-Text als erster vorgestellt, wohl, weil er der knappste ist und von Nero handelt. Es folgt dann der Tacitus-Text als der ausführlichere, weil er zurückweist auf das Jahr 64. Erst danach kommt der Plinius-Text als Quelle für die Situation im ersten Viertel des 2. Jh.s. Die Chronologie der Abfassung ist aber genau umgekehrt. Gemeinsam ist diesen drei Zeitgenossen das Urteil *„superstitio"*; während aber Plinius bei den Christen ausdrücklich keine Vergehen festgestellt hatte, behauptet Tacitus solche *(per flagitia invisos!)*, auch wenn er dann nur den Pauschalvorwurf *odium humani generis* vorweisen kann. Bei Sueton werden die Christen als *genus hominum* bezeichnet – ist das nur ein zufälliger Wortanklang oder vielleicht ein Indiz, dass Sueton in der Frage der nachgewiesenen *flagitia* zurückhaltender ist?

24 Vgl. z. B. U. Wilckens, Der Brief an die Römer I, EKK 6.1, 1978, 35f.

25 Vgl. dazu bes. W. Pöhlmann, Die heidnische, jüdische und christliche Opposition gegen Domitian, Diss. theol. Erlangen 1967.

26 „Domitian hat sich nur so viel Zeit gelassen, dass der größte Skandal, die Verurteilung eines amtierenden Konsuls, vermieden wurde" (Pöhlmann, 39).

27 67,14 (nur in einer *Epitome* erhalten). Ἀθεισμός ist freilich ein griechisches Wort, das im Lateinischen kein Pendant hat (schon gar nicht in *superstitio*; vgl. A. Harnack, Der Vorwurf des Atheismus in den ersten drei Jahrhunderten, TU NF 13.4, 1905, 9). Dieser Vorwurf begegnet erst um 150 (Harnack, 9). „Im Abendlande sind bis zum Ende des 3. Jahrhunderts die Christen nicht ‚Atheisten' genannt worden, und die Anklage lautete nicht auf ‚Atheismus', weil der Begriff fehlte" (Harnack, 15).

28 Euseb, h. e. III 18, 4.

29 Die Beurteilung dieses Zusammenhangs ist nach wie vor kontrovers. Vgl. einerseits Speigl (a.a.O., 36), der meint, „dass die ganze Gruppe aus Christen bestand und Flavius Clemens wenigstens als christenfreundlich gelten kann", andererseits wohl richtiger Pöhlmann (a.a.O., 68): „Clemens und Domitilla sind also nicht Opfer der Christenverfolgung Domitians, sondern wichtige Persönlichkeiten des flavischen Hofs, denen eine politische Tätigkeit gegen den Kaiser und heimliche Sympathien für das Judentum Tod oder Verbannung eintrugen."

30 Domitian gilt in der christlichen Tradition als der zweite Christenverfolger nach Nero: Euseb, h. e. III 17.

5. Die Situation im 1. Jahrhundert

Superstitio – das meint also nicht ein Delikt im strafrechtlichen Sinn, sondern ist ein moralisch-politisches Werturteil. Das Wort weckt in der lateinischen Sprache eine Reihe von Assoziationen,[31] die in den hier behandelten Texten angesprochen werden: Schwachsinn, Geistesverwirrung (siehe Plinius), Fremdheit, dem öffentlichen Interesse entgegen (siehe Tacitus), Neuheit im negativen Sinn (siehe Sueton), also keineswegs „harmlos", wie eine der stehenden Verbindungen zu dem deutschen Wort „Aberglaube" lautet. Keine andere Religion jedoch, die den Römern als *superstitio* erschien,[32] ist von ihnen so grundsätzlich bis hin zur Vernichtung verachtet worden.

Nach den Gründen dafür ist oft gefragt worden, schon von den Kirchenvätern. Sie in Gerüchten über thyesthetische Mahlzeiten und sexuelle Orgien zu suchen – das hat man in der Tat den Christen unterstellt[33] –, trifft nicht den Kern der Sache, die Grundsätzlichkeit dieses Konflikts, ebensowenig eine vorschnelle Begründung aus ökonomischen, sozialen oder psychologischen Gesetzmäßigkeiten. Es ist ja doch seltsam, dass eine Gruppe, die sich nicht als Geheimbund versteht, verfolgt wird, eine Gruppe, die aus ihren eigenen Schriften nachweisen kann, dass sie dem Kaiser geben soll, was des Kaisers ist (Mk 12,17), dass sie wie jedermann der Obrigkeit untertan sein soll (Röm 13,1), dass sie für die Regierenden beten soll (1Tim 2,1f). Verfolgt wird eine Gruppe, der man keine unter das Strafrecht fallenden Straftaten nachweisen kann, wie Plinius sich vergewissert hat – es reicht die bloße Zugehörigkeit, Christ zu sein ist strafbar; eine Chance hat nur, wer widerruft.

Ganz anders sieht das scheinbar in der Apostelgeschichte aus.[34] Gleich der erste bekehrte Heide ist ein römischer Hauptmann, Cornelius. Der erste römische Statthalter, dem Paulus begegnet, bekehrt sich zum Chri- [207] stentum, Sergius Paulus auf Zypern.[35] In Philippi ist Paulus' Verhaftung durch die Römer ein Missverständnis. In Thessalonich werden die Freunde des Paulus wieder freigelassen. In Korinth lehnt der Prokonsul Gallio die Eröffnung eines Verfahrens ab. In Ephesus erklären die Asiarchen, die Vertreter des Staatskultes, dass die christliche Verkündigung nicht gegen die Götter gerichtet sei. Und dann die Verhandlungen in Jerusalem und Cäsarea: Paulus ist unschuldig, schade, dass er auf einem Prozess in Rom bestand bzw. bestehen musste. Liest man unsere lateinischen

[31] Vgl. den in Anm. 6 genannten Aufsatz von Janssen.

[32] Das gilt insbesondere für das Judentum; vgl. Freudenberger, Verhalten, 189–199.

[33] Vgl. insgesamt W. Speyer, Zu den Vorwürfen der Heiden gegen die Christen, JAC 6 (1963), 129–135, der m. E. die Vorwürfe zu sehr auf Gnostiker ableitet; Wlosok, Rom, 68–73.

[34] Es fehlt eine weitergehende Untersuchung des Verhältnisses zum römischen Staat in der Apg; erstaunlicherweise widmet M. Dibelius der Apg in seinem in Anm. 7 genannten umfassenden Aufsatz keinen Abschnitt, ebensowenig Schrage (s. ebd.). In den Kommentaren von E. Haenchen (Die Apostelgeschichte, KEK 3, 161977) und H. Conzelmann (Die Apostelgeschichte, HNT 7, 21972) findet man verschiedene Feststellungen zu den einschlägigen Stellen, aber auch hier wird dieses Thema nicht eigens dargestellt. Vgl. jedoch die kurzen Bemerkungen bei E. Plümacher, Art. „Apostelgeschichte", TRE III, 483–528, bes. 517f; K. Aland (in dem in Anm. 7 genannten Artikel), 210–215; G. Schneider, Die Apostelgeschichte I, HThK 5.1, 1980, 21–28; R. Maddox, The Purpose of Luke-Acts, FRLANT 126, 1982, 91–99. G. Schille (Die Apostelgeschichte des Lukas, ThHK 5, 1983, 390f) verweist zu Unrecht die apologetischen Tendenzen in die Tradition, mit der Begründung, ihre Argumentationskraft sei gegen Ende des 1. Jh.s schon verbraucht.

[35] Ein Mann zweifelhafter historischer Identität freilich; vgl. die Kommentare z. St.

Texte erst nach der Apostelgeschichte, hat man den Eindruck, die römische Politik habe sich gewandelt, erst unter Trajan habe man das Christentum negativ gesehen.

Doch erwähnt schon Paulus selber unter den Auszeichnungen seiner apostolischen Existenz, er habe dreimal Stockhiebe bekommen (2Kor 11,25), eine römische Strafe, exekutiert von den Liktoren; ein Beispiel dafür wäre Philippi (Apg 16,22). Und schaut man noch einmal die Apostelgeschichte genauer durch, wird das Bild doch etwas anders, da Lukas auch Begebenheiten erwähnt, die nicht so recht zu dem eben skizzierten positiven Bild passen. In jeder römischen Stadt rund um die Ägäis werden die Behörden auf Paulus aufmerksam: In Philippi landet er im Gefängnis, in Thessalonich entzieht er sich durch Flucht der Verhaftung, in Korinth wird er dem Prokonsul Gallio vorgeführt, in Ephesus den Asiarchen.

Geht man nun noch über die Darstellung der Apostelgeschichte hinaus, dann spricht vieles dafür, dass er in Ephesus längere Zeit in Haft gesessen hat, den Tod befürchtend,[36] und schließlich ist Paulus in Rom verurteilt und enthauptet worden, wovon Lukas gar nichts mehr berichtet.

Von all dem wissen wir nur aus christlichen Quellen, deren Autoren ein positives Urteil über das Christentum haben – es fehlen römische Quellen. Was nach Lukas die römischen Beamten sagen, ist also nicht überprüfbar.[37] Woher weiß Lukas das eigentlich? Will er vielleicht in seiner Zeit, also unter Domitian oder gar schon unter Trajan, dokumentieren, früher habe der römische Staat toleranter reagiert? Rekonstruiert man kritisch schon aus [208] den christlichen Quellen die Geschichte, kommt man für das erste Jahrhundert kaum zu einem anderen Bild als dem, das sich bis ca. 250 zeigt: kein generelles Verbot, punktuelle Verfolgungen. Von Anfang an also hat der römische Staat nicht viel anders reagiert, als es Plinius tat, nur dass im ersten Jahrhundert natürlich die Zahl der Betroffenen sehr viel kleiner war und unsere Quellen dürftiger sind. Am Anfang steht ja schließlich auch, was Tacitus in Erinnerung ruft, die Hinrichtung des Urhebers dieses Namens durch Pontius Pilatus.[38]

Dabei ist dieses Christentum keine Bewegung, die bewusst und primär auf soziale und ökonomische Veränderung abzielte. Es fasste aber sehr schnell in den Städten des Ostens Fuß, und zwar vor allem in den römisch geprägten: in Antiochien, der Hauptstadt der Provinz Syrien, in Philippi, einer Kolonie für römische Veteranen, in Thessalonich, der Hauptstadt der Provinz Makedonien, in Korinth, der von Caesar nach hundert Jahren Verwüstung neu gegründeten Stadt, seit 27 v. Chr. Hauptstadt der Provinz Achaia, in Ephesus auf der anderen Seite der Ägäis, der Hauptstadt der Provinz Asia.

[36] Vgl. 2Kor 1,8f; Phm 9.13; Phil 1,7.12–14.30; 2,17.

[37] Entspricht *superstitio* im Griechischen am ehesten δεισιδαιμονία, so findet sich dieses Wort in Apg 25,19 als Urteil des Festus über die Juden insgesamt.

[38] Verweisen möchte ich auf R. Bultmanns Interpretation des Prozesses vor Pilatus im Johannes-Kommentar, in der er das Verhältnis zum Staat unter den Erfahrungen des Nationalsozialismus reflektiert; vgl. dazu meinen Aufsatz: Der Staat und die Verkündigung. Rudolf Bultmanns Auslegung von Joh 18,28 bis 19,16, in: Theologia crucis – signum crucis (FS E. Dinkler), hg. von C. Andresen und G. Klein, 1979, 359–375.

Nach Rom selber ist das Christentum auf uns unbekannten Wegen schon sehr früh gekommen, und Paulus wollte über Rom hinaus in den lateinischen Westen des Reiches, nach Spanien. Erkennbar also hat Paulus, selber mit römischem Bürgerrecht, gerade römische Zentren gesucht, damit aber auch den grundsätzlichen Konflikt mit dem römischen Staat mitgeschaffen. So stehen wir erneut vor der Frage nach den Gründen für diesen Konflikt: Worin sahen die Römer die Gefahr, die in dieser von ihnen als *superstitio* beurteilten Gruppe lag?

6. Der grundsätzliche Konflikt

Man kann zum Pliniusbrief neutestamentliche Stellen notieren, die insgesamt zeigen, dass Plinius' Urteil nicht auf falschen Informationen beruht, dass er vielmehr durchaus das Selbstverständnis des frühen Christentums wahrgenommen hat, und auch was Tacitus über das Christentum weiß bzw. gezielt einsetzt, ist ja an sich korrekt. Bessere Informationen, das zeigen die späteren Märtyrerakten, hätten das Urteil nicht revidiert, eher nur bestätigt. [209]

An einer Stelle spricht Plinius von „Gefahr",[39] da aber gleich doppelt (9) und verstärkt durch die Brandmarkung der Christen als „Seuche". Gefährdet scheinen hier nur ahnungslose und gutgläubige Untertanen, aber ist da nicht auch das Reich selber gefährdet, das „Menschengeschlecht", mit Tacitus zu reden? Was Plinius wahrgenommen hat, ist, dass viele jeden Alters, jeden Standes, beiderlei Geschlechts gefährdet scheinen, nicht allein in den Städten, sondern auch in den Dörfern und auf dem flachen Land. Damit trifft er in der Tat einen wesentlichen Zug dieses frühen Christentums, das nicht nur seinem Selbstverständnis nach (Gal 3,28) Juden und Griechen, Sklaven und Freie, Männer und Frauen erreicht, sich nicht als nationale, als ständische, als geschlechtshomogene Gruppe konstituiert hat, wie es dem Normaltyp religiöser Gemeinschaften entspräche.[40] Die „Haustafeln", in die Tradition der antiken Schriften „Über die Ökonomie" gehörend,[41] führen diese Grundstruktur aus: Mann und Frau, Vater und Kinder, Herr und Sklaven.

Christliche Mission dieses Typs zielt über die Bekehrung des einzelnen hinaus auf soziale Gebilde eines neuen Typs, und die Probleme zwischen Griechen und Juden, Frauen und Männern, Freien und Sklaven sind erst Folge dieses Programms. Offenbar muss das frühe Christentum Anziehungskraft für all diese Gruppen gehabt haben; etwas, was im

[39] Mit Wlosok (Rom, 34 Anm. 81) ist dies gegen Freudenberger (Verhalten, 174–176) nicht als juristischer Terminus zu bestimmen.

[40] Vgl. zu Gal 3,28 meinen Aufsatz: Wo man nicht mehr Sklave oder Freier ist, WuD 13, 1975, 53–83; M. Bouttier, Complexio Oppositorum: Sur les formules de I Cor xii. 13; Gal iii. 26–28; Col iii. 10,11, NTS 23 (1976/77), 1–19; H. Thyen, „... nicht mehr männlich und weiblich ...", in: F. Crüsemann, H. Thyen, Als Mann und Frau geschaffen, 1978, 107–201; H. Paulsen, Einheit und Freiheit der Söhne Gottes – Gal 3,26–29, ZNW 71 (1980), 74–95; G. Dautzenberg, „Da ist nicht männlich und weiblich", Kairos 24 (1982), 181–206.

[41] Vgl. zu dieser unabhängig voneinander entwickelten These: K. Thraede, Zum historischen Hintergrund der „Haustafeln" des NT, in: Pietas (FS B. Kötting), JAC.E 8, 1980, 359–368; D. Lührmann, Neutestamentliche Haustafeln und antike Ökonomie, NTS 27 (1980/81), 83–97.

hinteren Winkel Galiläas begonnen hatte, entfaltete sich im Kontext hellenistisch-römischer Stadtkultur. Was Plinius als sich ausbreitende Seuche wertet, nennen wir Missionserfolg.

In dieser sozialen Struktur scheint nun der grundsätzliche Konflikt mit dem römischen Staat angelegt zu sein. Die Selbstbezeichnung der Christen ist ἐκκλησία τοῦ θεοῦ[42], Gottes Volksversammlung mit einem Begriff der politischen Sprache, Gottes Volk freilich, dessen „Staatswesen“ im Him- [210] mel ist (Phil 3,20)[43], und man kann schnell eine Reihe solcher Selbstbezeichnungen staatsrechtlicher Herkunft zusammenstellen: Beisassen, Fremde, aber jetzt Mitbürger, Hausgenossen, um nur Eph 2,19 zu zitieren.[44] Hinzu kommt, dass schon Gal 3,28, dann vor allem die Haustafeln und die in den Pastoralbriefen erkennbare Gemeindeordnung auf die soziale Grundstruktur des „Hauses“ verweisen – die aber ist nach römischem Verständnis die Grundstruktur des „Vaterlandes“, der Kaiser an der Spitze als *pater patriae.*

Für römische Wahrnehmung konstituiert sich also innerhalb des Römischen Reiches eine neue, erst nach der Konsolidierung dieses Reiches entstandene[45] soziale Größe mit demselben integrativen Anspruch wie das Römische Reich selber, und dies verstanden die Vertreter dieses Staates als Bedrohung. Da reichte es nicht, auf Röm 13 oder Mk 12 zu verweisen, da fehlte das aktive Eintreten für den römischen Staat, das die Christen verweigerten.

Dass Plinius ein genauer Beobachter war, zeigt sich schließlich auch in dem, was er dem Kaiser als Erfolg vorweisen kann. Die Frage des Essens, wie und was, ist, wenn ich es recht sehe, die im Neuen Testament am häufigsten erörterte Frage.[46] Sie entsteht immer dann, wenn eine nicht homogene Gruppe an einem Tisch wirklich zusammensitzt. Speziell die Frage des Opferfleisches hat die Gemeinden von Anfang an beschäftigt: [211] Juden-

[42] Vgl. dazu W. Schrage, „Ekklesia“ und „Synagoge“, ZThK 60 (1963), 178–202; K. Berger, Volksversammlung und Gemeinde Gottes, ZThK 73 (1976), 167–207.

[43] Auf die grundsätzliche Bedeutung dieser Stelle, die durch Luthers Übersetzung „unser Wandel aber ist im Himmel“ verdeckt ist, hat mit Nachdruck K. Aland hingewiesen in seinem in Anm. 7 genannten Artikel 186–195.

[44] Vgl. zu solcher Terminologie J. H. Elliott, A Home for the Homeless. A Sociological Exegesis of 1 Peter, 1981, doch scheinen mir seine soziologischen Schlüsse auf die Herkunft der Adressaten den metaphorischen Gehalt der Begrifflichkeit zu verkennen. Die nächste Parallele zum Pliniusbrief ist im NT 1Petr 4,12–16 (vgl. Pöhlmann, a.a.O., 407). Offenbar aus Gründen der Datierung wird eine Beziehung geleugnet von L. Goppelt (Der Erste Petrusbrief, KEK 12.1, ²1978, 309) und N. Brox (Der erste Petrusbrief, EKK 21, 1979, 216f.220). Aber zeigt nicht der Vergleich, dass Plinius keine neue Rechtslage schafft, dass vielmehr weiterhin wie zur Zeit des 1Petr die Zugehörigkeit zum Christentum bei Bekennern bestraft wird, auch wenn keine Verbrechen vorliegen? Die an sich lateinische Wortbildung (BDR, § 5.2) auf *-ianus* Χριστιανός begegnet erstmals gegen Ende des 1. Jh.s (Apg 11,26; 26,28; 1Petr 4,16) und wird dann schnell üblich. Lukas führt sie zwar auf die Anfangszeit zurück (Apg 11,26), aber Paulus z. B. stand sie ja noch nicht zur Verfügung.

[45] Das unterscheidet das Christentum vom Judentum; vgl. das berüchtigte Juden-Kapitel bei Tacitus, hist. V; vgl. dazu H. Conzelmann, Heiden – Juden – Christen, BHTh 62, 1981, 108–119.

[46] Mk 7,1–23/Mt 15,1–20; Apg 10,10–15, 15,20.29, 21,25; Röm 14f; 1Kor 8, 10,23–11,1; Gal 2,11–14; Kol 2,16; 1Tim 4,3; Tit 1,15 u. a.

christen stand die Erinnerung an die Speisegebote des Gesetzes im Wege, Heidenchristen die Markierung ihres Bruchs mit der Vergangenheit.[47]

7. Monotheismus oder Polytheismus

Der Konflikt zwischen Christentum und römischem Staat war also wegen des konkurrierenden Anspruchs auf Universalität und Integration unvermeidlich, obwohl von den Christen nicht ein solcher konkurrierender Anspruch formuliert worden war. Beide verstanden sich als Einheit stiftend, für beide gab es nur entweder/oder – was Plinius als Sturheit und unbeugsamen Starrsinn bezeichnet, gilt der christlichen Tradition als Standhaftigkeit und Bekennermut in der Bewährung des Glaubens.

Die Struktur der christlichen Gemeinde ist die soziale Gestalt ihrer Verkündigung. Diese übernimmt selbstverständlich aus der jüdischen Tradition das Bekenntnis zu dem einen Gott, und die Dogmengeschichte der Alten Kirche innerhalb dieses Römischen Reichs zeigt das Problem, das Bekenntnis zu Christus als Bekenntnis zu dem einen Gott zu formulieren,[48] auf den die ganze Wirklichkeit in all ihren Aspekten zurückgeht: „Wenn es auch sogenannte Götter gibt, sei es im Himmel, sei es auf der Erde, wie es ja tatsächlich viele Götter und viele Herren gibt, so gibt es doch für uns nur einen Gott, den Vater, aus dem alles ist und wir auf ihn hin, und einen Herren, Jesus Christus, durch den alles ist und wir durch ihn" (1Kor 8,5f).

Der Totalitätsanspruch, alles in dem einen Gott zusammenzudenken, macht diesen Monotheismus zum politischen Problem.[49] Aufgenommen ist, wie gesagt, das jüdische Bekenntnis zu dem einen Gott; die Christologie [212] freilich entschränkt dieses grundsätzliche Bekenntnis aus jedem zwar/aber,[50] indem nun, um noch einmal auf Gal 3,28 zu verweisen, die „nötigen" Unterscheidungen zwischen Juden und Griechen, zwischen Sklaven und Freien, zwischen Männern und Frauen aufgehoben sind, die Gleichheit aller proklamiert wird, Gleichheit freilich nicht in ihren Vorzügen, sondern in ihrem Status vor dem einen Gott als gerechtfertigte Sünder.

In das monotheistische Bekenntnis fließen schon im griechischsprachigen Judentum philosophische Traditionen ein, die ebenfalls die Einheit der Wirklichkeit in dem einen

[47] Fragt man, welchem Typ von Christentum Plinius begegnet ist, dann ist das sicher nicht das Christentum der Pastoralbriefe. Dort wird die sehr viel differenziertere Stellungnahme des Paulus zur Frage von Speisevorschriften vereinfacht zur Frage von Orthodoxie und Häresie, und an die Stelle des Gewissens des anderen (1Kor 10,29) ist hier ein gemeinchristliches Gewissen getreten (1Tim 4,1–5).

[48] So verständlich „Ableitungen" (im doppelten Sinn) der frühchristlichen Dogmengeschichte aus religionsgeschichtlichen, philosophischen, politischen u. a. Faktoren scheinen, können sie doch nicht hinwegtäuschen über das Sachproblem, dass das frühe Christentum sich auszuweisen hatte als monotheistische Religion.

[49] Dieses Stichwort ruft die ganz anders ausgerichtete Schrift von E. Peterson in Erinnerung: Der Monotheismus als politisches Problem, 1935, abgedruckt in: ders., Theologische Traktate, 1951, 45–147, auf die ich hier nur hinweisen kann. Zur Frage Monotheismus/Polytheismus: F. Stolz, Monotheismus in Israel, in: Monotheismus im Alten Israel und seiner Umwelt, hg. von O. Keel, BiBe 14, 1980, 143–184.

[50] Vgl. zur Frage der Speisegebote etwa Aristeasbrief 128–169: Zwar stammt alles von dem einen Gott, dennoch muss zwischen rein und unrein unterschieden werden.

Gott denken, und man kann bei unseren aufgeklärten lateinischen Autoren durchaus ein solches prinzipiell monotheistisches Gottesverständnis voraussetzen. Die römische Religion jedoch war polytheistisch und blieb es in all ihren Wandlungen die römische Geschichte hindurch.[51] Gerade als polytheistische wirkte diese Religion integrativ, denn sie konnte in Rom zuvor unbekannte Götter aufnehmen.

Verbreitet ist die Meinung, der alte römische Kult sei völlig entleert gewesen, erstarrt zu bloßem Ritual, das Christentum sei wie andere östliche Erlösungsreligionen in ein religiöses Vakuum gestoßen. Das ist allzu einfach gesehen, denn der Polytheismus erwies seine religiöse Kraft gerade darin, der Komplexität der Wirklichkeit gerecht zu werden. Die einzelnen, als Zusammenhang nicht erkennbaren Aspekte der Wirklichkeit spiegeln sich in dem Pantheon, das diese einzelnen Aspekte aufnimmt. Gerade um die polytheistische römische Religion hat sich Augustus bei der Neukonstituierung des Römischen Reiches gekümmert, nicht eine monotheistische Staatsreligion neu eingeführt. Er selber war pontifex maximus, als oberster Priester Mittler zwischen den Göttern und den Menschen. Und hier scheint der Sinn dessen zu liegen, was man Herrscherkult nennt:[52] der eine an der Spitze des einen Reiches zwischen Göttern und Menschen als Verkörperung der Einheit. In ihm sind Friede, Heil garantiert. Das Römische Reich, in Nationen, Stände, Religionen aufgesplittert, hat in ihm seine [213] Einheit, er ist der „Vater des Vaterlandes". Damit ist das politische Problem des Monotheismus zugleich ein religiöses, insofern Religion konkrete Manifestation eines Verständnisses von Wirklichkeit ist.

Dafür, dass die hier vorgetragenen Analysen zumindest in ihrem Grundansatz stimmen, spricht, dass das Christentum die einheitsstiftende Funktion für das Römische Reich übernimmt, als sich diese Einheit nicht mehr darstellt in dem einen Kaiser. In der Kirchengeschichte ließe sich studieren, wie aus diesem konkurrierenden Anspruch auf Universalität in geschichtlich unterschiedlichen Situationen Konflikte zwischen Kirche und Staat entstehen. Der Staat, in welcher Staatsform auch immer er sich darstellt, hat die Aufgabe, „nach dem Maße menschlicher Einsicht und menschlichen Vermögens unter Androhung und Ausübung von Gewalt für Recht und Frieden zu sorgen" – mehr nicht; dem Staat ist aber immer der Anspruch immanent, mehr zu wollen, nämlich „die einzige und totale Ordnung menschlichen Lebens (zu) werden" (Barmen V).

Jener erste Konflikt zwischen dem römischen Staat und dem frühen Christentum scheint demnach kein historisch zufälliger, er beruht auch nicht auf Missverständnissen, sondern läßt erkennen, wie das Christentum als Herausforderung empfunden worden ist, auf die man bei aller intellektuellen Überlegenheit sehr affektgeladen reagierte.

51 Vgl. dazu jetzt J. Bleicken, Verfassungs- und Sozialgeschichte des Römischen Kaiserreiches, Bd. 2, UTB 839, ²1981, 105–217.

52 Vgl. dazu die instruktive Einführung von A. Wlosok zu dem von ihr herausgegebenen Sammelband: Römischer Kaiserkult, WdF 372, 1978, 1–52; S. R. F. Price, Between Man and God: Sacrifice in the Roman Imperial Cult, JRS 70 (1980), 28–43.

IV. SYSTEMATISCH-THEOLOGISCHE FRAGESTELLUNGEN

DER VERWEIS AUF DIE ERFAHRUNG UND DIE FRAGE NACH DER GERECHTIGKEIT*

Jesus gab – hält man sich an die synoptischen Evangelien – seinen Hörern nicht neue Definitionen des Reiches Gottes, sondern sprach sie auf sehr elementare Erfahrungen an. Will man diese Verkündigung rekonstruierend nachzeichnen, wird man kaum umhin können, sie in definierenden Behauptungssätzen wiederzugeben. Man muß sich dann aber im klaren darüber sein, was man tut, und darf nicht solche Rekonstruktion für die Verkündigung Jesu selber halten.

Die folgenden Überlegungen zielen auf etwas anderes, nämlich auf die Frage, welche Rolle der Verweis auf die Erfahrung in Jesu Verkündigung spielt und wie dieser Verweis auf die Erfahrung und die Verkündigung der Nähe des Reiches Gottes bei Jesus zusammengehören. Dem soll in einem ersten Teil unter stärker formalen Gesichtspunkten nachgegangen werden, im dritten unter der Frage nach dem theologischen Sinn solcher Art von Verkündigung. Dazwischen stehen ein paar Überlegungen zur hermeneutischen Bedeutung dieser Beobachtungen.

I.

Zunächst ist zu reden von den *Gleichnissen*, wobei hier „Gleichnis" ganz allgemein verstanden und auf die üblichen Differenzierungen nach Bildwort, Gleichnis, Parabel und Beispielerzählung verzichtet werden kann. Man verstellt sich das Verständnis der Gleichnisse, wenn man sie [186] im Gefolge der antiken Rhetorik[1] nur als „uneigentliche Rede" nimmt, die übersetzt werden muß in „eigentliche Rede", etwa einen bestimmten aus dem einzelnen Gleichnis herauszuschälenden Skopus oder allgemeinen Satz. Ein solcher Skopus „Gott ist gut" oder wie immer ist ja doch merkwürdig blaß und abstrakt gegenüber den eindringlichen Bildern der Gleichnisse.

Die Kehrseite eines solchen Mißverständnisses ist, daß man die Gleichnisse nur als Mittel der „Veranschaulichung" sieht – bis hinein in Stoffpläne für biblischen Unterricht. Jesus gibt aber eben nicht zuerst klare Begriffsbestimmungen, die er dann aus pädagogischen Gründen mit Bildern aus dem täglichen Leben veranschaulicht. Vom Reich Gottes redet er vielmehr in Gleichnissen, und die programmatische Zusammenfassung seiner Verkündigung Mk 1,15: „Erfüllt ist die Zeit und nahe das Reich Gottes. Kehrt um und

* Für den Druck überarbeitete Fassung meiner Antrittsvorlesung an der Kirchlichen Hochschule Bethel am 27.6.1974. In den beigegebenen Anmerkungen habe ich mich auf einige Hinweise beschränkt und keine ausführliche Absicherung meiner Thesen in Auseinandersetzung mit der vielfältigen Sekundärliteratur angestrebt.

[1] Vgl. Aristoteles, Rhet 2,20 (1393a 23ff). Zum Folgenden vgl. vor allem W. Harnisch, Die Sprachkraft der Analogie. Zur These vom „argumentativen Charakter" der Gleichnisse Jesu, StTh 28 (1974), 1–20.

glaubt an das Evangelium!" geht erst auf den Evangelisten zurück, der hier eine Überschrift über die folgenden Kapitel voranstellt.

Bei aller Anschaulichkeit der Gleichnisse darf man jedoch nicht vergessen, daß bestimmte Motive schon durch die jüdische Tradition hindurch einen bestimmten Wert hatten: daß der König des Gleichnisses Gott ist, daß die Ernte auf das Gericht verweist, daß der Weinberg Israel sei – das hörten seine ersten Zuhörer, die mit einem solchen Sinngefüge aufgewachsen waren.[2] Jülichers inzwischen Allgemeingut gewordene Kritik der allegorischen Gleichnisauslegung richtete sich ja dagegen, daß für die Auslegung die Deutungsebene vorgegeben war in der christlichen Dogmatik und daß diese Lehre nun in den Gleichnissen wiedergefunden wurde. Etwas anderes jedoch ist es, wenn man die Traditionsgeschichte der einzelnen Motive mit einbezieht in die Auslegung der Gleichnisse.

Warum nun solches Reden in Gleichnissen? Die Gleichnisse überrumpeln den Hörer, sie locken ihn auf einen Weg, den er von sich aus nicht gehen würde, sie nötigen ihn zu Eingeständnissen, auf die er sich von sich aus schwerlich einlassen würde.[3] Deutlich wird das z. B. in jener Gruppe von Gleichnissen, die mit der Frage „Wer unter euch?" beginnen.[4] Die [187] Frageform fordert eine Stellungnahme heraus, die Antwort ist klar: „jeder" bzw. „niemand". Wer wird denn schon seinem Sohn einen Stein statt eines Brotes vorsetzen, wer wird denn schon seinem Freund eine Bitte abschlagen, wer wird nicht hinter seinem verirrten Schaf herlaufen, um es zu suchen?

Aber wer diese Antwort gibt, hat eine Stellungnahme abgegeben, die ihn selbst angeht, er hat sich selbst durch diese Stellungnahme überführt. Wie gefährlich solches Stellungnehmen sein kann, zeigt schon die alte Geschichte von David und dem Propheten Nathan 2Sam 12,1–14. Hier hat sich der König mit seiner spontanen Stellungnahme zum Gleichnis Nathans selbst das Todesurteil gesprochen, als der ihn darauf hinweist, daß die ganze Zeit nicht von irgendeinem reichen Mann die Rede war, sondern von David selber: „*Du* bist der Mann!"

Ein solches Überführen liegt nun auch in den eigentlichen Reich-Gottes-Gleichnissen. Auch hier ist die Reaktion des Hörers: „Ja, so ist es" mit dem Bauern, der sät, mit der selbstwachsenden Saat, mit dem Senfkorn, mit dem Sauerteig usw. Und mit diesem seinem „ja" ist der Hörer zugleich verführt, dazu „ja" zu sagen, daß es sich mit dem Reich Gottes ebenso verhält, was zu bestreiten er allen Grund hätte. „Jeder Vergleich hinkt" – dieser Satz ist jenen ersten Hörern wohl kaum in den Sinn gekommen, für die Wahrheit noch nicht abstrakt, sondern höchst konkret war, für die legitimes Reden von Wahrheit noch nicht ausschließlich die Gestalt von definitorischen Behauptungssätzen hatte, sondern noch vieles vom ursprünglichen Sinn einer Bildersprache besaß.

Aus diesen ersten Überlegungen zu den Gleichnissen ergibt sich: Der Hörer wird hier auf seine eigenen Erfahrungen angesprochen und dadurch zu einem Eingeständnis gezwungen, das er ursprünglich nicht im Sinn hatte.

[2] Vgl. N. A. Dahl, The Parables of the Growth, StTh 5 (1951), 132–165, hier 136f.

[3] Vgl. Harnisch, a.a.O., 8.

[4] Vgl. H. Greeven, „Wer unter euch …?", WuD 3 (1952), 86–101.

Etwas ähnliches läßt sich beobachten auch bei jener großen Gruppe von Material, in der die „*formulierte Erfahrung*" aufgegriffen wird. Es handelt sich hierbei zumeist um Sätze, die so auch in irgendeiner jüdischen Weisheitsschrift stehen könnten: daß nichts verborgen bleiben kann, sondern alles offenbar werden muß, daß man nicht zwei Herren dienen kann usw. – Sätze, die versuchen, Ordnung in die verwirrende Vielfalt der Erfahrung zu bringen. Und dies ist ja gerade bezeichnend für die Weisheit: Erfahrungen zu verarbeiten, in sprachliche Form zu bringen, solche Sätze wieder an der Erfahrung zu überprüfen und daraufhin wieder neu zu formulieren. Nicht zufällig ist gerade aus diesem Bereich vieles auch in unseren Sprichwortschatz eingegangen. [188]

Fragt man nach der Verkündigung Jesu, so wird dieser Teil der Überlieferung, die sprichwortartigen Sentenzen, zumeist wenig beachtet. Hier liege nichts Charakteristisches, was Jesus hervorhebe gegenüber der jüdischen Tradition.[5] Und doch ist hier ähnliches zu beobachten wie bei den Gleichnissen: Der Hörer wird angesprochen auf das, was er selbst im Munde führt; gerade die Erfahrung, die er durch die Formulierung meint bewältigt zu haben, eröffnet ihm überraschende neue Zusammenhänge.

Handelt es sich hierbei schon sehr viel stärker als bei den Gleichnissen um *vermittelte* Erfahrung, so gilt das erst recht für die dritte Gruppe, die noch zu nennen ist: jene für die Logienquelle typischen *Hinweise* auf ganze *alttestamentliche Geschichten:* Sintflut, Sodom und Gomorrha, Königin von Saba, Jona. Auch solche Geschichten stellen schon für sich ein Stück verarbeitete Erfahrung dar, in die Weitertradierung und Auslegung dieser Geschichten ist dann immer neue Erfahrung eingegangen. Jeder weiß und fühlt, wovon die Rede ist, wenn die Stichworte „Sintflut" oder „Sodom und Gomorrha" fallen – nicht anders, als wenn wir „Hiroshima" oder „Auschwitz" hören.[6] Und auch hier wird wieder appelliert an solche vermittelte Erfahrung, an alte Geschichten, die jeder kennt, ohne aus ihnen *die* Konsequenzen zu ziehen, die Jesus ihm zumutet.

Als Zusammenfassung dieses ersten Teils ergibt sich: Der Verweis auf die Erfahrung zwingt den Hörer zu Eingeständnissen, zu denen er nicht von sich aus bereit ist; er wird – ohne es recht zu merken – überredet. Stimmen diese Überlegungen, so hätten wir eine typische Sprachstruktur der Verkündigung Jesu vor uns. Diese Struktur selber ist nicht originell, sondern steht in der langen Tradition der Weisheit, historisch gesehen der jüdischen Weisheit. Im Grunde handelt es sich wohl um eine Sprachstruktur, die sich in vielen Kulturkreisen nachweisen ließe.

II.

Freilich ist der in Jesu Verkündigung vorausgesetzte Erfahrungshorizont nicht mehr der unsrige. Es gibt wohl kaum noch jemanden, den man [189] auf seine Erfahrungen

[5] Vgl. etwa R. Bultmann, Die Geschichte der synoptischen Tradition, FRLANT 29, ^{3}1957, 108.

[6] Vgl. etwa die Verbindung der beiden exemplarischen Strafgerichte Sintflut und Zerstörung von Sodom und Gomorrha von Ez 26,19 an durch die jüdische und christliche Tradition, die dann Or. Sib. 4,128–136 neu gedeutet wird auf zeitgenössische Flutkatastrophen und den Ausbruch des Vesuvs.

mit einer Schafherde ansprechen könnte, wohl kaum noch jemanden, der für einen verlorenen Groschen das ganze Haus auf den Kopf stellen würde, und selbst das Bild des Sämanns ist inzwischen ja auch aus den Lesebüchern verschwunden.

Der Erfahrungshorizont der Verkündigung Jesu ist der eines galiläischen Provinzdorfes seiner Zeit – eine Erkenntnis, die etwa Friedrich Naumann anläßlich seiner Palästinareise erschütterte und ihn zweifeln ließ, ob die Verkündigung Jesu noch Normen liefern könne für die Industriegesellschaft des 20. Jahrhunderts.[7] Man kann sich aus dem Material der Gleichnisse Jesu ziemlich realistisch ein solches Dorf vorstellen.[8] Um so auffälliger ist, daß all das fehlt, was für die hellenistischen Städte der Zeit kennzeichnend ist: Handwerker, die Anfänge von Technik.

Abgebrochen ist für uns aber auch die Tradition der in Sprichwörtern formulierten Erfahrung.[9] Wer heute mit Sprichwörtern argumentiert, tut es allenfalls noch, wenn er sicher ist, ein Schmunzeln des Einverständnisses erwecken zu können. Wollte er sie ernsthaft als Argument gegen seine Zuhörer einsetzen, würde er den gemeinsamen Boden des Einverständnisses verloren haben. Die in Sprichwörtern gesammelten Erfahrungen sind offenbar nicht mehr tragfähig für heute anstehende Probleme.

Abgebrochen ist schließlich auch jene Tradition, in der die Heilige Schrift einziger Deutungsrahmen der Welt war: Fibel, Geschichtsbuch, Geographiebuch, Naturkundebuch usw. in einem. Das „Buch der Bücher" ist zu einem Buch unter vielen Büchern geworden, das man nicht mehr als erstes aufschlägt, will man sich über den Zusammenhang der Welt informieren.

So verführerisch also eine einfache Wiederholung der aufgezeigten Sprachstruktur sein könnte, so wenig würde sie heute noch unmittelbar ansprechen können, und als vermittelte, der Erklärung bedürftig, hätte sie ja ihren Witz verloren. Um so erstaunlicher ist aber, daß das Urchristentum gleich in der ersten Generation seine Verkündigung in andere Erfahrungshorizonte übersetzen konnte. Das zeigt z. B. die Gleichnisauslegung Mk 4,13–20, die man nicht nur unter dem Gesichtspunkt allegorischen Mißverstehens interpretieren sollte, sondern als Auslegung, [190] die die Nähe des Reiches Gottes, von der das Gleichnis spricht, in die Nähe des Wortes legt.[10]

Das Urchristentum faßt Fuß gerade in jenen – auch nach heutigen Maßstäben – Großstädten, die im Grunde traditionslos sind. Neu angelegte Städte wie Philippi oder Korinth, Städte, in denen die Bevölkerung aus allen Ecken des Römischen Reichs zusammengewürfelt ist, wie Ephesus, Antiochien, Rom selber nicht zuletzt. Was hier fehlt,

[7] Vgl. H. Timm, Friedrich Naumanns theologischer Widerruf, ThEx 141 (1967), bes. 32–34.

[8] Das hat C. H. Dodd in verschiedenen Veröffentlichungen unternommen, z. B. The Authority of the Bible, Nachdruck 1952, 148–152.

[9] Auch diese gehören zu den Argumenten, deren sich der antike Rhetor bedient: Aristoteles, Rhet 2,21 (1394a 19ff).

[10] Ich kann hier mein Verständnis von Mk 4 nur andeuten und verweise für das Gleichnis 4,3–9 auf die Interpretation von U. Luck, Das Gleichnis vom Säemann und die Verkündigung Jesu, WuD 11 (1971), 73–92, der die Pointe des Gleichnisses darin sieht, daß nun der Acker da ist, der Frucht bringen kann. Ist diese Auslegung richtig, dann sind die Auslegung 4,13–20 und die Aufrufe zum „Hören" legitime Übertragung des Gleichnisses in die neue Erfahrung der nachösterlichen Gemeinde, ebenso wie 4,10–12, wenn man die Auslegungsgeschichte von Jes 6 ernst nimmt und den Schluß von Jes 6,13 mit einbezieht.

ist die Sicherung durch ungebrochene gemeinsame Erfahrung, und die neue Erfahrung ist noch nicht so weit, gültig formuliert zu werden.

So erklärt sich zu einem Teil jedenfalls die völlig andere Sprachstruktur bei unserem Hauptzeugen für dieses Christentum der Städte, bei Paulus. Was er an Vergleichen bringt aus dem Recht oder dem Sport, ist – wie oft bemerkt – zumeist schwach und blaß; der einzige Anklang an die Gleichnisse Jesu, das Bild von Saat und Ernte, ist wie die meisten seiner Vergleiche längst literarisch geworden. Die Erfahrung aber, an die er appelliert, ist die Erfahrung neuer Gemeinschaft in Christus: „Habt ihr soviel umsonst erlebt?" (Gal 3,4), die Erfahrung der Wirkungen des Geistes in der Gemeinde oder jene Erfahrung, an die Paulus in solchen Sätzen erinnert, die mit „Wißt ihr nicht?" beginnen.

In der Folgezeit gelingt es dann dem Christentum, durch Integration verschiedener Traditionen der Antike neue Tradition zu stiften und neue Erfahrungen zu formulieren, die sinngebend wirken. Das ist ein langer Prozeß, bis das Christentum in das Mittelalter hinein zum Tradenten der gesamten antiken Kultur wird und für mehr als tausend Jahre eine schlüssige Deutung der Erfahrungen vermitteln kann.

Von Anfang an aber war es offenbar möglich, das, was Jesus verkündigt hatte, auch zu übersetzen in den neuen Erfahrungshorizont der hellenistischen Städte, ja hier das wichtigste Missionsfeld zu finden, wie stark auch immer das Judentum bereits Vorarbeit geleistet hatte. Man kann auch daran erinnern, daß die Offenbarung Johannis das Paradies nicht in ländlich-bäuerlichen Bildern beschreibt, sondern als humane moderne Stadt von riesigen Ausmaßen. Das ist nicht nur Aufnahme der [191] alten Erwartung eines neuen Jerusalem, sondern diese Stadt ist ohne Tempel und hat die Größe des ganzen Römischen Reichs.

Das Christentum war also nicht gebunden an jenen Erfahrungshorizont, den die Verkündigung Jesu voraussetzt, sondern es war von Anfang an übersetzbar auch in andere soziale, wirtschaftliche und kulturelle Zusammenhänge, sei es auch um den Preis für unser Verständnis gewagter Interpretationen dessen, was Jesus gesagt und getan hatte.[11]

III.

Doch kehren wir zurück zu der Frage nach dem Ort der Erfahrung in der Verkündigung Jesu. Am Schluß des ersten Teils drängte sich ja die Frage auf, *wozu* denn nun der Hörer überredet werden soll, und um diese Frage soll es im folgenden gehen.

Bemerkenswerte Einmütigkeit herrscht darüber, daß der zentrale Inhalt der Verkündigung Jesu das Reich Gottes sei bzw. die Gottesherrschaft nach dem heute üblicheren

[11] Vielleicht ist es nicht zu verwegen, einmal darüber nachzudenken, inwieweit in unserer neueren Theologiegeschichte die Abkehr vom historischen Jesus als Grund und Ursache des Christentums auch zusammenhängt mit den Veränderungen zu Beginn des 20. Jahrhunderts, die ihren Ausdruck finden in den Erfahrungen im Zusammenhang des 1. Weltkriegs. Auch hier ja diese Traditionsbrüche, auch hier das Fehlen neuer Maßstäbe, was dann einen unmittelbareren Zugang zur Theologie des Paulus als zur Verkündigung Jesu ermöglichte. Belegen ließen sich solche Vermutungen mit Friedrich Naumann auf der einen Seite, mit der Kulturverachtung der frühen Dialektischen Theologie auf der anderen.

Sprachgebrauch, der Assoziationen an Reich als Territorium vermeiden und das dynamische Element unterstreichen will. Doch besagt diese Einmütigkeit noch nicht viel. Wie nämlich Jesus vom Reich Gottes gesprochen habe, darin unterscheiden sich die verschiedenen Darstellungen nicht unerheblich voneinander, und auch darin, welchem Kontext sie diese Verkündigung zuordnen.

Seit man gelernt hat, Reich Gottes auf dem Hintergrund der Apokalyptik zu sehen und es als eschatologische Größe zu interpretieren, nicht als innerweltlich zu verwirklichende, hält sich zudem mit seltsamer Konstanz der Hinweis durch, die Differenz zur Apokalyptik liege u. a. darin, daß Jesus auf alle Ausschmückung verzichte und vor allem auf alle Berechnungen über das „wann". Das mag zwar richtig sein, auch wenn es wohl doch nur relativ gelten kann. Wichtiger jedoch ist das Sachproblem, das mit dem Stichwort Reich Gottes hier wie dort angezeigt ist. [192]

War einst in den Psalmen Israels die Rede vom Herrschaftsantritt Jahwes und feierte man vielleicht im Kult seine Unterwerfung der Chaosmächte und aller Feinde, so war das Reich Gottes etwas durchaus nicht nur Abstraktes, sondern die geglaubte und erfahrene Ordnung der Welt, in der man sich gesichert und geborgen fühlen konnte. Und auch wenn dies von Anfang an nur als Hoffnung auf eine Wende von Israels Schicksal gemeint gewesen ist wie bei Deuterojesaja (Jes 52,7),[12] so konnte doch solche Erwartung anknüpfen an die Erfahrung, daß es einmal anders gestanden hatte um Israel und die Welt. Je radikaler jedoch diese Welt als Gottes Ordnung widersprechend erfahren wurde, desto weniger war dann noch von *dieser* Welt die Rede, wenn man vom Reich Gottes sprach; desto mehr war dann das Reich Gottes etwas, was man in dieser Welt eben *nicht* erfahren konnte, das die Alternative zu dieser Welt war, die man erst für das Ende der Tage erwartete.

Es ist eine lange schmerzvolle Geschichte gewesen, die Israel festhalten ließ am Bekenntnis zu Gott als dem Schöpfer und Ordner dieser Welt – trotz aller scheinbar dagegen sprechenden konkreten Erfahrung. Es ist dies die Geschichte der Versuche, von Gottes Gerechtigkeit immer neu zu reden, um die Erfahrung in Übereinstimmung zu bringen mit der Zusage Gottes an den Gerechten. In diesem Stichwort der „Gerechtigkeit" scheint mir nun in der Tat ein Grundproblem, wenn nicht gar *das* Grundproblem einer biblischen Theologie angezeigt zu sein,[13] die heute als neue Aufgabe der neutestamentlichen wie der alttestamentlichen Exegese wieder gestellt ist.

Es mag mißverständlich erscheinen, einem Begriff wie „Gerechtigkeit" diese Rolle zuzuweisen, doch wird sich – wie gleich an der Jesusüberlieferung zu zeigen ist – die Arbeit eben nicht in einer begriffsgeschichtlichen Untersuchung alter Schule leisten lassen. Vielmehr könnte sich unter diesem Stichwort eine *Fragestellung* verbergen, die sich durch die biblischen Schriften wie die nichtkanonische Literatur hindurchzieht, und die verschiedenen Theologien könnten sich als Antworten auf diese Frage herausstellen in je

[12] Vgl. C. Westermann, Das Loben Gottes in den Psalmen, ^{4}1968, 110–115.

[13] Gerne verweise ich hier auf die Arbeiten meiner neuen Kollegen U. Luck, Gerechtigkeit in der Welt – Gerechtigkeit Gottes, WuD 12 (1973), 71–89, und H. H. Schmid, Gerechtigkeit als Weltordnung, BHTh 40, 1968; ders., Altorientalische Welt in der alttestamentlichen Theologie, 1974.

neuen Situationen und als je neue Aneignungen des alten Bekenntnisses zu Gott als dem Schöpfer dieser Welt, der seine Gerechtigkeit in die Welt gesetzt hat. Mißverständlich freilich könnte auch [193] nach den Erfahrungen der neueren Theologiegeschichte der Verweis gerade auf dieses Bekenntnis zu Gott als dem Schöpfer sein, das freilich eine Grundfrage biblischer Theologie anzeigt, die nicht mit emphatischer Absage an *alle* „Schöpfungstheologie" erledigt werden kann.

In der synoptischen Tradition ist „Gerechtigkeit" eine begriffliche Fassung, die erst Matthäus dem ihm vorliegenden Stoff gegeben hat.[14] Doch bringt er damit auf den Begriff, was Thema der Jesusüberlieferung von Anfang an ist.[15] Die Frage nach der Gerechtigkeit dabei nicht nur als Frage nach dem Verhältnis zwischen Gott und Mensch, sondern als Frage, die ebenso die Gerechtigkeit der Welt mit einschließt, ja an dieser Frage ihren dauernden Anstoß hat. Weder geht es in der Verkündigung Jesu nur um Gottes Güte, noch nur um eine neue Möglichkeit für den Menschen, sich angesichts der Nähe des Reiches Gottes neu zu verstehen. Ihre eigentliche Schärfe erhält die Verkündigung Jesu erst in diesem Horizont der Frage nach der Gerechtigkeit – Gottes, des Menschen und der Welt.

Dazu gehören die Seligpreisungen zu Beginn der Bergpredigt und lukanischer Feldrede zugrunde liegenden Rede, die die Gerechtigkeit der Welt scheinbar auf den Kopf stellen und in die Mt sachgemäß das Stichwort der Gerechtigkeit einbringt. Dazu gehören, auch wenn die Gemeinde sie erst so formuliert haben wird, die Antithesen der Bergpredigt – wieder von Mt unter das Thema der Gerechtigkeit gebracht –, die mir das Recht nehmen, auf mein Recht zu pochen, und mich auf das Recht des anderen verweisen; die mir nicht erlauben, meinen Schutz gegen die anderen im Gesetz zu suchen, sondern mir zeigen, daß das Gesetz die anderen vor mir schützt. Um diese Gerechtigkeit geht es schließlich auch in jenen Gleichnissen, in denen es so ungerecht zugeht gemessen an den Maßstäben dieser Welt. Die Erfahrung sagt freilich dem Hörer, daß es – leider – in der Welt so zugeht; das Neue, das er erfährt: So ist es mit dem Reich *Gottes*.

Die Erfahrung, daß Gott seine Sonne aufgehen läßt über Böse und Gute und es regnen läßt auf Gerechte und Ungerechte, hatte die jüdische Tradition formuliert mit einem Unterton des Vorwurfs gegen Gott, der seine Gerechtigkeit durchzusetzen versäumt[16] – Jesus nimmt sie positiv [194] auf: als Begründung für das Gebot der Feindesliebe. Die leichte Skepsis, der Zweifel an Gottes Gerechtigkeit, wird aufgegriffen; wer seine Erfahrung in dieser Sentenz wiederfindet, wird in überraschender Weise beim Wort genommen und dabei behaftet, was er gesagt hat: Ja, so ist Gott, genau wie du ihn erfährst, nur ist es dein Fehler, diese deine Erfahrung *gegen* Gott sprechen zu lassen.

Die Lilien auf dem Felde, die Vögel unter dem Himmel, daß Gott sie ernährt ebenso wie Könige, Tyrannen und Heidenvölker – diese Erfahrung hatte man und konnte sie als

[14] Vgl. dazu G. Strecker, Der Weg der Gerechtigkeit, FRLANT 82, 1971, 149–158; J. Dupont, Les Béatitudes, Bd. 3, ^{2}1973, 213–305, die aber beide zu sehr „Gerechtigkeit" für die matthäische Redaktion reklamieren.

[15] Ich habe das an einem Beispiel zu zeigen versucht: Liebet eure Feinde (Lk 6,27–36/Mt 5,39–48), ZThK 69 (1972), 412–438, bes. 432 f.

[16] Vgl. die bei Billerbeck I, 374–377 angeführten Belege.

Hinweis auf Gottes grenzenlose, wenn auch unverständliche Güte und Langmut deuten (PsSal 5). Aber Gottes Reich und seine Gerechtigkeit waren etwas ganz anderes, was nur der Fromme erfuhr und erfahren konnte: daß Überfluß sowieso zur Sünde führt und daß Mittelmaß ohnehin besser ist. Jenes alte Problem der Gerechtigkeit Gottes, warum es ausgerechnet dem Gottlosen so viel besser geht als dem Frommen, wird hier gelöst durch den Hinweis auf Gottes wohlüberlegte Pädagogik. Bei Jesus dagegen: der Hinweis auf die Lilien und die Vögel als Hinweis darauf, wie Gott wirklich ist, und als Begründung dafür nach dem Reich Gottes zu trachten und nach Gottes Gerechtigkeit, wie Mt hinzufügt.

Versuchen wir, aus dieser Reihe von Beispielen Ergebnisse zu sammeln. Angesprochen wird der Hörer ganz im Stil der alten Weisheit auf seine alltäglichen Erfahrungen und auf die Formulierungen, in denen er seine Erfahrung zu ordnen sucht. Ganz im Stil der alten Weisheit wird auch von Gott wieder im Horizont dieser allen zugänglichen Erfahrung gesprochen. Und hier liegt der entscheidende Punkt: Gerade dies war ja der jüdischen Tradition je länger je weniger noch gelungen, von Gott im Horizont der konkreten Welterfahrung zu sprechen. Und dies war ja genau ihr Problem, daß Gott sich nicht mehr so ohne weiteres in der Erfahrung des Menschen aufzeigen ließ. Jesus holt nun Gott in die Erfahrung zurück.

Freilich, und das muß nun noch bedacht werden: Wie sah das denn aus, dieses neue Reden von Gott im Horizont der Erfahrung? Selbstverständlich war es jedenfalls nicht mehr. Sonst hätte es für die Weisheit nicht zu dem großen Realitätsverlust kommen können, der dann besonders in der Apokalyptik zu einer doppelten Realität führt. Sonst wäre auch jenes Strukturelement des Überredens nicht nötig gewesen, das wir im ersten Teil festgestellt haben – eines Überredens hätte es dann gar nicht bedurft. Aufgegriffen wird ja gerade auch *die* Erfahrung, die als Gottes Gerechtigkeit widersprechend gedeutet wurde bis hin zur Skepsis, die [195] Gott seine Unterlassungen vorhält; gerade die Klage über Gottes Ungerechtigkeit wird beim Wort genommen als Hinweis auf Gottes Gerechtigkeit. Das aber bedeutet, daß die Maßstäbe für Gottes Gerechtigkeit neu gesetzt werden. Gott ist nun in sehr überraschender Weise wirklich der „ganz andere" gegenüber dem, was die bisherige Reflexion auf Erfahrung sich unter ihm vorgestellt hatte. Die Frage nach Gottes Gerechtigkeit wird so umgekehrt, daß der Hörer sie nicht mehr distanziert stellen und Gott auf seine Pflicht hinweisen kann, doch sein Recht auch durchzusetzen; sie wird gegen den gekehrt, der diese Frage so stellt.

Das Problem des Verhältnisses von eschatologischer und weisheitlicher Verkündigung bei Jesus[17] ist also nicht dadurch gelöst, daß man die eschatologischen Stücke für typisch erklärt und die weisheitlichen für wenig charakteristisch, daß man Jesus als den versteht, der auf die andere Welt verweist, und seinen Verweis auf diese Welt nur als dem untergeordnetes rhetorisches oder pädagogisches Mittel interpretiert. Es geht vielmehr darum, wie in der Verkündigung Jesu der Verweis auf die Erfahrung neue Möglichkeiten des Redens von Gott, seinem Reich und seiner Gerechtigkeit erschließt.

[17] Vgl. ähnliche Überlegungen bei R. Bultmann, Die Erforschung der synoptischen Evangelien, [4]1961, 50f, der nach dem Verhältnis zwischen eschatologischer und sittlicher Verkündigung bei Jesus fragt.

Wenn dem so ist, dann ist schließlich auch verständlich, daß Jesus vom Reich Gottes nicht nur geredet hat, sondern es selbst gebracht hat: „Wenn ich mit dem Finger Gottes die Dämonen austreibe, dann ist das Reich Gottes zu euch gekommen" (Lk 11,20). Das Reich Gottes wird im Tun wie im Reden Jesu wieder konkret erfahrbar auch in *dieser* Welt.[18]

Es entspricht dem, daß für Paulus Christologie und Eschatologie auseinanderfallen. Für die jüdische Tradition liegen sie ineinander, da der Messias die letzten Dinge herbeiführt. Für Paulus ist Christologie die Anwesenheit Gottes gerade in *dieser* Welt unter dem Zeichen des Kreuzes und der Schwachheit, des Fluches und des Todes. Das ist die Ostererfahrung, eine Radikalisierung der Erfahrung, die die ursprünglichen Hörer der Verkündigung Jesu machten: Diese Welt ist und bleibt Gottes Schöpfung, Gott hat sich nicht aus ihr zurückgezogen; Gottes Gerechtigkeit ist in dieser Welt und stellt diese Welt zugleich in Frage.

Bei Jesus verweist also die Erfahrung in neuer Weise auf Gottes Reich und Gottes Gerechtigkeit, und zwar die konkrete, vielfach irritierende Erfahrung, nicht eine speziell religiöse. „So ist es eben in der Welt" – [196] diese vielleicht resignierende Erfahrung deutet darauf, wie es sich mit dem Reich Gottes verhält. Konkrete Welterfahrung ist wieder zusammengebracht mit dem Bekenntnis zu Gott als dem Schöpfer und Erhalter dieser Welt – und dies ist der Glaube, der Berge versetzen kann.[19]

Das alles ist nicht „uneigentliche Rede" von Gott, sondern eigentliche, die ernst zu nehmen ist, wie sie gesagt wird, nicht abzuschwächen ist in allgemeine Sätze. Das alles steht am Ende eines langen Rätselns um das Verhältnis Gottes zu seiner von ihm geschaffenen Welt und am Anfang einer neuen Geschichte des Rätselns darüber, inwiefern Gott gerade in dieser Welt, dieser so konkret erfahrbaren Welt seine Gerechtigkeit unter dem Zeichen des *Kreuzes* manifestiert hat.

[18] Vgl. oben Anm. 10 zu Mk 4.

[19] Daß der Konflikt zwischen dem Bekenntnis zu Gott als dem Schöpfer und der diesem Bekenntnis scheinbar widersprechenden Erfahrung das Grundthema des Glaubens ist, läßt sich m. E. durch die Geschichte des Redens vom Glauben im Alten Testament, im Judentum, im Neuen Testament und in der Alten Kirche hindurch zeigen. Glaube hat sich hier noch nicht auf das Verhältnis zwischen Gott und Mensch unter Preisgabe der Welt zurückgezogen.

CHRISTOLOGIE UND RECHTFERTIGUNG

Daß die Aussagen über die Rechtfertigung die eigentliche Christologie des Paulus seien, ist ein Satz, der sich in verschiedenen sonst divergierenden Interpretationen der paulinischen Theologie findet. Ja, er scheint so etwas wie ein Maßstab geworden zu sein, an dem andere Paulusauslegungen überprüft werden. Daher ist er jedenfalls nicht eindeutig, sondern für verschiedene Deutungen offen. Es lohnt sich in solchem Falle zumeist, zunächst nach dem Ursprungsort einer Formulierung zurückzufragen, um ihren ursprünglichen polemischen Sinn aufzuhellen, bevor sie zu einer Art „Dogma" wurde.

Erstmals zu verifizieren ist der Satz m. W. in R. Bultmanns 1933 veröffentlichtem Aufsatz „Die Christologie des Neuen Testaments": „Die Rechtfertigungslehre des Paulus ist, so könnte man sagen, seine eigentliche Christologie."[1] Bultmann beruft sich dafür auf den Satz aus Melanchthons Loci: *hoc est Christum cognoscere, beneficia eius cognoscere,* und fährt dann fort: „In der Rechtfertigungslehre kommt zum deutlichen Ausdruck, daß die Christologie nicht in Wesensspekulationen, sondern in der Verkündigung des Christusereignisses besteht, und daß die verstehende Betrachtung dieses Ereignisses nicht Spekulation, sondern Selbstbesinnung, Durchdenkung der eigenen neuen Existenz ist."[2]

Das ist zunächst noch die alte Frage der Dogmatik nach dem Verhältnis zwischen Christologie und Erlösungslehre, aktuell jedoch ist dieser Satz gewonnen gegenüber der religionsgeschichtlichen Schule, aus der Bultmann selbst stammt, und hier speziell gegenüber W. Boussets Dar- [352] stellung der paulinischen Christologie in seinem „Kyrios Christos" – ein Buch, das Bultmann nach eigenem Zeugnis immer für ein fundamentales Werk gehalten hat.[3] Für Bousset und die religionsgeschichtliche Schule lag das Zentrum der paulinischen Theologie in der Christusfrömmigkeit, dem Korrelat zu dem von Bousset in all seiner Fremdheit beschriebenen Christuskult der heidenchristlichen Gemeinde vor Paulus.

An die Stelle des „intensive(n) Gefühl(s) der persönlichen Zugehörigkeit und der geistigen Verbundenheit mit dem erhöhten Herrn"[4] tritt nun bei Bultmann die „Rechtfertigungslehre" als existentiale Interpretation der Christologie. Bultmann konnte dafür in gewissem Grade zurückgreifen auf W. Wredes Paulusdarstellung, der mit Nachdruck betont hatte, daß – so wunderlich das dem modernen Menschen erscheinen mochte –

[1] GuV I, ^{3}1958, 262. Das schließt den Verweis auf A. Schlatter bei P. Stuhlmacher („Das Ende des Gesetzes", ZThK 67 [1970], 14–39, 17f) gerade nicht aus, korrigiert aber partiell die dort gegebene theologiegeschichtliche Analyse.

[2] Ebd.

[3] W. Bousset, Kyrios Christos, ^{6}1967, 104–154; vgl. Bultmanns „Geleitwort". Zu Bousset: A. F. Verheule, Wilhelm Bousset. Leben und Werk, 1973, zu diesem Kapitel 192–215. Doch wird man das Verhältnis zwischen Bousset und Bultmann positiver beschreiben können als es Verheule (215, Anm. 1) tut. Überhaupt wäre das Verhältnis Bultmanns zur religionsgeschichtlichen Schule ein lohnendes Thema.

[4] Dies sieht W. Bousset (a.a.O., 104) als den Schritt vom Kyrioskult der heidenchristlichen Gemeinde zu Paulus.

die „Theologie" des Paulus von ihm selbst als „Religion" verstanden wurde.[5] Für Wrede aber war die Rechtfertigungslehre nur eine „Kampfeslehre",[6] offenbar weil er in ihr nicht „Religion" erkennen konnte, während Bultmann sie wieder ins Zentrum der paulinischen Theologie rückte.

Die Deutungskategorien für Bultmanns Bestimmung des Verhältnisses zwischen Rechtfertigung und Christologie sind die Paare Verkündigung/Spekulation, *fides qua/fides quae*,[7] schließlich vor allem jener von früh an wichtige Satz, daß die Theologie des Paulus Anthropologie sei, die Rechtfertigungslehre die anthropologische Fassung der Christologie.[8] Zusammengefaßt erscheint die ganze Thematik im § 33 der „Theologie des Neuen Testaments", wo Bultmann zunächst die einzelnen inhaltlichen Elemente der paulinischen Christologie zusammenstellt und dann in Aufnahme des traditionellen Schemas von *fides quae* (1.) und *fides qua* (2.) [353] zu dem Schluß kommt: „Wenn man einfach nachzeichnend die Aussagen des Paulus reproduziert, so stellt sich also heraus, daß man eigentlich zwei Akte des Glaubens und damit auch zwei Begriffe des Glaubens unterscheiden muß: 1. einen Glauben, der in der Willigkeit besteht, die berichteten Tatsachen von der Menschwerdung und Kreuzigung des präexistenten Gottessohnes und seine Auferstehung von den Toten für wahr zu halten und in ihnen einen Erweis der Gnade Gottes zu sehen; 2. einen Glauben, der als Hingabe an die Gnade Gottes eine radikale Umkehr des bisherigen Selbstverständnisses des Menschen bedeutet, die radikale Preisgabe der καύχησις."[9] Was unter 2. formuliert ist, ist die Bultmannsche Interpretation der Rechtfertigung.

Dieser § 33 gibt über weite Strecken den roten Faden für E. Käsemanns Aufsatz über „Die Heilsbedeutung des Todes Jesu bei Paulus" ab.[10] Wie Bultmann zählt er die verschiedenen christologischen Aussagen bei Paulus auf: Opfertod, stellvertretendes Strafleiden, Versöhnung, Erlösung; es fehlen – wohl auf Grund fortgeschrittener religionsgeschichtlicher Skrupel – die Mysterienvorstellungen und der gnostische Mythos. Die Leitthese ist vor dieser Aufzählung im Anschluß an eine Erörterung traditioneller christologischer Elemente formuliert: „Paulus hat die vor ihm umlaufende Tradition über Jesu Kreuz im Sinne seiner Rechtfertigungslehre vom Kreuze aus gewonnen, und sie ist umgekehrt seine Interpretation des Todes Jesu"[11], oder allgemeiner in ähnlichem Zusammenhang: „Die Rechtfertigungsbotschaft des Paulus ... ist letztlich seine Interpretation

[5] Paulus, 1904, jetzt in: Das Paulusbild in der neueren deutschen Forschung, hg. v. K. H. Rengstorf und U. Luck, WdF 24, 1964, 1–97, 42.60.

[6] A.a.O., 67–83.

[7] Vgl. den Aufsatz von 1927: Zur Frage der Christologie, in: ders., GuV I, ^{3}1958, 85–113, in Auseinandersetzung mit E. Hirsch.

[8] Vgl. Art. „Paulus", RGG^{2} IV, 1019–1045, 1031, oder ders., Theologie des Neuen Testaments, ^{3}1958, 192, mit ähnlichen Formulierungen zur Christologie wie den bei Anm. 2 zitierten.

[9] Theologie 300.

[10] Paulinische Perspektiven, ^{2}1972, 61–107, hier besonders ab 78.

[11] A.a.O., 77.

der Christologie."[12] Diese Interpretation faßt Käsemann als *iustificatio impii*; Paulus ist es, der mit diesem Thema die vorgegebene christologische Tradition radikalisiert hat.

An der zuletzt zitierten Stelle beruft sich Käsemann auf G. Bornkamm,[13] der aus dem Zusammenhang zwischen christologischem Bekenntnis und Theologie der Rechtfertigung in Röm 1,3f.9.16f schließt, „daß Paulus die Christusbotschaft als Botschaft von der Rechtfertigung allein aus Glauben auslegt und entfaltet", oder noch zugespitzter: „Die [354] Zusammengehörigkeit der christologischen und soteriologischen Aussagen, genauer gesagt: die Entfaltung der Christusbotschaft als Rechtfertigungsbotschaft und umgekehrt, ist ... ein entscheidendes Anliegen seiner ganzen Theologie."

H. Conzelmann schließlich versteht die paulinische Theologie als Verarbeitung von Tradition, darunter auch christologischer: „Die Pointe der Verarbeitung ist jeweils der aktuelle Heilssinn für den betroffenen Einzelnen. So kann man seine Theologie als dialektische Anthropologie charakterisieren. Diese versteht Paulus als die Auslegung des Credo."[14] In seinem polemischen Aufsatz: „Die Rechtfertigungslehre des Paulus: Theologie oder Anthropologie?"[15] sieht er den Zusammenhang der Fragestellung mit der theologiegeschichtlichen Entwicklung der letzten Generationen und verteidigt Bultmanns These der anthropologischen Fassung der Rechtfertigungsaussagen bei Paulus mit Reflexionen auf das Verhältnis von Tradition und Interpretation bei Paulus. Dem stellt Käsemann noch einmal den Satz entgegen, „die paulinische Rechtfertigungslehre sei mehr als Konsequenz, nämlich die spezifisch paulinische Interpretation der Christologie im Blick auf Mensch und Welt"[16].

So scheint es, daß jener Satz über das Verhältnis von Rechtfertigung und Christologie einen Konsensus nur sehr formal angeben kann. Immerhin zeigt er eine gewisse Verständigung über Grundlagen der paulinischen Theologie, die sich in zwei Punkten benennen läßt:

Paulus fußt mit seinen christologischen Aussagen auf der Tradition der Gemeinde vor ihm und ist nicht selbst der erste – das meinte ja z. B. noch H. J. Holtzmann[17] –, der eine Christologie entwickelt. Hier haben sich die Thesen der religionsgeschichtlichen Schule so weitgehend durchgesetzt, daß die Christologie des Paulus in den letzten Jahrzehnten kaum mehr eigens thematisiert, dafür aber mit etlichem Erfolg diese frühchristliche christologische Tradition aus seinen Briefen herausgearbeitet wurde.

[12] In dem Aufsatz: Rechtfertigung und Heilsgeschichte im Römerbrief, in: ders., Paulinische Perspektiven, 108–139, 130; vgl. ders., An die Römer, HNT 8a, 1973, 21.88f (^{3}21.89f).

[13] Paulus, UB 119, 1969, 126–129.249–251 (die beiden folgenden Zitate 126 und 128f). Auch hier ist für den größeren Zusammenhang 121–131 auf den § 33 von Bultmanns Theologie zu verweisen.

[14] Paulus und die Weisheit, 1965, jetzt in: ders., Theologie als Schriftauslegung, BEvTh 65, 1974, 177–190, 190.

[15] 1968, jetzt: in: ders., Theologie als Schriftauslegung, 191–206.

[16] Paulinische Perspektiven, 136.

[17] Lehrbuch der neutestamentlichen Theologie II, ^{2}1911, 73: „P(au)l(u)s ist der Schöpfer der Christologie."

Nicht mehr umstritten ist, daß die Rechtfertigungsbotschaft das Herzstück der paulinischen Theologie ausmacht,[18] sosehr nun der Streit [355] anhebt über die rechte Interpretation dieser Rechtfertigungsbotschaft. Bei Bultmann und Conzelmann ist die wesentliche Leistung des Paulus die anthropologische Auslegung vorgegebener Christologie in den Aussagen über die Rechtfertigung, bei Bornkamm die Auslegung auf die Rechtfertigung aus Glauben hin und bei Käsemann die Radikalisierung zur *theologia crucis* und damit zur *iustificatio impii.*

Stellt man sich auf den Boden des in diesen beiden Punkten angezeigten Konsensus, dann werden die anfangs genannten Bedingungen für die ursprüngliche Formulierung bei Bultmann wichtig. Es scheint nämlich, daß zwar zu Recht die Thesen der religionsgeschichtlichen Schule über die Bedeutung der Gemeinde zwischen Jesus und Paulus aufgenommen und weitergeführt worden sind,[19] damit aber zugleich auch bestimmte Prämissen und Vorurteile, die der Darstellung dieser Christologie in der religionsgeschichtlichen Schule zugrunde liegen. Der einflußreiche § 33 in Bultmanns Theologie ist ja dadurch gekennzeichnet, daß die christologischen Vorstellungen des Paulus als äußerst disparat in bezug auf sowohl ihren religionsgeschichtlichen Hintergrund als auch ihren Inhalt dargestellt werden: Hier kommen jüdische und hellenistische, alttestamentliche und gnostische Vorstellungen zusammen; das Heil liegt entweder in der Inkarnation oder im Tod. Das einzige, was alles verbindet, ist im Grunde nur die interpretierende Aufnahme durch Paulus selbst im Sinne des oben zitierten zweiten Glaubensbegriffs.

Aber ist es denn wirklich so, daß hier sozusagen eine „objektive" Christologie vorläge, die erst Paulus soteriologisch interpretierte? Das wird man schwerlich behaupten können, denn immerhin ist doch das Motiv „für uns" oder „für unsere Sünden" konstitutiv schon für einen Großteil dieser Tradition, auch wenn Paulus die *beneficia eius* dann noch einmal anders faßt. Aber diese Frage läßt sich noch weiter zuspitzen: Ist nicht das Thema der Rechtfertigung schon das Grundmotiv eines großen Bereichs dieser vorgegebenen Christologie, so daß die Auslegung im Zusammenhang der Rechtfertigung durch Paulus durchaus im Gefälle der Tradition läge? Dieser Zuspitzung soll im folgenden nachgegangen werden. [356]

Evident ist dieser Sachverhalt bei der Formel, die Paulus in den Begründungszusammenhang von Röm 3,21ff einfügt.[20] Hier wird der Ertrag des Heilsgeschehens als Erneuerung des Bundes im Blut Christi und damit als Erweis von Gottes Gerechtigkeit beschrieben. Das wesentliche Motiv dieser Formulierung ist nicht der ja unblutige Tod

[18] Wenn E. Käsemann Wredes Charakterisierung der Rechtfertigungsbotschaft als „Kampfeslehre" zustimmend aufnimmt (Paulinische Perspektiven, 125), hat das polemischen Sinn. Anders freilich U. Wilckens, Was heißt bei Paulus: „Aus Werken des Gesetzes wird kein Mensch gerecht"? in: ders., Rechtfertigung als Freiheit, 1974, 77–109, 85 Anm. 17.

[19] Dieses „zu Recht" ist freilich durch Modifikationen des vorausgesetzten Entwicklungsbildes frühchristlicher Überlieferungen einzuschränken und gilt zunächst nur gegenüber einem direkten Vergleich zwischen Jesus und Paulus.

[20] An ihr hatte E. Käsemann vor 25 Jahren in einem kurzen Aufsatz (Zum Verständnis von Römer 3,24–26, jetzt in: ders., EVB I, 96–100) so etwas wie eine Methodik zur Herausarbeitung vorpaulinischer Tradition entwickelt.

am Kreuz, sondern ein Komplex jüdischer Überlieferung, der um die Stichworte Bund, Gerechtigkeit, Vergebung der Sünden usw. kreist.

Dies ist jedoch kein Sonderfall, sondern Ähnliches läßt sich auch in anderen christologischen Zusammenhängen nachweisen. Von den drei Titeln, die Paulus verwendet, begegnen im engeren Kontext von Rechtfertigungsaussagen χριστός und „Sohn Gottes", während der dritte, κύριος, anderen Themen zugeordnet ist. W. Kramer, der die vorpaulinische und paulinische Verwendung dieser drei Titel untersucht hat, kommt für den Gebrauch des Titels „Gottessohn" bei Paulus nur zu folgendem Ergebnis: „Der paulinische Gebrauch des Gottessohntitels hängt in erster Linie von formalen Gegebenheiten ab. Es lässt sich kein fest umrissener, von andern christologischen Bezeichnungen charakteristisch unterschiedener Bedeutungsinhalt mehr erheben. Das einzig deutlich werdende Motiv ist die Zusammengehörigkeit des Gottessohnes mit Gott. So ist υἱὸς αὐτοῦ (sc. τοῦ θεοῦ) im paulinischen Gebrauch die Bezeichnung des Heilsträgers unter dem Aspekt seiner Zugehörigkeit zu Gott."[21] M. Hengel formuliert fast ebenso wie Kramer, zieht aber unter Verweis auf Bousset anders als Kramer gerade den Schluß, daß dieser Titel, wenn auch selten von Paulus verwendet, erhebliche Bedeutung gehabt habe.[22]

Kann man sich aber begnügen mit der Auskunft, daß dieser Titel dann begegne, „wenn (Paulus) von der engen Verbindung Jesu Christi mit Gott spricht und das heißt zugleich von seiner Funktion als ‚Heils-Mittler' zwischen Gott und Menschen"[23]? Auffällig ist ja, daß Paulus diesen Titel fast ausschließlich im Röm und Gal verwendet, also in den Briefen, in denen er *expressis verbis* seine Rechtfertigungsverkündigung darstellt und verteidigt, und hier an so exponierten Stellen wie dem Beginn des Röm oder der Erwähnung seiner Berufung Gal 1,15f.

Die Diskussion um den religionsgeschichtlichen Zusammenhang dieses Titels ist von den verschiedenen Autoren des ThW-Artikels und jüngst [357] von M. Hengel noch einmal in aller Ausführlichkeit aufgearbeitet worden.[24] Zuzustimmen ist Hengels Bedenken gegenüber den im wesentlichen phänomenologisch orientierten Thesen der religionsgeschichtlichen Schule;[25] man wird in der Tat die Frage auf den jüdischen Überlieferungsbereich konzentrieren müssen. Das ist für die von Paulus übernommene Formel Röm 1,3f ohnehin naheliegend. Hier wurde von der vorpaulinischen Gemeinde Jesus als der bei seiner Auferstehung zum Sohn Gottes eingesetzte Messias aus dem Geschlecht Davids bekannt. Aufgenommen ist also die Tradition der Gottessohnschaft des davidischen Königs (vgl. Ps 2,7), jedoch auf die Auferstehung terminiert.

Die Aussagen über die Sendung des präexistenten Gottessohnes (Gal 4,4; Röm 8,3) erinnern an ähnliche Aussagen über die Sendung der σοφία.[26] Nun ist eines der wesentlichen Motive in der Ausbildung der jüdischen Weisheitstheologie die Frage nach der

21 Christos Kyrios Gottessohn, AThANT 44, 1963, 185.
22 Der Sohn Gottes, 1975, 23.
23 Ebd.
24 P. Wülfing von Martitz, G. Fohrer, E. Schweizer, E. Lohse, ThWNT VIII, 334–363; M. Hengel, Sohn Gottes, 35–89.
25 A.a.O., 32–34.
26 Vgl. Weish 9,10.17.

Ordnung, und d. h. der Gerechtigkeit Gottes, des Menschen und der Welt.[27] Die komplizierten Zusammenhänge zwischen dieser σοφία, dem philonischen λόγος, dem λόγος des Johannesprologs, dem Christushymnus Phil 2,6–11 u. a. verbieten eine allzu kurzgeschlossene These. Immerhin begegnet aber im Umkreis solcher Stellen auch das Reden vom Sohn Gottes oder den Söhnen Gottes: Bei Philo ist der λόγος Sohn Gottes,[28] während die Gerechten in der Weisheit Salomos wie bei Sirach Söhne Gottes genannt werden können.[29]

Hier liegt also religionsgeschichtlich ein Zusammenhang vor, in dem sich sowohl das Reden von „Sohn Gottes" als auch die sprachlichen Elemente der paulinischen Rechtfertigungsaussagen wie Gerechtigkeit, Gesetz usw. wiederfinden. Paulus arbeitet diesen Zusammenhang nun neu auf. Einmal spricht er exklusiv von *dem* Sohn Gottes, der freilich dann die Sohnschaft der Glaubenden ermöglicht. Offenbar ist Jesus hier als *der* exemplarische Gerechte verstanden, in dessen Auferstehung sich Gottes Gerechtigkeit durchsetzt. Zum andern ist die Sendung des Sohnes die Ablösung des Gesetzes, während in der Weisheitstradition die σοφία [358] mehr und mehr mit der Tora gleichgesetzt wird.[30] Schließlich bezieht Paulus die Sohnesaussagen in den Aussagen über die „Dahingabe" auf den Tod Jesu (Röm 8,32; Gal 2,20).[31]

Verankert man den Gottessohntitel in diesem Traditionszusammenhang und verzichtet auf die ja merkwürdigerweise erfolglose Suche nach einem exklusiven „messianischen" Gebrauch des Titels,[32] dann hängt die Frage der Rechtfertigung schon am Bekenntnis zu Jesus als dem Sohn Gottes. Ähnliches läßt sich nun auch für den zweiten Titel, χριστός, zeigen. Dieser ist ja nur aus der jüdischen Tradition heraus verständlich, da das griechische Wort lediglich als Übersetzung von Messias einen Sinn gibt. Bei Paulus ist χριστός im Zusammenhang der Aussagen über Tod und Auferweckung Jesu verhaftet,[33] und man kann ihn, wo er für sich begegnet, geradezu als Kurzform für diesen größeren Zusammenhang verstehen; Ἰησοῦς χριστός heißt: Jesus ist gestorben und auferweckt worden. Hierin liegt offenbar eine urchristliche Neubildung vor, denn die Suche

[27] Vgl. die Bemerkungen bei H. Gese, Natus ex virgine, in: Probleme biblischer Theologie. G. von Rad zum 70. Geburtstag, hg. v. H. W. Wolff, 1971, 73–89, 87 (= in: ders., Vom Sinai zum Zion, BEvTh 64, 1974, 130–146, 144) zur Sendungsaussage.

[28] Vgl. Conf Ling 145–147, auch hier der Zusammenhang von Sohn und Söhnen.

[29] Weish 2,18; Sir 4,10.

[30] Vgl. Sir 24,23.

[31] Die „Dahingabe" ist nicht mit der „Sendung" identisch (= Inkarnation), sondern bezieht sich auf den Tod Jesu; mit K. Wengst, Christologische Formeln und Lieder des Urchristentums, StNT 7, [2]1973, 58–60, gegen W. Kramer, a.a.O. (Anm. 21), 112–120.

[32] Vgl. E. Huntress, „Son of God" in Jewish Writings Prior to the Christian Era, JBL 54 (1935), 117–123. 4Qflor 1,10–12 erscheint „Sohn" nur im Zitat von 2Sam 7,14, nicht in der Auslegung (soweit erhalten). Auch der bisher nur bei J. A. Fitzmyer (The Contribution of Qumran Aramaic to the Study of die New Testament, NTS 20 [1973/74], 382–407) zugängliche Text 4Q243 zeigt, wie immer er zu verstehen ist, keinen solchen messianischen Gebrauch: „These titles are not applied to anyone who is called a messiah or anointed one" (Fitzmyer, 393, vgl. 391, Anm. 2 gegen A. D. Nock).

[33] Vgl. H. Conzelmann, Was glaubte die frühe Christenheit?, 1955, jetzt in ders., Theologie als Schriftauslegung, 106–119; W. Kramer, a.a.O. (Anm. 21), 15–40. 34 Vgl. F. Hesse, M. de Jonge, A. S. van der Woude, ThWNT IX, 485–518.

nach etwaigen Vorbildern für solches Reden von einem leidenden, sterbenden und auferstehenden Messias ist ja erfolglos geblieben.

Für die Messiastradition liegen die religionsgeschichtlichen Zusammenhänge etwas einfacher als für „Sohn Gottes", wenn auch immer noch kompliziert genug.[34] Ausgangspunkt ist die Verheißung bleibenden Bestands des judäischen Königshauses, die jedenfalls in bestimmten Kreisen auch in exilischer und nachexilischer Zeit durchgehalten und erneuert wird. Der König nun gilt nach israelitischer wie gemeinorientalischer Auffassung als Garant der Gerechtigkeit.[35] Das Ende des Königtums zwingt [359] Israel zu einer Neubesinnung darauf, wie sich die Gerechtigkeit Gottes durchsetzen kann, und eine der hier ausgearbeiteten Möglichkeiten liegt in der Messiaserwartung.

Sowohl bei „Sohn Gottes" als auch bei χριστός läßt sich also bereits in der Traditionsgeschichte die Verknüpfung mit dem Thema der Gerechtigkeit Gottes aufweisen. Von anderen nicht an Titel gebundenen christologischen Aussagen bei Paulus war Röm 3,24–26 bereits genannt worden; für diesen Zusammenhang ließen sich auch Opfer- und Stellvertretungsstellen reklamieren. Wenn Paulus in seiner Christologie so stark an die Tradition frühchristlicher Gemeinden gebunden ist, dann übernimmt er von ihnen also nicht nur, wie es im Gefolge der religionsgeschichtlichen Schule scheinen muß, eine hellenistische „Christusfrömmigkeit" oder mehr oder weniger disparate Vorstellungen, sondern die Frage nach der Gerechtigkeit als Horizont der Christologie. Das Motiv der Christologie ist schon vor Paulus die Frage nach der Gerechtigkeit Gottes, des Menschen und der Welt.

Neu ist dann bei Paulus nicht die Verbindung der beiden Themen Christologie und Rechtfertigung, sondern die Ausarbeitung dieser Christologie auf die Alternative von Gesetz und Glaube hin.[36] Merkwürdigerweise wird ja in der vorpaulinischen Tradition etwa in Röm 3,24–26 nicht auf das Gesetz reflektiert, aus dessen Überlieferungshorizont doch hier die christologische Aussage gewonnen ist. Offen bleibt auch die Bestimmung κατὰ τὰς γραφάς in der übernommenen Formel 1Kor 15,3b–5.

Nun gehört aber auch das Wort „Glaube" in der jüdischen Tradition in denselben Umkreis des Themas von Gerechtigkeit, Gesetz usw. Das zeigen schon die beiden von Paulus mit Bedacht gewählten alttestamentlichen Stellen Hab 2,4: „Der Gerechte wird auf Grund seines Glaubens leben", und Gen 15,6: „Abraham glaubte Gott, und das rechnete er ihm als Gerechtigkeit an." Beide Stellen, die Paulus für seine These der Gerechtigkeit allein aus Glauben, ohne das Gesetz reklamiert, wurden in der jüdischen Tradition so interpretiert, daß das Gesetz als Orientierungspunkt des Glaubens genannt wurde. Das zeigt für Hab 2,4 die Auslegung durch die Qumransekte in 1QpHab 8,1–3,[37] für Gen 15,6 eigentlich die ganze jüdische Abrahamauslegung,[38] sofern sie sich nicht nach außen wendet, um dem Heidentum die eigene Überlieferung vorzustel- [360] len.

34 Vgl. F. Hesse, M. de Jonge, A. S. van der Woude, ThWNT IX, 485–518.

35 Vgl. H. H. Schmid, Gerechtigkeit als Weltordnung, BHTh 40, 1968, 23.83–89; U. Luck, Gerechtigkeit in der Welt – Gerechtigkeit Gottes, WuD 12 (1973), 71–89, 75f.

36 Die folgenden Thesen sind breiter ausgeführt in meinem Buch: Glaube ins frühen Christentum, 1976.

37 Vgl. G. Jeremias, Der Lehrer der Gerechtigkeit, StUNT 2, 1963, 142–145.

38 Etwa Sir 44,19–21, ApkBar (syr) 57,2 u. a.

Dort nämlich war es im höchsten Grade mißverständlich, sich auf eine Position „Glaube" festzulegen, da im Gefolge der antiken philosophischen Tradition πίστις als eine der Erkenntnis unterlegene, zudem nur auf die sichtbare Welt bezogene Weise der Annäherung an die Wahrheit erscheinen mußte.

Im innerjüdischen Bereich hingegen hing viel daran, die Abrahamgestalt und insbesondere die Zusagen von Gen 15 als Grundlage der eigenen Theologie ausweisen zu können, war doch Abraham der Vater Israels. In den innerjüdischen Bereich gehört aber auch das Stichwort des „Glaubens" selbst, und auch an dieser Stelle ist noch einmal einer These der religionsgeschichtlichen Schule zu widersprechen, die „Glauben" als ein Schlagwort Propaganda treibender hellenistischer Religionen nachweisen wollte.[39] Diese These, die erstaunlich breite Nachwirkungen gehabt hat, beruht auf einer Verallgemeinerung christlicher Phänomene und Sprache und wird gerade dem Sprachgebrauch von πίστις/πιστεύειν nicht gerecht.

Im internen jüdischen Sprachgebrauch hingegen bezeichnet „Glaube" das dem Gesetz entsprechende Verhalten, und das Wort allein reicht hier, den ganzen Zusammenhang von Gerechtigkeit, Gesetz usw. zu assoziieren.[40] Daher ist klar, daß die eigentliche Alternative bei Paulus nicht lauten kann: Gesetz – Glaube, sondern daß die jeweilige Orientierung des Glaubens die Differenz ausmacht: gegenüber einem vom Gesetz bestimmten Glauben ein Glaube, der seinen neuen Bezugspunkt in dem mit χριστός bezeichneten Geschehen hat. Χριστός steht dabei, wie wir sahen, als Kurzform für das ganze Geschehen von Tod und Auferweckung Jesu, und dieser Titel gehört bei Paulus eng zu πίστις und πιστεύειν.[41]

Damit tritt nun aber nicht ein neues zweites Objekt zum Glauben, gegenüber jüdischem Glauben an Gott ein christlicher Glaube an Gott und Jesus,[42] sondern das logische Glaubensobjekt ist im Passiv der Auferweckungsaussage verborgen: Glaube an den, der unseren Herrn Jesus von den Toten auferweckt hat (Röm 4,24). Durch diese neue Orientierung des Glaubens an der Christologie ist der Glaube frei geworden vom Gesetz. [361]

Was aber heißt „Glaube"? H. Wildberger, der in verschiedenen Arbeiten den alttestamentlichen Sprachgebrauch, und der ist ja über die Septuaginta Voraussetzung des neutestamentlichen, untersucht hat, sieht als Haftpunkt des Redens vom Glauben das Heilsorakel, auf das er eine große Zahl von Stellen, insbesondere so wichtige wie Jes 7,9, Gen 15,6 und Hab 2,4 zurückführen will. Glauben bedeute hier: „Zuversicht gewinnen, Vertrauen bewahren o. ä., und zwar angesichts einer höchst bedrohlichen Situation, die scheinbar nur Raum zum Verzagen frei läßt."[43]

[39] Vgl. D. Lührmann, Pistis im Judentum, ZNW 64 (1973), 19–38, hier 21–23.

[40] Vgl. etwa Sir 35,24–36,3 LXX.

[41] Vgl. W. Kramer, a.a.O. (Anm. 21), 41–44.

[42] So W. Bousset, a.a.O. (Anm. 3), 149: „Das Glaubensobjekt hat sich also dem Apostel in einer eigentümlichen Weise verdoppelt."

[43] „Glauben" im Alten Testament, ZThK 65 (1968), 129–159, 157; ders., Art. *'mn*, THAT I, 1971, 177–209.

Man kann nun Wildbergers Thesen durch zwei Überlegungen weiterführen. Einmal ist diese Form des Heilsorakels zwar religionsgeschichtlich im alten Orient breit zu belegen, doch auffälligerweise ohne daß in verwandten Sprachen ein dem hebräischen Stamm *'mn* entsprechendes Wort begegnet. Das besagt für sich freilich noch nicht viel, da auch im Alten Testament hier andere Stämme begegnen. Zum andern ist aber der Tatbestand zu berücksichtigen, daß das Reden vom Glauben erst sehr spät einsetzt – die ersten relativ sicher anzusetzenden Belege finden sich bei Jesaja[44] – und sich ein kultischer „Sitz im Leben" gerade nicht mit Sicherheit ausmachen läßt, sondern nur die Verwendung einer ehemals kultischen Form, des Heilsorakels.[45]

Es war die Funktion des Heilsorakels, im Kultus die Vermittlung zu schaffen zwischen dem, was das Bekenntnis über Gott als den Schöpfer Himmels und der Erden sagte, und einer Erfahrung, die diesem Bekenntnis zu widersprechen schien. Wenn nun der Kultus als Vermittlungsinstanz ausschied, nachdem der Tempel zerstört war, mußte diese Frage der Diskrepanz zwischen Bekenntnis und Erfahrung um so dringender werden, je negativer die Erfahrungen waren. Hier liegt ein treibendes Motiv der theologischen Arbeit in der exilischen und nachexilischen Zeit, und dies ist auch die Frage, die unter dem Stichwort „Glaube" mehr und mehr in der jüdischen Tradition verhandelt wird: Wie läßt sich das Bekenntnis zu Gott als dem Schöpfer dieser Welt zusammenbringen mit der Erfahrung dieser Welt, die diesem Bekenntnis zu widersprechen scheint? Das Stichwort „Schöpfung" bezieht sich dabei [362] nicht nur auf jenen Komplex, der im 19. Jh. in der Auseinandersetzung mit der Naturwissenschaft verhandelt worden ist, sondern greift darüber hinaus auf die Fragen nach der Gerechtigkeit Gottes, des Menschen und der Welt.

Als Vermittlungsinstanz zwischen Bekenntnis und Erfahrung trat mehr und mehr das Gesetz in den Vordergrund. Die Tora des Mose war ja nicht allein Sittengesetz, das ethische Normen für Israel enthielt, sondern zugleich auch, beginnend mit der Schöpfung in Gen 1f, Dokument der Ordnung der Welt, verläßliche Auskunft über die Zusammenhänge dieser Welt.[46] Gerade deshalb konnte das Judentum mit diesem Gesetz in der Mission anziehend wirken für solche, die Sicherung ihrer Erfahrungen suchten. Man wird deshalb die paulinische Ablehnung des Gesetzes als Heilsweg noch radikaler deuten müssen, als es mit den üblichen Begriffen wie „Leistungsdenken" usw. möglich ist. Hinter der Berufung auf das Gesetz steht mehr, als eine Interpretation des νόμος durch καύχησις sichtbar machen kann, vor allem daß ein hohes Maß gerade von Anfechtung durch die Diskrepanz zwischen Bekenntnis und Erfahrung verarbeitet ist. Es geht hier auch nicht um eine bloß theoretische Frage, die den theologischen Intellekt zur Bewältigung herausfordert, sondern um eine Frage, die die ganze Existenz betrifft, weshalb

44 Daher will R. Smend, Zur Geschichte von *h'mjn*, in: Hebräische Wortforschung. FS W. Baumgartner, VT.S 16, 1967, 284–290, diesen Sprachgebrauch auf Jesaja selbst zurückführen.

45 Vgl. dazu J. Begrich, Das priesterliche Heilsorakel, 1934, jetzt in: ders., Gesammelte Studien zum Alten Testament, ThB 21, 1964, 217–231.

46 Vgl. M. Limbeck, Die Ordnung des Heils. Untersuchungen zum Gesetzesverständnis des Frühjudentums, 1971.

Glaube auch die Bedeutung des Durchhaltens des Bekenntnisses angesichts von Bedrohungen hat.[47]

In den verschiedenen jüdischen Überlieferungszweigen wird nun versucht, in unterschiedlicher Weise diese Frage des Glaubens vom Gesetz her zu beantworten. Paulus dagegen bestreitet, daß das Gesetz überhaupt die Vermittlungsfunktion übernehmen könne, und legt die Vermittlung allein in den neuen Orientierungspunkt für den Glauben: die Neuformulierung des Bekenntnisses von der Christologie her. In diesem Sinne ist nun in der Tat seine Fassung der Rechtfertigung Interpretation der Christologie. Wie aber kommt er dazu, aus dieser Christologie diese Fassung abzuleiten? In anderen Schichten frühchristlicher Theologie werden ja aus derselben Traditionsgrundlage oder jedenfalls aus denselben Daten, auf die sich diese Tradition bezieht, andere Folgerungen gezogen.

Paulus behauptet einerseits, daß das Gesetz die Sünde und den Tod als die Extremerfahrungen jener Diskrepanz, in der der Glaube angesiedelt ist, erst selbst hervorruft und sie nicht in das Bekenntnis hinein vermit- [363] teln kann.[48] Auf der anderen Seite radikalisiert er die Christologie auf das Kreuz hin als eine Extremerfahrung des Leidens, die nicht vom Gesetz legitimiert, sondern gerade unter den Fluch gestellt ist (Dtn 21,23 in Gal 3,13).[49] Woran ihm liegt, ist die Aufhebung der Extremerfahrungen nicht nur des Leidens, sondern auch der Sünde und des Todes in das Bekenntnis hinein; sie werden nicht mehr überspielt, wie es seiner Meinung nach im Gesetz der Fall ist. Hier hängen Anthropologie und Christologie auf das engste zusammen.

Die Rechtfertigungsbotschaft des Paulus ist also in der Tat Interpretation und Konsequenz seiner Christologie. Dieser Satz ist freilich zu präzisieren einmal dahin, daß die Frage der Rechtfertigung ein wesentliches Motiv schon der von Paulus aufgenommenen Christologie ist, zum anderen dahin, daß Paulus mit seiner These der Rechtfertigung allein aus Glauben den Glauben von seiner Orientierung am Gesetz löst und die Christologie zum Schlüssel für das Bekenntnis wie die Erfahrung macht.

[47] Vgl. 4Makk 16,21–23.

[48] Vgl. Röm 5–7.

[49] Vgl. dazu H. W. Kuhn, Jesus als Gekreuzigter in der frühchristlichen Verkündigung bis zur Mitte des 2. Jahrhunderts, ZThK 72 (1975), 1–46, bes. 33–36.

DER STAAT UND DIE VERKÜNDIGUNG

RUDOLF BULTMANNS AUSLEGUNG VON JOH 18,28 BIS 19,16

Rudolf Bultmann hat sich selten genötigt gesehen, etwas zu korrigieren, was er früher einmal geschrieben hatte. Dies macht die Geschlossenheit seines theologischen Werkes aus, das immerhin mehr als sechs Jahrzehnte überspannt. Um so interessanter ist nun einer dieser seltenen Fälle, seine Auslegung der Szene „Jesus vor Pilatus" (Joh 18,28 bis 19,16) im Johannes-Kommentar,[1] weil hier die Auslegung deutlich bestimmt zu sein scheint von der aktuellen Situation, in der der Kommentar seine endgültige Gestalt erhielt. So kann sie Anlaß sein, nachzudenken über das Verhältnis von auszulegendem Text und Situation des Auslegers, die beide in die jeweilige Auslegung eingehen, in der vom Text her Interpretation der Gegenwart, von der Situation her aber auch bestimmte neue Perspektiven des Textes erschlossen werden, selbst wenn wie in diesem Fall der Ausleger seine Interpretation später widerruft.

Das Zentrum der johanneischen Passionsgeschichte ist der Prozeß vor Pilatus, von dem die Synoptiker nur sehr kurz berichten, weil sie alles Gewicht auf die Synhedriumsverhandlung legen, die wiederum – vermutlich historisch getreuer – im Johannesevangelium fehlt. Literarisch ist dieser Text sehr eindringlich gestaltet: Die Juden belagern den Amtssitz des Pilatus; der pendelt zunächst zwischen ihnen und Jesus hin und her, bis er schließlich in einer offiziellen Amtshandlung das Urteil über Jesus spricht und es sogleich vollstrecken läßt – gegen seinen ursprünglichen Willen und wider besseres Wissen.

Aus diesem Textzusammenhang stammen so wirkungsträchtige Sätze wie Jesu Aussage: „Mein Reich ist nicht von dieser Welt" (18,36), die Pilatusfrage: „Was ist Wahrheit?" (18,38), sein Ausruf: „Ecce homo" (19,5) und in Luthers Übersetzung die Aussage Jesu über den Staat: „Du hättest keine Macht über mich, wenn sie dir nicht von oben gegeben wäre" (19,11), die die Kommentatoren immer wieder veranlaßt hat, „vgl. Röm 13,1" zu schreiben. [360]

Vor aller Erörterung der verschiedenen Fragen der Quellenkritik oder der der Historizität nennt Bultmann in seiner Auslegung bereits als Thema dieses Abschnitts: „Durch Jesu Angriff in ihren Grundfesten erschüttert, sucht die Welt Hilfe bei der ihr gesetzten Ordnungsmacht, und so wird auch der Staat in das eschatologische Geschehen hineingezogen" (490).[2] Er nimmt als Grundlage des Textes einen Quellenbericht „analog der synoptischen Erzählung" (503) an; „der Ev(an)g(e)list hat ihn kunstvoll ausgestaltet und durch den wiederholten Szenenwechsel gegliedert" (ebd.).

[1] Ich zitiere nach der Ausgabe: R. Bultmann, Das Evangelium des Johannes, KEK 2, ^{15}1957, mit dem Ergänzungsheft in der Neubearbeitung von 1957. – Hervorhebungen in Zitaten jeweils schon im Original.

[2] Vgl. 493: „... beruht das Interesse auf dem Gegenüber von Jesus und dem römischen Staat"; 505: Die Welt ruft „die staatliche Macht zu Hilfe, die nicht in ihr selbst ihren Ursprung hat (19,11), und die sie als sich übergeordnet anerkennt, – und die sie für ihre Zwecke mißbraucht".

In der eigentlichen Auslegung fällt auf, wie unter der Hand aus dem römischen Staat „der Staat" überhaupt wird. Pilatus, zunächst noch „der Prokurator" (504),[3] wird mehr und mehr zu „dem Staat": „Wird Pilatus nachgeben? Wird sich die Staatsgewalt mißbrauchen lassen?" (505), bis hin zu der ab dann durchgehaltenen ausdrücklichen Identifizierung „Pilatus, d. h. … der Staat" (ebd.), nicht einmal mehr nur der damalige römische Staat. Die Geschichte „Jesus vor Pilatus" wird zur Geschichte des Verfalls des Staates an „die Welt" – „die Welt" durchgehend im Kommentar ja die Deutungschiffre für οἱ Ἰουδαῖοι.

Was vom Staat an sich erwartet werden muß, tut Pilatus zunächst auch: „Pilatus verfährt also auch jetzt noch sachlich, insofern er, trotz des aus V. 31 sprechenden Mißtrauens gegen die Ankläger, gewissenhaft untersucht, ob Anlaß zu einem staatlichen Verfahren gegeben sei" (ebd., zu 18,33). Diese Untersuchung, das erste Verhör, ergibt, daß Pilatus eigentlich auf einen weiteren Prozeß verzichten müßte, daß er nun aber persönlich dem Anspruch des Offenbarers konfrontiert ist; mit Jesu Antwort 18,37 wird „die Frage des *Rechtes* … zu einer Frage des *Glaubens*" (507). Die Möglichkeit, diesen Anspruch anzuerkennen, „besteht also auch für den Staat, genauer: für die Person, die den Staat vertritt. Damit wäre aber doch auch für das staatliche Handeln, da es ja faktisch von Personen getragen wird,[4] die Möglichkeit gegeben, daß es in der Offenheit für die Offenbarung, in ihrer Anerkennung, vollzogen wird" (ebd.).

Pilatus aber zieht sich mit der „Pilatusfrage" 18,38a auf eine dritte ebenso legitime Möglichkeit wie Ablehnung und Anerkennung zurück: „… er stellt sich auf den Standpunkt, daß der Staat an der Frage nach der ἀλήθεια – nach [361] der Wirklichkeit Gottes, oder wie im Sinne des Pilatus etwa zu sagen wäre: nach dem Wirklichen im radikalen Sinne – nicht interessiert ist" (ebd.), auf den Standpunkt der „Neutralität des Staates" (ebd. Anm. 8).[5] Das aber müßte zur Folge haben, „daß Pilatus Jesus frei läßt, daß der Staat die Verkündigung des Wortes frei gibt" (508).

Faktisch wäre das freilich eine Entscheidung gegen die Welt, die, vom Anspruch der Offenbarung getroffen, nicht zur Ruhe kommen kann, „denn die βασιλεία ist nicht eine gegen die Welt isolierte Sphäre reiner Innerlichkeit, nicht ein privater Bezirk der Pflege religiöser Bedürfnisse, der mit der Welt nicht in Konflikt kommen könnte" (ebd.). Wird der Staat die Kraft haben, diese Neutralität zu wahren, „wenn sein Vertreter dem Anspruch der Offenbarung die Anerkennung versagt?" (ebd.).

Pilatus jedenfalls gelingt das nicht. Er verfängt sich in seinem Vorschlag „Jesus oder Barrabas", weil er damit auf die „abschüssige Bahn" (509) geraten ist. Indem „er meint politisch klug zu handeln" (ebd.) und Jesus ohne rechtliche Grundlage geißeln und verhöhnen läßt, „hat die staatliche Autorität der Welt gegenüber … nachgegeben" (510) und sich damit selbst aufgegeben. Pilatus macht einen letzten Versuch, „stark zu sein und die Sache zu Ende zu bringen" (ebd.), er schlägt nämlich den Juden vor, sie sollten doch die Sache selbst in die Hände nehmen (19,6). Sie aber fordern die Todesstrafe, für die allein Pilatus zuständig ist (19,7). Ihre Begründung weckt aber nun in Pilatus „die religiöse Angst vor

[3] Die Anmerkung 7 nennt vor allem Literatur zur Person des Pilatus.
[4] Vgl. 508: „Denn seine Macht ruht ja faktisch auf der Kraft seiner Vertreter."
[5] Dies auch gegen Schliers Interpretation der Pilatusfrage als Ablehnung (s. dazu unten).

dem Unheimlichen, das dem Pilatus in Jesus begegnet" (511), aber „die Angst vor der Welt (zerreißt) nicht nur die Bindungen des Rechtes, sondern auch die der Religion" (ebd.).

Das Thema dieses zweiten Gesprächs ist „das Verhältnis von staatlicher Macht und göttlicher" (ebd.): „Der verantwortliche Vertreter des Staates kann sowohl für Gott wie für die Welt offen sein. Offenheit für Gott, – das würde für den Staat als solchen nichts anderes bedeuten als schlichte Sachlichkeit im Wissen um die Verantwortung für das Recht ... Seine Neutralität wäre im Recht, wenn sie nichts wäre als die unpersönliche Sachlichkeit des Amtes. Es zeigte sich schon, daß diese Sachlichkeit die Entscheidung gegen die Welt bedeuten würde; und jetzt zeigt sich, daß eben diese Sachlichkeit die Offenheit für Gott fordert. Ein unchristlicher Staat ist grundsätzlich möglich, aber kein atheistischer Staat" (ebd.).

Daher Bultmanns Interpretation von 19,11 (mit dem üblichen Verweis auf Röm 13,1 in Anm. 9): Die „Autorität des Staates (stammt) nicht aus der Welt ..., sondern (ist) durch Gott begründet ... Nicht erst das *Wissen* um [362] den Bezug zu Gott stellt die Autorität her; sie ist mit dem *Amte* gegeben, und die ἐξουσία des Pilatus stammt von Gott, wie er sie auch anwenden mag" (512). Der Staat hat eine Zwischenstellung zwischen Gott und Welt. Seine Aufgabe ist es, „sachlich" zu bleiben; Autorität aber behält er auch noch, wenn er unsachlich handelt, weil dann immerhin noch die Form des Rechtes, wenn auch nicht mehr sein Inhalt erhalten bleibt. „Der Staat kann, so lange er noch in irgendeinem Grade staatlich handelt, nicht mit der gleichen persönlichen Feindschaft, mit dem gleichen leidenschaftlichen Haß handeln, wie es die Welt tut, – wie sehr er auch durch Unsachlichkeit seine Autorität ruinieren mag" (513).

Bei Pilatus siegt „die Furcht vor der Welt" (514), und „die Welt ist in ihrem Haß gegen die Offenbarung imstande, ihre Hoffnung preiszugeben, die sie auch als gottfeindliche Welt im Innersten bewegt in dem vielleicht uneingestandenen, aber doch nicht vertilgbaren Wissen um ihre eigene Unzulänglichkeit, Vergänglichkeit, Unerfülltheit. Die Welt macht sich selbst zum Inferno, wenn sie dieses Wissen erstickt und bewußt ihre Hoffnung abschneidet" (515). Das Ende der Geschichte: „Gegen die Macht der Lüge hilft kein Versuch der Überzeugung, der Überredung. Pilatus ist den Juden verfallen, nachdem er darauf verzichtet hat, die Autorität des Staates sachlich durchzuführen. Er, der sich dem Anspruch Jesu persönlich verschloß, hat nicht die Kraft, dem Anspruch Gottes, der in seinem Amte gestellt ist, zu gehorchen" (ebd.).

„Die Juden um des bevorstehenden Festes willen draußen vor dem Prätorium, Jesus im Inneren und Pilatus zwischen der Unruhe und dem Haß der Welt und dem stillen ‚Zeugnis der Wahrheit' im wörtlichsten Sinne schwankend"[6] – der Staat schwankend zwischen dem, was von seinem Wesen her seine Aufgabe wäre, Sachlichkeit und Recht zu wahren, und dem, was die Welt von ihm fordert, die Verkündigung zum Verstummen zu bringen.

Eine solche Auslegung findet sich nicht in den von Bultmann seinerzeit herangezogenen Kommentaren.[7] Abgesehen von der traditionellen Interpretation von 18,36 und 19,11 im Sinne der Zwei-Reiche-Lehre bleiben sie auf der historischen Ebene des Prozesses Jesu,

[6] E. Lohmeyer, ThR NF 9 (1937), 197, zitiert von Bultmann, 501.
[7] Vgl. die im Ergänzungsheft 3 aufgeführten Kommentare.

der Rekonstruktion der vom Evangelisten verarbeiteten Vorlage, diese historische Ebene allenfalls wie W. Bauer auf eine andere wiederum historische Ebene transponierend: „Jesus vor Pilatus, das ist zugleich der Christ vor der heidnischen Obrigkeit."[8] [363]

Aber auch in Bultmanns vorausgehenden Äußerungen zum Verhältnis von Kirche und Staat im frühen Christentum findet sich diese Interpretation noch nicht. Aus der Zeit vor 1918 liegen derartige schriftliche Äußerungen Bultmanns nicht vor.[9] Der Religionsgeschichtler Bultmann hätte jedoch wenig Anlaß gehabt, in die üblichen Elogen auf den preußischen Staat einzustimmen, der ja den Religionsgeschichtlern die Berufung auf einen ordentlichen Lehrstuhl verwehrte[10] – im Unterschied zu den liberalen Großherzogtümern Baden und Hessen, an deren theologischen Fakultäten Heidelberg und Gießen die Religionsgeschichte eine Heimat fand. Erst 1920 erhielt Bultmann nach seiner Tätigkeit als Extraordinarius in Breslau (als Nachfolger W. Bauers seit 1916) dann ja auch in Gießen (als Nachfolger W. Boussets) und ein Jahr später dank der neuen Berufungspolitik des preußischen Kultusministeriums unter C. H. Becker in Marburg eine ordentliche Professur (als Nachfolger W. Heitmüllers).

Sein 1920 veröffentlichter Aufsatz über „Religion und Kultur"[11] spiegelt denn auch deutlich die Befreiung vom Zwang des kulturprotestantischen bürgerlichen Christentums der wilhelminischen Ära wider. Religion ist hier *„Gegensatz zur Kultur"* (17), sie ist *„neutral gegenüber den Gestaltungen der Kultur; sie ist neutral gegenüber der Wissenschaft"* (19) wie gegenüber der Kunst und der Sittlichkeit. „Ganz selbstverständlich … ist Religion *Privatsache* und hat *mit dem Staat nichts zu tun*" (20) – eine alte Forderung des Liberalismus wie des Sozialismus. Das ist die radikale Kulturkritik der frühen Dialektischen Theologie,[12] gestützt bei Bultmann überraschenderweise auf – Schleiermacher!

„Die Gefahr aller Kultur ist die, daß die Kultur vergöttlicht, und zumal daß ein bestimmter Kulturstand verabsolutiert und darüber das Ich des Menschen entleert wird. … Was hülfe es dem Menschen, wenn er die ganze [364] Kultur gewönne und nähme doch Schaden an seiner Seele! Tiefen Ausdruck hat die Reaktion gegen die Kulturvergötterung bei Dichtern wie Dostojewski und Franz Werfel gewonnen. Und uns allen ist die Besinnung dringend nahegelegt durch die Tatsache des Kommunismus; er scheint doch bei seinen geistigen Führern der Protest gegen die Vergötterung der Kultur zu sein, und sein Recht liegt in der Negierung eines bestimmten Kulturstandes als eines absoluten. Insofern

[8] Johannes, HNT 2.2, 1912, 171 = Das Johannesevangelium, HNT 6, 1939, 221.

[9] Allenfalls wäre der folgende Satz aus seinem Aufsatz: Die Bedeutung der Eschatologie für die Religion des Neuen Testaments (ZThK 27 [1917], 76–87), zu nennen, wo die Aussagen von 1920 schon anklingen: „Die urchristliche Ethik ist kulturfeindlich. Staat und Recht sind für sie nicht sittliche Größen, sondern gehören zur gottfeindlichen ‚Welt'" (84).

[10] Vgl. W. Klatt, Hermann Gunkel, FRLANT 100, 1969, 43 für Gunkel (dort auch Anm. 17 in bezug auf Bousset), 193 über den Einfluß der Kaiserin auf die Besetzung theologischer Lehrstühle in Preußen, 194 über Gießen.

[11] ChrW 34 (1920), 417–421.435–439.450–453, hier zit. nach dem Abdruck in: Anfänge der dialektischen Theologie, Teil 2, hg. v. J. Moltmann, ThB 17.2, [2]1967, 11–29. Zu beachten ist, daß Bultmann anders als Barth und Gogarten zur gleichen Zeit den Begriff „Religion" noch positiv verwendet.

[12] Vgl. R. Bultmann, Ethische und mystische Religion im Urchristentum, ChrW 34 (1920), 725–731.738–743 (zit. nach: Anfänge der dialektischen Theologie, 29–47), 43: „So sehr ich die religiöse Kulturkritik des Barthschen ‚Römerbriefs' begrüße, …".

bildet er übrigens auch den schärfsten Gegensatz zur Sozialdemokratie, die ihn, mit richtigem Instinkt, ablehnt, weil sie zur Verabsolutierung der Kultur tendiert" (28).

Was hilft? „Nur eine religiöse Neugeburt kann uns retten, vor der Verzweiflung über die Katastrophe unserer Kultur bewahren, uns innerlich über sie erheben und uns den Mut für die Zukunft geben. So sehr wir unsere Kräfte dem Neubau des Staates zu widmen haben: Der Staat kann uns hier nicht helfen. Er kann für die Religion nichts tun, nur daß er sie ihrer Freiheit überläßt und sich bewußt bleibt, daß er nicht im Stande ist, das ganze Leben des Menschen zu umfassen und zu füllen" (29). Hier deutet sich bereits die Forderung der „Sachlichkeit" an, die im Johanneskommentar dann gegenüber einem anderen Staat erhoben wird, jetzt, 1920, gegenüber der frühen Weimarer Republik, vielleicht wird man hinzufügen können: zur Unterscheidung von ihrem Vorgänger, dem wilhelminischen Kaiserreich.

Im Jesus-Buch von 1926 findet sich eine ganz ähnliche, distanzierte Haltung gegenüber dem Politischen: „Jesus (sah) seinen Auftrag nicht in der Herstellung eines idealen menschlichen Gemeinwesens, sondern in der Verkündigung des Willens Gottes" (93), ohne daß Jesus damit – wie Tolstoi meinte – „einen Anarchismus vertrete" (ebd.). „Welche Möglichkeiten politischer Betätigung für den einzelnen aus dieser Stellung erwachsen, was im konkreten Fall seine konkrete Pflicht ist, hat er selbst zu entscheiden" (94).[13] [365]

Solche theologische Distanz zum Staat als solchem ermöglichte jedoch ein positives Verhältnis zum neuen Staat der Weimarer Republik und den ihn tragenden Parteien der Sozialdemokraten, der Liberalen und des Zentrums. Diese Gruppen hatten wie die zum politischen Linksliberalismus tendierenden Religionsgeschichtler[14] in Opposition zum Kaiserreich gestanden, während weite Kreise des „unpolitischen" konservativen Protestantismus den Staat verloren sahen, weil sie sich mit der Staatsform der Monarchie identifiziert hatten.[15]

13 Zit. nach ^{3}1951. Es lohnt sich, beim Jesus-Buch immer A. von Harnacks „Wesen des Christentums" zu vergleichen, gewissermaßen Bultmanns „Vorlage" (zit. nach der Siebenstern-Taschenbuchausgabe 1964): „In jedem Volke etabliert sich neben der befugten Obrigkeit eine unberufene oder vielmehr zwei unberufene. Das ist die politische Kirche, und das sind die politischen Parteien. Die politische Kirche, im weitesten Sinn des Worts und unter sehr verschiedenen Masken, will herrschen; sie will die Seelen und die Leiber, die Gewissen und die Güter. Dasselbe wollen die politischen Parteien, und indem ihre Führer sich zu Leitern des Volks aufwerfen, entwickeln sie einen Terrorismus, der oft schlimmer ist als der Schrecken königlicher Despoten" (70f). Gemeinsam ist Harnack und Bultmann die Argumentation von der Zwei-Reiche-Lehre her; Harnack aber folgert aus Joh 18,36 für die Arbeiterfrage: diese Worte „verbieten jedes direkte und gesetzliche Eingreifen der Religion in irdische Verhältnisse", die eigentliche Aufgabe ist es, „ein Kind Gottes und Bürger seines Reiches zu sein und Liebe zu üben" (77); „das Evangelium liegt über den Fragen der irdischen Entwicklungen; es kümmert sich nicht um die Dinge, sondern um die Seelen der Menschen" (78). Was bei Bultmann eschatologische Distanz zur Welt ist, ist bei Harnack lediglich der Unterschied zwischen „Seele" und „Dingen", überspitzt: zwischen privat und öffentlich.

14 Vgl. vor allem die Biographie von A. F. Verheule, Wilhelm Bousset. Leben und Werk, 1973, zur politischen und kirchenpolitischen Tätigkeit Boussets.

15 In Ergänzung zur vorletzten Anmerkung sei aber darauf hingewiesen, welche Verdienste sich gerade Adolf von Harnack durch seine politische Tätigkeit in der Weimarer Republik erworben hat; vgl. die Biographie von A. von Zahn-Harnack, Adolf von Harnack, ^{2}1951.

Bultmann bezeichnet solche Distanz bei seiner Rede zur Reichsgründungsfeier – des zweiten Deutschen Reiches von 1871! – der Universität Marburg am 18. Januar 1928[16] als christlichen Relativismus, „sofern das Christentum an kein politisches Programm gebunden ist" (4), d. h. aber in dieser Situation: nicht an die Monarchie, vielmehr auch in der Republik Christentum bleiben kann. „‚Gebt dem Kaiser, was des Kaisers ist', – wir müßten heute unserer Verfassung gemäß sagen: ‚Gebt der Republik, was der Republik gehört.' Der verpflichtende Sinn der Forderung wird uns aber nur deutlicher, wenn wir uns jenseits der Frage um die Verfassungsform stellen und sagen: ‚Gebt dem *Vaterland*, was des Vaterlandes ist, und *Gott*, was Gottes ist'" (ebd.). Zugleich aber ist diese Distanz christlicher Absolutismus, „sofern für christliches Urteil nicht jedes beliebige Handeln gleichermaßen ein Recht ist, sondern immer nur ein Entschluß, *eine* bestimmte Tat: die von der Liebe gebotene" (ebd.). Begründet ist solche Haltung in dem eschatologischen ὡς μή von 1Kor 7.

Solche Distanz auch gegenüber dem neuen nationalsozialistischen Staat, der sich selbst als nationale Revolution begriff? K. Barth jedenfalls scheint das bei Bultmann befürchtet zu haben.[17] Bultmann jedoch, der in seinen „Vorlesungen grundsätzlich nie über Tagespolitik" geredet hatte, begann das Sommersemester am 2. Mai 1933 mit Ausführungen, die unter dem Titel [366] „Die Aufgabe der Theologie in der gegenwärtigen Situation" bereits einen Monat später in den „Theologischen Blättern" erschienen:[18] „Christlicher Glaube muß eine kritische Kraft in den Fragen der Gegenwart sein, und er muß seine *Positivität* gerade in seiner *kritischen* Haltung bewähren" (164), nicht den Versuchungen erliegen (165); es folgen dann sehr konkrete aktuelle Beispiele: die rasche Umbenennung von Straßen durch die Marburger Stadtverordnetenversammlung, das um sich greifende Denunziantentum, schließlich die Diffamierung der Juden (vorausgegangen war ja schon der Boykott jüdischer Geschäfte am 1. April 1933).

„Haben wir Sinn und Forderung des christlichen Glaubens richtig verstanden, so ist allerdings angesichts der Stimmen der Gegenwart klar, daß dieser *christliche Glaube selbst in Frage gestellt ist*; m. a. W. daß wir uns zu entscheiden haben, ob christlicher Glaube für uns Geltung haben soll oder nicht … Es gilt: Entweder-Oder!" (166)[19]. Es folgen im gleichen Jahr das Gutachten der Marburger Theologischen Fakultät zum Arierparagraphen, die Stellungnahme „Neues Testament und Rassenfrage", der Aufsatz gegen G. Wobbermin „Der Arier-Paragraph im Raume der Kirche",[20] weitere Stellungnahmen z. B. in Form von Flugblättern.[21]

16 Urchristentum und Staat, Mitteilungen des Universitätsbundes Marburg e. V., Nr. 19 (1928), 1–4 (für eine Fotokopie dieses Artikels habe ich W. Harnisch zu danken).

17 Vgl. im Briefwechsel Karl Barth–Rudolf Bultmann, hg. v. B. Jaspert, 1971, die Bemerkungen zu dem nächtlichen Gespräch am 11./12. November 1933: 151 (Bultmann), 152f (Barth), vgl. auch die unmittelbaren Reaktionen 138f.

18 ThBl 12, 1933, 161–166; das vorausgehende Zitat ist dem ersten Satz entnommen.

19 Solche klaren Äußerungen waren zu diesem frühen Zeitpunkt offenbar selten; vgl. jetzt K. Scholder, Die Kirchen und das Dritte Reich, Bd. 1, 1977, 277ff.

20 Alles veröffentlicht in ThBl 12 (1933).

21 Vgl. auch den bei E. Dinkler, Die christliche Wahrheitsfrage und die Unabgeschlossenheit der Theologie als Wissenschaft (in: Gedenken an Rudolf Bultmann, hg. v. O. Kaiser, 1977, 15–40), 26f Anm. 16 zitierten Brief aus dem Herbst 1934.

All das macht die Vorgeschichte der so eindringlichen Auslegung von „Jesus vor Pilatus“ in Bultmanns Johanneskommentar von 1941 aus: Jene dort als Minimum geforderte Neutralität des Staates war schon 1933 überschritten; die Zwei-Reiche-Lehre und damit die Distanz gegenüber der konkreten Staatsform ermöglichten eine eminent politische Stellungnahme, die gerade politisch war, indem sie sich als unpolitisch der damals geforderten Politisierung entzog.[22]

Bultmanns oben wiedergegebene Auslegung ist also deutlich Reflexion auf den Kirchenkampf, an dem er selbst beteiligt war, auch wenn er 1959 gegenüber amerikanischen Lesern seinen eigenen Beitrag dazu – unter Anspielung wohl vor allem auf seine Entmythologisierungsschrift von ebenfalls 1941 und ihre Folgen – lediglich so charakterisiert hat: „In den Jahren des Hitler-Re- [367] gimes war meine Arbeit beeinflußt vom Kirchenkampf. Ich gehörte seit ihrer Gründung 1934 der Bekennenden Kirche an und bemühte mich – zusammen mit meinem Freund Hans von Soden – darum, daß die freie Gelehrtenarbeit ihren eigenen Platz in ihr erhielt, trotz gegenteiliger Tendenzen.“[23]

Bevor wir nun daraufhin die Auslegung noch einmal genauer betrachten, sind noch zwei weitere diese bestimmende Faktoren einzubeziehen. „Die Frage, wie das Neue Testament den Staat sieht, ist in den Grundzügen schon in der johanneischen Perikope beantwortet, die uns Jesus bei seinem Verhör vor dem römischen Prokurator Pontius Pilatus zeigt“, hatte schon 1932 H. Schlier seinen Aufsatz über „Die Beurteilung des Staates im Neuen Testament“ begonnen.[24] Seine Exegese dieses Textes kommt zu folgenden Thesen: „1. Der Staat ist nicht die unser Leben begründende Wahrheit. 2. Ihm ist dagegen von Gott die äußerste Gewalt über den Menschen anvertraut mit der Aufgabe, politisch zu handeln. 3. Er wird diese Gewalt nur mit Recht führen, wenn er sie nicht aus der eigenen Machtvollkommenheit ableitet“ (3), bzw. nachdem sich ihm diese Ausgangsthesen bei einer Durchsicht aller für das Thema relevanten Stellen des Neuen Testaments bestätigt haben: „1. Der Staat ist nicht die *letzte* Macht, aus der der Mensch lebt und der er verpflichtet ist, weil er die Wahrheit nicht ist und nicht hat. 2. Als von Gott gegebene Ordnung hat er freilich die unbedingte Gewalt über den einzelnen und dient ihm, indem er ihn begrenzt. Deshalb gebührt ihm der gewissensmäßige Gehorsam und die Achtung. 3. Erkennt er diese seine Bestimmung nicht an, will er selbst Heilsanstalt sein, so wird er antichristlich. Er verfügt zwar auch dann noch über unser irdisches Leben, aber zu Unrecht“ (16).

Das ist zwar nach der ausdrücklichen Beteuerung des Autors nicht ein „Abschnitt aus der politischen Ethik“, sondern „die exegetische Feststellung der neutestamentlichen Aussagen über den Staat“, die aber doch die Möglichkeit bieten, „sich grundsätzliche und verpflichtende Anweisungen für die Beurteilung des Staates zu holen“ (1 Anm. 1), und so wendet sich Schlier denn in einer langen Anmerkung (4f Anm. 3) gegen H. Rendtorff und

[22] Vgl. Dinkler (Anm. 21), 26: „Bultmann lebte, was er glaubte, er setzte es um in ein christliches Existieren, das in der Nichtbeachtung zeitgeschichtlicher politischer Maximen brisant politisch war.“ Ganz ähnlich ja auch Barth in seiner Schrift Theologische Existenz heute von 1933.

[23] Autobiographische Bemerkungen, abgedruckt im Briefwechsel (vgl. Anm. 17), 316.

[24] ZZ 10 (1932), 312–330, zit. nach: Die Zeit der Kirche, [4]1966, 1–16.

E. Hirsch – die Probleme und die Fronten des Kirchenkampfes brechen ja nicht erst 1933 völlig neu auf.[25]

E. Hirsch seinerseits hat nun eine solche Interpretation von „Jesus vor Pilatus" aufgegriffen in seiner populär geschriebenen Auslegung des Johannes- [368] evangeliums von 1936.[26] Der Tradition entsprechend interpretiert er Joh 18,36 im Sinne der Zwei-Reiche-Lehre (407), die er aber nun gegen die Barmer Theologische Erklärung von 1934 (Thesen 2 und 5) oder allgemeiner die Barthsche Theologie kehrt, „die zur Zeit beginnende Annäherung der evangelischen Kirche an die katholische Lehre von der Kirche" (410f), „daß Verfassung und Recht und Ordnung der Kirche jeglicher staatlichen Aufsicht und jedem staatlichen Zugriff entzogen sind, daß die niedere bloß menschliche Gewalt keinesfalls der höheren unmittelbar von Gott kommenden Gewalt gegenüber Recht oder Pflicht habe, aus Verantwortung für das Ganze des menschlichen Lebens nach dem Rechten zu schaun. Sie kann aber noch weiter gehen und den Anspruch erheben, in einer ideellen oder reellen kirchlichen Oberherrschaft dem Staate im Namen Jesu Christi seine Wirksamkeit zu begrenzen oder zu bestimmen" (410).

Pilatus ist für Hirsch „echter Heide" (416), das römische Regiment über die Juden „eine von Gott eingesetzte rechtmäßige Gewalt, deren Hoheit auf jeden Fall zu ehren ist" (421 zu 19,11). Hingegen: „Das Judentum lädt die Schuld auf sich, eine von Gott eingesetzte richterliche Gewalt als Werkzeug seines Hasses gegen Jesus in Bewegung zu setzen" (422), während Pilatus „im Gebrauch seines Amtes" (ebd.) im Grunde schuldlos ist.[27] Die Juden sind es denn auch – so interpretiert Hirsch 19,16 – „die das von ihnen bewirkte Gerichtsurteil des Pilatus exekutiert haben. Nicht römische Soldaten, sondern die Juden, die sich aus Haß gegen Jesus zu Knechten des Römers machten, haben den Kreuzigungsakt vollzogen" (425).[28]

In Bultmanns Kommentar hingegen sind οἱ Ἰουδαῖοι „das jüdische Volk nicht in seinem empirischen Bestande, sondern in seinem Wesen" – mit dieser antisemitisch interpretierbaren Aussage ist aber gemeint: „so wie sie als Vertreter des Unglaubens (und damit, wie sich zeigen wird, der ungläubigen ‚Welt' überhaupt) vom christlichen Glauben aus gesehen werden" (59). Ist „Welt" nun aber in der Auslegung von „Jesus vor Pilatus" im Grunde der Nationalsozialismus – diese Gleichung bleibt freilich aus begreiflichen Gründen unausgesprochen –, so ist diesem sein Antisemitismus dialektisch aus der Hand geschlagen und gegen ihn selbst gekehrt.

An diese Interpretation der Juden als „die Welt" knüpft H. Schlier 1940 in [369] seinem Aufsatz „Jesus und Pilatus nach dem Johannesevangelium"[29] an. Die Juden sind „die Repräsentanten der ungläubigen Welt" (29 u. ö.), Pilatus der „Vertreter der öffentlichen poli-

[25] Vgl. das Kapitel: Die Entstehung der politischen Theologie und die Judenfrage im deutschen Protestantismus (1917–1930), bei Scholder (Anm. 19), 124–150.

[26] Das vierte Evangelium, 1936.

[27] Natürlich ist dies alles zunächst nur Textauslegung; aber die liest sich 1936 eben anders als 1926 oder 1979.

[28] Bei Hirsch gesperrt gedruckt. Dagegen Bultmann, 515 Anm. 2: „Natürlich ist nicht gemeint, daß Pilatus den Vollzug der Kreuzigung den Juden überläßt."

[29] In: R. Bultmann, H. Schlier, Christus des Gesetzes Ende, BEvTh 1, 1940, 28–49. Offenbar ist Bultmanns Johanneskommentar in Lieferungen erschienen.

tischen und richterlichen Gewalt“ (30 u. ö.). „Er behält (zunächst) … seine sachliche Position noch bei“ (30). Die „Grundlage des Reiches Jesu in dieser Welt (ist) das Opfer Jesu“; das aber bedeutet „für die Glieder dieses Reiches und ihr Handeln“: „daß sie sich nur dann als Angehörige dieses Reiches erweisen, wenn sie ihr Leben auf eben dieselbe Grundlage stellen, auf der das Reich selber steht: auf das Opfer ihres Königs Jesu. Wie das jeweils im Einzelnen und für die verschiedenen Einzelnen geschieht, ist ebenso wenig eindeutig festzulegen wie die Nachfolge Jesu überhaupt, die ja auch nicht eine Nachahmung Jesu, sondern Gehorsam darstellt. Das macht aber die Rede davon, daß es unter keinen Umständen eine legitime Beziehung zwischen politisch-irdischer Macht und dem Reich, das nicht von dieser Welt ist, gäbe, unwahrscheinlich. Nur darf man nicht vergessen, was gerade Calvin, den diese Frage an unserer Stelle bewegt, am Schluß seiner Ausführungen sagt: ‚Im Übrigen sorgt die Verkehrtheit der Welt dafür, daß das Reich Christi mehr durch das Blut der Märtyrer gefestigt wird als durch den Schutz der Waffen‘“ (36).

„Der Repräsentant des Politischen wird durch das Zeugnis der Wahrheit, das der Zeuge der Wahrheit ablegt, vor die Wahrheit gestellt und genötigt, in ihrem Lichte seine Wahrheit zu offenbaren. Seine Wahrheit aber ist das Nichtwissen um die Wahrheit“ (38). Seine Reaktion, die Frage von 18,38, bedeutet nämlich, „daß Pilatus, vor die Wahrheit gestellt, ihr aus dem Wege geht, weil er keine Wahrheit kennt und anerkennt“ (ebd.).[30] In 19,11 erinnert Jesus „den mit seinem Recht [so übersetzt Schlier ἐξουσία] sich rechtfertigenden Prokurator an die Herkunft und damit an das Wesen seines Rechtes: es ist ihm von oben, von Gott, verliehen; er hat es nicht von unten, aus sich selbst und aus der Welt, und nicht zur willkürlichen Verfügung“ (45f).

Angesichts des engen Kontakts zwischen Bultmann und Schlier in dieser Zeit ist es nicht verwunderlich, daß Bultmann dann in seinem Kommentar die Interpretation Schliers aufnimmt und weiterführt, indem er nun Jesus mit „der Verkündigung“ identifiziert. War bei Schlier schon die Situation des Kirchenkampfs in den Überlegungen zum Martyrium deutlich als die Ausle- [370] gung bestimmend erkennbar, so erst recht bei Bultmann: hier „die Welt“, der Nationalsozialismus, dort Jesus, „die Verkündigung“, als dritte Größe „der Staat“, dessen Vertreter Pilatus im konkreten Fall versagt, weil er sich nicht an das hält, was seine Aufgabe wäre: Sachlichkeit und Recht zu wahren.[31]

Es geht für Bultmann also nicht einfach um das Problem „Staat und Kirche“, sondern um den den Nationalsozialisten anheimgefallenen Staat einerseits, die Verkündigung andererseits, die das Wesen der Kirche ausmacht, nicht Recht oder Organisation der Kirche. Etwa gleichzeitig mit dieser Auslegung im Johanneskommentar ist ja auch der Entmythologisierungsaufsatz entstanden, in dem er danach fragt, was bekennende Kirche denn nun zu bekennen habe.[32]

[30] Gegen diese Interpretation von 18,38 Bultmann, 507f Anm. 8 (vgl. oben Anm. 5), anders aber dann wohl Theologie des Neuen Testaments, [3]1958, 371, wo dies die Reaktion der Welt ist: „Daß der Welt die Wirklichkeit Gottes gleichgültig geworden ist, spricht die abweisende Frage des Pilatus aus: τί ἐστιν ἀλήθεια;“

[31] In der Auslegungstradition waren 18,36 und 19,11 schon immer als grundsätzliche Aussagen zum Verhältnis von Staat und Kirche interpretiert worden. Schlier hat wohl als erster nun die ganze Geschichte unter diesem Thema behandelt. Bultmann nimmt das auf und setzt für die Gestalt Jesu „die Verkündigung“.

[32] Vgl. Dinkler (Anm. 21), 27ff.

Die Situationsgebundenheit dieser Auslegung ist gelegentlich schon erkannt worden, z. B. von E. Haenchen, um damit diese ganze Auslegung abzulehnen: „Aber die ganze Problematik liegt nicht im Blick des Evangelisten, der nicht – wie Bultmann 1941 – vor dem Problem des Nationalsozialismus stand“[33], oder von W. Schmithals, um Bultmann zu verteidigen gegen den Vorwurf, seine Theologie sei nur auf das Individuum bezogen: „... überaus lesenswert ist in diesem Zusammenhang auch der Abschnitt ‚Jesus vor Pilatus‘ aus Bultmanns Auslegung des Johannesevangeliums, die 1941 erschien: eine durchgehende Auseinandersetzung mit der pervertierten Autorität des nationalsozialistischen Weltanschauungsstaates.“[34]

Für heutige Leser ist aber wohl schon schwer zu verstehen, welche Rolle noch für Bultmann „der Staat“ als solcher spielt. In der Nachkriegszeit hat ja das Problem „Kirche und Gesellschaft“ – unter bezeichnender Voranstellung der Kirche – im kirchlichen Bewußtsein die traditionelle Frage nach dem Verhältnis von Staat und Kirche verdrängt. Bei Bultmann hingegen begegnet der Begriff „Gesellschaft“ in diesem Zusammenhang nur 490: „Es wird deutlich, daß sich der Kampf zwischen Licht und Finsternis nicht allein in der privaten Sphäre abspielen kann, auch nicht in den Diskussionen im Raume der Gesellschaft und der offiziellen Religion.“ Der Staat ist die der Welt „gesetzte [371] Ordnungsmacht“, also ein Gegenüber zur Gesellschaft, das unabhängig von ihr ist; Gesellschaft meint den bürgerlichen Freiraum gegenüber dem Obrigkeitsstaat, und zu diesem Freiraum gehört auch die Freiheit der Religionsausübung.[35]

Bultmanns Auslegung steht mit ihrer Forderung nach Sachlichkeit und Neutralität seitens des Staates also im Rahmen der liberalen Toleranzforderung, der sich der Staat mit der Weimarer Verfassung verpflichtet hatte. Zugleich versteht Bultmann nun die Szene „Jesus vor Pilatus“ als den Verfall des Staates an die gottfeindliche Welt, als die Pervertierung des durch Ausnahmegesetze die Verfassung suspendierenden und nicht mehr in der Wahrheit, sondern im „Rechtswillen“ des Führers legitimierten Staates, der gleichwohl Staat bleibt.[36] Dahinter stehen aber andererseits wohl auch durchaus Erfahrungen, daß einzelne Beamte und Richter dieses Staates anders als Pilatus sehr wohl noch auf „Wahrheit“ anzusprechen waren, ob sie nun Christen waren oder nicht.

Mit dem nach 1945 in der Bundesrepublik erfolgten stärkeren Anschluß an das westliche, vor allem angelsächsische Verständnis des demokratischen Staates büßt dieser jedoch weitgehend seine noch in die Weimarer Verfassung hinein wirkende übergeordnete Legi-

33 Jesus vor Pilatus (Joh. 18,28–19,15), in: Ders., Gott und Mensch. Gesammelte Aufsätze, 1965, 144–156, 149f Anm. 20; vgl. R. E. Brown, The Gospel according to John, Bd. 2, AncB 29a, 1971, 864: „reflects the theological agonizing about the role of the State prompted by the Nazi experience.“

34 Die Theologie Rudolf Bultmanns, 1966, 300.

35 In diesem Zusammenhang ist daran zu erinnern, daß noch E. Troeltsch den heute uferlos verwendeten Begriff der „Gesellschaft“ nur in ganz engem Sinne verwenden wollte: als den „personifizierten Inbegriff der peripherischen Lebenstätigkeiten, die von unten, von den individuellen Vielheiten aus, auf den ihnen (vom Staat) freigelassenen Teilen des sozialen Lebens sich äußern“ (Die Soziallehren der christlichen Kirchen und Gruppen, Gesammelte Schriften I, 1922, 2. Neudr. 1965, 8).

36 Wo diese Grenze endgültig überschritten war, ist im nachhinein schwierig genug zu bestimmen; um so schwieriger muß es damals gewesen sein. Ein deutlicher Markierungspunkt scheint die Vereidigung auf Adolf Hitler nach dem Tode Hindenburgs 1934 gewesen zu sein.

timität ein und wird eher als Funktion der Gesellschaft begriffen; der Staat unterliegt grundsätzlich ihrer Kontrolle und noch dazu den Normen der unabhängigen Verfassungsgerichtsbarkeit. Die Entwicklungen der letzten Jahre erst haben auf die Schwierigkeiten eines solchen Verständnisses hingewiesen, die dann entstehen, wenn der erforderliche Grundkonsens bewußt in Frage gestellt wird.

Der Weg nach 1945 hat also nicht einfach zu einer Wiederherstellung der ab 1930 außer Kraft gesetzten alten Verfassung geführt, sondern zu einer Neubestimmung der Rolle des Staates überhaupt. Ursache dafür war wohl nicht zuletzt die Erfahrung, die man mit eben diesem von den Nationalsozialisten okkupierten Staat gemacht hatte, und diese Pervertierung war denn wohl auch die Ursache für die in jenen Jahren und danach vertretene dämonologische Deutung des Staates, der Bultmann nicht gefolgt ist.[37] Für ihn [372] bleibt der Staat Staat, auch wenn einzelne Vertreter dieses Staates ihre Orientierung verlieren wie hier Pilatus und unter dem Druck des Nationalsozialismus den Boden des Rechts verlassen.

Was Bultmann mit „Welt" und mit „Staat" meint, läßt sich nun nicht einfach mit „Gesellschaft" übersetzen; eine neue Interpretation von „Jesus vor Pilatus", die Bultmanns Spuren folgt, hätte vielmehr neu anzusetzen unter den veränderten Bedingungen unserer Zeit. Vielleicht ließen sich dann dem Text noch andere Aspekte abgewinnen, wenn man unter Aufnahme von Schliers Deutung der „Pilatusfrage", die Bultmann ja abgelehnt hatte,[38] in Pilatus Züge des politischen Karrierebeamten (19,12!) oder den Typ des immer nur pragmatischen Politikers[39] sieht, der sein Verhalten an den Erfordernissen des sogenannten „Alltagsgeschäfts" orientiert, dabei in Kauf nehmend, daß solches Handeln auf Kosten von Menschen gehen kann, wenn er nur taktiert und sich nur an Mehrheiten und Wünschen einflußreicher Gruppen orientiert.

Bultmann selber hat ja seine Auslegung in einem ganz entscheidenden Punkt widerrufen: Im Ergänzungsheft zum Kommentar[40] wechselt er die Erklärung von Joh 19,11 aus. Pilatus ist an dieser Stelle nun nicht mehr „der Staat", sondern „Vertreter des Staates"; 19,11 wird nicht mehr im Sinne von Röm 13 interpretiert. An die Stelle der Anmerkung „Ebenso Röm 13,1" tritt als neuer Text: „Der Satz bedeutet nicht, wie hier in der ersten Aufl. gesagt war, daß die ἐξουσία, auf die Pil.(atus) sich beruft, die staatliche Autorität, von Gott gegeben ist. Es müßte dann δεδομένη heißen." Überzeugt hat ihn [373] die Argumen-

[37] Vgl. E. Käsemanns dokumentierenden Aufsatz: Römer 13,1–7 in unserer Generation, ZThK 56 (1959), 316–376. – Merkwürdig ist in diesem Zusammenhang, daß K. Barth in seiner Schrift Rechtfertigung und Recht, ThSt (B) 1, 1938 (zit. nach ³1948), sich zunächst auf K. L. Schmidts Basler Antrittsvorlesung beruft und dann schreibt: „Auch ich halte es für richtig und wichtig, zunächst auf das ‚Gegenüber' von *Jesus und Pilatus* hinzuweisen" (9), während – jedenfalls in der gedruckten Fassung: Das Gegenüber von Kirche und Staat in der Gemeinde des Neuen Testaments (ThBl 16 [1937], 1–16) – K. L. Schmidt diesen Text nicht einmal erwähnt. Barth folgt hier doch wohl eher Schlier (vgl. 10 Anm. 10). Bultmann und Barth stimmen in der Interpretation der Pilatusfrage überein: „Der Staat ist in der Wahrheitsfrage neutral: ‚Was ist Wahrheit?' (Joh. 18,38). Wohl aber hätte dies … bedeutet: Jesu Legitimierung, den Anspruch, dieser König zu sein, mit lauter Stimme unter den Menschen erheben zu dürfen: die rechtliche Freigabe der Verkündigung der Rechtfertigung!" (Barth, 11; vgl. Bultmann, 507f).

[38] Vgl. oben Anm. 5 und 30.

[39] Vgl. Brown (Anm. 33), 864: „Pilate is typical, not of the State that would remain neutral, but of the many honest, well-disposed men who would try to adopt a middle Position in a struggle that is total."

[40] Kommentar 512f, Ergänzungsheft 54f.

tation von H. von Campenhausen, der gegen die seit Augustin immer wieder vertretene Deutung dieses Verses gesagt hatte: „In Wirklichkeit besteht m. E. gar keine Veranlassung, ἐξουσία im Sinne eines staatlichen ‚Amts' zu verstehen; das Wort bezeichnet einfach das Vermögen freier Entscheidung, das Pilatus besitzt."[41] Bultmann hat damit dann aber wohl auch seine ganze auf der Identifikation Pilatus = der Staat basierende Interpretation aufgegeben.[42]

In den seither erschienenen Auslegungen dieses Textes ist denn auch niemand Bultmanns Auslegung gefolgt. Das Interesse liegt wieder auf der historischen Ebene: Rom, die Christen, die Juden damals zur Zeit des Evangelisten,[43] Pilatus als „Vertreter des römischen Staates und des Heidentums",[44] der Text als Persiflage einer Königsepiphanie.[45] Diese weitere Geschichte soll [374] hier nicht mehr verfolgt werden, auch keine eigene neue Auslegung versucht werden, die von Bultmann lernen könnte, seine grundsätzlich politische Perspektive jedenfalls auch einzubeziehen.[46] Wie etwa würden die Vertreter der römischen Staatsidee reagiert haben, die wie Trajan, Plinius, Sueton zu Beginn des 2. Jh.s dem Phänomen des Christentums begegneten, hätten sie diesen Text gelesen?

Bultmanns Auslegung scheint mir ein Exempel für die Frage nach der Bedeutung von Exegese angesichts konkreter Fragestellungen zu sein, dafür auch, inwieweit der Exeget

[41] Zum Verständnis von Joh. 19,11, ThLZ 73 (1948), 387–392, hier 387f mit der Anm. 1: „Andernfalls wäre schon das ‚Haben' der ἐξουσία eine zum mindesten auffällige Formulierung; und auch das Neutrum δεδομένον zeigt, daß der Evangelist hier mehr auf das persönliche Haben des Pilatus schaut als auf das, was er hat. Denn in diesem Falle müßte man vielmehr δεδομένη erwarten" (Berufung auf Greeven und Zahn).

[42] Die Auslegung in der Theologie ([Anm. 30], 385) ist zu knapp, als daß sie wesentliche Differenzierungen erkennen ließe: „Die Welt kennt auch eine Ordnung, die auf Erden für das Recht sorgt: den *Staat.* Zu ihm nimmt sie ihre Zuflucht, um den Ruhestörer, Jesus, loszuwerden. Aber es zeigt sich nicht nur, daß der Staat zu schwach ist, seine Aufgabe durchzuführen, wenn er sich dem Wort des Offenbarers verschließt, sondern vor allem verdreht die Welt selbst den Sinn des Staates, wenn sie ihn zur Erfüllung ihrer Wünsche mißbraucht und dabei zu Lüge und Verleumdung greift (19,12)." – H. Schlier hat in seinem Aufsatz: Der Staat nach dem Neuen Testament (1959) (in: Ders., Besinnung auf das Neue Testament, 1964, 193–211) noch einmal wie 1932 mit „ Jesus vor Pilatus" eingesetzt. Deutlich scheint hier in Fortführung der früheren Aufsätze nun das Ende des nationalsozialistischen Staates reflektiert zu sein. Trotz Aufnahme einer gegen ihn gerichteten Bemerkung Bultmanns zur Interpretation der Pilatusfrage (197 [vgl. oben Anm. 5 und 30]) hält er gegen Bultmann daran fest: „Prinzipielle Neutralität gegenüber dem Zeugnis der Wahrheit zerstört den Staat und staatliches Handeln. Sie läßt die Angst erstehen, die das Amt unsicher und das politische Handeln unsachlich macht. Sie liefert den Staat notwendig den Kräften aus, die ihn zur Vernichtung der Wahrheit mißbrauchen und alle messianische Hoffnung an den Cäsar abgeben. Sie legt das Fundament eines Heilsstaates, der in seiner politischen, geistigen und metaphysischen Totalität Verkörperung der Unwahrheit ist" (200). Der Aufsatz schließt mit fast prophetischen Sätzen, die damalige Leser sicher nicht auf die Bundesrepublik der Adenauer-Ära bezogen haben werden: „Die Überwältigung des Staates durch die Kräfte der Welt, die alle Hoffnung an den Cäsar binden, ist jederzeit eine Gefahr für das Politische. Sie wird einmal die politische Wirklichkeit, die sich Gott und Christus versagt, endgültig bestimmen. Der Staat, der an sich einen begrenzten Auftrag von Gott hat und der den Anspruch der Herrschaft Gottes hören muß und kann, wird sich, wenn er ihn nicht gelten läßt, in den totalen, antichristlichen und antitheistischen Un-staat wandeln. Christus wird in der Geschichte dort, wo der Staat den Anspruch Gottes abweist, den Antichristen hervortreiben. Der Antichrist ist aber ein geistig-politisches Phänomen. Mit ihm wird der Staat selbst als Staat zerstört sein" (211).

[43] S. Schulz, Das Evangelium nach Johannes, NTD 4, 1972, 227–234.

[44] R. Schnackenburg, Das Johannesevangelium, 3. Teil, HThK 4.3, 1975, 274.

[45] J. Blank, Die Verhandlung vor Pilatus Joh 18,28–19,16 im Lichte johanneischer Theologie, BZ 3 (1959), 60–81.

[46] Vgl. aber W. Schrage, Die Christen und der Staat nach dem Neuen Testament, 1971, 47–49.

bestimmt ist durch die Situation, in der er arbeitet – beides um so reizvoller, wenn es sich wie in diesem Fall um eine „falsche“ Auslegung handelt. Wer demgegenüber meint, Exegese auf eine bloß noch historische Ebene zurückziehen zu können, täuscht sich vermutlich über das, was er faktisch als Exegese treibt, wird aber vor allem den in den Texten immer liegenden Überschüssen nicht gerecht, die sie nicht in der historischen Situation ihrer Entstehung gefangen bleiben lassen.

Das Beispiel zeigt, wie Exegese Widerstand gegen angebliche „Forderungen der Stunde“ ermöglicht (gerade im Vergleich mit anderen Exegeten wie in diesem Fall E. Hirsch), wie Exegese sich dennoch deutlich im Kontext der Situation des Exegeten vollzieht, aber gerade nicht in naiver Identifizierung der Situation mit dem Text, sondern in kritischer Reflexion auf beides. Solche Exegesen sind für uns Spätere faßbar allein in der abgeschlossenen Endgestalt eines gedruckten Werkes; man darf dabei aber nicht vergessen, daß sie in allen möglichen Vorstadien – Vorlesungen und Seminare, Predigten oder Stellungnahmen oder auch persönliche Gespräche – damaligen Hörern Orientierung bieten konnten,[47] ob ausdrücklich als solche gekennzeichnet wie bei Bultmanns oben erwähnter Einleitung seiner Vorlesung im Sommersemester 1933 oder als gemeinsame Einübung kritischen Denkens, das kritisch ist gegenüber dem Text, der eigenen Gegenwart und nicht zuletzt auch gegenüber sich selbst.

Die Frage, wozu Exegese denn heute nütze, wird immer gestellt werden gegenüber einer Exegese, die sich begnügt mit der historischen Erhellung christologischer oder traditionsgeschichtlicher Zusammenhänge. Bei Bultmann aber kann man an den beiden gleichzeitigen Arbeiten zu „Jesus vor Pilatus“ und zur Entmythologisierung sehen, zu welchem Risiko Exegese be- [375] reit sein muß als kritische Reflexion im eben genannten Sinne – das Risiko der „falschen“ Auslegung nicht ausgeschlossen. Auch die darauf folgenden Auslegungen sind nicht zu denken ohne den allgemeinen Zusammenhang, in dem der Exeget lebt; vielleicht sind sie nur in dieser Beziehung weniger reflektiert, weil dieser Zusammenhang in den Jahren nach 1945 weniger fragwürdig zu sein schien und man in Pilatus nicht mehr den Staat zu erkennen brauchte, in dem man lebte.

[47] G. Bornkamm erinnert in seinem: In Memoriam Rudolf Bultmann, NTS 23 (1976/77), 235–242, 240 an den 1935 erschienenen Aufsatz: Polis und Hades in der Antigone des Sophokles, GuV II, 20–31.

GAL 2,9 UND DIE KATHOLISCHEN BRIEFE

BEMERKUNGEN ZUM KANON UND ZUR REGULA FIDEI

I.

Seit Irenäus von Lyon war nicht mehr umstritten, daß die vier Evangelien unter den Namen Mt, Mk, Lk und Joh sowie Act und dreizehn Paulusbriefe, Röm–Phlm in der uns gewohnten Reihenfolge, zusammen mit dem AT – dies in der Textform der Septuaginta – Dokumente seien, aus denen der Inhalt der christlichen Theologie zu gewinnen sei.[1] Diese Schriften galten als „apostolisch" nicht aufgrund ihrer Abfassung durch einen derjenigen, die in frühchristlicher Zeit den Titel „Apostel" trugen – das trifft ja für Mk und Lk/Act nicht zu –, sondern weil man meinte, aus ihnen insgesamt die ursprüngliche Lehre „*der* Apostel" erheben zu können. Solche Festlegung geschah gegenüber anderen mündlichen und schriftlichen Apostelträditionen mit dem Ziel, „Häresie" von „Kirche" zu scheiden; nach innen aber bedeutete sie Vergewisserung über *„fundamentum et columna fidei nostrae"*.[2] In beiden Richtungen ging es dabei über ein Formalprinzip „apostolischer Verfasserschaft" hinaus um die Frage der theologischen Identität des Christentums, und dieses Thema prägte unter dem Stichwort *„regula fidei"* die weitere Entwicklung der frühen Theologie; Kanon und *regula fidei* stehen in einer engen Wechselbeziehung.[3]

Umstritten war in der Zeit nach Irenäus, und das über Jahrhunderte, Apk, die schließlich als einzige einer Reihe frühchristlicher Apokalypsen kanonisch wurde, und das unter Annahme der Abfassung durch den „Lieblingsjünger", in dem man den Zebedaiden Johannes und Verfasser [66] von Joh und 1–3Joh sah.[4] Das Schicksal der Petrusapokalypse wie das des „Hirten des Hermas" verdeutlichen das Problem des Apostelbegriffs nach zwei Seiten: Bei ersterer ist zwar ein Apostel als Verfasser genannt, dennoch kommt sie nicht in den Kanon,[5] letztere hingegen wird nicht kanonisch, weil man weiß, daß sie erst spät entstanden ist und nicht auf einen Apostel zurückgeht.[6]

[1] Vgl. H. von Campenhausen, Die Entstehung der christlichen Bibel, BHTh 39, Tübingen 1968, 223–227. Weitere für das Folgende vor allem herangezogene Literatur zum Kanon: T. Zahn, Geschichte des Neutestamentlichen Kanons II.1, Erlangen 1890 (= Zahn); E. Preuschen, Analecta, SQS 8, Freiburg 1893; J. Leipoldt, Geschichte des neutestamentlichen Kanons, 2 Bde, Leipzig 1907/08 (= Leipoldt); NTApo^3; Das Neue Testament als Kanon, hg. von E. Käsemann, Göttingen 1970; W. Schneemelcher, Art. „Bibel III", TRE VI, 22–48.

[2] Irenäus, adv. haer. III 1,1 in Aufnahme von 1Tim 3,15.

[3] Dazu s. u. Teil V.

[4] Vgl. W. G. Kümmel, Einleitung in das Neue Testament, Heidelberg ^{20}1980, 415f.

[5] Vgl. dazu C. Maurer, NTApo^3, 468–483. Der Canon Muratori, Z. 71–73 nennt sie neben Apk als kanonische Schrift.

[6] Canon Muratori, Z. 73–80.

Umstritten war aber auch, welche weiteren Schriften neben den dreizehn Paulusbriefen als „Briefe *der* Apostel“[7] gelten konnten. Da ist einmal Hebr, für den sich auf die Dauer die Annahme der Abfassung durch Paulus[8] durchsetzt, so daß man nun auf insgesamt vierzehn = 2 x 7 Paulusbriefe kommt.[9] Als Sammlungsprinzip der paulinischen Briefe wird die Zahl 7 bereits im Canon Muratori genannt, hier in der Weise, daß „der selige Apostel Paulus selbst, der Regel seines Vorgängers Johannes folgend, mit Namensnennung nur an sieben Gemeinden schreibt“:[10] Korinth, Ephesus, Philippi, Kolossae, Galatien, Thessalonich, Rom. Was bei den sieben Sendschreiben der Apk bewußtes literarisches Prinzip war, ist hier also sekundär behauptet für eine aus anderen Gründen zusammengestellte Sammlung von Briefen.

Vor allem bleibt der Bereich der sogenannten „katholischen Briefe“. „Katholisch“ meint dabei, einer alten Definition zufolge, daß sie nicht wie die Paulusbriefe an Einzelgemeinden geschrieben seien, sondern an alle.[11] Der Canon Muratori erwähnt aus diesem Bereich nur Jud und zwei Johannesbriefe. Bei Irenäus begegnen 1Petr und zwei Johannesbriefe, die aber deutlich nicht denselben Rang haben wie die oben genannten Schriften.[12] Clemens von Alexandrien hat in seinen „Hypotyposen“, einer fortlaufenden Kommentierung des NT, nur 1Petr, Jud, 1 und 2Joh ausgelegt.[13] Wir kennen davon zwar nur Fragmente, an dieser Stelle noch da- [67] zu nur auf lateinisch, doch zeigt die Inhaltsangabe bei Cassiodor,[14] daß Clemens allein diese Schriften berücksichtigt hat und nicht, wie es nach Euseb und Photius scheinen könnte, auch Jak, 2Petr und 3Joh.[15]

Origenes[16] nimmt nur einen Petrusbrief als echt an, offenbar unseren „ersten“, den er als „katholischen Brief“ bezeichnet; er kennt auch den zweiten, dessen Echtheit aber bezweifelt werde. Von Johannes stamme neben Evangelium und Apk ein Brief „von wenigen Zeilen“, möglicherweise auch noch ein zweiter und dritter, ebenfalls von geringem Umfang. Bei Dionysius von Alexandrien[17] ist nicht mehr eindeutig erkennbar, welche für ihn über das Corpus Paulinum hinaus „die Briefe der Apostel“ waren; wir wissen nur, daß er einen Johannesbrief als „katholischen Brief“ bezeichnete, offenbar unseren „ersten“, da er im gleichen Zusammenhang 2 und 3Joh mit der Absenderangabe „der Presbyter“ erwähnt.[18] Der aus dem dritten oder vierten Jh. stammende Papyrus 72 (= Papy-

7 Dieser Begriff begegnet (erstmals?) bei Dionysius von Alexandrien (Euseb, h. e. VII 24,5). Bei Irenäus meint *apostolicae epistulae* nur die Paulusbriefe (vgl. von Campenhausen, Entstehung, 237 + Anm. 279, 239f + Anm. 290).

8 Zu Irenäus: von Campenhausen, Entstehung, 248 Anm. 14; Clemens von Alexandrien: Euseb, h. e. VI 14 2; vgl. Kümmel, Einleitung, 346f.

9 So ausdrücklich Amphilochius von Iconium: Τὸ σκεῦος ἑξῆς προστίθει τῆς ἐκλογῆς, τὸν τῶν ἐθνῶν κήρυκα, τὸν ἀπόστολον Παῦλον, σοφῶς γράψαντα ταῖς ἐκκλησίαις ἐπιστολὰς δὶς ἑπτά (Zahn II.1, 219, Z. 48–51).

10 Z. 47–50; Übersetzung von H. Lietzmann, NTApo^3 I, 20.

11 Bei Leontius Byzantius, de sectis, actio II 4: καθολικαὶ δὲ ἐκλήθησαν, ἐπειδὴ οὐ πρὸς ἓν ἔθνος ἐγράφησαν ὡς αἱ τοῦ Παύλου, ἀλλὰ καθόλου πρὸς πάντα (Zahn II.1, 294).

12 Vgl. von Campenhausen, Entstehung, 227.

13 Ed. O. Stählin, L. Früchtel, GCS 17.2, Berlin ^{2}1970, 203–215.

14 Ebd., XVIII.

15 Vgl. M. Dibelius, Der Brief des Jakobus, KEK 15, Göttingen ^{8}1956, 51 Anm. 1.

16 Euseb, h. e. VI 25.

17 Euseb, h. e. VII 24,5.

18 Euseb, h. e. VII 25,7.10f.

rus Bodmer VII.VIII), der Jud und die beiden Petrusbriefe enthält, besagt nichts für oder gegen eine kanonische Geltung dieser drei Briefe,[19] da es sich um eine Sammelhandschrift handelt, die neben verschiedenen anderen Texten diese Briefe enthält, nicht aber um eine reine Bibelhandschrift.[20]

Euseb nennt Jak den „ersten der sogenannten katholischen Briefe",[21] kennt also offenbar diese Sammlung als feste Größe, hält aber nur 1Joh und 1Petr für über jeden Zweifel erhaben,[22] während Jak, Jud, 2Petr, 2 und 3Joh zu den bestrittenen Schriften gehören.[23] Seit Athanasius setzt sich dann in der griechischen Kirche die Siebenzahl durch als „die sieben katholischen Briefe der Apostel".[24] Zusammen mit [68] den anderen Schriften sind sie die „Quellen des Heils", in denen „allein die Lehre der Frömmigkeit verkündigt" werde.[25] Endgültig hier ist greifbar, was sich in den vorangegangenen Erörterungen bis hin zu Euseb andeutete, daß nämlich für alle umstrittenen Briefe Abfassung durch einen Apostel behauptet wurde; neben Jak, Jud, 2Petr, 2 und 3Joh waren das noch Hebr und Apk.

Im lateinischen Westen übernimmt das Decretum Gelasianum, das wahrscheinlich auf Papst Damasus I. (366–384) zurückgeht, zwar die Siebenzahl für die katholischen Briefe, nennt *apostolus* aber nur Petrus, Jakobus, Johannes bei 1Joh und Judas, während 2 und 3Joh als *„alterius Johannis presbyteri epistulae duae"* bezeichnet werden.[26] Die Angabe zu Jud: *„Judae Zelotis apostoli epistula una"* erklärt sich daraus, daß die Mehrheit der altlateinischen Zeugen in Mt 10,3 anstelle von Thaddäus einen Judas Zelotes nennt. Augustin, die Synode von Hippo und Papst Innozenz I. legen ebenfalls die Zahl der katholischen Briefe auf sieben fest, jedoch mit unterschiedlicher Reihenfolge und ohne den Titel *apostolus* bei einem der Briefe.[27]

In Syrien hingegen enthält im 5. Jh. die Peschitta nur drei katholische Briefe: Jak, 1Petr und 1Joh,[28] während die Vetus Syra noch gar keine katholischen Briefe gehabt hatte. Die

[19] Vgl. Kümmel, Einleitung, 382, zu 2Petr. Anders jedoch ebd., 439 (p^{72} „kennt also *möglicherweise* diese drei Schriften als Teil des nt. Kanons"), worauf sich Schneemelcher (TRE VI, 43: „was doch wohl so zu deuten ist, daß alle 3 Briefe Teil des Kanons waren [so Kümmel, Einl. 439]") nicht ganz mit Recht beruft. (Hervorhebungen von mir.)

[20] K. Aland, Repertorium der griechischen christlichen Papyri I, PTS 18, Berlin 1976, 303: „getrennt paginierter Kodex (aus verschiedenen Bestandteilen zusammengefügt) mit mindestens 188 pp; Sammlung apokrypher, kanonischer und theologischer Schriften von 4 verschiedenen Händen (Protevangelium Jacobi; apokrypher Korintherbrief; 11. Ode Salomos; Melito, Passa-Homilie; liturgische Hymne; Apologie des Phileas; Psalm 33 und 34); foll mit Jd heute getrennt, bildeten ursprünglich aber (den Mittelteil?) eine(r) Lage."

[21] H. e. II 23,24.

[22] H. e. III 25,2.

[23] H. e. III 25,3.

[24] Osterfestbrief von 367 (Zahn II.1, 211 Z. 41f).

[25] Ebd., 212 Z. 51–53.

[26] Ebd., 261f Anm. 2; Leipoldt I, 52 Anm. 6, 254f; beide verweisen auf den Einfluß des Hieronymus; Denzinger-Schönmetzer Nr. 180.

[27] Texte: Zahn II.1, 258 (= Augustin, de doctrina christiana II 8,12–14), 252, 245; vgl. auch Leipoldt I, 254f Anm. 2, zur kritischen Haltung des Westens in bezug auf die katholischen Briefe.

[28] Vgl. W. Bauer, Der Apostolos der Syrer, Gießen 1903, 40–69.

Siebenzahl setzt sich eindeutig erst mit der Harklensis aus dem Jahre 616, vielleicht aber schon mit der Philoxeniana von 507/8 durch.[29]

II.

Keiner dieser Briefe dürfte auf den angegebenen oder angenommenen Verfasser zurückgehen.[30] Die Vorgeschichte ihrer Kanonisierung zeigt aber, daß sie nicht von vornherein als eine Sammlung von sieben katholischen Briefen verfaßt worden sind, daß vielmehr jeder von ihnen seine eigene Geschichte hat.

Dabei wird nirgends in der Alten Kirche die Abfassung des 1Petr durch Petrus bezweifelt wie ja auch nicht die Verfasserschaft des Paulus für Kol oder Eph. Nach 1Petr 1,1 ist Absender Πέτρος ἀπόστολος Ἰησοῦ [69] χριστοῦ, Empfänger sind die „auserwählten Fremdlinge der Diaspora in Pontus, Galatien, Kappadozien, Asien und Bithynien", kleinasiatische Provinzen also, von denen jedenfalls Galatien und Asien eher an Paulus als an Petrus erinnern und ebenso die in 5,12f erwähnten Namen Silvanus und Markus. Auch inhaltlich erinnert er sehr stark an paulinische Traditionen, ohne daß man ihn jedoch deshalb als „deuteropaulinischen" Brief bezeichnen dürfte.[31] Auch wenn dieser Brief im Canon Muratori noch fehlt,[32] hatte er doch die erste Anwartschaft darauf, bei einer Erweiterung des Briefteils des Kanons auf Briefe *der* Apostel berücksichtigt zu werden; auch Irenäus zitierte ihn ja schon.

Anders ist es bei 2Petr, nach 1,1 verfaßt von Συμεὼν Πέτρος δοῦλος καὶ ἀπόστολος Ἰησοῦ χριστοῦ, aber ohne geographisch eingegrenzte Adressaten. Dieser Brief ist nach 3,1 ausdrücklich ein *zweiter* Brief, bezieht sich damit offensichtlich auf 1Petr. In 3,15f werden die Briefe des Paulus erwähnt, mit denen der Autor in Übereinstimmung zu sein behauptet.[33] Die Fiktion der Abfassung durch Petrus wird unterstrichen durch die Anspielung auf Joh 21,18f in 1,14 und durch den Hinweis auf die Verklärungsgeschichte in 1,16–21.[34] 2Petr gehörte lange zu den umstrittenen Briefen; er setzte sich aber schließlich im Unterschied zu anderen Petrusschriften als kanonisch durch.[35]

Unter den Johannesbriefen hat 1Joh keine Angabe über einen Verfasser; er erinnert jedoch von 1,1–4 an so stark an das vierte Evangelium, daß die Annahme, die Verfasser seien identisch, verständlich ist.[36] Entscheidend für die Kanonisierung der drei Briefe war

[29] Vgl. B. Aland, TRE VI, 190–195.

[30] Die katholischen Briefe sind offenbar immer nach ihren (angenommen) Absendern benannt worden, nicht wie die Paulusbriefe (einschließlich Hebr) nach ihren Adressaten.

[31] So H. M. Schenke, K. M. Fischer, Einleitung in die Schriften des Neuen Testaments, 2 Bde, Gütersloh 1978/79, Bd. 1, 199–203: ursprünglich habe im Präskript gar nicht ΠΕΤΡΟΣ, sondern ΠΑΥΛΟΣ als Absender gestanden; vgl. dazu A. Lindemann, Paulus im ältesten Christentum, BHTh 58, Tübingen 1979, 252f.

[32] Das ist so auffällig, daß Zahn (II.1, 109f) hier eine Textverderbnis annahm.

[33] Vgl. dazu Lindemann, Paulus, 91–97, 261–263.

[34] So auch die Situation in der Petrusapokalypse (s. o. Anm. 5).

[35] Vgl. Euseb, h. e. III 3.

[36] Vgl. dazu Kümmel, Einleitung, 390–392, der ebenfalls den Verfasser von 1 Joh für identisch mit dem von Joh hält.

dann, daß sie wie Evangelium und Apk auf den Zebedaiden Johannes zurückgeführt wurden, nachdem sich die Überlieferungen über den Evangelisten, den Seher und den Presbyter Johannes, der als Absender von 2 und 3Joh genannt ist,[37] vermischt hatten.[38]

Als Verfasser des Jak, in 1,1 als Absender nur der Name Ἰάκωβος ohne irgendeinen Titel, gilt in der Alten Kirche von den verschiedenen Trägern dieses Namens der Herrenbruder (vgl. Gal 1,19) Jakobus bzw. [70] wird die Abfassung des Briefes durch ihn bestritten.[39] Im Westen tritt freilich seit Hieronymus an seine Stelle Jakobus, der Sohn des Alphäus, aus den Zwölferlisten.[40] Eine schmale mittelalterliche Tradition schließlich, der auch Luther folgt, identifiziert ihn mit dem Zebedaiden Jakobus, dem Heiligen von Santiago de Compostela, wo diese Tradition offenbar zuhause ist.[41] Hier bestehen wieder Beziehungen zu den Paulusbriefen, da in 2,14–26 Stellung bezogen wird gegen die paulinische These der Rechtfertigung aus Glauben allein ohne Werke.[42] Augustin wird später für alle katholischen Briefe behaupten, daß ihnen in Ergänzung zu Paulus an den Werken liege, und sich dafür auf 2Petr 3,11–18; Jak 2,14–26 und 1Petr 3,21 berufen.[43]

Jud nennt als Absender in Ἰούδας Ἰησοῦ χριστοῦ δοῦλος, ἀδελφὸς δὲ Ἰακώβου, bezieht sich damit ausdrücklich auf den Jakobus, der traditionell als Verfasser des Jak gilt, wobei freilich Jud, nicht aber Jak bereits im Canon Muratori erwähnt ist.[44] Gemeint ist mit Judas dann der Bruder Jesu von Mk 6,3 par, über dessen Nachkommen Hegesipp zu berichten wusste.[45] Die Autorität des Briefes ist jedoch nicht daraus abgeleitet, daß Judas selber „Herrenbruder" (vgl. 1Kor 9,5) war, sondern daraus, daß er der Bruder des Herrenbruders Jakobus ist. Enge Beziehungen bestehen zwischen Jud und 2Petr 2, wobei Jud wohl die Vorlage für 2Petr bildete. Dem Brief wurde in der Alten Kirche verschiedentlich vorgehalten, daß er sich auf apokryphe Henochschriften beruft (14).[46]

Daß diese sieben *die* „katholischen Briefe" des Kanons geworden sind, liegt zunächst daran, daß die Zahl 7 im Zusammenhang mit Briefsammlungen ja seit dem Canon Muratori eine Rolle spielte. Welches aber ist der Apostelbegriff, der hinter dieser Sammlung steht? Jedenfalls nicht der der „zwölf Apostel", da nur Petrus und Johannes, nicht aber Jakobus und Judas zu diesem Kreis gehören, vor allem aber keine Versuche erkennbar sind, weitere Schriften von zu diesem Kreis Gehörenden zu kanonisieren.[47] Mit Jakobus, Petrus und Johannes [71] stoßen wir vielmehr auf die drei „Säulen" von Gal 2,9, wobei

[37] Vgl. dazu G. Bornkamm, ThWNT VI, 670–672.

[38] Vgl. Kümmel, Einleitung, 204–208.

[39] Vgl. Euseb, h. e. II 23,25.

[40] Vgl. Dibelius, Jak, 11 und Anm. 1.

[41] Ebd., 55.

[42] Vgl. dazu D. Lührmann, Glaube im frühen Christentum, Gütersloh 1976, 78–84; Lindemann, Paulus, 240–252.

[43] De fide et operibus (XIII) 21: *„aliae apostolicae epistulae, Petri, Iohannis, Iacobi, Iudae, contra eam dirigunt intentionem, ut vehementer astruant fidem sine operibus non prodesse: sicut etiam ipse Paulus non qualemlibet fidem, qua in deum creditur, sed eam salubrem planeque evangelicam definivit, cuius opera ex dilectione procedunt"* (CSEL 41, 62).

[44] Z. 68.

[45] Vgl. Euseb, h. e. III 20,1–6.

[46] Vgl. Kümmel, Einleitung, 378.

[47] Vgl. die vielen Schriften, die auf einen der Zwölf oder auf alle zusammen zurückgeführt werden, in NTApo³ und jetzt in den Nag-Hammadi-Texten.

dem Herrenbruder Jakobus seit alters aufgrund von Gal 1,19 – zu Recht oder zu Unrecht – der Aposteltitel beigelegt wird, so daß man bei diesen dreien bis heute auch von den „Uraposteln" spricht.[48]

Ein solcher Zusammenhang zwischen Gal 2,9 und den katholischen Briefen ist m. W. bisher nur mit Blick auf die *Reihenfolge* der Schriften des NT gesehen worden. So erklärt E. Lohse die Stellung der katholischen Briefe *vor* dem Corpus Paulinum in den meisten griechischen Codices damit, daß „sie auf die Urapostel zurückgeführt wurden".[49] Oder man weist für die übliche Reihenfolge der katholischen Briefe in den meisten griechischen Codices und in der Vulgata (Jak – 1/2Petr – 1–3Joh – Jud) darauf hin, daß sie der Reihenfolge der Namen von Gal 2,9 entspreche: Jakobus – Kephas/Petrus – Johannes.[50] Diese Beobachtung läßt sich aber noch erweitern. Das Kanonverzeichnis des Claromontanus (D 06) hat die Reihenfolge 1/2Petr – Jak – 1–3Joh – Jud,[51] und das entspricht der Lesart von Gal 2,9 in diesem Codex: Πέτρος[52] καὶ Ἰάκωβος καὶ Ἰωάννης. Freilich kann diese Reihenfolge wiederum beeinflußt sein durch die Namen der drei ersten Jünger der Zwölferlisten Mk 3,16f und Act 1,13:[53] Petrus, (die Zebedaiden) Jakobus und Johannes; Jakobus wäre dann nicht mehr als der Herrenbruder, sondern als der Zebedaide verstanden, und dieses Mißverständnis findet sich in der Tat bei Augustin in seiner Auslegung von Gal 2,9.[54]

Zu Gal 2,9 scheint freilich Jud nicht zu passen. Aber einmal begründet dieser Brief seine Autorität ja im Herrenbruder Jakobus, ist also sozusagen ein „zweiter" Jak, zum andern erinnert er in 17f an das, was „*die* Apostel unseres Herrn Jesus Christus" vorausgesagt haben,[55] [72] daß nämlich Irrlehrer kommen würden, und beruft er sich in 3 auf den „überlieferten Glauben". Insofern konnte er als Zusammenfassung der Lehre *der* Apostel verstanden werden.

Sinn der Erweiterung des Briefteils des NT über das Corpus Paulinum hinaus durch gerade diese katholischen Briefe ist dann, neben die Briefe des Paulus die der drei „Urapostel" zu stellen, um ein gemeinsames Zeugnis der Apostel für die kirchliche Lehre zu dokumentieren. Welche Bedeutung gerade diese vier hatten, zeigt Clemens von Alexandrien, der an seinen eigenen Lehrern rühmt, daß sie „die wahre, unmittelbar von den heili-

[48] Auf Gal 2,9 weist auch, daß Barn gelegentlich als kanonisch behandelt wird: Euseb, h. e. VI 13,6: Clemens von Alexandrien; III 25,4; Verzeichnis des Claromontanus (Zahn II.1, 159 Z. 70); Sinaiticus. Der Katenenkommentar zu den katholischen Briefen (ed. J. A. Cramer, Oxford 1840) bezeichnet Jakobus als τῆς περιτομῆς ἀπόστολος (2) und Petrus als ὁ ἀπόστολος τοῖς ἐκ περιτομῆς κηρύττειν προσταχθείς (41), auch das ein Nachhall von Gal 2,9.

[49] Entstehung des Neuen Testaments, ThW 4, Stuttgart 1972, 122.

[50] Leipoldt I, 257, u.a.

[51] Zahn II.1, 159 Z. 63–69.

[52] So, nicht Κηφᾶς, auch p[46], F, G, 629, 1175.

[53] Vgl. Mk 5,37; Mk 9,2/Mt 17,1; Mk 13,3; 14,33; Lk 8,51; 9,28 dagegen die Reihenfolge Petrus – Johannes – Jakobus.

[54] *„Petrus autem et Iacobus et Ioannes honoratiores in Apostolis erant, quia ipsis tribus se in monte Dominus ostendit in significatione regni sui"* (MPL 35, 2113). Hieronymus wusste es besser: *„Columnae igitur sunt Ecclesiae apostoli, et maxime Petrus, Jacobus, et Joannes, ex quibus duo cum Domino ascendere merentur in montem"* (MPL 26, 362).

[55] Der Apostelbegriff ist an dieser Stelle sicherlich pauschal gemeint. Der Katenenkommentar (s. o. Anm. 48) verweist auf 2 Petr 3,15f und versteht als „die Apostel" Petrus und Paulus (168).

gen Aposteln Petrus und Jakobus, Johannes und Paulus stammende Überlieferung der seligen Lehre unversehrt bewahrten, indem immer ein Sohn sie von seinem Vater übernahm".[56] Gal 2,1–10 ist mit Act 15,1–35 in der Alten Kirche der *locus classicus* für die Einheit der apostolischen Lehre, die die Kirche gegenüber der Häresie bewahren will.[57]

Am klarsten erkennbar ist die Konzeption in der Peschitta mit ihren nur drei katholischen Briefen Jak, 1Petr und 1Joh. Vergröbert worden ist sie durch Athanasius, der für alle sieben Briefe Abfassung durch einen „Apostel" behauptete und damit auf die Dauer einen Schlußstrich unter die Diskussion über den Umfang des Kanons des NT ziehen konnte, auch wenn Kritik an manchen Schriften noch lange zu hören war. Der Kanon des Westens aber ist ein Kompromiß, wenn man zwar die Siebenzahl übernimmt, nicht aber den zugrundeliegenden Apostelbegriff, sondern zunächst 2 und 3Joh auf den vom Apostel unterschiedenen Presbyter Johannes zurückführt und später für Jak und Jud andere Verfasser annimmt als die bei der Kanonisierung gemeinten.

III.

In Eusebs Kirchengeschichte und vor allem über Hieronymus wird das Mittelalter hindurch auch im Westen die Kenntnis davon überliefert, daß die kanonische Geltung einiger Schriften des NT (Hebr, Jak, 2Petr, 2 und 3Joh, Jud, Apk) in der Alten Kirche zweifelhaft gewesen war.[58] Die Humanisten griffen solche Informationen kritisch wieder auf, und Erasmus verwertete sie in den „Annotationes", die er den einzelnen ntlichen Schriften in seiner Ausgabe des griechischen NT von 1516 beigab.[59] Freilich zog er daraus nicht die Konsequenz, den Kanon des NT zu reduzieren, [73] sondern nahm alle 27 Schriften in der Reihenfolge der Vulgata auf; gegenüber der Vulgata fehlte nur ein Laodicenerbrief des Paulus,[60] für den es keine griechische Grundlage gab. Mit dieser Erstausgabe schuf Erasmus natürlich Fakten für die Frage des Umfangs des NT, die auf die Dauer im Sinne der Alten Kirche und der römisch-katholischen beantwortet wurde, so daß sich heute protestantische, römische und orthodoxe Kirchen bei der Anzahl der Schriften, wenn auch nicht unbedingt beim Textumfang und Wortlaut auf dasselbe NT beziehen.[61]

[56] Strom. I 11,3; Übersetzung von O. Stählin, BKV.

[57] Vgl. etwa Irenäus, adv. haer. III 12,14 13,3.

[58] Vgl. M. E. Schild, Abendländische Bibelvorreden bis zur Lutherbibel, QFRG 39, Gütersloh 1970, 13–137.

[59] Text: Leipoldt II, 19–21 Anm. 1.

[60] Vgl. Leipoldt II, 9f.

[61] Die protestantischen Bibelgesellschaften haben sich auf die Textfassung der 3. Aufl. des Greek New Testament (= Nestle/Aland^{26}; vgl. dort die Einleitung 3*–5*) als Grundlage für alle Bibelübersetzungen festgelegt. Dem ist die Revision des Luthertextes von 1975 gefolgt; vgl. K. Aland, Die Änderungen des revidierten Luther-NT aufgrund des griechischen Textes, in: Verrat an Luther?, hg. von S. Meurer, Stuttgart 1977, 42–48. Damit sind nach langer Zeit der vom Theologen benutzte griechische und der „offizielle" deutsche Bibeltext im Textumfang und in der Textfassung wieder identisch – wenn dies denn „offizieller" Bibeltext werden wird! Auch die „Einheitsübersetzung der Heiligen Schrift" von 1979 folgt diesem Prinzip; n. b.: das ist zunächst die „Einheitsübersetzung" der römisch-katholischen Diözesen deutschspra-

Zunächst aber war diese Frage des Umfangs durchaus noch offen. Luther, der den Text des Erasmus übersetzte und dabei auch dessen „Annotationes“ vor Augen hatte,[62] gab bekanntlich den vier Schriften Hebr, Jak, Jud und Apk eine Sonderstellung. Er versetzte Hebr und Jak gegen die herkömmliche Reihenfolge an den Schluß des NT vor Jud und Apk und markierte den Unterschied dieser vier Schriften zu den anderen äußerlich dadurch, daß er im Inhaltsverzeichnis nur die ersten 23 fortlaufend durchnumerierte, diese vier aber nach einer Leerzeile ohne Ziffer anfügte. Inhaltlich ist die Differenz in der Vorrede zum Hebr so hervorgehoben: „Bisher haben wir die rechten gewissen Heubtbücher des newen Testaments gehabt. Diese vier nachfolgende aber haben vor zeiten ein ander ansehen gehabt.“[63]

Luther übernimmt dabei in seinen Vorreden z. T. bis in den Wortlaut hinein Informationen, die ihm Erasmus' „Annotationes“ vermitteln,[64] wenn er auch zu den Verfassern des Jak und des Jud eigene Theorien hat, indem er unter Jakobus den Zebedaiden versteht,[65] unter Judas offenbar Judas Thomas, was in beiden Fällen gegen eine Abfassung durch diese [74] Apostel spreche: Der erste sei zu früh gestorben, der zweite nach Persien gegangen.[66] Luther folgt Erasmus' Angaben über „ein ander ansehen“ vor Zeiten aber nur bei diesen vier Schriften, während er bei 2Petr und 2 und 3Joh die Abfassung durch einen Apostel nicht bestreitet. Stärker als historische Argumente wiegen für ihn inhaltlich theologische Einwände, für die dann der historische Zweifel an der Apostolizität verstärkende Wirkung haben kann und deshalb auch willkommen ist, während dieser Zweifel ausbleibt, wo inhaltlich keine Bedenken bestehen.[67]

Von allen vier Schriften weiß Luther durchaus auch Gutes zu sagen, obwohl sie nur als zweitrangig zu betrachten seien, zu Jud z. B.: „Darumb ob ich sie wol preise, ists doch eine unnötige Epistel, unter die Heubtbücher zu rechen, die des glaubens Grund legen sollen.“[68] Das ist ungefähr die Definition, die Luther später beim AT den „Apokryphen“ gegeben hat, und so führt eine niederdeutsche Ausgabe der Lutherbibel von 1596 diese vier Schriften denn auch ein: „Apocrypha, Dat ys, böker, de der andern hilligen schrifft nicht gelick geholden werden.“[69]

Luther selbst hat jedoch eine solche Konsequenz nicht gezogen und auch nach 1534 *den* Absatz aus der Vorrede zum NT fortfallen lassen, in dem eine qualitative Abstufung der ntlichen Schriften am deutlichsten betont wird: „Summa, Sanct Johannis Euangeli und seyne erste Epistel, Sanct Paulus Epistel, sonderlich die zu den Romern, Galatern,

chiger Gebiete in Europa, erst sekundär eine interkonfessionelle; vgl. dazu Einheit im Wort, hg. von J. G. Plöger und O. Knoch, Stuttgart 1979.

62 Vgl. H. Bornkamm, Die Vorlagen zu Luthers Übersetzung des Neuen Testaments, in: ders., Luther. Gestalt und Wirkungen, SVRG 188, Gütersloh 1975, 65–73.

63 WA DB 7, 345. Vgl. für die Vorreden auch die Ausgabe von H. Bornkamm, Luthers Vorreden zur Bibel, Furche-Bücherei 238, Hamburg 1967.

64 Vgl. die durch Kursivdruck gekennzeichneten Stellen bei Leipoldt II, 62–66 Anm. 3.

65 S. o. bei Anm. 41.

66 Vgl. Euseb, h. e. III 1,1.

67 Vgl. Schild, Bibelvorreden, 246.

68 WA DB 7, 387.

69 Nach Leipoldt II, 95.

Ephesern, unnd Sanct Peters erste Epistel, das sind die bucher, die dyr Christum zeygen, und alles leren, das dyr zu wissen nott und selig ist, ob du schon kein ander buch noch lere nummer sehest noch horist. Darumb ist sanct Jacobs Epistel eyn rechte stroern Epistel gegen sie, denn sie doch keyn Euangelisch art an yhr hat."[70] Stehen blieb aber der oben zitierte Satz aus der Vorrede zum Hebr, der den Unterschied zu den „Heubtbüchern" festhält, und vor allem auch die Vorrede zum Röm. Nachdem jedoch seit dem Ende des 17. Jh.s die Vorreden in den Bibelausgaben fortfielen,[71] war die Sonderstellung der vier Schriften nicht mehr begründet, und es mußte der Eindruck eines mehr oder weniger undifferenzierten Nebeneinanders aller 27 Schriften entstehen, vor allem bei denen, die keine andere Reihenfolge der Schriften als die in der Lutherbibel mehr kannten.

Während Luther die humanistische Kritik an den sieben umstrittenen Schriften nur partiell aufnahm und seinen eigenen theologischen Inter- [75] essen unterstellte, wirkte sie sich auch in der römisch bleibenden Theologie aus, z. B. bei Cajetan.[72] Das Konzil von Trient legte deshalb 1546 nicht allein gegen Luther die zur Bibel gehörenden Schriften einzeln fest, beim AT einschließlich der von Luther als „Apokryphen" eingestuften Bücher, beim NT alle 27 Schriften.[73] Man wiederholte damit das Kanonverzeichnis, das das Konzil von Florenz 1441 bei den Unionsverhandlungen mit den Jakobiten festgelegt hatte;[74] neu ist aber in Trient, daß bei jedem einzelnen der Autoren des ntlichen Briefteils der Aposteltitel wiederholt wird und vor allem daß man entgegen dem humanistischen Prinzip des Rückgangs auf die Originalsprache die lateinische Textform der Vulgata für verbindlich erklärt, die freilich mit der Sixtina von 1590 und der Clementina von 1592 erst geschaffen werden mußte.

Gegen die Kanondefinition des Tridentinums erhob sich Widerspruch von lutherischer Seite gerade auch in bezug auf den Umfang des NT. Die Confessio Virtembergica von 1551,[75] das in Trient selber überreichte[76] Bekenntnis der Württemberger, definiert in Art. XXVII: „Die heilige Schrift nennen wir die ordentlichen, bestätigten Bücher des Alten und Neuen Testaments, an deren Glaubwirdigkeit (lateinisch: *auctoritas*) in der Kirchen nie kein Zweifel gewesen ist." Daß damit eine Reduktion des Umfangs nicht nur des AT, sondern auch des NT gemeint war, beweist die Interpretation, die Johannes Brenz, der Hauptverfasser dieser auch in der Folgezeit für die württembergische Kirche wichtigen Bekenntnisschrift, diesem Artikel gegenüber seinem römischen Gegner de Soto gegeben hat: „... er rechnet hier aber als nicht von den Aposteln herrührend unter die Apokryphen unter Hinweis auf Euseb und Hieronymus auch Hebr, Jak, 2Petr und

70 WA DB 6, 10.

71 Vgl. mit Luthers Vorreden die einführenden Bemerkungen zu den einzelnen Schriften, die dann später in der „Stuttgarter Jubiläumsbibel" stehen!

72 Vgl. Leipoldt II, 33–42.

73 Denzinger-Schönmetzer Nr. 1501–1508; vgl. H. Jedin, Geschichte des Konzils von Trient II, Freiburg 1957, 44–46, 53–63, 76–82.

74 Denzinger-Schönmetzer Nr. 1334f.

75 Deutsch: E. Bizer, Confessio Virtembergica, Stuttgart 1952, 135–190; lateinisch: H. Heppe, Die Bekenntnisschriften der altprotestantischen Kirche Deutschlands, Kassel 1855, 487–554.

76 Vgl. dazu auch H. Jedin, Geschichte des Konzils von Trient III, Freiburg 1970, 374f.

die Offenb, und läßt diese zwar zur ‚Erbauung', nicht aber zur Begründung von Dogmen gelten; die Kirche habe kein Recht, sie dem Kanon hinzuzufügen."[77] [76]

Ganz ähnlich argumentiert auch Martin Chemnitz in seinem *„Examen Concilii Tridentini"* von 1578.[78] Nach einer Art „einleitungswissenschaftlicher" Darstellung, die vornehmlich aus den Kirchenvätern gespeist ist, greift er die Kanondefinition des Tridentinum an und weist aus den Kirchenvätern nach, daß die sieben ntlichen Schriften keineswegs unumstritten gewesen seien; deshalb nennt er sie *„scripta apocrypha Novi Testamenti"*[79]. Solch eine Unterscheidung behält die altlutherische Dogmatik noch lange bei, wenn auch mit abschwächender Tendenz, und sie zieht sich damit den besonderen Zorn reformierter Dogmatiker zu.[80] Falsch ist also die Behauptung von P. Stuhlmacher, daß „im Bereich des lutherischen Protestantismus" „die 27 neutestamentlichen Bücher … unumstritten in Geltung (blieben)".[81]

Verschiedene reformierte Bekenntnisschriften enthalten Kanonverzeichnisse, beim AT unter Ausschluß der „Apokryphen", beim NT aber alle 27 Schriften, so die Confessio Gallicana von 1559 in Art. III, die Confessio Belgica von 1561 in Art. IV, die Irischen Religionsartikel von 1615 in Art. II, die Westminster-Confession von 1647 in Cap. 1.2 sowie auffälligerweise eine Reihe von Gemeinde- und Kirchenordnungen aus dem 19. Jh.[82] Bemerkenswert ist, daß die 39 Artikel der Anglikanischen Kirche von 1562 in Art. VI den Art. V der 42 Artikel von 1552 um ein Kanonverzeichnis ergänzen und dabei definieren: *„Libros Veteris et Novi Testamenti intelligimus, de quorum autoritate in Ecclesia nunquam dubitatum est."*[83] Das ist dieselbe Bestimmung wie in der Confessio Virtembergica, nur dient sie hier gerade nicht zu einer Reduktion des Umfangs des NT, sondern zur Legitimation aller 27 Schriften. [77]

Keine der lutherischen Bekenntnisschriften des Konkordienbuches hingegen enthält ein solches Kanonverzeichnis oder auch nur einen Artikel *„de scriptura sacra"*.[84] Zwar setzt die Konkordienformel in dem vorangestellten Abschnitt „Von dem summarischen Be-

[77] Bizer (s. Anm. 75), 86; zu 2 und 3Joh und Jud s. Leipoldt II, 129 Anm. 2. P. Stuhlmacher (Vom Verstehen des Neuen Testaments, GNT 6, Göttingen 1979, 103) zitiert zwar diesen Art. XXVII, ohne jedoch die damit intendierte Reduktion des NT zu erwähnen; angesichts seiner bei Anm. 81 zitierten Behauptung kann die auch nicht gemeint sein mit den bedauerten „Vereinfachungen des von Luther selbst differenzierter gesehenen Tatbestandes der Kanonizität der biblischen Bücher" (ebd., 104).

[78] Ed. E. Preuss, Berlin 1861. Vgl. auch die pauschale Kritik von M. Flacius, Clavis scripturae II, ed. J. Musaeus, Frankfurt 1719, 731: *„In eadem (sessione) anathematizantur, qui dubitant de authoritate librorum Tobiae, Judith, Sapientiae, Ecclesiastici, Baruch, Macchabaeorum, Epistolae Jacobi et Judae etc. Quo facto anathematizant omnem primitivam Ecclesiam, quae de istis scriptis dubitavit: imo et ipsum Christum et Apostolos, qui illa veteris Testamenti scripta nunquam, sua citatione, auf qualicumque nominatione, confirmare voluerunt, cum essent multa, quae praeclare citari inde, pro regno Christi, potuissent si modo authentica fuissent"* (unter: *refutatio crassorum errorum concilii).*

[79] Ebd., 57f. Diese Reduktion des NT ist in der Reformationszeit weiter verbreitet; vgl. Leipoldt II, 142f, zu Ökolampad und Musculus, ebd., 129 Anm. 4, zu Bucer und Osiander. Ich verweise hier allein auf Flacius, die Confessio Virtembergica und Chemnitz, weil sie sich direkt gegen Trient wenden.

[80] Vgl. einerseits H. Schmid, Die Dogmatik der evangelisch-lutherischen Kirche, hg. von H. G. Pöhlmann, Gütersloh [9]1979, 67, andererseits H. Heppe, E. Bizer, Die Dogmatik der evangelisch-reformierten Kirche, Neukirchen 1958, 10, 15.

[81] Verstehen, 43.

[82] Texte bei E. F. K. Müller, Die Bekenntnisschriften der reformierten Kirche, Leipzig 1903.

[83] Ebd., 507.

[84] Im Register der BSLK gibt es das Stichwort „Kanon" nicht!

griff, Regel und Richtschnur“ ein bei der Schrift: „Wir glauben, lehren und bekennen, daß die einige Regel und Richtschnur, nach welcher zugleich alle Lehren und Lehrer gerichtet und geurteilet werden sollen, seind allein die prophetischen und apostolischen Schriften Altes und Neues Testamentes“,[85] doch ohne Aussagen über Anzahl und Textform dieser Schriften zu machen.[86] „Die Schrift“ sind sicherlich *irgendwie* die Lutherbibel oder die Ausgaben des hebräischen AT und des griechischen NT, aber ohne daß dieses „irgendwie“ näher bestimmt wird, wie es spätere lutherische Dogmatiker versuchen. Der Schriftbegriff der lutherischen Kirchen beruht nicht auf einem formalen Kanonprinzip, sondern auf der qualitativen Bestimmung des in der Schrift enthaltenen Evangeliums. Vielleicht hat diese Offenheit im Formalen den Kanon gegen die historische Kritik der Folgezeit gerettet, die sich nicht auf die Bestreitung der in der Alten Kirche umstrittenen Schriften beschränkte, sondern die „Glaubwürdigkeit“ auch anderer bis dahin unumstrittener Schriften mit Erfolg in Frage stellte, damit aber auch ihre kanonische Geltung.[87]

IV.

Die ntliche Exegese und mit ihr die Theologie als ganze arbeiten seit langem mit einem qualifizierten Kanonbegriff, z. B. wenn W. G. Kümmel „Die Theologie des Neuen Testaments nach seinen Hauptzeugen Jesus – Paulus – Johannes“ darstellt,[88] oder wenn in Vorlesungsverzeichnissen und Stoffplänen für Examina bestimmte Schriften selten oder gar nicht auftauchen. Die neueren „Einleitungen“ konzentrieren sich mehr und mehr auf die Entstehungsverhältnisse der einzelnen Schriften des NT und kommen damit dem geringen Interesse an der Kanongeschichte entgegen, das H. Lietzmann schon 1907 beim „Nichtfachmann“ konstatierte: „Die Frage, wie die Bücher des Neuen Testaments zu einer Sammlung vereinigt worden sind, welche von der Christenheit als ‚Heilige Schrift‘ bezeichnet [78] wird, begegnet im allgemeinen bei dem für die Bibel interessierten Nichtfachmann einem erheblich geringeren Interesse als die nach der Entstehung der einzelnen Schriften selbst.“[89]

Will er sich dennoch darüber in einer „Einleitung“ informieren, findet er verhältnismäßig wenig gemessen daran, welchen Raum noch bei A. Jülicher „Die Geschichte des NTlichen Kanons“ einnahm.[90] Am besten liest er das in der letzten „klassischen“ Einleitung nach, der von W. G. Kümmel, wo die Schriften des NT in der Reihenfolge Erzäh-

[85] Epitome (BSLK 767), vgl. Solida Declaratio (ebd., 834).

[86] Nach BSLK 834, Anm. 2, ist das durchaus diskutiert worden.

[87] Die Verengung des Schriftbegriffs in der späteren lutherischen Orthodoxie ist erst eine Reaktion auf die neu einsetzende Kritik. J. S. Semler beruft sich in seiner „Abhandlung von freier Untersuchung des Canon“ (hg. von H. Scheible, TKTG 5, Gütersloh 1967, 17) u. a. auch auf die ältere Dogmatik.

[88] GNT 3, Göttingen ^{3}1976.

[89] Wie wurden die Bücher des Neuen Testaments heilige Schrift?, in: ders., Kleine Schriften II, hg. von K. Aland, TU 68, Berlin 1958, 15–98, hier 16.

[90] Einleitung in das Neue Testament, Tübingen $^{5.6}$1913, 417–517; in der von E. Fascher hg. ^{7}1931 ist dieser Teil unverändert.

lungsbücher – Briefe – Das apokalyptische Buch behandelt werden, worauf ein zweiter Teil zum Kanon und ein dritter zur Textgeschichte folgen.[91] Bei W. Marxsen erscheint der Kanon nur noch unter „Epilegomena"; der Aufbau mit den Paulusbriefen an der Spitze, den aber auch schon Jülicher hatte, ist seit Marxsens „Einleitung" üblich geworden.[92] P. Vielhauer,[93] der anders als die „Einleitungen" die gesamte frühchristliche Literatur dargestellt hat, behandelt nur das „Problem der Kanonsbildung". Bei H. M. Schenke/K. M. Fischer wird die „Einleitung" bewußt auf die Darstellung der Entstehung der einzelnen Schriften beschränkt.[94] Daß E. Lohse mit einem Teil „A. Die Entstehung des neutestamentlichen Kanons" beginnt,[95] ist demgegenüber überraschend, doch sachgemäß, da so begründet werden kann, warum sich die „Einleitung" beschränkt auf die 27 Schriften, die wir gewohnt sind, *das* NT zu nennen.[96]

Angesichts des im allgemeinen geringen Interesses am Kanon fällt auf, daß P. Stuhlmacher neuerdings so stark den Kanon des NT als *alle* 27 Schriften betont. Noch 1975 ging er vom „unbestrittenen Kernbestand des NT" aus, und das war der Kanon des Irenäus;[97] für ihn allein [79] behauptete er, „das Evangelium von Jesus Christus, dem Versöhner und Herrn" sei die Mitte der Schrift.[98] Jetzt aber versucht Stuhlmacher das auszuziehen auf den vollen Kanon einschließlich 2Petr, Hebr und Apk. Aufmerksam zu lesen ist dabei seine Definition des Kanons des NT: „Es handelt sich um eine das Alte Testament ergänzende kirchliche Auswahlsammlung aus dem urchristlichen Schrifttum der Zeit zwischen 30 und etwa 100 n. Chr. Das entscheidende Ursprungsdatum dieses Schrifttums liegt bei dem Todes- und Auferstehungsjahr Jesu Christi, das Ende ist mit dem ca. 96 n. Chr. zu datierenden 2. Petrusbrief gegeben."[99]

Stuhlmacher unterstreicht zwar mit Recht im Anschluß an H. von Campenhausen, daß das werdende NT zum AT hinzugetreten ist, doch ist es zu wenig, das NT als (bloße) „Ergänzung" des AT zu bezeichnen, vor allem wenn man die Konsequenzen bedenkt, die sich daraus für Stuhlmachers Auffassung von „biblischer Theologie" ergeben. Die frühchristlichen Theologen wie z. B. Paulus beanspruchten ja gerade, das AT von Christus her neu und anders zu lesen, als es aus sich selber heraus verstanden werden kann. Insofern hat E. Gräßer durchaus Recht mit seiner zugespitzten These: „Das in seinem

[91] S. o. Anm. 4.

[92] Einleitung in das Neue Testament, Gütersloh 1963, [9]1978.

[93] Geschichte der urchristlichen Literatur, Berlin 1975, § 64.

[94] S. o. Anm. 31.

[95] S. o. Anm. 49.

[96] Ein Sonderproblem stellt die Behandlung der katholischen Briefe dar. Als Sammelbegriff erscheint das noch bei Kümmel (mit einer kurzen Gesamteinführung unter „Allgemeines") und bei Marxsen, der aber 1–3Joh aus diesem Abschnitt herausnimmt und unter „Das johanneische Schrifttum" stellt. Bei Lohse hingegen erscheinen Hebt, Jak, 1/2Petr, Jud als „Die übrigen Briefe des Neuen Testaments", bei Vielhauer Jak, 1Petr, Jud, 2Petr, Barn als „Fingierte Briefe".

[97] Evangelische Schriftauslegung heute, in: ders., Schriftauslegung auf dem Wege zur biblischen Theologie, Göttingen 1975, 166–183, hier 176f: „Kein kundiger Exeget des Neuen Testaments wird heute leugnen, daß der Kernbestand des Neuen Testaments aus den drei ersten Evangelien, den Paulusbriefen und dem Johannesevangelium besteht, und er wird auch nicht bestreiten, daß wir ohne die Apostelgeschichte kaum etwas von der Urgemeinde und dem missionarischen Aufbruch der Apostelgeneration wüßten."

[98] Ebd., 177.

[99] Verstehen, 32.

ursprünglichen Sinn verstandene Alte Testament hat noch nie zum christlichen Kanon gehört", trotz Stuhlmachers „*si tacuisses*".[100] Das AT des christlichen Kanons ist das vom NT her gelesene.

Sicherlich sind „die heutigen 27 Bücher nur ein Teil des ursprünglich vorhandenen urchristlichen Schrifttums"[101]. Vieles davon war aber schon früh verloren, weil es keine Traditionsträger gefunden hatte. So besitzen wir ja auch von dem als Person und Theologe weitaus am besten faßbaren Paulus nur Briefe, keine Predigten o. ä., und diese Briefe nur aus dem verhältnismäßig kurzen Zeitraum seiner eigenständigen Missionsarbeit [80] rund um die Ägäis (ca. 50–56), nicht aus der Zeit in Arabien oder in Syrien und Kilikien. Von einer „Auswahlsammlung" zu reden, setzt jedoch eine bewußte Sichtung voraus, für die in der Tat eine Instanz, Kriterien und eine Theorie Voraussetzung wären;[102] das ist aber erst in der zweiten Hälfte des 2. Jh.s der Fall. Als Instanz dabei „die Bischöfe und Metropoliten" zu nennen, ist mindestens mißverständlich. Einmal entwickelt sich der Kanon teilweise von selbst aus dem Gebrauch der Schriften[103], und Athanasius oder Innozenz dekretieren später nur, was faktisch längst üblich ist. Zum anderen gehen entscheidende Weichenstellungen in der Kanonfrage in vorkonstantinischer Zeit von einzelnen Theologen wie Irenäus, Origenes oder Dionysius von Alexandrien aus, z. T. Bischöfen zwar, aber doch nicht „*die* Bischöfe und Metropoliten". Keines der großen altkirchlichen Konzile hat sich mit dem Kanon befaßt.

Überraschend aber ist vor allem Stuhlmachers zeitliche Einordnung der 27 ntlichen Schriften, mit der er sich außerhalb eines zumindest relativen Konsensus der Ntler stellt,[104] einzelne Schriften des NT (Pastoralbriefe, 2Petr) erst in der ersten Hälfte des 2. Jh.s anzusetzen. Die ältesten erhaltenen frühchristlichen Schriften, die nicht in den Kanon des NT aufgenommen worden sind, 1Klem und Did, reichen nun sicherlich nicht vor 96 zurück. Dann hat aber Stuhlmachers Datierung des 2Petr als jüngster Schrift des NT auf „ca. 96 n. Chr."[105] offenbar den Sinn, die Schriften des NT auch historisch der übrigen frühchristlichen Literatur vorzuordnen, denn so ergibt sich keine zeitliche

100 Offene Fragen im Umkreis einer Biblischen Theologie, ZThK 77 (1980), 200–221, hier 215. Stuhlmacher („... in verrosteten Angeln", ebd., 222–238) meint Gräßer entgegenhalten zu können: „Wagt Gräßer im Ernst, der ganzen historischen Bemühung der Schule Gerhard von Rads die Stirn zu bieten ...?" (231). Dagegen ist nur darauf zu verweisen, daß es doch auch für von Rad um die Frage geht, „ob die Texte des Alten Testaments im Lichte der Christusoffenbarung neu zu reden beginnen" (Theologie des Alten Testaments II, München 1960, 347). Das bedeutet nicht, daß ich die Meinung teile, Paulus etwa verwende das AT nur willkürlich, wofür repräsentativ (und einflußreich!) ist P. Vielhauer, Paulus und das Alte Testament (1969), in: ders., Oikodome, GAufs 2, ThB 65, München 1979, 196–228. In meinem Kommentar zum Gal (Der Brief an die Galater, ZBK.NT 7, Zürich 1978) habe ich zu zeigen versucht, wie Paulus von der Christologie her zu einem durchaus sachgemäßen Verstehen atlicher Texte kommt.

101 Verstehen, 33.

102 Ebd., 38.

103 Vgl. von Campenhausen, Entstehung, 381f.

104 Vgl. jedoch den Bericht von E. E. Ellis, Dating the New Testament, NTS 26 (1979/80), 487–502, und die Arbeit der Seminargruppe mit demselben Titel beim Kongreß der SNTS 1980 in Toronto.

105 Vgl. Verstehen, 235. Der letzte Paragraph dieses Buches „Verifikation: Das Evangelium von der Versöhnung in Christus" ist (fast) wörtlich identisch mit P. Stuhlmacher, H. Claß, Das Evangelium von der Versöhnung in Christus, Stuttgart 1979, 13–54 (im folgenden zitiert: Versöhnung); dort aber auch einige Anmerkungen.

Überschneidung zwischen „ntlichen“ und „anderen“ Schriften mehr. In der Begründung für die Datierung des 2Petr spielt für Stuhlmacher gerade 1Klem eine Rolle als Zeugnis für ein neues, nicht mehr an Pseudapostolizität orientiertes Überlieferungsverständnis.[106]

Auf dieser Kanondefinition aufbauend bestimmt Stuhlmacher inhaltlich die „Mitte der Schrift“ so: „Wir haben im Neuen Testament das zum kirchlichen Kanon erhobene Zeugnis einer weit ausladenden, geschichtlich differenzierten Verkündigung der Versöhnung vor uns. ... Das Evangelium von der Versöhnung Gottes mit seiner Schöpfung durch [81] die Sendung des Messias Jesus Christus ist das Herzstück des Neuen Testaments.“[107] Dies sei „die theologische Summe jener siebenundzwanzig Bücher, welche die Alte Kirche zum Kanon des Neuen Testaments erhoben und mit dem Alten Testament zur christlichen Bibel verbunden hat.“[108] Wirkliche Kritik richtet sich dabei nur gegen eins dieser 27 Bücher, gegen Jak;[109] diese aber wird aufgefangen durch die Annahme der Echtheit des Briefes und den dadurch möglichen Hinweis auf das persönliche Schicksal des Herrenbruders Jakobus und das warnende Beispiel der Geschichte des Judenchristentums: „Es scheint mir theologisch hochinteressant zu sein, daß der sich im Jakobusbrief spiegelnde Versuch des Herrenbruders, mitsamt seiner Gemeinde ein in Christus gerechter Jude zu bleiben, geschichtlich vom Judentum und vom Missionschristentum her abgewiesen worden ist. Das sich zum Aufstand gegen Rom formierende Judentum hat Jakobus 62 n. Chr. gesteinigt und seine sich dem Aufruhr verweigernde Gemeinde zum Auszug ins Ostjordanland gezwungen. Dort sind die Nachfahren des von Jakobus repräsentierten Judenchristentums rasch zur Sekte erstarrt. Die missionarische Zukunft gehörte dem Versöhnungsevangelium!“[110]

In der Auslassung zwischen den beiden eben zitierten Sätzen, in denen die „Mitte der Schrift“ bestimmt werden soll, begegnet nun wieder der Begriff „Auswahlsammlung“ aus der Kanondefinition: „Eine Auswahlsammlung, die sich der Person und dem Werk Jesu von Nazareth [82] verdankt und ihre innere Einheit dadurch erlangt, daß sie diesen Jesus als den messianischen Versöhner verkündet, dessen Versöhnungswerk auf den

[106] Verstehen, 235, etwas ausführlicher Versöhnung, 31.

[107] Verstehen, 243 = Versöhnung, 44.

[108] Verstehen, 227; Versöhnung, 15, verstärkt: „die historisch durchreflektierte theologische Summe“. Wenigstens anmerkungsweise sei gefragt, wie sich dieser Begriff der „Summe *aller* 27 Bücher“ zu dem der „*Mitte* der Schrift“ verhält. Stuhlmacher hatte noch 1975 (Schriftauslegung, 176) die katholische Gegenthese „die *ganze* Schrift“ zur protestantischen „Rede von einer Mitte der Schrift“ abgewiesen; vgl. z. B. H. Küng: „Im Gegensatz zu aller Hairesis, die in ihrer Selbstverabsolutierung, ohne es zu wollen, zur Hybris wird, versucht *katholische* Haltung, sich die volle Offenheit und Freiheit für das *Ganze* des Neuen Testaments zu bewahren“ (Der Frühkatholizismus im Neuen Testament als kontroverstheologisches Problem [1964], in dem in Anm. 1 genannten von E. Käsemann hg. Sammelband 175–204, Zitat 192). Vgl. dazu W. G. Kümmel, Das Problem der „Mitte des Neuen Testaments“ (1968), in: ders., Heilsgeschehen und Geschichte II, MThSt 16, Marburg 1978, 62–74, hier 70f. W. Schrage, Die Frage nach der Mitte und dem Kanon im Kanon des Neuen Testaments in der neueren Diskussion, in: Rechtfertigung (FS E. Käsemann), Tübingen 1976, 415–442, zeigt m. E. sehr deutlich, daß in dieser Frage auch nach dem Vaticanum II und der insgesamt begrüßenswerten Annäherung zwischen römisch-katholischer und protestantischer Exegese ein kontroverstheologisches Problem liegt.

[109] Zur Sachkritik vgl. auch ZThK 77, 236.

[110] Verstehen, 235; Versöhnung, 31 mit dem Zusatz: „ein in Christus gerechter Jude zu bleiben *und dafür auch Opfer am Evangelium zu bringen*“.

Anbruch der neuen Schöpfung vorausweist."[111] Unklar bleibt dabei, wie sich solch ein Satz, dessen – freilich passives – Subjekt der Kanon selber ist, verhält zur Geschichte der Kanonbildung, denn wie alle Bestimmungen der „Mitte der Schrift" hat auch diese das Argument gegen sich, daß sie sich nicht historisch als Kriterium für die Abgrenzung des Kanons verifizieren läßt – weder Irenäus noch Athanasius nennen ein „Versöhnungsevangelium" als Maßstab für Kanonizität![112] Und dieser Einwand ist hier um so schwerwiegender, weil Stuhlmacher die „*Mitte* der Schrift" zugleich als „*Summe*" der 27 Bücher bezeichnet, während Luthers berühmtes „was Christum treibet" aus der Vorrede zum Jak als kritisches Prinzip gegen eine formale Schriftautorität gekehrt ist: „Und darinne stimmen alle rechtschaffene Bücher uber eins, das sie alle sampt Christum predigen und treiben. Auch ist das der rechte Prüfestein alle Bücher zu taddeln, wenn man sihet, ob sie Christum treiben oder nicht. ... Was Christum nicht leret, das ist noch nicht Apostolisch, wens gleich S. Petrus oder Paulus leret. Widerumb, was Christum prediget, das were Apostolisch, wens gleich Judas, Hannas, Pilatus, und Herodes thet."[113] [83]

V.

Hält man sich nun tatsächlich an die Geschichte der Kanonbildung,[114] dann stößt man auf die beiden Kriterien Apostolizität und *regula fidei*. Beide bedingen einander, weil die *regula fidei* als Zusammenfassung der ursprünglichen Lehre der Apostel, wie sie in der Schrift vorliegt, verstanden wird; apostolisch kann deshalb aber auch nur sein, was der *regula fidei* entspricht. Dabei ist der Begriff des „Apostolischen" ursprünglich ja noch nicht auf die Abfassung von Büchern durch „Apostel" beschränkt, doch orientiert sich die spätere Erweiterung des Briefteils des NT an dem Ziel, Briefe der „Säulenapostel"

[111] Verstehen, 243 = Versöhnung, 44. Soll man den Hinweis auf 1Kor 5,9 und Kol 4,16 so verstehen, daß die hier erwähnten Briefe wie die Apostolischen Väter (und die ntlichen Apokryphen) einem *Auswahlkriterium* „Versöhnungsevangelium" zum Opfer gefallen seien?

[112] Für eine inhaltliche Auseinandersetzung mit Stuhlmachers Begriff „Versöhnungsevangelium" ist hier nicht der Raum. Sie müßte, und das wäre wohl auch in Stuhlmachers Sinn, weiter ausholen bei der hermeneutischen Frage nach der historischen und systematischen Ermöglichung theologischer Sätze, wofür der Testfall Stuhlmachers Satz sein könnte: „Er war der messianische Menschensohn und Versöhner, dessen Wort und Werk darauf zielten, Gott und die Menschen seiner Zeit in den Schalomzustand mit Gott und damit ins Heil zu führen" (Verstehen, 229; Versöhnung, 20, erweitert: „in den Schalom-Zustand, den Frieden mit Gott"). Abgesehen davon, daß Gott ja wohl nicht in den Schalomzustand mit sich selber oder in den Frieden mit sich selber geführt werden kann, bleibt die Frage, wie sich ein solcher als historischer formulierter Satz („war"!) verhält zu einer Bekenntnisaussage („ist", nicht nur „Menschen seiner Zeit"), ob es tatsächlich nur den direkten Weg vom Anspruch Jesu, das zu sein, zum Bekenntnis, daß er es ist, gibt, andernfalls das Evangelium nicht verifiziert werden kann. Nicht in den Rahmen dieses Aufsatzes gehören auch Stuhlmachers „Hermeneutik des Einverständnisses" (vgl. dazu jetzt G. Ebeling, Dogmatik und Exegese, ZThK 77 (1980), 269–286, hier 274: „Einverständnis ist in gewisser Hinsicht tatsächlich die Krönung und Erfüllung dessen, worum es überhaupt in einem Sprachvorgang geht", also nicht wie bei Stuhlmacher die Voraussetzung!) und seine damit eng zusammenhängende Fassung der Inspirationslehre.

[113] WA DB 7, 384.

[114] Trotz der Skepsis von Schrage (s. o. Anm. 108) gegenüber dem hier zitierten K. Aland: „Die Hoffnung, daß eine Betrachtung der Kanonswerdung die Gesetze aufzeige, nach denen er entstanden ist, und diese uns wieder Maßstäbe für seine Beurteilung geben, dürfte kaum in Erfüllung gehen" (428).

von Gal 2,9 mit denen des Paulus zusammenzustellen, um so die Übereinstimmung gerade dieser vier zu dokumentieren.

Damit wurde in eine kanonische Sammlung umgesetzt, worauf sich schon Clemens von Alexandrien berufen hatte[115] und was Tertullian mit Hilfe von Gal 2,1–10 gegen Marcion verteidigte: *„Denique ut cum auctoribus contulit, et convenit de regula fidei, dextra miscuere, et exinde officia praedicandi distinxerunt, ut illi in Iudaeos, Paulus in Iudaeos et in nationes."*[116] Tertullian schreibt das in Auseinandersetzung mit Marcions Kanonisierung allein des Lk als des auf die Autorität des Paulus zurückgeführten Evangeliums. Es geht ihm um die Übereinstimmung aller vier „apostolischen" Evangelien, die er in den zwei Punkten der Gotteslehre und der Christologie sieht (2,2). Wenn Paulus nach Gal 2,14 die Urapostel getadelt habe – so Marcion –, dann beziehe sich das nicht auf den Inhalt des Evangeliums, sondern nur darauf, daß sie dabei gewesen seien, ihre Lebensform zu ändern (3,4). Die in Jerusalem erzielte Übereinstimmung über die *regula fidei* sei damit nicht in Frage gestellt gewesen.

„Et convenit de regula fidei" geht über den Wortlaut von Gal 2,9f hinaus,[117] liefert Tertullian aber das entscheidende Argument gegen Marcion. Diese Interpretation ist nun durchaus sachgemäß, wenn man sich wirklich frei macht von einem Verständnis der *regula fidei* als eines fest formulierten Textes, gar in Form eines vorgegebenen Taufbekenntnisses. Die Formulierungen dessen, was als κανὼν τῆς ἀληθείας oder τῆς [84] πίστεως, lateinisch *regula veritatis* bzw. *fidei* bezeichnet wird, sind variabel, keineswegs nur von Kirchenprovinz zu Kirchenprovinz oder von Autor zu Autor verschieden, sondern auch bei ein und demselben Autor finden sich immer neue Fassungen.[118] Erstmals bei Irenäus ist unter diesem Begriff der Glaube zusammengefaßt in Aussagen über Gott als den Schöpfer und über Jesus als Sohn dieses Gottes, der leidensfähig war und auch gelitten hat. Dieser Glaube ist das, was die Apostel zunächst gepredigt und dann auch schriftlich überliefert hätten. Damit ist eine Summe formuliert, die die Scheidung von Orthodoxie und Häresie ermöglicht: „ohne die ‚regula' keine Ketzer"[119].

Auch Tertullian nennt im Kontext der zitierten Stelle mehrfach in unterschiedlichen Formulierungen den Inhalt der *regula*, so in 2,2: ein einziger Gott, der Schöpfer, und sein Christus, geboren von einer Jungfrau, Erfüllung des Gesetzes und der Propheten. Wie solche *regula* gewonnen wird, zeigt die Disputation zwischen Origenes und dem unter

115 S. o. bei Anm. 56.

116 Adv. Marc. IV 2,5 (ed. E. Evans, 2 Bde, Oxford 1972).

117 Gal 2,2: *„et contuli cum illis Evangelium"*, 2,9: *„et cum cognovissent gratiam, quae data est mihi, Iacobus, et Cephas, et Ioannes, qui videbantur columnae esse, dextras dederunt mihi, et Barnabae societatis: ut nos in Gentes, ipsi autem in circumcisionem"* (Novum Testamentum latine, ed. E. Nestle, Stuttgart [9]1964.

118 Stuhlmacher nimmt in seiner Definition der regula fidei (Verstehen, 38) von Campenhausen, Entstehung, 334, auf, jedoch mit einigen nicht unwichtigen Akzentuierungen, vor allem auch darin, daß er sich wegen des „Taufbekenntnisses" auf Tertullian bezieht, nicht auf Irenäus (bei von Campenhausen, Entstehung, 214). Vgl. zur regula fidei: B. Hägglund, Die Bedeutung der „regula fidei" als Grundlage theologischer Aussagen, STL 12 (1958), 1–44; R. P. C. Hanson, Tradition in the Early Church, London 1962, 75–129; J. N. D. Kelly, Altchristliche Glaubensbekenntnisse, Göttingen 1972, 66–102; J. Mitros, The norm of faith in the patristic age, TS 29 (1968), 444–471; sowie meinen Art. „Glaube", RAC XI, 48–122.

119 Hägglund, ebd., 39.

dem Verdacht der Ketzerei stehenden Bischof Heraklid in Bostra.[120] Rechtgläubigkeit wird hier nicht gemessen an einem vorgegebenen Bekenntnis, sondern beide tasten sich im Gespräch an aus der Schrift und der Überlieferung genommene Aussagen heran. Die ausführlichste Darstellung dieser Art in vorkonstantinischer Zeit ist Novatians unter dem Titel *„De trinitate"* überlieferte Schrift, die auch – wie gelegentlich schon frühere Fassungen der *regula fidei* – einen kurzen Abschnitt über den Heiligen Geist enthält.

Nach der konstantinischen Wende kommt es dann zu den verbindlichen Bekenntnissen, die aus dem Nicänum hervorgehen, und im Westen zum ca. 340 erstmals begegnenden „Apostolicum", das im Osten unbekannt bleibt. Damit erhält die alte *regula fidei* eine neue rechtliche Qualität, insofern nun ein verbindlicher Ausgangstext festgelegt war für das, was Glaube sei und was ihm widerspreche. Dennoch finden sich auch in der Folgezeit noch Formulierungen, die relativ unabhängig sind von diesen verbindlichen Bekenntnissen. Etwa zur selben Zeit kommt auch die Kanonbildung zum Abschluß, und nun erst erhält das griechische [84] Wort κανών seine uns geläufigere Bedeutung,[121] während die die Tradition des alten κανὼν τῆς πίστεως weiterführenden Bekenntnisse σύμβολον heißen.

Tertullians *„et convenit de regula fidei"* soll also nicht heißen, daß Paulus, Jakobus, Petrus und Johannes sich auf den Text eines gemeinsamen Bekenntnisses geeinigt hätten, vergleichbar etwa der späteren Legende, jeder der zwölf Apostel habe einen Satz zum sogenannten „Apostolicum" beigetragen.[122] Vielmehr meint Tertullian, und daran liegt ihm gegenüber Marcion, man habe Einverständnis darüber erzielt, was die Grundlagen des Glaubens seien, und das sei durch die Ereignisse in Antiochien nicht in Frage gestellt worden. In paulinischer Formulierung von Gal 1f ist das „das Evangelium", „die Wahrheit des Evangeliums", „der Glaube", identisch für Juden- und Heidenchristen. Die *regula fidei* mit ihren Aussagen über Gott und seinen Christus nimmt in neuer Situation die Frage wieder auf, die die Frage des Glaubens im Alten und Neuen Testament gewesen war, die Frage nach der Vermittlung von Bekenntnis zu Gott als dem Schöpfer der Welt einerseits und der Erfahrung andererseits, die dieses Bekenntnis nicht eindeutig verifizieren kann;[123] sie ist nicht eine (früh)katholische Dogmatisierung eines rein personal gefaßten ntlichen Glaubensverständnisses.

Historisch gesehen ist die *regula fidei* also der „Kanon des Kanons",[124] der aber jeweils aus dem Kanon – dem Kanon Alten und Neuen Testaments – selber gewonnen werden muß und nicht eine von ihm unabhängige Größe ist. Die Einheit der Bibel liegt nicht primär in einer Identität theologischer Aussagen, die in einer als „ontologische Aufwietung" verstandenen einlinigen Traditionsgeschichte vom AT zum NT behauptet werden

[120] Ed. J. Scherer, SC 67, Paris 1960.

[121] Vgl. W. Schneemelcher, TRE VI, 25.

[122] Bei Kelly, Glaubensbekenntnisse, 9–11.

[123] Vgl. D. Lührmann, Glaube im frühen Christentum, bes. 34.85–99; RAC XI, 119.

[124] Vgl. von Campenhausen, Entstehung, 335, für Tertullian: „Dieser Bestimmung der regula ueritatis entspricht am ehesten der moderne Begriff des ‚Kanons im Kanon' – freilich nur dann, wenn er als ‚Leitfaden' zum rechten Verständnis und nicht als kritisches Prinzip zur Sichtung der Schrift verstanden wird."

könnte,[125] sondern zunächst darin, daß es in den Schriften des Alten wie des Neuen Testaments um dieselbe Frage des Glaubens geht bei unterschiedlichen Versuchen der Antwort. Das bedeutet aber mehr, als wenn man nur einen gemeinsamen Sprachzusammenhang konzediert[126] oder auf ein gleiches Welt- oder Daseinsverständ- [85] nis verweist.[127] Ersterer könnte ja rein zufällig sein und mit dem endgültigen Übergang des Christentums in die griechische Welt überholt; letzteres ist in der Gefahr, zu objektivierend nur eine Voraussetzung von Theologie zu meinen, nicht selber theologisch zu sein.

Wenn man die unterschiedlichen Texte und Textgruppen im AT wie im NT hingegen begreift als Versuche zu dem sich geschichtlich jeweils neu und anders stellenden Problem, das mit dem Stichwort „Glaube" gemeint ist, dann bleibt die Vielfalt innerhalb der einen Bibel erhalten, und es zeigen sich zugleich Verbindungslinien. Theologische Wertung wird dabei unterscheiden müssen zwischen solchen Versuchen, die sich dem Problem tatsächlich stellen, und solchen, die sich ihm entziehen, und vielen Möglichkeiten dazwischen.

Die so formulierte Frage des Glaubens zu stellen, setzt schon bestimmte Grunddaten für ihre Beantwortung voraus.[128] Einmal muß in dem Bekenntnis zu Gott als dem einen Schöpfer der Welt *die* Welt gemeint sein, die der Mensch als Natur und Geschichte erlebt, nicht eine andere.[129] Auch der zweite Pol dieser Definition, der Begriff der Erfahrung, bezieht sich damit auf diese selbe Welt, nicht als eine von der eigentlichen Erfahrung abgesonderte „religiöse Erfahrung" auf eine andere. Zum anderen liegt vom NT her fest, daß dieses Bekenntnis zu Gott als dem Schöpfer der Welt sich zuspitzt im Bekenntnis zu Christus, in dem die die Welt bestimmenden Polaritäten aufgehoben sind, wie die von Himmel und Erde und die von Gott und Mensch, auch die von Leben und Tod. Es geht also gerade nicht um eine „Schöpfungstheologie" oder eine „natürliche Theologie" alter Art,[130] sondern um die Frage, wie der Mensch mit der Welt zurecht kommt, die er alltäglich als Natur und Geschichte erlebt, ohne den Glauben zu verlieren, und das ist nach beiden Seiten möglich, indem man nur dem Bekenntnis Wirklichkeit zugesteht und die Erfahrung leugnet oder indem man nur die Erfahrung gelten läßt und das Bekenntnis aufgibt. [87]

125 Vgl. zu diesem Begriff Geses die Kritik von H. H. Schmid, Unterwegs zu einer neuen Biblischen Theologie?, in: K. Haacker u. a., Biblische Theologie heute, BThSt 1, Neukirchen 1977, 75–95, hier 77f, 79–83.

126 Vgl. die Diskussion zwischen Gräßer und Stuhlmacher in ZThK 77 (1980), 212–214 bzw. 229f.

127 Darin sind sich ja z. B. von Rad (Theologie II, 349–353) und R. Bultmann (Die Bedeutung des Alten Testaments für den christlichen Glauben [1933], in: ders., Glauben und Verstehen 1, Tübingen [3]1958, 313–336, hier 324) in etwa einig bei freilich unterschiedlicher Wertung dieses Tatbestandes.

128 Damit gehe ich auf Gräßers Kritik (ThLZ 103 [1978], 188–191) an meinem in Anm. 42 genannten Buch ein: „Läßt sich die vielfältige Glaubensthematik auf das ‚Urthema' … als sozusagen kleinsten gemeinsamen Nenner reduzieren?" (190).

129 Vgl. Irenäus, adv. haer. II 27 (zitiert bei Hägglund, Bedeutung, 15, Anm. 39): Ἔστι δὲ ταῦτα τά τε ὑπ' ὄψιν πίπτοντα τὴν ἡμετέραν καὶ ὅσα φανερῶς καὶ ἀναμφιβόλως αὐτολεξεὶ ἐν ταῖς θεῖαις γραφαῖς λέλεκται.

130 So der (billige) Vorwurf von Stuhlmacher gegenüber H. H. Schmid und U. Luck, „nunmehr das Geschäft der inzwischen vielfach gescheiterten natürlichen Theologie vom methodischen Ansatz her (mit)zubetreiben" (Zum Thema: Biblische Theologie des Neuen Testaments, in dem in Anm. 125 genannten Band 25–60, Zitat: 59f).

Eine in solcher Weise ansetzende Theologie hat es bei der Bibel mit zwei sich gegenseitig bedingenden Größen zu tun, Kanon und *regula fidei*; beide aber sind nicht statische Größen, sondern erfordern jeweils neue Aneignung. Als Theologie ist sie nicht einfach Wiederholung von Vergangenem, sondern Reflexion auf die alte Frage der Vermittlung von Bekenntnis und Erfahrung im immer sich ändernden Kontext der eigenen Zeit. Die Chancen einer solchen Theologie[131] liegen darin, nicht nur appellhafte Forderungen aus dem Bekenntnis zu folgern, sondern sich auseinanderzusetzen mit der Vielfalt und Mehrdeutigkeit dessen, was hier mit Erfahrung gemeint ist, auch mit der Vielfalt und Mehrdeutigkeit anderer Deutungen und Wertungen dieser Erfahrung. Ansatzpunkt ist dafür die zugespitzteste aller christologischen Schöpfungsaussagen, von Paulus selbst als *κανών* bezeichnet, daß nämlich im Kreuz des Christus die Welt gekreuzigt und neue Schöpfung da ist (Gal 6,14–16). Von der Welt als der Schöpfung Gottes zu sprechen, heißt dann nicht Rechtfertigung Gottes gegen die Argumente, die die Erfahrung der Welt in Natur und Geschichte gegen Gott zu liefern scheint, sondern ist im Bekenntnis ausgesprochene Hoffnung, die den Tod nicht zu verschweigen braucht.

[131] Kein Einverständnis besteht freilich derzeit über den Ort der Exegese in der Theologie als ganzer; vgl. das Modell von G. Ebeling (Studium der Theologie. Eine enzyklopädische Orientierung, UTB 446, Tübingen 1975) mit dem von W. Pannenberg (Wissenschaftstheorie und Theologie, Frankfurt 1973) oder dem von G. Petzke (Exegese und Praxis, ThPr 10 [1975], 2–19) oder dem Modell einer als Handlungswissenschaft definierten Theologie. Je nachdem verschieben sich die Erwartungen an die Exegese, damit aber auch deren Fragestellungen.

ERNST LOHMEYERS EXEGETISCHES ERBE

I.

Ernst Lohmeyer hat ein erstaunlich umfangreiches Werk hinterlassen. Die neu erarbeitete Bibliographie am Ende dieses Bandes – wohl immer noch nicht vollständig – stellt das eindrücklich unter Beweis. Sie zeigt zugleich die Breite seiner Arbeit. Diese reicht vom Matthäus-Evangelium bis zur Offenbarung des Johannes, und sie schließt ein weites Umfeld der neutestamentlichen Schriften wie ihrer Auslegung ein, in den vielen Rezensionen auch das Gespräch und die Auseinandersetzung mit der zeitgenössischen Wissenschaft. Ein besonderes Interesse an der Sicherung seines Erbes läßt sich in den Jahren nach 1951 beobachten, also nach der Bestätigung seines Todes. In diese Zeit fallen Neuauflagen seiner wichtigsten Bücher und Sammelbände seiner Aufsätze. Die Gedenkschrift „In memoriam Ernst Lohmeyer"[1], geplant als Festschrift zu seinem 60. Geburtstag, dokumentiert in ihren Beiträgen den weiten Rahmen seiner wissenschaftlichen und persönlichen Beziehungen. Daß Martin Buber so bald nach 1945 einen deutschen Gelehrten durch einen Aufsatz geehrt hat, war sicher nicht selbstverständlich, unterstreicht aber, was Horst Beintker in seinem Aufsatz in unserem Gedenkband aufzeigt.[2] [54]

Die Ungewißheit über sein Schicksal nach der Verhaftung am 15. Februar 1946, die Nachricht über seinen Tod, die im Frühjahr 1951 Gewißheit brachte, erst 1958 die genauere Angabe seines Todesdatums 19. September 1946 – das alles erklärt ein solches Interesse in jenen Jahren an dem Werk eines Neutestamentlers, für den das Martyrium nicht nur ein beherrschendes wissenschaftliches Thema gewesen, sondern im buchstäblichen Sinne eine Lebens- und Todeserfahrung geworden war.[3] Zugleich war Lohmeyer nicht ein Mensch des „Elfenbeinturmes" gewesen. Er hatte in kritischer Zeit vor 1933 verhältnismäßig jung das Rektorat der Universität Breslau 1930/31 übernommen, infolge dieser Funktion 1932 Störungen der Vorlesungen seines jüdischen Kollegen Joseph Cohn durch nationalsozialistische Studenten energisch mit einem Polizeieinsatz unterbunden, war als einer der wenigen seiner Breslauer Kollegen von Anfang an bei der Bekennenden Kirche, war schließlich nach Greifswald strafversetzt worden. 1945 hatte er mit anderen Bürgern die kampflose Übergabe dieser Stadt an die sowjetischen Truppen in die Wege geleitet und in der schwierigen Situation sich für den Neuaufbau der Greifswalder Universität als Rektor zur Verfügung gestellt. Seine mit solchem Neuanfang verbundenen Hoffnungen finden sich in den Ausschnitten seiner Rede zu Beginn des ersten Nachkriegssemesters, die Werner Schmauch in seinem „In memoriam" wiedergegeben hat:

[1] Hg. von W. Schmauch, Stuttgart 1951.

[2] 98–134.

[3] Vgl. zu den im folgenden begegnenden biographischen Daten die in der Bibliographie unter VIII. zusammengestellten Titel [= im selben Band: Dieter Lührmann, Bibliographie Ernst Lohmeyer, 181–191, E. S.].

„Dieser Beginn geschieht mit einer neuen Freiheit und einer alten Gebundenheit: Der Weg ist nicht leicht, nicht ohne Not und Anstrengung, aber wenn die Ziele klar sind und die Kräfte gerüstet, die Nacht und Macht der Zerstörung und Bedrückung zu überwinden, dann wird es mit dem anhebenden neuen Semester gehen wie mit dem anbrechenden Morgen: ‚Zu neuen Ufern lockt ein neuer Tag!'"[4] [55]

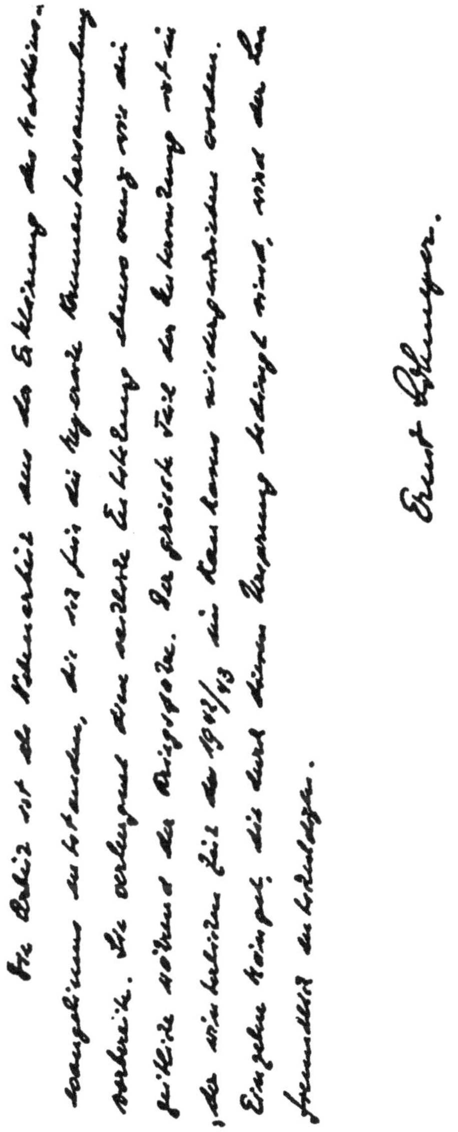

Aus dem Vorwort zu »Gottesknecht und Davidsohn«
1942/43 im Kaukasus geschrieben
1. Auflage 1945 in Schweden erschienen
2. Auflage 1953 in Göttingen

Nicht erhellt sind bis heute die Hintergründe seiner Absetzung als Rektor, seiner Verhaftung, des Geheimprozesses, der zu einem Todesurteil führte, das dann auch vollstreckt worden ist. Das alles war vielleicht nicht singulär in jener Zeit;[5] daß es jedoch ihm

[4] In: In memoriam Ernst Lohmeyer (s. Anm. 1), 9f; vollständiger Text: siehe Vorwort.

[5] Vgl. etwa die leicht distanziert-ironisch getönte Darstellung von Hans-Georg Gadamer seiner Erfahrungen als Rektor der Leipziger Universität von 1945 bis 1947 in seinen Erinnerungen: Philosophische Lehrjahre, Frankfurt 1977, 122–138.

geschah, verrät etwas über die Wirkung der starken Persönlichkeit Ernst Lohmeyers. Er war Besatzungsoffizier in Polen, Holland, Belgien und Rußland gewesen, und er hat gewußt, was hinter der Front vor allem in Polen und in der Sowjetunion passiert ist. Gegen alle Verdächtigungen in dieser Richtung, die nie in einem öffentlichen Prozeß erhoben worden sind, steht sein ebenfalls von Schmauch zitiertes Selbstzeugnis aus einem Feldpostbrief: „Das einzige, was mir das Leben als Soldat erträglich macht, ist, das schwere Los des Krieges hüben und drüben zu lindern."[6] „Hüben *und drüben*" – wie immer wir als nachgeborene Besserwissende solche Formulierungen lesen mögen – signalisiert in einem der Zensur unterliegenden Brief ein Bewußtsein dafür, was in den von der deutschen Wehrmacht besetzten Gebieten geschehen *ist,* noch mehr die Passage aus einem Brief an den schwedischen Neutestamentler Anton Fridrichsen vom Herbst 1943:

> „Schwerer ist noch, daß man in dies fürchterliche Chaos von Grauen und Schuld mitverflochten ist, gewiß als ein Unschuldiger, mancher wohl auch als einer, der mit allen Kräften draußen und drinnen versucht hat, einen geringen Teil solcher Schuld wieder gut zu machen – aber die Verflechtung bleibt."

Bewegend ist die Schilderung seiner Tochter über den aus dem Krieg zurückgekehrten und von diesem Krieg gezeichneten Vater.[7] „Neue Ufer" waren in Sicht nach dem Unter- [57] gang des Dritten Reiches. Er hat sie nicht mehr erreicht, sie aber gesehen, auch und gerade in seinem Werk als Ausleger des Neuen Testaments.

II.

Sucht man nach seinen Spuren in der gegenwärtigen neutestamentlichen Fachdiskussion, dann ist sein Name erstaunlich präsent. Wer wie ich eine Würdigung seines exegetischen Werkes vorbereitet, stößt erst recht immer wieder in unterschiedlichsten Zusammenhängen auf ihn, oft genug als Ausgangspunkt einer Übersicht über den jeweiligen Stand der Forschung. Über die unmittelbare Betroffenheit durch die Bestätigung seines Todes hinaus reicht also das Interesse an seiner Arbeit. Es zeigt sich nicht nur in der Aufnahme von Aufsätzen in thematische Sammelwerke bis in die jüngste Zeit, sondern auch in der internationalen Literatur zu von ihm behandelten Themen. Er selbst hatte mit seinen Beziehungen nach England, Skandinavien, Frankreich und den USA ja bereits diesen internationalen Rahmen gesucht.

Während des letzten Jahres kamen mir z. B. zwei neue Aufsätze zu Phil 2,6–11 in die Hände.[8] Beide setzen ganz selbstverständlich ein mit Ernst Lohmeyer, war er doch derjenige gewesen, der diesen Textzusammenhang als nicht von Paulus so formuliert, sondern als von Paulus aus der Urgemeinde übernommenen Psalm nachgewiesen hatte. Mögen sich auch spätere Interpreten reiben an Lohmeyers Auslegung, so kommt ihm doch unbestritten dieses Verdienst zu. Nicht nur die Ausgabe des griechischen Textes des Neuen

[6] Zitiert bei Schmauch (s. Anm. 5), 10.

[7] G. Otto, Erinnerung an Ernst Lohmeyer, DtPfrBl 81 (1981), 358–362, das Zitat dort 360.

[8] J. A. Fitzmyer, The Aramaic Background of Philippians 2:6–11, CBQ 50 (1988), 470–483; U. B. Müller, Der Christushymnus Phil 2,6–11, ZNW 79 (1988), 17–44.

Testaments (Nestle-Aland seit der 26. Auflage), sondern auch der revidierte Luther-Text von 1976 an drucken diesen [58] Text nun strophisch gegliedert. Lohmeyer hat – seinen ästhetischen Interessen folgend – sehr viel mehr in den neutestamentlichen Schriften als hymnisch strukturiert erweisen wollen; in diesem einen Punkt zumindest hat er die meisten Fachkollegen überzeugt. Theologiegeschichtlich hatte Phil 2,6–11 in der protestantischen Dogmatik immer eine große Rolle gespielt bis hin zu Nachdichtungen in Kirchenliedern. Durch Lohmeyer war es erwiesen als Kirchenlied bereits des frühen Christentums, das also nicht bloß eine spezielle Christologie des Paulus zeigte, sondern breit verankert war im Kultus frühchristlicher Gemeinden, sozusagen zum Gemeindegut gehörte.

Ein ganz anderes Feld, doch mit ihm über das Abendmahl als von ihm angenommenem Ursprung dieses Kirchenliedes verbunden, ist Lohmeyers bis heute nachwirkende These eines doppelten Ursprungs des Christentums, einmal in Galiläa als unmittelbare Nachfolge Jesu, zum anderen in Jerusalem als Ort der Kreuzigung Jesu. In der neueren Diskussion um den Ursprung des Abendmahls wirkt seine These insofern nach, als die Mahlgemeinschaften des irdischen Jesus, bei Lohmeyer insbesondere die Speisungswunder, als Ursprung des von der christlichen Gemeinde gefeierten Abendmahls gesehen werden.[9]

Für die Interpretation des Markusevangeliums ist „Galiläa und Jerusalem" seit Willi Marxsens Buch[10] Ausgangspunkt der Diskussion geblieben, die nicht beschränkt war auf den deutschsprachigen Raum, sondern in England bereits 1938 von Lightfoot aufgenommen wurde.[11] Vor allem wird sein Kommentar zum Markusevangelium natürlich immer noch gekauft und gelesen.

Die Neubesinnung auf eine sozialgeschichtliche Exegese des Neuen Testamentes in den siebziger Jahren konnte an [59] sehr wenige Arbeiten anknüpfen, die zwischen ihr und den Standardwerken vom Beginn des Jahrhunderts, Ernst Troeltsch und Max Weber, lagen. Dazu gehörte Ernst Lohmeyers knappe, aber gehaltreiche Studie „Soziale Fragen im Urchristentum" von 1921, die 1973 neu aufgelegt worden ist. Dies war kein Gelegenheitsthema für Ernst Lohmeyer, sondern seine Bibliographie zeigt, daß das Christentum als soziale Größe, die konkret wird in der Feier des gemeinsamen Mahles, thematisch beherrschend geblieben ist in seinem Werk.

In der neutestamentlichen Forschung gibt es seit einigen Jahren eine neue Diskussion darüber, was Paulus gemeint hat, wenn er die griechische Wortverbindung *pistis christou* verwendete, die seit Luther mit „Glaube an Christus" wiedergegeben wird. Hier ist Ernst Lohmeyers Position, diese Verbindung mit „Christus-Glaube" zu übersetzen und als „metaphysisches Prinzip" im Unterschied zum subjektiven Gläubig-Sein zu verstehen, weniger präsent. Die Präsidentin der Studiorum Novi Testamenti Societas z. B. hat 1988 ihre Antrittsrede zu diesem Thema gehalten, ohne sich – wie ich meine, zu ihrem Nach-

[9] Vgl. F. Hahn, Zum Stand der Erforschung des urchristlichen Herrenmahls, EvTh 35 (1975), 553–563.
[10] W. Marxsen, Der Evangelist Markus, FRLANT 67, 1956.
[11] R. H. Lightfoot, Locality and Doctrine in the Gospels, 1938.

teil – der Argumente Ernst Lohmeyers bewußt zu sein.[12] Er hatte in seiner Interpretation der paulinischen Theologie die Betonung auf den Primat der Christologie gelegt, darin wohl nicht Unrecht habend, aber doch unglücklich zugespitzt in der Alternative.

In der Interpretation der Offenbarung des Johannes stellt Ernst Lohmeyers Kommentar einen Meilenstein dar, der von allen späteren Interpreten gewürdigt wird.[13] Sein Dringen auf den Text abgesehen von aller historischen und religionsgeschichtlichen Ableitung macht immer noch dieses Buch als unbequemes Erbe christlicher Tradition bewußt.

Ernst Lohmeyer ist also in den verschiedensten Bereichen seines exegetischen Werkes durchaus nicht vergessen in der [60] heutigen neutestamentlichen Forschung, zwei oder drei Generationen später, was wenigen seiner ehemaligen Kollegen oder Kontrahenten beschieden ist. Wer kennt z. B. noch seinen Nachfolger in Breslau, der ihn dort ersetzen sollte? Seine – erstaunlich vielen – Kommentare sind nur zum Teil abgelöst durch Neubearbeitungen, für das Markusevangelium und den Philipperbrief noch nicht. Die Kritik mag sich reiben an dem, was Ernst Lohmeyer vorgelegt hat, überholt ist er jedenfalls in vielen Zusammenhängen nicht.

Trotzdem, und das ist seltsam genug, fehlt Ernst Lohmeyer weithin, wenn Rückblicke auf die neuere Geschichte der evangelischen Theologie in Deutschland erfolgen. Einzelne Teile seines Werkes sind, wie gezeigt, zwar durchaus präsent, es fehlt jedoch Ernst Lohmeyer als eine zumindest die neutestamentliche Gestalt der Theologie bestimmende Persönlichkeit.[14] Eindrucksvoll genug sind die in diesem Band gesammelten Würdigungen seiner Person, seiner aktuellen politischen und kirchlichen und theologischen Entscheidungen, seines ästhetischen Gefühls, seines Lebensschicksals. Was aber bleibt von seinem Werk als Neutestamentler Generationen später?

III.

Schon seine unmittelbaren Zeitgenossen haben Ernst Lohmeyers schwierige Sprache moniert. Er rechtfertigt sich in einem Brief an Hans Lietzmann gegenüber dessen freundlicher Ablehnung seiner „Grundlagen paulinischer Theologie“ von 1929:

> „Wenn Ihnen die Sprache … unverständlich scheint, so ist es wohl darin begründet, daß ich bisher fast nur Arbeiten geschrieben habe, die man gemeinhin ‚rein geschichtlich‘ nennt. Hier aber [61] handelte es sich um das Ganze einer bestimmten Theologie, um ihre prinzipiellen ‚Grundlagen‘. Und ich gestehe keinen anderen Weg zu ihnen zu wissen als den, welchen diese Prinzipien selber weisen, und beklage es, daß dieser Weg sonst so selten gegangen wird. Wie aber soll man anders in wissenschaftlicher Weise von diesen Prinzipien sprechen als dadurch, daß man sich in die wissenschaftliche Tradition dieser Prinzipienlehre

[12] M. D. Hooker, Πίστις χριστοῦ, NTS 35 (1989), 321–342.

[13] Vgl. O. Böcher, Die Johannesapokalypse, EdF 41, 1975.

[14] Nach der mir vorliegenden Planung der TRE (Stand: Dezember 1977) ist z. B. kein Artikel über ihn vorgesehen.

einordnet? Sie reicht von Plato bis Leibniz und Kant; ihre Sprache ist es, die ich nachzusprechen, ihr Denken, das ich nachzudenken versuche, an dem mir zur Aufgabe gewordenen Gegenstand."[15]

Im November desselben Jahres ließ Lohmeyer Lietzmann ein Exemplar seines Kommentars zum Philipperbrief zukommen „ein wenig auch in der Hoffnung, daß Sie an ihm sehen können, wie ich nicht immer auf unverständlichen Wegen wandele"[16]. Lietzmann jedoch hatte sich inzwischen im Zusammenhang einer Jenaer Berufungsliste mit einem Gutachten scharf gegen Lohmeyer ausgesprochen, offenbar mit dem Argument der philosophischen Überfremdung der Exegese.[17]

Erst dieser nur aus dem von K. Aland edierten Briefwechsel Lietzmanns zu erschließende Zusammenhang, der aber Lohmeyer sicher nicht unbekannt geblieben war, erklärt die Schärfe der Kontroverse mit Lietzmann, die Lohmeyer in die Öffentlichkeit getragen hat. Lietzmann hatte brieflich unter dem Datum des 12.12.1931 einen Aufsatz von Ernst Lohmeyer über Johannes den Täufer für eine Veröffentlichung in der ZNW abgelehnt, da Lohmeyer von der für Lietzmann unabdingbaren Voraussetzung abweiche, „daß alle Beteiligten sich über die letzten Grundsätze historischer Methode [62] einig sind und nur über die Art ihrer Anwendung diskutieren". Unter Verweis auf seine Erfahrungen in Schweden und Holland resümiert Lietzmann: „Die ZNW wird viel im Ausland gelesen, und sie darf nicht dazu beitragen, daß in der Welt der Eindruck entsteht, Studien wie die Ihrige seien der legitime Ausdruck moderner deutscher Theologie", und begründet dies mit der fehlenden historischen Qualität von Lohmeyers Aufsatz.[18]

Lohmeyer antwortet ihm kurz unter dem Datum des 25.12., also des ersten Weihnachtstages (!) 1931, indem er einen offenen Brief ankündigt,[19] der dann im ersten Heft der ThBl 1932 erschienen ist. Darin wirft er Lietzmann vor, aus der ZNW ein „Vereinsblatt" machen zu wollen, vor allem hakt er sich fest an dem von Lietzmann verwendeten Begriff „deutsche Theologie", verweist demgegenüber auf den internationalen Charakter von Wissenschaft und kündigt die Veröffentlichung des inkriminierten Aufsatzes in einer amerikanischen Zeitschrift an.[20] Dort ist der Aufsatz dann auch 1932 in JBL erschienen.[21] Gleichzeitig kam aber sein knappes Buch zu diesem Thema heraus, eine erweiterte Fassung des ursprünglichen Aufsatzes.[22] Danach hat Lohmeyer zunächst nicht mehr in der ZNW publiziert.

Lietzmann haben Lohmeyers Vorwürfe offenbar sehr irritiert. Zwar lehnte er eine öffentliche Erwiderung ab;[23] in einem Brief an Hans von Soden schildert er den Fall aber

15 Bei K. Aland (Hg.), Glanz und Niedergang der deutschen Universität. 50 Jahre deutscher Wissenschaftsgeschichte in Briefen an und von Hans Lietzmann (1892–1942), Berlin 1979, Nr. 637, 584f vom 10. Februar 1929.

16 Bei Aland Nr. 654, 594.

17 Vgl. bei Aland den Brief Nr. 655, 594–597, von Waldemar Macholz an Hans Lietzmann.

18 Bei Aland Nr. 771, 690f.

19 Bei Aland Nr. 773, 692f.

20 Offener Brief an Hans Lietzmann, ThBl 11 (1932), 18–21 samt Bemerkung ebd., 93 zu Lietzmanns Reaktion (s. u. Anm. 24).

21 Zur evangelischen Überlieferung von Johannes dem Täufer, JBL 51 (1932), 300–319.

22 Das Urchristentum, 1. Buch: Johannes der Täufer, Göttingen 1932.

23 ZNW 30 (1931), 315; dieses Heft der ZNW erschien erst im Frühjahr 1932, Lietzmann nimmt Bezug auf Lohmeyers Offenen Brief (s. o. Anm. 21).

noch einmal[24], und auch Adolf Jülicher nimmt in einem [63] Brief darauf Bezug zugunsten Lietzmanns.[25] Was Lietzmann gemeint hatte, wird vielleicht klarer aus einem zeitlich früheren Brief an Rudolf Bultmann, der ihm ein Manuskript von Ernst Fuchs für die ZNW empfohlen, aber gleichzeitig auf dessen Abhängigkeit von der „Terminologie der Heideggerschen Existential-Analyse“ hingewiesen hatte.[26] Lietzmann antwortete Bultmann unter dem 29. Mai 1931, also vor der Kontroverse mit Lohmeyer:

> „Ich drucke in der ZNW Arbeiten aller wissenschaftlich vertretbaren Richtungen ab, und ich brauche Ihnen nicht erst zu sagen, daß ich Wert auf die Mitarbeit dialektischer Theologen lege. Aber ich bringe grundsätzlich keine Aufsätze, die ich selbst nicht verstehen kann. Denn ich wünsche der ZNW ihre Bedeutung als Organ der deutschen Theologie auch gegenüber dem Ausland zu erhalten und muß deshalb entscheidenden Wert darauf legen, daß die Aufsätze in einer Sprache geschrieben sind, die einem des normalen Deutschen mächtigen Ausländer verständlich ist. Das hat bisher keiner besonderen Betonung bedurft, weil es eine einfache Selbstverständlichkeit war. Jetzt haben sich die Zeiten geändert. Neben der allgemein für die Wissenschaft verwendeten und im Laufe des letzten Jahrhunderts zu hoher Leistungsfähigkeit gebrachten Sprache bedienen sich bestimmte theologische Kreise einer esoterischen Sondersprache, die eigenen Wortschatz und eigene Syntax besitzt und in der Regel mit der Terminologie eines Philosophen zusammenhängt oder aus ihr weitergebildet ist. … Und ich bin dabei der Überzeugung, daß ich den Dialektikern, Heideggerianern, Hönigswaldianern und wie sie alle heißen sachlich einen erheblichen Gefallen tue, wenn ich sie veranlasse, ihre Gedankengänge in gemeinem Deutsch zum Ausdruck zu bringen, weil sie dann von jedermann im In- und Auslande verstanden werden können, und zweitens eine solche Umsetzung zugleich eine neue Durchdenkung ist, die nicht ohne wohltätige Folgen für die Klarheit der Darlegungen bleiben kann.“[27] [64]

Man wird also sagen müssen, daß Lohmeyers so heftige Reaktion überzogen gewesen ist und daß Lietzmann mit dem Hinweis auf die „deutsche Theologie“ keineswegs den internationalen Charakter von Wissenschaft bestritten hatte. 1935 findet sich denn auch unter den neuen Konstellationen Ernst Lohmeyer bei den Gratulanten zu Hans Lietzmanns 60. Geburtstag,[28] und 1939 erscheint auch wieder ein Aufsatz von ihm in der ZNW.[29]

Das Problem, das Lietzmann mit Lohmeyer hatte, war aber nicht einfach eine Frage des sprachlichen Stils, sondern das, was anläßlich der „Grundlagen“ Lohmeyer signalisiert hatte mit der Differenz zwischen „rein geschichtlichen“ Arbeiten und solchen, in denen es um „prinzipielle ‚Grundlagen‘“ geht. Erik Esking[30] hat die verschiedenen Ebenen der Darstellung und deren geistesgeschichtlichen Hintergrund bei Ernst Lohmeyer sehr eingehend und kritisch analysiert und dabei sowohl auf Lohmeyers Beziehungen zur Philosophie Hönigwalds als auch zum George-Kreis hingewiesen, damit aber nicht Lohmeyer einfach historisch eingeordnet und relativiert, sondern auf ein *Sachproblem* der Exegese hingewiesen, das als solches bis heute, vielleicht sogar verschärft besteht. Hat es Exegese mit der historisch-kritischen oder – wie Lohmeyer bevorzugte – „kritisch-historischen“ Rekonstruktion des Urchristentums als der Anfänge des Christentums zu tun,

[24] Bei Aland Nr. 775, 694f.
[25] Bei Aland Nr. 785, 700f.
[26] Bei Aland Nr. 748, 666f.
[27] Bei Aland Nr. 749, 667f.
[28] Bei Aland Nr. 906, 808–810.
[29] Die Fußwaschung, ZNW 38 (1939), 74–94.
[30] Glaube und Geschichte in der theologischen Exegese Ernst Lohmeyers, ASNU 18, 1951.

inwiefern lassen sich dann daraus für die Gegenwart gültige Aussagen gewinnen? Es handelt sich also um das seit Lessing latente Problem des „garstigen Grabens" zwischen damals und heute, um das nach dem Zusammenbruch der liberalen Theologie gesteigerte Problem der Beziehung zwischen historischer Wahrheit und gegenwärtigem Anspruch, das theologisch kulminierte in der Frage nach der Bedeutung des historischen [65] Jesus. Lohmeyer deutet mit den Namen Plato, Leibniz und Kant und dem dann folgenden Verweis auf Ferdinand Christian Baur an, daß es sich für ihn um ein Problem der Prinzipienlehre handelt, während sich Lietzmann in seiner Erwiderung auf die Sprache der Wissenschaft bezieht, die sich seit dem 19. Jahrhundert entwickelt hatte.

IV.

Neben dem Hinweis auf Eskings theologiegeschichtliche Arbeit bietet sich ein Vergleich an – nicht nur aus der Marburger Perspektive – mit dem wenig älteren, 1884 geborenen Rudolf Bultmann.[31] Als Bultmann 1920 von Breslau nach Gießen, ein Jahr später von dort nach Marburg ging, wurde Lohmeyer sein Nachfolger in Breslau, wo er bis zu seiner Strafversetzung nach Greifswald im Jahre 1935 blieb, 1921 vom Extraordinariat auf eine ordentliche Professur wechselnd. Aus Breslau kannte Lohmeyer Bultmanns Marburger Kollegen Hans von Soden, später eine zentrale Figur im Kirchenkampf. Die Beziehung zwischen Lohmeyer und Bultmann spielte im Kirchenkampf eine Rolle. Ein 1933 geschriebener Brief Lohmeyers an Bultmann, in dem er ihn informiert über Entwicklungen in der schlesischen Kirche und voraussetzt, daß Bultmann von Soden Bescheid gibt, zeigt die vorbehaltlose Vertrautheit beider in dieser Situation.[32] Lohmeyer hatte, wie viele andere Neutestamentler, die von Marburg aus initiierte Stellungnahme zum Arierparagraphen mit unterzeichnet. Ein Brief an Hans von Soden zeigt seine Beteiligung daran.[33] [66]

Lohmeyer und Bultmann konnten sich nicht fremd sein. Nicht nur stammten sie beide aus der „Religionsgeschichtlichen Schule", sondern sie hatten das nicht als bloße Möglichkeit einer akademischen Karriere genommen, sondern sich das Programm der Religionsgeschichte angeeignet. Lohmeyers theologischer Doktorvater in Berlin war Adolf Deißmann gewesen, der zum weiteren Umfeld der eigentlichen „Religionsgeschichtlichen Schule" zu rechnen ist. Er hatte ein Studium der Theologie, der Philosophie und der orientalischen Sprachen von 1908 bis 1911 absolviert, sieben Semester in Tübingen, Leipzig und Berlin. 1912 promovierte er zum Doktor der Theologie. 1914 kam hinzu der Doktor der Philosophie in Erlangen, schon während seines Militärdienstes, der 1913 begonnen erst 1918 endete. 1918 aber habilitierte er sich für Neues Testament in Heidelberg bei Martin Dibelius, dem inzwischen dorthin berufenen etwas älteren Freund aus

[31] Vgl. jetzt bes. M. Evang, Rudolf Bultmann in seiner Frühzeit, BHTh 74, 1988.

[32] Prof. Dr. Otto Merk, Erlangen, hat mir freundlicherweise eine Kopie dieses Briefes zur Verfügung gestellt.

[33] Veröffentlicht: Theologie und Kirche im Wirken Hans von Sodens, hg. von E. Dinkler, Arbeiten zur kirchlichen Zeitgeschichte Reihe A, Göttingen 1984, 84.

Berliner Tagen (geb. 1883). Nicht nur seine frühen Arbeiten weisen Lohmeyer aus als einen sich in die Tradition religions- und formgeschichtlicher Interpretation des Neuen Testaments stellenden Theologen, sondern religions- und formgeschichtliche Fragestellungen prägen wie bei Dibelius und Bultmann das ganze Werk. Aus der religionsgeschichtlichen Arbeit erklärt sich nicht zuletzt seine Erkenntnis über die Zusammenhänge zwischen frühem Christentum und Judentum; seine berühmten Sätze gegenüber Martin Buber in der Situation von 1933 sind gedeckt durch seine exegetische Arbeit. Offenbar hat er die Chancen der Nachbarschaft zum Jüdischen Rabbinerseminar in Breslau genutzt:

> „Ich hoffe, daß Sie mit mir darin übereinstimmen werden, daß der christliche Glaube nur so lange christlich ist, als er den jüdischen in seinem Herzen trägt; ich weiß nicht, ob Sie auch der Umkehrung beistimmen werden, daß auch der jüdische Glaube [67] nur so lange jüdisch ist, als er den christlichen in sich zu hegen vermag.“[34]

Nach dem damaligen Stand der Quellen und der religionsgeschichtlichen Methoden konnten gerade seine im Umfeld der Habilitation entstandenen Studien als mustergültig gelten. Hinzu kam von Martin Dibelius her die formgeschichtliche Fragestellung, beides z. B. in der zu Beginn genannten Studie über den Christuspsalm Phil 2,6–11 verbunden, sowie die seit den Arbeiten der „Religionsgeschichtlichen Schule“ die neutestamentliche Exegese irritierende Frage nach der Apokalyptik bzw. der Eschatologie. War die Hoffnung auf das bevorstehende Ende der vorhandenen Welt so etwas wie ein Generalschlüssel für das Verständnis des Urchristentums geworden, so blieb die Frage, wie angesichts einer seit Jahrhunderten weiterhin bestehenden Welt gegenwärtiges Christentum zu legitimieren sei. Lohmeyers Kommentar zur Offenbarung des Johannes relativiert diese umstrittenste Schrift des Neuen Testamentes gerade nicht auf ihre Bedingtheiten, sondern gibt ihr mit Hilfe der Traditions- und der Religionsgeschichte Zeitlosigkeit gegenüber zeitgeschichtlich und psychologisch orientierten Auslegungen. Auch hier hat offenbar die Überführung des allen Regeln griechischer Wortwahl und Syntax widersprechenden Textes in gebundene deutsche Prosa die Funktion, Zeitlosigkeit herzustellen; die separate Veröffentlichung der Übersetzung konnte zeigen, daß eine expressionistische Wiedergabe in sich selbst ohne kritisch-historische Kommentierung Sinn ergab.

Ernst Lohmeyer hatte sich wissenschaftlich aber auch in der Philosophie qualifiziert mit seiner Erlanger Dissertation von 1914 über „Die Lehre vom Willen bei Anselm von Can- [68] terbury“, einem Thema also aus dem Bereich der klassischen metaphysisch angelegten Theologie und Philosophie. Er knüpfte philosophisch nicht wie Barth und Bultmann bei Kierkegaard und Schleiermacher an und entwarf nicht wie Bultmann eine Theologie im Horizont der Existentialontologie, die Bultmann bei seinem Marburger Kollegen Heidegger als vorgegeben wiederfand. Sein philosophischer Kollege in Breslau und offenbar mehr und mehr auch persönlicher Freund wurde Richard Hönigswald, geboren 1875, Mediziner und Philosoph eines eigenständigen Kantianimus, bis 1930 in

[34] Veröffentlicht: M. Buber, Briefwechsel aus sieben Jahrzehnten, hg. von G. Schaeder, Bd. 2, Heidelberg 1973, Nr. 450, 499–501; mit einer Einführung von Ekkehard Stegemann, abgedruckt in: Kirche und Israel 1 (1986), 5–8.

Breslau, dann in München, 1933 wegen seiner jüdischen Abstammung abgesetzt, 1938 im KZ Dachau, 1939 über die Schweiz in die USA emigriert, wo er bis zu seinem Tode 1947 seine Arbeit fortführte.[35] Sein umfangreiches und offenbar seinerzeit einflußreiches Werk scheint im deutschen Sprachraum vergessen zu sein. Wir waren ihm schon bei Lietzmann neben Heidegger begegnet, beide zusammen als Skylla und Charybdis, zwischen denen eine streng historische Exegese durchkommen mußte, während Lietzmann die dialektischen Theologen wie seinen Adressaten Bultmann durchaus sympathisch finden konnte.

Aber täuschte Lietzmann sich nicht, wenn er die „allgemein für die Wissenschaft verwendete und im Laufe des letzten Jahrhunderts zu hoher Leistungsfähigkeit gebrachte Sprache" gegen eine Sondersprache setzte, „die eigenen Wortschatz und eigene Syntax besitzt und" – hier setze ich einen Gedankenstrich – „in der Regel mit der Terminologie eines Philosophen zusammenhängt oder aus ihr weitergebildet ist"[36]? Mein Gedankenstrich zeigt die Frage an, daß die so nachdrücklich und überzeugend von Lietzmann betriebene historische Arbeit an den Quellen wissenschafts- und nicht minder philosophiegeschichtlich begründet ist im [69] Historismus des 19. Jahrhunderts mit seiner Abkehr von der idealistischen Geschichtsphilosophie: Ist nicht auch diese Sprache der Wissenschaft abhängig von einer bestimmten philosophischen Konstellation? Vor allem aber führt dies zu der Frage, wie denn historische Erklärung überführt werden kann in für Gegenwart Gültiges. Karl Barth hatte diese Frage bissig gegenüber Lietzmanns „Handbuch zum Neuen Testament" gestellt mit seinem berühmten Diktum: „Kritischer müßten mir die Historisch-Kritischen sein!"[37], das er gerade am Handbuch exemplifizierte: „Meinen die Historiker denn wirklich, damit hätten sie ihre Pflicht gegenüber der menschlichen Gesellschaft erfüllt, daß sie re bene gesta im fünften Band – Niebergall das Wort erteilen?"[38] Ebenso war dies Gegenstand von Barths streitbarer Auseinandersetzung mit Harnack gewesen,[39] und Bultmann hatte 1924 Rechenschaft abgelegt über „Die liberale Theologie und die jüngste theologische Bewegung" wie 1928 über „Die Bedeutung der ‚dialektischen Theologie' für die neutestamentliche Wissenschaft"[40].

V.

Nun gehörte Ernst Lohmeyer nicht zur dialektischen Theologie als jener „jüngsten theologischen Bewegung", die Bultmann meinte, noch weniger freilich gehörte er zur liberalen Theologie. Bei Hönigswald fand er offenbar eine genuine Sprache, die des

[35] Vgl. G. Wolandt, Art. „Hönigswald, Richard", NDB IX, 1972, 345f.

[36] S. o. bei Anm. 28.

[37] Der Römerbrief, Vorwort zur zweiten Auflage, XIII (zitiert nach: Zehnter Abdruck der neuen Bearbeitung von 1922, Zürich 1967).

[38] Ebd., XIII.

[39] Ein Briefwechsel zwischen K. Barth und A. von Harnack, in: Anfänge der dialektischen Theologie I, hg. von J. Moltmann, ThB 17, 1966, 323–347.

[40] Abgedruckt in: Glauben und Verstehen I, ^{3}1958, 1–25 bzw. 114–133.

eigentlichen Kantianimus gegenüber dem [70] Neukantianimus, dem Barth und Bultmann in Marburg begegnet waren und von dem sie sich zu lösen versuchten. Stellte für Lietzmann die historisch beschreibende und vorsichtig historisch wertende Sprache die anerkannte Sprache der Wissenschaften und damit auch der Theologie dar, dann darf man ihm nicht Chauvinismus vorhalten, wenn er dieses Ideal als auch im Ausland verständliche deutsche Sprache bezeichnet. Man muß vielmehr einen nüchternen Sinn für sprachliche Kommunikation feststellen, die jedoch nicht sprachtheoretisch gesichert, sondern nur faktisch konstatiert ist. Sie rechnet aber auch nicht mit der Möglichkeit von „Übersetzung" in andere Sprachen, sondern geht aus von einer Wissenschaftssprache in allen Sprachen. Wohl deshalb waren die Fachleute unter sich dann wohl auch so enttäuscht von dem Tip, die „Harvard Theological Review" zu lesen, wie das im Briefwechsel Lietzmanns anklingt.[41] Man kannte alle die alten Sprachen, einschließlich verschiedener orientalischer. Die modernen Fremdsprachen aber waren für Lietzmann Italienisch, das er schrieb, und Französisch, nicht Englisch. In einer englischsprachigen Zeitschrift suchte man aber offenbar die Bearbeitung derselben historischen Fragen und hoffte auf ein vergleichbares Niveau einer gleichweise dem Ideal der deutschen Wissenschaftsgeschichte entsprechenden Sprache und war dann doch enttäuscht.

Kontakte ins fremdsprachige Ausland waren möglich, wie erneut Lietzmann zeigt mit seinem großen Briefwechsel in verschiedenen Sprachen. Auch Lohmeyers Betonung, daß Wissenschaft international sei, steht in diesem Zusammenhang. Sein 1927 französisch und italienisch veröffentlichter Aufsatz zum Martyrium zeigt das wie auch seine Kontakte mit dem Engländer R. H. Lightfoot oder dem Schweden Anton Fridrichsen. Die Veröffentlichung des von Lietzmann abgewiesenen Aufsatzes über Johannes den Täufer im Jour- [71] nal of Biblical Literature, unübersetzt in deutscher Sprache und ohne alle Anmerkungen, sieht jedoch aus wie ein eher hilfloser Versuch, bestehende Sprachbarrieren zu überwinden.[42] Daß er etwa gleichzeitig dasselbe als knappe Monographie deutsch herausbrachte, zeigt, wie sehr ihm nach Lietzmanns Ablehnung weiterhin an der Wirkung im deutschsprachigen Bereich gelegen sein mußte. Die Übersetzungen der Werke seiner Generation von Exegeten erfolgten zumeist erst später, die seiner eigenen erst in den sechziger Jahren. Sie zeigten freilich, daß auch seine Sprache durchaus übersetzbar gewesen ist, wenn auch nur eines Teiles seines Werkes.

Die von Lietzmann angemahnte Frage der Wissenschaftssprache nach dem Verlust – so wird man ergänzen dürfen – des Lateinischen, in dem sich die Gelehrten zu Beginn des Jahrhunderts noch immer spezielle Glückwünsche und Widmungen mitteilten, war einerseits offen, andererseits jedoch keineswegs offen, da Wissenschaft festgelegt war auf bestimmte Sprachregelungen, nämlich auf eine Sprache, die „allgemein für die Wissenschaft verwendete und im Laufe des letzten Jahrhunderts zu hoher Leistungsfähigkeit gebrachte Sprache" wie Lietzmann formulierte. Es war dies die – deutsche – Sprache der Beschreibung von historisch erhobenen Sachverhalten, hier angewendet auf den Bereich des Religiösen als Teil der Kultur. Barth brachte das auf den Gegensatz zwischen einem

[41] Vgl. Karl Holl bei Aland Nr. 474, 452f.
[42] S. o. Anm. 22; vgl. auch Das Abendmahl in der Urgemeinde, JBL 56 (1937), 217–252.

Feststellen dessen, „was da steht", und dem, was „gemeint" ist, Bultmann ähnlich auf den von „gesagt" und „gemeint".[43] Lohmeyer aber versuchte mit seinen „Grundlagen paulinischer Theologie" nicht weniger als eine Lehre von den Prinzipien der Theo- [72] logie in der von ihm selbst gegenüber Lietzmann genannten Tradition von Plato, Leibniz, Kant, Baur.

VI.

Worum es Lohmeyer ging und welchen Rang ein solcher Versuch besaß, kann klarer werden, wenn wir es profilieren in der Gegenüberstellung zu Rudolf Bultmanns in der Folgezeit wirksamerem und daher heute eher vertrautem Ansatz. 1927 haben beide, die schon lange die Veröffentlichungen des jeweils anderen verfolgt hatten, sich gegenseitig rezensiert, unabhängig voneinander, so daß nicht die eine Rezension eine Reaktion auf die des anderen bildet. Beide Rezensionen führen zu jeweils völliger Ablehnung des Ansatzes des anderen, beide Rezensenten waren aber genötigt, ihre eigenen Grundpositionen in Abwehr der anderen offenzulegen. Für beide ging es um die Thematik von Glaube und Geschichte, so daß ein Dialog möglich war und sie nicht einfach aneinander vorbeiredeten. Für beide schließlich ging es auch um das Problem einer sachgemäßen Wissenschaftssprache. Beide haben sich also gegenseitig als Dialogpartner respektiert, sich als Alternativen empfunden und sich nicht gegenseitig dem Gelächter der Fachkollegen preiszugeben versucht. Wenn Rezensionen schon normalerweise mehr über den Rezensenten sagen als über das rezensierte Werk, dann gilt das in besonderer Weise für diese beiden relativ umfangreichen Rezensionen. Deshalb liegt mir weniger daran, ob sie gegenseitig dem gerecht geworden sind, was der jeweils andere geschrieben hat, als vielmehr daran, wie Lohmeyer seinen eigenen Standpunkt gegenüber Bultmann behauptet hat und wie andererseits Lohmeyers Interpretation von Bultmann als Möglichkeit theologischer Exegese verworfen worden ist. [73]

VII.

Gegenstand von Lohmeyers Rezension ist Bultmanns Buch „Jesus", 204 Seiten mit 7 Abbildungen, erster Band einer offenbar nie fortgesetzten Reihe „Die Unsterblichen", ungebunden für 3 Reichsmark, gebunden für 4 zu kaufen, wie der einleitende bibliographische Nachweis besagt. Das dort nicht genannte Erscheinungsdatum ist 1926. 1929 erschien eine zweite Auflage; sehr schnell folgten Übersetzungen ins Schwedische (1928), Dänische (1930), Japanische (1933), Englische (1934). Nach dem Zweiten Weltkrieg wurde es ab einer dritten Auflage von 1951 neu verlegt und ist als Taschenbuch nach wie

[43] Barth s. Anm. 38, dort X; R. Bultmann, Das Problem einer theologischen Exegese des neuen Testaments, abgedruckt: Das Problem der Theologie des Neuen Testaments, hg. von G. Strecker, WdF 367, 1975, 249–277, hier 254.

vor auf dem Markt.[44] Für Bultmann war es nach der Veröffentlichung seiner Dissertation „Der Stil der paulinischen Predigt und die kynisch-stoischen Diatribe" (1910) und nach seiner „Geschichte der synoptischen Tradition" (1921) und deren sich ebenfalls mehr an die Fachgelehrten wendenden Umsetzung „Die Erforschung der synoptischen Evangelien" (1925) das erste Buch, das einen größeren Leserkreis im Blick hatte, auf allen gelehrten Apparat verzichtete, weder Griechisch voraussetzte noch Rechenschaft ablegte über das Verhältnis dieser Auslegung zu anderen, auf die Bultmann sich stützte oder die er ablehnte.

Dieses Buch konnte also damals als eine Anwendung der 1921 und 1925 vorgelegten literarkritischen und formgeschichtlichen Arbeiten über die Evangelien auf die Frage einer Neubestimmung des Ursprungs des Christentums in Jesus wirken. Auch Bultmann war sich vielleicht zu der Zeit noch nicht sicher, daß der von ihm so beschriebene Jesus nicht das „Wesen des Christentums" ausmacht, obwohl eine Fixierung auf Harnacks die liberale, historisch kritische Theologie für das kommende zwanzigste Jahrhundert zu- [74] sammenfassendes Jesus-Buch unter diesem Titel sehr deutlich ist.[45] Erst in seiner „Theologie des Neuen Testaments" hat Bultmann die Verkündigung Jesu endgültig verwiesen in die „Voraussetzungen neutestamentlicher Theologie". Seine frühen Aufsätze, gerade auch die zur Christologie,[46] an die Lohmeyer anknüpft, lassen das so deutlich noch nicht erkennen. Vielleicht hat gerade Lohmeyers Rezension ihm zur Präzisierung geholfen?

Lohmeyer[47] ordnet jedenfalls Bultmanns Jesus-Buch ein in die Geschichte der Leben-Jesu-Forschung, für die auch Albert Schweitzers Destruktion des liberalen Jesus-Bildes nicht definitiven Charakter gehabt hatte. Er resümiert zunächst die formgeschichtliche Forschung, die keine Biographie Jesu zu schreiben mehr zuließ, Bultmanns Arbeiten offenbar eingeschlossen. Er reduziert gleich zu Beginn die Forschungslage auf die scheinbare Alternative: „Entweder die ‚Person' – aber was gäbe ihrer historischen Einmaligkeit sachlich Giltigkeit? – oder das Werk'." Lohmeyer übernimmt damit die Begrifflichkeit der klassischen Christologie, die unterscheidet zwischen der Person Christi und seinem Werk, und er trifft durchaus, was Bultmann 1933 mit Melanchthon als Werk Christi bestimmte: *hoc est Christum cognoscere beneficia eius cognoscere.*[48] So ist denn für Lohmeyer das Jesus-Buch Bultmanns ein Buch über das Werk unter Absehung von der Person Jesu: „Es ist in gewissem Sinn ein Buch von Jesus ohne Jesus" (433).

Lohmeyer verkennt damit zwar zu diesem Zeitpunkt die Bedeutung dieses Buches für Bultmanns theologische Ent- [75] wicklung, erkennt aber zu Recht, daß dieses „Wesen des Christentums" ein Buch „von Jesus ohne Jesus" wäre. Harnacks historische Beschreibung des Evangeliums, das Jesus verkündigt hatte, mochte noch eine Gegenwart

44 Zur Bibliographie vgl. R. Bultmann, Exegetica, hg. von Erich Dinkler, 1967, 483–507, sowie jetzt: E. Hauschildt, Rudolf Bultmanns Predigten, MThSt 26, 1989, XIX–L.

45 Vgl. meinen Aufsatz: Die Frage nach Kriterien für ursprüngliche Jesusworte – eine Problemskizze, in: Jésus aux origines de la Christologie, hg. von J. Dupont, BEThL 40, ²1989, 59–72, hier 70 f.

46 Vgl. seinen Aufsatz von 1927: Zur Frage der Christologie, in: Glauben und Verstehen I, ³1958, 85–113.

47 Die Rezension erschien: ThLZ 52 (1927), 433–439, die Angaben im Text beziehen sich darauf.

48 Die Christologie des Neuen Testaments, in: Glauben und Verstehen I, ³1958, 245–267, hier 262.

um die Jahrhundertwende erreichen können, und Bultmanns Jesus-Buch mochte in den 20er Jahren im Einklang mit seiner Zeit einen verfremdeten Jesus dem entgegenstellen – so jedenfalls konnte man es lesen.

Lohmeyer kritisiert im folgenden immer wieder, daß Bultmann die historischen Bedingungen des Auftretens Jesu vernachlässige. Das entspricht freilich der forschungsgeschichtlichen Lage: „Deutlicher ist der Strich unter ein Kapitel der Geschichte theologischer Wissenschaft kaum zu ziehen“ (434). Keine Kritik übt Lohmeyer an Bultmanns Darstellung des Judentums im einzelnen; zu weit geht ihm nur, daß Jesus als Angehöriger des Standes der Schriftgelehrten bezeichnet wird. Aber wenn dies alles nur den „Rahmen“ bildet, „so wäre also das Werk, das die folgenden Kapitel schildern, ... das nicht mehr zeitgeschichtlich bestimmte ‚Bild‘ von bleibender Giltigkeit?“ (434). Er fordert demgegenüber die „Einheit von Person und Werk“ (438), während die Beschränkung auf das Werk Bultmann inkonsequenterweise zu einem „humanistischen“ Kulturbegriff führe, den er doch sonst ablehne. Verloren sei ja der Einzelne, in diesem Fall Jesus, als persönlicher Träger seines bestimmten Werkes.

Die Logik dieses Arguments erhellt aus einer anderen Kette von Aussagen, die in dem Schlußsatz gipfeln: „Was dieses Buch ist und sein will, ist es nicht als ein Dokument historischer Erkenntnis, sondern als Zeugnis religiöser Apologetik“ (439). Was Lohmeyer bei Bultmann fehlt, ist nämlich nicht weniger als „die sachliche Klarheit wissenschaftlichen Erkennens“ (436). Solch ein Vorwurf gegenüber Bultmann erhoben klingt uns heute fast grotesk. Er hängt aber einerseits zusammen mit der bereits erwähnten Unsicherheit des Jesus-Buches; man konnte es eben sei- [76] nerzeit lesen, und so las es Lohmeyer, als ein Buch, das „bleibende Giltigkeit“ vermitteln wollte, also als „Wesen des Christentum“ wie seine Vorlage von Harnack.

Andererseits steht hinter solchem Urteil natürlich Lohmeyers eigene Vorstellung von der „sachlichen Klarheit wissenschaftlichen Erkennens“. Er vermißt bei Bultmann die Definitionen, z. B. eine für „Reich Gottes“, damit aber auch die allgemeinen erkenntnistheoretischen Kategorien, sieht an ihrer Stelle nur Appelle, sieht den Existenzbegriff Bultmanns nicht abgesichert durch eine nicht bloß subjektive „Setzung“ (435). Dem entspricht, daß nach Lohmeyer Bultmann im Bereich der Ethik sich beschränkt auf die konkrete Lebenssituation, damit Ethik von geschichtlichen Zufälligkeiten abhängig mache. „Ist aber diese konkrete Situation nur gleichsam das Material, an dem gehandelt wird, welches ist alsdann die Norm, die dem Tun Giltigkeit verleiht?“ (437).

Auf die von Bultmann beschriebene Gotteslehre Jesu geht Lohmeyer nur kurz ein. Hier weiter auszuholen, hätte für Lohmeyer konsequenterweise bedeuten müssen, die Kategorien der Metaphysik entsprechend anzuwenden, wie er bei der Ethik die Kategorien von Norm und Material einsetzte. Er resümiert stattdessen: „Aber es zeigt sich auch hier, daß was er als geschichtlichen Sachverhalt der Verkündigung Jesu herauszuheben sich bemüht, nichts anderes ist als die Apologie des eigenen religiösen Verhaltens“ (437). Er anerkennt das als „persönliche Stärke dieses Buches“, die aber „zugleich auch seine wissenschaftliche Schwäche“ sei (ebd.).

Das ist ein hartes Urteil. Man kann fragen, warum die ThLZ gerade Lohmeyer um diese Rezension gebeten und ihm so viel Raum gewährt hatte. Lohmeyer macht es sich aber nicht so einfach, Bultmann entweder als verkappten Pietisten oder als Heideggers Einfluß erlegen abzutun, wie spätere Kritiker. Er läßt vielmehr die eigentliche Auseinandersetzung folgen, in der sich „tiefere Unterschiede und [77] Gegensätze" (437) erst wirklich zeigen. Das ist zunächst das bereits angesprochene Problem des Verhältnisses von „Person und Werk". Unter der Frage der „Giltigkeit" geht es ihm offenbar um das Verhältnis von Persönlichkeit und Sache, von Einzelnem und Allgemeinem, „daß das Leben und Dasein dieses Trägers die einzig mögliche und einzig notwendige Repräsentation dessen sei, was Glaube heißt" (438). Glaube ist, wie er schon vorher gegen Bultmann eingewandt hatte, so zu bestimmen: „Der Sachverhalt des Glaubens, der ein Jenseits immer setzt und setzen muß – sonst wäre er nicht *Glaube* – und es zugleich immer wieder aufhebt und als eigene Tat begreift – sonst wäre nicht *ich* es, der glaubt – dieser Sachverhalt ist in der unlöslichen Spannung seiner Momente (scil. von Bultmann) aufgehoben und jedes Moment romantisch isoliert und dogmatisiert" (436). Das alte, auch Bultmann immer wieder bestimmende Problem der Einheit von Glaubensinhalt *(fides quae creditur)* und Glaubensvollzug *(fides qua creditur)* ist hier in ganz anderer Weise als bei Bultmann im Zusammenhang klassischer Metaphysik gelöst.

Lohmeyer konzentriert die Auseinandersetzung zum Schluß auf „das große Problem der Geschichte" (438). Gemessen an der Wirkungsgeschichte gerade des Einleitungskapitels von Bultmanns Jesus-Buch „Die Art der Betrachtung" erstaunt, daß Lohmeyer dieses Problem geradezu vernachlässigt sieht, „das Bultmann in den einleitenden Worten seines Buches kurz streift" (438). Schon vorher freilich hatte er sich anläßlich des Problems von Person und Werk darauf bezogen und erstmals eine Autorität gegen Bultmann aufgeboten, Max Weber. Nun aber bezieht er sich fast schulmeisterlich auf Ranke, den Vater oder zumindest Kronzeugen des Historismus und zitiert ihn mit dem Diktum: „Ich möchte mein Selbst auslöschen und die Dinge reden lassen" (438), gegenüber Bultmanns „Art der Betrachtung", nämlich der persönlichen Begegnung mit der Geschichte. [78] Zwar ist auch für Lohmeyer „die Frage nach dem Gegenstande der Geschichte ... eine der schwierigsten Fragen der Methodenlehre" (438), aber er kehrt diese Erkenntnis gegen Bultmann, daß es dem nur noch um „das persönliche Erlebnis des Glaubens an und in der Geschichte" gehe, die korrekte Zitierung „persönliche Begegnung mit" der Geschichte ersetzend durch „das persönliche Erlebnis des Glaubens an und in der Geschichte", es also allein in die subjektive Erfahrung der Gegenwart versetzend.

Lohmeyer bestreitet Bultmanns Buch im Ergebnis jeglichen wissenschaftlichen Wert: „Aber es ist auch der prinzipielle Fehler dieses Buches, daß es Gesichtspunkte des Glaubens zu Invarianten der wissenschaftlichen Forschung machen will" (439). Die heutige Bultmann-Rezeption, die auf dessen abgeschlossenes Werk zurücksehen kann, mag es leicht haben, solche Kritik zu widerlegen oder zu ignorieren. Sie kann insbesondere darauf verweisen, daß Bultmann im Jesus-Buch ja keineswegs das „Werk" Jesu, also eine Soteriologie, beschreiben wollte, schon gar nicht das „Wesen des Christentums" anhand der Verkündigung Jesu, auch darauf, daß Bultmann bereits 1925 Theologie definiert hatte als „begriffliche Darstellung der Existenz des Menschen als einer durch Gott bestimmten".[49] Vermutlich kannte Lohmeyer diesen Aufsatz Bultmanns. Suchte er danach im Jesus-Buch vergeblich?

Eindeutig wird dies aber alles erst später, wenn Bultmann in seiner „Theologie des Neuen Testaments" Jesus entsprechend dem 1925 genannten Kriterium für Theologie nur unter den „Voraussetzungen" sehen wird. Noch später dann gesteht Bultmann 1960 auch Jesus Theologie zu, nun unter dem Kriterium der existentialen Interpretation und nur unter dieser Bedingung, in seiner Zusammenfassung der neuen Frage nach dem historischen Jesus, in gewisser Weise sein Jesus-Buch von 1926 rehabilitierend.[50] [79]

Was aber bringt dies alles für eine Würdigung des Werkes von Ernst Lohmeyer? Er sah wie Bultmann die Notwendigkeit, über die historische Theologie des 19. Jahrhunderts hinauszukommen, ohne deren Erbe zu verleugnen. Wie Bultmann ging es ihm um das Problem „Glaube und Geschichte", das gerade angesichts des vom 19. Jahrhundert hinterlassenen Erbes historischer Arbeit formuliert werden mußte. Er drang auf eine Klärung im Rahmen einer Philosophie, die das Problem von Subjekt und Objekt zu bewältigen versuchte, während seiner Ansicht nach für Bultmann dieses Problem in der Subjektivität des individuellen religiösen Bewußtseins aufgehoben werden sollte.

Es gibt keine der Bultmann-Rezeption vergleichbare Aufarbeitung des theologischen Erbes Ernst Lohmeyers, durch die geklärt werden könnte, was Lohmeyers Werk für diese grundlegenden Fragen bedeuten könnte. Erik Eskings Monographie zielte zu sehr auf eine Würdigung Lohmeyers gegenüber der Theologiegeschichte des 19. Jahrhunderts und konnte noch nicht die Probleme der Folgezeit einbeziehen, die durch Bultmann ausgelöste Frage der Entmythologisierung und die neue Frage nach dem historischen Jesus. Zu letzterer ist jedoch Lohmeyers Frage nach dem „Werk" Jesu nach wie vor aktuell, zur Frage der Entmythologisierung hat Lohmeyer noch einen Beitrag geleistet, auf den zurückzukommen sein wird. Doch zunächst ist Lohmeyers Rezension von Bultmanns Jesus-Buch die gleichzeitige Kritik eines Buches von Lohmeyer durch Bultmann gegenüberzustellen.

*VIII.**

1925 war Ernst Lohmeyers schmales Buch „Vom Begriff der religiösen Gemeinschaft" erschienen, 86 Seiten, der dritte Band einer von Richard Hönigswald im Teubner-Verlag Leipzig herausgegebenen Reihe „Wissenschaftliche [80] Grundfragen"[51]. Die bis dahin vorliegenden Titel „Das Naturgesetz" und „Über die Entwicklung der Begriffe

[49] In dem in Anm. 44 genannten Aufsatz 272.

[50] Das Verhältnis der urchristlichen Christusbotschaft zum historischen Jesus, abgedruckt in: Exegetica (s. o. Anm. 45), 445–469.

[51] Vgl. auch seinen Aufsatz: Von urchristlicher Gemeinschaft, ThBl 4 (1925), 135–141.

* Im Original ist die Kapitelzählung VII. irrtümlich doppelt vergeben, daher wird im folgenden fortlaufend weitergezählt [E. S.].

des Raumes und der Zeit und ihre Beziehungen zum Relativitätsprinzip“ wie die angekündigten weiteren zeigen den weitgesteckten und anspruchsvollen Rahmen, in dem das Buch zu sehen ist.

Bultmanns verhältnismäßig umfangreiche Rezension ist im Ergebnis nicht weniger ablehnend als umgekehrt Lohmeyers über Bultmanns Jesus-Buch.[52] Ich konzentriere die Darstellung der Auseinandersetzung auf die im Umkreis von „Glaube und Geschichte“ bereits angesprochenen Probleme. Damit setzt Bultmann auch gleich ein: Lohmeyer entwickle „in seiner kurzen, inhaltreichen und geistvollen Schrift eine Art christlicher Geschichtsphilosophie“ (66). Er wolle nämlich an der urchristlichen Gemeinschaft zeigen, was religiöse Gemeinschaft überhaupt sei, verstehe „urchristliche Gemeinschaft als einen ‚Fall‘ religiöser Gemeinschaft überhaupt“ (ebd.). „Vorgegeben sind ihm also die Kategorien ...; der Wissenschaftsbegriff des Verf. ist also der traditionelle, letztlich auf das Griechentum zurückgehende, wonach das Wesen der einzelnen Erscheinung durch ihre Teilhabe am Allgemeinen konstituiert und demgemäß auch erkannt wird“ (ebd.). Bultmann meint, er könne dem nicht „eine ebenso geschlossene Anschauung gegenüber ... stellen, empfinde(t) jedoch stärker als er die Problematik des geschichtlichen *Verstehens,* in der wir stecken“ (ebd.).

Bultmann spart im folgenden nicht mit Lob für Ansätze und Einzelbeobachtungen, doch sieht er sich jeweils enttäuscht über die Durchführung, die immer wieder „von einer rationalistischen bzw. idealistischen Außenbetrach- [81] tung“ (67) ausgehe, sich nicht auf die „konkrete faktische Geschichte“ (68) einlasse. Fiktiv läßt er Lohmeyer einwenden, „daß er aber eben diese Anschauungen verständlich machen, deuten wolle. Es stecke eben hinter ihnen ein Sinn, der erst herausgeholt werden müsse“ (ebd.). Bultmann entgegnet, daß Lohmeyer „sie im Sinne einer an Hegel gebildeten Geschichtsphilosophie interpretiert“ (ebd.). Er kritisiert die Definition des Glaubens als „Gewißheitswert“ (69), „der als allgemeines Prinzip der Sinngebung (Gewißheitsbegründung) verstanden“ sei (ebd.). Gegen Lohmeyers Verbindung von Person und Werk Jesu wendet er ein: „In Wahrheit ist, wenn eine historische Person als Verkörperung eines Prinzips ausgegeben wird, damit ihre eigene Geschichtlichkeit preisgegeben“ (70).

So kommt Bultmann zu einer ersten Zusammenfassung: „Überall die gleiche Originalität und Feinheit, überall die gleiche Willkür, die gleiche Umdeutung der urchristlichen Theologie in Geschichtsphilosophie mittels der idealistisch verstandenen Begriffe von Wahrheit, Geschichte und Zeit. Äußerlich wird das daran immer mehr sichtbar, daß die Analysen immer weniger ihren Ausgangspunkt vom Tatbestand der Überlieferung nehmen und vielmehr von systematischen Fragestellungen ausgehen. Die Textworte des N.T. erscheinen dann nur noch als geistreiche Illustration in überraschender Beleuchtung“ (ebd.). Danach spitzt er die Auseinandersetzung zu auf „das Problem, wie sich Geschichte und Glauben zu einander verhalten“ (71), und zeigt erneut Lohmeyers Verflechtung in die Philosophie Hegels und letztlich des Platonismus. Hatte er am Beginn Kierkegaard gegen Lohmeyer aufgerufen (66), so nun Gogarten.

[52] Die Rezension erschien: ThBl 6 (1927), 66–73; merkwürdigerweise ist sie in der Bibliographie: In memoriam Ernst Lohmeyer (s. o. Anm. 1), 369, unter Lohmeyers eigenen Aufsätzen aufgeführt.

Alles läuft darauf hinaus: „Der Verf. treibt keine Theologie, sondern vielleicht Philosophie. Er ist jedenfalls einer bestimmten Denkweise der philosophischen Tradition verfallen" (73). Wieder läßt er Lohmeyer einen Einwand machen: „Wird er mir etwa vorwerfen, ich sei eben einer [82] anderen Philosophie verfallen?" (ebd.),[53] meint aber, einen solchen Vorwurf ertragen zu können, wenn diese andere Philosophie verstanden ist „als kritische Wissenschaft vom *Sein* d. h. als Wissenschaft, die alle positiven Wissenschaften, die vom *Seienden* handeln, auf ihre Begriffe vom Sein hin zu kontrollieren hat" (ebd.), die Philosophie der Existentialontologie.[54] Es steht für Bultmann nicht eine Philosophie gegen eine andere, sondern Lohmeyers Fehler sei, „daß er nicht die kritische Frage nach den Möglichkeiten, die menschliche Existenz zu verstehen, stellt, sondern *eine* solche Möglichkeit kennt, die idealistisch-platonische" (ebd.).

Diese Rezension, ebenso fair wie die Lohmeyers, zeigt, daß es beiden in der Tat um dasselbe Problem geht, das später Lietzmann beiden gegenüber als Problem einer Wissenschaftssprache mißverstanden hat. „Der Verf. sieht sehr deutlich, daß es nicht genügt, die Begriffe seiner Quellen ‚historisch-philologisch', d. h. aus dem kausalen geschichtlichen Zusammenhang ihres Vorkommens zu erklären, sondern daß eine wirkliche Erklärung nur gegeben werden kann, wenn die Begriffe aus den in ihnen gemeinten Sachverhalten verstanden werden, also in diesem Falle: wenn die Begriffe, die eine religiöse Gemeinschaft beschreiben, aus ihrem Ursprung in der Erfassung der menschlichen Existenz selbst verstanden werden" (ebd.).[55] [83]

Das gesteht Bultmann Lohmeyer zu; Lohmeyer jedoch hat zu diesem Zeitpunkt noch nicht wirklich erkannt, daß es Bultmann ebenso um diese Frage ging. Aber das lag vielleicht auch daran, daß Bultmann nicht genügend klar werden ließ, daß sein Jesus-Buch eben nicht von der Soteriologie, dem Werk Jesu, handeln sollte.[56] Strittig bleibt jedoch, was Philosophie für Theologie leisten kann, ob nur „Analyse der alltäglichen, traditionellen Begriffsbildung", wie Bultmann (73) behauptete, oder ob es um eine allgemeine „Prinzipienlehre" geht, wie Lohmeyer Lietzmann entgegnet hat.

53 Lohmeyer hatte freilich in seiner Rezension Bultmann keinen Bezug auf eine Philosophie zugestanden.

54 Bultmann hat seit 1926 eine zunächst unter dem Titel „Einführung in das Theol. Studium", ab 1928 als „Theologische Enzyklopädie" angekündigte Vorlesung gehalten, die in ihren verschiedenen Fassungen 1984 von Eberhard Jüngel und Klaus W. Müller herausgegeben worden ist. Bultmann selber hatte freilich nie eine vom Verleger gewünschte Druckfassung hergestellt. Vielleicht ist das Programm einer *theologischen* Enzyklopädie, auch nur relativiert auf eine Enzyklopädie der Theologie, von einem solchen Ansatz her eben nicht mehr zu leisten.

55 Vgl. dazu den 1952 veröffentlichten Aufsatz Bultmanns: Formen menschlicher Gemeinschaft, in: Glauben und Verstehen II, [2]1958, 262–273. Bultmann geht hier aus von Texten der Literatur, nicht von philosophischen oder soziologischen Analysen, nimmt sie also als vom Menschen erfahrene Formen, nicht von ihm konstituierte; anders als Lohmeyer interessiert ihn aber nicht speziell „religiöse" Gemeinschaft, sondern „menschliche", deren Bestimmungen aus dem persönlichen Erfahrungshorizont gewonnen sind.

56 In dieser Zeit fällt ja auch erst die Begegnung mit Martin Heidegger und damit die begriffliche Ausformung der Existentialphilosophie. Vorausgegangen waren eher unsystematische Rekurse auf Kierkegaard, Dostojewskij u. a.

IX.

Eine der letzten öffentlichen Äußerungen Ernst Lohmeyers war eine Auseinandersetzung mit dem von Bultmann aufgeworfenen Problem der Entmythologisierung. Lohmeyer kam 1944 noch einmal nach Breslau zurück und hielt dort am 9. Januar einen Vortrag über „Die rechte Interpretation des Mythologischen"[57]. Anlaß war eine Bitte – vermutlich aus der Bekennenden Kirche –, „über das Problem der Entmythologisierung der neutestamentlichen Verkündigung, das vor einem Jahre Rud. Bultmann in einem Aufsatz [84] aufgeworfen hat, ... zu sprechen" (139).[58] Lohmeyer anerkennt darin Bultmanns Ansatz durchaus als konsequente Lösung der Theologie von der Philosophie des Idealismus: „Er kämpft für die Unverfälschtheit der neutestamentlichen Botschaft, aber er kämpft auch für die Klarheit des wissenschaftlichen, insbesondere des theologischen Denkens. Nur heißt das Losungswort, um es überspitzt zu formulieren, nicht mehr Phänomenologie des Geistes, wie Hegel es nannte, sondern Phänomenologie der Existenz nach Kierkegaards Vorbild. Freilich fällt nun auch der Gedanke des neutestamentlichen Mythus wie eine leere und unnütz gewordene Hülse zu Boden wie in den frühen Zeiten der Aufklärung; denn die Existentialphilosophie fragt eben nach dem Menschen, der Mythus verkündet von Gott und Göttern" (139f).

Damit ist die These des ganzen Vortrags bereits vorweg genannt. Der Mythus ist *die* angemessene Sprache von Religion überhaupt, da es ihm um die Welt und den Menschen, vor allem aber um Gott geht. So kann „Entmythologisierung" sich zwar historisch auf Randphänomene beziehen, nicht aber auf die neutestamentliche Botschaft insgesamt, vielmehr gilt es, „den Mythus als die Art zu begreifen, in der Gott sich offenbart" (144). Lohmeyer wendet sich also gerade gegen den zweiten Teil von Bultmanns Programm, die existentiale Interpretation des Mythus und der urchristlichen Verkündigung. Ihm scheint, „als ob die Existentialphilosophie nichts als eine säkularisierte christliche Theologie sei, säkularisiert insofern, als sie unzulässig von dem Gedanken und der Tatsache der gläubigen Setzung abstrahiert, der allen theologischen Aussagen das Gewicht einer ‚existentiellen' Wirklichkeit gibt" (146).

Aufgabe der Theologie ist zwar die historische Interpretation des Mythus, doch: „Wie an dem Tage, der ihn schuf, gilt [85] es den Mythus aus seinen sachlichen und geschichtlichen Möglichkeiten neu zu schaffen und ihn zugleich in seiner Form und seinem Gehalt neu zu bestimmen, abzuschaffen was aus erstorbenen Möglichkeiten entstand, und umzuschaffen, was aus bleibenden und gebliebenen Möglichkeiten wahr und lebendig ist" (147). Noch einmal, wenn auch fragmentarisch, wird hier der Gegensatz zwischen beiden auf dem Grund einer gemeinsam verfolgten Aufgabe sehr deutlich.

[57] Abgedruckt in: Kerygma und Mythos I, hg. von H. W. Bartsch, ThF 1, ^{2}1951, 139–149.

[58] Bultmanns Aufsatz war freilich bereits 1941 erschienen. Da Lohmeyer erst 1943 aus dem Krieg zurückkehrte, ist es wenig wahrscheinlich, daß sein Manuskript schon 1942 zu datieren ist. Vermutlich handelt es sich um ein Versehen des Herausgebers.

X.

Schwieriger als anfangs gedacht stellte sich die Annäherung an Ernst Lohmeyers Werk dar. Ausgangspunkt der Überlegungen war seine erstaunlich große Präsenz in der gegenwärtigen Forschung, aber nur fragmentiert, nicht als Gesamtleistung. Der Weg, über den bekannten Bultmann den unbekannten Lohmeyer zu suchen, hat daran nicht viel geändert. Aber es ist klar geworden, daß Lohmeyers theologische Exegese vielleicht die einzige von Bultmann respektierte, wenn auch verworfene Alternative gewesen ist, die mit gleicher Dringlichkeit auf ein aneignendes Verstehen des Neuen Testaments aus war, sich nicht mit einer historischen Rekonstruktion seiner Vorstellungen begnügen wollte.

Beide haben auf je ihre Weise gearbeitet an den Problemen, die in den ersten Jahrzehnten nach dem Zweiten Weltkrieg nicht nur die neutestamentliche Exegese, sondern die evangelische Theologie in Deutschland insgesamt bestimmten, die Frage der Hermeneutik und die Frage der theologischen Bedeutung des historischen Jesus. Ernst Lohmeyers Lebenswerk ist zu diesem Zeitpunkt gewaltsam abgebrochen worden, und er hat seine Ansätze nicht mehr in den folgenden Debatten entfalten können. Es ist müßig zu überlegen, was er wohl dazu beigetragen hätte, nicht aber, wo er vielleicht zu Unrecht vergessen worden ist. [86]

Wir sahen, daß Lohmeyer auf die Einheit von Person und Werk Jesu drang, während Bultmann das „Werk", also die bleibende Heilsbedeutung, ganz und allein unter Absehung vom „historischen Jesus" mit dem „kerygmatischen Christus" verband. Auf die Dauer ließ sich diese Position nicht halten, sondern seine Schüler und zögernd auch Bultmann selbst gaben dem historischen Jesus wieder eine Theologie stiftende Bedeutung. Die Folge war, daß aus dem „Werk" Jesu seine „Wirkung", schließlich sein „Verhalten" als normative Vorgabe für gegenwärtiges Christentum geworden ist. Es würde lohnen, hier noch einmal Lohmeyer in Erinnerung zu rufen, daß nämlich die Beziehung zwischen dem Individuellen und dem Allgemeinen nicht beschränkt werden kann auf ethische Impulse, sondern prinzipieller gedacht werden muß.

Erschwert ist solche Erinnerung freilich durch Lohmeyers von ihm selbst behaupteten, von Bultmann und anderen kritisierten Rückbezug auf die philosophischen Traditionen des deutschen Idealismus. Wo in der Nachkriegszeit in der Systematischen Theologie daran angeknüpft worden ist, ist m. W. Lohmeyer ebenso übersehen worden wie sein philosophischer Partner Richard Hönigswald.

Lohmeyer hat aber bis in seinen Entmythologisierungs-Vortrag hinein festgehalten, daß es in der Theologie um die Dreiheit von Gott, Welt und Mensch der klassischen Metaphysik zu gehen habe, nicht nur um das Verhältnis von Mensch und Gott, wobei dann „Welt" nur noch unter dem Gesichtspunkt der „Entweltlichung" gesehen ist. Die neuere Theologie und zumal die neutestamentliche Exegese war schlecht vorbereitet auf die unter verschiedenen Gesichtspunkten aufbrechende Frage nach „Welt" als Thema der Theologie. Bedeutete „Welt" nicht mehr etwas dem Menschen Vorgegebenes, sondern nur etwas von der Subjektivität Wahrgenommenes, konnten Fragen der Soziologie oder der Ökologie nicht aufgenommen werden. [87]

So bündelt sich eigentlich alles noch einmal in dem, was die Kontroverse mit Lietzmann angezeigt hatte, die Frage der Hermeneutik der Wissenschaft. Lietzmann lobte Bultmann dafür, daß er zu trennen wisse zwischen historischer und systematischer Arbeit. In der Tat hat er 1933 den Sammelband „Glauben und Verstehen" vorgelegt mit Aufsätzen systematisch-theologischer Art, dies im zweiten Band fortgesetzt, und auch in den beiden folgenden überwiegen diese noch. Erst 1967 hat Erich Dinkler dann unter dem Titel „Exegetica" die eigentlich historisch-exegetischen zusammengestellt.

Ernst Lohmeyer hingegen hat sehr viel direkter versucht, exegetische Arbeit als systematisch-theologische zu betreiben, und zwar im Zusammenhang der klassischen Metaphysik. Seine „Grundlagen der paulinischen Theologie" von 1929, d. h. Prinzipien, nicht etwa nur Voraussetzungen, sind vermutlich das Dokument eines Scheiterns an dieser Aufgabe. Vielleicht könnten auch sie aber insgesamt neu entdeckt werden als Aufgabenstellung für eine Vermittlung urchristlicher Theologie, nicht nur in einzelnen ihrer Gedankengänge.

Ernst Lohmeyers exegetisches Erbe – ein unabgeschlossenes Werk also, das fortwirkt, ohne als ganzes erschlossen zu sein, ein exegetisches Erbe, das Grundfragen in Erinnerung rufen könnte zum Nutzen der Theologie.

GLAUBE, BEKENNTNIS, ERFAHRUNG

1. Sprachgeschichtliche Vorbemerkungen

Seit Wulfilas Bibelübersetzung wird πίστις/πιστεύειν konstant mit „Glaube/glauben“ wiedergegeben, so auch in Luthers Übersetzung, und solche Konstanz hat die deutsche theologische Sprache geprägt. In den skandinavischen Sprachen findet sich ebenso konstant „tro“ – es waren also auch andere Übertragungen in germanische Sprachen möglich; „auf Treu und Glauben“ verbindet beides in unserer Rechtssprache. Die romanischen Sprachen haben für Nomen und Verb zwei verschiedene Wörter, *fides* und *credere* im Lateinischen. Im Englischen entsprechen dem „faith“ *(fides)* und „to believe“ (glauben), während das Nomen „belief“ nicht primär in religiösen Zusammenhängen verwendet wird.

Weder „glauben“ noch „trauen“ scheinen in den germanischen Sprachen Termini religiöser Sprache gewesen zu sein und *fides/credere in* der lateinischen auch nicht.[1] Die jeweiligen Übersetzer übernahmen aber auch nicht die griechischen Wörter als Fremdwörter wie z. B. „Evangelium“. Die Äquivalenz von πίστις/πιστεύειν und *fides* bzw. und *credere* war vorgegeben, aber nicht in religiöser Sprache. Der Klassische Philologe A. Debrunner hat dafür den Begriff „Bedeutungslehnwort“ verwendet, daß Wörter einen Bedeutungszuwachs erhalten durch die ihnen in der übersetzten Sprache eigenen Zusammenhänge.[2]

Ähnliche Beobachtungen lassen sich auch machen bei der ähnlich stereotypen Übertragung der hebräischen Wörter der Wurzel אמן. Für sie kann zwar auch ἀλήθεια eintreten, umgekehrt gibt אמן aber nur πιστ- wieder. Sprachgeschichtlich läßt sich *'mn* in anderen semitischen Sprachen kaum nachweisen, während die Lexikographen sonst ja durchaus akkadische oder andere Wurzeln zu nennen wissen.[3]

Ein ähnlicher Effekt stellt sich ein bei religionsgeschichtlichen Vergleichen. Für das Christentum, aber auch für das Judentum und den Islam ist „Glaube“ eine wesentliche Kategorie; sie ist jedoch kaum anwendbar für andere Religionen.[4] Hier zeigen sich Probleme der religionswissenschaftlichen Begriffsbildung; offenbar ist es nicht einfach [14] möglich, andere Religionen auf Termini (und Phänomene?) abzufragen, die in der jüdisch/christlich/islamischen Tradition gebildet sind.

[1] Zur deutschen Sprache vgl. Deutsches Wörterbuch von J. und W. Grimm, Band IV.1.4, 1949, 7778–7847; zur lateinischen die nächste Anmerkung.

[2] C. Becker, Art. „Fides“, RAC VIII, 801-839.

[3] Zur hebräischen Sprache vgl. R. Smend, Zur Geschichte von האמין, in: FS W. Baumgartner, VT.S 16, 1967, 284–290; H. Wildberger, „Glauben“, ebd., 372–386; ders., „Glauben“ im Alten Testament, ZThK 65 (1968), 129–159; ders., Art. אמן THAT I, 177–209; A. Jepsen, Art. אמן, ThWAT I, 313–348.

[4] Vgl. G. Rosenkranz, Glaube auf Hoffnung – Hoffnung für Japan?, ZThK 62 (1965), 484–502.

2. Theologiegeschichtliche Vorbemerkungen

Unser Zugang zu biblischen Texten ist kein unmittelbarer. Er ist vermittelt durch die Theologiegeschichte, und daraus ergeben sich unsere Wahrnehmungsperspektiven. Exegese revidiert diese zwar immer einmal wieder, behauptet auch, einen direkteren Zugang zur Wahrheit zu haben als z. B. die Dogmatik, bleibt aber doch Teil der Theologie. Ich kann diese Theologiegeschichte nicht insgesamt nachzeichnen. Ich habe das zwar für die Alte Kirche versucht bis über Augustin hinaus[5] und daraus sehr viel gelernt für mein Verständnis des Neuen Testaments (und des „Alten"). Ich möchte jedoch in einer gewissen historischen Reihenfolge Problemkreise nennen, die unsere heutigen Bemühungen um ein Verständnis von Glaube einschließlich unserer Annäherung an biblische Texte prägen.

2.1. Glaube und Wissen

Mit „Glaube" hatte sich bereits die jüdische und hat sich dann die frühchristliche Theologie eine Selbstdefinition gewählt, die einen festen Platz in der philosophischen Begriffsbildung der Antike hat, in der platonischen Philosophie gar einen defizienten Modus der Erkenntnis bezeichnete, beschränkt auf den Bereich der sinnlichen Wahrnehmung, unfähig jedoch, vorzudringen zu den Ideen.[6]

War deshalb christliche Theologie der philosophischen Erkenntnis schon vom Grundsatz her unterlegen? Dieses Problem ist die Theologiegeschichte hindurch in unterschiedlicher Weise brisant gewesen, immer neu formuliert worden von beiden Seiten unter jeweils veränderten Voraussetzungen. Eine der von Irenäus bis Augustin meist zitierten Stellen, Jes 7,9 in der LXX wie der Vetus Latina, ist der hebräischen Philologie zum Opfer gefallen: ἐὰν μὴ πιστεύσητε, οὐδὲ μὴ συνῆτε, *si non credideritis non intelligetis.*[7] [15]

2.2. Glaube als assensus und fiducia

Für die reformatorische Theologie kennzeichnend ist der Dreischritt von *notitia, assensus, fiducia.* Viele weitere Differenzierungen spiegeln die pädagogischen und seelsorgerlichen Probleme, die das *sola fide* in sich barg, daß nämlich allein das, worauf der Glaube sich richtete, das Heil in Christus *(solus Christus)*, Rechtfertigung bedeute. Sobald aber *assensus* und *fiducia* im Sinne einer Opposition verstanden wurden, bestimmte sich das Moment der *fiducia* mehr und mehr von der Subjektivität her, weniger von seiner christologischen Vorgabe im *solus Christus.*

Luthers Übersetzung von Hebr 11,1, die geradezu klassisch den Glauben als *fiducia* definiert, ist ebenfalls der Philologie zum Opfer gefallen, wenn auch zum Glück nicht den

[5] Art. „Glaube", RAC XI (die entsprechende Lieferung erschien 1979), 45–122

[6] Vgl. E. Seidl, Πίστις in der griechischen Literatur bis zur Zeit des Peripatos, Diss. Innsbruck 1952, 38–51.99–191; R. Merkelbach, Der griechische Wortschatz und die Christen, ZPE 18 (1975), 101–148, bes. 143f.

[7] Vgl. dazu E. Nestle, ZAW 25 (1905), 213–215.

Revisoren des Luthertextes: „Es ist aber der Glaube eine gewisse Zuversicht des, das man hofft, und ein Nichtzweifeln an dem, das man nicht sieht.“[8]

2.3. *Fides quae und fides qua creditur*

Meist als augustinisch bezeichnet, voll entwickelt aber erst in der protestantischen Orthodoxie, bietet die Unterscheidung von *fides quae* und *fides qua*[9] bis in gegenwärtige Diskussionen hinein eine handhabbare Differenzierung. Sie wird umgesetzt in unterschiedliche Oppositionen, wobei immer die *fides qua* den Vorzug bekommt. Im durchschnittlichen Sprachgebrauch hat Glaube nur dann eine Chance, wenn er nicht als *Inhalt* des Glaubens (dogmatisch fixiert usw.) beschrieben wird, sondern als *lebendiger* Glaube welcher Art auch immer. In diesen Strom fließen mehrere Quellflüsse, Pietismus wie Aufklärung unter ihnen. „Dein *Glaube* hat dir geholfen“ steht gegen: „Wer’s glaubt, wird selig“. Auch die paulinische Opposition von Buchstabe und Geist hat auf verschiedene Ausformungen eingewirkt. [16]

2.4. *Glaube als Bewußtsein*

Das mag eine schlechte Beschreibung des Problems seit der Aufklärung sein; dafür kenne ich nämlich zu wenig die Geschichte der protestantischen Theologie des 19. Jh.s, da mir zwar Karl Barths Brille zu unscharf schien, ich aber auch nicht über genügend eigenes Quellenstudium verfüge.[10] Seit dem Ende des 18. Jh.s drifteten unter dem Vorzeichen der historischen Kritik des Dogmas Exegese und Dogmatik programmatisch auseinander. Alles mußte mehr oder weniger „historisch gesehen“ werden. Deshalb liegen die spannendsten Stücke der deutschen protestantischen Theologiegeschichte des 19. Jh.s m. E. im Bereich der historischen Theologie, wobei Schleiermacher vielleicht der letzte war, dem in seiner „Glaubenslehre“ noch eine Synthese gelang. Hier wäre wohl sehr differenziert zu reden; vor allem ist bei ihm das Bewußtsein noch keineswegs ein unbedingtes.

Ich möchte den Blick jedoch lenken auf eine folgenschwere Schwäche seines Entwurfs in der Christologie. Er stützt sie biblisch auf die *Selbst*aussagen Jesu im Johannesevangelium, gelegentlich zögernd, da er selbst ja schon an der neueren historischen

[8] Heutiger exegetischer Erkenntnis entspricht die Übersetzung von Ulrich Wilckens: „Glaube aber, das ist die Wirklichkeitsgrundlage für das, worauf man hofft, der Nachweis von Dingen, die man nicht sehen kann.“

[9] Die beiden für Augustin immer wieder genannten Stellen sind trin. XIV 8.11 (ML 42, 1045) *Fides enim non est quod creditur, sed qua creditur* und XIII 2.5 (ebd., 1016f) *sed aliud sunt ea quae creduntur, adiud [sic] fides qua creduntur.* Sie zeigen jedenfalls noch nicht die klare Distinktion. Einen Diskurs zwischen Wilfried Härle und mir darüber hat Theodor Mahlmann aufgenommen und uns gezeigt, daß diese sich erstmals 1613 bei Balthasar Meisner findet und dann seit 1657 durch die Aufnahme in Johann Gerhards *Loci* üblich geworden ist. Ich denke, daß diese Anmerkung und die entsprechende in Wilfried Härles Aufsatz (s. u. Anm. 82) nicht erreichen können, daß dieser Befund allgemein registriert wird. Theodor Mahlmann sollte vielmehr seinen Fund in einem eigenen Aufsatz darstellen

[10] Ich orientiere mich in etwa an R. Slenczka, Art. „Glaube VI“, TRE XIII, 318–365.

Evangelienforschung beteiligt war.[11] Die aber führte bald nach seinem Tode und nicht ohne seine Vorarbeiten zur Theorie der zwei Quellen für (den historischen) Jesus, das Markusevangelium und die Logienquelle. Heutzutage ist das Lernstoff mit Interesse „null", seinerzeit war es gegen David Friedrich Strauß entworfen, „das, was der Stifter unserer Religion an sich war, also das ächte und naturgetreue Bild seines Wesens, herauszustellen unter Anwendung der allein legitimen Mittel einer gewissenhaften historischen Kritik", wie Heinrich Julius Holtzmann 1863 formuliert.[12] Johannes schied dafür aus; er wurde Strauß geopfert! Was von der Christologie blieb, war die Frage des Bewußtseins Jesu, und um wenige andere Stellen ist dann so erbittert gestritten worden wie um die „Echtheit" von Mt 11,25–30. Thorvaldsens „Erlöser" zeige ich gerne als klassische Darstellung eines solchen „historischen Jesus" im Sinne des 19. Jh.s: etwas erhöht und etwas überlebensgroß, aber *„wahrer Mensch"*: „Kommer til mig", ebenso wahre Menschen zu werden. Jesu Bewußtsein seiner Gottessohnschaft ermöglicht Gotteskindschaft – das ist noch die Botschaft Harnacks am Ende des Jahrhunderts und zum Beginn eines neuen, das „Wesen des Christentums" auf historischem Wege zu bestimmen.

Das ist aber auch schon die Zeit Albert Schweitzers und William Wredes. Schweitzer entlarvte Jesu Bewußtsein als falsches; als Apokalyptiker wollte Jesus das Ende der Welt herbeizwingen und scheiterte am Kreuz des römischen Statthalters. Wrede führte das „Messiasgeheimnis in den Evangelien" auf die Dogmatik der frühen Ge- [17] meinde zurück, nicht auf ein Persongeheimnis des historischen Jesus. War „Glaube" mehr und mehr zum „Bewußtsein" geworden, das seinen Anhalt in einem als historisch beschreibbaren Jesus zu finden hoffte, so war das Ergebnis angesichts des Kriteriums der *historischen* Verifizier- bzw. Falsifizierbarkeit enttäuschend. Es blieb die Möglichkeit eines *un*bedingten Bewußtseins („Hauptsache, man glaubt überhaupt an etwas"), das sich beliebige Inhalte wählt (Glaube an die Menschheit, ans Vaterland, an die Wiedervereinigung, verbunden mit entsprechenden „Bekenntnissen zu …").

2.5. Glaube und Werk

Die Philologie hat auch die die Theologie seit Augustin bewegende Frage des Verständnisses von Gal 5,6b entschieden: Glaube, der in der Liebe wirksam wird, nicht Glaube, der durch die Liebe bewirkt ist. Doch ist inzwischen in den lutherischen Kirchen Jak 2,17 zum Gemeinplatz geworden: Glaube ohne Werke ist natürlich tot, in der modernen Variation von *fides quae* und *qua*: „unverbindlicher" gegenüber „engagiertem" Glauben.

[11] Vgl. die Überschrift des § 18 der Glaubenslehre von 1821/22 „Erlösung durch die Person Jesu von Nazareth", in der 2. Auflage S. 11 „Die durch Jesum von Nazareth vollbrachte Erlösung" mit den jeweiligen neutestamentlichen Belegen.

[12] Die synoptischen Evangelien: Ihr Ursprung und ihr geschichtlicher Charakter, 1863, 1; vgl. meinen Aufsatz: The Gospel of Mark and the Sayings Collection Q, JBL 108 (1989), 51–71.

3. Rudolf Bultmanns Darstellung des neutestamentlichen Glaubens

Glaube war nicht erst im Erbe der Bekennenden Kirche, sondern seit Reformation, Pietismus und Erweckung und durch die niemals verstummte Anfrage der Wissenschaften ein Thema, das der evangelischen Theologie vorlag, aber kaum mehr behandelt war. Im exegetischen Bereich ist eigentlich nur und nun vor allem Bultmanns Darstellung zu nennen, exegetisch gefaßt, aber als solche mit dem Anspruch systematischer Theologie.[13]

An die Seite zu stellen ist dem fast nur Adolf Schlatters „Der Glaube im Neuen Testament", zurückreichend bis 1882, kontinuierlich neu aufgelegt bis heute (^{6}1982), 600 Seiten stark, ohne alle explizite Auseinandersetzung mit anderen Meinungen, in methodischer Hinsicht schwer zu durchschauen. Das Glauben, also der Glaubensakt, steht im Vordergrund. Dessen wesentliche Struktur ist die „Reue" im Sinne der neutestamentlichen μετάνοια.

Ohne größere Wirkung blieb dagegen (oder ebenfalls?) Ernst Lohmeyers Bestimmung des Glaubens jedenfalls für Paulus als „metaphysisches Prinzip", Christus-Glaube einerseits, andererseits Glaube als menschliche „gläubige Tat": „glauben auf Christus hin".[14] Zumindest die neu an der Philosophie des Deutschen Idea- [18] lismus orientierten Ansätze Systematischer Theologie haben m. E. zu ihrem Schaden Lohmeyers „Grundlagen paulinischer Theologie" übersehen.

Sieht man dazu Karl Barths frühes Verdikt über das Thema im Römerbrief („Glaube" ersetzt durch die „Treue" Gottes), das schließlich zu einer lustlosen, vergleichsweise knappen Pflichtübung in KD IV.1 § 63 führt, wo eben vom Glauben zu handeln ist, dann muß Bultmanns Darstellung umso mehr Aufmerksamkeit auf sich ziehen, gab er doch dem Sammelband seiner systematisch-theologischen Aufsätze 1933 den programmatischen Titel „Glauben und Verstehen", beides substantivierte Verben, nicht z. B. „Glaube und Vernunft".

Bultmann ist primär Exeget gewesen, der aus der Religionsgeschichtlichen Schule stammte und weder mit der noch mit der Liberalen Theologie insgesamt völlig gebrochen hat. Aus der Religionsgeschichtlichen Schule stammen zwei grundlegende *Prämissen* seiner Darstellung des Glaubens: „Der Gebrauch von πίστις als einem Terminus der religiösen Sprache ist aber weiter dadurch gefördert worden, daß πίστις zum Schlagwort der Propaganda treibenden Religionen, nicht allein des Christentums geworden ist. Jede Missionspredigt fordert ‚Glauben' an die ihr verkündigte Gottheit."[15]

Der erste Satz bezieht sich auf eine Materialsammlung von Richard Reitzenstein, später in einer bei Bultmann verfaßten Dissertation erweitert von E. Wißmann. Erstaunlicherweise ist lange Zeit niemand aufgefallen, daß keiner dieser vielen Belege ein πίστις/πιστεύειν entsprechendes Wort enthält, bzw. wenn doch, aus christlich-gnostischer Tradition stammt und damit einen christlichen Sprachgebrauch voraussetzt. Plausibel

[13] Vgl. außer den entsprechenden Paragraphen in der „Theologie des Neuen Testaments" (im folgenden zitiert nach der 3. Aufl. von 1958) vor allem seine Anteile an dem Artikel in ThWNT VI, 174–230.

[14] Grundlagen paulinischer Theologie, BHTh 1, 1929, 118.

[15] ThWNT VI, 180f, vgl. Theologie 91.

wird dieser erste Satz scheinbar durch den zweiten, der auf Wilhelm Bousset zurückgeht. Er formuliert ein allgemeingültiges Prinzip, doch kann der erste Satz dadurch nicht gestützt werden, wenn ihm alle eigene Evidenz fehlt. Die methodische Vorherrschaft der Phänomenologie überdeckte freilich diesen Mangel.

Im Sinne der Religionsgeschichtlichen Schule bedeuten diese beiden Sätze:
a) Glaube ist nicht ein spezifisch christliches, sondern ein allgemein religionsgeschichtlich zu belegendes Phänomen;
b) Inhalte des Glaubens sind beliebig einsetz- und damit austauschbar;
c) Mission jedenfalls im Sinne von „Propaganda treiben“ *(propaganda fidei!)* ist obsolet, wenn Glaube es denn primär mit *innerer* Überzeugung zu tun hat.

Für Bultmann aber zeigen die beiden Sätze:
a) Glauben ist ein allgemein *anthropologisches* Phänomen;
b) Glauben kann verstanden werden als die existentiale Kategorie der Entscheidung;
c) Mission als zur Entscheidung führen kann akzeptabel sein, doch vermittelt einzig die christliche Botschaft diese Kategorie der Entscheidung tatsächlich.

War Glaube in diesen beiden Sätzen definitiv bestimmt als „Entscheidung“, Schlatter vergleichbar „Reue“, in biblischer Sprache „Buße“ oder „Umkehr“, so blieb das alte Problem von Glauben und Verstehen. Bultmann nimmt dafür in seinen exegeti- [19]
schen Aussagen das Modell von *assensus* und *fiducia* auf: „Wenn man einfach nachzeichnend die Aussagen des Paulus reproduziert, so stellt sich also heraus, daß man eigentlich zwei Akte des Glaubens und damit auch zwei Begriffe des Glaubens unterscheiden muß:
– einen Glauben, der in der Willigkeit besteht, die berichteten Tatsachen von der Menschwerdung und Kreuzigung des präexistenten Gottessohnes und seine Auferstehung von den Toten für wahr zu halten und in ihnen einen Erweis der Gnade Gottes zu sehen;
– einen Glauben, der als Hingabe an die Gnade Gottes eine radikale Umkehr des bisherigen Selbstverständnisses des Menschen bedeutet, die radikale Preisgabe der καύχησις.“[16]

Zwei Glaubensbegriffe sind das nur scheinbar, denn die eigentliche Intention des Paulus ist, daß „die Entscheidungsfrage, ob der Mensch sein altes Selbstverständnis fahren lassen und sich ganz aus der Gnade Gottes verstehen will, und die Frage, ob er Christus als den Sohn Gottes und Herrn anerkennen will, ein und dieselbe Frage sind.“[17]

Forschungsgeschichtlich provozierte das die Herausarbeitung sogenannter *vor*paulinischer Formeln mit dem „Sitz im Leben“ Mission. Sachlich aber begründete es Bultmanns Differenzierung von Kerygma und Theologie, Kerygma (vorpaulinisch, auf *notitia, assensus* aus) als Verkündigung des in Christus erschlossenen Heils, Theologie (auf *fiducia* aus) „bedeutet die begriffliche Darstellung der Existenz des Menschen als einer durch Gott bestimmten.“[18] Textauslegung und Selbstauslegung sind nicht zu trennen, und des-

[16] Theologie, 300.
[17] Ebd.
[18] Vgl. Bultmanns Aufsatz: Das Problem einer theologischen Exegese, ZZ 3 (1925), 334–357, zitiert nach dem Wiederabdruck in: G. Strecker (Hg.), Das Problem der Theologie des Neuen Testaments, WdF 367, 1975, 249–277, hier 272.

halb „fallen im Grunde Theologie und Exegese oder systematische und historische Theologie zusammen."[19]

„Pointiert könnte man sich ausdrücken, daß diese Arbeit auf die Herstellung eines Lexikons hinausläuft"[20] – der alte Traum der Enzyklopädisten? Jedenfalls erklären sich daraus Bultmanns zahlreiche Beiträge zu Gerhard Kittels Theologischem Wörterbuch zum Neuen Testament, darunter der Artikel zu πιστεύω usw. Kittels Programm hatte zwar andere Hintergründe gehabt; es traf sich in diesem Punkt aber mit Bultmanns Interesse trotz der offenen (kirchen)politischen Differenzen. Das erklärt aber auch den Aufbau der Paulus- und Johannes-Teile von Bultmanns Theologie prinzipiell nach anthropologischen *Begriffen,* nicht nach traditionellen dogmatischen Topoi mit Ausnahme weniger Paragraphen, unter ihnen § 33, aus dem oben zitiert wurde.[21] [20]

Aus den exegetischen Vorgaben der Religionsgeschichtlichen Schule wird bei Bultmann „Glaube" als zentrale theologische Kategorie, streng anthropologisch gefaßt als „Haltung des Menschen",[22] so im reformatorischen Sinne für Paulus als die Haltung, in der der Mensch das Geschenk der Rechtfertigung empfängt. Eindringlicher aber ist wohl Bultmanns Darstellung des johanneischen Glaubensbegriffs mit der Struktur des Erkennens: „Für Johannes steht nicht wie für Paulus die Frage nach dem Heilsweg zur Diskussion, sondern die Frage nach dem Heil selbst."[23] Johannes ist hier offenbar radikaler als Paulus, vielleicht lutherischer,[24] jedenfalls moderner.

Bultmann hat nicht einen Römerbrief-Kommentar geschrieben wie Barth und Käsemann, sondern einen zum Johannesevangelium. Dieses aber war von der historischen Kritik als historisch wie sachlich sekundär erwiesen worden. Bedenkt man freilich, welche wechselvolle Rolle das Johannesevangelium gespielt hatte in der Theologiegeschichte seit der Aufklärung, nicht zuletzt als Kritik der an Paulus orientierten reformatorischen Tradition, dann ist es zu bedauern, daß es so ganz und gar der den historischen Jesus zum Maßstab erklärenden Kritik zum Opfer gefallen war. Im Wege stand aber immer David Friedrich Strauß.

Bultmann fand im Johannesevangelium den Christus des Kerygmas. Derjenige, der auf die Frage nach dem historischen Jesus drängte, Ernst Käsemann, war es deshalb auch, der das Johannesevangelium als „(naiv) doketisch" interpretierte und theologisch denunzierte,[25] Bultmann hat darauf nicht mehr selbst reagieren können; mit Günther Bornkamms Replik,[26] 1967 immer noch bei den Alten Marburgern vorgetragen, blieb dieser

19 Ebd.

20 276.

21 „Tod und Auferstehung Christi als Heilsgeschehen", außerdem § 27 „Das Gesetz" und § 34 „Das Wort, die Kirche, die Sakramente".

22 Theologie, 315.

23 Theologie, 427.

24 Vgl. den Beitrag von Wilfried Härle in diesem Band [Der Glaube als Gottes- und/oder Menschenwerk in der Theologie Martin Luthers, E. S.].

25 Jesu letzter Wille nach Johannes 17, 1966.

26 Zur Interpretation des Johannes-Evangeliums, EvTh 28 (1968), 8–25, abgedruckt in: G. Bornkamm, Geschichte und Glaube I, BEvTh 48, 1968, 104–121.

Streit unerledigt, da in der Folgezeit aus ganz anderen Gründen eine Christologie des „Jesus hat aber doch …“ fast unbestritten dominierte.

In die von Ernst Käsemann ursprünglich ausgelöste Debatte, welchen Anhalt das Kerygma doch am historischen Jesus haben könne, gehören die Arbeiten von Ernst Fuchs und Gerhard Ebeling, „Glaube“ als solches Kontinuum zu bestimmen.[27] Ebeling hat dabei mit Recht herausgestellt, daß Glaube kein allgemeiner religionsgeschichtlicher Formalbegriff ist, ihn vielmehr als speziell die christliche Überlieferung prägend auf Jesus selbst zurückgeführt. Es geht also nicht nur um Glauben an Jesus, sondern nach Ebeling verdanken wir Jesus selbst den Glauben. Ebelings eigene, von ihm zur Gewißheit erhobene „Vermutung“ war, „daß die Zusammengehörigkeit von Jesus und Glaube bereits die fundamentale inhaltliche christologische Aussage impliziert, nämlich daß dem solus Christus darum das sola fide korrespondiert, weil Jesus [21] der Inbegriff des Glaubens und der Glaube der Inbegriff des Werkes Jesu und damit – nicht ‚Organ‘ und nicht ‚Mittel zum Zweck‘, sondern – die Gabe Jesu selbst ist.“[28]

4. *Auseinandersetzung mit Bultmanns Bestimmung des Glaubens*

Meine eigenen Arbeiten zum Thema begannen recht harmlos. Mein Lehrer Günther Bornkamm hatte eine Anfrage erhalten, den Artikel „Glaube“ für das Reallexikon für Antike und Christentum zu schreiben. Er gab sie an mich weiter, und ich sagte zu, wobei mir klar war, daß auch die Zeit der Alten Kirche bis über Augustin hinaus darzustellen war. Mit Ebelings Programm der Kirchengeschichte als Auslegung der Heiligen Schrift schien mir das lösbar, wenn ich mich erstens an der Interpretation markanter biblischer Texte wie Gen 15 und 22, Jes 7,9, Hebr 11,1, vor allem der paulinischen Aussagen orientierte. Und zweitens müßte wohl die Linie verfolgt werden, die von den „vor“paulinischen „Taufbekenntnissen“ hinführte zu den trinitarischen Symbolen, dem Apostolicum und dem Nicänum und unzähligen anderen, insgesamt wenig interessant, da *fides quae* und mit allzu politischen Querelen verbunden. Da irrte ich mich freilich gründlich,[29]

Viel schwieriger schien mir seinerzeit die Darstellung des neutestamentlichen Befundes. Erstaunlicherweise war kaum neuere Literatur zum Thema zu finden. Das gilt auch für die weitere Zeit; vor allem bieten die Römerbrief-Kommentare von Ernst Käsemann und Ulrich Wilckens im Unterschied zum Katholiken Otto Kuss keine Exkurse oder längere Ausführungen zum Glaubensverständnis bei Paulus. Was „Glaube“ sei, schien freilich klar. Bultmanns Grundentscheidungen und damit Wertungen lagen z. B. Erich Gräßers Monographie „Der Glaube im Hebräerbrief“ von 1965 zugrunde. Die unter dem Stichwort „Frühkatholizismus“ aufflackernde Diskussion um den Jakobusbrief ging

27 E. Fuchs, Jesus und der Glaube, in: Zur Frage nach dem historischen Jesus, 1960, 238–257; G. Ebeling, Jesus und Glaube, in: Wort und Glaube, 1967, 203–257.

28 206 unter Bezugnahme auf Gal 3,23.25 und Hebr 12,2.

29 Dankbar erinnern möchte ich noch einmal, daß der bereits erblindende Hans Freiherr von Campenhausen verschiedene Stadien dieses Artikels Zeile für Zeile gelesen und kritisiert hat. Leider ist sein geplantes Buch zur *regula fidei* nicht mehr zustande gekommen.

weithin aus von einem Verständnis des Glaubens im Sinne der reformatorischen *fiducia,* auch wenn zumeist ausdrücklich von diesem Standpunkt aus dem Jakobus ein gewisses Recht gegenüber Paulus zugestanden wurde. So blieb eigentlich nur die Alternative Bultmann oder Ebeling, und das war um 1970 herum durchaus eine, eben das Problem des historischen Jesus.

Irritierend war freilich dazwischen gekommen die grundsätzliche Infragestellung sogenannter „begriffsgeschichtlicher“ Untersuchungen. Am klarsten wurde das der Exegese seinerzeit durch das Buch von James Barr, 1965 als „Bibelexegese und moderne Semantik“ in Erhard Gerstenbergers deutscher Übersetzung erschienen. Ich konnte daran nicht vorbeigehen, da Barrs Buch eine Fundamentalkritik des Programms „Theologisches Wörterbuch zum Neuen Testament“ enthielt, speziell Barr sich auch äußerte zu Bestimmungen von „Glaube“. „Unfähigkeit“ und „Blindheit“ mußte ich [22] als junger Universitätsdozent natürlich sowieso vermeiden; ich sah auch keinen Erkenntniswert in etymologischen Rekonstruktionen sogenannter „eigentlicher“ Bedeutungen. Dennoch blieb die Vermutung, daß es sich bei „Glaube“ um so etwas wie eine zentrale Kategorie handelte, wollte man beschreiben, wie frühes Christentum sich selbst bezeichnete, in welcher Richtung auch immer.

In einem 1973 erschienenen Aufsatz „Pistis im Judentum“[30] destruierte ich den Ausgangspunkt Bultmanns in der Religionsgeschichtlichen Schule, Glaube sei ein Allgemeinbegriff Propaganda treibender Religionen in der Zeit des frühen Christentums gewesen – es fehlen dafür, wie schon gesagt, schlicht die Belege. Das griechische Wort πίστις als genügende religiöse Identitätsbestimmung begegnet – so meine These – zuvor nur im *innerjüdischen* Sprachgebrauch, nicht aber, wo der griechischsprachigen Welt Judentum vorgestellt werden soll. „Glaube“ als definitiv verstandene religiöse Kategorie ist nicht zu erklären aus klassisch-griechischen oder hellenistischen Voraussetzungen, sondern allein aus jüdischen. Hier gewannen die eingangs erwähnten sprachgeschichtlichen Untersuchungen ihre Bedeutung.

Πίστις und damit zusammenhängende Wörter besaßen einen eigenen Bedeutungsrahmen im Bereich der griechischen Rechtssprache. Zweisprachige Rechtsurkunden widerlegten aber meine Vermutung, die überraschend konstante Wiedergabe von hebräisch אמן durch griechisch πιστ- sei in der juristischen Terminologie vorgegeben.

Diese Ergebnisse schienen zunächst gesichert. Sie wurden z. B. aufgenommen von Eduard Lohse in seinem zusammen mit Hans-Jürgen Hermission verfaßten Band „Glaube“ in der Reihe „Biblische Konfrontationen“ (1978). Kritik kam erst sehr viel später. Gerhard Barth brachte in einem Gegenaufsatz „Pistis in hellenistischer Religiosität“ 1982 eine große Menge an Belegen zusammen, alte und neue, die zeigen sollten, „daß religiöser Gebrauch von πιστεύειν κτλ., ... auch im paganen Hellenismus durchaus bekannt und geläufig war.“[31]

Das ist kaum bestreitbar; ertappt wurde ich bei einer Verkürzung, daß πιστ- im zeitgenössischen Griechisch nicht „das Verhältnis des Menschen zu Gott“ bezeichnet haben

[30] ZNW 64 (1973), 19–38.
[31] ZNW 73 (1982), 110–126, das Zitat 125f.

könne.[32] Ich war zu sehr auf die Auseinandersetzung mit Bultmanns religionsgeschichtlicher Herleitung fixiert gewesen und übernahm von ihm einfach die Behauptung: „Zu Termini der religiösen Sprache sind die Bildungen mit πιστ- im klassischen Griechischen nicht geworden."[33] In dieser Auseinandersetzung brauchte ich dann nur noch zu bestreiten, daß Bultmann für die spätere Zeit Belege nennen könne, die älter sind als die christlichen. Damit war für mich der Weg frei für die Destruktion des angeblichen Sprachgebrauchs in religiöser Propaganda. [23]

Zwar haben Klaus Haacker[34] und Axel von Dobbeler[35] Gerhard Barths Kritik übernommen, mir aber ausdrücklich zugestanden, daß die These eines vorgegebenen Sprachgebrauchs spätantiker Missionspropaganda widerlegt ist. Ich denke jedoch, daß ich meine eigentliche These – besser geschützt – aufrecht erhalten kann. Die dagegen aufgeführten Belege zeigen m. E. nur, daß πιστεύειν und πίστις in der allgemeinen Bedeutung von „Vertrauen schenken", „vertrauen", „Treue" oder „Überzeugung" wie in Bezug auf Menschen so auch auf Götter, Orakel usw. verwendet werden konnten, jedoch weder in einem solche Beziehungen *total* bezeichnenden Sinn wie z. B. εὐσέβεια noch gar in einem immer positiven Sinn, was beides für den jüdischen wie christlichen Sprachgebrauch konstitutiv ist.

Die Kritik Gerhard Barths und ihm darin folgend Haackers und von Dobbelers richtete sich vor allem gegen meine These, das frühe Christentum übernehme einen internen Sprachgebrauch des Judentums und führe ihn fort. Es bleibt jedoch auffällig, daß in jüdischer Literatur die entsprechende Wortgruppe stark hervortritt in solchen Texten, die der Selbstvergewisserung dienen, aber fehlt, wo Autoren sich nach außen wenden, z. B. in den Darstellungen der Gestalt Abrahams. Dabei kann in christlicher wie in jüdischer Literatur insbesondere der Aorist des Verbums geradezu technisch den Übertritt zum Juden- bzw. Christentum bezeichnen.

Diesen Sprachgebrauch hat Egon Brandenburger einseitig herausgestellt.[36] Alle von ihm herangezogenen Belege – es sind gerade vier! – entstammen Texten, die primär für jüdische Leser geschrieben sind; charakteristisch ist aber das Fehlen solcher Terminologie in dem jüdischen Bekehrungsroman „Joseph und Asenath", wie Brandenburger selbst bemerkt, aber kaum überzeugend erklärt. So kann m. E. doch in einer internen Sprache Bekehrung als „zum Glauben kommen" gefaßt werden, ohne daß „Glaube gefordert" wird. Ein „Verwendungszusammenhang Mission" ist nicht nachgewiesen in dem Sinne, daß in der Missionspredigt selbst die Forderung erhoben würde, zu glauben. „Glaube" bezeichnet vielmehr den Inhalt, dem man sich in der „Bekehrung" zuwendet.

Sprachgeschichtlich läßt sich m. E. nach wie vor behaupten, daß „Glaube" ein Terminus der Selbstvergewisserung des Christentums ist, übernommen aus jüdischer Tradi-

32 So ZNW (1973), 21.

33 ThWNT VI, 178.

34 Art. „Glaube II.3", TRE XIII, 289–304.

35 Glaube als Teilhabe, WUNT 22, 1987.

36 Pistis und Soteria, ZThK 85 (1988), 165–198.

tion.[37] Er wurde schon dort mehr und mehr zu der umfassenden Kategorie solcher Vergewisserung, was sich im frühen Christentum dann durchsetzte. Die Übersetzer der Septuaginta haben sicherlich ihre Gründe gehabt, so konstant in der Wiedergabe zu sein; aber sie übersetzten nicht zu missionarischen Zwecken, sondern für Juden, die Griechisch sprachen. [24]

Was nun aber Glaube ist, läßt sich daher nur aus den Zusammenhängen erheben, in denen dieses Wort begegnet. Noch die deutsche theologische Sprache läßt sich ja zurückführen auf solche Übersetzungsvorgänge. Auch für systematisch-theologische Bestimmungen sind dadurch wohl andere Wege der Begriffsfindung vorsichtig gesagt zumindest schwierig. Weder läßt sich behaupten, daß psychologisch ein „Urvertrauen" angesprochen sei in den Texten, auf die wir uns beziehen, noch läßt sich folgern, daß Glaube das sei, was als solcher gefordert wird, wie immer er genauer bestimmt werde. Religionssoziologisch läßt sich nicht erweisen, daß alle Religionen „Proselyten machen" wollen. Dies Schema versagt schon beim Islam und hat seine Voraussetzungen wohl nur im deutschen Protestantismus des 19. Jh.s mit dem verstärkten und umstrittenen Missionsbewußtsein einer Erweckungsbewegung.

Mein eigener Versuch führte mich auf eine ansprechende Definition dessen, was im Alten Testament mit Glaube besagt ist. Hans Wildberger hatte in verschiedenen Arbeiten Glaube in Jes 7,9, dem vermutlich frühesten Beleg, bestimmt als: „Zuversicht gewinnen, Vertrauen bewahren o. ä., und zwar angesichts einer höchst bedrohlichen Situation, die scheinbar nur Raum zum Verzagen frei lässt."[38] Ich habe dies aufgenommen und im Anschluß daran die Definition gewagt: „Glaube heißt, das Bekenntnis zu Gott als dem Schöpfer der Welt zusammenbringen mit der konkreten Erfahrung dieser Welt, die diesem Bekenntnis zu widersprechen scheint."[39] Dabei war bereits die altkirchliche Tradition mit im Blick; biblisch wäre vielleicht eher in den Kategorien von *Verheißung* und Erfahrung zu formulieren gewesen.[40]

Anfang der 70er Jahre war dies aber ein Angebot der Vermittlung zwischen Bekenntnis und Erfahrung. Sowohl „Bekenntnis" als auch „Erfahrung" bezeichneten Pole in damaligen Auseinandersetzungen. Mein eingangs erwähnter Artikel für RAC war fertig, erschien schließlich auch 1979.[41] Meine Ergebnisse habe ich vorher zusammengefaßt in dem Buch „Glaube im frühen Christentum" (1976). Es paßte aber offenbar nicht in die Zeit, sondern wurde ein Flop. Reaktionen erfolgten erst spät; immerhin ist es nun genannt von Reinhard Slenczka in seinem TRE-Artikel „Glaube IV" unter den von ihm als grundlegend zur dogmatischen Bestimmung genannten Werken.

[37] Vgl. die vermittelnde Darstellung bei P. Stuhlmacher, Der Brief an die Römer, NTD 6, 1989, 71–72 – endlich wieder ein Exkurs zu „Glaube" in einem Kommentar zum Römerbrief! Vgl. auch H. Merklein, Studien zu Jesus und Paulus, WUNT 43, 1987, 42–48; J. Becker, Paulus, 1989, 437–440.

[38] S. Anm. 3, ZThK, 157.

[39] Glaube im frühen Christentum, 1976, 34.

[40] Das ist eine oft geäußerte Kritik. Mir liegt aber neben der biblisch-theologischen Interpretation auch an der Verbindung mit der Alten Kirche.

[41] RAC XI (die entsprechende Lieferung erschien 1979), 48–122.

Unverzichtbar scheint mir von der Sprachgeschichte her zumindest die Arbeit am biblischen Befund, wenn denn „Glaube“ zurückgeht auf die Bibel in ihren ursprünglichen Sprachen Hebräisch und Griechisch.[42] Aus diesen Sprachen abgeleitete Verallgemeinerungen anthropologischer oder allgemein religiöser Art verbieten sich aber ebenfalls. Ich kann auch Egon Brandenburgers exegetischem Entwurf nicht folgen; zwar bedeutet das drohende Gericht Gottes einen, wenn nicht den Entwurf frühchristlicher [25] Missionsverkündigung, aber wurde Glaube daran gefordert? Paßt nicht auch darauf Wildbergers Beschreibung des Glaubens?

5. Glaube zwischen Bekenntnis und Erfahrung

Festhalten läßt sich jedenfalls, daß πίστις/*fides*/Glaube usw., jeweils übersetzt und nicht als Fremdwörter weitergegeben, eine, wenn nicht *die* zentrale Kategorie der *Selbst*definition der christlichen Überlieferung darstellt. Einen solchen Rang hat Glaube weder in den Schriften des Alten Testaments noch in dem frühen Christentum gleichzeitigen griechischen oder anderen hellenistischen Religionen. Eine Tendenz in diese Richtung zeigt sich in jüdischen Texten, in denen an Gott und seinem Gesetz sich orientierender Glaube zur Selbstbezeichnung wird, griechisch πίστις/πιστεύειν entsprechend der in der Septuaginta vorgegebenen Äquivalenz.

In den frühchristlichen Schriften dominiert „Glaube“ demgegenüber. Inhaltlich ist er nun neu bestimmt von der Christologie her, die aber nicht einen neuen Gott proklamiert, sondern ein neues Handeln Gottes in Christus, „Glaube an den, der unseren Herrn Jesus von den Toten auferweckt hat“ (Röm 4,24). Offen bleibt dabei, welche Konsequenzen es hat, daß dies „entsprechend den Schriften“ geschehen ist (1Kor 15, 3b–5), ob nämlich die Orientierung des Glaubens am Gesetz bestehen bleibt oder nicht. Dies ist das Thema insbesondere der paulinischen Theologie.

Bereits im Judentum war es in unterschiedlichen Interpretationen der Abraham-Gestalt entwickelt worden. Vergleicht man die miteinander, dann fällt auf, daß Gen 15,6 in vielen Auslegungen herausgehoben wird, in anderen aber keine Rede von Abrahams Glaube ist. Das läßt sich unterscheiden nach solchen Texten, in denen „unser Vater“ Abraham einschließlich Röm 4,1 als Vorbild beschworen wird, und solchen, in denen er Nichtjuden beschrieben ist als einer, der sich von falscher zu richtiger Gottesverehrung bekehrt hat. In solchen Texten, jüdischen wie christlichen, ist eine Terminologie zu finden, die nicht an πιστ- orientiert ist.[43]

Aus solchen Befunden habe ich gefolgert, daß „Glaube“ einer Binnensprache angehört, in der auch noch der Anschluß an die durch „Glaube“ definierte Gemeinschaft be-

[42] Ich sehe auch nicht, daß dies eingeschlossen ist in „einer phänomenologischen Selbstexplikation von christlichem Glauben in seiner – ihm selbst – gegenwärtigen Wirklichkeit“, wie Eilert Herms in seinem Beitrag meint.

[43] Enttäuschend ist leider die meinen Ansatz aufnehmende Dissertation von D. R. Lindsay, Πίστις und πιστεύειν als Glaubensbegriffe in den Schriften des Flavius Josephus und im Neuen Testament (Tübingen 1990).

zeichnet wird als „zum Glauben kommen" (Aorist) oder „gekommen sein" (Perfekt), obwohl nach außen hin „Glaube" nicht zur Selbstvorstellung verwendet ist. Sich so darzustellen, hätte in der griechisch sprechenden Welt das Manko bedeutet, sich von Anfang an der ganzen Tradition erkenntnisphilosophischer Begriffsbildung stellen zu müssen.[44] [26]

Wichtig ist mir an meiner oben genannten Definition die Unterscheidung der drei Begriffe Bekenntnis, Glaube und Erfahrung sowie die Konsequenz, daß Glaube durchaus auch ein Verhalten meint, nicht allein eine Überzeugung oder ein Vertrauen. Erfahrung ist nicht gemeint als eine speziell religiöse Erfahrung, sondern zunächst als allgemeine, jedem zugängliche Erfahrung, auch wenn der Glaube dann neue Erfahrungen freisetzen kann, insbesondere aber auch das Bekenntnis die Erfahrung in ein bestimmtes Licht setzt. Dieses Bekenntnis seinerseits ist nichts statisch Festes, sondern zu einem großen Teil Formulierung von Erfahrungen. Es enthält aber Überschüsse von Hoffnung, die sich nicht einfach aus der Erfahrung verifizieren lassen. Sein Ort ist nicht die empirische Bestandsaufnahme, sondern der Lobpreis Gottes. Welt schließlich ist verstanden als die Wirklichkeit, die der Mensch erlebt, Natur und Geschichte; bei beiden ist nicht aus ihnen selbst eindeutig erkennbar, daß sie Gottes Schöpfung sind. Es spricht vieles dagegen, doch bleibt die Hoffnung, daß es so sei. Es mag Zeiten oder Situationen geben, in denen Bekenntnis und Erfahrung fast identisch sind und der Glaube deshalb kein Problem ist. Er wird es aber, wenn Bekenntnis und Erfahrung weit auseinander klaffen und es fraglich ist, wie sie sich noch miteinander verbinden lassen.

In dieser Bestimmung des Glaubens werden die drei Größen Gott, Welt und Mensch in Beziehung zueinander gesetzt, während in der Neuzeit Glaube mehr und mehr auf das Verhältnis des Menschen zu Gott beschränkt worden ist, bis hin zu Bultmanns Bestimmung des Glaubens als „Entweltlichung". Wird jedoch die Welt wieder in den Glauben hinein genommen, ist dieser nicht mehr beschränkt auf das Motiv des Vertrauens, sondern schließt das Verhalten des Glaubenden insgesamt ein, einschließlich des Denkens und des Handelns. Welt ist nicht eine Größe, der sich der Glaubende zuwendet aufgrund seines Gottesverhältnisses, sondern der Ort seines Glaubens. So scheint mir dieser so bestimmte Glaube eine Möglichkeit eines Ansatzes für Theologie wie Ethik zu sein.

6. Die Durchführung

6.1. Die neutestamentlichen Schriften

Die Funktion der Vermittlung zwischen Bekenntnis und Erfahrung übernimmt im Judentum mehr und mehr das Gesetz als Dokument der Verheißung Gottes und als Dokument der von Gott gewollten Ordnung der Welt in Natur und Geschichte. Glauben ist Leben innerhalb dieser Ordnung, mit den Aspekten des Gehorsams, der Treue und der

[44] Der folgende Teil dieses Aufsatzes ist in französischer Sprache erschienen: Confesser sa foi à l'époque apostolique, übers. von Claire Chimelli, RThPh 117 (1985), 93–110, darin 99–110.

Hoffnung.[45] Sich diesem Leben anzuschließen, ist ein „zum Glauben kommen"; dieser Sprachgebrauch im Sinne von „Bekehrung" findet sich bereits in [27] späten Texten des Alten Testaments (Jona 3,6; Judith 14,10). Zwischen den verschiedenen Gruppen des Judentums aber wird, wie später unter Christen auch, der Inhalt des jeweiligen Glaubens zum Streitpunkt, wie z. B. die Qumrantexte zeigen, die die Bindung an das Gesetz verstehen als Bindung an die Auslegung des Gesetzes durch den „Lehrer der Gerechtigkeit" (1QpHap 8,1–3).[46]

Jesus hat offenbar nicht Glauben an seine Person gefordert[47]. Eine solche Wendung begegnet in den synoptischen Evangelien nur an einer Stelle (Mt 18,6), die sich aber als sekundäre Erweiterung von Mk 9,42[48] erweisen läßt. Redaktionell ist auch die programmatische Zusammenfassung der Verkündigung Jesu am Beginn des Markusevangeliums: „Kehrt um und glaubt an das Evangelium" (Mk 1,15). Μετανοεῖν und πιστεύειν stehen hier parallel wie an anderen Stellen auch. Mk 1,15 ist eine Anrede an Leser oder Hörer des Markusevangeliums, sich auf das Heil, das durch die Nähe des Reiches Gottes in Jesu Verkündigung erschlossen ist und von dem das Evangelium erzählt, zu verlassen.

Jesu eigenes Reden vom Glauben findet sich in dem Wort vom bergeversetzenden Glauben, wobei Mt 17,20 wohl der ursprünglichen Fassung am nächsten kommt: „Wenn ihr Glauben wie ein Senfkorn hättet, würdet ihr zu diesem Berg sagen: Gehe von hier weg dorthin, und er würde weggehen." Die Pointe liegt in der Gegenüberstellung des allerkleinsten Senfkorns und der riesigen Wirkung, die dem Glauben zugetraut ist. In der Fassung Mk 11,23/Mt 21,21 dagegen ist das Problem des Zweifels in dieses Wort über den Glauben mit hereingekommen.

Die Kraft des Glaubens, unmöglich Scheinendes zu bewirken, ist auch gemeint, wenn in Wundergeschichten vom Glauben die Rede ist, vor allem in der Geschichte von der Heilung des epileptischen Knaben Mk 9,14–29. Übrigens begegnet ein solches Glaubensmotiv nicht in sonst ja durchaus vergleichbaren antiken Wundergeschichten. Und auch hier trägt eine allgemeine religionsphänomenologische Kategorie wie „Wunderglaube" nichts zum Verständnis bei. Gerade solchen, deren Krankheitssituation scheinbar nur Raum zum Verzagen frei läßt, eröffnet sich neue Lebensmöglichkeit.

Jesu Sprachgebrauch ist aber nicht prägend geworden für das frühe Christentum.[49] Vielmehr finden sich im Neuen Testament verschiedene Sprachkreise, die in unterschiedlicher Weise an im Judentum entwickelte Ausprägungen des Glaubensverständnisses anknüpfen. Da ist einmal die Linie, die sich im Hebräerbrief[50] zeigt und sich dann fortsetzt im 1. Klemensbrief und im Hirt des Hermas. Hier ist Glaube wesentlich nach seiner subjektiven Seite verstanden als „Geduld, Standhaftigkeit", parallel zu ὑπομονή

45 Zum Gesetz vgl. M. Limbeck, Die Ordnung des Heils. Untersuchungen zum Gesetzesverständnis des Frühjudentums, Düsseldorf 1971; K. Koch, Artikel „Gesetz I", TRE XIII, 40–52.

46 Vgl. dazu G. Jeremias, Der Lehrer der Gerechtigkeit, StUNT 2, 1963, 142–145.

47 Vgl. zum folgenden Glaube, 17–30.

48 Die 26. Auflage des Nestle = The Greek New Testament 3. Auflage nehmen freilich auch in Mk 9,42 εἰς ἐμέ in den Text auf, wenn auch in eckigen Klammern.

49 Gegen die anderslautende These von G. Ebeling in seinem in Anm. 27 genannten Aufsatz.

50 Vgl. dazu Glaube, 70–77.

(vgl. Hebr 10,36–39). Für diesen Glauben wird in Hebr 11 die Reihe der Beispiele angeführt, und auch Jesus hat als „Anfänger und Vollender des Glaubens" [28] diese Standhaftigkeit bewiesen (12,2). Der definierende Satz 11,1 nennt den so verstandenen Glauben die Wirklichkeit (ὑπόστασις) und den Beweis (ἔλεγχος) für die erhofften, aber nicht wahrnehmbaren Güter, eine Variante der oben gegebenen Bestimmung des Glaubens in griechischer Terminologie. Sie erinnert an Philons Versuch einer Bestimmung des Glaubens im Rahmen der philosophischen Tradition, bezieht den Glauben aber auf Jesus, wenn nicht als Objekt des Glaubens, so doch als Vorbild.

Zu den späteren altkirchlichen Bekenntnissen führt eine andere Linie, die im Neuen Testament bei Paulus, im Johannesevangelium und in der Apostelgeschichte angelegt ist.[51] Hier ist πίστις primär eine Bezeichnung der Identität des Christentums, und zwar im wesentlichen nach seiner inhaltlichen Seite; hier findet sich auch der Sprachgebrauch von πιστεύειν (vor allem im Aorist) als „zum Glauben kommen" im Sinne von „sich der πίστις anschließen". Die von der jüdischen Tradition her mit „Glaube" verbundene Frage nach dem Verhältnis von Bekenntnis und Erfahrung bleibt nach ihrer subjektiven Seite dieselbe, weitergeführt wird sie aber dahin, daß die Vermittlungsfunktion zwischen Bekenntnis und Erfahrung nun in dem Christusgeschehen gesehen wird, die Christologie also in das Bekenntnis aufgenommen wird.

Das frühe Christentum bewegt sich zunächst im Rahmen der Mission gegenüber dem Judentum, damit aber auch im Rahmen der Auseinandersetzung mit dem Judentum. In 1Kor 15,1ff erinnert Paulus die Korinther an seine Verkündigung bei ihnen, aufgrund derer sie „zum Glauben gekommen sind" (ἐπιστεύσατε 15,2.11). Dieser Glaube hat einen bestimmten Inhalt (τίνι λόγῳ 15,2): daß Christus gestorben ist und auferweckt worden ist (15,3b–5), und dieser Inhalt des Glaubens ist identisch mit dem Inhalt der Verkündigung. Glaube ist also die Annahme und Übernahme dieser Verkündigung und zugleich deren Inhalt. Paulus bezeichnet diesen als von ihm bereits aus der Tradition übernommen (παρέλαβον/παρέδωκα), und er bezeichnet ihn als gemeinsames Gut der frühchristlichen Verkündigung (15,11).

Woher er diese Tradition hat, sagt er nicht; doch kann man vermuten, daß er zurückgreift auf Grundlagen der Gemeinde in Antiochien, die über mehr als ein Jahrzehnt seine Heimat gewesen war (vgl. Gal 2,1). Der Inhalt dieser Tradition deutet primär auf Mission gegenüber Juden, denen nicht ein neuer Gott verkündigt zu werden brauchte[52], wohl aber ein neues und endgültiges Handeln dieses Gottes, die Auferweckung Jesu von den Toten. Das Bekenntnis, auf das sich der Glaube bezieht, ist das Bekenntnis zu Gott, „der Jesus, unseren Herrn, von den Toten auferweckt hat" (Röm 4,24). Gegenüber Juden ist auch der Sprachgebrauch von πίστις/πιστεύειν verständlich.

Die von Paulus aufgegriffene Tradition läßt freilich die Bedeutung des „Alten" Testaments unbestimmt, denn sie verweist nur darauf, daß dies „den Schriften gemäß" (κατὰ τὰς γραφάς) geschehen sei, ohne dieses „gemäß" näher zu explizieren. Paulus [29] selber

[51] Vgl. dazu RAC, 67f.

[52] Vgl. H. Conzelmann, Was glaubte die frühe Christenheit?, in: ders., Theologie als Schriftauslegung, München 1974, 106–119.

hat daraus für sich und seine Mission den Schluß gezogen, daß die πίστις ganz an jenem Handeln Gottes in Tod und Auferweckung Jesu zu orientieren sei, nicht mehr am Gesetz. Und er hat behauptet, daß gerade dies in „Gesetz und Propheten" bezeugt sei, also in dem, was wir das „Alte" Testament nennen.[53] Das ist seine, im Urchristentum nicht unumstrittene Konsequenz aus dem Evangelium. Er bleibt damit aber im Zusammenhang der frühchristlichen Missionsverkündigung, auch gegenüber Gegnern, die das Verhältnis von Christologie und Gesetz anders interpretierten.[54]

Durchgehend verbindet Paulus mit πίστις/πιστεύειν den christologischen Titel (ὁ) κύριος,[55] wie ja auch in 1Kor 15,1ff. Dieser Titel verweist auf Tod und Auferweckung Jesu, und damit richtet sich der Glaube also eigentlich auf Gott als den, der Jesus von den Toten auferweckt hat. So wird auch der Glaube Abrahams an Gott, „der die Toten auferweckt und das Nicht-Seiende ins Sein ruft" (Röm 4,17), aktualisiert auf „uns, die wir glauben an den, der Jesus, unseren Herrn, aufgeweckt hat von den Toten, der dahingegeben worden ist wegen unserer Übertretungen und auferweckt worden ist wegen unserer Rechtfertigung" (Röm 4,24f).

Erscheint Gott in der Verkündigung gegenüber Juden als das Subjekt der Auferweckung Jesu, so ist gegenüber Heiden auch der einzige und wahre Gott zu verkündigen. Wenn also sowohl Gott (z. B. 1Thess 1,8) als auch Christus als Objekte des Glaubens erscheinen, so ist das nur scheinbar eine „Verdoppelung",[56] meint in Wirklichkeit aber ein und dasselbe, nämlich daß der einzige und wahre Gott in Christus Heil erschlossen hat. Von der Seite der Glaubenden her bedeutet das, daß in Christus Bekenntnis zu Gott und Erfahrung der Welt zur Deckung kommen, indem nun gerade die extremste Erfahrung, der Tod, in Gott aufgehoben ist. Aufgehoben ist aber in ihm auch die Differenz von Gott und Mensch. So ist ein toter Mensch, der Gekreuzigte, das einzige authentische Bild des lebendigen Gottes.[57]

Die frühchristliche Bekenntnisbildung wird ihren Ansatzpunkt gerade an diesem Verhältnis zwischen Gott und Christus haben, wenn sie Christus als Wort Gottes und als Bild Gottes bestimmen will, wenn sie das Christentum als monotheistische Religion definieren will und wenn sie Christus nicht allein als Propheten oder Gesandten des einzigen wahren Gottes sehen will. Bereits aus der frühesten christlichen Verkündigung ergibt sich das Problem, das schließlich zum trinitarischen Dogma führen wird, und zwar aus der Verkündigung gegenüber Juden wie aus der Verkündigung gegenüber Heiden.

Formelhafte Inhaltsangaben des Glaubens wie 1Kor 15,3b–5 oder Röm 4,24f werden in der neutestamentlichen Forschung durchweg als Taufbekenntnisse angesehen. [30] Dafür gibt es aber weder im Neuen Testament selber einen Anhaltspunkt,[58] noch lassen sich bis in das 3. Jh. hinein solche bei der Taufe gesprochenen Bekenntnisse nachweisen.

53 Vgl. Röm 3,21: die Gerechtigkeit Gottes ohne das Gesetz ist bezeugt durch „Gesetz und Propheten".
54 Vgl. vor allem die Auseinandersetzung im Galaterbrief.
55 Vgl. dazu Conzelmann, a.a.O.; W. Kramer, Christos Kyrios Gottessohn, AThANT 44, 1963, 41–60.
56 S. W. Bousset, Kyrios Christos, Göttingen [6]1967, 149: „Das Glaubensobjekt hat sich also dem Apostel in einer eigentümlichen Weise verdoppelt".
57 Vgl. die Aussagen über Christus als εἰκὼν τοῦ θεοῦ 2Kor 4,6; Kol 1,15.
58 Vgl. H. von Campenhausen, Das Bekenntnis im Urchristentum, ZNW 63 (1972), 210–253.

Zwar wird in Röm 6,3f die Taufe als Nachvollzug von Tod, Begräbnis und Auferweckung Jesu verstanden, doch deutet das noch nicht auf ein gesprochenes Bekenntnis. Bei den Berichten von Taufen in der Apostelgeschichte fehlt ein solches Bekenntnis; 8,37 findet sich erst in der späteren Textüberlieferung. Weder Mt 28,16–20 noch Didache 7 noch weitere Texte zur Taufe verweisen auf ein Bekenntnis der Täuflinge.

Gegen ein solches Taufbekenntnis spricht auch, daß sich weder im Neuen Testament als ganzem noch auch nur bei einzelnen Autoren ein fester Wortlaut solcher Formeln findet, vielmehr in der Struktur zwar gleiche, inhaltlich aber variierende Formulierungen. Der Ort solcher Texte ist die Zusammenfassung des Inhalts der christlichen Verkündigung, gegenüber Juden in der christologischen Fassung, während gegenüber Heiden ja auch der eine Gott bekannt werden muß, aber auch hier nicht ohne daß von Christus geredet wird (1Kor 8,6; 1Thess 1,9f). Solche formelhaften Texte gehören zur Vorgeschichte der *regula fidei,* wovon im nächsten Abschnitt zu reden sein wird.

Das frühe Christentum identifiziert sich in solchen Zusammenfassungen als πίστις, und zwar nicht gegenüber falschem Glauben, sondern gegenüber Unglauben, auf seiten der Juden wie der Heiden. Der Sprachgebrauch ist auch hier als intern zu erweisen, da die im Neuen Testament vereinigten Schriften ja von Christen für Christen geschrieben worden sind. Daß aber auch Lukas dies noch bewußt war, zeigt sich in den beiden Missionsreden vor Heiden (14,15–17; 17,22–31), wo in 17,31 in der Areopagrede zwar das Wort πίστις erscheint, aber entgegen dem Sprachgebrauch der kerygmatischen Reden nicht in der Bedeutung „Glaube", sondern als „Beweis".[59]

Sprache und Denkhorizont des frühen Christentums sind ja ohnehin zumindest in der ersten Generation sehr weitgehend von der jüdischen Tradition bestimmt, auch wenn diese bereits seit langem in die griechische Welt hinein vermittelt worden war. Ansatzpunkt der Mission ist primär die Synagoge, trotz der vielleicht zu schematischen Darstellung in der Apostelgeschichte; Grundlage der christlichen Verkündigung ist aber auch „die Schrift"[60], und damit wurden die griechischen Wörter und Sätze der Septuaginta normierend für Sprache und Inhalte der frühchristlichen Überlieferung. [31]

Schauen wir nun zuletzt noch kurz auf das Johannesevangelium,[61] so findet sich hier nur das Verbum; das Substantiv πίστις fehlt ganz. Das begegnet erst im 1. Johannesbrief, und zwar als der formulierte Glaube (5,4), der antidoketisch die Betonung darauf legt, daß Jesus der Sohn Gottes ist. Dieser Glaube ist es, der die Welt besiegt hat. Im Johannesevangelium begegnet πιστεύειν im Zusammenhang der Wundergeschichten, und zwar

[59] Barth (s. Anm. 31) hält meiner These vom internen Sprachgebrauch Apg 16,31; 10,43; 13,39; 20,21; 24,24 entgegen mit der Folgerung: Die Texte „wollen doch offensichtlich nicht bloß in interner Sprache berichten, sondern zugleich sagen, wie und was man in der Mission geredet hat und reden soll", und findet das dann auch in weiteren Texten außerhalb der Apostelgeschichte wieder. Es wäre sinnvoller gewesen, sich an die in der Acta-Forschung übliche Unterscheidung zwischen den kerygmatischen Reden im ersten Teil und den Reden zu Heiden im zweiten zu halten; vgl. U. Wilckens, Die Missionsreden der Apostelgeschichte, WMANT 5, ^{2}1963, 100: „Bei der Komposition der Reden in 14 und 17 hat Lukas nachweislich ein traditionelles Schema heidenchristlicher Missionspredigt benutzt", gerade in diesen Reden zeigt sich dann aber auch ein Anhaltspunkt für meine These.

[60] Das Kerygma selber bezieht sich mit κατὰ τὰς γραφάς auf die Schrift.

[61] Vgl. dazu Glaube, 60–69.

als Resultat des geschehenen Wunders, nicht als seine Ermöglichung wie in den synoptischen Evangelien. Die Wunder sind die Legitimation dessen, der sie tut, und an ihn kann man wegen der Wunder glauben (7,31). Zur Tradition des Johannesevangeliums gehörte wahrscheinlich eine eigene Überlieferung von Wundergeschichten, die Semeiaquelle,[62] zu der wohl auch ursprünglich der Schlußsatz 20,30f gehört: Die Zeichen sind aufgeschrieben worden, „damit ihr glaubt, daß Jesus der Christus ist, der Sohn Gottes".

Für Johannes selber ist ein solcher an das Sehen gebundener Glaube nur ein vorläufiger (20,29). An seine Stelle tritt das Evangelium selber und die Verkündigung derer, die an ihn glauben (14,12; 17,20). Wie für Paulus ist auch für Johannes der Glaube von seinem Inhalt her bestimmt, am deutlichsten in den Aussagen über die Sendung des Sohnes (z. B. 6,29; 11,42) und über das Verhältnis des Sohnes zu seinem Vater (z. B. 16,27.30). Auch für Johannes geht es um den Glauben an die Heilstat Gottes in Jesus, freilich hier nicht von Tod und Auferweckung her formuliert, sondern von der Sendung.[63] Das Heil ist erschlossen in der Sendung des Sohnes; der Glaube als Annahme dieser so bestimmten Heilsbotschaft ist selber Heil, insofern der Glaubende schon jetzt das ewige Leben hat, und so fährt Johannes in 20,31 denn auch fort: „damit ihr als Glaubende Leben habt in meinem Namen". Die Spannung zwischen Bekenntnis zu Gott und Erfahrung der Welt wird hier so gelöst, daß eine neue Erfahrungsebene gegenüber der vor allem in den Abschiedsreden reflektierten Welterfahrung der Gemeinde eingeführt wird.

Glauben ist bei Johannes synonym mit „erkennen" (vgl. 6,69), beides hat jedenfalls die gleiche Verheißung. Erkennen ist ebenso wie glauben die Annahme des geschehenen Heils. Dieser Glaube entsteht aufgrund der μαρτυρία (vgl. 1,7), ist daher auch nicht an die Begegnung mit dem Irdischen oder Auferstandenen gebunden, sondern an den λόγος (2,22), die ῥήματα (5,46f; 6,63), die ihre Fortsetzung im λόγος der Jünger finden. [32]

6.2. Die Alte Kirche

Mit der Bildung des neutestamentlichen Kanons vermischen sich die zunächst getrennten Sprachkreise, und die neutestamentlichen Aussagen zum Glauben werden zusammen mit denen des Alten Testaments zur Grundlage der weiteren Reflexion über Glaube. Dabei deutet sich mit der Kombination der Linie, die den Glauben stärker von seinem Inhalt her bestimmt, mit derjenigen, die ihn stärker als Verhalten faßt, die späte bei Augustin nur angelegte Unterscheidung von *fides quae creditur* und *fides qua creditur* an.

Mit der Zusammenstellung der einzelnen Schriften zum neutestamentlichen Kanon fällt zusammen die Notwendigkeit, die Bestimmung des Glaubens nach zwei Seiten hin zu reflektieren, gegenüber der christlichen Gnosis und gegenüber der griechischen philosophischen Tradition. In beiden Richtungen geht es um die Bestimmung der Identität des Christentums. Und das gilt auch für die dritte Richtung, die man nicht vergessen sollte, die Auseinandersetzung mit dem Judentum. Hier ist Glaube in Justins Dialog mit

[62] Vgl. dazu J. Becker, Wunder und Christologie, NTS 16 (1969/70), 130–148; R. T. Fortna, The Gospel of Signs, SNTSMS 11, 1970.

[63] Vgl. dazu E. Haenchen, „Der Vater, der mich gesandt hat", NTS 9 (1962/63), 208–216.

dem Juden Tryphon einer der zentralen Begriffe der Diskussion.[64] Justin bestreitet den Juden den Glauben (unter Berufung auf Dtn 32,20 LXX) und bestimmt ihn als Glauben an Jesus als Christus und durch Christus an Gott. In seinen Apologien hingegen treten πίστις und πιστεύειν auffällig zurück, und auch die anderen Apologeten des 2. Jahrhunderts verwenden „Glauben" nach außen hin nicht zur Identitätsbestimmung des Christentums, wohl aber wenn sie für Christen schreiben.[65]

Gegenüber der philosophischen Tradition das Christentum als πίστις zu rechtfertigen, unternimmt als erster Clemens von Alexandrien im 2. Buch seiner Stromateis.[66] Clemens hat das Verdienst, „das große Problem in Angriff genommen zu haben, den Standort des Glaubens im Bereich der möglichen Erkenntnishaltungen festzulegen."[67] Er setzt sich auseinander mit dem Vorwurf, Christentum bedeute als πίστις eine bloße ὑπόληψις, der die ἀπόδειξις fehle (II 27,4). Demgegenüber bestimmt er in seinen Ausgangsdefinitionen den Glauben als πρόληψις und συγκατάθεσις (II 8,4), also gut stoisch und unter Berufung auf Hebr 11,1, den Hebräerbrief als einen Paulusbrief verstehend. Er führt dies weiter durch Überlegungen zur μάθησις, in der anfängliche πρόληψις in κατάληψις umschlage (II 16,3–17,1). Als ἀπόδειξις gilt das Wort des Herrn (II 25,3); der Glaube ist freie Hingabe an dieses vorgegebene, in der Verkündi- [33] gung weiterwirkende Wort (II 25,1–4). Damit ist Glaube von Clemens als auch dem Denken nachvollziehbare Haltung behauptet, und er hat den Glauben gerechtfertigt vor dem Horizont der Philosophie seiner Zeit als einen Prozeß des Lernens, der auf Erkenntnis zielt und diese auch wirklich bringt.

Das ist im Zusammenhang der stoischen Philosophie entwickelt. Mit der platonischen Tradition hatte sich dagegen Origenes gegenüber Celsus auseinanderzusetzen.[68] Der hatte dem Christentum vorgeworfen, daß es πίστις fordere, ohne Beweise zu liefern (c. Cels. VI 8–10). Origenes kann seine Widerlegung nur führen, indem er πίστις als Identitätsbestimmung des Christentums aufgibt und gerade umgekehrt den Philosophen vorwirft, sie forderten πίστις ohne Beweise. Das Christentum erscheint demgegenüber als *bessere* πίστις, weil allein sie zur Erkenntnis führe. Dementsprechend muß Origenes sich distanzieren von Äußerungen eines „einfachen" Glaubens (V 20). Für Tertullian[69] gibt es dagegen nur eine fundamentale Differenz zwischen *fides* und *ratio.* Der ihm zugeschriebene Satz *credo quia absurdum* ist zwar nicht zu belegen. Es finden sich jedoch Äußerungen, die in seine Nähe kommen.

[64] Es gibt Hinweise, daß auch in späterer Zeit noch die Diskussion mit Juden nicht nur literarisch geführt worden ist; vgl. z. B. Origenes, c. Celsum I 55; II 31; Tertullian, adv. Iud. I 1.

[65] Vgl. Melitos bei Euseb, h. e. IV 26,2 genannte Schriften über den Glauben mit seiner Apologie.

[66] Vgl. K. Prümm, Glaube und Erkenntnis im zweiten Buch der Stromata des Klemens von Alexandrien, Schol 22 (1937), 17–57; M. Pohlenz, Klemens von Alexandrien und sein hellenistisches Christentum, NAWG 1943, phil.-hist. 3, 149–155; J. Moingt, La Gnose de Clément d'Alexandrie dans ses rapports avec la Foi et la Philosophie, RechSR 37 (1950), 195–251.398–421.537–564, 38, 1951, 221–254.369–381; E. F. Osborn, The Philosophy of Clement of Alexandria, 1957, 127–145; A. Méhat, Étude sur les ‚Stromates' de Clément d'Alexandrie, 1966.

[67] Prümm, a.a.O., 56.

[68] Vgl. W. Völker, Das Vollkommenheitsideal des Origenes, 1931, 77–85; H. Koch, Pronoia und Paideusis, 1932, 86–89; U. Wickert, Glaube und Denken bei Origenes und Tertullian, ZThK 62 (1965), 153–177.

[69] Vgl. Wickert; A. Labhardt, Tertullien et la philosophie, MusHelv 7 (1950), 159–180.

Solche Auseinandersetzung mit der Philosophie um den Wahrheitsanspruch auf beiden Seiten setzt sich auch fort in der innertheologischen Reflexion der Erkenntnis des Glaubens, wobei für Augustin[70] die Vetus-Latina-Fassung von Jes 7,9 *si non crediteritis non intelligetis* den Primat des Glaubens vor der Erkenntnis zeigt. Glaube ist dabei nicht lediglich eine Stufe der Erkenntnis, sondern setzt selber bestimmte Inhalte voraus und normiert damit Inhalt und Ziel der Erkenntnis.

Die Theologie hat dadurch in das Mittelalter hinein die Aufgabe, die gesamte Erfahrung der Welt vom Bekenntnis zu Gott her zu deuten und in das Bekenntnis zu integrieren. Sie schafft gerade unter Rezeption der antiken Philosophie die Möglichkeit, die Einheit der Welt und der Erfahrung zu bestimmen, bis in der Neuzeit, dann aber erneut nicht ohne Rückgriff auf antike Philosophie, Glaube und Erkenntnis wieder auseinander treten.

In der innerkirchlichen Auseinandersetzung geht es um die Bestimmung des Glaubens vor allem gegenüber der Gnosis. Die entscheidende Differenz wird von den sich als orthodox durchsetzenden Theologen in der „Glaubensregel"[71] formuliert (κανὼν τῆς πίστεως = *regula fidei* oder κανὼν τῆς ἀληθείας = *regula veritatis).* Diese Glaubensregel ist kein im Wortlaut bereits vorgegebenes Glaubensbekenntnis, das man hät- [34] te ausspielen können gegen solche, die davon abwichen. Sie ist auch kein Taufbekenntnis, denn die *regula fidei* hat ihren Ort in der Auseinandersetzung mit Irrlehrern und in der kirchlichen Unterweisung, während das bei der Taufe gesprochene Bekenntnis sich erst ab dem 4. Jahrhundert nachweisen läßt. Die Glaubensregel muß vielmehr erst in der konkreten theologischen Auseinandersetzung gewonnen und formuliert werden. Deshalb können bei ein und demselben Kirchenvater die Texte, in denen er den Inhalt der *regula fidei* angibt, nicht unerheblich differieren.

Wie solche Auseinandersetzung aussah, kann man an der Disputation des Origenes mit dem Bischof Herakleides in Bostra studieren.[72] Hier tasten sich beide Gesprächspartner mühsam an aus der Schrift und aus der Überlieferung gewonnene Sätze heran über τὸ πῶς πιστεύειν. Keiner von ihnen kann dem anderen einen vorgegebenen autoritativen Text vorhalten, an dem dessen Aussagen zu messen wären. Wenn die Schrift, neben dem Alten Testament nun natürlich auch und besonders die neutestamentlichen Schriften, und die apostolische Überlieferung die Maßstäbe des theologischen Urteils sind, dann muß auch gesichert werden, welche Schriften normativ sein können und welche Überlieferung die richtige ist. Das führt zur Bestimmung des neutestamentlichen Kanons, die sich offenbar durch den faktischen Gebrauch ergibt,[73] denn keines der altkirchlichen Konzile hat den Umfang oder gar den Wortlaut des Neuen Testaments definiert; das ge-

[70] Vgl. M. Löhrer, Der Glaubensbegriff des heiligen Augustinus in seinen ersten Schriften bis zu den Confessiones, 1955; D. Pirson, Der Glaubensbegriff bei Augustin, Dissertation Erlangen 1953; A. Schindler, Art. „Augustin/Augustinismus I", TRE IV, 645–698, bes. 662–666.

[71] Vgl. B. Hägglund, Die Bedeutung der „regula fidei" als Grundlage theologischer Aussagen, StTh 12 (1958), 1–44; R. P. C. Hanson, Tradition in the Early Church, 1962, 75–129; J. Mitros, The Norm of Faith in the Patristic Age, ThSt 29 (1968), 444–471; J. N. D. Kelly, Altchristliche Glaubensbekenntnisse, 1972, 66–102.

[72] Hg. von J. Scherer, SC 67, 1960.

[73] Vgl. dazu H. von Campenhausen, Die Entstehung der christlichen Bibel, BHTh 39, 1968.

schieht erst 1546 in Trient, dann aber gegen die Humanisten und unter Einspruch der dort anwesenden Lutheraner.[74]

Gesichert werden muß aber auch, welche Überlieferung als apostolische gelten kann, da die Gnostiker sich ebenso auf Überlieferungen berufen, für die ebenso apostolischer Ursprung behauptet wird. Auch hier spielt die Bestimmung des neutestamentlichen Kanons eine Rolle, wenn auf die Frühzeit zurückgeführte Schriften (z. B. das Petrus- oder das Thomasevangelium) nicht in den Kanon aufgenommen werden. Eine größere Rolle spielt aber auf die Dauer die *regula fidei* selber als Formulierung dessen, was in der Kirche schon immer geglaubt worden ist. Daher erklärt sich der Versuch, die *regula fidei* bereits auf die Apostel selber zurückzuführen, sei es in einer theologisch reflektierten Form wie bei Tertullian,[75] sei es in der Legende, die einzelnen Sätze des Apostolicums gingen auf die zwölf Apostel zurück.

Erstmals greifbar ist dieser Prozeß bei Irenäus von Lyon in der zweiten Hälfte des 2. Jahrhunderts.[76] Er nennt die für ihn autoritativen Schriften des Christentums; gegen Marcion gehört dazu natürlich das Alte Testament. Und er ist der erste, bei dem der Begriff *regula fidei* oder *regula veritatis* begegnet, und damit ist er der erste, der unter diesem Begriff Rechtgläubigkeit definiert. Glaube (πίστις/*fides*) ist hier gegenüber den [35] Gnostikern Identitätsbestimmung des wahren Christentums. Diese *regula fidei* ist *inhaltlich* bestimmt als Glaube an den einen Gott und den einen Christus, gelegentlich wie vor allem in der „Darstellung der Apostolischen Verkündigung"[77] auch mit einem Teil über den Heiligen Geist.

Der Glaube an den einen Gott, der die Welt geschaffen hat, war ein Thema besonders der jüdischen Apologetik, die das monotheistische Bekenntnis Dtn 6,4f gegen den heidnischen Polytheismus formulierte. So begegnet er auch bei den christlichen Apologeten. Irenäus stellt nun aber solche Formulierungen gegen die Leugnung der Identität des Weltschöpfers mit dem Vater Jesu Christi. Im christologischen Teil geht es gegenüber den Gnostikern darum, daß Christus als Erlöser leidensfähig gewesen ist und auch tatsächlich gelitten hat. Beides zusammen ist die Summe dessen, was den Glauben ausmacht, bei, das sei noch einmal betont, durchaus unterschiedlichen Formulierungen.

Zwar muß dieser Glaube zu allen Zeiten und an allen Orten ein und derselbe sein, doch muß er immer wieder neu formuliert werden, und deshalb wird die *regula fidei* zu einem der Hauptthemen der weiteren theologischen Entwicklung. Alle Kirchenväter beschäftigen sich damit, im Osten wie im Westen. Diese theologische Auseinandersetzung findet nach der Konstantinischen Wende ihre Fortsetzung in den Versuchen verbindlich formulierter Bekenntnisse mit ihren jeweils mit πιστεύω/*credo* eingeleiteten drei Artikeln, erstmals auf dem Konzil von Nicäa 325. In dieser Zeit läßt sich auch erstmals das *Romanum,* ungeachtet möglicher Vorstufen, eindeutig belegen.

[74] Vgl. meinen Aufsatz: Gal 2,9 und die katholischen Briefe. Bemerkungen zum Kanon und zur regula fidei, ZNW 72 (1981), 65–87, bes. 72–77.

[75] Adv Marc IV 2,5 führt er *die regula fidei* auf das Apostelkonzil zurück.

[76] Vgl. dazu M. Elze, Häresie und Einheit der Kirche im 2. Jahrhundert, ZThK 71 (1974), 389–409, bes. 398–401.

[77] Bei Euseb, h.e. V 26 genannt, nur in armenischer Übersetzung erhalten.

Doch geht auch in der Folgezeit die Arbeit nicht nur an den fixierten Bekenntnissen weiter, sondern auch in eigenständigen Formulierungen der *regula fidei.*[78] Auf dem Spiel steht gerade gegenüber Gnostikern das Weltverhältnis des Glaubens, damit auch der Umgang mit den Erfahrungen, die man mit der Welt macht, während die Gnosis eine positive Beziehung des wahren Gottes zur Welt leugnet und für sie das Bekenntnis zu Gott nicht mit der Erfahrung der Welt vermittelt wird, gerade auch nicht in der Christologie.

Auf die Dauer beginnen sich die ursprünglich getrennten Wege der Identitätssicherung nach außen in der Apologetik und der Identitätssicherung nach innen in der Bemühung um die *regula fidei* gegenseitig zu beeinflussen. Die Apologetik wird nun ja nicht mehr aus einer Minderheitsposition geführt, trotz so respektabler Widersacher wie Porphyrius oder Julian. Sie wird zunehmend literarisch und zu einem innertheologischen Problem der Erkenntnis des Glaubens, wie wir schon bei Augustin gesehen hatten.

Glaube ist also eine Identitätsbestimmung des Christentums gerade nach seiner inhaltlichen Seite gewesen. Damit ist er aber nicht allein ein Begriff der Dogmatik, denn er schließt in sich die Frage nach dem Verhältnis von Bekenntnis und Erfahrung. Es geht darum, im Bekenntnis die Erfahrung des Menschen mit sich selbst, mit Gott und [36] mit der Welt sinnvoll zu formulieren, ohne Gott, den Menschen oder die Welt preiszugeben. So impliziert Glaube ein Verhältnis zur Welt als Lebensmöglichkeit des Menschen trotz gegenteiliger Erfahrungen und folglich bestimmte Formen des Umgangs mit dieser als Schöpfung geglaubten Welt.

[78] Vgl. die vielen Bücher mit dem Titel *De fide* oder *De trinitate.*

V. VERÖFFENTLICHUNGEN DIETER LÜHRMANN

I. Buchveröffentlichungen

Das Offenbarungsverständnis bei Paulus und in paulinischen Gemeinden, WMANT 16, 1965

Die Redaktion der Logienquelle, WMANT 33, 1969

Glaube im frühen Christentum, Gütersloh 1976

Der Brief an die Galater, ZBK.NT 7, 1978, ^{2}1988, ^{3}2001 (mit einem Nachwort)

Von Aaron bis Zypern. Lexikon biblischer Eigennamen, hg. v. H. D. Hoffmann, A. Lindemann, D. Lührmann, H. P. Stähli, F. Stolz, GTB 1074, 1983

Auslegung des Neuen Testaments, ZGB, 1984, ^{2}1987

Das Markusevangelium, HNT 3, 1987

An Itinerary for New Testament Study, London 1989 = Auslegung des Neuen Testaments, 1984, übers. von J. Bowden

Galatians, 1992 = Der Brief an die Galater, ZBK.NT 7, ^{2}1988, übers. von O. C. Dean

Fragmente apokryph gewordener Evangelien in griechischer und lateinischer Sprache herausgegeben, übersetzt und eingeleitet in Zusammenarbeit mit Egbert Schlarb, MThSt 59, 2000

Die apokryph gewordenen Evangelien. Studien zu neuen Texten und zu neuen Fragen, NT.S 112, 2004

Bundesbuch. Weisheitliche, magische und legendarische Erzählungen, JSHRZ NF 2.12, 2006

II. Aufsätze

Ein Weisheitspsalm aus Qumran (11QPs^{a} XVIII), ZAW 80 (1968), 87–98

Die heutige Stellung der neutestamentlichen Wissenschaft im Rahmen der Theologie, in: Theologie als Wissenschaft in der Gesellschaft, hg. von H. Siemers, H. R. Reuter, Göttingen 1970, 67–79

Rechtfertigung und Versöhnung. Zur Geschichte der paulinischen Tradition, ZThK 67 (1970), 437–452

Epiphaneia. Zur Bedeutungsgeschichte eines griechischen Wortes, in: Tradition und Glaube (FS K. G. Kuhn), hg. von G. Jeremias, H. W. Kuhn, H. Stegemann, Göttingen 1971, 185–199

Noah und Lot (Lk 17,26–29) – ein Nachtrag, ZNW 63 (1972), 130–132

Erwägungen zur Geschichte des Urchristentums, EvTh 32 (1972), 452–467

Liebet eure Feinde (Lk 6,27–36/Mt 5,39–48), ZThK 69 (1972), 412–438

Pistis im Judentum, ZNW 64 (1973), 19–38

Jesus. Geschichte und Erinnerung, Conc 10 (1974), 175–181

Die Frage nach Kriterien für ursprüngliche Jesusworte – eine Problemskizze, in: Jésus aux origines de la Christologie, hg. von J. Dupont, EThL.B 40, 1975, 59–72

Henoch und die Metanoia, ZNW 66 (1975), 103–116

Jesus Christus spricht: Wer mich sieht, der sieht den Vater (Johannes 14,9), in: Weise mir, Herr, deinen Weg, hg. von Th. Schlatter, o.O. 1975, 31–42

Der Verweis auf die Erfahrung und die Frage nach der Gerechtigkeit, in: Jesus Christus in Historie und Theologie (FS H. Conzelmann), hg. von G. Strecker, Tübingen 1975, 185–196

Wo man nicht mehr Sklave oder Freier ist. Überlegungen zur Struktur frühchristlicher Gemeinden, WuD 13 (1975), 53–83

Christologie und Rechtfertigung, in: Rechtfertigung (FS E. Käsemann), hg. von J. Friedrich, W. Pöhlmann, P. Stuhlmacher, Tübingen 1976, 351–363

Biographie des Gerechten als Evangelium. Vorstellungen zu einem Markus-Kommentar, WuD 14 (1977), 25–60

Jesus und seine Propheten. Gesprächsbeitrag, in: Prophetic Vocation in the New Testament and Today, hg. von J. Panagopoulos, NT.S 45 (1977), 210–217

Erfahrung – Glaube – Bekenntnis im Urchristentum, in: Glaube – Erfahrung – Theologie. Theologische Woche Bethel 1977, Bethel H. 19 (1978), 23–39

De invidia et odio (Moralia 536E–538E), in: Plutarch's Ethicel Writings and Early Christian Literature, hg. von H. D. Betz, SCH 4, 1978, 363–366

Identität und der Tod des Ich (Gal 2,19–20), in: Doppeldeutlich. Tiefendimensionen biblischer Texte, hg. von Y. Spiegel, München 1978, 227–233

Der Hohepriester außerhalb des Lagers (Hebr 13,12), ZNW 69 (1978), 178–186

Der Staat und die Verkündigung. Rudolf Bultmanns Auslegung von Joh 18,28 bis 19,16, in: Theologie crucis – signum crucis (FS E. Dinkler), hg. von C. Andresen, G. Klein, Tübingen 1979, 359–375

Eheverständnis und Eheseelsorge im Neuen Testament, in: Ehe – Institution im Wandel, hg. von G. Gaßmann, Hamburg 1979, 67–81

Aber auch dem Arzt gib Raum (Sir 38,1–15), WuD 15 (1979), 55–78

Tage, Monate, Jahreszeiten, Jahre (Gal 4,10), in: Werden und Wirken des Alten Testaments (FS C. Westermann), hg. von R. Albertz, H. P. Müller, H. W. Wolff, W. Zimmerli, Göttingen 1980, 428–445

Abendmahlsgemeinschaft? Gal 2,11ff., in: Kirche (FS G. Bornkamm), hg. von D. Lührmann, G. Strecker, Tübingen 1980, 271–286

Neutestamentliche Haustafeln und antike Ökonomie, NTS 27 (1980/81), 83–97

Gal 2,9 und die katholischen Briefe. Bemerkungen zum Kanon und zur regula fidel, ZNW 72 (1981), 65–87

Markus 14,55–64: Christologie und Zerstörung des Tempels im Markusevangelium, NTS 27 (1980/81), 457–474

… womit er alle Speisen für rein erklärte (Mk 7,19), WuD 16 (1981), 71–92

POx 2949: EvPt 3–5 in einer Handschrift des 2./3. Jahrhunderts, ZNW 72 (1981), 216–226

Kortárs teológusok: Bultmann Rudolf, a megszólító ige tolmácsa (Zeitgenössische Theologen: Rudolf Bultmann, Dolmetscher des ansprechenden Wortes, übers. von Z. Ebdreffy), Diakonie. Evangélikus Szemle 5 (1983), 9–15
Confesser sa foi à l'époque apostolique (übers. von C. Chimelli), RThPh 117 (1985), 93–110
Freundschaftsbrief trotz Spannungen. Zu Gattung und Aufbau des Ersten Korintherbriefs, in: Studien zum Text und zur Ethik des Neuen Testaments (FS H. Greeven), hg. von W. Schrage, BZNW 47, 1986, 298–314
Superstitio – die Beurteilung des frühen Christentums durch die Römer, ThZ 42 (1986), 193–213
Das Bruchstück aus dem Hebräerevangelium bei Didymos von Alexandrien, NT 29 (1987), 265–279
Die Pharisäer und die Schriftgelehrten im Markusevangelium, ZNW 78 (1987), 169–185
Altes Testament – Neues Testament, in: S. Pfürtner, D. Lührmann, A. M. Ritter, Ethik in der europäischen Geschichte I, Stuttgart 1988, 97–115
Die griechischen Fragmente des Mariaevangeliums POx 3525 und PRyl 463, NT 30 (1988), 321–338
Die 430 Jahre zwischen den Verheißungen und dem Gesetz (Gal 3,17), ZAW 100 (1988), 420–423
The Gospel of Mark and the Sayings Collection Q, JBL 108 (1989), 51–71
Paul and the Pharisaic Tradition, JSNT 36 (1989), 75–94
Ernst Lohmeyers exegetisches Erbe, in: Freiheit in der Gebundenheit. Zur Erinnerung an den Theologen Ernst Lohmeyer, hg. von W. Otto, Göttingen 1990, 53–87
Rudolf Bultmann and the History of Religion School (übers. von D. Hellholm), in: Text and Logos. The Humanistic Interpretation of the Bible (FS H. Boers), hg. von T. Jennings, Atlanta 1990, 3–14
The Beginnings of the Church at Thessalonica, in: Greeks, Romans, and Christians (FS A. J. Malherbe), hg. von D. L. Balch, E. Ferguson, W. A. Meeks, Minneapolis 1990, 237–249
Die Geschichte von einer Sünderin und andere apokryphe Jesusüberlieferungen bei Didymos von Alexandrien, NT 32 (1990), 289–316
Günther Bornkamm (8.10.1905 – 18.2.1990), JWKG 85 (1991), 284–286
The Godlessness of Germans Living by the Sea according to Philo of Alexandria, in: The Future of Early Christianity (FS H. Koester), hg. von B. Pearson, Minneapolis 1991, 57–63
Marinus de Jonges Shaffer Lectures. Over het tegenwoordige onderzoek naar de historische Jezus, in: Jezus' eigen visie op zijn taak, hg. von J. P. Heering, G. Sleeuwenhoek, N. C. Smit, H. E. Wevers, Leidse Lezingen, 1991, 19–33, übers. von J. Tromp = Marinus de Jonge's Shaffer Lectures: Where does Jesus Research now stand?, in: From Jesus to John (FS M. de Jonge), hg. von M. C. de Boer, JSNT.S 84, 1993, 51–64, übers. von C. M. Tuckett

Alttestamentliche Pseudepigraphen bei Didymos von Alexandrien, ZAW 104 (1992), 231–249

Das neue Fragment des PEgerton 2 (PKöln 255), in: The Four Gospels 1992 (FS F. Neirynck), 3 Bde, hg. von F. van Segbroeck, C. M. Tuckett, G. van Beile, J. Verheyden, BEThL 100.3, 1992, 2239–2255

Glaube, Bekenntnis, Erfahrung, in: MJTh 4 „Glaube", hg. von W. Härle, R. Preul, MThSt 33, 1992, 13–36

Bornkamm's Response to Keck Revisited, in: The Future of Christology (FS L. E. Keck), hg. von A. Malherbe, W. A. Meeks, Minneapolis 1993, 66–78

Ein neues Fragment des Petrusevangeliums, in: Synoptic Studies, hg. von C. Focant, BEThL 110, 1993, 579–581

POx 4009: Ein neues Fragment des Petrusevangeliums?, NT 35 (1993), 390–410

Q in the History of Early Christianity, in: The Shape of Q. Signal Essays on the Sayings Gospel, hg. von J. S. Kloppenborg, 1994, 59–73 = Die Redaktion der Logienquelle, WMANT 33, 1969, 84–104, übers. von J. S. Kloppenborg

Neutestamentliche Wundergeschichten und antike Medizin, in: Religious Propaganda and Missionary Competition in the New Testament World (FS D. Georgi), hg. von L. Bormann, K. Del Tredici, A. Standhartinger, NT.S 74, 1994, 195–204

(D. Lührmann, P. J. Parsons) 4009. Gospel of Peter?, The Oxyrhynchus Papyri 60, 1994, 1–5

Haushalten und Ökonomik im Spiegel frühchristlicher Lehren, in: Haushalten in Geschichte und Gegenwart, hg. von I. Richarz, Göttingen 1994, 57–61

Q: Sayings of Jesus or Logia? (Übers. von R. McLachlan Wilson), in: The Gospel behind the Gospels. Current Studies on Q, hg. von R. A. Piper, NT.S 75, 1995, 97–116

Schriftprinzip und Lutherbibel, in: Leben und Kirche, (FS W. Härle), hg. von U. Andrée, F. Miege, C. Schwöbel, MThSt 70, 2001, 43–50

Die Logienquelle und die Leben-Jesu-Forschung. The sayings source Q and the historical Jesus, hg. v. A. Lindemann, BEThL 157, 2001, 191–206

Petrus als Evangelist. Ein bemerkenswertes Ostrakon, NT 43 (2001), 348–367

Das Petrusbildnis van Haelst 741, eine Replik, Zeitschrift für antikes Christentum 9 (2005), 424–434

Kann es wirklich keine frühe Handschrift des Petrusevangeliums geben? Corrigenda zu einem Aufsatz von Paul Foster, in: NT 48 (2006), 379–383

Die Überlieferung des apokryph gewordenen Petrusevangeliums, in: Das Evangelium nach Petrus: Text, Kontexte, Intertexte, hg. von T. J. Kraus, T. Nicklas, TU 158, 2007, 31–51

Matthäus in der Kritik. Beobachtungen am Thomas- und am Mariaevangelium, in: Jesus, Paul, and early Christianity, Leiden-Boston 2008, 317–328

Übrige „apokryph gewordene" Evangelien und das synoptische Problem, in: New Studies in the Synoptic Problem, SNT 130 (2011), 721–730

Neutestamentliche Wissenschaft vor und nach 1945 (Diskussionsbeitrag zu: G. Theißen, Neutestamentliche Wissenschaft vor und nach 1945: Karl Georg Kuhn und Günther Bornkamm, S.HAW 47, 2009, ThR 76 (2011), 120–128

III. Lexikonartikel

(R. Bultmann, D. Lührmann) Art. φαίνω κτλ., ThWNT IX, 1969, 1–11

„Neues Testament und Mythologie. Aufsatz von Rudolf Bultmann", KLL V (1969), 407f (Taschenbuchausgabe 1974: XVI, 6695)

„Sayings of Jesus, Form of" (übers. von R. Miessler), The Interpreter's Dictionary of the Bible, Suppl. vol., 1976, 787–789

„Glaube", RAC XI, 1979, 48–122

„Gerechtigkeit III. Neues Testament", TRE XII, 1983, 414–420

„Galaterbrief", EKL[3] II, 1988, 4f

„Glaube 2. Neues Testament", EKL[3] II, 1988, 190–193

„Logion", „Lohmeyer, E.", „Wrede, W." (übers. von J. L. Houlden), A Dictionary of Biblical Interpretation, hg. von R. J. Coggins, J. L. Houlden, 1990, 406f. 408f.734

„Faith. New Testament" (übers. von F. W. Hughes), AncB Dictionary II, 1992, 749–758

„Agrapha", RGG[4] I, 1998, 190f

„Egerton-Papyrus", RGG[4] II, 1999, 1066f

„Epiphanie IV. Neues Testament", RGG[4] II, 1999, 1372

„Galaterbrief", RGG[4] III, 2000, 451–453

„Galatien", RGG[4] III, 2000, 453

„Faith 2. NT", Encycopledia of Christianity II, 2001, 120f = „Glaube 2. Neues Testament", EKL[3] II, 1988, 190–193, übers. von G. W. Bromiley

„Galatians, Epistle to the", Encycopledia of Christianity II, 2001,148 = „Galaterbrief", EKL[3] II, 1988, 4f, übers. von G. W. Bromiley

„Katholische Briefe", RGG[4] IV, 2001, 884f

„Medizin IV. Biblisch", RGG[4] V, 2002, 975–977

IV. Rezensionen

H.T. Wrege, Die Überlieferungsgeschichte der Bergpredigt, WUNT 9, 1968, in: ThLZ 95 (1970), 199f

E. Güttgemanns, studia linguistica neotestamentica, BEvTh 60, 1971, in: LR 22 (1972), 532

S. Schulz, Q – Die Spruchquelle der Evangelien, und Griechisch-deutsche Synopse der Q-Überlieferungen, 1972, in: EvKomm 6 (1973), 244f

W. Harnisch, Eschatologische Existenz, FRLANT 110, 1973, in: LR 24 (1974), 137f

J. Dupont, Les Béatitudes, 2.Aufl. Bd. 3 , 1973, in: ThRv 71 (1975), 29f

W. Schenk, Der Passionsbericht nach Markus, 1974, in: LR 25 (1975), 302f

H. Conzelmann, Theologie als Schriftauslegung. Aufsätze zum Neuen Testament, BEvTh 65, 1974, in: LR 25 (1975), 453f

Das Problem der Theologie des Neuen Testaments, hg. von G. Strecker, WdF 367, 1975, in: WPKG 65 (1976), 186f

S. Heine, Leibhafter Glaube, 1976, in: EvKomm 10 (1977), 179

B. Kahl, Traditionsbruch und Kirchengemeinschaft bei Paulus, 1976, in: ThLZ 104 (1979), 51f

A. Polag, Die Christologie der Logienquelle, WMANT 45, 1977, in: ThLZ 105 (1980), 193f

Zur Geschichte des Urchristentums, hg. von G. Dautzenberg, H. Merklein, K. Müller, QD 87, 1979, in: ThLZ 105 (1980), 837–839

A. Polag, Fragmenta Q. Textheft zur Logienquelle, 1979, in: ThLZ 105 (1980), 895f

M. R. d'Angelo, Moses in the Letter to the Hebrews, SBLDS 42, 1979, in: ThLZ 108 (1983), 32–34

R. Hoppe, Der theologische Hintergrund des Jakobusbriefes, FzB 28, 1977, in: ThLZ 108 (1983), 34f

B. Jaspert (Hg.), Rudolf Bultmanns Werk und Wirkung, 1984, in: ABl.EKHN 1985, 21f, und JHKGV 36 (1985), 160f

(übers. von R. Jeske) W. A. Meeks, The First Urban Christians. The Social World of the Apostle Paul, 1983, in: Dialog 24 (1985), 230–234

J. S. Kloppenborg, The Formation of Q, StAC, 1987, in: ThLZ 113 (1988), 435–437

L. Schenke, Das Markusevangelium, UB 405, 1988, in: ThLZ 114 (1989), 439f

R. Y. K. Fung, The Epistle to the Galatians, NICNT, 1988, in: ThLZ 115 (1990), 107f

M. Fander, Die Stellung der Frau im Markusevangelium, MThA 8, 1989, in: ThLZ 116 (1991), 111–113

M. N. A. Bockmuehl, Revelation and Mystery in Ancient Judaism and Pauline Christianity, WUNT 2.36, 1990, in: ThLZ 117 (1992) Sp. 114f

D. Kosch, Die eschatologische Tora des Menschensohnes, NTOA 12, 1989, in: ThLZ 117 (1992), 191f

R. Kampling, Israel unter dem Anspruch des Messias, SBB 25, 1992, in: ThLZ 118 (1993), 925f

C. C. Black, Mark: Images of an Apostolic Interpreter, 1994, in: ThLZ 120 (1995), 436f

R. H. Gundry, Mark. A Commentary on His Apology for the Cross, 1993, in: ThLZ 120 (1995), 656f

P. Glotz, Im Kern verrottet? Fünf vor zwölf an Deutschlands Universitäten, 1996, in: EK 29 (1996), 618f

J. A. Harrill, The Manumission of Slaves in Early Christianity, HUTh 32, 1995, in: ThLZ 122 (1997), 459f

M. Winninge, Sinners and the Righteous. A Comparative Study of the Psalms of Solomon and Paul's Letters, CB.NT 26, 1995, in: Bib. 80 (1999), 289–291

Der Evangelist als Theologe, hg. von T. Söding, SBS 163, 1995, in: ThLZ 124 (1999), 747f

H.-J. Eckstein, Verheißung und Gesetz. Eine exegetische Untersuchung zu Galater 2,15–4,7, WUNT 86, 1996, in: ThLZ 125 (2000), 624f

K. Kuula, The Law, the Covenant and God's Plan. Volume 1: Paul's Polemical Treatment of the Law in Galatians, SESJ 72, 1999, in: ThLZ 125 (2000), 1020f

D. Dormeyer, Das Markusevangelium als Idealbiographie von Jesus Christus, dem Nazarener, SBB 43, 1999, in: ThLZ 126 (2001), 164–166

L. V. Rutgers, The Hidden Heritage of Diaspora Judaism, CBET 20, 1998, in: OLZ 96 (2001), 270–272

A. Dawson, Freedom as Liberating Power. A socio-political reading of the ἐξουσία texts in the Gospel of Mark, NTOA 44, 2000, in: ThLZ 126 (2001), 1039f

P.-G. Klumbies, Der Mythos bei Markus, BZNW 108, 2001, in: ThLZ 127 (2002), 1187f

Das Petrusevangelium und die Petrusapokalypse. Die griechischen Fragmente mit deutscher und englischer Übersetzung, hg. von T. J. Kraus und T. Nicklas, GCS NF 11, Neutestamentliche Apokryphen I, 2004, in: ThR 70 (2005), 242–245

A. H. Wakefield, Where to Live. The hermeneutical significance of Paul's citations from scripture in Galatians 3:1–14, SBL Academia Biblica 14, 2003, in: ThLZ 131 (2006), 286f

S. Schewe, Die Galater zurückgewinnen. Paulinische Strategien in Galater 5 und 6, FRLANT 208, 2005, in: ThLZ 132 (2007), 432

J. K. Elliott, A Synopsis of the Apocryphal Nativity and Infancy Narratives, NTTS 34, 2006, in: ThR 72 (2007), 258–260

G. Schimanowski, Juden und Nichtjuden in Alexandrien. Koexistenz und Konflikte bis zum Pogrom unter Trajan (117 n. Chr.), MJD 18, 2006, in: OLZ 102 (2007), 327–330

W. Pratscher, Der zweite Clemensbrief, KAV 3, 2007, in: CHRC 89 (2009), 527f

Das Thomasevangelium. Entstehung – Rezeption – Theologie, hg. von J. Frey, E. E. Popkes, J. Schröter, BZNW 157, 2008, in: ThLZ 135 (2010), 19–21

C. M. Tuckett, The Gospel of Mary, 2007, in: ZAC 14 (2010), 605–607

Jesus in apokryphen Evangelienüberlieferungen. Beiträge zu außerkanonischen Jesusüberlieferungen aus verschiedenen Sprach- und Kulturtraditionen, hg. von J. Frey, J. Schröter, u. Mitarb. v. J. Spaeth, WUNT 254, 2010, in: ThR 76 (2011), 518f

S. Matthews, Perfect Martyr. The Stoning of Stephen and the Construction of Christian Identity, 2010, in: CHRC 92 (2012), 313f

V. Literaturberichte

Literaturbericht: Die Suche geht weiter. Zur Darstellung Jesu in neuen Büchern, EvKomm 9 (1976), 616f

Literaturbericht: Exegese nur für das Examen? Über Studienbücher zum Neuen Testament, EvKomm 15 (1982), 147f

Kurzanzeige von A. Schalit, Untersuchungen zur Assumptio Mosis, ALGHL 17, 1989: ZAW 103 (1991), 457

VI. Übersetzungen

E. Best, Mark's Preservation of the Tradition (in: L'Evangile selon Marc, hg. von M. Sabbe, EThL.B 34, 1974, 21–34), in: Das Markus-Evangelium, hg. von R. Pesch, WdF 411, 1979, 390–409

T. A. Burkill, The Notion of Miracle with Special Reference to St. Mark's Gospel (ZNW 50 (1959, 33–48), in: Der Wunderbegriff im Neuen Testament, hg. von A. Suhl, WdF 295, 1980, 318–337

H. H. Rowley, The History of the Qumran Sect (BJRL 49 (1966/67), 203–232), in: Qumran, hg. von K. E. Grözinger, N. Ilg, H. Lichtenberger, G. W. Nebe, H. Pabst, WdF 410, 1981, 23–57

Rückübersetzung von R. Bultmann, The New Approach to the Synoptic Problem (JR 6 (1926), 337–362), in: Zur Formgeschichte des Evangeliums, hg. von F. Hahn, WdF 81, 1985, 233–255

VII. Predigten und Predigtvorbereitungen

Predigt: Lukas 10,25–37, in: Euer Herz soll sich freuen. Gottes Wort in Bethel, 1979, 241–245

Johannes 1,29–34; 12,34–41; 8,21–30; 6,47–51; 11,47–53, in: Gottesdienstpraxis V, Ergänzungsband Exegesen, hg. von E. Domay, H. Nitschke, 1982, 44–47.50–52.63–65. 68–71.71–73

12. Sonntag nach Trinitatis. Markus 8,22–26, in: hören und fragen. Ergänzungsband zu Band 5 und 6, hg. von A. Falkenroth, H. J. Held, 1983, 168–174

Lukas 9,57–62; Matthäus 16,13–19; Lukas 19,41–48; 18,9–14; 13,(1–5)6–9; Matthäus 25,1–13, in: Gottesdienstpraxis I, Ergänzungsband Exegesen, hg. von H. Nitzschke, 1984, 53–55.89–91.114–118.162–166

Predigt im Universitätsgottesdienst 2. Sonntag nach Epiphanias (16.1.1994 Universitätskirche Marburg), in: Der bezwingende Vorsprung des Guten (FS W. Harnisch), hg. von U. Schoenborn, S. Pfürtner, 1994, 435–439

VIII. Sonstiges

Arbeitspapier: Zur Datierung des Markusevangeliums, in: Die Datierung der Evangelien, hg. von R. Wegner, 1982, 314–320

Bibelarbeit: „Jesus von Nazareth, König der Juden“, in: Verhandlungen der 3. Tagung der 8. Landessynode der Evangelischen Kirche von Kurhessen-Waldeck, 1987, 221–235

Dissertationen bei Dieter Lührmann

Ulrich H. J. Körtner, Papias von Hierapolis – ein Beitrag zur Geschichte des frühen Christentums, FRLANT 133, 1983

Egbert Schlarb, Die gesunde Lehre. Häresie und Wahrheit im Spiegel der Pastoralbriefe, MThSt 28, 1990

Michael Ebersohn, Das Nächstenliebegebot in der synoptischen Tradition, MThSt 37, 1993

Peter Kristen, Familie, Kreuz und Leben. Nachfolge Jesu nach Q und dem Markusevangelium, MThSt 42, 1995

Michael Wohlers, Heilige Krankheit. Epilepsie in antiker Medizin, Astrologie und Religion, MThSt 57, 1999

Erika Mohri, Maria Magdalena. Frauenbilder in Evangelientexten des 1. bis 3. Jahrhunderts, MThSt 63, 2000

Thomas Holtmann, Die Magier vom Osten und der Stern. Mt 2,1–12 im Kontext frühchristlicher Tradition, MThSt 87, 2005

Karin Lehmeier, Oikos und Oikonomia. Antike Konzepte der Haushaltsführung und der Bau der Gemeinde bei Paulus, MThSt 92, 2006

MARBURGER THEOLOGISCHE STUDIEN

begründet von

Hans Graß und Werner Georg Kümmel

ab Band 19 herausgegeben von
Wilfried Härle und Dieter Lührmann

ab Band 100 herausgegeben von
Friedhelm Hartenstein und Michael Moxter

ERHÄLTLICHE TITEL

Band 120: Lührmann, Dieter: Theologische Exegese im Horizont von Text und Geschichte. Gesammelte Aufsätze. Hrsg. von Egbert Schlarb, 2014.

Band 119: Marburger Jahrbuch Theologie XXV. "Das Alte Testament in der Theologie". Hrsg. von Elisabeth Gräb-Schmidt und Reiner Preul, 2013.

Band 118: Mätzke, Verena: Gerechtigkeit als "fromkeit". Luthers Übersetzung von *iustia dei* und ihre Bedeutung für die Rechtfertigung heute, 2013.

Band 117: Feindschaft. Theologische und philosophische Perspektiven. Hrsg. von Markus Firchow und Michael Moxter, 2013.

Band 116: Marburger Jahrbuch Theologie XXIV. "Auferstehung". Hrsg. von Elisabeth Gräb-Schmidt und Reiner Preul, 2012.

Band 115: Werries, Holger: Alles Handeln ein Handeln der Kirche. Schleiermachers Ekklesiologie als Christologie, 2012.

Band 114: Tippmann, Cornelia: Die Bestimmung des Menschen bei Johann Joachim Spalding, 2011.

Band 113: Marburger Jahrbuch Theologie XXIII. "Christologie". Hrsg. von Elisabeth Gräb-Schmidt und Reiner Preul, 2011.

Band 112: Selbstbestimmung in der Perspektive theologischer Ethik. Hrsg. von Frank Martin Brunn und Alexander Dietz, 2011.

Band 111: Marburger Jahrbuch Theologie XXII. "Ästhetik". Hrsg. von Elisabeth Gräb-Schmidt und Reiner Preul, 2010.

Band 110: Anknüpfung und Aufbruch. Hermeneutische, ästhetische und politische Perspektiven der Theologie. Hrsg. von Cornelia Richter, 2011.

Band 109: Warnemann, Alexander: Der Marburger Theologe Hans Graß. Die entmythologisierte Dogmatik, 2012.

Band 108: Zerrath, Martin: Vollendung und Neuzeit. Transformation der Eschatologie bei Blumenberg und Hirsch, 2011.

Band 107: Marburger Jahrbuch Theologie XXI. "Wahrheit". Hrsg. von Wilfried Härle und Reiner Preul, 2009.

Band 106: Riede, Peter: Schöpfung und Lebenswelt. Studien zur Theologie und Anthropologie des Alten Testaments, 2009.

Band 105: Marburger Jahrbuch Theologie XX. „Sünde". Hrsg. von Wilfried Härle und Reiner Preul, 2008.

Band 104: Dahnelt, Rainer: Funktion und Gottesbegriff. Der Einfluss der Religionssoziologie auf die Theologie am Beispiel von Niklas Luhmann und Falk Wagner, 2009.

Band 103: Sparn, Walter: Frömmigkeit, Bildung, Kultur. Theologische Ausätze I: Lutherische Orthodoxie und christliche Aufklärung in der frühen Neuzeit, 2012.

Band 102: Preul, Reiner: Die soziale Gestalt des Glaubens. Aufsätze zur Kirchentheorie, 2008.

Band 101: Marburger Jahrbuch Theologie XIX. „Personalität Gottes". Hrsg. von Wilfried Härle und Reiner Preul, 2007.

Band 100: Menschenbild und Theologie. Beiträge zum interdisziplinären Gespräch. Hrsg. von Frank Martin Brunn, Alexander Dietz, Christian Polke, Sibylle Rolf und Anja Siebert, 2007.

Band 99: Härle, Wilfried: Willensfreiheit und Prädestination, 2009. *vergriffen*

Band 98: Haigis, Peter: Pluralismusfähige Ekklesiologie. Zum Selbstverständnis der evangelischen Kirche in einer pluralistischen Gesellschaft, 2008.

Band 97: Ethik im Kontinuum. Beiträge zur relationalen Erkenntnistheorie und Ontologie. Hrsg. von Wilfried Härle, 2008.

Band 96: Stock, Konrad: Die Gegenwart des Guten. Schriften zur Theologie, 2006.

Band 94: Marburger Jahrbuch Theologie XVIII. „Verstehen über Grenzen hinweg". Hrsg. von Wilfried Härle und Reiner Preul, 2006.

Band 93: Bäder-Butschle, Ivo: Interpretation der moralischen Welt. Michael Walzers Phi-losophie der moralischen Praxis als Impuls für die theologische Ethik, 2006.

Band 92: Lehmeier, Karin: Oikos und Oikonomia. Antike Konzepte der Haushaltsführung und der Bau der Gemeinde bei Paulus, 2006. *vergriffen*

Band 91: Künstliche Intelligenz und menschliche Person, Hrsg. von Wolfgang Achtner, Johannes Dittmer, Anja Haag, Christoph Keil, Martin Jung, Heike Preising, Axel Schumann-Luck und Vladislav Soskin, 2006.

Band 90: Theologie zwischen Pragmatismus und Existenzdenken. FS für Herrman Deuser. Hrsg. von Gesche Linde, Richard Purkarthofer, Heiko Schulz und Peter Steinacker, 2006.

Band 89: Marburger Jahrbuch Theologie XVII. „Menschenwürde". Hrsg. von Wilfried Härle und Reiner Preul, 2005.

Band 88: Spengler, Franziska Friederike: Kindsein als Menschsein. Beitrag zu einer integrativen theologischen Anthropologie, 2005.

Band 87: Holtmann, Thomas: Die Magier vom Osten und der Stern. Mt 2,1-12 im Kontext frühchristlicher Traditionen, 2005.

Band 86: Russische Religionsphilosophie und Theologie um 1900. Hrsg. von Karl Pinggéra, 2005.

Band 85: Patristica et Oecumenica. Festschrift für Wolfgang A. Bienert. Hrsg. von Peter Gemeinhardt und Uwe Kühneweg, 2004.

Band 84: Marburger Jahrbuch Theologie XVI. Das Selbst in der Evolution. Hrsg. von Wilfried Härle und Reiner Preul, 2004.

Band 83: Latzel, Thorsten: Theologische Grundzüge des Heidelberger Katechismus. Eine fundamentaltheologische Untersuchung seines Ansatzes zur Glaubenskommunikation, 2004.

Band 82: Kutting, Dirk: Gesinnungsbildung. Die humanistische Schul- und Bildungstheorie Hartmut von Hentigs in theologischer Sicht, 2004.

Band 81: Volkmann, Stephan: Der Zorn Gottes. Studien zur Rede vom Zorn Gottes in der evangelischen Theologie, 2004.

Band 80: Systematisch praktisch. Festschrift für Reiner Preul. Hrsg. von Wilfried Härle, Bernd-Michael Haese, Kai Hansen und Eilert Herms, 2005.

Band 79: Janssen, Bernd-Holger: Die Inkarnation und das Werden der Menschheit. Eine Interpretation der Weihnachtspredigten Friedrich Schleiermachers im Zusammenhang mit seinem philosophisch-theologischen System, 2003.

Band 78: Schwöbel, Marlene: Kirche auf dem Prüfstand. Eine Untersuchung zu den theologischen Orientierungen kirchlicher Strukturplanung, 2003.

Band 77: Charbonnier, Ralph: Technik und Theologie. Ein theologischer Beitrag zum interdisziplinären Technikdiskurs unter besonderer Berücksichtigung der Theologie F.D.E. Schleiermachers, 2003.

Band 76: Die bleibende Gegenwart des Evangeliums. Festschrift für Otto Merk. Hrsg. von Roland Gebauer und Martin Meiser, 2003.

Band 75: Theologie und Kirchenleitung. Festschrift für Peter Steinacker. Hrsg. von Her-mann Deuser, Gesche Linde und Sigurd Rink, 2003.

Band 74: Marburger Jahrbuch Theologie XV. Religion. Hrsg. von Wilfried Härle und Reiner Preul, 2003. *vergriffen*

Band 73: Harbeck-Pingel, Bernd: Gesellschaft und Reich Gottes. Studien zu Alterität, Kommunikation und Handlung, 2003.

Band 72: Reinhardt, Ursula: Religion und moderne Kunst in geistiger Verwandtschaft. Robert Musils Roman „Der Mann ohne Eigenschaften“ im Spiegel christlicher Mystik, 2003.

Band 71: Marburger Jahrbuch Theologie XIV. Ethik und Recht. Hrsg. von Wilfried Härle und Reiner Preul, 2002.

Band 70: Leben und Kirche. Festschrift für Wilfried Härle. Hrsg. von Uta Andrée, Frank Miege und Christoph Schwöbel, 2001.

Band 69: Gebhardt, Rüdiger: Heil als Kommunikationsgeschehen. Analysen zu dem in Luthers Rechtfertigungslehre implizierten Wirklichkeitsverständnis, 2002.

Band 68: Herms, Eilert: Von der Glaubenseinheit zur Kirchengemeinschaft II, 2003.

Band 67: Marburger Jahrbuch Theologie XIII. Woran orientiert sich Ethik? Hrsg. von Wilfried Härle und Reiner Preul, 2001.

Band 66: Beiner, Melanie: Intentionalität und Geschöpflichkeit. Die Bedeutung von Martin Luthers Schrift „Vom unfreien Willen" für die theologische Anthropologie, 2000.

Band 65: Lippert, Stefan: Recht und Gerechtigkeit bei Thomas von Aquin. Eine rationale Rekonstruktion im Kontext der Summa Theologiae, 2000.

Band 64: Marburger Jahrbuch Theologie XII. Ökumene. Hrsg. von Wilfried Härle und Reiner Preul, 2000.

Band 63: Mohri, Erika: Maria Magdalena. Frauenbilder in Evangelientexten des 1. bis 3. Jahrhunderts, 2000.

Band 62: Das Wesen des Christentums. Hrsg. von Dietrich Korsch und Cornelia Richter, 2002.

Band 61: Schuck, Martin: Staatstheorie und Wirklichkeitsverständnis. Studien zu den kategorialen Voraussetzungen des Staatsdenkens deutscher Juristen aus theologischer Sicht am Beispiel der Kulturstaatsdebatte, 2000.

Band 57: Wohlers, Michael: Heilige Krankheit. Epilepsie in antiker Medizin, Astrologie und Religion, 1999.

Band 56: Schlapkohl, Corinna: Persona est naturae rationabilis individua substantia. Boethius und die Debatte über den Personbegriff, 1999.

Band 55: Bienert, Wolfgang A.: Werden der Kirche – Wirken des Geistes. Beiträge zu den Kirchenvätern und ihrer Nachwirkung. Hrsg. von Uwe Kühneweg, 1999.

Band 54: Im Kontinuum. Annäherungen an eine relationale Erkenntnistheorie und Ontologie. Hrsg. von Wilfried Härle, 1999.

Band 53: Marburger Jahrbuch Theologie XI. Reich Gottes. Hrsg. von Wilfried Härle und Reiner Preul, 1999.

Band 52: Vetter, Martin: Zeichen deuten auf Gott. Der zeichentheoretische Beitrag von Charles S. Peirce zur Theologie der Sakramente, 1999.

Band 50: Text und Geschichte. Facetten theologischen Arbeitens aus dem Freundes- und Schülerkreis. FS für Dieter Lührmann. Hrsg. von Stefan Maser und Egbert Schlarb, 1999.

Band 48: Braungart, Christiane: Mitteilung durch Darstellung. Schleiermachers Verständnis der Heilsvermittlung, 1998.

Band 46: Goertz, Harald: Allgemeines Priestertum und ordiniertes Amt bei Luther, 1997.

Band 27: Herms, Eilert: Von der Glaubenseinheit zur Kirchengemeinschaft. Plädoyer für eine realistische Ökumene, (1989) ²2004.